Maspero, Gaston; Pietschmann, Richard

Geschichte der morgenländischen Völker im Altertum

Maspero, Gaston; Pietschmann, Richard

Geschichte der morgenländischen Völker im Altertum

Inktank publishing, 2018

www.inktank-publishing.com

ISBN/EAN: 9783747770146

G. MASPERO'S

GESCHICHTE

DER

MORGENLÄNDISCHEN VÖLKER

IM ALTERTUM.

NACH DER ZWEITEN AUFLAGE DES ORIGINALES

UND

UNTER MITWIRKUNG DES VERFASSERS

UEBERSETZT VON

Dr. RICHARD PIETSCHMANN.

MIT EINEM VORWORTE VON PROF. GEORG EBERS,

VOLLSTÄNDIGEM REGISTER UND EINER LITHOGRAPHIRTEN KARTE.

LEIPZIG,

VERLAG VON WILHELM ENGELMANN.

1877.

Vorwort.

Die vortreffliche Arbeit, welche die Engelmann'sche Verlagshandlung in ein deutsches Gewand kleiden liess, verdient in jeder Beziehung diese Auszeichnung, ja wir stehen nicht an, sie für die beste von allen vorhandenen Darstellungen der Geschichte des alten Orients zu erklären.

Mit dem sichern Gefühle an der Hand eines berufenen Führers zu wandern, mag der Leser Herrn Maspero in die frühere Zeit von Aegypten und Westasien folgen. Indien und ganz Ostasien überhaupt liess der Verfasser unberücksichtigt und mit Recht, denn das eng abgeschlossene Eigenleben in diesen Ländern scheint in jener früheren Zeit keine nachweisbare Wirkung auf die Entwickelung der Aegypter und Chaldäer, der Assyrer und Meder, der Juden und Phönizier, deren historisches Leben uns vorgeführt wird, ausgeübt zu haben. Es kommt dazu, dass der Autor überall auf die ersten Quellen zurückzugehen bestrebt ist und sich seiner Aufgabe wohl nur solchen Völkern gegenüber voll gewachsen fühlte, deren Schriftdenkmäler er selbständig zu benutzen verstand.

Des Verfassers Name ist allen Aegyptologen wohl bekannt, denn Herr Maspero ist nicht nur einer der begabtesten, sondern

auch fruchtbarsten Führer ihrer Wissenschaft. Mit Recht ist gerade ihm von der französischen Regierung der Lehrstuhl des grossen Entzifferers der Hieroglyphen F. Champollion und seines würdigen Nachfolgers E. de Rougé am Collège de France übertragen worden, obgleich nach dem Tode des letztgenannten vorzüglichen Gelehrten (1873) Herr Maspero erst 27 Jahr zählte und der Minister des öffentlichen Unterrichts seine Wahl zu bestätigen zauderte, weil es unerhört erschien einem so jungen Manne eine so selbständige und hervorragende Stellung zu übertragen. Freilich gehört Herr Maspero zu den glücklich begabten Naturen, die sich schon früh auf denjenigen Weg gedrängt fühlen, dem ihr geistiges Leben und Streben zu folgen hat. Als vierzehnjähriger Knabe widmete er bereits jede seiner Mussestunden dem Studium der Hieroglyphen, und als er in die *école normale supérieure* in Paris Aufnahme gefunden hatte, setzte er, vielfach behindert, im Geheimen seine Forschungen fort. Ein und zwanzig Jahr war er alt, als er seine Arbeiten über die Stele vom Traum und die grosse Inschrift Ramses II. zu Abydos beendete, die trotz mancher Versehen heute noch glänzendes Zeugniss für ihres Verfassers Ernst und geniale Begabung ablegen. Diese Begabung ist eine durchaus ungewöhnliche und hat Herrn Maspero befähigt sich nicht nur die Herrschaft über das ägyptische, die classischen und modernen Culturspracheu und den gesammten Kreis der semitischen Dialecte zu erobern, sondern auch die Idiome der Indianer Südamerika's, das er besuchte, (*quichua*, *aymara*, *guarani*, *chilidugo*) linguistisch zu behandeln. Zeugniss für seine vortreffliche grammatische Methode legen seine Arbeiten über die Conjugation und die Pronomina im Aegyptischen ab und mit Spannung erwarten seine Fachgenossen seine von ihm in Aussicht gestellten analytischen Studien über die ägyptische Sprache. Es bedarf nach dem Gesagten keiner besondern Versicherung, dass von Herrn Maspero der gesammte schriftliche Nachlass der Aegypter selbständig und kritisch benutzt worden ist und der Leser seine Uebersetzungen, mögen auch im Einzelnen an mehreren Stellen Emendationen möglich sein, mit vollem Vertrauen entgegennehmen darf.

Auch die Resultate der Assyriologie hat sich der Verfasser so weit zu Eigen gemacht, dass er auch hier aus den Originalquellen zu schöpfen vermag. Eberhard Schrader spricht mit Anerkennung auch von diesem Theile seines Werkes. Erfreulich ist Masperos umfassende Kenntniss der deutschen orientalistischen Literatur und seine deutschen Mustern folgende kritische Behandlungsweise der biblischen Erzählungen.

Je häufiger gerade die Geschichte Aegyptens und Vorderasiens von Unberufenen behandelt worden ist, je freudiger haben wir diese überall auf die ersten Quellen zurückgehende Arbeit begrüsst. Wir glauben ihr auch in Deutschland den grossen Erfolg, den sie in Frankreich gefunden, in Aussicht stellen zu dürfen, denn sie bietet die Resultate der gründlichsten Forschungen in ungewöhnlich geschmackvoller und künstlerisch abgerundeter Darstellungsform.

Dieser letztern hat der sorgfältige und fleissige Uebersetzer alle Gerechtigkeit widerfahren lassen. Sein Deutsch liest sich vortrefflich und bei der Uebertragung der Masperoschen Uebersetzungen von hieroglyphischen und hieratischen Texten zeigt er sich als selbständiger Kenner des Altägyptischen; die Anmerkungen des französischen Originals sind durch ihn mehrfach berichtigt und mit Bereicherungen versehen worden, die für seine umfassende und gründliche Gelehrsamkeit Zeugniss ablegen. Herr Maspero selbst hat die deutsche Bearbeitung seines Werkes durchgesehen und mit werthvollen Zusätzen bereichert: und so darf wohl behauptet werden, dass die vorliegende deutsche der zweiten französischen Ausgabe der »*histoire ancienne des peuples de l'Orient*« in mancherlei Hinsicht den Rang abläuft. Herr Dr. Pietschmann hat Recht, wenn er in seinen »Vorbemerkungen« seine Arbeit als eine vollständig neue Redaction des französischen Originals bezeichnet. Viele Freunde des alten Orients in Deutschland werden ihm für dieselbe dankbar sein.

Leipzig, den 6. Januar 1877.

Georg Ebers.

Vorbemerkungen.

Das hier in deutscher Uebertragung vorliegende Werk darf als eine vollständig neue Redaktion des französischen Originals gelten. Der Herr Verfasser hat mit dankenswerter Freundlichkeit nicht allein sämmtliche Korrekturbogen einer eingehenden Revision unterzogen, sondern auch Nachträge und Verbesserungen in grosser Zahl eingeschaltet, die zumeist sich auf seit dem ersten Erscheinen dieses Werkes bekannt gewordene Entdeckungen und veröffentlichte Untersuchungen beziehen. Ich will davon hier nur die durchgängige Umarbeitung seiner Uebersetzung des Seite 31—35 mitgetheilten Sonnenhymnus (Lepsius, Denkmäler VI, Taf. 115—117 und 120) erwähnen. Die zahlreichen Aenderungen innerhalb des Textes sind sämmtlich von der Hand des Verfassers oder (wie die Einschaltungen Seite 155 bis 156 und 442) mit ihm von mir vereinbart. Die Stellen aus »Sineh's Abenteuern« (Seite 100 bis 101 und 105 Zeile 1 bis 9) habe ich nach seiner neuesten Bearbeitung dieser Urkunde in den »Mélanges« Band II Seite 67—82 überarbeitet.

Die Uebersetzung sucht den Sinn des Originals möglichst treu wiederzugeben. Bei der Uebertragung hieroglyphischer und hieratischer Texte, von denen eine grosse Zahl hier zum ersten Male in deutschem Gewande erscheint, habe ich die ägyptischen Texte zu Rate gezogen und ihrem Wortlaute ebenso wie Maspero's Auffassung desselben möglichst gerecht zu werden gesucht. Missverständnisse wären sonst unausbleiblich gewesen und hätten den Wert der kulturgeschichtlich so hochinteressanten, für die ägyptische Literatur äusserst charakteristischen Mittheilungen Seite 42 bis 44, 119 bis 121, 266 bis 268, 269 bis 270 und ähnlicher) durchaus verkümmert. Griechische Texte habe ich nach dem Original, biblische mit Berücksichtigung neuerer Kommentare und Uebersetzungen wiedergegeben: bei letzteren jedoch mich nur, wo es nötig schien, von der Uebersetzung Luther's entfernt. Für die Umschreibung hieroglyphischer Zeichen ist die in Deutschland übliche, auf dem londoner Orientalisten-Kongress angenommene, Methode befolgt, jedoch so dass ch = χ, hebr. ח, d = ṭ (⊂⊃) und sh = š geschrieben wurde. Für nicht in der Entzifferung hieroglyphischer Texte bewanderte Leser bemerke ich, dass t' dem hebräischen צ entspricht.

Meine Zusätze und Aenderungen bezwecken besonders die Verifizirung der Citate und deren Vervollständigung, suchen aber auch, wo es geboten erschien, auf anderweitige Untersuchungen hinzuweisen. An den wenigen Stellen, wo ich mit dem Verfasser nicht übereinstimmte oder wo Arbeiten mit entgegengesetzten Resultaten vorliegen, habe ich dies durch kurze Angaben aus der einschlägigen Literatur angedeutet. Meine Nachträge sind in eckige [ ] eingeschlossen und, wo sie mehr als Berichtigung oder Ergänzung von Citaten enthalten, mit *R. P.*, Bemerkungen des Verfassers zu denselben dagegen mit *G. M.* bezeichnet. Das gleiche gilt für den Nachtrag.

Breslau den 13. Januar 1877.

Richard Pietschmann.

Inhaltsverzeichniss.

Erstes Buch.

Aegypten bis zum Einbruche der Hirtenvölker.

Zweites Buch.

Vorderasien vor und während der Zeit der ägyptischen Herrschaft.

Drittes Buch.

Das Assyrerreich und die morgenländische Welt bis zur Thronbesteigung der Sargoniden.

Viertes Buch.

Die Sargoniden und das Morgenland bis zum Regierungsantritte des Kyros.

Fünftes Buch.

Das Perserreich.

Erstes Buch.

Aegypten bis zum Einbruche der Hirtenvölker.

Erstes Kapitel.

Aegypten in der Urzeit.

Der Nil und Aegypten. — Herkunft der Aegypter. Die Nomen. — Die ägyptische Religion. — Begründung der geschichtlichen Monarchie. Mena.

Der Nil und Aegypten.

Auf den hohen, schneeigen Gebirgsketten, welche nach Süden und nach Osten hin das mittelafrikanische Hochland umsäumen, entspringen Giessbäche und Flüsse in grosser Zahl, sie vereinigen sich bald und bilden in dem Thalgrunde eine Reihe von übereinanderliegenden Becken, eine Art von Binnenmeeren und aus diesen entströmen ihre fortan vermischten Gewässer nach Norden. Das Gebiet der grossen Seen, in dem die Quellen des neuen Flusses verborgen liegen, verlässt dieser und durchläuft unermessliche von Waldungen und Sümpfen durchzogene Savannen. Aus diesen tritt er dadurch heraus, dass er eine leise Wendung gen Osten nimmt, als wolle er sich in das rothe Meer ergiessen, auf halbem Wege jedoch sperrt ihm ein für ihn unüberwindliches Massengebirge den Weg, er lenkt wieder ein und vereinigt sich zur rechten mit dem Bahr el Azrek und mit dem Takazze, welche ihm die abyssinischen Gewässer zuführen. Kurz nachher treibt er dem Hochland der Sahara zu und wühlt in diesem sich ein vielgewundenes Bett, in welchem sein viermal von Stromschnellen unterbrochener Lauf an Gefälle verliert und langsam, ohne weitere Zuflüsse zu erhalten, zu dem Mittelmeere hinabfliesst. Der nördliche Theil dieses Thales zwischen dem ersten Katarakte und dem Meere bildete seit Anbeginn das Gebiet Aegyptens.

Der erste Reisende, der Aegypten besuchte, der erste wenigstens, der uns einen Bericht von seiner Reise hinterlassen hat. Herodot aus Halikarnassos hat den Eindruck, welchen dieses Wunderland auf ihn machte, in dem einen oft citirten Ausdrucke zusammengefasst: »Aegypten ist ein Geschenk des Nil[1] «. Aegypten ist nur ein fruchtbarer, über die Wüste hingespannter Streif Landes, eine Oasis, die sich an den Flussufern langzieht, die von diesem unablässig mit der für ihren Pflanzenwuchs nöthigen Feuchtigkeit versorgt wird. Zur Zeit des tiefsten Wasserstandes, einen Monat vor der Sommersonnenwende, muss man es gesehen haben, um zu begreifen, was aus ihm würde, wenn es durch irgend einen Zufall seines nahrungspendenden Flusses beraubt würde. »Der Nil ist derartig in seine schmalen Ufer zurückgetreten, dass er nur noch halb so breit ist wie gewöhnlich, und seine getrübten, lehmhaltigen, trägen Gewässer scheinen fast nach gar keiner Richtung hinzufluten. Aus Sandbänken oder abschüssigen, schwärzlichen Schlammhaufen, die immer von neuem von der Sonne gedörrt werden, bestehen beide Ufer des Flusses. Jenseits derselben gibt es nichts weiter als Sand und unfruchtbare Oede, denn der Chamsin, so heisst ein fünfzig Tage andauernder, Sand mit sich führender Wind, weht fast unablässig. Hin und wieder erkennt man in der stauberfüllten, blendenden, gluterhitzten Luft Baumstämme und Zweige, die Blätter jedoch sind dermassen mit Staub überzogen, dass sie von weitem von dem sie umgebenden Wüstensande nicht zu unterscheiden sind. Nur mit Hülfe mühsamer und eifriger Bewässerung glückt es etwas, das nach Grün aussieht, in den Gärten des Pascha zu erhalten. Endlich — das erste Zeichen, welches das Ende dieser fürchterlichen Jahreszeit verkündet — erhebt sich der Nordwind, der Etesios der Griechen, und beginnt ganze Tage lang mit Macht, oft mit rasender Wut zu wehen. Er befreit das Laubwerk der Gebüsche, welche sich über Unterägypten hinziehen, sehr schnell vom Staube und lässt es seine grüne Färbung wieder annehmen. Auch wird

1) Herodot II [5. Der Ausdruck wird sogar dem Hekataios zugeschrieben, und es scheint, als habe ihn Herodot von diesem, seinem Vorgänger an den Gestaden des Nil, entlehnt. Vergl. C. Müller, Fragmenta historicorum graecorum Bd. I. No. 279 und A. v. Gutschmid im Philologus 1855, S. 526 — R. P.] —

durch diesen Wind, der in diesem und den drei nächsten Monaten in ganz Aegyptenland vorherrschend ist, die verzehrende Glut der dann gerade in der Höhe ihres Laufes stehenden Sonne, sehr günstig gemildert«.

»Mit dem Flusse geht bald eine Veränderung vor. Am Nilmesser zu Kairo zeigt man an, dass er um einen bis zwei Zoll gestiegen ist, und das Wasser verliert das Bischen Klarheit und Frische, welches es noch Tags zuvor zu einem lieblichen Getränk machte. Es nimmt die grüne, klebrige, matte Färbung des Brakwassers unter den Wendekreisen an, und bis heutzutage gibt es keinen Filter der Welt, der aus ihm den Ekel erregenden, gesundheitsschädlichen Stoff, der an dieser Veränderung schuld ist, auszusondern vermöchte. Wie man sagt, ist der grüne Nil eine Naturerscheinung, die von den grossen Brakwasserlachen herrührt, welche nach der alljährlichen Ueberschwemmung im Süden Nubiens auf den weiten Sandebenen von Darfur zurückbleiben. Sechs Monate und darüber steht dies Wasser unter der Tropensonne und wird faulig, wird dann von der neuen Ueberschwemmung fortgetrieben und gerät wieder in das Flussbett. Zum Glück hält diese Erscheinung selten länger als drei Tage an, denn, so kurz diese Frist auch sein mag, der Unglückliche, welcher gezwungen ist, im Nil, wenn er sich in diesem Zustande befindet, seinen Durst zu löschen, erleidet unerträgliche Blasenschmerzen. Auch sind die Städtebewohner so vorsichtig, ihre Behälter und Cisternen im Voraus mit Wasser zu versehen«.

»Fortan nimmt der Inhalt des Flusses mit reissender Schnelligkeit zu. Zehn bis zwölf Tage währt es jedoch noch, bis das letzte und ausserordentlichste Phänomen, welches der Nil zeigt, zum Vorschein kommt. Die ersten Eindrücke, welche ich von diesem erhielt, will ich zu beschreiben versuchen. Es war am Ende einer langen und, nach meiner Ansicht wenigstens, ermattenden Nacht. Wie ich mich von dem Sopha erhob, auf dem an Bord unserer, von einer Windstille in der Breite von Beni Hassan, einer oberägyptischen Stadt, überraschten Barke ich vergeblich zu schlafen versucht hatte, da zeigte die Sonne soeben den obern Rand ihrer Scheibe über der arabischen Bergkette. Mich überraschte, wie ich sah, dass, sowie ihre Strahlen auf das Wasser fielen, dort sofort ein tiefrother Wiederschein zum Vorschein kam. Diese Färbung wurde um so intensiver, je intensiver die Beleuchtung wurde, und ehe noch

1*

die Sonnenscheibe sich vollends von den Hügeln abhob, sah der Nil aus wie ein Strom von Blut. Ich dachte an Sinnestäuschung, erhob mich hastig, lehnte mich über Bord, aber was ich sah, bestärkte mich in meiner ersten Wahrnehmung. Die ganze Wassermasse war undurchsichtig, trüb roth, und mehr dem Blute als allem sonst vergleichbaren ähnlich. Zugleich bemerkte ich, dass in der Nacht der Fluss mehrere Zoll gestiegen war, und die Araber erklärten mir, das sei der *rothe Nil*. Die Röthe und Trübung des Wassers sind beständigen Schwankungen unterworfen, so lange dieser aussergewöhnliche Zustand bei ihm vorhält. An denjenigen Tagen, an welchen sein Wachstum ein bis zwei Zoll übersteigt, wird das Wasser wieder halbdurchsichtig, verliert aber trotzdem jene besprochene, trübrothe Färbung nicht. Schädliche Bestandtheile, wie in der Zeit des grünen Nil, sind nicht darin. Nie ist das Wasser gesunder, lieblicher, erfrischender als bei der Ueberschwemmung. An manchen Tagen wächst es schneller und an diesen übersteigt in Folge dessen die Menge des fortgeschlemmten Lehms in Oberägypten alles was überhaupt ein anderer mir bekannter Fluss mitsichführt. Mehr als einmal sogar habe ich mich überzeugen können, dass dieser Stoff der Schnelligkeit der Strömung kein merkliches Hinderniss entgegensetzt. Wenn ich dann ein Glass Wasser schöpfte und eine Weile ruhig stehen liess, so lieferte es folgende Ergebnisse: der obere Theil der Flüssigkeit blieb durchaus undurchsichtig und behielt die blutige Farbe bei, während ein Niederschlag von schwarzem Schlamm ungefähr ein Viertel des Glases füllte. Bevor das Wachstum Mittel- und Unterägypten, wo ich den Nil nie in diesem Zustande gesehen habe, erreicht, lagert sich ein beträchtlicher Theil von diesem Lehm ab«.

»Im ganzen Naturreiche gibt es vielleicht kein so heiteres Schauspiel wie das, welches der Nil in seinem Wachsen darbietet. Tag und Nacht erregt rollt sein Lauf dahin, majestätisch schreitet er vor durch durstige Sandflächen und unermessliche Wüsteneien. Während wir langsam, getrieben vom Nordwinde hinauffuhren, hörten wir fast allstündlich es vom Einsturze eines Schlammdammes erdröhnen, und daran, dass die gesammte belebte Natur dorthin eilte, von woher das Geräusch erscholl, sahen wir, dass der Nil ein neues Hinderniss überwunden hatte, und dass seine schwellenden Gewässer wiederum einer Einöde Leben und Freude spendeten. Von allem was auf mich Eindruck gemacht hat, macht mir nur weniges in der Erinnerung so viel Vergnügen wie der Eindruck, den man vom Nil empfängt, wenn er zum ersten Mal bei seiner jährlichen Ueberschwemmung in einen von den grossen Kanälen eindringt. Die ganze Natur jubelt vor Lust. Männer, Kinder und wilde Rinderheerden waten in seiner erquickenden Flut herum. Haufen von Fischen mit Silberfunken sprühenden Schuppen treiben in den breiten Wogen fort, und darüber sammeln sich Wolken von Vögeln im buntesten Gefieder. Und das ist auch nicht allein ein Naturfest für die höchsten Stufen der Schöpfung. Sowie die Berührung mit den befruchtenden Gewässern den Sand befeuchtet, wird er buchstäblich lebendig und in ihm wimmeln Millionen Insekten. Einige Tage vor der Sommersonnenwende gelangt die Ueberschwemmung nach Memphis, in der Zeit unserer Herbst-Tagundnachtgleiche etwa hat sie ihre höchste Höhe erreicht und beginnt zu sinken, und wenn etwa unsere Wintersonnenwende eintritt, ist der Nil wieder in seine Ufer zurückgetreten und hat seine hellblaue Färbung wiederangenommen. In der Zwischenzeit hat man gesät und, wenn die Ueberschwemmung zu Ende ist, ist man damit auch fertig. Auf das Frühjahr folgt unmittelbar die Zeit der Ernte, und bevor der Sandwind, der Chamsin, sich erhebt, ist diese untergebracht. Das ägyptische Jahr zerfällt mithin naturgemäss in drei Jahreszeiten: vier Monate der Aussaat und des Wachsens, die den Monaten November, December, Januar und Februar bei uns annähernd entsprechen; vier Erntemonate, welche man gleichfalls annähernd ungefähr mit den Monaten unsers Kalenders vergleichen kann, die zwischen März und Juni inklusive liegen: die vier Monate oder Monde der Ueberschwemmung beschliessen den Kreislauf des ägyptischen Jahres[1].«

Der ganze gegenwärtig unter dem Namen Delta[2] bekannte

---

1) Osburn. The monumental history of Egypt I, S. 9—14. || [2) Die Bezeichnung *Delta* scheint sich auf ein altägyptisches Wort zurückführen zu lassen. Wenigstens berichtete Ephoros von Kyme, es hiesse ägyptisch *πτίμυρις, ἀπὸ τῆς τοῦ σχήματος ὁμοιότητος*. Man kann dazu an das aeg. Wort »*pir-em-us*« denken, ein Wort welches in dem mathematischen Papyros von London (vergl. Brugsch, Zeitschr. 1874, 184 und Eisenlohr, a. a. O., 1875, 29) »Kanntenseite« eines Dreiecks bezeichnet und zu der Benennung Pyramide Anlass gab. Sonst könnte man auch an »*pe-to-mera*« denken = »Ueberschwemmungsland« und annehmen, die Griechen erst hätten das mit pir-em-us verwechselt und das Land mit Unrecht so benannt. — R. P.] —

Landstrich war vormals vom Wasser bedeckt, die Wogen des Mittelmeers bespülten den Fuss des sandreichen Hochlandes, welches von der grossen Pyramide beherrscht wird, und der Nil hörte etwas nördlich von der Stelle auf, auf welcher später sich Memphis erhob. In der Länge der Zeit setzten sich die von ihm aus den abyssinischen Gebirgen mitgenommenen erdigen Bestandtheile als Schlammbänke auf den Küstenniederungen ab und füllten den Meerbusen theilweise zu, und es entstanden daraus grosse von Weihern unterbrochene Marschebenen, durch welche sich die Gewässer ihren Weg bahnen mussten. Durch die Anschwemmungen des Meeres gewannen diese Landstriche Halt, und aus ihnen entstand dann das erste Delta, dessen Spitze sich etwas unterhalb Memphis befand und das ungefähr funfzehn Meilen weiter hinab in gleicher Höhe mit Athribis aufhörte. Wie der Fluss dann immer weiter arbeitete, und das angeschwemmte Land weiteren Zuwachs erhielt, da zog sich allmählich das Meer von der Dünenreihe, welche den Nordrand jenes ersten Delta einfasste, zurück, die Dünen blieben auf dem Binnenlande stehen, und deuten dort stellenweise noch die Richtung des vormaligen Strandes an. Im Anfange der historischen Zeit, hatte der Nil seine Mündungen bereits über die Richtungslinie der ihn umgebenden Ufer hinausgeschoben. Bei der alten Stadt Kerkasoron theilte sich der Fluss in drei Arme; der pelusinische hatte eine nordöstliche Richtung und hörte an der Grenze der syrischen Wüste auf; der kanobische wandte sich nach Nord-West und streifte die letzten Ausläufer der libyschen Wüste; der sebennytische zog sich in der Verlängerung des Flussthales hin, verlief fast geradeaus nach Norden und durchschnitt das Delta in der Mitte [1]. Durch ein natürliches und künstliches Kanalnetz standen diese drei Arme mit einander in Zusammenhang, einige dieser Kanäle mündeten unmittelbar in das Meer und erhöhten die Zahl der Nilmündungen zeitweilig auf sieben [2], mitunter sogar auf vierzehn [3]. Die von ihnen umschlossene dreieckige Ebene, zu der

---

1) Herodot II, 17 [Die Theorie, nach welcher man die Bildung des Delta gegenwärtig erklärt, findet man bei Oscar Peschel, Neue Probleme der vergleichenden Erdkunde, Leipzig 1870, S. 110, ff. auseinandergesetzt. — R. P.] ||
2) Herod. II, 17; Skylax, § 106 [Müller, geographi graeci minores ed. C. Müller, Bd. I, S. 80]; Strabo XVII, 1 [19, ff. ed. C. Müller et F. Dübner]. ||
3) Plinius, natur. hist., V, 10 [ed. Detlefsen: XII enim reperiuntur superque quatuor, quae ipsi falsa ora appellant.] —

ein Sandkorn nach dem andern tief aus Afrika mitgeführt wurde, nimmt gegenwärtig 23000 Quadratkilometer Oberfläche ein und wird jedes Jahr grösser.

Die Priester, welche aus der Ueberlieferung von dem Urzustande des Landes wussten, wähnten, sie könnten mit Bestimmtheit den Zeitraum bemessen, welchen der Fluss gebraucht hatte, um dies Werk zu vollenden. Sie erzählten Herodot, Menes, der erste König menschlicher Herkunft, habe Aegypten fast ganz vom Wasser überdeckt vorgefunden. Bis über die Stätte von Memphis hinaus drang das Meer mitten in die Heptanomis ein, und das übrige Land, der thebanische Nomos ausgenommen, war ungesundes Sumpfgebiet[1]. Bei dieser Abschätzung befanden sie sich ungemein im Irrtum. Den grössten Theil der mitgeführten Stoffe lässt der Nil bei der alljährlichen Ueberschwemmung, der er unterworfen ist, auf den anliegenden Ufergefilden zurück und wird um so ärmer, je weiter er vorrückt, so dass ihm, wenn er an das Meer gelangt, der grösste Theil seiner Schwemmland bildenden Stoffe entzogen ist. Die an der Mündung des kanobischen und des sebennytischen Armes im Werden begriffenen Sandbänke wachsen Jahr aus Jahr ein kaum noch die eine um vierzehn, die andere um sechszehn Hektaren. Für die ganze Vorderseite des Delta gibt das eine durchschnittliche jährliche Zunahme von einem Meter. Hierauf fussend hat man auszurechnen vermocht, dass unter den jetzt obwaltenden Bedingungen 740 Jahrhunderte etwa dazu nöthig gewesen seien, dass der Nil sein Flutbecken ausfüllte. Ohne diese augenscheinlich übertriebene Ziffer irgendwie anzunehmen, — weil dort ehedem das Vorrücken des Schlammes schneller als gegenwärtig von Statten ging, — wird man dennoch zu der Folgerung gezwungen sein, dass von dem thatsächlichen Alter ihres Landes die Priester keine Ahnung hatten. Das Delta war bei Mena's Thronbesteigung längst vorhanden, es war vielleicht damals bereits ganz fertig, als die ägyptische Rasse zuerst das Thal betrat, welches ihre Heimat wurde.

Der Nil hat nicht allein Aegyptens Boden geschaffen, sondern auch auf das Gesammtaussehen des Landes und auf die Art seiner Erzeugnisse bestimmend gewirkt. Ein Thal, welches ganz und gar aus dem Schosse der Gewässer emporgestiegen ist, und alljährlich

1) Herodot II, 4.

von diesen überflutet wird, kann nur eine ziemlich beschränkte Zahl von Pflanzenarten ernähren. Sykomoren und mehrere Gattungen Akazien gedeihen daselbst, Granatbäume, Tamarix- und Aprikosenbäume, Feigenbäume zierten die Gärten, und das Vorkommen der Persea auf den Denkmälern der zwölften Dynastie beweist uns, dass Diodor im Irrtum war, wenn er das Verdienst, diesen Baum zuerst eingeführt zu haben, dem Kambyses zuschrieb[1]. Es kommen zwei Palmenarten fast ohne Pflege fort, aber von unsern grossen europäischen Arten hat sich in dem den Alten eingehender bekannten Theile des Thals keine akklimatisirt.

Im Gegentheil, es entwickeln sich dort die Wasserpflanzen in ungewöhnlich üppigem Wuchse und charakterisiren das Aussehen des Landes. Im allgemeinen treten sie nicht längs der Uferränder auf, wo die Tiefe des Wassers und die reissende Strömung sie nicht ruhig wachsen lassen würde, aber die Kanäle, Sümpfe und die Moore, welche von der Ueberschwemmung übrigbleiben, werden von ihnen buchstäblich erfüllt. Zwei Arten, der Lotos und der Papyros sind vorzugsweise wegen der Rolle in Europa bekannt, welche sie in der Geschichte und in der heiligen und der profanen Literatur von Aegypten spielen. Dem Papyros behagten die trägen Gewässer im Delta, und er wurde zum mystischen Emblem dieses Landstrichs, der Lotos dagegen wurde zum Symbol der Thebaïs erkoren. Die Alten verwechselten unter diesem Namen Vertreter von drei verschiedenen Gattungen Nymphea. Zwei davon, der weisse und der blaue Lotos tragen denen des Mohns an Gestalt sehr ähnliche Früchte. Die Kapseln derselben enthalten Körnchen von der Grösse eines Hirsenkorns. Die dritte Abart, *Nymphea nelumbo* oder die rosenfarbene Seerose, wird sehr genau von Herodot beschrieben: »Auf einem von dem Blütenstiel abgesonderten Wurzelschosse trägt sie ihre Frucht. Dieselbe ist an Form einer Bienenwabe« oder prosaischer, der Brause einer Giesskanne, »sehr ähnlich«. Oben ist sie von zwanzig bis dreissig Löchern durchbohrt, welche je ein Korn »so gross wie einen Olivenkern enthalten[2].« Die Alten nannten das ägyptische Bohnen[3]. »Man sammelt«, so fügt der Historiker hinzu, »auch die jährigen Schösslinge des Papyros »Byblos«. Man holt

1) Diodor I, 34[, 7 ed. Müller]. || 2) Herodot II, 92. || 3) Diodor I, [XXXV, 6].

sie aus den Sümpfen, schneidet die Köpfe, die fortgeworfen werden, ab und behält den ungefähr eine Elle langen Rest. Dieser dient zur Nahrung und wird öffentlich verkauft, doch essen Feinschmecker ihn nur, nachdem sie ihn im Ofen gebacken haben[1]«. Dieses »Lilienbrod« war ein gesuchter Leckerbissen und lag auf dem Tische der Könige[2], die gewöhnliche Nahrung des Volkes jedoch bestand, was Herodot auch darüber angeben mag[3], in Getreide und verschiedenen Cerealienarten, in Weizen, Gerste, Sorghum, *Olyra* (*Triticum spelta*) und in *Zeia* (*Triticum monococcum*), welche Aegyptens Boden in Fülle erzeugte. Wicken, Lupinen und Bohnen, Linsen und mehrere Ricinusarten wuchsen auf den Feldern von selbst, Reben gediehen in einigen Theilen des Delta und der Heptanomis, Oelbäume waren selten und auf einzelne Distrikte beschränkt[4].

Mehrere gegenwärtig an den Ufern des Nil lebende Thiergattungen, Pferde, Kamele[5] und Schaafe[6] werden auf den Denkmälern der ersten Dynastien nicht dargestellt und scheinen erst lange nach der Begründung des Königtums eingeführt zu sein. Dafür besassen die Aegypter mehrere langhörnige Rinderarten, den Dongola-Rindern ähnlich, und mehrere Spielarten Ziegen und Hunde: den Fuchshund mit dem falben Fell, der gestreckten Nase, den zugespitzten Ohren und dem buschigen Schweif, den *slûghi* oder grossen afrikanischen Windhund mit den langen hochstehenden Ohren, den Dachshund und den Hyänenhund[7]. Der eingeborne afrikanische Esel bewahrte unter dem günstigen Klima Aegyptens eine schöne Gestalt und eine Kraft, die unserm europäischen Grauthier abgehen[8]. Neben den zahmen Arten trafen die ersten Einwanderer den langohrigen Hasen, das Ichneumon und eine Unzahl Gazellen, die eigentlichen Gazellen, die *Difasá* und eine Antilope mit leierförmigen Hörnern, die es ihnen schliesslich halb zahm zu machen glückte[9]; auch Thiere, die mehr zu fürchten waren, wilde Katzen, Wölfe,

1) Herodot. II, [92]. || 2) Papyros Anastasi IV, Taf. XIV, Zeile 1. || 3) Herodot II, 36. || 4) Strabo. B. XVII [1, 35]. || 5) Fr. Lenormant, Sur l'antiquité de l'Âne et du Cheval, S. 2. [Les premières Civilisations. Paris, 1874. Bd. I. S. 300]. || 6) Brugsch, Die ägyptische Gräberwelt, S. 14. || 7) Lenormant, Sur les animaux employés par les anciens Égyptiens à la chasse et à la guerre, S. 2—3 [Les pr. Civ. Bd. I, S. 343—353] || 8) Fr. Lenormant, Sur l'antiquité de l'Âne et du Cheval. S. 2. [Les premières Civ. Bd. I, S. 301]. || 9) Lenormant, Note d'un voyage en Égypte, S. 17.

Schakale, gestreifte und gefleckte Hyänen, Leoparden, Geparden, und schliesslich Löwen[1]. Man kämpfte gegen diese unablässig an und es gelang, sie schliesslich in die Wüste zurückzutreiben. An den Nilufern lebten zwei amphibische Ungetüme, Krokodile und Flusspferde, und machten es für Mensch und Thier gefährlich, in die Nähe des Flusses zu kommen. Die unter den ersten Königen ziemlich zahlreichen Flusspferde verminderten sich in Folge der erbitterten Verfolgung, welche sich gegen sie richtete, bald und zogen sich in die Marschen von Niederägypten zurück. Noch in der Mitte des dreizehnten Jahrhunderts nach Christus fristeten dort einige Exemplare dieser Gattung ihr Dasein. Das in einigen Nomen angebetete und beschützte, in andern verwünschte und verfolgte Krokodil hat sich bis in unsere Zeit erhalten. »Wie Champollion an Qenneh vorüberfuhr sah er auf einem Eilande gegen vierzehn Krokodile ihre *Zusammenkunft* halten. Dass jetzt keinem Reisenden mehr so ein glücklicher Fund gelingt, hat seinen Grund darin, dass vor den Feuerwaffen und der durch die Dampfer hervorgerufenen Bewegung die Krokodile sich immer mehr nach Süden zurückziehen, und bald der Nil bis Assuan sie nur noch von Hörensagen kennen wird[2])«.

Vögel besitzt Aegypten in grosser Menge: Adler, Sperber, Falken, kahlköpfige Geier, Elstern, Tauben, Turteltauben, Schwalben, Rebhühner und Sperlinge. Weisse und schwarze Ibis, Pelikane, Kormorane, Gänse und Enten füllen die Moore und bedecken in unendlichen Spielarten die Gewässer. Gänse und Enten, von Alters her gezähmt, füllten den Viehhof von Mena's Unterthanen und vertraten die noch unbekannten Hühner[3]. In den verschiedenen Flussarmen wimmelte es von grösstentheils geniessbaren Fischen: den »im Lotos gemästeten Rothfedern aus den Sümpfen von Pelusium?, gefleckten Meeräschen aus den künstlichen Teichen, gewöhnlichen, dem *Fahaka*[4]) gesellten, Meeräschen«, spitzschnauzigen Oxyrrhynchos, Zitterfischen und grossen Süsswasserschildkröten. Den Fahaka scheint die Natur in einem gut gelaunten Augenblicke geschaffen zu haben. Es ist das ein länglicher Fisch, der die Fähigkeit besitzt, sich nach

1) Hartmann, Zeitschrift für ägyptische Sprache und Alterthumskunde, 1864—1865 [auch: Zeitschrift der Gesellschaft f. Erdkunde, Berlin 1868]. || 2) Mariette, Itinéraire des invités, S. 175. || 3) Brugsch, ägyptische Gräberwelt, S. 14. || 4) Papyros Anastasi III, Taf. 2, Z. 6—7, vergl. Maspero, Du genre épistolaire, S. 104, ff. —

seinem Belieben aufblasen zu können. Treibt er sich übermässig auf und erhält sein Rücken dadurch das Uebergewicht, so kippt er um und treibt auf der Wasserfläche mit dem Bauche in der Luft, ist dabei so über und über mit Stacheln besät, dass er wie ein Igel aussieht. Bei Gelegenheit der Ueberschwemmung lässt das zurücktretende Wasser ihn auf den schlammigen Feldern liegen. Er wird dort Vögeln und Menschen zur Beute und dient den Kindern als Spielzeug[1]. Die Nilmündungen werden stark von Seefischen besucht, die dorthin kommen, um im Süsswasser zu laichen, und von Süsswasserfischen, die ihren Laich im offnen Meer absetzen wollen.

So richtet Alles in Aegypten sich nach dem Nil, der Erdboden und seine Erzeugnisse, die Thiergattungen, welche er beherbergt, und die Vögel, die er ernährt. Die Aegypter merkten das selbst am besten und erwiesen sich dafür erkenntlich, denn aus ihrem Flusse hatten sie einen Gott gemacht, den sie Hapi nannten, dessen Wohlthaten zu feiern sie unermüdlich waren: »Heil dir, o Nil! — der du dich offenbartest diesem Lande, — der da kommt in Frieden, — zu beleben Aegypten! — Verborgener, du bringst das Finstere ins Licht, wie es dir gefällt, — der du die von der Sonne erschaffenen Triften berieselst, — zu beleben alles Gethier! — Du tränkst das Land überall, — du Pfad des Himmels, bei deinem Hinabsteigen, — Gott Seb, Freund des Brodes. — Gott Nepra, Spender [des Korns], — Gott Ptah, erleuchtend jede Behausung. —

Herr der Fische, tritst du zurück auf das überschwemmte Gefilde, — so nehmen die Vögel nicht mehr von dem, was brauchbar ist. — Schöpfer des Getreides, Hervorbringer der Gerste, — für Millionen Unglückliche wird dein Walten Ruhe der Hände. — Tritt er zurück im Himmel, so [fallen] die Götter — auf ihr Angesicht, es verderben die Menschen. —

Hat er das Land überall[2] vom Vieh öffnen lassen, — dann ruhen Hohe und Niedre. — Ihn rufen die Menschen an, wenn er inne hält, — er gleicht [dann] dem Chnum[3]. — Geht er auf, so

1) Champollion-Figeac, Égypte ancienne, S. 19, a [deutsche Ausgabe, Leipzig 1852, S. 37. Abbildungen dieses Fisches, des Tetrodon fahaka siehe: Description de l'Égypte, Text, Band 24: histoire naturelle, zoologie par Goffroy de St. Hilaire, S. 176, ff. und Taf. I, poissons du Nil. — R. P]. || 2) To-r-ter-ef, *das gesammte Land*, ein sehr häufiger Name für Aegypten. || 3) Der schaffende Gott, derjenige welcher das Weltei auf der Töpferscheibe bildete.

ist das Land in Jubel, — jeder Leib freut sich, — jedes lebende Wesen empfing Nahrung, — jeder Zahn hat zu kauen. —

Er bringt die lieblichen Vorräte, — er schafft alle guten Dinge, — der Herr auserlesener, angenehmer Nahrung, — dass es Opfer gibt, verdankt man ihm. — Er lässt werden das Kraut für das Vieh, — richtet jedem Gotte seine Opfer zu, — der Weihrauch ist trefflich, der von ihm herrührt. — Er bemächtigt sich der beiden Gebiete[1], — die Speicher zu füllen, die Scheunen vollzumachen, — den Armen Habe zu spenden.

Er schwillt an, um jeden Wunsch zu erfüllen; — nicht erschöpft er sich dabei; — seine Stärke lässt er einen Schild werden für die Unglücklichen. — Man schneidet ihn nicht aus Stein; — auf den Bildsäulen, die man mit der Doppelkrone versieht, — erblickt man ihn nicht; — kein Dienst, kein Opfer gelangt zu ihm. — Man kann ihn in kein Heiligtum bringen, — man kennt nicht die Stätte, wo er sich befindet, — man findet ihn nicht in bunten Kästen. —

Keine Behausung, die ihn einschlösse, — kein Führer zu deinem Herzen! — Du hast die Geschlechter deiner Kinder erfreut. — man bringt dir Preis dar im Süden; — bleibend sind deine Satzungen, die sich offenbaren — vor deinen Dienern im Norden. — Er trinkt die Thränen von jedem Auge — und spendet seine Güter in Fülle[2]«.

Herkunft der Aegypter. Die Nomen.

Die Aegypter scheinen frühzeitig die Erinnerung an ihre Herkunft eingebüsst zu haben. Kamen sie aus dem Innern von Afrika, oder tief aus Asien? Nach dem fast einstimmigen Zeugnisse der alten Geschichtsschreiber gehörten sie einer afrikanischen Rasse an, welche in Aethiopien am mittlern Nil weilte, und allmählich dem Laufe des Flusses folgend nach dem Meere hinuntergegangen sein sollte: »Die Aethiopen versichern, dass Aegypten eine ihrer Kolonien sei . . . Sogar das Erdreich ist durch die Ablagerungen des Nil dorthin entführt . . . Auffällige Aehnlichkeit bekunden die Ge-

1) Ober- und Unter-Aegypten. 2) Papyrus Sallier II, Taf. XI, 6 — XIII, 1. Vergl. auch Maspero, Hymne au Nil, Paris 1868; Cook, Records of the Past, Bd. IV, S. 105—114. [Einen ähnlichen Hymnus hat Lepsius veröffentlicht und Ludwig Stern nach einer erneuten Kollation (Zeitschrift 1873, S. 129 ff) übersetzt. — R. P.]. —

bräuche und Gesetze beider Länder, dass man den Königen göttliche Titel gibt, dass grosse Sorgfalt auf die Bestattung gelegt wird. Die in Aethiopien gebräuchlichen Schriftarten sind dieselben wie in Aegypten, und die Kenntniss der heiligen Schriftzüge, welche in Aegypten nur ein Vorrecht der Priester war, war in Aethiopien Jedem geläufig. In beiden Ländern gab es gleichartig organisirte Priesterkollegien, und die dem Götterdienste Gewidmeten schoren und kleideten sich auf ein und dieselbe Art. Auch die Könige hatten ganz dasselbe Kostüm und einen Uraios[1] als Zierde ihres Diadems . . . Dem fügten die Aethiopen noch viele andere Gründe bei, welche hinsichtlich Aegyptens für ihr höheres Alter und dafür sprechen sollten, dass dieses Land zu ihren Kolonien gehöre[2]«. Diese Analogien, welche den Alten so triftig erschienen, verlieren ihren Wert, wenn man ihnen das Zeugniss der hieroglyphischen Urkunden gegenüberstellt. Man weiss gegenwärtig mit unzweifelhafter Sicherheit, dass Aethiopien, statt im Anfange der Geschichte Aegypten kolonisirt zu haben, selber von Aegypten unter der zwölften Dynastie kolonisirt wurde und Jahrhunderte hindurch einen integrirenden Bestandtheil des ägyptischen Gebietes gebildet hat. Die Civilisation ist den Lauf des Nil hinaufgegangen, nicht an ihm hinabgestiegen.

Die Bibel andererseits liess die Aegypter aus Asien herrühren. Mizraim, der Sohn des Cham, der Bruder des Aethiopen Kush und des Kanaan, setzte sich mit seinen Söhnen an den Ufern des Nil fest[3]. Ludim, der älteste derselben, personifizirt die eigentlichen Aegypter, die *Rotu* oder *Lodu* auf den hieroglyphischen Inschriften. Anamim repräsentirt so ziemlich das grosse Anu-Volk, welches das nördliche On (Heliopolis) und das südliche On (Hermonthis) in vorgeschichtlichen Zeiten gründete. Lehabim ist das Libyervolk, das

1) *Uraios* hiess die zusammengerollte Schlange, mit der die Krone der Götter und Könige geziert war [Tylor, Anahuac, S. 187, weist darauf hin, dass ähnliches sogar in Mejico vorkommt, wo an Entlehnung nicht zu denken ist. — R. P.] || 2) Diodor, Buch III, 3—8 [Dass diese Erörterungen aus späten Quellen stammen, weist M. Duncker, Geschichte des Alterthums, 4. Aufl., S. 11 ff. nach. Vergl. auch Lepsius, Briefe aus Aegypten, Aethiopien u. s. w. S. 147, f; 248, f. — Neuerdings aufgestellte gegentheilige Ansichten (John Baldwin, Prehistoric nation, New York, 1869, S. 272 ff.; F. v. Hellwald, Culturgeschichte, Augsburg, 1875, S. 204 ff.) widersprechen den Thatsachen ohne stichhaltige Gründe. — R. P.]. || 3) Genesis X, 3—6. —

westlich vom Nil lebt, Naphtuchim (*No-Ptah*) liess sich im Delta nördlich von Memphis nieder, Patrusim (*Pa-to-res*), das Südland bewohnte das heutige Saïd zwischen Memphis und dem ersten Katarakte[1]). Diese Ueberlieferung, welche die Aegypter über den Isthmus von Sues aus Asien kommen lässt, war den klassischen Schriftstellern bekannt, denn der ältere Plinius schreibt die Gründung von Heliopolis den Arabern zu[2]), sie war bei ihnen aber nie so beliebt wie diejenige Ansicht, nach welcher die Aegypter tief aus Aethiopien hinabzogen.

Die ethnographischen Verwandtschaftsverhältnisse der Aegypter haben neuerdings zu langen Erörterungen Anlass gegeben. In den Zeiten, wo man von ihnen weiter nichts als ungeschickt hellenisirte und von den mittelalterlichen Kopisten beliebig entstellte Königsnamen, einige schlecht erhaltene Mumien und geringfügige Amulette, die als unschätzbare Raritäten in Kuriositätenkabinetten aufgehoben wurden, kannte, da war es schwierig, hierüber sich ausreichende Vorstellungen zu machen und annehmbare Schlussfolgerungen zu Stande zu bringen. Man kann daher sich nicht weiter darüber wundern, dass sich die Reisenden meist durch das Aussehen entarteter Kopten täuschen liessen und von den alten Aegyptern behaupteten, sie müssten gedunsene Gesichter, Glotzaugen, Plattnasen und wulstige Lippen besessen und die charakteristischen Züge der Negerrasse zur Schau getragen haben. Seit der Veröffentlichung des grossen Werkes der französischen Kommission verschwand diese noch im Anfang dieses Jahrhunderts verbreitete Ansicht auf immer. Wie man die darin enthaltenen unzähligen Abbildungen von Statuen und Basreliefs untersuchte, musste man wol erkennen, dass die auf den Denkmälern dargestellten Aegypter, weit davon entfernt eine negerhafte Färbung und ein negerhaftes Gesammtaussehen zu zeigen, vielmehr den weissen Rassen in Europa und Westasien ungemein ähnlich waren. »Die alten Aegypter gehörten ganz so einem Menschenschlage wie die Kenuu und Barabra an, die gegenwärtig in Nubien wohnen. Keinen von den für die altägyptische Bevölke-

1) De Rougé, Recherches sur les monuments qu'on peut attribuer aux six premières dynasties de Manéthon, Paris 1866, S. 4—8. [Vergl. auch: Ebers, Aegypten und die Bücher Mose's I, Leipzig 1868, S. 54 ff; Dillmann's Ausgabe von Knobel's Kommentar zur Genesis. — R. P.]. || 2) Plinius, Nat. hist. VI, 29.

rung charakteristischen Zügen findet man bei den ägyptischen Kopten wieder. Die Kopten bilden das Ergebniss einer bunten Mischung sämmtlicher Völker, die nach einander Aegypten beherrscht haben. Mit Unrecht wollte man die Züge der alten Rasse bei ihnen wiederfinden[1].«

Man braucht gegenwärtig seiner Einbildungskraft keine übergrosse Anstrengung mehr zuzumuten, wenn man sich, von den Zeitgenossen des Sesostris zu schweigen, einen Aegypter vorstellen will, der zu Cheops Zeit mit an den Pyramiden bauen half. Dazu genügt, dass man in ein Museum geht und sich mit den in diesem zusammengestellten Statuen alten Stils beschäftigt. Dass der mit ihrer Anfertigung beauftragte Künstler bei der Modellirung von Kopf und Gliedmassen nach Aehnlichkeit mit der darzustellenden Person getrachtet hat, sieht man auf den ersten Blick. Wenn man jedoch von den einem jeden Individuum eigenthümlichen besonderen Eigenheiten absieht, so lässt sich unschwer ein gemeinsamer Rassentypus herauserkennen. Im allgemeinen war der Aegypter gross, mager und schlank. Seine Schultern waren breit und voll, sein sehniger Arm endete in eine feine, längliche Hand, seine Hüften waren wenig entwickelt und seine Beine dürr. Die anatomischen Einzelheiten des Knie und der Waden sind, wie dies bei Wandervölkern meist der Fall ist, ziemlich stark angelegt, die Füsse lang, dünn, und durch die Gewohnheit, ohne Schuhwerk zu gehen, nach vorn abgeflacht. Der Kopf ist im Verhältniss zum Leibe oft zu stark und zeigt gewöhnlich sanfte, fast instinktiv traurige Züge. Die Stirn ist viereckig, vielleicht etwas niedrig, die Nase kurz und rund. Die Augen sind gross und weit geöffnet, die Waugen rundlich, die Lippen dick, aber nicht aufgeworfen. Der etwas breite Mund hat

1) Champollion le Jeune, Grammaire égyptienne, Einleitung, S. XIX. — [Ganz ähnlich sprach Champollion sich auch in einer Muhammed-Ali eingereichten Abhandlung aus, vergl.: Lettres écrites d'Égypte et de Nubie, 1833, S. 430; deutsch v. Eug. Freih. v. Gutschmid, Quedlinb. u. Leipzig, 1835, S. 283. Nähere Nachweise gibt Ebers, Aegypten und die Bücher Mose's I, S. 46 ff. Vergl. auch Brugsch, Histoire d'Égypte, 2. Ausg. I, S. 5 ff. Viel anthropologisches Material und eingehende Detailuntersuchungen bringt R. Hartmann Zeitschrift d. Ges. f. Erdkunde, Berlin 1872, VII, S. 437—537; Zeitschr. f. Ethnologie v. Bastian u. Hartmann Bd. I, S. 23—45; 135—158; II, 85—111. Vergl. ferner sein neuestes Werk über die Nigritier, Bd. I, Berlin 1876. — R. P.] —

ein resignirtes, fast schmerzliches Lächeln. Diese den Bildsäulen aus dem alten und mittlern Reiche gemeinsamen Züge finden sich später zu allen Zeiten wieder. Die an künstlerischer Schönheit hinter den Denkmälern der alten Dynastien so weit zurückstehenden Denkmäler der achtzehnten Dynastie und die saïtischen und griechischen Skulpturen halten den alten Typus ohne merkliche Abweichung inne. Und wenn sich auch gegenwärtig die oberen Klassen durch wiederholentliche Verbindungen mit dem Auslande äusserlich verändert haben, so sehen die einfachen Bauern doch noch ihren Vorfahren ähnlich, und so ein Fellah sieht die Bildsäulen Chafra's oder die Kolosse der Usortesen mit Staunen an, da er selber Zug für Zug viertausend Jahre später das physionomische Ebenbild jener alten Pharaonen abgibt[1].

Wie die ägyptische Rasse ihren ethnographischen Merkmalen nach mit den weissen Völkern Vorderasiens, hängt auch die ägyptische Sprache nach ihren grammatikalischen Formen mit den sogenannten semitischen Sprachen zusammen[2]. Nicht allein gehört eine grosse Zahl ihrer Wurzeln auch dem hebräisch-aramäischen Sprachtypus an, sondern auch ihre grammatische Grundlage nähert sich an das Hebräische und das Syrische vielfach an. Das älteste und einfachste aller Tempora der Konjugation wird mit Suffixpronominibus zusammengesetzt, welche in beiden Sprachen gleichlautend sind. Die angehängten und die selbständigen Pronomina werden durch ein und dieselben Wurzeln ausgedrückt und spielen im Aegyptischen ganz dieselbe Rolle wie in den semitischen Sprachen[3]. Ohne auf diese, stellenweise noch dem Zweifel anheimfallenden[4], Annäherungen weiter einzugehen, lässt sich gegenwärtig soviel behaupten, dass sich die von den semitischen Sprachen verwandten grammatischen Hülfsmittel meist im Aegyptischen in unentwickeltem Zustande

1) Eine der schönsten Holzstatuen im bulâqer Museum heisst bei den Leuten von Kairo der Scheych el-beled [»Dorfälteste«], weil sie Stück für Stück ein Ebenbild des gegenwärtigen Scheych el-beled von Saqarah ist. || 2) Benfey, Ueber das Verhältniss der ägyptischen Sprache zum semitischen Sprachstamm, Leipzig 1844; Schwartze, Das alte Aegypten, Bd. 1, 2. Theil, S. 2003 ff; de Rougé, Recherches sur les monuments, S. 2—4; Lepsius [Zwei sprachvergleichende Abhandlungen, 1836, S. 81 ff.]; Zeitschrift 1870, S. 91—92. || 3) Maspero, Mémoires de la société de Linguistique de Paris, Bd. II, S. 1—8. || 4) Siehe Renan, Histoire des langues sémitiques, 4. Ausg. Bd. 1, S. 80—92.

wiederfinden lassen. Freilich hat sich die ägyptische Sprache von den semitischen, mit denen sie anfänglich zu derselben Sprachgruppe gehörte, bereits sehr früh und zwar zu einer Zeit getrennt, als das grammatische System beider Sprachen noch im Werden begriffen war. Jede der beiden Sprachfamilien blieb für sich, erlitt andere Einflüsse und behandelte in Folge dessen die ihnen beiden gemeinsamen Grundbestandtheile auf ihre eigene Art. Während das Aegyptische früher zur Kultur gedieh und dadurch in seiner Entwicklung unterbrochen wurde, entwickelten sich die semitischen Sprachen viele Jahrhunderte hindurch weiter, bis sie zu der Gestaltung kamen, in welcher sie uns gegenwärtig bekannt sind, »so dass, wenn es zwischen der ägyptischen Sprache und den asiatischen Beziehungen gibt, die auf eine gemeinschaftliche Abstammung deuten, diese Beziehungen doch in so weiter Ferne liegen, dass dasjenige Volk, mit welchem wir uns beschäftigen, sich äusserlich scharf absondert«[1].

Die Aegypter würden also zu den protosemitischen Rassen gehören. Ueber den Isthmus von Sues kamen sie aus Asien, fanden an den Ufern des Nil eine andere, wahrscheinlich eine schwarze Rasse ansässig vor, und drängten diese in das Innere zurück[2]. Aegypten, jetzt so reich und fruchtbar, musste damals sehr öde aussehen. Der Fluss war sich selbst überlassen und veränderte beständig sein Bett. Da er bestimmte Theile des Thales bei seinem Austreten niemals erreichte, blieben diese unfruchtbar, in anderen dagegen blieb er so beharrlich stehen, dass er das Erdreich in verpestende Schlammlachen verwandelte. Das Delta war zu einer Hälfte von den Gewässern des Flusses überflutet, zur andern lag es unter den Wogen des Mittelmeeres, und bildete daher einen unermesslichen Morast, in dem einige Sandinseln verstreut lagen, und der mit Papyros, Lotos und hohen Schilfarten bedeckt war, durch welche die Nilarme träge sich ihren immerfort verschiebenden Weg bahnten. An beiden Ufern drang die Wüste überall in das Land ein, wo es nicht alljährlich von der Ueberschwemmung bedeckt wurde, so dass man ohne Vermittelung aus der verwilderten Vegetation tropischer Moräste in die absoluteste Dürre gelangte. Allmählich lernten die neuen Ankömmlinge, den Lauf des Flusses regeln, ihn eindämmen und durch Berieselungskanäle Fruchtbarkeit

---

1) De Rougé, Recherches, S. 3. || 2) Lepsius, Zeitschrift, 1870, S. 92.

in die entlegensten Thalwinkel zu bringen. Aegypten stieg aus dem Wasser empor und wurde in der Hand des Menschen zu einem für die friedliche Entwicklung einer grossen Civilisation ungemein geeigneten Lande.

Es währte lange, bis Land und Volk zu Stande kamen. Myriaden von Jahren, wie die Alten selbst sagen, zwischen zwei- und viertausend Jahren nach der mässigsten Berechnung der meisten jetzt lebenden Gelehrten. Durch jene instinktartige Naivität, welche die Völker dazu bewegt, das Vollkommene in der Vergangenheit zu suchen, kamen die Aegypter dazu, die ersten Jahrhunderte ihres Verweilens an den Ufern des Nil für eine vor allen Zeiten glückliche Zeit und ihre halbwilden Vorfahren für fromme Leute anzusehen, die schlechthin *Shesu-Hor* (Horus-Diener) hiessen [1]. Es kommt diesen geschichtslosen Geschlechtern die Ehre zu, Aegypten jene Verfassung gegeben zu haben, mit der wir es vom Anfange der historischen Periode an kennen lernen. Während sie anfangs in eine grosse Anzahl Stämme zerfielen, bildeten sie zunächst an mehreren Orten zugleich kleine unabhängige Staaten, deren jeder eigene Gesetze und eigenen Kultus hatte. Mit der Zeit schmolzen diese Staaten in einander, so dass fortan davon nur noch zwei grosse Fürstentümer übrig blieben: Unterägypten (*To-mera*) oder das Nordland (*To-meh*) im Delta, und Oberägypten oder das Südland (*To-res*, *To-qemā*) von der Spitze des Delta bis zum ersten Katarakte. Unter einem Scepter vereinigt bildeten sie das Erbreich der Pharaonen, das Land Kemit, doch verschwand dadurch die ursprüngliche Eintheilung nicht, aus den kleinen Staaten wurden Provinzen und aus ihnen entstanden Regierungsbezirke, welche die Griechen *Nomen* genannt haben.

Die Nomen bestanden aus einer oder mehreren Städten und einem ziemlich kleinen Landgebiete [2]; der grösste besass noch lange nicht die Ausdehnung auch nur von einem unserer Departements. Das Landgebiet eines jeden Nomos zerfiel wieder in mehrere Unterabtheilungen: 1. die Hauptstadt (*nut*), der Sitz der Civil- und Mi-

1) Lepsius, Denkm. III, 5, a; Dümichen, Baukunde der Tempelanlagen von Denderah Taf. XVI; Vergl. De Rougé, Recherches sur les monuments, qu'on peut attribuer aux six premières dynasties de Manéthon, S. 163 ff. [Brugsch, Histoire d'Égypte I, (2. Aufl.) S. 23]. || 2) Brugsch, Geographische Inschriften, Bd. I, S. 93 ff.

litärverwaltung und der religiöse Mittelpunkt der Provinz; 2. die angebauten Hufen (*uu*), die mit Getreide bestellt und von der Ueberschwemmung jährlich überflutet wurden; 3. die Marschen (*peh'u*), auf denen das Austreten des Nils so tiefe Pfützen hinterliess, dass man sie nicht gleich trocken legen konnte; wo es thunlich war, verwandelte man diese in Viehweiden, kultivirte dort Lotos und Papyros und trieb dort die Zucht der Wasservögel im Grossen; 4. endlich, die vom Nil behufs des Ackerbaues und der Schiffahrt abgezweigten Kanäle[1]. An der Spitze der Civil- und Militärbehörde befinden sich erbliche Statthalter (*hiq*), meist aber unmittelbar vom Könige ernannte Nomarchen (*mer-nut fat-to*, oder blos *mer nut fat*)[2]. Die religiöse Autorität wurde vom Oberpriester des Tempels, dessen Würde theils eine wählbare, theils eine erbliche war, ausgeübt. Die Einwohner des Nomos bezahlten an den König und dessen Beamten eine ihrem Reichtum an Grundbesitz entsprechende Abgabe in Naturalien, und die Vertheilung derselben machte häufige Abschätzungen und Kataster nothwendig. Einer Art Aushebung für den Kriegsdienst mussten sie sich unterziehen, ebenso der Frohnarbeit bei der Ausführung aller gemeinnützigen Arbeiten, sei es dass es sich um den Bau eines Tempels oder einer Festung, die Herstellung einer Strasse, die Errichtung eines Deiches oder die Ausgrabung eines Kanals handelte.

Die Anzahl der Nomen schwankte zu Zeiten. Die meisten alten Geschichtsschreiber rechnen deren sechsunddreissig[3]; die ägyptischen Listen geben stellenweise vierundvierzig und zwar zweiundzwanzig für Ober- und zweiundzwanzig für Unterägypten[4]. Der südlichste davon hiess, wie Nubien, an das er grenzte, To-Kens. Die Hauptstadt war Abu, bei den Griechen Elephantine, und später in der Römerzeit Nubit (Ombos). Ausser der Stadt Suannu (Syene) umfasste er die beiden berühmten Inseln Senem (Bigeh) und Lak (Aalaq, Pi-lak, Philai), welche den letzten Heiden in Aegypten zur Zuflucht vor den Verfolgungen der Christen dienten. Dann folgten die Nomen Tes-Hor (Apollonites) mit Deb (Apollinopolis magna,

1) Jacques de Rougé, Textes géographiques du temple d'Edfou, S. 29. || 2) Lepsius, Denkmäler, II, Taf. 124—125. Vergl. Brugsch, Geogr. Inschr. Bd. I, S. 111—116. — Maspero, Une Enquête Judiciaire à Thèbes, S. 9, Anm. 1. || 3) Diodor, I, 54, 3; Strabo XVII, 1, 3. || 4) Brugsch, Geogr. Inschr. I, S. 99.

Edfu und Chennu (Silsilis) und der von Ten (Latopolis). Die Hauptstadt in diesem letztern war anfangs Necheb[1], was Champollion mit der griechischen Stadt Eileithyia identifizirte. Der Name Necheb tritt bei den wichtigsten Ereignissen der ägyptischen Geschichte auf. Als unter der siebzehnten Dynastie die Hirten das Delta in Besitz hatten, benutzten die Fürsten des Südens diese Stadt als Bollwerk und mitunter als Hauptstadt. Mit der Statthalterschaft über sie wurde ein Prinz betraut, der den Titel eines *Königssohn von NECHEB* annahm. Später in griechisch-römischer Zeit hatte Necheb seine Bedeutung als Hauptstadt eingebüsst und trat den Vorrang an Sni (Latopolis), das moderne Esneh, ab[2].

Verliess man den Nomos Ten, so gelangte man in den Nomos Uas[3], den Phathyrites der Griechen. Hauptstadt davon ist Ape, T-ape, das hundertthorige Theben Homer's, die Wohnung des Ammon-Râ, des Königs der Götter und Schöpfers der Welt (Pa-Amen, Diospolis magna). Sein Ursprung verlor sich in die Nacht der Zeiten: die nationalen Ueberlieferungen machten es zur irdischen Heimat des Osiris[4] und liessen dort eine menschliche Dynastie von den vorgeschichtlichen Dynastien residiren. In seiner Glanzzeit dehnte es sich vom Fusse der libyschen bis zum Fusse der arabischen Bergkette über beide Nilufer aus. Nachdem er unter neun auf einander folgenden Dynastien, von der eilften bis zur zwanzigsten, Aegyptens Hauptstadt gewesen war, von der einundzwanzigsten ab seine Stellung eingebüsst hatte, der Reihe nach von Aethiopen, Assyrern und Persern eingenommen und geplündert war, wurde es von Ptolemaios Lathyros zerstört und im Jahre 27 vor Christus zur Hälfte zertrümmert. Auf seinen Ruinen wurden Dörfer von wenig Bedeutung in grosser Zahl errichtet[5], die gegenwärtig noch unter arabischen Namen fortbestehen: El-aqsoraïn (Luqsor) und Karnaq auf dem rechten Ufer, Qurnah, Medinet-Habu, Deyr-el-Bahari auf dem linken. Das südliche On oder Her-Month (Hermonthis), dessen Ursprung bis in die vorgeschichtlichen Zeiten reichte, wurde von da ab die Hauptstadt des Nomos[6].

---

1) Bis vor kurzem wurde dieser Name *Suan* oder *Neben* gelesen. [Vergl. Brugsch, Zeitschr. 1875, S. 6; Stern, a. a. O. S. 65 f. — R. P.] || 2) Brugsch, Geogr. Inschr. I, S. 171. || 3) Bis vor kurzem wurde dieser Name *Zâm* und *Uab* gelesen. || 4) Brugsch, Geogr. Inschr. I, S. 175 f. || 5) Strabo, XVII, 1, 46. || 6) Brugsch, Geogr. Inschr. I, S. 193—195.

Nördlich von Theben lagen hintereinander: am rechten Flussufer der Nomos Horui (Koptites), mit Qebti (Koptos), einer der wichtigsten Festungen und bedeutendsten Handelsstädte in Oberägypten: am linken Ufer der tentyritische Nomos mit Ta-rer oder Ta-n-tarer (Tentyris, Denderah); an beiden Ufern der Nomos von Ha-sechech (Diospolites) und der thinitische, dessen Hauptstadt anfangs Theni war später dann Abud (Abydos) wurde. Abydos gehörte zu den ansehnlichsten Städten in Aegypten. Strabo, der es im vollständigen Verfall sah, berichtet, es habe vor Zeiten die zweite Stelle innegehabt[1], und ich wüsste in der That keine Stadt, die nächst Theben auf Denkmälern aller Art so oft erwähnt würde. Sie war freilich weder gross noch stark bevölkert, denn eingeengt zwischen der Wüste und einem vom Nil abgezweigten Kanale, hatte sie einen sehr schmalen Landstreifen zwischen den modernen Dörfern El-cherbeh und Arabât-el-madfûneh inne und konnte sich nie weit ausdehnen. Ihre Eigenschaft als heilige Stadt war es, was sie überall bekannt machte: ihre Tempel waren berühmt, man verehrte ihren Gott, den Osiris, ihre Feste wurden in ganz Aegypten mitgefeiert, und reiche Leute aus andern Nomen hielten es für ehrenvoll, sich in ihrer Nekropolis, im Grabbezirke des Osiris bestatten zu lassen. Unter den Ptolemäern verlor Abydos seine Ansprüche als Hauptstadt, und diese gingen auf den Flecken Suï (Syïs, P-suï, Psoï) über. Von Ptolemaios Soter erweitert und besiedelt, nahm dieser Flecken den Namen Ptolemaïs an[2].

Ohne dass die mittelägyptischen Nomen zwischen Abydos und Memphis je ein hervorstechendes Uebergewicht besessen haben, haben sie doch für das Schicksal des Landes eine grosse Bedeutung gehabt[3]. Da es in ihnen eine zahlreiche Bevölkerung und an den verschiedenen Nilarmen günstig gelegene befestigte Plätze gab, konnten sie die Verbindung zwischen Theben und Memphis nach Belieben aufheben und vorrückende Heere lange Zeit aufhalten. Dort befand sich zunächst Apu oder Chem (Panopolis oder Chemmis) im Nomos Chem auf dem rechten Flussufer. Dort wurde Chem oder Min verehrt, und in einem Titel dieses Gottes *Pehrer* oder *Pehres*, der »Läufer«, glaubten die Griechen, durch einen einfach lautlichen

1) Strabo XVII, 1, 42. || 2) Corpus Inscr. graec. no. 4925. || 3) Aus sieben von diesen Nomen, die von Oberägypten gesondert und zu einer Statthalterschaft vereint wurden, entstand in der Römerzeit die Provinz Heptanomis.

Anklang getäuscht, den Namen ihres Heros Perseus wiederzuerkennen [1]) Weiter hinab, noch immer auf dem rechten Ufer kam Pahornub im Nomos Duf (Antaiopolites) [2]); am linken Ufer die Festung Shashotep (Shôtp) im Nomos Baar (Hypselites) [3]) und im Nomos Ober-Atef (Atef-chent, Lykopolites) die wichtige Stadt Saut (Lykôn polis, Osyut [4]). Man traf dann Unter-Atef (Atef-peh'u), dessen Hauptstadt in den Pharaonenzeiten Qast (Chusai) war. In griechisch-römischer Zeit wurde das Gebiet desselben an zwei Nachbarprovinzen vertheilt [5]), an die lykopolitische im Süden und die von Hermopolis im Norden.

Der alte Name von Hermopolis war Sesunnu, die Stadt der acht Götter, und Unnu. Es lag ziemlich weit vom Nil im Nomos Un (Hermopolites), nahe an dem Kanal, der noch jetzt Bahr-el-Yusuf heisst. Es gehörte zu den ältesten Städten in Aegypten, war der Schauplatz eines der grossen Siege des Hor über den Set gewesen, und sein eponymer Gott Thot hatte rühmlichen Antheil an den Kriegen des Osiris genommen. Nach Norden und Osten grenzte das Gebiet desselben an das des Nomos Meh' [6]), eines der berühmtesten unter den Nomen der Thebaïs. Die Hauptstadt desselben war H'ebennu (Tuho, Theodosiopolis) [7]), doch auch mehrere andere wichtige Städte lagen darin, wie Nofrus (Kum-el-ahmar) und Pa-nubt (Speos Artemidos, Beni-Hassan) auf dem rechten Ufer, Menât-Chufu auf dem linken. Menât-Chufu war von Chufu (Cheops) entweder gegründet oder erweitert, stand unter der zwölften Dynastie noch in Blüte, und sein von einem Geschlechte dem andern überlieferter Name gab bei den ägyptischen Arabern dem Namen Minieh seine Entstehung [8]). Nördlich vom Nomos Meh' zogen sich am westlichen Flussufer zwei Nomen entlang, der von Pa mit der Hauptstadt H'abennu (Hipponon) [9]), und der von Maten (Aphrodites) mit Pa Nebtepah'e (Aphroditopolis, Atfieh); am westlichen Ufer zwischen dem Nil und der libyschen Bergkette: der Nomos Uah (Oxyrrynchites) — Hauptort Pa-Mat'at (Oxyrrynchos, Pemće (koptisch)) —;

1) Herodot II, 91. || 2) Jacques de Rougé, Étude sur les textes géographiques du temple d'Edfou, in der Revue archéologique, Juli 1870, S. 5—6. || 3) ebend. S. 1 ff. || 4) Brugsch, Geographische Inschriften, I, S. 217—219. || 5) J. de Rougé, ebend. S. 12—15. || 6) Gewöhnlich Nomos Sah' genannt, vergl. darüber Jacques de Rougé in der Revue archéologique, Februar 1872, S. 68 ff. || 7) ebend. S. 70—76. || 8) Brugsch, G. I. I, S. 224. || 9) J. de Rougé S. 76.

der obere Neht-Nomos (Herakleopolites) — Hauptort Hâ-chnen-su oder Hnes (Herakleopolis magna) —; schliesslich der untere Neht-Nomos[1], zu dem das Toshe oder Land des Meri-See (das Fayum) gerechnet wurde. Im unteren Neht lag die Stadt Meri-Tum oder Meï-Tum (Meïdum), am Fusse der libyschen Bergkette. In griechisch-römischer Zeit gab es ihn nicht mehr: was von seinem Landgebiete zwischen dem Nil und dem Gebirge lag wurde zu dem herakleopolitischen Nomos hinzugefügt. Aus dem Fayum wurde ein neuer, der arsinoïtische Nomos, dessen Hauptstadt von da ab Krokodilopolis, das ehemalige Shed, ward.

Einige Kilometer nördlich von Meïtum überschritt man die Grenze von Unterägypten und betrat den Nomos der weissen Mauer (Sebt-h'at' oder Aneb-h'at', Memphites). Unter den Mauern von Tetauï, eines Vorwerks des Delta gegen die Angriffe von Süden her, vorbei gelangte man nach Mannofer (Memphis). Memphis, die Stadt des Phtah', Hakaptah', woraus die Griechen den Namen für Aegypten entnahmen[2], gehörte zu den festesten Plätzen in Aegypten. Es bestand aus einer Altstadt, der weissen Mauer (Seb-h'at' oder Aneb-h'at'), in welcher der grosse Phtahtempel emporragte, und mehreren Stadttheilen, deren hauptsächlichster, Anchtauï zur Perserzeit der Lieblingsaufenthalt der Ausländer, besonders der Phönizier, geworden war[3]. Durch die Gründung von Alexandrien nahm es ab, und die von Kairo richtete es ganz zu Grunde. Um das dreizehnte Jahrhundert vor unserer Zeitrechnung war es nur noch eine imposante Ruine: »Trotz der unermesslichen Ausdehnung dieser Stadt, und des hohen Altertums, in welches sie zurückreicht, ... zeigen ihre Ruinen dem Auge des Beschauers einen Verein von Wundern, welcher das Verständniss in Verwirrung setzt, und den zu schildern der beredteste vergeblich unternehmen möchte ... Die Steine, die von der Zertrümmerung der Gebäude herrühren, bedecken die ganze Oberfläche dieser Ruinen. An manchen Stellen findet man noch ganze Wände, aus den erwähnten grossen Steinen erbaut, aufrecht stehen, anderswo sind nur noch die Fundamente oder vielmehr Schutthaufen übrig. Ich sah die Wölbung eines sehr hohen Thores, an dem beide Seitenmauern aus einem einzigen Steine be-

1) J. de Rougé, S. 76—80 [Rev. arch. 1874, S. 223—229 und 281—286]. || 2) Brugsch, Geogr. I. I. S. 83. || 3) Herodot III, 91 .... *ἐν τῷ Λευκῷ τείχεϊ τῷ ἐν Μέμφι* ... vergl. Brugsch, Zeitschrift, 1863, S. 9.

stehen, dessen oberer Balken, der auch nur aus einem einzigen Steine bestand, vor das Thor hinuntergestürzt war ... Die Trümmer von Memphis nehmen gegenwärtig eine halbe Tagereise ein[1].« So sagte Abd-allatif im dreizehnten Jahrhundert, seit seiner Zeit wurden die Trümmer theilweise als Steinbrüche ausgebeutet und dienten zur Erbauung der Häuser von Kairo und der benachbarten Flecken; das, was übrig blieb, hat der Wüstensand und der Nilschlamm begraben.

An der Spitze des Delta lag nach den Alten am linken Nilufer, angrenzend an die libysche Wüste, der letopolitische Nomos mit Sechemt (Latopolis) und Kerkasoron[2], am rechten, an die arabische Wüste angrenzend, der heliopolitische. Das nördliche On, das Heliopolis der Griechen, war dessen Hauptstadt. Auf einer künstlichen Anhöhe liegend, nahm es einen beschränkten Raum ein und hatte keine zahlreiche Bevölkerung, doch war es trotzdem eine von den religiösen Hauptstädten in Aegypten und der Sitz einer weltberühmten Theologenschule. Nach der griechischen Ueberlieferung hatten dort Solon, Pythagoras, Plato und Eudoxos mehrere Jahre ihres Lebens auf das Studium ägyptischer Wissenschaft und Philosophie verwendet. Zwei benachbarte Städte, Cher und H'âbenben, hatten in den Osiris-Kriegen eine grosse Rolle gespielt und waren weitbekannte Heiligtümer. An den Nilufern standen Babylon und Trufu. Trufu lag Memphis fast gegenüber. Seine von den Königen der ersten Dynastien eröffneten Steinbrüche wurden fast ohne Unterbrechung bis zu der arabischen Zeit ausgebeutet. Bei den Griechen hiess es Troia, und sie behaupteten, es sei wie das ihm benachbarte ägyptische Babylon von babylonischen, so von troischen Gefangenen erbaut[3].

Die Namensverhältnisse der Deltaprovinzen stehen noch nicht so sicher fest, dass ich sie hier einzeln anzugeben wagen möchte. Ich will hier nur erwähnen: Saï (Sais) im saitischen Nomos, am rechten Ufer des kanobischen Nilarms: Chsôu (Xois) und Pa-ut' (Buto), zwischen dem kanobischen und dem sebennytischen Arme.

1) Abd-al-latif (übersetzt von De Sacy), Buch II, Kap. 4, S. 185, 187, 184. || 2) Brugsch, Geogr. Inschr. I, S. 243—244. [Ebers, Durch Gosen zum Sinai, Leipzig 1872, S. 488 ff.] || 3) Diodor, I, 56, 2—5; Strabo XVII, 1, 34 [ägyptisch: Du-ro-âu]. Vergl. über Trufu: Brugsch, Zeitschr. 1867, S. 89—95.

das letztere im untern Am-Nomos oder Patonut (Phthenceotes[1]); auf dem linken Ufer des sebennytischen Armes Thebnuter (Sebennytos), auf dem rechten H'â-ta-ab-ra (Athribis): Pabanebdad oder Dadu (Mendes) und Tanis zwischen dem sebennytischen und dem pelusischen Arme. Jenseits des pelusischen Armes stand zwischen dem Nil und der Wüste die Stadt T'al als Grenzfeste Aegyptens nach der syrischen Seite: an welcher Stelle sie stand ist noch unbekannt[2]. Trotz ihres Reichtums und hohen Alters spielten auch diese Deltastädte in der Geschichte Aegyptens nur eine nebensächliche Rolle. Von den zwanzig ersten Dynastien gaben sie nur eine einzige, die dazu noch bedeutungslose, aus Xoïs stammende vierzehnte Dynastie. Wie sie ums eilfte Jahrhundert in das politische Leben eingriffen und das Uebergewicht erhielten, hatten sie eben auch nur den Vorrang in dem im Verfall begriffenen Lande und beschleunigten diesen durch ihre fortwährenden Eifersüchteleien. Dadurch, dass Naukratis, und besonders dadurch, dass Alexandrien gegründet wurde, kamen sie so vollständig herunter, dass grösstentheils sie im 1. Jahrhundert p. Chr. nur noch die Bedeutung einfacher Landflecken behielten.

So waren die Nomen auf der Landesoberfläche vertheilt. Ihr Entstehen ging, wie oben gesagt, auf die vorgeschichtlichen Geschlechter zurück, den nachkommenden Geschlechtern blieb kaum mehr übrig, als das von ihren Ahnen eingeführte Verwaltungssystem im einzelnen zu ergänzen und umzugestalten. Es war ferner ein Verdienst der Shesu-Hor, dass sie fast alle Einrichtungen für das geschichtliche Aegypten schufen. Ihnen, oder vielmehr den Göttern, welche über sie geherrscht haben sollten, schrieb man die Einführung der ersten bürgerlichen Gesetze, das Auffinden sämmtlicher für das Leben und Wohlbefinden des Menschen nützlichen Künste und die Erfindung des Papiers und der Schrift zu. Aegyptens Religion war wenigstens zum Theil ihr Werk, denn sie hatten die Mehrzahl der Götternamen geschaffen und beinahe alle Dogmen aufgestellt, die wir auf den Denkmälern späterer Zeit erörtert finden.

---

1) Brugsch, Zeitschr. 1871, S. 11—13. || 2) Brugsch (Zeitschr. 1872, S. 16) schlägt vor, es mit Tanis zu identifiziren. [Ueber die Geographie des Delta in alter Zeit vergl. die Karte in der Schrift von Brugsch, L'Exode et les Monuments égyptiens. Leipzig 1875].

Die ägyptische Religion.

Bei der Durchsicht der grossen Sammelwerke, in welchen in unserm Jahrhundert die Gelehrten einen Theil von den Ueberresten altägyptischer Denkmäler wiedergegeben haben, befremdet uns sofort die fast unglaubliche Fülle von mystischen Darstellungen und religiösen Scenen, die auf uns überkommen sind. Fast auf jeder Tafel begegnet man einer Göttergestalt, wie sie mit unbeweglicher Miene die Opfer und Gebete des vor ihr knieenden Priesters oder Königs hinnimmt. Beim Anblick so vieler heiliger Darstellungen möchte man sagen, es sei dies Land vorzugsweise von Göttern bewohnt gewesen und habe gerade soviel Menschen enthalten, als es deren zur Ausübung des Kultus bedurfte. Die Aegypter waren ein frommes Volk: sei es aus natürlichem Triebe, sei es, weil sie dazu angeleitet waren, sahen sie überall im Weltall Gott, lebten in ihm und für ihn. Ihr Geist war seiner Erhabenheit, ihr Mund seines Lobes voll, und ihre Literatur reich an Werken, welche sich an seinen Wohlthaten begeisterten. Die meisten von den Handschriften, welche dem Untergange ihrer Civilisation entgangen sind, behandeln ausschliesslich religiöse Stoffe, und selbst in denen, welche profanen Gegenständen gewidmet sind, kommen auf jeder Seite, oft auf jeder Zeile, mythologische Namen und Anspielungen vor[1].

Im Anfang war das *Nu*, der uranfängliche Ocean, in dessen unendlichen Tiefen sich die ungeordneten Keime der Dinge hin und her bewegten. Von aller Ewigkeit her befruchtete und gebar sich Gott selbst im Schoosse dieser noch gestaltlosen und untauglichen, im Fluss begriffenen Masse. Dieser Gott der Aegypter war ein einiges, vollkommenes, mit einem bestimmten Wissen und Erkennen begabtes und bis zu dem Grade unerforschliches Wesen, dass sich nicht aussagen lässt, worin seine Unerforschlichkeit besteht. Er ist der »eine Einige, der wahrhaft vorhandene, der einzige wirklich lebendige, der alleinige Erzeuger im Himmel und auf Erden, welcher nicht erzeugt ward, der Vater der Väter und die Mutter der Mütter«. Stets sich selbst gleich, stets unwandelbar in seiner unwandelbaren Vollkommenheit, allgegenwärtig in der Vergangenheit wie in

1) Vergl. De Rougé, Études sur le Rituel funéraire, in der Revue archéologique 1860 S. 69 ff.

der Zukunft, erfüllt er das Weltall so, dass auch kein Gleichniss der Welt nur einen schwachen Begriff von seiner Unermesslichkeit zu geben vermöchte: man fühlt ihn überall und nirgends wird er greifbar.

Einig in seinem Wesen ist er nicht einig in seiner Person; er ist Vater, schon seinem Wesen nach, und seine Natur ist so mächtig, dass er immerdar befruchtet, ohne je zu ermatten, oder sich zu erschöpfen. Er braucht nicht aus sich herauszutreten, um fruchtbar zu werden: er findet in seinem eignen Schoosse Stoff, sich unablässig zu gebären. In sich, in der Ueberfülle seines Wesens, empfängt er seine Frucht, und da es in ihm keinen Unterschied zwischen Empfängniss und Geburt gibt, so bringt er seit aller Ewigkeit in sich selbst ein zweites Selbst hervor. Er ist zu gleicher Zeit Vater, Mutter und Sohn Gottes. Von Gott erzeugt, von Gott geboren, ohne aus Gott herauszutreten, sind seine drei Personen Gott in Gott und tragen alle drei, anstatt einen Zwiespalt in die Einheit der göttlichen Natur zu bringen, zu seiner göttlichen Vollkommenheit bei.

Dieser dreieinige Gott hat alle göttlichen Eigenschaften, Unermesslichkeit, Ewigkeit, Selbständigkeit und unbegrenzte Güte. Diese höchsten Eigenschaften bringt er immerdar zur Entfaltung, oder »schafft«, um mich eines Lieblingsausdrucks der religiösen Schulen des alten Aegyptens zu bedienen, »seine eignen Glieder, welche da sind die Götter«[1], die sich mit ihm zu wohlthätigem Wirken vereinen. Jeder dieser Götter zweiten Ranges kann, als eins mit dem einen Gotte betrachtet, einen neuen Typus abgeben, aus dem durch denselben Vorgang wiederum andere untergeordnetere Typen emaniren. Von einer Dreifaltigkeit zur andern, von Personifikationen zu Personifikationen gelangt man so bald zu jener wahrhaft unglaublichen Anzahl vielfach grotesker und häufig missgebildeter Gottheiten, die in fast unmerklicher Abstufung vom höchsten Platze der Schöpfung zu deren niedersten Staffeln hinabgehen. Für den aufgeklärten Verehrer waren nichtsdestoweniger die mannigfachen Namen und unzähligen Gestalten, mit denen die Menge gern je ein besonderes und selbständiges Wesen verbinden mochte, nur Namen und Gestalten ein und desselben Wesens: »Sofern Gott zur Zeugung gelangt und

1) Todtenbuch, Kap. XVII Zeile 4.

die unsichtbare Kraft der verborgenen Beziehungen an das Licht fördert, heisst er *Ammon*«, »sofern er der Geist ist, welcher sich selbst begreift und jegliche Erkenntniss auf sich selbst zurücklenkt, *Imhotep* (Ἰμούθης)«, »sofern er alles untrüglich und mit Kunst vollendet, *Phtah*«, und »sofern er der ist, welcher das Gute wirkt, heisst er *Osiris*[1]«. Ammon, Imhotep, Phtah und Osiris wurden nicht ohne weiteres im ganzen Lande verehrt. Ein jeder Nomos in Aegypten hatte seine Dynastie und so auch seinen einheimischen Gott, welcher eine von den Formen des einzigen Gottes war und einen von dessen Namen führte. So viele Nomen es gab, in so viele Gebiete hatten die Gestalten und Namen des einen Gottes Aegypten unter einander getheilt und neben dem politischen eine Art von göttlichem Lehnswesen begründet. Tum herrschte zu Heliopolis, Thinis und später Abydos standen unmittelbar unter der Macht des Osiris, Ammon besass Theben, und Phtah liess in historischer Zeit sich in Memphis nieder. Da jeder von diesen Göttern mit den Göttern in den übrigen Nomen substanziell identisch war, erkannte er gutwillig diese Grundeinheit an. Ammon von Theben nahm gastlich in seinem Tempel den Min oder Chem von Koptos auf, so auch den Tum von Heliopolis und Phtah von Memphis, und diese gaben wiederum ihm neben sich Raum in ihren eignen Heiligtümern. Dadurch dass man sich die verschiedenen Gestalten der Gottheit gleichzeitig anzubeten gewöhnte, kam man fortwährend dazu, sie zu einer einzigen Person zu verschmelzen. Sebek aus dem Fayum wurde dem Râ zugesellt und verwandelte sich so in Sebek-Râ. Phtah verschmolz unter dem Namen Phtah-Sokari mit Sokari, und dadurch, dass er dann mit Osiris zusammengebracht wurde, entstand Phtah-Sokar-Osiris. Alle Göttertypen gingen wechselseitig in einander über und in den höchsten Gott auf. Ihre selbst ins unendliche getriebene Zersplitterung zerstörte die göttliche Wesenseinheit in keiner Weise, und man konnte die Namen und Gestalten Gottes nach Belieben vervielfältigen. Gott vervielfältigte man nie.

Er wandte dem uranfänglichen Chaos sein Wirken zu und entwirrte es mit leichter Mühe. Er sprach zu der Sonne: »Komm zu mir«! die Sonne kam und begann zu scheinen. Auf sein Geheiss ebnete der leuchtende Shu die Erde und schied die Gewässer in

1) Jamblichus, De Mysteriis, VIII, 3; S. 159 ed. Gale.

zwei getrennte Massen. Aus der einen, die sich über das Erdreich hin ergoss, entsprangen die Flüsse und das Weltmeer, die andere schwebte in den Lüften und bildete das Himmelsgewölbe, die *Wasser der Höhe*, auf welchen die Gestirne und Götter, von einer ewigen Strömung ergriffen, auf und ab zu fluten begannen. Aber dadurch, dass der Ordner des Alls Gesetze für die Weltenharmonie schuf, hatte er auch die übelwirkenden Naturkräfte gegen sich aufgebracht. Ihr Oberhaupt, das auf den Denkmälern in Gestalt einer langen, gewundenen Schlange, Namens Apap, dargestellt wird, versuchte, das göttliche Werk zu vereiteln: es entbrannte ein Kampf zwischen den befruchtenden Lichtgöttern und den dem Leben und Lichte feindlichen, den *Söhnen des Abfalls*. Nicht ohne Mühe wurde er beigelegt und zwar zu Gunsten der ersteren, hatte aber keinen entscheidenden Erfolg. So lange die Welt besteht, sollen die Ungetüme besiegt, entkräftet aber nicht vernichtet werden. Beständig im Aufruhr gegen die Macht, welche sie niederhält, bedrohen sie fortwährend die Ordnung der Natur, und Gott muss, um ihrem zerstörenden Thun zu widerstehen, sozusagen, die Welt am Morgen eines jeden Tages von neuem erschaffen.

Den ewigen Kampf zwischen Gott und dem Bösen hatten die Aegypter aus dem mystischen, religiösen Gebiete auf das materielle Gebiet der Natur übertragen. Sie verglichen Gott mit dem nahrungspendenden Nil und das Böse mit der Wüste, welche Aegypten mit ihren Glutwogen umlagert, und aus dem Kriege Gottes gegen das Böse wurde so der Krieg, den der Nil mit der Wüste führt. Gott wurde mit der Sonne, deren tägliche Geburt für sie das deutlichste Ebenbild der beständigen göttlichen Erzeugung zu sein schien, und das Böse mit der Finsterniss der Nacht als eins gefasst. Bald war für sie RÂ, die Sonne, nur das strahlendste Geschöpf des Allmächtigen und gleichsam der lebendige Leib der Gottheit, bald war er Gott selbst und mit der höchsten Macht ausgestattet: »Anbetung dir, Mumie, die sich verjüngt und auflebt ewiglich, Wesen, welches sich selbst gebiert alle Tage! Anbetung dir, der da aufgeht im *Nu*, zu beleben alles, was er schuf, der den Himmel schuf, und verhüllte das Geheimniss seines Horizontes! Anbetung dir, RÂ, der erscheinend, zu seiner Zeit, die Strahlen des Lebens entsendet den vernünftigen Wesen! Anbetung dir, der die Götter insgesammt gemacht hat, verborgener Gott, dessen Bild man nicht kennt! Anbetung dir, wenn du am Himmel kreisest, jubeln die Götter, die dich geleiten«![1] Wie man die Assimilirung und die stellenweise Identifizirung des höchsten Gottes mit der Sonne überhaupt zugelassen hatte, war es ganz selbstredend, dass die Gottesgestalten zweiten Ranges dem Râ durchweg assimilirt und mit diesem gleichgesetzt wurden. Ammon, Osiris, Hor und sogar Phtah wurden bald als *lebende Seele des Râ*, bald wie Râ selbst angesehen. Die Phasen seines Laufes, die man eifrig studirte und auseinanderhielt, betrachtete man jede für sich als eine Offenbarung, jede als eine Form (*choper*) seines Wesens. Vor ihrem Aufgange hiess die Sonne: Atum; in dem Augenblicke, wo sie aufging oder niederging: Horem-achu-ti, (der Hor in beiden Horizonten, bei den Griechen Harmachis); als aufgehende: Choper oder Harpokrates (das Hor-Kind); in ihrem Mittag: Râ, Shu, Anhur und Hor; Nofer-Tum, wenn sie zur Rüste ging, und: Osiris bei der Nacht, wenn sie sich in Finsterniss gehüllt hat und das untere Gebiet des Himmels durchmisst. Aus ihrem täglichen Leben wurde von dem Augenblicke an, wo sie Morgens am Horizonte erscheint, bis zu dem, wo sie hinter dem Gebirge im Westen verschwindet, das Leben des höchsten Gottes, und aus ihrem Streite mit dem Dunkel, wurde der Streit Gottes mit dem Bösen.

Er ist's: langsam löst er sich dort aus den Umstrickungen der Nacht. Sobald er »am östlichen Himmelshorizonte« erscheint, da »durchdringen, beleben und stärken die Lebensstrahlen seiner Augen« auch bereits »alle Wesen«. Stehend in der Kajüte seiner heiligen Barke, »der guten Barke der Millionen von Jahren«, von der gewundenen Mehen-Schlange, dem Sinnbilde seines Pfades, umschlungen, gleitet er langsam einher auf dem ewigen Strome der Himmelsgewässer, und ihm vorauf und hinter ihm her kommt jene Schaar von Untergottheiten, welche die Abbildungen uns in ihren bizarren Gestalten vorführen. Vorn steht Hor, mustert mit seinem Blicke den Horizont und meldet den Feind an, den er mit seiner Lanze zu durchbohren bereit steht, ein zweiter Hor hält das Steuerruder. Die Achimu-Urdu, die nimmer ruhenden, und die Achimu-Seku, die

1) De Rougé, Essai sur une stèle funéraire de la collection Passalacqua, Berlin 1849; G. Maspero, sur la Littérature religieuse, in der Revue politique, 1872, S. 461 [Brugsch, in der Zeitschr. der deutschen Morgenländischen Gesellschaft, Bd. IV, S. 374].

nimmer ziehenden, mit langen Rudern ausgerüstet, lenken die Barke und halten sie im Fahrwasser; sie rekrutiren sich stets aus den reinen Seelen, und selbst die Könige beider Aegypten halten es für rühmlich, sich ihnen zuzugesellen.

»Du erwachst wohlthätig, Ammon-Râ-Harmachis, du erwachst als Zeuge der Wahrheit. Ammon-Râ, Herr der beiden Horizonte! O wohlthätiger, strahlender, flammender! Es rudern dich deine Schiffsleute, die da sind die Achimu-Urdu! Es bewegen dich vorwärts deine Schiffsleute, die da sind die Achimu Sektiu! Du kommst hervor und erhebst dich, du erreichst deine Höhe als Wohlthäter, führend deine Barke, auf der du kreisest, nach dem höchsten Willen deiner Mutter Nut[1], alle Tage! Du durcheilst die Himmelshöhe, und deine Feinde liegen am Boden! Du wendest dein Antlitz dem Westen der Erde und des Himmels zu: geprüft sind deine Gebeine, geschmeidig deine Glieder, voll Leben dein Fleisch, strotzend deine Adern und es wächst deine Seele! Man preist dein heiliges Bild, man folgt dir auf den Pfaden der Finsterniss. Du vernimmst den Zuruf derer, die hinter dir sind: hinter der Kapelle deiner Barke ist man in Jubel, deiner Schiffsleute Herz ist zufrieden. Der Gebieter des Himmels ist theilhaftig der Freude, die Fürsten der Unterwelt jubeln, Götter und Menschen freuen sich und knieen nieder vor der Sonne auf ihrer Standarte[2] auf höchsten Befehl deiner Mutter Nut, [deren Herz zufrieden ist, [weil] Râ seine Feinde gefällt hat. Der Himmel ist froh, die Erde freut sich. Götter und Göttinnen[3] feiern ein Fest zum Ruhme des Râ-Harmachis, wenn sie ihn aufgehen sehen in seiner Barke und er die Frevler gefällt hat zu seiner Zeit! Die Kajüte ist unversehrt, denn die Mehen-Schlange ist an ihrem Orte, und der Uraios hat vernichtet die Frevler«.

»Nahe deiner Mutter Nut, Herr der Ewigkeit! Nachdem sie für dich den Zauberspruch der Geburt gesprochen haben, erheben

1) Das Himmelsgewölbe. [»Zeuge der Wahrheit« in dem ersten Satze und »nach dem höchsten Willen« in diesem, entsprechen ein und demselben Worte des ägyptischen Textes: *mâcher*. Im erstern Falle wäre die in Deutschland verbreitete Uebersetzung: »als Gerechtfertigter«, an der zweiten Stelle: »gerechtfertigt vor deiner Mutter«. Die eigentliche Bedeutung von *mâcher* ist noch nicht endgültig festgestellt. — R. P.]. || 2) [*âaat*, ägyptisch; bezeichnet die Standarte, auf welcher das Bild der Götter bei Processionen getragen wurde. — R. P.]. || 3) [»Götter und Göttinnen«, d. h. »alle Götter«. Vergl. Naville, Zeitschrift 1874, S. 6 ff. — R. P.]. —

Isis und Nephthys sich. wenn du hervorgehst aus dem Schosse deiner Mutter Nut. Geh auf. Râ Harmachis! Du gehst auf, leuchtend, strahlend und sprichst das Wort des Gebets gegen deine Widersacher; du gehst vorwärts in deiner Madbarke. du stösst den Bösen zurück zu seiner Frist, dass er nicht vordringe auch nur einen Augenblick! Vernichtet hast du die Stärke des Bösen: der Widersacher des Râ fällt in die Glut der Vernichtung. Der Nehabi weicht zu seiner Frist. Die Söhne des Abfalls haben keine Macht mehr; Râ siegt ob über seine Gegner. Die verstockten Herzens sind, erliegen unter den Streichen: du lässt den Bösen ausspeien, was er verschlungen hat[1]. Erhebe dich, Râ, im Innern deiner Kajüte«.

»Stark ist Râ, schwach der Frevler!
Erhaben ist Râ, niedergeworfen der Frevler!
Lebendig ist Râ, todt der Frevler!
Gross ist Râ, klein der Frevler!
Ersättigt ist Râ, hungrig der Frevler!
Seinen Durst stillt Râ, es dürstet der Frevler!
Leuchtend ist Râ, dunkel der Frevler!
Gut ist Râ, böse der Frevler!
Mächtig ist Râ, elend der Frevler!
Râ besteht, vernichtet ist Apap«!

»O Râ, gib Leben die Fülle dem Pharao! Gib Brote seinem Leibe, Wasser seiner Kehle. Wohlgeruch seinem Haar! O wohlthätiger Râ Harmachis, kreise mit ihm im Gebet! Wer mit dir in der Barke ist, jubelt; bestürzt, verwirrt sind die Frevler«!

»Der Laut der Wonne ist an der grossen Stätte, die Mad-Barke ist in Jubel! Es jauchzen in der Barke der Millionen von Jahren die Schiffsleute des Râ: ihrem Herzen ist wohl, wenn sie Râ erblicken. Es jubeln die Götter in der Höhe, die neun grossen Götter sind voll Freude und preisen die grosse Bari; Lust herrscht in der geheimnissvollen Kapelle«!

»Geh auf, Ammon-Râ-Harmachis, der sich selbst erschafft! Die beiden Schwestern[2] stehn im Osten, sie werden aufgenommen

1) [Diese Stelle bezieht sich auf die Sage, dass der böse Dämon der Finsterniss (Set) das Auge des Râ, d. h. die Sonne verschlungen hatte, aber wieder von sich geben musste; ein Bild für die Sonnenfinsterniss und zugleich für das tägliche Hervorgehen der Sonne aus der Nacht, welche sie scheinbar verschlang. — R. P. J. Nehahi, »der Kopfumdreher« ist der Name eines Dämons. ||

2) Isis und Nephthys.

in die Barke, sie werden hinaufgebracht auf deine Barke, die da ist die gute Barke jeglicher Geburt. Râ, der du erzeugst alles Gute, komm, Râ, der sich selbst erschafft! Gewähre dem Pharao zu empfangen die Opfer, welche man spendet in Hâ-benben[1], auf dem Altare des Gottes, dessen Name verborgen ist! Preis dir, du Greis, der sich offenbart zu seiner Frist, du Herr vielfacher Antlitze[2], du Uraios, der die Strahlen werden lässt, welche die Finsterniss vertilgen! Alle Pfade sind erfüllt mit deinen Strahlen. Es spenden dir die Hundskopfaffen, was in ihren Händen ist, sie besingen dich, sie tanzen dir zu Ehren, sie sprechen für dich ihre Besprechungen und Gebete[3]. Man ruft sie im Himmel und auf Erden, man führt sie zu deinen anmutigen Aufgängen; sie öffnen (Variante: sie sprengen) dir die Pforten des westlichen Himmelshorizontes, sie lassen Râ friedlich wandeln zum Jubel deiner Mutter Nut. Es prüft deine Seele die Bewohner des untern Himmels, und freudig sind die Seelen Morgens und Abends. [Denn] du lässest die todtbringende Pest entstehen und du versüssest die Trübsal des Osiris, du verleihst den Odem denen im Todtenlande«.

»Erhellt hast du die Erde, die da war in Finsterniss; du versüssest die Trübsal des Osiris. Die Wesen geniessen den Lebensodem, sie jauchzen dir zu, sie knieen vor deiner Gestalt, welche du besitzest als Herr der *Gestalten*, und erheben deine Macht, die du besitzest in deiner schönen Form als *Gott der Morgenfrühe!* Es strecken die Götter ihre Arme nach dir aus, wenn sie geboren werden von deiner Mutter Nut. Komm zum Pharao, verleihe ihm seinen Glanz im Himmel, seine Macht auf Erden. o Râ, der du erfreutest den Himmel! o Râ, der du in Schrecken brachtest die Erde«!

»O wohlthätiger Râ-Harmachis«![4]

»Du hobst empor den Himmel, deine Seele zu erhöhen, und verhülltest den untern Himmel, [zu verbergen] deine Gestalten im Todtenreiche«!

»Du erhöhtest den Himmel, soweit deine Arme reichen, und breitetest die Erde aus, soweit deine Schritte [gehen]«.

1) Der *Behausung des Phönix*, in dem grossen Tempel von Heliopolis. || 2) [d. h. du hast die Macht, dich in alles zu verwandeln, und bleibst dir doch stets gleich. — R. P.] || 3) Auf den Denkmälern sieht man in der That, wie die Hundskopfaffen zur aufgehenden Sonne beten. || 4) Dieser Ausruf gehört zu einer jeden von den nachstehenden Formeln bis zu: »sei gepriesen« u. s. w.

»Du erfreutest den Himmel droben, weil deine Seele gross ist, und erschrecktest die Erde durch das Orakel deines Götterbildes«.

»Heiliger Sperber, mit dem glänzenden Fittig, buntfarbiger Phönix.

»Grosser Löwe, der durch sich selbst ist und der Sektibarke [1] die Pfade bahnt.

»Dein Brüllen bringt deine Gegner zu Fall, und die grosse Barke lässt du vorrücken;

»Es rufen dich an die Menschen, und die Götter fürchten sich vor dir. Du liessest deine Feinde fallen auf ihr Angesicht«.

»Du Läufer des Himmels, den Niemand einholt in der Frühe seiner Geburt, höher erhaben als Götter und Menschen sind,

»Geh auf über uns, wir kennen nicht deine leibliche Gestalt! Zeige dich unserm Angesichte, wir kennen nicht deinen Leib«!

»O wohlthätiger Râ-Harmachis«!

»Als Gemahl nahst du [den Weibern]...«

»Als Stier bei der Nacht, als Fürst am Tage, als schöne grüne Scheibe [2],

»Als König des Himmels, als Herrscher auf Erden, als das grosse Bild in den beiden Himmelshorizonten,

»Als Râ, welcher die Wesen erschuf, als Tatunen, welcher Wahrheit sprechen lässt die vernunftbegabten Geschöpfe!«

»Sei gepriesen der Sohn der Sonne, der Pharao, um deiner Trefflichkeit willen, werde er angebetet, wenn du aufsteigst, wohlthätiger, am östlichen Horizonte des Himmels. Er lenkt deinen Lauf, er schlägt deine Widersacher nieder vor dir, er treibt all deine Gegner zurück, und er prüft das Ut'a-Auge [3] an seiner Stätte« [4].

Allerdings hüllt sich der Gott bei seinem Laufe in so blendendes Licht, dass es dem menschlichen Auge nicht vergönnt ist, die Tiefe seines Wesens zu ergründen.

»O der du dir den Pfad öffnetest, der du durch die Mauern drangst! Der du aufgehst als Sonne, der du wirst als Chepra im doppelten Horizonte! Du erwecktest sie, welche dich wandeln lassen die Pfade des Himmels! Kommst zu dem Grossen Fürsten, dass du Rat werden lassest für die Zeit in alle Ewigkeit«!

---

1) Die *Sektibarke* war die der Sonne. || 2) Die Sonnenscheibe auf dem Kopfe mehrerer Gottheiten wird oft blau oder grün gefärbt. || 3) Das *Ut'a* ist das Auge des Gottes. Das rechte Auge Gottes ist die Sonne, das linke ist der Mond. || 4) Lepsius, Denkm., VI, Taf. 115—117.

»Kind, welches täglich geboren wird!
Greis, [umschlossen] in den Grenzen der Zeit!
Alter, durchwandelnd die Ewigkeit!
Unbeweglicher, enthüllend jedes seiner Angesichte!
Erhabener, der nicht zu erreichen ist!
Herr der geheimnissvollen Stätte, der sich ganz verbirgt!
Verborgener, von dem kein Abbild bekannt ist!
Herr der Jahre, Leben spendend demjenigen, der ihm gefällt!

. . . .

Du kamst, du öffnetest den Pfad, du durchwandeltest die Wege der Ewigkeit[1].«

So legt die Sonne unter Aurufungen und Gebeten ihren strahlenden Weg zurück, bis dass sie von dem unwiderstehlichen Strome immer weiter entführt im Westen untertaucht und zeitweilig in der Nacht des unteren Himmels verschwindet.

Mit der Besiegung und Bändigung der schädlichen Mächte ist das Werk des Gottes noch nicht abgeschlossen: »Er bildete die Erde, das Silber und das Gold — den ächten Lapis nach seinem Wohlgefallen[2].« — »Er macht Kräuter zum Leben der Heerden, — nährende Pflanzen für die Sterblichen. — Er schafft Leben den Fischen im Strome, — den Vögeln unter dem Himmel. — Er gewährt Odem dem, was im Ei ist (?). — Er lässt leben das Gewürm (?), — gibt zu leben den Vögeln; — Gewürm und Vögeln allzumal — Er schafft Vorrat der Ratte in ihrem Loche, — [und] ernährt den Vogel auf dem Ast. — Preis sei dir, der du sie machtest allesammt, du einer, einziger mit den vielen Armen«[3]). Es gehen ferner »die Menschen hervor aus seinen Augen«[4]) und verbreiten sich auf Erden, als »Heerde des Râ«, die in vier Abtheilungen zerfällt: Aegypter (*Retu*), die Menschen im wahren Sinne des Wortes; Neger (*Nahsi*), die unter dem Schutze des Hor stehen, Asiaten (*Ââmu*) und hellfarbige Nordvölker, welchen Sechet, die löwenköpfige Göttin, ihren Schutz angedeihen lässt.[5]) Sie alle sagen: »Preis dir, dass du unter uns weilst! — Wir werfen uns vor dir nieder, weil du uns erschaffst! Heil dir von allen Geschöpfen! Heil dir in allen Landen, so hoch der Himmel reicht, so weit die Erde ist, — wo das Meer am tiefsten ist. — Die Götter neigen sich vor deiner Heiligkeit, — er-

1) Lepsius, Denkm. VI, Taf. 120, Zeile 66—77. || 2) Papyrus de Boulaq, Bd. II, Taf. XI, Seite 8, Zeile 6—7. || 3) a. a. O, S. 6, Zeile 3—7. || 4) a. a. O. Taf. XI, 6, 3. || 5) Denkmäler, III, Taf. 135–136.

3*

liebend denjenigen, der sie erschuf. — Jubelnd treten sie vor ihren Erzeuger — sie sprechen zu dir: »Komm in Frieden, — du Vater der Väter aller Götter, — der emporhob den Himmel — und ausbreitete die Erde, — du Schöpfer der Wesen, Bildner der Dinge, — Gebietender Fürst, L. G. K.[1], Oberhaupt der Götter! — Wir beten dein Wesen an, weil du uns gemacht hast, — dir (Opfer) darbringend, weil du uns geboren hast; — wir preisen dich, dass du unter uns weilst«[2].

Wie der Mensch aus der Hand des Schöpfers hervorging, verstand er noch nichts von den Künsten, deren das Leben bedarf, es fehlte ihm sogar die Sprache, und er war daher gezwungen thierische Laute nachzuahmen. Gott stieg auf die Erde herab und offenbarte sich den Sterblichen in verschiedenen Gestalten, die in ihrer Aufeinanderfolge in den Götterdynastien verzeichnet sind. Je nach Ort und Zeit wechselten die Namen für diese Gestalten oder besser Götter. Zu Memphis eröffnete Phtah die Liste. Dann kamen:

König von Ober- und Unterägypten (Râ)[3], L. G. K.

König von Ober- und Unterägypten (Shu, Sohn des Râ), L. G. K.

König von Ober- und Unterägypten (Seb), L. G. K.

König von Ober- und Unterägypten (Osiris-Un-nofre, König der Götter), L. G. K.

König von Ober- und Unterägypten (Set), L. G. K.

König von Ober- und Unterägypten (Hor), L. G. K.

Zu Heliopolis stand Atum an erster Stelle. Zu Theben liessen Phtah und Atum dem Ammon-Râ, dem König der Götter, dem *erstmaligen Gotte*, den Vortritt. In späterer Zeit hielten die Aegypter die Regierung dieser Götterkönige für ein goldenes Zeitalter, dessen sie nie ohne Sehnsucht gedachten, und um etwas zu bezeichnen, was

1) L. G. K. ist abgekürzt die Formel: *Leben, Gesundheit, Kraft*, welche stets auf Königsnamen oder die mit der Königswürde verbundenen Titel folgt. ‖ 2) Pap. Bulaq. II, XI, 7, Zeile 2—8, Zeile 1. Eine vollständige Uebersetzung dieses Hymnus wurde von Herrn Grébaut geliefert, dessen Anfangsleistungen der französischen Schule sehr zur Ehre gereichen. [auch von L. Stern übersetzt, in der Zeitschrift, 1873, S. 76. Ebenso von Goodwin, Transactions of the Society for Bibl. Archeology, Bd. II, S. 250—263. — Grébaut's Arbeit ist in der Bibliothèque de l'école des hautes études und in der Revue archéologique erschienen]. ‖ 3) [(—) bezeichnet, dass der betreffende Name in dem für Königsnamen üblichen Ringe steht.]

alles erdenkliche überstieg, versicherte man. »seit den Tagen des Königs Râ hat man nichts ähnliches gesehen«[1].

Osiris war von den Götterkönigen der beliebteste. Einen Bericht über seine Sage zu erstatten, will ich nicht versuchen. Die meisten von den Beweismitteln, welche zu einem derartigen Unternehmen nötig wären, fehlen uns noch, und in dem, was wir darüber haben, sind wir nicht in der Lage auszusondern, was von jeder der Theologenschulen herrührt, die in Aegypten nacheinander auftraten. Sein Mythos ist nur eine von jenen Formen, unter denen man den Kampf des Guten mit dem Bösen, des ordnenden Gottes mit der Unordnung des Chaos, darzustellen pflegte. Osiris liegt als das schlechthin gute Wesen *Unnofre* mit dem fluchbeladenen Set (Typhon) beständig im Kriege, als Sonnengott und unterweltliche Form des Râ, ist Osiris für immer mit Set, dem Gotte der Finsterniss und der Nacht verfeindet. Wenn Râ, der König des Tages, der Beherrscher der Nacht, der da vorrückt »ohne Aufenthalt und ohne Ermatten«, im Westhimmel verschwand, so stand sein Lauf nicht still. Auf dem »geheimnissvollen Pfade des Westens« durchzog er die finstre Unterwelt, »aus der Niemand je lebend zurückkam«[2], gelangte nach zwölfstündiger Reise im Osten an, und kam von neuem an das Tageslicht. Dass so die Sonne tagtäglich wiedergeboren wurde und starb, brachte bei seiner unbegrenzten Wiederkehr die Aegypter auf den Osirismythos. Osiris ist wie alle Götter die Sonne, glänzt in Gestalt des Râ am Himmel während der zwölf Tagesstunden und herrscht auf Erden in Gestalt des Osiris Unnofre. Wie aber Râ allabendlich von der Nacht angegriffen und besiegt wird, welche anscheinend ihn auf ewig verschlingt, so wird Osiris von Set verraten, und dieser zerstückelt ihn und zerstreut seine Glieder, damit er nicht wieder zum Vorschein komme. Trotz dieser zeitweiligen Verfinsterung ist Osiris ebenso wenig todt, wie es Râ ist. Osiris Chent-Ament, der unterweltliche Osiris, die Nachtsonne, lebt als Morgensonne unter dem Namen Harpechrud, (Hor das Kind, bei den Griechen Harpokrates), wieder auf. Harpokrates, also Osiris, kämpft gegen Set und schlägt ihn, wie die Sonne bei ihrem Auf-

1) *Ἥφαιστος, Ἥλιος, Σῶς, Κρόνος, Ὄσιρις (Ὀννοφρις), Τυφών* und *Ὧρος* sind die Namen dieser Götterkönige in griechischer Form. — 2) Vergl. Goodwin, in den Records of the past, Bd. IV S. 117 Zeile 8 und 118, 14.

gange die Schatten der Nacht zerstreut. Er rächt seinen Vater, ohne jedoch seinen Feind zu vernichten. Dieser Kampf, der täglich von neuem anfing und das Leben der Gottheit vorstellte, war auch ein Sinnbild des Menschenlebens. Das Leben war ja eben nicht auf diese Erde beschränkt. Ein Wesen, das auf diese Welt kam, hatte bereits anderswo gelebt und war zu einem Leben an einer andern Stätte bestimmt. Die kurze Frist seines Erdendaseins war nur eine Station, eine Werdeform (*cheprau*) seines Daseins überhaupt, das ihm in seinem Anfang und Ende gleich unbekannt war. In diesem Dasein und somit auch im Menschenleben entsprach je eine Station einem Tage in dem Leben der Sonne und im Leben des Osiris. Die Geburt des Menschen war der Sonnenaufgang im Osten, sein Tod der Untergang der Sonne im Westhimmel. Sobald der Mensch überhaupt gestorben war, wurde er Osiris und ihn verhüllte die Nacht, bis er wie Hor-Osiris zu einem neuen Tage, so zu einem zweiten Leben geboren wurde.

Während seines Erdendaseins besteht der Mensch hauptsächlich aus Vernunft (*Chu*) und Körper: durch erstere hängt er mit Gott zusammen, durch letztern haftet er an dem Stoffe und nimmt Theil an dessen Mängeln. Der kleine Antheil mit zartem Lichte ausgestatteter Vernunft[1], der in seinem Wesen liegt, hat im Prinzip zwar die Machtvollkommenheit, auf die Elemente einzuwirken, sie zu ordnen und zu befruchten, je nachdem es ihm erspriesslich scheint; sowie er aber sich der Erde gefangen gibt, streift er die feurige Hülle ab, welche bereits durch blosse Berührung die groben Stoffe, aus denen wir geknetet sind, zu vernichten vermöchte, und schlüpft in eine weniger vortreffliche, aber immerhin noch göttliche Substanz. Diese, *Seele* (ba) genannte, Substanz nimmt die Vernunft in sich auf und hüllt sie gleichsam in einen Schleier, welcher ihren Glanz beeinträchtigt. Doch sie selbst ist noch zu lauter, sich dem Stoffe zu vermälen, und ihr Geheiss zu übermitteln, ihren Willen auszuführen, bedient sie sich eines niedern agens, des *Geistes* oder *Hauches* (nifu). Nur allein der Geist vermöge seiner Unvollkommenheit, darf sich durch den Leib ergiessen, ohne ihn zu vernichten oder zu verletzen. Er durchdringt die Venen, schwellt die Ar-

---

1) *Chu* bedeutet glänzen, strahlen. Es kommt davon der Name *chû* her, welchen die erleuchtete Vernunft führt.

terien, mischt sich mit dem Blute, erfüllt und trägt, so zu sagen, das ganze animalische Wesen. Die *Seele* (ba), umhüllt die *Vernunft* (chu), der *Geist* (nifu) die Seele, der *Leib* (chat) den Geist. Diese ihrem Ursprung und ihren Eigenschaften nach ganz entgegengesetzten Theile sind miteinander durch ein unsichtbares Band verbunden, das so lange hält, als das Leben dauert, und sie in ihrer Gesammtheit bilden den Menschen.

Leib, Geist und Seele hat dieser mit den Thieren gemeinsam. Doch leben die Thiere jeder Vernunft bar, blindlings dahin, ob gut oder schlecht hängt bei ihnen von ihren Trieben oder vom Zufalle ab, aber von keinem festen Gesetz. Ihre Seele, in den Stoff versunken, sieht über diesen nicht hinaus.

Der Mensch hat vor ihnen die Vernunft voraus, deren Leitung ihn auf dem rechten Wege erhält und die ihn lehrt, Gut und Böse zu unterscheiden. Die in eine Menschenseele eingedrungene Vernunft versucht, dieselbe der Tyrannei des Leibes zu entreissen und zu sich emporzuheben, ist aber, da sie ihr feuriges Gewand abgestreift hat, nicht mehr stark genug, die Leidenschaften und rohen Lüste, welche uns das Fleisch eingibt, auszurotten. Es empört sich der in seinen Trieben gestörte Leib, es erwachen die bösen Lüste, der Krieg entbrennt und zieht sich mit wechselndem Glücke in die Länge. Oft zieht die Vernunft, verraten von einer Seele, welche ihre Beziehungen zur Welt nicht abbrechen kann oder mag, sich vom Kampfe zurück, um nie wiederzukehren, und der des göttlichen Funkens beraubte Mensch lebt nur noch als Maschine und sinkt zum Thier hinab. Oft siegt sie auch durch Geduld und Mut, und was Leidenschaft war wird gebändigt und wird Tugend, was Tugend war wird gekräftigt und erhöht. Die Seele, ledig ihrer Fesseln, strebt dem Guten zu und ahnt durch den stofflichen Schleier, der ihren Blick trübt, hindurch den ewigen Glanz.

Das Endziel ist erreicht, der Mensch ist der Erde abgestorben. Da zieht der Geist sofort sich in die Seele zurück, das Blut erstarrt, Venen und Arterien entleeren sich, und der sich selber überlassene Leib würde sich bald in unförmliche Moleküle zersetzen, wenn ihm nicht durch die Einbalsamirung eine Art ewiger Dauer gegeben würde. Die Vernunft wird frei, legt ihre Lichthülle wieder an und wird ein Dämon (*chu*). Die von der sie leitenden Vernunft verlassene Seele, die dabei noch an den auf ihr lastenden Leib gebunden ist, erscheint allein vor dem Gerichtshofe, in welchem Osiris-Chent-Ament inmitten von zwei und dreissig Mitgliedern des Gerichtshofes der Unterwelt thront[1]. Ihr Gewissen, oder wie die Aegypter sagten, ihr Herz spricht gegen sie[2], das Zeugniss ihres Lebens überführt sie oder spricht sie frei, auf der untrüglichen Wage der Wahrheit und Gerechtigkeit werden ihre Handlungen abgewogen und der unterirdische Gerichtshof fällt, je nachdem sie zu schwer oder zu leicht erfunden werden, ein Urtheil, mit dessen Vollziehung die Vernunft beauftragt wird. Nicht mehr nackt und machtlos, sondern mit dem göttlichen Feuer ausgerüstet, tritt diese in die gottlose Seele zurück, erinnert sie an die Verachtung ihres Rates, an die Verhöhnung ihrer Bitten, züchtigt sie mit der Geissel ihrer Sünden und gibt sie dem Sturme und Wirbelwinde der heraufbeschwornen Elemente preis. Beständig zwischen Himmel und Erde hinundhergeworfen, ohne je ihrem Bannfluche zu entgehen, sucht die verurtheilte Seele menschliche Körper heim, um sich in ihnen einzunisten, und, sobald sie so einen gefunden hat, martert sie diesen, belädt ihn mit Fluch und stürzt ihn in Mordthaten und Irrsinn[3]. Und wenn nach Jahrhunderten sie schliesslich das Ziel ihrer Qual erreicht, so fällt sie doch nur dem zweiten Tode anheim und sinkt in das Nichts zurück. Die gerechte Seele hingegen wird, nachdem sie vor Gericht bestanden hat, nicht zum Schauen der höchsten Wahrheit zugelassen, sondern hat, bevor sie die Verklärung erreicht, noch manche Prüfung zu bestehen und manchen Streit auszufechten. Durch unbekannte Räume, welche der Tod ihr erschliesst, schwingt sie, von der Vernunft geleitet und von der Hoffnung auf die bevorstehende Seligkeit getragen, sich empor. Ihr Wissen ist gewachsen, ihre Kräfte sind gesteigert, es steht ihr frei, alle Gestalten anzunehmen, in die sie sich hüllen will[4]. Vergeblich tritt das Böse ihr

1) Todtenbuch, K. 125. || 2) Todtenb. K. 30 Zeile 1 ff: »O Herz, Herz von meiner Mutter, Herz meines Daseins auf Erden, tritt nicht auf gegen mich als Zeuge, streite nicht gegen mich als ein göttlicher Fürst, leg nicht Zeugniss ab wider mich vor dem grossen Gotte«! || 3) Die medizinisch-magischen, von Pleyte (Étude sur un Papyrus I. 348 de Leyde) übersetzten Vorschriften sind gegen derartige Besessenheits-Geister gerichtet. || 4) Die des *Goldsperbers* (Todtb. K. 77), des *Lotos* (K. 81), des *Phönix* (K. 83), des *Kranichs* (K. 84), der *Schwalbe* (K. 86), der *Viper* (K. 87). Es ist nicht zu vergessen, dass die Annahme einer jeden dieser Gestalten lediglich von dem freien Entschlusse abhängt und in keiner Weise den Uebergang der Menschenseele in

entgegen und versucht, sie durch seine Drohungen und Schrecknisse aufzuhalten[1]: eins geworden mit Osiris[2], durcheilt sie, ebenso siegreich wie dieser, die himmlischen Behausungen[3] und liegt in den *Gefilden von Aalu* der Ceremonie der mystischen Feldbestellung ob[4]. Es naht das Ende ihrer Prüfungen, nach und nach zerstreuen sich die Schatten, der Tag der ewigen Seligkeit bricht an und durchdringt sie mit seiner Klarheit, sie gesellt sich zu der Schaar der Götter und schreitet mit diesen einher in der Anbetung des vollkommenen Wesens[5]. Es gibt zwei Götterchöre, der eine schweift umher, der andere steht unbeweglich fest. Letzterer bildet die letzte Stufe in der verklärten Weihe der Seele[6]. Auf dieser wurde sie ganz Vernunft, sie sieht Gott von Angesicht zu Angesicht und versenkt sich in ihn.

Auf diese vollkommene Glückseligkeit hoffte nicht Jedermann, verschiedene Seelen ergaben sich dem Zweifel und ihnen erschien der Tod als traurige Notwendigkeit und die Gegenden jenseits des Lebens als Land des Schweigens, in dem nichts ist als Trauer und Trübsal. »O Bruder, o Gatte, o Freund«! so ruft eine verstorbene Frau: »höre nimmer auf zu trinken, zu essen, den Becher der Freude zu leeren, zu lieben und Feste zu feiern! Folg deinen Wünschen immerdar und lass niemals in dein Herz die Sorge eintreten, so lange du auf Erden weilst! Denn der Ament ist das Land der Schlaftrunkenheit und der Finsterniss, eine Wohnung der Trauer für die, welche in ihm weilen. Sie schlafen in ihren körperlosen Gestalten, sie wachen nicht auf, um ihre Brüder zu schauen, sie erkennen weder Vater noch Mutter, es sehnt sich ihr Herz nicht nach ihrer Gattin noch nach ihren Kindern. Ein Jeglicher erhält Sättigung vom lebenden Wasser, nur ich dürste. Das Wasser kommt zu dem, welcher auf Erden weilt: das Wasser, wo ich bin, macht mich dür-

Thierleiber repräsentirt. Die von dem Chu angenommenen Gestalten gehörten alle zu den sinnbildlichen Gestalten der Gottheit. Dass die Seele diese Gestalten annahm, stellte mithin nichts weiter vor, als dass die Seele sich dem göttlichen Vorbilde, dem sie entsprachen, annäherte. || 1) Auf den Vignetten der funerären Papyrus wird das Böse als *Krokodil* (K. 31 u. 32), als *Schildkröte* (K. 36) und in Gestalt von verschiedenen Schlangenarten (K. 33, 35, 37 u. 41) abgebildet. || 2) Der Verstorbene heisst stets *Osiris N. N.* || 3) K. 74—75. || 4) K. 110, 146. || 5) K. 131. || 6) Todtb. K. 100, 104, 111—116, 129—130.

sten. Ich weiss nicht mehr, wo ich bin, seitdem ich in dies Land einzog. Ich weine nach dem Wasser, welches von hinnen gegangen ist. — Ich jammere nach dem Lufthauch an den Ufern des Stromes des Nil, damit er kühle mein Herz in seinem Leid. Denn es haust hier der Gott, dessen Name *All-Tod* ist. Er ruft alle zu sich, und alle kommen, sich ihm zu unterwerfen, zitternd vor seinem Grauen. Er fragt wenig nach den Göttern und den Menschen. Gross und klein ist gleich vor ihm. — Ein Jeder fürchtet sich, zu ihm zu beten, nicht erhört er ihn. Nicht kommt man ihn zu preisen, denn keinem ist er gnädig, der ihn verherrlicht. Nicht schaut er auf irgend welchen Lohn, der ihm gereicht wird«[1]).

Die Aegypter hatten, um der hohen Bestimmung, welche ihnen die Religion verhiess, würdig zu werden und den Tod jenseits des Grabes zu vermeiden, bereits in früher Zeit so etwas wie einen Codex der praktischen Moral ausgearbeitet, dessen Vorschriften mehr oder weniger ausführlich auf den Denkmälern einer jeden Epoche sich vorfinden. Bereits ein Grosswürdenträger, der zur Zeit der Könige der fünften Dynastie lebte, sagte: »Nachdem ich die Dinge geschaut habe, verliess ich diese Stätte (die Welt), an der ich die Wahrheit redete, an der ich Gerechtigkeit übte. Seid gut gegen mich, ihr die später kommen werdet, und legt Zeugniss ab für euren Ahnen: Das ist das Gute welches er vollbrachte, möchten wir desgleichen thun in dieser Welt. So sprechen die, welche später kommen werden. Ich habe nicht Klagen erhoben, ich habe nicht getödtet. O mächtiger Gebieter im Himmel, .. Herrscher des Alls! Ich bin einer, der in Frieden lebte, übend die Frömmigkeit, liebend seinen Vater, liebend seine Mutter, hingebend jedem, der mit ihm war, die Freude seiner Brüder, die Liebe seiner Diener, der nie Klagen erhob«[2]! — »Ich habe die Dinge verlassen und bin aus der Welt geschieden, bestattet in diesem Grabe. Ich sprach die Wahrheit, welche Gott gern hat, tagtäglich. Gutes redete ich mit den Königsbrüdern. Nie sprach ich Verleumdung wider Jemand auf Erden vor der Majestät meines Herrn (des Königs)[3]«.

---

1) Lepsius, Auswahl, Taf. 17; Brugsch, die ägyptische Gräberwelt, S. 39—40. Eine gleiche Stimmung zeigt sich in dem von Stern (Zeitschrift 1874) übersetzten Harfnerliede und in dem von Goodwin (Records of the past, Bd. IV, S. 116—118) entdeckten und veröffentlichten Liede König Entef's. || 2) Lepsius, Denkm., II, 43, c. || 3) Ebend. II, 81.

Im hundertfünfundzwanzigsten Kapitel des Todtenbuches findet man diese Ideen von allgemeiner Liebe und Milde am schönsten und vollkommensten ausgedrückt. Das Todtenbuch, von dem sich bei jeder Mumie ein Exemplar befand, war eine Sammlung von Gebeten und Formeln, deren der Verstorbene sich im Jenseits bedienen sollte. Die Seele ist vor den Gerichtshof des Osiris gestellt und vertheidigt ihre Sache vor den Geschworenen in der Unterwelt: »Heil euch, Gebietern der Wahrheit und Gerechtigkeit[1]! Heil dir, grosser Gott, Gebieter der Wahrheit und Gerechtigkeit! Ich komme zu dir, mein Gebieter, ich nahe dir, zu schauen deine Herrlichkeit! Denn es ist bekannt, ich kenne deinen Namen und ich kenne die Namen jener zweiundvierzig Götter, die mit dir sind in der Halle der Wahrheit und Gerechtigkeit, welche leben von den Gliedern der Sünder und sich sättigen von ihrem Blute an jenem Tage, an welchem man die Worte wiegt vor Osiris, dem Zeugen der Wahrheit. Zwiefacher Geist, Gebieter der Wahrheit und Gerechtigkeit, ist dein Name. Ja, ich kenne euch, Gebieter der Wahrheit und Gerechtigkeit; ich brachte euch Wahrheit, ich vertilgte für euch die Lüge. Ich handelte nicht mit List und Trug gegen die Menschen! Nicht bedrückte ich die Wittwen! Ich log nicht vor Gericht! Ich weiss nicht von der Lüge! Ich that nichts verbotenes! Ich liess keinen Aufseher der Arbeiter täglich mehr Arbeit thun, als ihm zukam! ... Ich war nicht leichtfertig! Ich war nicht träge! Ich war nicht schwach! Ich war nicht matt! Ich that nichts, was die Götter verabscheuen! Ich machte nicht den Knecht seinem Herrn abspänstig! Ich liess Niemanden hungern! Ich verursachte keine Thränen! Ich habe nicht getödtet! Ich gab keinen Befehl zu hinterlistigem Morde! Ich übte keine Hinterlist gegen irgend Jemand aus! Ich entzog nie den Tempeln die Brode! Ich unterschlug nicht die Opferkuchen der Götter! Nicht entriss ich den Todten ihre Habe und ihre Binden! ... Ich betrog nicht! Ich fälschte nicht die Getreidemasse! Ich betrog keinen Finger breit vom Masse! Ich eignete mir nichts von den Aeckern zu! Ich betrog nicht mit den Gewichten der Wageschale! Ich fälschte nicht das Gleichmass

1) [Aegypt. maáti. Vielleicht liegt auch in diesem Worte das vor, was Goodwin (Z. 1874, S. 37) dualis excellentiae genannt hat, und wäre demnach »Gebieter der höchsten Wahrheit«, »Halle der höchsten Wahrheit« u. s. f. zu übersetzen. — R. P.].

der Wage! Ich entzog nicht die Milch dem Munde der Säuglinge! Ich jagte die heiligen Thiere nicht auf ihrer Weide! Ich fing nicht mit Netzen die heiligen Vögel! Ich fing nicht die heiligen Fische aus ihren Teichen! Ich hemmte das Wasser nicht zu seiner Zeit! Ich schnitt keinen Arm des Flusses in seinem Laufe ab! Ich löschte das heilige Feuer nicht aus zu seiner Stunde! Ich verletzte nicht den Götterkreis bei den ihnen wohlgefälligen Opfern! Ich vertrieb nicht die Rinder von dem, was den Göttern gehört! Ich trieb den Gott nicht zurück bei seiner Procession! Ich bin rein! ich bin rein! ich bin rein«!

Dieselben negativen Bekenntnissformeln werden fast Wort für Wort in dem zweiten Abschnitte dieses Kapitels wiederholt, und ihnen wird immer einer von den Namen der zweiundvierzig Mitglieder des unterirdischen Gerichtshofes beigefügt. Der dritte Abschnitt beschränkt sich darauf, die in dem ersten vorgetragenen Ideen zum Theil in sehr mystischer Form wiederzugeben: »Heil euch Göttern in der Halle der Wahrheit und Gerechtigkeit, die ihr keine Lüge hegt in eurem Innern, lebend von der Wahrheit in On und stillend euer Herz an ihr vor dem göttlichen Herrscher, der in seiner Sonnenscheibe weilt. Rettet mich vor dem Typhon, der da lebt von den Eingeweiden, ihr Hohen, an jenem Tage des grossen Gerichts! Lasst den Verstorbenen zu euch kommen, der unschuldig ist, der nicht gelogen, nichts böses gethan hat, nicht gesündigt, kein falsches Zeugniss abgelegt und sich nichts angethan hat, sondern lebt von der Wahrheit und sich nährt von der Wahrheit. Er hat [überall] Wonne erregt. Von dem, was er gethan hat, reden die Menschen und die Götter freuen sich darüber. Er ist versöhnt mit Gott durch seine Liebe. Er gab Brod dem Hungrigen, Wasser dem Durstigen, Kleidung dem Nackten, ein Fahrzeug dem, der nicht weiter konnte. Er brachte das Opfer den Göttern, Todtenmahle den Verstorbenen. Rettet ihn vor ihm selbst! Beschützt ihn vor ihm selbst (Variante), zeuget nicht wider ihn vor dem Beherrscher der Todten, weil sein Mund rein ist und seine Hände rein sind«[1]!

Um dies Gefühl für Frömmigkeit und Recht in dem Menschen zu bestärken, hatte der Aegypter sich ausgesonnen, es ständen ihm

1) Vergl. Revue critique 1872, Bd. II, S. 338—348.

auf Erden Götter als lebendige Zeugen für jede seiner Handlungen zur Seite. Jene immerwährende Fleischwerdung der Gottheit, die zu Zeiten der Götterdynastien zunächst sich in einem Menschenleibe vollzog, änderte ihr Wesen, als Râ, Hor, Osiris und die übrigen damit fertig waren, im Menschen die von dem Schöpfer in denselben gelegten Fähigkeiten auszubilden und die ursprünglichste Gesellschaft mit einer Gesammtheit von Gesetzen und Grundsätzen zu beschenken, vermöge deren sie ohne unmittelbares Eingreifen der Gottheit ihre Angelegenheiten für sich allein besorgen konnten. Von da ab hüllte sich Gott nicht mehr in menschliche Gestalt, sondern verbarg sich in einem Thierleibe und überwachte aus diesem heraus den Gang der Dinge, ohne scheinbar Antheil daran zu nehmen. Er mochte aber auch noch so gut in dieser Vermummung verborgen sein, die Aegypter verstanden doch, ihn herauszuerkennen und zu verehren: »Die Heiligtümer der Tempel werden von golddurchwirkten Teppichen überschattet. Nähert man sich aber der Tiefe des Gebäudes und sucht nach der Statue, so tritt mit ernsthafter Miene ein Priester vor, der ein Lied in ägyptischer Sprache absingt und den Schleier ein wenig lüftet, als wolle er euch den Gott zeigen. Was erblickt man dann? Eine Katze, ein Krokodil, eine einheimische Schlangenart oder sonst ein gefährliches Thier. Der Gott der Aegypter kommt zum Vorschein: ein Thier, das sich auf einem Purpurteppich wälzt«.

Klemens von Alexandrien hatte Recht, wenn er über die heiligen Thiere spöttelte, aber dass er in ihnen die Götter Aegyptens sah, war unrichtig. Die Katze, das Krokodil und die Schlange, von der er redet, waren eben nur eine Fleischwerdung Gottes, waren ein Körper, in den er, so zu sagen, ein kleines Stück von seiner Göttlichkeit gelegt hatte. So kann Hor bald als Mensch, bald als Sperber dargestellt werden und oft sogar verschmolz man beide Formen, um besser zu verdeutlichen, dass es zwischen beiden ein Mittelglied gab, zu einer einzigen, man setzte einen Thierkopf auf einen Menschenleib oder einen Menschenkopf auf einen Thierleib. Dann war Hor ein Mensch mit einem Sperberkopfe oder ein Sperber mit einem Menschenkopfe. In dieser vierfachen Gestalt bleibt er Hor und ist es einer von ihnen ebensosehr wie in den andern. Die Aegypter weihten jedenfalls nicht ohne Grund, jedem Gotte ein besonderes Thier. Mitunter beruhte es bloss auf einem

Wortspiele, dass ihnen ein solches zugeschrieben wurde: Set oder Typhon (Tebh) wird als Flusspferd dargestellt, weil das Flusspferd in Aegypten ebenso wie der Gott selbst Teb heisst. Die Analogien, welche die Aegypter bei ihrer Wahl leiteten, sind uns meist nicht mehr recht fasslich, und die Aegypter selbst wussten darüber nicht viel mehr, als wir wissen.

Jeder Nomos besass sein heiliges Thier. Einige von diesen, so der Skarabäus des Phtah, der Ibis und der Hundskopfaffe des Thot, der Sperber des Hor und der Schakal des Anubis wurden im ganzen Lande verehrt. Andere wurden in dem einen Nomos hochgehalten und waren im andern geächtet. Die Bewohner von Elephantine tödteten das Krokodil, dagegen die Priester von Theben und Shed »suchten sich ein schönes aus, brachten ihm bei, aus der Hand zu fressen und fütterten es dann. Ringe aus Gold und Steinschmelz hefteten sie ihm in die Ohren und Spangen um die Vordertatzen«[1]. — »Unser Gastfreund nahm Kuchen, Braten und ein Kännchen Honigtrank und trat mit uns an den Teich heran. Wir finden das Thier am Ufer liegen: die Priester traten hinzu, zwei von ihnen öffneten den Rachen, ein dritter stopfte ihm erst das Gebäck, dann das Fleisch hinein und goss schliesslich den Honigtrank nach. Dann stürzte das Krokodil sich in den Teich und ging auf das andere Ufer. Da ein anderer Fremder hinzugekommen war, der auch so eine Spende hatte, nahmen die Priester diese, liefen um den See herum, ergriffen das Krokodil und brachten ihm die Gabe auf dieselbe Art bei[2]«. Die Verehrung dieser Thiere war ebenso kostspielig wie die der Götter in Menschengestalt. Es war gar nicht so selten, dass man sah, wie ein reicher Privatmann einen Theil seines Vermögens oder sein ganzes Vermögen vergeudete, um ihnen ein glänzendes Leichenbegängniss herzurichten[3]. Ihr Tod bedeutete öffentliche Trauer für den Nomos, mitunter auch für ganz Aegypten: sie zu ermorden war ein Verbrechen, das mit dem Tode bestraft wurde. Tödtete aus Versehen ein Eingeborner oder Fremder eins derselben, so gelang es zwar mitunter den Priestern den Schuldigen dadurch vor der Volkswut zu retten, dass sie ihm eine Busse auferlegten, meist jedoch hatte ihre Vermittelung nicht die Macht ihn zu retten. Zu derselben Zeit, als der Ge-

1) Herodot, II, 69. || 2) Strabo, XVII, 1, 38. || 3) Diodor I, 84, 5.

schichtschreiber Diodor in Aegypten reiste, um die Mitte des ersten Jahrhunderts vor unserer Zeitrechnung, tödtete ein in Alexandrien ansässiger Römer aus Zufall eine Katze. Sofort läuft das Volk zusammen, ergreift ihn und bringt ihn um trotz seiner Eigenschaft als römischer Bürger und ohne auf die Bitten des Königs zu achten, der von Rom abhing und um seine Krone besorgt war[1].

Die berühmtesten heiligen Thiere waren der Mnevisstier und der Vogel Bennu, der Phönix zu Heliopolis, der Bock von Mendes, und der H'apistier zu Memphis. Der Bock von Mendes war »die Seele des Osiris«, der Mnevisstier »die Seele des Râ«. Der Phönix kam nach Aussage der Griechen alle fünfhundert Jahre aus Osten und liess sich im Tempel des Râ nieder. Einzelne behaupteten, er bringe, in Myrrhen gehüllt, den Leib seines Vaters mit. Andere sagten, er käme, um sich selber auf einem Scheiterhaufen von Myrrhen und wohlriechenden Hölzern zu verbrennen, aus seiner Asche neu zu erstehen und seinen Flügelschlag dann wieder seiner Heimat im Osten zuzulenken[2]. In Wirklichkeit war der Bennu eine Kiebitzart, deren Kopf mit zwei langherunterhängenden Federn geziert ist. Man hielt ihn für den fleischgewordenen Osiris, wie den Ibis für Thot und den Sperber für Hor.

Der Hapistier war schliesslich für die Aegypter der vollendetste Ausdruck der Gottheit in thierischer Gestalt geworden. Er stammte ebensogut von Phtah wie von Osiris ab, er heisst ja auch »das zweite Leben des Phtah« und »die Seele des Osiris«[3]. Er war ohne Vater, aber ein vom Himmel kommender Lichtstrahl befruchtete die Mutterkuh, welche ihn austrug und fortan nicht weiter gebären durfte[4]. Er musste schwarz sein, auf der Stirn einen weissen dreieckigen Fleck, auf dem Rücken das Bild eines fliegenden Geiers oder Adlers, auf der Zunge etwas haben, das einem Skarabäus gleich sah, und seine Schwanzhaare waren doppelt. »Skarabäus, Geier und was sonst alles für Zeichen in Bezug auf das Vorhandensein und die relative Anordnung der Stirnhaare dawaren, waren in Wirklichkeit gar nicht vorhanden. Sie waren jedenfalls nur den

1) Diodor I, 83, 8. || 2) De Iside et Osiride ed. Parthey, K. 20; Strabo XVII, 1, 31. || 3) Herodot III, 28; vergl. Pomponius Mela I, 9, S. 17 ed. Parthey. Plinius VIII, 46. [Auch Ammianus Marcellinus ed. Eyssenhardt. XXII, 14, 6 ff]. || 4) Mariette, Renseignements sur les Apis, im Bulletin archéologique de l'Athénaeum français, 1855, S. 54.

in die Apismysterien eingeweihten Priestern bekannt, und diese verstanden es aus ihnen die für das heilige Thier erforderlichen Symbole herauszusehen ungefähr so, wie die Astronomen aus der Lage einzelner Sterne die Umrisse eines Drachen, einer Leier oder eines Bären herausfinden [1]. Er lebte in Memphis in einer an den grossen Tempel des Phtah anstossenden Kapelle, und ihm wurden von seinen Priestern göttliche Ehrenbezeugungen erwiesen. Privatleuten, die ihn zu befragen kamen, ertheilte er Orakel und vermochte Kinder, die ihm nahten, mit prophetischem Rasen zu erfüllen [2].

Seine Lebensdauer durfte über eine gewisse von den religiösen Gesetzen vorgeschriebene Zahl von Jahren nicht hinausgehen. Nach fünfundzwanzig Jahren ertränkten ihn die Priester in einer der Sonne geweihten Quelle. Diese zur römischen Zeit übliche Regel war in der pharaonischen entweder nicht vorhanden oder wurde nicht streng gehandhabt, denn zwei Apis aus der Zeit der zweiundzwanzigsten Dynastie lebten über sechsundzwanzig Jahre [3]. Aus dem todten Hápi wurde ein Osiris, und er nahm den Namen Osar-Hapi an, woraus die Griechen ihren Götternamen Sarapis machten. Anfänglich hatte jedes von den heiligen Thieren ein eigenes Grab für sich in jenem Theile der memphitischen Todtenstadt, die bei den Griechen Serapeion hiess. Es bestand aus einem mit Basreliefs gezierten Tempelchen, unter dem man ein viereckiges Zimmer mit flacher Decke anlegte. Um die Mitte der Regierung Ramses III. ersetzte man das Einzelgrab durch eine gemeinsame Begräbnissstätte. Im lebenden Fels höhlte man eine lange gegen hundert Fuss tiefe Gallerie aus. An beiden Seiten derselben wurden nach und nach vierzehn ziemlich rohe Zimmer ausgebrochen; später wuchs die Zahl der Gallerien und Zimmer entsprechend dem Bedürfnisse, das sich dafür fühlbar machte. So bald die Apismumie beigesetzt war, vermauerten die Werkleute den Eingang des Zimmers, die Besucher oder Fremden aber pflegten, bald an der Wand selbst, welche den Eingang zu der Gruft verwehrte, bald in dem Felsen neben derselben, eine Stele anzubringen, welche ihren Namen und ein Gebet an den todten Hapi enthielt [4]. Von dem zweiten Könige der zweiten

1) Aug. Mariette, Renseignements, Bd. I, S. 94–104. || 2) Plinius VIII, 46. || 3) Mariette, a. a. O. || 4) Vergl. über alles, was sich auf die Apisverehrung bezieht, Mariette, Mémoire sur la mère d'Apis, Paris 1856, 4⁰.

Dynastie wurde dieser Kultus in aller Form eingeführt und währte dann bis in die letzten Tage Aegyptens. Da aber wurden, wie die letzten Priester zerstreut waren, die Gräber geschändet, dann sich selbst überlassen und es bemächtigte sich ihrer die Wüste. Sie 1851 wieder aufzufinden, nachdem sie vierzehnhundert Jahre lang und darüber vollständig in Vergessenheit waren, war Herrn Mariette vorbehalten.

Dies ist in ihren Hauptzügen die ägyptische Religion. Wir haben anzuerkennen, dass es ihr trotz mancher seltsamer Auffassungsweisen, nicht an Erhabenheit und Grossartigkeit fehlte. Doch verschlechterte sie sich im Laufe der Jahrhunderte und ging zu Grunde. In den Texten des griechischen und römischen Zeitalters dringt jener erhabene Begriff von der Gottheit, welchen sich die ersten Theologen Aegyptens gebildet hatten, zwar hier und da noch durch und trifft man noch auf manche abgerissene Sätze, auf manche Beiworte, welche beweisen, dass das Prinzip der Religion noch unvergessen war. Es ist aber meist nicht der unendliche und unerfassbare Gott der alten Zeit, mit dem wir es hier zu thun haben, sondern ein Gott mit Fleisch und Gebein, der auf Erden lebt und so tief gesunken ist, dass er ein blosser Mensch und König ist. Das ist jener Gott nicht mehr, dessen Gestalt und Substanz man nicht kennt, sondern der Chnum von Esneh, die Hathor von Denderah, und besonders Hor-em-achuti (Harmachis), der Schutzgott von Edfu, der König der Götterdynastie. Er hält sich einen Hofstaat, Minister, Heer und Flotte. Sein ältester Sohn Har-hut, der Prinz von Kush, der präsumptive Kronerbe, befehligt die Truppen. Sein Premierminister Thot, ein Gott seines Zeichens und Erfinder der Buchstaben, weiss Geographie und Rhetorik an den Fingern abzusagen, ist im übrigen Hof-Historiograph und durch einen königlichen Erlass damit beauftragt, die Siege seines Gebieters aufzuzeichnen und für dieselben volltönende Namen ausfindig zu machen.

Wenn der Gott seinen Nachbar Typhon bekriegt, bringt er gegen seinen Widersacher nicht jene himmlischen Waffen, die ihm, wie man annehmen könnte, zu Gebote ständen, in Anwendung, sondern setzt sich mit seinen Bogenschützen und mit seinen Wagen in Bewegung, fährt mit seiner Barke den Nil hinab, wie das der erste beste Pharao auch gekonnt hätte, lässt klug ersonnene Märsche und Contre-Märsche ausführen, liefert vollständige Treffen und unterwirft Städte, bis dann schliesslich ganz Aegypten ihm zu Füssen fällt und seiner Hoheit Anerkennung zollt. Denn für die Aegypter der Ptolemäerzeit waren an Stelle des ehemaligen, einzigen Gottes Götterkönige getreten, deren Sagen ihre Phantasie mit mancherlei Beiwerk ausschmückte. Es steht fest, dass dieses Beiwerk meist ägyptischen Ursprungs und nicht fremden Nationen entlehnt und nichts weiter als das ist. Die ganze Parasitenwucherung von Mythen und Ueberlieferungen, welche dem alten Mythos eingeimpft wurde und diesen fast erstickte, ist ein ächtes Erzeugniss des einheimischen Bodens. Um keinen Preis aber gebe ich zu, dass man sich auf diese mystischen Hirngespinste der spätesten Zeiten mit Fug und Recht stützen könnte, um das Religionssystem der ersten Pharaonen wieder aufzubauen. Wir müssen uns damit begnügen, in den Texten aus der Ptolemäerzeit nur die Mythologie der Ptolemäerzeit, und nichts weiter als das, zu studiren. Wollte man von daraus versuchen, einen Schluss auf die Religion der früheren Geschlechter zu ziehen, so wäre das mindestens unbesonnen. Ebensogut könnte man aus dem Hellenismus des Julian oder aus dem Mithraismus die Religion der homerischen Helden wiederherstellen wollen[1].

Begründung der ägyptischen Monarchie. Mena.

In den letzten Zeiten der vorgeschichtlichen Periode hatte der Priesterstand den Vorrang vor den übrigen Volksklassen gewonnen. Ein aus Theni in Oberägypten stammender Mann, Namens Mena (Menes) vernichtete die Priesterherrschaft und begründete die ägyptische Monarchie[2].

Sie hatte eine Dauer von mindestens viertausend Jahren unter dreissig Dynastien von Mena bis Nektanebos. Diesen Zeitraum, den längsten, den die Geschichte überhaupt verzeichnet hat, theilt man in drei Theile: Das alte Reich von der ersten bis zur eilften

---

1) Vergl. Maspero, Sur la Littérature religieuse. S. 465—466. Für das hohe Alter solcher Sagen spricht im Grabe Seti's I. eine Episode aus der Geschichte des Götterkönigs Râ (Naville, in den Transactions of the Society of Bibl. Archeology, IV, S. 1—19). Es waren diese Phantasien damals noch ein lebendiges Kleid der Religion, welches die Einbildungskraft ihrer Anhänger für sie wirkte; während man in der Ptolemäerzeit ihr Gewand umgedreht und durch die Sage den ehemaligen Hintergrund fast verdeckt hatte. || 2) Herodot II, 4, 99; Diodor I, 45, 1.

Dynastie, das Mittelreich von der eilften Dynastie bis zum Einbruche der Hirtenvölker, und das Neue Reich von dem Einbruche der Hirtenvölker bis zur Eroberung durch die Perser. Diese Eintheilung hat den Nachtheil, dass sie dem geschichtlichen Fortschritte nicht hinreichend Rechnung trägt. Es gingen nämlich im geschichtlichen Leben Aegyptens drei grosse Umwälzungen vor sich. Beim Beginn der menschlichen Dynastien liegt der Schwerpunkt des Landes in Memphis; Memphis ist die Hauptstadt und Grabstätte der Könige, verschafft seinen Herrschern im übrigen Lande Anerkennung und bildet den Stapelplatz für den Handel und die Gewerbthätigkeit in Aegypten. Zur Zeit der sechsten Dynastie verschiebt er sich nach Süden hin. Er bleibt zunächst in Herakleopolis in Mittelägypten stehen IX. und X. Dynastie und lässt sich schliesslich mit der eilften Dynastie dauernd in Theben nieder. Theben wird nunmehr die eigentliche Hauptstadt des Landes und gibt demselben Könige. Alle Dynastien, die XIV., xoïtische, ausgenommen, von der eilften bis zur einundzwanzigsten stammen aus Theben. Wie die Hirtenvölker in Aegypten einfallen, wird die Thebaïs die Zufluchtstätte des ägyptischen Volkstums, und die Fürsten derselben befreien schliesslich, nachdem sie Jahrhunderte lang gegen die Eroberer gestritten haben, das ganze Nilthal zu Gunsten einer thebanischen, der achtzehnten Dynastie, welche die Aera der grossen Kriege mit dem Auslande eröffnet. Unter der neunzehnten Dynastie verlegt die umgekehrte Bewegung wie die, welche am Ende der ersten Periode vor sich ging, allmählich den Schwerpunkt nach dem Norden des Landes. Von der einundzwanzigsten Dynastie ab hörte Theben auf, als Hauptstadt zu gelten, und es stritten sich die Deltastädte, Tanis, Bubastis, Mendes, Sebennytos und vor allem Saïs um den Vorrang. Das gesammte politische Leben des Landes zog sich fortan in den an der See gelegenen Nomen zusammen. Die Nomen der Thebaïs waren durch die Einfälle der Aethiopen und Assyrer zu Grunde gerichtet und büssten ihren Einfluss ein: Theben sank in Trümmer und wurde der Sammelplatz für neugierige Touristen. Ich möchte daher vorschlagen, die ägyptische Geschichte in drei Perioden einzutheilen, die je der Oberherrschaft einer Stadt oder eines Landstriches über das gesammte Land entsprechen:

1) MEMPHITISCHE PERIODE (I—X. Dynastie). — Oberhoheit von Memphis und der memphitischen Könige.

4*

2. THEBANISCHE PERIODE XI.—XX. Dynastie. — Oberhoheit von Theben und der thebanischen Könige. Durch den Einfall der Hirtenvölker zerfällt diese Periode in zwei Theile:

a. *Alt-thebanisches Reich.* XI—XVI Dynastie.

b. *Neu-thebanisches Reich.* XVI—XX Dynastie.

3. SAÏTISCHE PERIODE XXI—XXX Dynastie. — Oberhoheit von Saïs und der übrigen Deltastädte. — Durch den Perser-einfall zerfällt diese Periode in zwei Theile:

a. *Erste saïtische Periode.* XX. und XXI. Dynastie.

b. *Zweite saïtische Periode.* XXVII.—XXX. Dynastie[1].

Zweites Kapitel.

Memphitische Periode.

Mena und die thinitischen Dynastien. — Die drei ersten memphitischen Dynastien und die Epoche der Pyramiden. — Die aegyptische Literatur der memphitischen Periode. — Von der sechsten bis zur eilften Dynastie.

Mena und die thinitischen Dynastien.

Als Ueberwinder der Priesterklasse glaubte Mena den Sitz seiner Regierung nicht an seinem Geburtsorte aufschlagen zu dürfen. Ihm schien Theni, die Stadt des Osiris und der Mittelpunkt des einzigen ganz Aegypten gemeinsamen Kultus, zweifelsohne den Priestern zu ergeben zu sein, deren Ansehen er gebrochen hatte. Für ein neues Reich gehört eine neue Stadt. Er gründete Memphis auf dem linken Nilufer einige Meilen südlich von der Spitze des Delta[2]. »Dieser Menes dämmte nach Aussage der Priester Memphis ab. Denn vordem floss der Strom ganz an dem sandigen Gebirge (an der Westgrenze Aegyptens) entlang nach Libyen. Menes füllte ungefähr hundert Stadien oberhalb von Memphis den südlichen Flussarm zu, trocknete dadurch das alte Bett aus und zwang den Fluss mitten zwischen den Bergen hindurch zu fliessen. Noch jetzt wird dieser Nilarm, der sein gesondertes Bett hat, sehr streng überwacht,

1) Revue critique, 1873, I, S. 82—83.

2) Diodor (I, 50, 3) schreibt die Gründung von Memphis einem andern Könige zu, den er Uchoreus nennt.

und der Damm jedes Jahr verstärkt. Denn wollte der Fluss hier durchbrechen und austreten, so steht zu befürchten, ganz Memphis würde überflutet. Wie nun dieser Menes, der erste der König wurde, das abgedämmte Land trocken gelegt hatte, da gründete er dort die Stadt, die gegenwärtig Memphis heisst (denn auch Memphis liegt in dem Engpasse Aegyptens), und ausserhalb der Stadt und um sie herum grub er einen See aus nach der Nord- und nach der Westseite, denn die Ostseite wird vom Nil selbst begrenzt«[1].

Der Damm des Menes besteht noch fort: er dient unter dem Namen des Dammes von *Koscheisch* den Wasserbehältern der Ueberschwemmung Ober-Aegyptens zum Schlüssel. Die neue, *Mannufer*, »die gute Stätte«[2] genannte Stadt wurde dem Gotte *Phtah* gewidmet, und dieser gab ihr ihren heiligen Namen *Hä-ka-Phtah*, »Wohnung des Phtah«, aus dem die Griechen Aegypten gemacht haben[3]. Ihre Gründung war von entscheidendem Einflusse auf das Geschick des ursprünglichsten Aegyptens. Bis dahin hatten die südlichen Nomen mit ihren vorgeschichtlichen Heiligtümern als Sitze der Priesterherrschaft die Hauptrolle gespielt. Während Theni und Abydos, das Grab des Osiris, Theben, die Heimat des Gottes, und Denderah, der Wohnsitz der Hathor sich selbst überlassen sich mehr und mehr in tiefes Dunkel hüllten, wurde Memphis und die Nachbarstädte der Herd ägyptischer Gesittung. In Memphis ist es wo die Literatur sich entwickelt und in Blüte kommt, in den Königspalästen zu Memphis werden die exakten Wissenschaften am sorgfältigsten gepflegt, in Memphis endlich bringen die bildenden Künste ihre Meisterwerke hervor.

Mena ist, wie die Ueberlieferung ihn uns darstellt, der vollendetste Typus eines ägyptischen Monarchen. Er ist Baumeister und Gesetzgeber zugleich, gründet den grossen Phtahtempel zu Memphis[4], und ordnet den Kultus der Götter[5]. Er war auch ein Krieger und führte Feldzüge über seine Grenzen hinaus[6]. Die Geschichtschreibung der Priester war streng gegen einen Mann, der die Priester entsetzt hatte und schreibt einem so glänzenden Leben ein un-

---

1) Herodot II, 99. || 2) Vielleicht »der gute Hafen«. || 3) Brugsch, G. Inschr. Bd. I, S. 83. || 4) Herodot II, 99. || 5) Diodor, I. 94. 1, der an dieser Stelle dem *Mena* den Namen *Mnevis* beilegt. || 6) Manetho von Unger, S. 78.

glückliches Ende zu. Sie lässt Menes nach einer Regierung von sechszig bis zweiundsechszig Jahren am Bisse eines Flusspferdes sterben[1].

Die Legende heftete sich bald an seinen Namen. Man erzählte, er habe seinen einzigen Sohn in der Blüte der Jahre verloren. Das Volk hatte darauf ein Trauerlied, Maneros genannt, verfasst, dessen Melodie und Wortlaut sich von einem Jahrhundert zum andern überlieferten[2]. Man machte aus ihm einen luxusliebenden König, der die Kunst erfand, eine Mahlzeit herzurichten, und seinen Unterthanen zeigte, wie man auf einem Ruhebette liegend ass[3]. Auch verwünschte ein saïtischer Fürst der vierundzwanzigsten Dynastie, *Tafnecht*, der Vater des *Bokenranf*, während eines Feldzuges gegen die Araber, wie das unergiebige Land ihn zwang der Pracht und Feinschmeckerei des Königtums zu entsagen und einige Tage hindurch das Leben eines Privatmannes zu führen, feierlich den Mena und liess seine Verfluchung auf einer im Ammontempel zu Theben errichteten Stele eingraben[4]. Dies hinderte nicht, dass der erste menschliche König Aegyptens den Aegyptern immer theuer blieb. Sein Name findet sich an der Spitze fast aller Königslisten und seine Verehrung pflanzte sich bis unter die Ptolemäer fort[5].

Von den Königen, welche die drei ersten Dynastien bilden, wissen wir nichts oder fast nichts. Ihre Denkmäler sind zu Grunde gegangen oder noch nicht wiedergefunden und das wenige, was wir von ihrem Leben wissen, gehört mehr der Sage als der Geschichte an. *Teta*, der Sohn des *Mena* begann die Erbauung des Königpalastes zu Memphis. Er studirte die Medizin und verfasste anatomische Werke. Ein doppelköpfiger Kranich, der im Beginne seiner Regierung sich zeigte, war für Aegypten das Wahrzeichen langen Gedeihens[6]. Er wurde auch im Verein mit seinem Vater

---

1) Manetho, S. 78—81. Vergl. für die Rolle des Mena überhaupt, Bunsen, Aegyptens Stelle, Bd. II. || 2) Herodot II, 79. Vergl. über den *Maneros*, Hesychius s. v. *Μανέρως*; Suidas s. vv. *Μανέρως* und *Περιμανώς*. [Auch H. Brugsch, Die Adonisklage und das Linoslied, Berlin 1852, mit der Einschränkung von A. v. Gutschmid zu der deutschen Bearbeitung von Sharpe, Geschichte Egyptens Bd. 1, S. 124, 2. — R. P.]. || 3) Diodor I, 45, 1. || 4) Diodor a. a. O.; Ueber Isis u. Osiris, K. 8. *Tafnecht* und *Bokenranf* heissen *Τνέφαχθος* oder *Τέχνατις* und *Βόκχορις*. || 5) Stele des Unnofre im Louvre, historischer Saal, 421. Vergl. de Rougé, Recherches sur les monuments etc. S. 30—31. || 6) Aelian, h. anim., XI, 40, bei dem Mena's Sohn *Οἶνις* heisst.

angebetet und seine Verehrung behielt Geltung bis in die Zeiten der Ptolemäer. Unter *Uenephes* entvölkerte eine grosse Hungersnot Aegypten. Uenephes liess die Pyramiden von *Kôkome* bei dem heutigen Flecken Saqârah erbauen [1]. *Hesepti* (Ουσαφάϊδος) war in den Jahrbüchern der Wissenschaft und Religion Aegyptens berühmt. Einige mystische Texte, unter andern das Kapitel LXIV des *Todtenbuchs* waren, wie man glaubte, »in den Tagen dieses Fürsten [2]« entdeckt worden. Eine der medizinischen Abhandlungen im *medizinischen Papyros* von Berlin »war aufgefunden in alter Schrift in einer Bücherkiste zu Füssen des Gottes Anup von *Sechem* bei Lebzeiten des Königs beider Aegypten (*Hesepti*, des Wahrheit sprechenden [3]«. Unter Semempsês, dem Enkel des *Hesepti*, verherte eine fürchterliche Pest das Land. Diesem Unglück zu Folge wurden grosse Verbrechen begangen, und es brachen Aufstände aus, die bald den Sturz der ersten Dynastie herbeiführten.

Die zweite stammte aus Theni und stand in einer noch unbekannten Verbindung mit der Familie des Mena. Manetho weiss von dem Begründer, *Bul'au* (Βοηθός) *Nuterbau* nur, dass ein grosses Unglück vorkam: ein Erdschlund öffnete sich bei Bubastis und verschlang viele Leute [4]. Mit *Kakeu* (Καιέχως) dagegen beginnt eine Reihe gesetzgebender Könige, deren Erlasse die religiöse und politische Verfassung Aegyptens auf das eingehendste abänderten. *Kakeu* erklärte den Apis von Memphis, den Mnevis von Heliopolis und den Bock von Mendes für Götter, auch sein Königsname bezeichnet ihn als den »Männlichen unter den Männern« oder den »Stier der Stiere«, zweifelsohne mit Bezug auf die symbolischen Ideen, welche seine Zeit beherrschten, und für welche die Vergötterung der heiligen Thiere eine klare Bestätigung lieferte [5]. Sein Nachfolger *Bainuteru* (Βίνωθρις) bewilligte den Frauen das Recht der Thronfolge. Es waren unzweifelhaft ebenso sehr religiöse wie politische

1) Manetho von Unger, S. 79; Brugsch, Geogr. Inschr. Bd. I, S. 124, 240; Mariette, Histoire d'Égypte. 2te Ausgabe S. 134. [auch A. v. Gutschmid a. a. O. I, S. 11.] || 2) Goodwin, in der Zeitschrift. 1867. S. 55—56. [auch Ebers, Zeitschrift, 1874, S. 4. und die von mir, Hermes Trismegistos, Leipzig 1875, S. 20 angeführten Stellen.]. || 3) Papyrus médical herausgegeben v. Brugsch, Taf. XV, Z. 1—2 [Recueil de monuments, Bd. II, Taf. 99.] || 4) Manetho von Unger, S. 84; de Rougé, Recherches sur les monuments, S. 20—21. || 5) Manetho und de Rougé, a. a. O.

Beweggründe, die ihn dazu brachten. Der König war in Aegypten nicht wie überall sonst ein Mensch, der die Aufgabe hatte, andere Menschen zu regieren. Als Nachfolger und Abkömmling der Gottheiten, welche über das Nilthal geherrscht hatten, ist er die lebendige Offenbarung und Fleischwerdung Gottes: der Sohn der Sonne (*Se Râ*), wie er es recht deutlich überall zu verkünden sucht, wo er seinen Namen schreibt, das Götterblut fliesst in seinen Adern und sichert ihm die höchste Gewalt. So lange die männliche Nachkommenschaft den Königen nicht mangelte, blieben die Töchter zweifelsohne auf das Frauengemach angewiesen und besassen kein Anrecht auf die Krone. Hörte die männliche Linie auf, so erinnerte man sich lieber, als dass man die Königswürde in die Hände einer Familie menschlicher Abkunft fallen liess, daran, dass das Sonnengeschlecht sich auch in den Töchtern erhalten konnte, und gestand diesen die Nachfolge zu. Sobald nunmehr eine Familie erloschen war, heiratete der Begründer der neuen Dynastie, dessen grösste Sorge war, mit der göttlichen Familie sich in Verbindung zu setzen, die Prinzessinnen von königlichem Geblüt oder gab sie seinen Kindern zu Frauen. Diese Vereinigung befestigte die für den Augenblick unterbrochene Kette der Sonnendynastien von neuem und legitimirte dadurch selbst die Usurpation [1].

Die übrigen Fürsten der zweiten Dynastie haben uns nichts weiter als ihre Namen hinterlassen. *Send* (Σεθένης) ward noch in der griechischen Zeit verehrt [2], er liess die unter Hesepti zu Sechem gefundene, medizinische Abhandlung vervollständigen [3]. Unter *Noferkarâ* (Νεφερχέρης) floss der Nil eilf Tage lang mit Honig gemischt [4]. Von Sesochris glaubte man, er sei ein Riese gewesen. Einige der in den Todtenstädten von Memphis gefundenen Denkmäler, das Grab des *Thothotep* zu Saqarah und die gegenwärtig im Museum des Louvre aufbewahrten Statuen des *Sepa* lassen sich, wie es scheint, in diese Zeit zurückbringen. Sie zeigen alle Merkmale einer noch in ihrer Kindheit befindlichen Kunst. »Die Hieroglyphen und Gestalten haben ein kräftigeres Relief, als dies später der Fall sein würde. Die Gestalten sind untersetzt und

1) De Rougé, Notice de quelques textes hiéroglyphiques, S. 36 ff. — Maspero, Essai sur l'inscription du temple d'Abydos S. 69—70. || 2) De Rougé, Recherches, S. 31. || 3) Papyrus médical herausgegeben von Brugsch, Taf. 15 [99 des 2. Bd.'s des Recueil] Z. 1—2. || 4) Manetho v. Unger S. 84.

mehr mit grossen Hieben angelegt als vollendet. Die Hieroglyphen sind scheinbar ungeordnet, die unbekannten und ungebräuchlichen Formen sind hier gewöhnlich, sie sind ungeschickt, gedehnt und plump angebracht. Man hat es nicht verstanden sie in ein Verhältniss mit einander und mit den Gestalten zu bringen, welchen sie zur Begleitung dienen. Das untere Augenlied der Personen ist von einem grünen Streifen eingefasst. Was Sprache und Schrift betrifft, so kann man darüber mit Rücksicht auf die geringe Zahl von Beispielen, über die wir verfügen, kaum wenig genug aussagen. Doch scheint es, als seien gewisse Formeln, die bald darauf landläufig werden, unbekannt gewesen. Der sprachliche Ausdruck ist kurz. Die Verwendung der phonetischen Zeichen ist weniger häufig. Die Würden, welche dem Verstorbenen zugeschrieben werden, sind oft dieser Zeit eigenthümlich und unübersetzbar. Das Ganze zeigt in der Schrift sowol wie in der Sprache etwas für das Auge befremdendes[1].«

Mit dem letzten Könige der zweiten Dynastie erlosch wahrscheinlich die direkte Nachkommenschaft des Mena. Sie hatte fünf und ein halbes Jahrhundert regiert und in diesem Zeitraum ein Werk abgeschlossen, das weder unrühmlich noch ohne Schwierigkeit war. Mena hatte alle das Nilthal bewohnenden Stämme unter seine Botmässigkeit gebracht; sie in ein einziges Volk zu verschmelzen konnte dagegen nicht das Werk einer Regierung allein sein. Die Fürsten der Nomen, die in die Lage erblicher Statthalter gekommen waren, mussten sich schwer an ihr Vasallenverhältniss gewöhnen können und ergriffen ohne Zweifel jeden Vorwand zur Empörung, der ihnen in der Grausamkeit oder Schwäche einzelner Könige geboten wurde. Es ist sehr möglich, dass es einigen von ihnen gelang, ihre Unabhängigkeit wiederzugewinnen und selbst Seitendynastien zu begründen, welche der regierenden Familie die höchste Macht streitig machten und sie mitunter in eine zeitweilige Ohnmacht brachten. Die meisten Königsnamen, die auf einigen pharaonischen Listen stehen und sich nicht in den Listen des Manetho wiederfinden, gehören wahrscheinlich diesen illegitimen Dynastien an. Die Abkommen Mena's siegten schliesslich über diesen Widerstand und gewannen Geltung für das ganze Land. Die Fürsten der

1) Mariette, Sur les tombes de l'ancien Empire, S. 13.

dem Gehorsam ergebenen Nomen wurden zu Grosswürdenträgern des Pharaonenhofes und ersten Beamten des Königs. Die Stämme mischten und verschmolzen sich »von Abu bis gen Adhu«, von Elephantine bis zum Delta. Mena hatte ein Königreich Aegypten begründet, die beiden ersten Dynastien seiner Nachfolger schufen ein ägyptisches Volk[1].

Die drei ersten memphitischen Dynastien und die Epoche der Pyramiden.

Die dritte Dynastie war aus Memphis. Diese von Manetho beglaubigte Thatsache ist von der höchsten Wichtigkeit für die Geschichte dieser Epoche. Bis dahin hatte Theni thatsächlich seinen alten Zauber bewahrt und fuhr fort, seinen Fürsten im ganzen Lande Geltung zu verschaffen. Wie Aegypten mit ihm brach, brach es endgültig mit seiner priesterlichen Vergangenheit und schloss die von Mena begonnene Umwälzung ab. Fortan verfiel Theni immer mehr. Das kaum einige Meilen von der alten Stadt im Umkreise des Osirisgrabes erbaute Abydos entzog ihm die Verehrung der Gläubigen. Memphis wurde zur offiziellen Residenz des Königs und dann zur Wiege und zum Lehn der Königsfamilie. Als Königin Aegyptens während sieben Jahrhunderte brachte es nacheinander drei Dynastien, die berühmtesten von all denen hervor, welche das Nilthal in diesen fernen Zeiten beherrschten.

---

1) Eine so vollständig, wie es gegenwärtig angeht, wiederhergestellte Uebersicht der beiden ersten Dynastien:

I. Thinitische Dynastie.	II. Thinitische Dynastie.
I.—MENA (*Μήνης, Μενῆς*).	I.—BUTAU (*Βοηθός*).
II.—TETA (*Ἄθωθις α'*).	II.—KAKEU (*Καιέχως*).
III.—ATOTH (*Ἄθωθις β'*)	III.—BAINUTERU (*Βίνωθρις*).
IV.—ATA *ΚΕΝΚΕΝΗΣ. ΟΥΕΝΕΦΗΣ*	IV.—UTNAS (*Τλᾶς*).
V.—HESEPTI (*Οὐσαφάϊδος*).	V.—SEND (*Σεθένης*).
VI.—MERIBA (*Μιέβιδος*).	VI.— ? (*Χαίρης*).
VII.— ? *Σεμέμψης*.	VII.—NOFERKARA (*Νεφερχέρης*).
VIII.—QABUHU (*Κουβιέντης? Βιηνέχης*).	VIII.—NOFERKASOKAR (*Σέσωχρις*)
	IX.— ? (*Χενέρης*).

Vergl. Mariette, La table de Saqqarah und La nouvelle Table d'Abydos.

Das Auftreten der dritten Dynastie wurde durch ernste Wirren gekennzeichnet. Die seit Mena unterworfenen Libyer erhoben sich gegen König Necheröphes und drohten, die Landesgrenzen zu versehren. Im entscheidungsvollen Augenblicke kam der Aberglaube den Aegyptern zu Hülfe. Eines Nachts, wie beide Heere einander gegenüber lagen, schien die Mondscheibe unverhältnissmässig zuzunehmen, zum grossen Schrecken der Feinde, die diese Erscheinung als ein Zeichen des himmlischen Zornes aufnahmen und sich ohne Kampf unterwarfen[1]. Der wiederhergestellte Frieden erlitt keine ernste Störung weiter und seine Dauer begünstigte die Entfaltung der Wissenschaften und Künste. Der Nachfolger des Necherophes, Tosorthros, vervollkommnete die Schreibkunst und die Bearbeitung der Steinblöcke. Als Arzt wie Teta hatte er Abhandlungen verfasst, welche in den ersten Jahrhunderten christlicher Zeitrechnung noch bestanden: auch hatten ihn die Griechen mit ihrem Gotte Asklepios, dem *Imhotep* der Aegypter, identifizirt[2]. Unter dem Einflusse dieses Königs und seiner Nachfolger wuchs der Reichtum des Landes und die Denkmäler nahmen zu. Einige Regierungen noch, und wir erhalten Gräber, die uns eine Masse Originaldokumente übermitteln, dergestalt, dass wir nicht allein die Geschichte der Herrscher sondern auch die Lebensweise einfacher Privatleute wiederherstellen können werden.

Eine Meile ungefähr westlich von Memphis bildet die libysche Bergkette eine grosse Hochebene, die in gleicher Richtung mit dem Nil sich auf mehrere Meilen hin ausdehnt. Am Nordende hatte ein König, der unbekannt geblieben ist, den man vielleicht jedoch bis in die Zeiten vor Mena zurückzuverlegen hat, eine riesige Sphinx in dem Felsen ausarbeiten lassen, das Sinnbild der Harmachis, der aufgehenden Sonne. Später wurde ein Tempel von Alabaster und Granit, die einzige Probe monumentaler Architektur des alten Reichs, die wir besitzen, in einiger Entfernung von dem Götterbilde errichtet. Andere gegenwärtig zerstörte Tempel erhoben sich hie und da und schufen die ganze Hochebene gleichsam zu einem gewaltigen, den Todtengottheiten geweihten Heiligtume um. Die Bewohner von Memphis kamen, dort ihre Todten im Schutze vor der Ueberschwemmung niederzulegen. Gewöhnliche Leute wurden einen

1) Manetho v. Unger, S. 86—87. || 2) Ebendort S. 87.

Meter tief im Sande beerdigt, meist nackt und ohne Sarg. Andere wurden in kleinen rechteckigen Zimmern bestattet, die man roh aus gelben Ziegeln erbaute. Das Ganze krönte eine gewölbte Decke, gewöhnlich in Kreuzbogenform. Kein Zierrat, kein Wertgegenstand begleitete den Todten ins Grab. Gefässe von gewöhnlicher Töpferarbeit wurden dem Leichnam zur Seite gestellt und enthielten Vorräte, die man ihm zur Reise in ein anderes Sein mitgab[1].

Die monumentalen Grabmäler zerfallen, wenn sie vollständig sind, in drei Theile: eine äussere Kapelle, ein Brunnen und ein unterirdischer Keller. Die Kapelle ist ein viereckiger Bau, den man vom weiten für eine abgestumpfte Pyramide halten könnte. Die von Stein oder Ziegeln erbauten Aussenseiten fallen ebenmässig ab und bilden meist ein einheitliches Ganze. Mitunter jedoch treten die Steinschichten über einander zurück und bilden fast Stufen. Die Thür, welche sich gewöhnlich auf der Ostwand aufthut, wird mitunter einfach von einem walzenförmigen Tambour überragt, mitunter an den Seiten von Basreliefs geschmückt, welche ein aufrechtstehendes Bild des Verstorbenen darstellten, und von einer breiten Platte bekrönt, welche eine Inschrift in wagerechten Zeilen ausfüllt. Sie besteht aus einem Gebete und gibt die der Verehrung der Ahnen geweihten Tage an. »Huldigung dargebracht dem Anup in seiner göttlichen Behausung, dass ihm (dem Todten) gewährt werde ein Grab im Ament, der Westgegend der sehr guten und sehr grossen, ihm dem Vollkommenen vor dem grossen Gotte, dass er wandle auf den Wegen, auf den es gut wandeln ist, dem Vollkommenen vor dem grossen Gotte, dass er habe Opfer an Brod, Mehl und Getränk an jedem Feste des Jahresanfangs, am Feste des Thot, am ersten Tage des Jahres, am Feste Uâkâ, am grossen Feste der Hitze, bei der Prozession des Gottes Chem, beim Opferfeste an den Festen des Monats, des halben Monats und alle Tage.«

Gewöhnlich enthält das Innere der Kapelle nur ein Zimmer. Im Hintergrunde am Ehrenplatze und immer nach Osten ausgerichtet erhebt sich eine viereckige Stele von kolossalen Verhältnissen, an deren Fusse man ziemlich häufig eine Opfertafel aus Alabaster, Granit oder Kalkstein findet, die flach auf dem Boden steht, und

1) Mariette, Sur les tombes de l'ancien Empire, S. 2—3. [Revue archéol. n. s. XIX. 1869, S. 8—9].

mitunter zwei kleine Obelisken oder zwei kleine Altären, deren Spitze ausgehöhlt ist, um die Gaben an geweihtem Brode, an Flüssigkeiten und Lebensmitteln aufzunehmen, von denen in der Inschrift der Oberschwelle der Thür die Rede ist. Nach einem Gebete an den Schakal Anubis und die andern Götter des Ament zählt die Inschrift die Titel des Verstorbenen auf, gibt Bericht von seinem Leben, nennt die Könige, denen er gedient hat, und die ihn mehr schätzten »als jeden andern Diener«. In einigen Fällen ist nur die Stele mit Schrift versehen, aber der allgemeinen Regel nach kann man sagen, dass die Wände des Zimmers mit Darstellungen überdeckt sind, in welchen das ganze Leben des Verstorbenen mit einer wunderbaren Fülle von Einzelheiten und Genauigkeit abgebildet wird. In der einen Ecke sind es Scenen des häuslichen Lebens: Köche, welche das Feuer anfachen und das Mahl bereiten, Frauen des Harem, die tanzen und zum Klange der Geigen, Flöten und der Harfen singen. Wo anders Episoden der Jagd und des Fischfangs, Fischerstechen, Begebenheiten bei der Ueberschwemmung, Bestellung des Feldes, Aussaat, Ernte und Aufspeicherung des eingebrachten. Auf einer andern Wand führen Handwerker aller Art jeder die Arbeiten seines Gewerbes aus: Schuster, Glasmacher, Giesser und Schreiner werden in Reih und Glied geordnet und zusammengestellt. Zimmerleute fällen Bäume und erbauen eine Barke. Frauen weben gewerbsmässig unter der Aufsicht eines mürrischen Eunuchen, der wenig Lust zu haben scheint, ihr Schwatzen zu dulden. Der Hausherr steht am Hintertheil eines grossen Schiffes und ertheilt seine Befehle für die Bewegungen der Matrosen, das Meer auf dem er fährt, ist der See des Westens, und der Hafen zu dem er steuert, ist nichts anderes als das Grab. Nicht weit davon ist er sitzend dargestellt, wie er die Gaben hinnimmt, welche ihm Reihen von Personen bringen, die in mehreren Abtheilungen übereinander angeordnet sind. Das sind seine Besitzungen, die von seinen Ahnen ererbten und die welche er der königlichen Freigiebigkeit dankt, welche ihm ihren Ertrag bringen und sich zur Ehre rechnen, zu den Todtengaben beizusteuern, die man ihm darbringt. All diese Darstellungen werden von erläuternden Beischriften begleitet, welche die Worte der handelnd dargestellten Personen wiedergeben sollen. »Halte doch fest!« sagt ein Opfernder zu einem Gehülfen, wie er einen Ochsen tödten will. »Fertig, mach schnell« antwortet ihm dieser. Ein lustiger Fährmann ruft einem Alten, der am Ufer wartet, zu: »Geh du doch auf dem Wasser!« und der Alte sagt zu ihm: »Mach nicht so viele Worte!«[1].

In diesem Zimmer versammelten sich an den angegebenen Tagen die Nachkommen des Verstorbenen und die zu seinem Todtenkultus gehörigen Priester, um sich der Verehrung ihres Ahnen zu widmen. Sie fanden ihn dort so wieder, wie er bei seinen Lebzeiten gewesen war, gefolgt von seinen Dienern und von dem umgeben, was sein irdisches Dasein erfreut hatte, überall gegenwärtig und, sozusagen, mitten unter ihnen lebendig. Man wusste ja auch, dass hinter der einen Wand in einem verborgenen, mitten im Mauerwerke ausgesparten Raume ein wirr durch einander gestapelter Haufen von Statuen des Verstorbenen sich befand. Gewöhnlich hing diess Verliess nicht mit dem Zimmer zusammen und blieb innerhalb der Mauer verborgen, mitunter stand es mit ihm durch eine Art Kanal in Verbindung, der so eng war, dass man kaum eine Hand hindurch bringen konnte. An bestimmten Tagen kamen die Verwandten, um einige Gebete vor der Oeffnung dieses Kanals zu murmeln und Wohlgerüche davor zu verbrennen. Gebet und Wohlgeruch drangen, so nahm man an, auf diesem Wege zum Ohr des Todten[2].

Der Brunnenschacht, welcher in den Keller hinabsteigt, befindet sich mitunter in einer Ecke des Zimmers, meist jedoch muss man, um seine Oeffnung zu entdecken, auf das flache Dach der äussern Kapelle steigen. Er ist viereckig oder rechtwinklig mit grossen, schönen Steinen ausgemauert bis zu der Stelle, wo er in den Felsen eindringt. Seine durchschnittliche Tiefe beträgt zwölf bis funfzehn Meter, er kann aber auch bis zu dreissig und darüber gehen. Im Grunde, auf der südlichen Wand öffnet sich ein Schlupfgang, durch den man nur gebückt hindurch kann, der zu dem eigentlichen Grabzimmer. Dies ist in den lebenden Fels gehauen und des Schmuckes entblösst. In der Mitte steht ein grosser Sarkophag aus feinem Kalkstein, Rosengranit oder schwarzem Basalt, er enthält die Namen und Titel des Verstorbenen. Nachdem der Leib versiegelt war,

1) Mariette, Sur les tombes de l'ancien Empire S. 17—22. [Revue archéol. a. a. O. S. 81—89]; Brugsch, Die Aegyptische Gräberwelt, S. 15—26.]]

2) Mariette, Sur les tombes de l'ancien Empire S. 8—9 [Rev. arch. a. a. O. S. 14].

legten die Arbeiter ein Viertel von einem Ochsen, den man im Zimmer oben geschlachtet hatte, und einige mit Asche gefüllte, grosse Krüge von rother Töpferwaare nieder, vermauerten den Eingang zu dem Schleichwege sorgfältig und füllten den Schacht bis zum Rande mit Steinstücken untermischt mit Sand und Erde. Das Ganze bildete schliesslich, nachdem es reichlich mit Wasser angefeuchtet war, einen fast undurchdringlichen Mörtel, dessen Härte den Todten vor jeder Entweihung sicherte[1].

Diese wahrhaft monumentalen Gräber, bei deren Anblick die Griechen zu dem Ausspruche kamen, sie seien die ewigen Wohnungen der Aegypter, neben denen ihre Paläste nur wie Herbergen erschienen, sie bildeten mehrere Todtenstädte von grösserer Ausdehnung als die Städte der Lebenden. In Gizeh sind sie nach einem symmetrischen Plane geordnet und wirklich strassenlang an einander gereiht, zu Saqarah sind sie ohne Ordnung auf der Fläche der Hochebene ausgestreut, stellenweise weitläufig und anderwärts wirr aneinandergedrängt. Wo ihre Menge am dichtesten ist, findet man vereinzelte oder zu ungleichen Gruppen vereinte Pyramiden. Einige besitzen eine Höhe von sieben bis acht Metern und gehen kaum über die Oberfläche der benachbarten Gräber hinaus, andere erreichen bis gegen hundertfunfzig Meter und zählen noch gegenwärtig zu den ansehnlichsten Denkmälern, welche jemals des Menschen Hand errichtet hat. Das sind die Königsgräber. Sie zu erbauen, hatte jeder Pharao von seinem Regierungsantritt an den Fels ausmeisseln und die Erde fortschaffen lassen, die wichtigsten Persönlichkeiten des Landes hatten das ganze Königreich durcheilt, einen Block Alabaster oder Granit zu suchen, der würdig wäre eines Königs Sarkophag zu werden, und die Bevölkerung ganzer Städte und Provinzen wurde in die Steinbrüche und auf die Bauplätze geschickt. Mit jeder Pyramide war ein Tempel verbunden, in welchem der verstorbene Monarch die Opferspenden seiner Unterthanen und die Huldigung eines ausschliesslich seiner Verehrung bestimmten Priesterkollegiums entgegennahm.

Aus der Tiefe dieser Nekropolen steigt nach und nach das ganze Aegypten der memphitischen Dynastien empor und erscheint

---

1) Mariette, Notice des principaux monuments, S. 34—36; Sur quelques tombes de l'Ancien Empire, S. 9—10.

endlich wieder im vollen Lichte der Geschichte. König und Volk, Priester und Soldaten, Palastbeamte und einfache Handwerker. Jeden erhalten wir wieder mit seinen Gebräuchen, seiner Tracht und seiner Geschichte. Die Erbauer der Pyramiden scheinen unter uns wieder aufzuleben, und das Portrait des Chafrâ ziert unsere Museen. Die Könige der dritten Dynastie erscheinen noch nicht auf den derartigen bis jetzt gefundenen Denkmälern. Ihre Nachfolger aber haben das Dunkel aufgegeben, in dem die ausländischen Ueberlieferungen sie zurückliessen. Die Menschen dieser entlegenen Zeiten haben für uns gleiche Wirklichkeit erhalten wie die Griechen und Römer. Wir sind mit ihren Namen vertraut und aus den in ihren Gräbern gesammelten Nachrichten könnte man den *Hofalmanach* des Hofstaats des Chufu bis in die kleinsten Einzelheiten wiederherstellen.

In dieser Zeit, »wie die Majestät des Königs *Huni* starb, da erhob sich die Majestät des Königs *Snefru* als wohlthätiger Herrscher im ganzen Lande[1]«. *Snefru*, der Soris des Manetho, ist der Begründer der vierten Dynastie und der erste König, welcher auf den Denkmälern vorkommt[2]. Er bekriegte die Nomadenstämme, welche unaufhörlich die Ostgrenze des Delta beunruhigten, und drang bis tief in die Sinaï-Halbinsel ein. Eins von den Basreliefs von *Uady Maghâra*, ein Siegeszeichen seines Feldzuges zeigt uns »den König beider Aegypten, den Herrn der Diademe, den Herrn der Gerechtigkeit, Hor den siegreichen, *Snefru*, den grossen Gott«, wie er mit seiner Streitaxt einen vor ihm niedergeworfenen Barbaren zerschmettert[3]. Er liess auf ägyptische Rechnung die Kupfer- und Türkisminen des Sinaï ausbeuten und stattete die Grenze, um das Delta fortan vor Einfällen zu sichern, mit einer Reihe Festungen aus, von denen eine wenigstens, *She-Snefru*[4], noch unter den ersten Königen der zwölften Dynastie bestand. Sein Kultus, der unmittelbar nach seinem Tode begann, währte noch Jahrhunderte lang und bis auf die Ptolemäer[5].

1) Papyros Prisse, Taf. 2, Z. 7, S. || 2) De Rougé, Recherches, etc. S. 28—41. || 3) Lepsius, Denkm. II, 8. || 4) »*Uady des Snefru*«. || 5) Chabas, Les Papyrus de Berlin, [Chalon, 1863], S. 91; De Rougé, Recherches, S. 90. Ein von Herrn Golenischeff neuerdings im petersburger Museum entdeckter Papyros, welchen er hoffentlich bald herausgeben und übersetzen wird, lässt König Snefru auftreten; und zwar soll es sich dabei um eine Geschichte oder einen Roman handeln, den er wie Ahasver im Buche Esther in einer schlaflosen Nacht sich vortragen lässt.

So gross aber auch sein Ruhm in Aegypten war, er erbleicht vor der Berühmtheit seiner drei unmittelbaren Nachfolger, des *Chufu* (*Cheops*), *Chafrâ* und *Menkarâ*, der Erbauer der Pyramiden. »Cheops erbaute das riesige Denkmal seines Ruhms oder seiner Narrheit in einem Jahrhunderte, welches der Zeit, in welcher die sichern Angaben der Profangeschichte beginnen, so fern liegt, dass wir keinen Maasstab besitzen, der uns die Weite der beide Epochen trennenden Kluft abschätzen liesse, die allem Verständnisse und Interesse der grossen Menschenfamilie, welche jetzt die Erde bevölkert, so fremd ist, dass selbst die heilige Geschichte nichts von den Leuten aus der Generation des Cheops weiss, nichts, als vielleicht, dass sie lebten, Vater wurden und starben. Und trotzdem beherrscht des Cheops Pyramide noch stolz den Wüstensand, die Todtenbleiche ihrer Nummulithenblöcke strahlt noch in der Sonnenglut, ihr Riesenschatten dehnt sich über die unfruchtbaren Ebnen hin um ihren Fuss, und wenn der Tag sich neigt, hüllt er die Mais- und Weizenfelder von Gizeh in Dunkel. Gelingt es dem Beschauer von einem günstigen Gesichtspunkte aus, sich einen klaren Begriff von der Unermesslichkeit des Denkmals zu machen, so kann kein Wort das vernichtende Gefühl schildern, das seinen Geist befällt. Er findet sich erdrückt und wankt wie unter einer Last. Im Gegensatze zu vielen anderen grossen Ruinen werden die Pyramiden, man mag sie anschauen von wo man will, nie Trümmerhaufen oder Berge. Sie bleiben ein Werk von Menschenhänden. Das Zeichen ihres Ursprungs tritt immer neu hervor und kehrt sich heraus, und daher ohne Zweifel kommt das unbestimmte beängstigende und scheue Gefühl, das den Geist verwirrt, sobald er zum ersten Mal den klaren Eindruck ihrer Unermesslichkeit erhält[1]«.

Welcher Anstrengungen es bedurfte, diese gigantischen Massen aufzurichten, würde uns schon der blosse Anblick der Denkmäler begreiflich machen, wäre selbst die Geschichte nicht da, es uns zu sagen. Als längst schon die Regierungen des *Cheops* und *Chafrâ* vorbei waren, lange Zeit selbst nachdem die Pharaonen des alten Reichs und ihre Unterthanen sich in der Nacht der Zeiten verloren hatten, da war die Erinnerung an die Mühsal, welche die Errichtung der Pyramiden gekostet hatte, noch im Geiste des ägyptischen

1) Osburn, The monumental history of Egypt, I, 270—271.

Volkes lebendig. In den Zeiten des Herodot und Diodor hatte *Cheops* den Ruf eines verhassten Tyrannen »Er schloss erstlich die Tempel und verbot, zu opfern, dann befahl er sämmtlichen Aegyptern für ihn zu arbeiten. Den einen wurde aufgetragen, Steine aus den Brüchen im arabischen Gebirge[1] bis an den Nil zu schleifen, und waren die Blöcke in Fahrzeugen herübergeschafft, so liess er sie durch andere weiter bis zum libyschen Gebirge schleifen. Je hundert tausend Mann arbeiteten daran immer für drei Monate. Die Zeit der Bedrückung des Volkes zerfiel in zehn Jahre für die Herstellung des Weges, auf welchem sie die Steine schleppten, eines Werkes, das, nach meinem Dafürhalten, nicht viel geringer anzuschlagen ist als die Pyramide denn es hat fünf Stadien Länge, zehn Orgyien Breite und an seiner höchsten Stelle acht Orgyien Höhe, aus behauenen Steinen und mit eingemeisselten Gestalten., für diesen also brauchte man zehn Jahre und zu den unterirdischen Gemächern, die sich in dem Hügel, auf dem die Pyramiden stehen, befinden . . . . Für die Pyramide selbst brauchte man zwanzig Jahre zur Herstellung. Sie ist viereckig und hat auf jeder Seite acht Plethren und ebensoviel in der Höhe, das ganze aus geglätteten und auf das beste gefügten Steinen. Keiner der Steine hat weniger als dreissig Fuss[2]«. — »Es ist auf den Pyramiden verzeichnet in ägyptischen Buchstaben wieviel für Rettig, Zwiebeln und Knoblauch für die Arbeiter aufgewendet wurde, und, wie ich mich gut besinnen kann, sagte der Dollmetscher, welcher mir die Schrift erklärte, es betrüge sechszehnhundert Talente Silber. Wenn sich das so verhält, wie viel muss man sonst auf das Eisen, mit dem sie arbeiteten, auf Speisen und Kleidung für die Arbeiter verwendet haben, bei der erwähnten langen Zeit, welche die Erbauung des Werkes erforderte, und der übrigen nicht geringen, in welcher man die Steine brach und fortschaffte und die unterirdischen Ausgrabungen herstellte[3]«. Die von Herodot erhaltene Ueberlieferung ging noch weiter. Sie berichtete, wie *Cheops*, als seine Hülfsmittel erschöpft waren und er gezwungen war, alles zu Geld zu machen, seine Tochter an all und Jeden verkauft habe[4]. Eine andre von Manetho aufgenommene Sage ist weniger hart gegen den Pharao: auf

1) Wahrscheinlich die Steinbrüche von *Turah*. || 2) Herodot II, 124. || 3) Herodot II, 125. || 4) Herodot II, 126. Vergl. Maspero, Fragment d'un commentaire sur le second livre d'Hérodote, S. 4—7.

seinen alten Tagen hätte *Cheops* über seinen Frevel Reue empfunden, sei fromm geworden und habe ein heiliges, von seinen Mitbürgern hoch geschätztes Buch geschrieben [1].

»*Cheops* regierte, erzählten die Aegypter, funfzig Jahre, und nach seinem Tode ererbte sein Bruder *Chephrên* die Königsherrschaft. *Chephrên* benutzte sie in allem ebenso wie sein Bruder und baute eine Pyramide, die nicht das Maas von jener erreichte, denn diese haben wir selbst ausgemessen.... Beide stehen auf einem Hügel von ungefähr hundert Fuss Höhe. Man sagte, Cheops habe sechsundfunfzig Jahre regiert. Man berechnet es auf hundert und sechs Jahre, dass die Aegypter Unheil jeder Art erlebten und die Tempel geschlossen waren, ohne sie auch nur einmal zu öffnen. Diese Fürsten wollen die Aegypter auch aus Hass nicht gern nennen und benennen die Pyramiden nach dem Namen des Hirten Philitis, der in jener Zeit in der Umgegend seine Heerden weidete [2]«. Nach der Ueberlieferung erfreuten sich *Cheops* so wohl wie *Chephren* der Gräber nicht, welche sie um den Preis so grosser Mühsal hatten errichten lassen, das erbitterte Volk empörte sich, riss ihre Leichen aus den Sarkophagen und zerstückelte sie [3].

Diesen beiden Tyrannen stellt die Ueberlieferung einen gutgearteten Monarchen zur Seite, den *Menkera*, den Sohn des Cheops und Erbauer der dritten Pyramide. »Ihm misfielen die Handlungen seines Vaters, er öffnete die Tempel und schickte das bis zum grössten Elend geplagte Volk wieder zu seinen Geschäften und zu den Opfern, ja seine Rechtssprüche waren gerechter als die aller andern Könige. Deshalb wird er mehr gelobt als irgend ein anderer von den Herrschern der Aegypter, denn nicht allein war sein Urtheil gerecht, sondern er schenkte auch seinerseits, dem welcher mit der Entscheidung unzufrieden war, etwas, um seinen Groll zu besänftigen [4]«. Dieser fromme König hatte trotz dem schwer zu leiden. Er verlor seine einzige Tochter und erfuhr bald darauf von einem Orakel, dass er nur noch sechs Jahre zu leben hatte. Um sich über den erlittenen Verlust zu trösten, liess er sie in eine hohle, hölzerne Kuh legen, welche er in Saïs bewahrte, und der er göttliche Ehren erwies. Das Mittel, welches er anwendete, um die

---

1) Manetho v. Unger, S. 91. || 2) Herodot, II, 128. || 3) Diodor von Sicilien, I, 64, 5. || 4) Herodot II, 129—133.

Wirkung des Orakels zu vereiteln, ist originell und verdient Erwähnung. Er schickte zu dem Orakel und liess dem Gotte Vorwürfe machen, sein Vater und Oheim, die doch die Tempel verschlossen und der Götter nicht gedacht, sondern die Menschen zu Grunde gerichtet hätten, die hätten lange Zeit gelebt, er aber, der fromme, solle so schnell enden. Darauf sei ein anderer Orakelspruch erfolgt, der lautete, deswegen gerade sei sein Leben verkürzt worden, denn er habe nicht gethan, was ihm zu thun obgelegen hätte. Aegypten müsste hundertundfunfzig Jahre lang geplagt werden, das hätten auch die beiden Könige vor ihm gewusst, er aber nicht. Wie *Mykerinos* das vernahm, hielt er sich für gerichtet, liess sich viele Lampen machen, zündete sie an, sobald es Nacht wurde, trank und liess es sich wohl sein, ohne zu rasten bei Tag und bei Nacht, schweifte auf Sümpfen und in Wäldern umher und überall, wo er eine Stätte des Vergnügens zu finden erwartete. Dies hatte er erdacht, um das Orakel Lügen zu strafen und zwölf Jahre zu leben, da die Nächte in Tage umgeschaffen waren[1]«.

Dank den neuen Entdeckungen ist es leicht das Wahre aus der Erzählung der griechischen Geschichtschreiber herauszufinden. Erstlich ist es unmöglich, dass Chephren, wie sie wollen, der Bruder des Cheops gewesen wäre. Die überlieferte Dauer ihrer Regierung steht dem durchaus im Wege. Chephren war selbst nicht der unmittelbare Nachfolger des Cheops. Die Denkmälerlisten schalten zwischen beiden einen König Namens *Dud-ef-Râ*[2] ein, von dem uns einige Erinnerungen erhalten sind. Die sehr kurze Regierung dieses Fürsten, die sonst keine geschichtliche Wichtigkeit besitzt, kann uns zur Erklärung eines Punktes in der von den Griechen gesammelten Sage dienen. Vielleicht war *Dud-ef-Râ* der Sohn des *Cheops* und ältere Bruder des *Chephren*. Daher die Angabe, dass *Chephren* der Bruder seines unmittelbaren Vorgängers gewesen sei, und, da *Dud-ef-Râ* entschwand ohne im Gedächtnisse des Volkes eine Spur zu hinterlassen, die andere Angabe, *Cheops*

1) Herodot II, 129—133. || 2) De Rougé, Recherches, S. 52—54. De Rougé liest den Namen Râ-ṭoṭ-ef und identifizirt den Fürsten mit Ratoïses bei Manetho, dem fünften Könige der vierten Dynastie. Die Analogie der übrigen Namen zwingt jedoch, Dudefrâ zu lesen, wie man Menkarâ und nicht Râmenka sagt. Es scheint mir also, man müsste auf die von de Rougé vorgeschlagene Lesung und Identificirung verzichten.

sei der unmittelbare Vorgänger des *Chephrên*, mithin sein älterer Bruder gewesen.

Die überlieferte Gottlosigkeit der beiden Könige ist nicht weniger problematisch als ihre Verwandtschaft. Die Titel, welche sie annehmen, und welche die Personen ihrer Familie oder ihres Hofes tragen, beurkunden die Achtung, welche sie der Religion bezeigten. *Chephrên* heisst »Hor und Set«, »Hor mächtigen Herzens«, »der gute Hor, der grosse Gott, der Herr der Diademe«; seine Frau, die Königin *Merï-sänch*, ist Priesterin des *Thot*[1]; einer seiner Verwandten der Prinz *Chem-An* war Oberpriester des *Thot* zu *Sesun* oder *Hermopolis*[2]. Endlich zeigt uns eine Stele, auf welcher die Prinzessin *Hentsen* die Erbauung ihrer Grabpyramide verzeichnet, den geschichtlichen *Cheops*, wie er umgekehrt wie der *Cheops* der Sage Tempel erbaut und ausbessert. »Der lebende Hor, der seine Feinde vernichtet?, der König von Aegypten (*Chufu*), der lebenspendende, fand den Tempel der Isis, der Vorsteherin der Pyramide bei dem Tempel der Sphinx im Nordwesten des Tempels des Osiris, des Herrn des *Rôstu*[3], er hat erbaut seine Pyramide bei dem Tempel dieser Göttin und hat erbaut die Pyramide seiner königlichen Tochter, *H'ent-sen*, bei diesem Tempel. — Er machte für seine Mutter Isis, die Mutter der Götter und für *Hathor* die Herrin der Wasser [in der Höhe][4]. Schreibend seine Gabe auf eine Stele, hat er ihr geschenkt ein neues Lehn, er hat wiederhergestellt ihr Heiligtum aus Stein, und er fand diese Götter in ihrem Tempel.« Auf der Rückseite folgt das Verzeichniss und Bild dieser Götter: Hor und Isis in mehreren Gestalten, *Nephthys*, *Selk*, *Phtah*, *Sacht*, *Osiris*, *Hapi*. Hinter jedem Bilde findet sich der Stoff angegeben, aus welchem es gemacht war: die Barke der Isis, der Sperber des Hor und der Ibis des Thot bestanden aus vergoldetem Holz; Isis war aus Gold und Silber; Nephthys aus vergoldeter Bronze; *Sacht* aus Bronze[5]. Sonst sehen wir, dass derselbe Fürst den Tempel der *Hathor* zu *Dendera* erbauen oder wenigstens ausbessern liess[6].

---

1) Ebend. S. 58. || 2) Ebendort, S. 62. || 3) Einer von den Namen des ägyptischen Hades. || 4) der Himmel, wie im ersten Kapitel der Genesis. || 5) Mariette, Notice des principaux monuments du musée de Boulaq. 2. Ausgabe S. 207—209, und monuments divers Taf. 53. Vergl. de Rougé, Recherches, S. 46—50. || 6) Dümichen, Bauurkunde, T. XVI, a, b.

So sind wir weit entfernt von dem Cheops des Herodot, der alle Tempel Aegyptens schloss und die Götter ächtete.

Cheops und *Chephren* oder vielmehr *Chufu* und *Châfrâ*, wie die Inschriften sie nennen, erscheinen uns als mächtige Könige, fromm gegen die Gottheit und ihren Feinden nicht weniger furchtbar als ihren Unterthanen. *Chufu* bekriegte die Nomaden der arabischen Wüste und vertheidigte siegreich gegen ihre Angriffe die Bergwerksunternehmungen, welche *Snefru* auf der Sinaïhalbinsel gegründet hatte[1]. Die auf diesem Feldzuge gemachten Gefangenen wurden zweifelsohne, wie es Sitte war, zur Erbauung seiner Pyramide verwendet. Besagt dies deswegen, dass die volkstümliche Ueberlieferung ganz falsch war und er seine Unterthanen geschont hat? Die Zahl der Gefangenen konnte, man kann sie so gross annehmen, wie man will, nicht für das unermessliche Werk ausreichen. Man musste auf die Aegypter reiner Rasse zurückgreifen und diese in Anspruch nehmen, wie es Herodot berichtet. »Das gab ein grosses Geschrei von einem Ende zum andern seines Reichs! ein Geschrei des Unterdrückten gegen den Unterdrücker, ein Geschrei der Qual und bittern Not, ein solches Geschrei, dass es noch in meiner Erinnerung wiederklingt, während ich schreibe, so ein Geschrei, wie seit den Tagen des *Suphis* es sich oft in Aegyptenland erhoben hat und zu den Ohren des Herrn der Heerschaaren gedrungen ist. Und wurde *Suphis* dadurch beunruhigt? Nicht mehr als Muhammad-Aly oder Ibrahim-Pascha! Die selbstsüchtige Tyrannenlaune dringt durch, mag es sich um die grosse Pyramide oder die Nilschleusen handeln; was kümmert die sich um die Qualen ihres Volkes?[2]«. Aegypten mag immerhin seine Religion, Sprache und Abstammung ändern, der Herrscher mag Pharao, Sultan oder Pascha heissen, das Loos des Fellah bleibt sich immer gleich. Die griechischen Geschichtschreiber haben nach viertausend Jahren das Echo der Verwünschungen, mit denen die Aegypter das Andenken des *Chufu* überhäuften, gesammelt. Vielleicht fand der Aufstand, von welchem Diodor[3] uns sagt, wirklich statt. Die zerbrochenen Bildsäulen des *Châfrâ* wurden bei dem Sphinxtempel

1) Lepsius, Denkmäler II. 2 [auch: Ebers, Durch Gosen zum Sinai, S. 139]. || 2) Osburn, The monumental history of Egypt, Bd. 1, S. 275—276. || 3) Diodor, I, 64, 5.

wiedergefunden in einem Schachte, in den sie ehemals vielleicht an einem Tage des Aufruhrs geworfen waren [1]).

Der Begriff der Frömmigkeit, welchen die Volksüberlieferung mit *Menkera*, dem *Mykerinos* Herodot's, verband, wird durch das Zeugniss der Denkmäler bestätigt, nicht als hätte dieser Fürst, wie es heisst, die Tempel wieder geöffnet (wir sahen, dass sie nie geschlossen wurden), er befiehlt aber einem seiner Söhne, dem *Hordudu-f*, die Heiligtümer Aegyptens zu mustern, unzweifelhaft, um die wiederherzustellen, die sich in schlechtem Zustande befinden würden, und in allen Städten Neu-Gründungen vorzunehmen. Im Laufe dieser Besichtigung entdeckte der Prinz nach einigen Urkunden, das Kapitel LXIV des Todtenbuchs, »zu *Sesun* (Hermopolis) zu den Füssen des Gottes *Thot* in blau auf eine Alabasterplatte geschrieben .... Der Prinz brachte es dem Könige als etwas Wunderwürdiges [2])«. Diese Entdeckungen von religiösen oder wissenschaftlichen Büchern werden in der altägyptischen Literatur häufig erwähnt. Wir haben bereits gesehen, dass die Auffindung des Kapitel LXIV von einigen Gewährsmännern König *Hesepti* zugeschrieben wird und dass man von König *Teta* annahm, er habe ein medizinisches Werk, das wir grösstentheils noch besitzen, gefunden. Eine andere medizinische Abhandlung, auf die in jüngster Zeit hingewiesen ist, würde gleichfalls auf die Regierung des *Cheops* zurückgehen. Es ward eines Nachts zu *Tebmut* durch den Diener der Gottheit entdeckt, der in den grossen Saal des Tempels getreten und bis in das innerste Heiligtum eingedrungen war. »Da war das Land in Dunkel, aber der Mond erglänzte über diesem Buche von allen Seiten. Gebracht ward es zur Verwunderung der Heiligkeit des Königs (*Chufu*), des die Wahrheit redenden [3])«. Das vierundsechzigste Kapitel, ein Abriss der ägyptischen Lehre über das zukünftige Leben und den Zustand der Seele ist einer der dunkelsten Theile des *Todtenbuchs*: »Du kommst zu mir« sagt ein Schreiber aus der Rhamessidenzeit, »wohl versehen mit grossen Geheimnissen. Du sagst mir über [die Formeln] des Prinzen *Hor-dud-ef*: »Du hast davon nichts verstanden weder gut noch schlecht. Ein Wall ist davor, den [kein Pro-

1) Mariette, Lettre à M. le vicomte de Rougé, S. 7 [Revue archéol. 1860]. | 2) Todtenbuch, LXIV, 30—32; Birch, On formulas relating to the heart, in der Zeitschrift, 1867, S. 54—55. || 3) Birch. Medical Papyrus with the name of Cheops, in der Zeitschrift, 1871, S. 61—64.

faner zu durchbrechen versteht«. Du bist ein geschickter Schreiber, an der Spitze deiner Genossen, unterrichtet [in den Büchern], geläutert im Herzen, vollendet in der Sprache, und wenn deine Worte herauskommen, so ist ein Satz von deinem Munde von dreifachem Wert — du hast mich stumm gemacht vor Schreck[1]«. Wenn die Neuern nicht immer den Sinn dieser mystischen Brocken erfassen, können sie sich trösten. Die alten Aegypter waren darin nicht viel weiter als sie.

Der in der Pyramide wieder aufgefundene Sarg des *Menkera* war eins der bewunderungswürdigsten Denkmäler der ägyptischen Kunst in diesen entlegenen Zeiten. Er ist an der Küste Portugal's mit dem Schiffe zu Grunde gegangen, das ihn nach England überführen sollte. Wir haben gegenwärtig nur noch den Deckel des Sarges von Sykomorenholz, in welchem die Mumie des Pharao ruhte. Dieser Sarg in Menschengestalt trägt eine Inschrift: »Osiris, König beider Aegypten (*Menkerâ*), der da lebt in Ewigkeit, geboren vom Himmel, getragen [im Schosse] der *Nut*, Abkomme des *Seb*! Es neigt sich über dir deine Mutter *Nut* in ihrem Namen als Abgrund des Himmels. Sie lässt dich zum Gott werden vernichtend deine Feinde, o König (*Menkerâ*), lebend in Ewigkeit[2]«.

Nach diesen drei Pharaonen ist nur noch *Ases-ka-f* zu bemerken, der Nachfolger des Menkerâ, der von Herodot *Asychis* und von Diodor von Sicilien *Sasychis* genannt wird. »Er errichtete am *Ptah*tempel zu Memphis die südliche Vorhalle, bei weitem die schönste und grösste von allem. Sie sind zwar alle mit Reliefs versehen und der Anblick der Bauten ist unendlich mannigfaltig, bei diesen aber weitaus am meisten. ..... Da dieser König die Absicht hatte, alle Könige, die vor ihm in Aegypten waren, zu übertreffen, so hinterliess er zum Gedächtniss eine Ziegelpyramide und auf dieser eine in Stein gemeisselte Inschrift folgenden Inhalts: »Verachte mich nicht gegen die steinernen Pyramiden. Denn ich stehe so weit über ihnen wie Zeus über den andern Göttern. Man stiess nämlich eine

1) Papyrus Anastasi I. Taf. X. Z. 8. || 2) Wyse, Pyramids of Gizeh Bd. II, S. 86 ff; Ch. Lenormant, Éclaircissements sur le cercueil de Mycerinus; E. de Rougé, Recherches sur les monuments, S. 63—66: Ich muss sagen, dass dieser Sarg sich mehr dem Typus der fünfundzwanzigsten Dynastie als dem Typus des alten Reichs nähert. Vielleicht war der erste Sarg in Staub zerfallen und wurde in jener Zeit durch den Sarg ersetzt, dessen Trümmer wir haben.

Stange in den Sumpf, und sammelte den Schlamm, der daran haften blieb und machte Ziegel daraus. Und so wurde ich hergestellt[1])«. Nach dem Zeugnisse Diodors wäre Aseskaf einer der fünf grossen Gesetzgeber Aegyptens gewesen, hätte die Ceremonien des Gottesdienstes auf das sorgfältigste geregelt und die Geometrie und die Kunst der Beobachtung der Gestirne erfunden[2]. Er gab auch ein Gesetz über das Darlehn und erlaubte jedem Privatmanne, die Mumie seines Vaters zu verpfänden, mit der Erlaubniss für den Gläubiger über das Grab des Entleihers zu verfügen. Für den Fall, dass die Schuld nicht bezahlt wurde, konnte der Schuldner weder für sich noch einen seiner Angehörigen sei es im Grabe seines Vaters oder in irgend einem andern Bestattung erhalten[3].

Die Könige der fünften Dynastie unternahmen mehrere glückliche Kriege nach aussen gegen die asiatischen Nomaden, nach innen waren sie in Anspruch genommen durch die Erbauung ihrer Grabpyramiden, durch Ausbesserung von Tempeln und Errichtung neuer Städte[4]. Im ganzen genommen hielten sie Aegypten auf der Höhe des Wohlstandes und der Grösse, auf die es die Könige der vorhergehenden Dynastien zu bringen verstanden hatten[5].

1) Herodot II. 136. || 2) Diodor I. 94. 3. || 3) Herodot, l. l. || 4) De Rougé, Recherches, S. 83. || 5) Uebersicht der dritten, vierten und fünften Dynastie so vollständig als sie sich augenblicklich wieder herstellen lässt:

III. Memphitische Dynastie		IV. Memphitische Dynastie.	
I. BEBI (TATI)	I. Νεχερωφής	I. CHUFU	I. Σῶρις / II. Σοῦφις (Χέοψ)
II. NEBKA	II. Τόσορθρος	II. DUD-EF-RA	
III. TESAR	III. Τύρεις	III. CHÂFRÂ	III. Σοῦφις (Χέφρην)
IV. TESAR-TETA	IV. Σέσωχρις	IV. MENKERÂ	IV. Μενχέρης (Μυκερῖνος)
V. SETÉS	V. Σώυφις	V. ASES-KA-F	V. Ῥατοίσης
VI. NOFER-KARA	VI. Τοσέρτασις		VI. Βίχερις
VII. NEB-KA-RA	VII. Ἄχης		VII. Σεβερχέρης
VIII. HUNI	VIII. Σήφουρις		VIII. Θαμφθίς
IX. ŠNEFRU	IX. Κερφέρης		

V. Memphitische Dynastie.			
I. USUR-KA-F	I. Οὐσερχέρης	VI. USURENRAAN	V. Χέρης
II. SAHURÂ	II. Σέφρης	VII. MENKE-HOR	VI. Ῥαθούρης
III. KAKA	?		VII. Μενχέρης
IV. NOFERAR-KARA	III. Νεφερχέρης	VIII. TATKE-RÂASSA	VIII. Ταγχέρης
V. ASESKARA	IV. Σισίρης	IX. UNAS	IX. Ὄννος

Die ägyptische Literatur während der Memphitischen Periode.

In einem Grabe von Gizeh führt ein Grosswürdenträger der ersten Zeit der sechsten Dynastie den Titel eines *Verwalter's des Bücherhauses*[1]. Die einfache unbestimmt zwischen zwei höhere Titel eingeschaltete Erwähnung würde in Ermangelung anderer genügen, uns die ausserordentliche Entwicklung zu zeigen, welche die ägyptische Gesittung damals einnahm. Es gab nicht allein bereits eine Literatur, diese Literatur war auch beträchtlich genug, Bibliotheken auszufüllen, und ihre Wichtigkeit war so gross, dass ein Hofbeamter besonders mit der »Konservirung« der königlichen Bibliothek betraut wurde. Er hatte zweifelsohne ausser den zeitgenössischen Werken die unter den ersten Dynastien geschriebenen Bücher in seiner Obhut, Bücher, die sich aus Mena's Zeiten und vielleicht von den Königen vor Mena herschrieben. Religiöse Werke, nach den maassgebenden in den Tempeln bewahrten Texten kopierte Kapitel des *Todtenbuches*[2], wissenschaftliche Abhandlungen über Geometrie, Medizin und Astronomie. Geschichtsbücher, in denen die Aussprüche und Thaten der alten Könige dazu die Jahresanzahl ihres Lebens und genaue Regierungsdauer erhalten waren, Handbücher der Philosophie und praktischen Moral und vielleicht auch einige Romane mussten den Bestand dieser Bibliothek bilden. Das Ganze würde, wenn wir es besässen, eine Bibliothek bilden, »die uns viel wertvoller wäre als die von Alexandria[3]«. Zum Unglück haben wir von soviel Schätzen nur noch die Bruchstücke eines philosophischen Sammelwerkes. Für alles Uebrige sind wir auf spärliche Fingerzeige angewiesen, die mit Hülfe der Angaben auf Denkmälern erhellt und vervollständigt, uns kaum mit einiger Sicherheit die Ausdehnung der Kenntnisse, welche die Aegypter damals besassen, zu bestimmen erlauben.

Von vorn herein erkannten die ägyptischen Astronomen, dass eine bestimmte Zahl unter den zu ihren Häupten erglänzenden Gestirnen von einer den Raum durchmessenden Bewegung beseelt zu sein schienen, während andere unbeweglich blieben. Diese so und

1) Lepsius, Denkm. II, 50. || 2) Siehe oben S. 71. || 3) De Rougé, Recherches sur les monuments. S. 73.

so oft wiederholte Beobachtung führte sie dazu zwischen den Wandelsternen, »den nimmer ruhenden« *àchimu-urdu* und Fixsternen, »den sich nie rührenden«, *àchimu-seku* zu unterscheiden. Zu den ersteren zählen sie »Hor den Führer der geheimnissvollen Räume« (*Har-tap-shetàu*), unsern Jupiter, dessen Glanz ihn an die Spitze der Planeten zu stellen verursachte; »Hor der belebende in der Höhe« (*Har-kà-her*), Saturn, der entfernteste Planet, den das menschliche Auge noch ohne Beihülfe von Instrumenten bemerken kann; *Harmachis*, Mars, den seine rothe Färbung auch *Har-desher*, den rothen Hor zu nennen veranlasste und dessen in einigen Theilen des Jahres scheinbar rückläufige Bewegung ihnen nicht entging; *Sebeq* oder Merkur; endlich Venus, die in ihrer Rolle als Morgenstern *Dudu* und in der als Abendstern vielleicht *Bennu* heisst[1]. Aus sehr alten Texten scheint selbst hervorzugehen, dass sie die Erde den Planeten zugesellten und ihr eine ähnliche Fortbewegung zuschrieben wie dem Mars und Jupiter[2]. Die Sonne selbst, dieser unbewegliche Mittelpunkt aller alten Systeme, war für sie dem Gesetze der allgemeinen Bewegung unterthan und durchzog den Himmel in Begleitung der Irrsterne[3].

Für die ägyptischen Astronomen besteht der Himmel wie für den Schreiber des ersten Kapitels der Genesis aus einer die Erde von allen Seiten umspannenden flüssigen Masse, die auf der Atmosphäre wie auf einem festen Untergrunde ruht. Wir haben bereits gesehen, wie Gott *Shu* in den Tagen der Schöpfung, als das Chaos sich in seine Bestandtheile zersetzte, die Wasser emporhob und sie im Raum ausbreitete[4]. Auf diesem Himmelsocean, auf dem *Nu* war es, wo sich die Planeten und überhaupt alle Gestirne bewegten. Die Denkmäler zeigen sie uns als Genien in Menschen- oder in Thier-Gestalt, wie jeder in seiner Barke hinter Osiris einherfährt. Eine andere ebenso sehr wie die erste verbreitete Theorie, sah die Fixsterne als Lampen (*châbesu*) an, die am Himmelsgewölbe hingen, und die eine göttliche Macht allabendlich anzündete um die Erdennacht zu erhellen. Als Gestirn-Lampen ersten Ranges rechnete

---

1) De Rougé, Recherches sur le nom égyptien des planètes, in dem Bulletin archéologique de l'Athenaeum français, 1856, S. 18—21, 25—28. || 2) Chabas, Sur un texte égyptien relatif au mouvement de la terre, in der Zeitschrift, 1864, S. 91—103. || 3) Berliner Papyros no. VIII, Z. 56. || 4) Siehe Seite 28.

man die Dekane. Einzelsterne oder Sternbilder, die sich auf die sechsunddreissig oder siebenunddreissig Dekaden, in die das ägyptische Jahr zerfiel, Bezug hatten: *Sopt* oder *Sothis*, geweiht der Isis; Orion — *Sahu*, unser Sirius, geheiligt dem Osiris und von einigen als Aufenthalt der seligen Seelen angesehen: die Pleiaden, Hyaden und viele andere, deren alte Namen noch nicht mit Sicherheit den modernen gleichgesetzt werden konnten. Kurz alle Sterne, die man mit unbewaffnetem Auge sehen kann, waren sorgfältig aufgenommen, verzeichnet und katalogisirt. Die Sternwarten Ober- und Unter-Aegyptens zu Dendera, Thinis, Memphis und Heliopolis vermerkten ihre Phasen und fertigten jedes Jahr Tafeln mit ihrem Aufgange und Untergange an, von denen einige Trümmer noch bis auf uns gelangt sind.

Von allen Gestirnen war das Gestirn der Isis, der Sirius, welchen die Aegypter *Sopd* nannten, woraus die Griechen *Sothis* gemacht haben, am meisten gekannt und am wichtigsten. Sein heliakischer Aufgang, der auf den Anfang der Ueberschwemmung fiel, bezeichnete auch den Anfang des bürgerlichen Jahres, und zwar so, dass das ganze chronologische System des Landes auf ihm beruhte. Das ursprüngliche Jahr der Aegypter, zum wenigsten, das erste Jahr von dem wir geschichtlich Kunde haben, bestand aus zwölf Monaten, jeder zu dreissig Tagen, also im Ganzen aus dreihundertsechzig Tagen. Diese zwölf Monate waren in drei Jahreszeiten zu vier Monaten getheilt: die *Jahreszeit des Anfangs* (*Shâ*), die der Zeit der Ueberschwemmung, die *Jahreszeit der Aussaat* (*Pre*), die dem Winter, und die *Jahreszeit der Ernten* (*Shemu*), welche dem Sommer entspricht. Jeder Monat bestand aus drei Dekaden, jeder Tag und jede Nacht zerfiel in zwölf Stunden, und zwar so, dass der Mittag der sechsten Tagesstunde und Mitternacht der sechsten Nachtstunde entsprach.

So einfach dies System scheinen mochte, es hatte seine Mängel, und man brauchte nicht lange, diese herauszufinden. Zwischen dem Jahre der Aegypter, sowie es damals war, und dem tropischen bestand ein Unterschied von fünf und einem viertel Tag; jedesmal wenn zwölf Monate verflossen waren, war der Abstand zwischen dem ägyptischen und dem festen Jahre um fünf und einen viertel Tag gestiegen, und in der Folge entsprachen die Jahreszeiten nicht mehr den Mondphasen. Neue über den Lauf der Sonne gemachte

Beobachtungen bewogen die Astronomen, jedes Jahr nach dem zwölften Monate und vor dem ersten Tage des folgenden Jahres fünf Ergänzungstage einzuschalten, die man die *fünf übrigen Tage des Jahres* oder *Epagomenentage* nannte. Die Epoche dieser Veränderung liegt so fern, dass wir sie nicht weiter datiren können, und die Aegypter selbst sie bis in die sagenhaften Zeiten vor Mena's Emporkommen verlegten. »Rhea (Nut) vereinte sich heimlich mit dem Kronos (Seb). Dies bemerkte die Sonne (Râ) und sprach eine Verwünschung über sie aus, dass sie in keinem Monate noch Jahre gebären sollte. Da aber Hermes (Thot) die Göttin liebte, spielte er mit der Selene das Brettspiel und gewann ihr den siebzigsten Theil jedes Tages ab. So machte er aus allen diesen Theilen 5 ganze Tage und schaltete sie hinter die dreihundertundsechzig übrigen ein[1]«.

In diesem System entspricht das Wandeljahr von dreihundertfünfundsechzig Tagen noch nicht genau dem astronomischen von dreihundertfünfundsechzig und einem viertel Tag. Es gab also alle vier Jahre eine Verzögerung von einem Tage für dieses Jahr, so dass man statt 365×4 oder 1460 astronomischen 1461 bürgerliche Jahre zählte. Nach Ablauf von vierzehn und einem halben Jahrhundert, ward die so lange unterbrochene Uebereinstimmung wiedererneuert: der Anfang beider Jahre fiel mit dem heliakischen Morgenaufgang der Sirius-Sothis und folglich mit dem Eintritte der Ueberschwemmung zusammen. Die Priester feierten auch das Aufgehen des Gestirns mit feierlichen Festen, deren Ursprung weiter als auf die Könige der ersten Dynastie, auf die Zeiten der *Shesu-Hor* zurückgehen muss, und gaben der Periode von 1460 = 1461, welche dieses wunderbare Zusammentreffen wiederkehren liess, den Namen *Sothisperiode*.

Von der mathematischen Literatur dieser Epoche haben wir keine Kenntniss. Die Denkmäler beweisen uns indess, dass die Geometrie in der Pyramidenzeit sehr vorgeschritten sein musste, wenn nicht die theoretische Geometrie so doch die praktische, welche dazu dient, die Oberfläche zu messen und den Inhalt fester Körper zu ermitteln. Die Baumeister, welche die Pyramiden und die grossen Gräber von *Saqârah* erbaut haben, waren auf alle Fälle

---

1) De Iside et Osiride, [ed. Parthey, Kap. 12, S. 19, 3 f].

sehr achtbare Geometer. Wir haben zum Unglück nichts mehr von den Büchern, in welche sie ihre Lehren eintrugen. Die einzige auf uns gekommene geometrische Abhandlung ist wenigstens zweitausend Jahre jünger als die Pyramiden, und zeigt uns den Zustand der Wissenschaft in den relativ modernen Zeiten der neunzehnten Dynastie.

Um uns einen Begriff davon machen zu können wie die ägyptische Medizin sein konnte, sind wir nicht nur auf Induktionsschlüsse beschränkt. Ausser einer Abhandlung, deren Auffindung der Regierung des Cheops zugeschrieben wurde, die noch nicht veröffentlicht ist, besitzen wir zwei Bücher: das eine wurde unter dem Könige Kerhbarà (Kerpheres, Bicheres?) verfasst und enthält auch Recepte, welche ausländischen Gelehrten zugeschrieben werden[1], das zweite wurde unter Hesepti gefunden und soll von Send[2] ergänzt worden sein. Die Handschriften der beiden Werke gehen auf die XVIII. und die XIX. Dynastie zurück. Ihr Text musste sich der Sprache und deren Veränderungen anpassen, doch blieben sie in Folge ihres altertümlichen Ursprungs in den Schulen in Ansehn. Sie gehörten jedenfalls zur Bibliothek des Imhoteptempels zu Memphis, die noch in der Römerzeit vorhanden war, und aus der griechische Aerzte Recepte entlehnten[3].

Aegypten ist von Natur ein sehr gesundes Land. »Die Aegypter«, sagte Herodot, »befinden sich von allen Sterblichen am wohlsten«. Sie waren darum nicht weniger auf die Sorge um ihre Gesundheit bedacht. »Jeden Monat rufen sie drei Tage lang Entleerungen durch Brechmittel und Klystiere hervor, denn sie meinen, dass alle Krankheiten des Menschen von den Nahrungsmitteln herkämen[4]«. — »Die Medizin ist bei ihnen getheilt: jeder Arzt beschäftigt sich mit einer Art Krankheit und nicht mit mehreren. Alles ist voll von Aerzten. Die einen sind Augenärzte, die andern für den Kopf, andere für die Zähne, andere für den Bauch, und andere für nicht sichtbare Krankheiten[5]«. Es scheint als sei diese

1) G. Ebers, Papyros Ebers, das Hermetische Buch über die Arzeneimittel der alten Aegypter, Leipzig, 1875. || 2) Brugsch in der Allgemeinen Monatschrift für Wissenschaft und Literatur, Kiel, 1853, S. 44—56; und im Recueil de monuments égyptiens Bd. II, S. 101—120 und Taf. LXXXV—CVII; Chabas, Mélanges égyptologiques, Serie I, S. 55—79. || 3) Galenus, de Compos. medic. sec. gen. Buch V, Kap. 2. || 4) Herodot II, 77. || 5) Herodot, II, 84.

Theilung, von der Herodot spricht, nicht so durchgehend gewesen, wie es dieser Geschichtschreiber ausgedrückt hat. Dasselbe Individuum konnte überhaupt alle Krankheiten behandeln, nur für die Augenkrankheiten und einige andere Leiden, gab es Spezialisten wie bei uns, die man lieber als gewöhnliche Praktikanten zu Rate zog. Erschien dem griechischen Geschichtschreiber ihre Zahl beträchtlich, so hängt das mit der medizinischen Veranlagung eines Landes zusammen, in welchem die Augenleiden und Eingeweidekrankheiten beispielsweise auch gegenwärtig noch häufiger als überall in Europa sind.

Die theoretische Medizin scheint in Aegypten keine grossen Fortschritte gemacht zu haben, obwol die Kunstgriffe beim Mumifiziren den Aerzten hätten Gelegenheit geben müssen, mit Musse den menschlichen Körper zu studieren. Eine Art religiöser Scheu erlaubte ihnen so wenig wie den christlichen Aerzten im Mittelalter, einen Leichnam zu rein wissenschaftlichen Zwecken zu zergliedern, der bestimmt war, eines Tages wiederaufzuleben. Ihr Abscheu gegen Jeden, der eines Menschen Leib versehrte, war so gross, dass der Einbalsamirer, dem es oblag, die kunstgerechten Einschnitte zu vollziehen, der Gegenstand der allgemeinen Verwünschung war. Jedes Mal, sobald er sein Handwerk ausgeübt hatte, verfolgten ihn die Umstehenden mit Steinwürfen und hätten ihn auf der Stelle umgebracht, hätte er nicht aus Leibeskräften die Flucht ergriffen. Ausserdem waren die ärztlichen Vorschriften nicht danach angethan, die wissenschaftlichen Untersuchungen zu begünstigen. Die Aerzte waren darauf angewiesen, den Kranken nach den in gewissen Büchern aufgestellten Regeln zu behandeln, und diese galten für göttlichen Ursprungs. Wichen sie von den geheiligten Vorschriften ab, so geschah dies auf ihre Verantwortung und Gefahr. Für den Fall, dass der Patient starb, waren sie der mutwilligen Tödtung schuldig und wurden als Mörder bestraft[1].

Der einzige Punkt, in dem wir mit ihren Lehren vertraut sind, ist die Theorie von den Lebensgeistern. Der Leib enthielt eine gewisse Anzahl von Gefässen, welche in sich die belebenden Geister bewegten. »Der Kopf enthält zweiunddreissig Gefässe, welche den Odem in sein Inneres leiten; sie überliefern den Odem allen Theilen

1) Diodor I. 82, 3.

des Leibes. Es gibt zwei Gefässe im Busen, welche die Wärme in das Innere leiten .... Es gibt zwei Gefässe des Hinterkopfes, zwei der Schläfe, zwei der Augenlieder, zwei in der Nase, zwei im linken Ohr, durch welche der Lebenshauch eingeht[1]«. Der Odem, von dem an dieser Stelle die Rede ist, heisst sonst »der gute Odem, der angenehme Odem von Norden«. Er drang in die Venen und Arterien ein, mischte sich mit dem Blute, und dies führte ihn durch den ganzen Körper; er gab dem thierischen Leibe Bewegung und, so zu sagen, den Halt. Im Augenblicke des Todes »zog er sich in die Seele zurück, dann erstarrte das Blut, die Venen und Arterien entleerten sich und das Thier war todt[2]«.

Die Krankheiten, von denen die Papyros handeln, lassen sich nicht immer leicht wiedererkennen. So weit man darüber urtheilen kann, sind es Krampfadern oder Geschwülste an den Beinen, eine Art Rose, der »Wurm« und schliesslich »die göttliche Todeskrankheit«, der *divinus morbus* der Lateiner, die Epilepsie. Ein besonderes Kapitel handelt von einigen Fragen die Empfängniss und Geburt betreffend. Die Diagnose wird mehrfach geliefert und würde einem Arzte vielleicht gestatten, die Natur des Leidens zu ermitteln. Hier ist eine solche von einer Art Entzündung: »Sein Leib ist schwer, die Oeffnung des Innern krank, sein Inneres entzündet, beschleunigtes Herzklopfen. Die Kleider lasten auf dem Kranken, viele Kleidung macht ihn nicht warm. Durst in der Nacht. Sein Geschmack ist verdorben, wie bei Jemand, der die Früchte der Sykomore gegessen hat. Sein Fleisch ist abgestorben, wie bei Jemand der sich schlecht befindet. Geht er zu Stuhl, so will sein entzündeter Leib sich nicht entleeren[3]«.

Die Heilmittel, welche mitgetheilt werden, sind vierfacher Art: Salben, Tränke, Umschläge und Klystiere. Jedes von ihnen besteht aus einer ziemlichen Anzahl aus allen Naturreichen entlehnter Stoffe. Man findet mehr als fünfzig Pflanzenarten aufgeführt von den Kräutern und Sträuchern an bis zu Bäumen wie die Ceder,

---

1) Berliner medizinischer Papyros, Taf. XV, Z. 5; Taf. XVI, Z. 3. Vergl. Chabas, Mél. égypt. I. S. 63—64. [Diese Lehre ist im grossen medizinischen Papyros Ebers sehr eingehend ausgebildet, S. 99—100. Dieser enthält auch ein dem König Teta zugeschriebenes Recept zur Verjüngung des Haarwuchses]. || 2) Poemander, ed. Parthey, X, 13. || 3) Berliner Papyros Taf. XIII, Z. 3—6. Vergl. Brugsch, ebendort S. 112—113.

deren Sägemehl und Spänen eine lindernde Macht zugeschrieben wurde, wie die Sykomore und viele andere, deren alte Namen wir nicht mehr verstehen. Dann kommen mineralische Stoffe, schwefelsaures Kupfer (?), Salz, Natron und der memphitische Stein (*aner sopd*), der angeblich, auf kranke oder wunde Stellen gelegt, schmerzstillende Kräfte besass. Rohes Fleisch, Herz, Leber, Galle und frisches und getrocknetes Blut von verschiedenen Thieren, Haar und Gehörn vom Hirsch spielten eine grosse Rolle bei der Herstellung einiger gegen Entzündungen unübertrefflicher Salben. Die zu einem jeden Mittel gehörigen Ingredienzen wurden zusammengestossen, dann gekocht und durchgeseiht, wurden gewöhnlich mit reinem Wasser versetzt, oft aber auch gemischt mit Flüssigkeiten verschiedener Art, mit Bier (*haq*), süssem Bier (*haq notem*) oder Gerstentrank, Kuh- und Ziegenmilch, grünem oder gereinigtem Olivenöl (*baq notem*), oder selbst, wie in Molière's Medizin, mit Menschen- oder Thier-Urin. Das Ganze wurde mit Honig versüsst warm morgens und abends eingenommen.

Die Krankheiten hatten jedoch nicht immer einen natürlichen Ursprung. Oft waren sie von böswilligen Geistern hervorgerufen, die in den menschlichen Leib eindrangen und ihre Gegenwart durch grössere oder geringere Störungen verrieten. Indem man die äusseren Wirkungen behandelte, gelang es höchstens dem Patienten Erleichterung zu verschaffen. Vollständige Heilung herbeizuführen, dazu bedurfte es der Unterdrückung der Hauptursache der Krankheit, indem man den Geist, der Besitz ergriffen hatte, durch Gebete entfernte. Hier eine Beschwörung, welche die Wirkung eines Brechmittels verstärken soll: »O Dämon, der du wohnst im Leibe von N. N. Sohn der N. N., (Du), dessen Vater heisst der *Kopfabhauer*, dessen Name *Tod* ist, dessen Name *Mann des Todes* ist, dessen Name *Verwünschter* ist in Ewigkeit[1]«. Um Kopfschmerzen zu heilen hatte man nur zu sagen: »Der Vordertheil [des Kopfes] gehört den göttlichen Schakalen, der hintere Theil [des Kopfes] ist ein Schwein des RÂ. Setz sie auf eine Kohlenpfanne; wenn der Dunst, der daraus aufsteigt, den Himmel erreicht hat, wird ein Blutstropfen auf die Erde herabfallen. Die Worte müssen viermal

---

1) Leidener Papyros I, 348, verso; Taf. XIII, Z. 5—6. Vergl. Pleyte, Études égyptologiques Bd. I. S. 145—146.

wiederholt werden[1]«. Wenn so ein Galimatias den Kranken nicht heilte, so erlöste es ihn wenigstens von dem abergläubischen Schrecken, der über ihn gekommen war. Nachdem der Arzt den Geist des Kranken auf die Art beruhigt hatte, konnte er am Körper die Wirksamkeit der überlieferten Heilmittel erproben. Die magische Beschwörung sollte die geheimnissvolle Ursache vernichten, die Behandlung bekämpfte die sichtbaren Kundgebungen des Uebels.

Der von Herrn Prisse der National-Bibliothek zu Paris geschenkte Papyros enthält die einzigen, uns erhaltenen Bruchstücke der ursprünglichsten Philosophie der Aegypter[2]. Er wurde zweifelsohne unter einer der ersten Regierungen der zwölften Dynastie geschrieben und enthält die Werke zweier Schriftsteller, von denen einer unter der dritten, der andere unter der fünften lebte. Nicht ohne Grund mithin hat man ihn *das älteste Buch der Welt* genannt. Der Anfang ist unvollständig und es enthält zunächst den Schluss eines von einem gewissen *Kaqimna* beim Regierungsantritte des Pharao Snefru verfassten moralischen Aufsatzes. Es folgte darauf ein gegenwärtig verlorenes Werk. Einer der alten Besitzer des Papyros hatte es auslöschen lassen, um an seine Stelle ein anderes Stück zu setzen, das niemals geschrieben wurde. Die funfzehn letzten Seiten werden von einem Werke ausgefüllt, das bereits in der Wissenschaft unter dem Namen *Unterweisungen des Ptahhotep* Berühmtheit erlangt hat. Dieser Ptahhotep war ein Königssohn der fünften Dynastie[3]. Er war ohne Zweifel ziemlich betagt zur Zeit, als er sein Buch schrieb, denn er leitet es mit einem wenig geschmeichelten Bilde des Greisenalters ein. »Der Nomarch Ptahhotep spricht: O Hanhan[4], Herr des hohen Alters, tritt das Greisenalter ein, so kommt die Kraftlosigkeit und die (kindische) Schwäche beginnt von neuem. Der Greis liegt da, leidend, alle Tage. Seine beiden Augen nehmen ab, seine beiden Ohren schrumpfen ein, die Kraft nutzt sich ab: keine Ruhe mehr im Herzen. Der Mund verstummt, er spricht

1) A. a. O. Taf. IV. Z. 9—10. Vergl. Pleyte, Études, Bd. 1. S. 61—62. || 2) Dieser Papyros wurde in Paris 1847 bei Franck in Folio veröffentlicht. Er wurde von Chabas in der Revue archéologique, 1. Serie Bd. XV, S. 1 ff analysirt, und englisch von Heath, deutsch von Lauth übersetzt. || 3) Es gibt unter der V. Dynastie einen Ptahhotep, dessen Grab von Dümichen (Resultate, Theil 1, T. VIII—XV) theilweise veröffentlicht wurde. || 4) Dies ist ein Gottesname vielleicht einer des Osiris.

nicht mehr. Das Herz wird dunkel, es erinnert sich nicht mehr an gestern. Die Gebeine leiden ebenfalls. Das Gute wird schlecht. Der Geschmack verliert sich ganz. Das Greisenalter macht den Menschen elend in allen Stücken. Die Nase verschliesst sich, sie riecht nicht mehr. Gleiche Last ist es, zu stehen oder zu sitzen. In der Lage, in der ich bin, was soll da ein anderer Greis machen? Soll ich ihm die Worte derer berichten, welche die Geschichte der früheren Zeiten vernommen haben, die welche die Götter selbst gehört haben? Handle nach ihnen, wehre das Böse ab von den vernünftigen Wesen; greif die Verfluchten (?) an!« Die Heiligkeit dieses Gottes[1] sprach: »Unterweise ihn in den Worten der Vergangenheit, und er wird in Verwunderung bringen Klein und Gross. Das was man hören wird bei ihm, wird durchdringen, denn das ist Gerechtigkeit des Herzens. Was er sagen wird, das wird nie Ueberdruss bringen«[2]. Wie man sieht, ergreift Ptahhotep die Rohrfeder, um den Greisen das Mittel zu zeigen, sich nützlich zu machen. Er will sie in der Weisheit der Ahnen unterrichten, damit sie wiederum diese den jungen Leuten beibringen und die Tugend in der Welt erhalten können. Man muss nicht erwarten, in diesem Werke eine grosse Tiefe der Auffassung zu finden. Gelehrte Untersuchungen, verfeinerte Unterscheidungen und metaphysische Abstraktionen waren in Ptahhotep's Zeit nicht Mode. Man vernachlässigte die spekulativen Begriffe gegenüber den positiven Thatsachen, die Theorie über der Praxis. Man beobachtete den Menschen, seine Leidenschaften, seine Gewohnheiten, sein Streben, sein Misslingen, nicht um auf seine Kosten ein neues philosophisches System zu errichten, sondern das Unvollkommene, was seine Natur mit sich bringt, umzubilden und der Seele den Weg zur ewigen Verklärung zu weisen. Auch treibt Ptahhotep keinen Aufwand mit Erfindungen und Deduktionen. Er gibt die Betrachtungen und Ratschläge, die ihm in den Sinn kommen, so wie sie kommen, ohne sie zusammen zu stellen und ohne den geringsten Gesammtschluss daraus zu ziehen. Die Wissenschaft nützt, um zur Erkenntniss des Guten zu kommen: er empfiehlt die Wissenschaft. Die Milde gegen die Untergebenen ist zur Wohlfahrt nötig: er hält der Milde eine Lobrede. Das Ganze ist mit Rat-

---

1) Das ist der Gott *Hanhan*, welcher der Anrufung des Ptahhotep antwortet. || 2) Papyrus Prisse, T. IV, Z. 1; T. V, Z. 7.

6*

schlägen über das Benehmen untermengt, das man in den verschiedenen Lebenslagen zu beobachten hat, wenn man sich vor einem herrischen Manne befindet, wenn man in Gesellschaft geht, und wenn man eine Frau nimmt. »Wenn du weise bist, sorg für dein Haus, liebe deine Frau ohne Zank, nähre sie, schmücke sie, das ist die Lust ihrer Glieder. Gieb ihr Wohlgerüche, erfreue sie in deiner Lebenszeit, das ist ein Gut, das seines Besitzers würdig sein soll. Sei nicht roh[1]«. Ein solches Werk bis ins einzelne zu zergliedern, ist unmöglich, noch unmöglicher, es ganz zu übersetzen. Die Beschaffenheit des Gegenstandes, die Seltsamkeit einiger Vorschriften und die Wendungen des Stils, alles trägt dazu bei, den Forscher in seinen Untersuchungen abzulenken und in die Irre zu führen. Seit den entlegensten Zeiten hat man die Moral als eine gute und an sich lobenswerte, aber so abgedroschene Wissenschaft angesehen, dass man sie nur in der Form verjüngen kann. Ptahhotep entging nicht den Beschränkungen der von ihm gewählten Literaturgattung. Die Wahrheiten, welche er neu auszudrücken beanspruchte, hatten andere vor ihm gesagt und gut gesagt. Er musste, um den Leser anzuziehen, unerwartete und pikante Ausdrucksweisen suchen. Es gelang ihm. In einzelnen Fällen hat er seinen Gedanken soviel Gesuchtheit zu geben verstanden, dass die moralische Bedeutung des Satzes uns unter der Umkleidung mit Worten entgeht.

Von der sechsten bis zur eilften Dynastie.

Es scheint, als hätte sich der Uebergang von der fünften zur sechsten Dynastie nicht ohne Unruhen vollzogen. Während in Memphis ein König Teta die Linie des Mena fortsetzte, herrschte ein anderer aus Abu (Elephantine)[2] oder vielmehr aus Abud (Abydos) stammender Fürst, Usor-ka-ra Ati, der Othoës des Manetho, im Süden Aegyptens. Er wurde, sagt man, von einem seiner Leibwache getödtet[3], die Krone blieb aber trotzdem in seiner Familie und ging auf Meri-Râ Papi I. über zum Schaden der letzten Sprösslinge der fünften Dynastie.

Von Meri-Râ Papi I. (Phios) an begann das Ansehen, welches Memphis im übrigen Aegypten besass, zu sinken. Die Fürsten der

1) Papyrus Prisse, T. X, Z. 9—10. || 2) Manetho v. Unger, S. 101—102 nach der Verbesserung von Lepsius. | 3) Manetho v. Unger, S. 101.

neuen Dynastie scheinen, ohne die alte Hauptstadt aufzugeben, ihr die Städte Mittelägyptens und besonders Abydos vorgezogen zu haben, dessen Nekropolis so viel Erinnerungen an ihren vorübergehenden Aufenthalt bewahrt hat. Im übrigen liessen sie die Grösse des Landes in ihren Händen nicht in Gefahr kommen, sie vergrösserten es und dehnten ihre Eroberungen weiter aus, als vor ihnen ein Pharao gethan hatte. Der zweite König der Dynastie, Pepi I, ist auch deren Heros. Während einer Regierung, welche wenigstens achtzehn Jahre dauerte, entfaltete er eine ungeschwächte Thätigkeit. Von seinem ersten Minister, Una, geschickt unterstützt, gewann er den asiatischen Nomaden die Ansiedelungen im Sinaï wieder ab, welche seine Vorgänger eingebüsst hatten, unterwarf Aethiopien und bedeckte Aegypten mit Denkmälern.

Una war bereits als Kind am Hofe König Teta's aufgetreten. Zuerst ein einfacher Page (*Kronenträger*), hatte er bald eine Stellung im Ministerium des Ackerbaus und einen priesterlichen Titel von geringer Bedeutung erhalten. Pepi fasste seit seinem Regierungsantritte grosse Freundschaft zu ihm und verlieh ihm nacheinander die Titel eines *Freundes*, eines *Beaufsichtigers der Grabpyramide* und eines *Hörenden*, die er besser ausfüllte als einer unter seinen Vorgängern. Er wurde auch nach *Rufu* geschickt, um in den Steinbrüchen einen weissen Block zur Herstellung eines Sarkophages auszusuchen. Die Geschäftigkeit, welche er dabei kund gab, verschaffte ihm neue Gunstbezeugungen. Er wurde zur Würde eines Königsfreundes erhoben, zum Oberintendanten des Hauses der Königin ernannt und nahm nach und nach die Leitung aller Geschäfte an sich. »Ich verfasste«, sagt er, »alle Schriftstücke mit Beihülfe eines einzigen Schreibers«. Aegypten hatte sich über seine Verwaltung nicht zu beklagen. Die anhaltender ausgebeuteten und regelmässigen Inspektionen unterworfenen Bergwerke im Sinaï lieferten Ergebnisse, die man vordem nie erhalten hatte. Eine Strasse wurde durch die Wüste von Koptos nach dem rothen Meere geführt und eröffnete dem Verkehr einen neuen Weg. Die Ausbeutung der Steinbrüche von Rohannu wurde mit Macht betrieben, und, obgleich alle die damalig erbauten Denkmäler spurlos verschwunden sind, gibt es dort Inschriften, welche bezeugen, wie eifrig die Bauarbeiten betrieben wurden. Eine neue Stadt wurde in der Heptanomis gegründet. Der von den *Hor-Dienern* in der märchenhaften Zeit der ägyptischen Geschichte begründete und seitdem in Verfall geratene Tempel der Hathor zu Dendera wurde ganz nach den ursprünglichen Plänen, die sich zufällig fanden, wiederaufgebaut.[1]) Diese Frömmigkeit gegen eine der am meisten verehrten Gottheiten fand eine ihrer würdige Belohnung in dem Titel *Sohn der Hathor*, den Papi nunmehr in seinen königlichen Namensring einfügen liess[2]).

Nach aussen hin bekundete sich das Ministerium Una's durch die Unterwerfung Nubiens und durch eine Reihe siegreicher Unternehmungen gegen die *Aamu* und einige Stämme des südlichen Syriens, gegen die *Herushâ*, die sich gegen Pharao empört hatten. Die *Herushâ* bildeten, wie es scheint, ein mächtiges Volk. Sie zu besiegen reichten alle Kräfte Aegyptens gerade aus. »Seine Heiligkeit musste zurücktreiben die und die *Aamu Herushâ*. Seine Heiligkeit bildete ein Heer aus mehreren Zehntausenden von Soldaten, die im ganzen Lande aufgegriffen waren von Elephantine bis zu dem Nordlande in allen Häusern, allen Städten, allen festen Plätzen, im Lande *Aarethet* unter den Negern des Landes .... m, unter den Negern des Landes Amam, unter den Negern des Landes Uauat, unter den Negern von Kaau, unter den Negern des Landes Tomam, und seine Heiligkeit schickte mich an die Spitze dieses Heeres. Siehe die Generäle, siehe die Kämmerer, siehe die *Freunde* des Palastes, siehe die Ersten, die Fürsten der Städte im Süd und Nord, die *goldenen Freunde*, die Oberpropheten in Süd und Nord, die Vorsteher der Tempel an der Spitze der Hauptleute in Süd und Nord, der Städte und der Tempel, sie unterwiesen die Neger dieser Gegenden«. Das war keine Kleinigkeit, diese neue Sorte Rekruten zu organisiren. »Ich war es, der sie leitete« fügt Una hinzu und aus den verstümmelten, folgenden Sätzen ahnt man die Schwierigkeiten jeder Art, gegen die er zu kämpfen hatte. Man hatte, wie es scheint, einige Mühe, die Beschaffung der Lebensmittel und Bekleidungsgegenstände zu organisiren. »Dieses Heer ging [in Frieden]: es drang ein, wie es ihm beliebte, in das Land der [*Herushâ*]. Dieses Heer [ging] in Frieden: es vernichtete das Land der *Herushâ*. Dieses Heer ging in Frieden: es brach ein in [alle ihre] festen Wälle. [Dieses

1) Mariette, Denderah III T. 71—72; Text, S. 54—55. Dümichen, Bauurkd. v. Dendera, S. 15, 18. T. 15—16. Chabas, Zeitschr. Nov. 1868 und Goodwin, Zeitschr. 1867, Juni. || 2) de Rougé, Recherches, S. 115—116.

Heer ging] in Frieden: es hieb nieder ihre Feigenbäume und Weinstöcke. Dieses Heer ging in Frieden: es brannte nieder [all ihr Getreide]. Dieses Heer ging in Frieden: es metzelte nieder ihre Soldaten myriadenweis. Dieses Heer ging in Frieden: [es führte ihre Männer, Weiber und Kinder fort] in grosser Zahl, lebendig als Gefangene. Darüber freute sich seine Heiligkeit mehr als über alles andere«. Diese Gefangenen, welche zu öffentlichen Arbeiten verwendet oder verkauft wurden, trugen zum Gedeihen der Regierung des Papi bei. »Seine Heiligkeit entsandte mich, [seine Feinde zu vernichten, und ich ging] fünf Mal, das Land der Herushâ zu züchtigen und ihre Empörung niederzuwerfen mit diesem Heere, und ich verfuhr so, dass der König davon mehr befriedigt war, als von allem andern«. Trotz dieser wiederholten Siege war der Krieg noch nicht zu Ende. »Man kam, zu melden, dass Barbaren sich versammelt hatten im Lande Tachebâ [?]. Wiederum zog ich aus zu Schiffe mit diesem Heere, und ich landete an den entfernten Enden dieser Gegend im Norden des Landes der Herushâ. Siehe, dies Heer setzte sich in Bewegung, es schlug sie alle und vernichtete alle von denen, die sich versammelt hatten«. Dieser Entscheidungskampf machte dem Streite ein Ende und zog die vollständige Unterwerfung der Feinde nach sich. Bei der Rückkehr von diesen Zügen erhielt Una, der schon mit Ehren überhäuft war, die höchste Auszeichnung, welche ein König seinem Unterthan erweisen konnte, die Erlaubniss seine Sandalen im Palaste und selbst in Gegenwart des Pharao anbehalten zu dürfen. Im Innern herrschte der Friede, nach aussen erkannten Nubien, Libyen und die an das Delta anstossenden Theile Syriens die Oberhoheit Aegyptens an. Niemals seit Cheops war das Land mächtiger und glücklicher gewesen. Papi erfreute sich seines Ruhms nicht lange. Wenige Zeit nach Una's Rückkehr starb er und hinterliess die Krone *Mer-en Râ Ment-em-saf*(?), seinem ältesten Sohne, den er von seiner zweiten Frau der Königin Raumeri-ânch-nas hatte. *Merenra* hatte keine langen Kriege zu überstehen. Die Erinnerung an die Siege seines Vaters war dem Sinne der Barbaren noch zu sehr gegenwärtig, als dass sie in Versuchung geraten wären, sich zu empören. Une, der so viel für die Grösse des vorhergehenden Königs gethan hatte, wurde in seinen Aemtern bestätigt und erhielt neue Würden. Er wurde zum Fürsten-Statthalter über die Südländer von Elephantine bis zur Spitze des Delta ernannt. »Nie hatte früher ein Unterthan diese Würde besessen.« Der Sitte gemäss begann er damit, die übrigen Arbeiten aufzuschieben, um sich unverzüglich mit dem für den neuen König bestimmten Grabe zu befassen. Die Erbauung der Grabpyramide zwang ihn mehrere lange und schwierige Reisen in den seiner Macht untergebenen Ländern zu unternehmen. »Seine Heiligkeit schickte mich in das Land Abeha, um dort den Königssarkophag und dessen Deckel und das kostbare Pyramidion der Grabpyramide *Hont-Châ-nofer* des *Merenrâ* auszusuchen. Seine Heiligkeit schickte mich nach Elephantine um dort den Granit zu dem Naos und der Schwelle, den Granit zu den Hohlkehlen (? und Platten (? zu holen, um den Granit zu den Thüren und Schwellen des obern Zimmers (? der Pyramide *Hont-Châ-nofer* des *Merenrâ* herbeizuschaffen. Ich reiste zur Pyramide Nofer-Châ des Merenrâ mit sechs Prahmen, drei Lastböten, drei Flössen (? und einem Kriegsschiffe. Niemals hatten zur Zeit eines Vorfahren *Abeha* oder Elephantine Kriegsschiffe erbaut. Seine Heiligkeit schickte mich in die Lande Hanub, um eine grosse Trankopfertafel aus Alabaster aus dem Lande Hanub zu holen. Ich liess diese Trankopfertafel in siebzehn Tagen herbeischaffen«. Alle die Steinblöcke in Bewegung zu bringen und fortzuschaffen, musste man eine Menge Nebenarbeiten unternehmen und glücklich zu Stande bringen, Schiffe erbauen und Seen und Kanäle südlich von Elephantine in dem soeben eroberten Lande Uaunt ausgraben. Una requirirte dazu die schwarzen Völkerschaften, welche ihm schon unter Papi ein Heer geliefert hatten. »Siehe der Fürst der Länder *Arrethet, Uauat, Amam,* . . . . *a* lieferte Holz«, das zu den Schiffen gebraucht wurde. In einem Jahre waren die verschiedenen Missionen ausgeführt. Die in Nubien erbauten Schiffe gingen, begünstigt von dem Hochwasser über den ersten Katarakt und fuhren den Nil hinab. Zum ersten Male vielleicht seit Mena wurde die natürliche Grenzscheide, die Aegypten von Nubien trennte, nicht ohne Mühe überschritten. König Merenrâ besichtigte selbst die Arbeiten und liess, um der Nachwelt ein Denkmal an seinen Uebergang zu hinterlassen, sein aufrechtes Bild auf den Felsen von Assuan einmeisseln. Die Erbauung der Pyramide Nofer-Châ war die letzte grosse Verwaltungsmaassregel im Leben Una's. Er starb kurze Zeit darauf und sein Herrscher folgte ihm bald ins Grab[1].

1) De Rougé, a. a. O. S. 108 ff. Seine Inschrift veröffentlicht in Mariette's

Merenrâ hatte seinen jüngern Bruder Noferkara zum Nachfolger, aus dem die griechischen Listen einen zweiten Papi machen. Manetho theilte diesem Fürsten eine Regierung von hundert Jahren zu, und sein Zeugniss wird durch den turiner Papyros bekräftigt, welcher einem Pharao, dessen Name zum Unglück zerstört ist, eine Regierung von mindestens neunzig Jahren gibt. Eine Inschrift von Uady-Magharah, vom eilften Jahre datiert, zeigt, dass er die Ausbeutung der Bergwerke des Sinaï fortsetzen liess und auf dieser Seite die Angriffe der Barbaren abzuwehren verstand. Andererseits scheint die Anzahl und Schönheit der Gräber, welche seinen Königsring tragen, zu beweisen, dass während eines Theils wenigstens von dieser hundertjährigen Regierung Aegypten nichts von seiner Grösse und Wohlfahrt einbüsste. Sogleich aber nach Papi II.'s Tode kamen Wirren in den Staat. Menthesuphis (*Mentemsaf?*) wurde bei einem Aufruhr kaum ein Jahr nach seinem Regierungsantritte ermordet. Seine Schwester Nitaqrit, die Nitokris der Sagen, die *Schöne mit den Rosenwangen*, die er der Sitte gemäss zur Frau genommen hatte, folgte ihm und nahm die Königsherrschaft nur mit der sorgfältig verborgenen Absicht an, ihn zu rächen. »Sie liess einen unermesslichen unterirdischen Saal herstellen, lud dann unter dem Vorwande ihn einzuweihen, in der That aber in ganz anderer Absicht, zu einem grossen Mahle ein, und empfing in diesem Saale eine beträchtliche Zahl Aegypter von denen, welche ihr hauptsächlich als Aufwiegler zu dem Verbrechen bekannt waren. Während des Mahles liess sie in den Saal die Gewässer des Nils durch einen Kanal eintreten, den sie verborgen gehalten hatte. Das erzählt man von ihr, ausserdem noch, dass sie selbst sich nach vollbrachter That in ein grosses mit Asche gefülltes Gemach gestürzt habe, um der Verantwortung zu entgehen[1]«. Während ihrer sieben Regierungsjahre hatte Nitokris die dritte von den grossen Pyramiden vollendet, die Menkera unvollendet hinterlassen hatte. Die Dimensionen des Denkmals hatte sie mehr als verdoppelt und ihm jene kostbare Syenit-Bekleidung gegeben, die später so sehr mit Recht die Bewunderung der griechischen, römischen und arabischen Reisenden erregte. Inmitten dieser Pyramide oberhalb des Zimmers, in welchem der fromme Mykerinos seit mehr als acht Jahrhunderten

Abydos, II. T. 44—45. || 1) Herodot, II, 100.

ruhte, da wurde auch sie bestattet in einem prachtvollen Sarkophage aus blauem Basalt, dessen Trümmer man auffand. Das verursachte später, ihr auf Kosten des thatsächlichen Begründers die Erbauung der ganzen Pyramide zuzuschreiben. Die griechischen Reisenden, welchen ihre Erklärer die Geschichte von der Schönen mit den Rosenwangen erzählten, schufen die Fürstin zur Hetäre um und ersetzten den Namen Nitaqrit durch den wohllautenderen Rhodopis. Wie sie eines Tags im Flusse badete, stürzte sich ein Adler auf eine ihrer Sandalen, entführte diese nach Memphis und liess sie dem Könige, der gerade unter freiem Himmel Recht sprach, auf die Kniee fallen. Der König, erstaunt sowohl über dies seltsame Abenteuer wie über die Schönheit der Sandale, liess das ganze Land nach dem Weibe durchsuchen, dem sie gehörte, und so ward Rhodopis Königin von Aegypten. Nach ihrem Tode erhielt sie die dritte Pyramide zum Grabe[1]. Das Christentum und die arabische Eroberung änderten nochmals den Charakter der Sage, ohne die Erinnerung an Nitokris ganz zu verwischen. »Man sagt, der Geist der südlichen Pyramide zeige sich draussen nie anders als in Gestalt eines nackten und zwar schönen Weibes, deren Benehmen darin besteht, dass sie Jemand, dem sie Liebe einflössen und den Sinn verwirren will, anlächelt, und er kann sich nicht enthalten, nähert sich ihr, und sie zieht ihn an sich und macht ihn rasend vor Liebe; so dass er von Stund an den Verstand verliert und irrend durch das Land streift. Mehrere Leute haben sie gesehen, wie sie sich um die Pyramide bewegte Mittags und gegen Sonnenuntergang[2]«. Das ist Nitokris die so das Denkmal aufsucht, dessen Bau sie vollendet hatte.

Vom Tode der Nitokris währte es, bis dass die eilfte Dynastie auftrat, beinahe fünfhundert Jahre, über welche die Geschichte fast gänzlich schweigt. Vier Dynastien erhoben sich in dieser Zwischen-

1) Strabo, B. XV, Kap. I, [33]. Vergl. Herodot II, 134—135. [Ueber den indogermanischen Ursprung dieser Sage und ihre Verwandtschaft mit germanischen und romanischen Märchen (Aschenbrödel, Cinderella, Cendrillon) vergl. A. de Gubernatis, Zoological Mythology, London 1872, Bd. II, S. 197; A. von Gutschmid, Philologus X, S. 655. George W. Cox, The mythology of the Aryan Nations, London 1870, Bd. 1, S. 157 und S. 249, Anm. 2.] ||
2) Aegypten von Murtady, Sohn des Gaff, nach der Uebersetzung von Pierre Vatier. Paris MDCLXVI, S. 65.

zeit und sanken so schnell, dass sie uns kein Denkmal hinterliessen, aus dem wir die Namen und die Reihenfolge derjenigen Pharaonen, die zu ihnen gehören, zu bestimmen vermöchten. Manetho gab zunächst eine siebente memphitische Dynastie an, welche nach der einen Version nur sechsundsechszig Tage bestanden, nach der andern nicht weniger als siebzig Könige umfasst haben soll. Nach einer dritten bestand sie aus fünf Königen und würde fünfundsiebzig Jahre geherrscht haben. Er sprach dann von einer zweiten memphitischen, der achten Dynastie, deren siebenundzwanzig Könige nur einhundertundsechsundvierzig Jahre lang im Besitze der Macht waren. Der turiner Papyros gibt uns, so verstümmelt er auch ist, in der That für diese Epoche sehr kurze Angaben von Regierungen. Der König *Noferka*, Nitaqrit's unmittelbarer Nachfolger, behielt die Macht zwei Jahre einen Monat und einen Tag, der König *Nofrus* vier Jahre zwei Monate einen Tag, der König *Ab* zwei Jahre einen Monat und einen Tag; ein anderer König mit einem unleserlichen Namen ein Jahr und acht Tage. In diesen geringfügigen Ziffern hat man den Beweis für unaufhörliche Wirren und Bürgerkriege zu erblicken, die Aegypten ganz zu Grunde richteten und wahrscheinlich seine Auflösung in mehrere unabhängige Staaten herbeiführten, über welche die Fürsten der offiziellen Dynastie, die sich nach Memphis zurückgezogen hatten, nur blos noch dem Namen nach das Recht der Oberhoheit besassen.

Nach anderthalb Jahrhunderten voller Erschütterungen und Kämpfe erlosch schliesslich die memphitische Dynastie und wurde durch eine Familie herakleopolitischen Ursprungs ersetzt. *Hâ-chnensuten* [1]), das Herakleopolis der griechischen Geographen, dessen allmählich in *Chininsu* und *Hnês* [2]) verderbter Name noch in der arabischen Form *Ahnas-el-Medineh* erkenntlich ist, war eine von den ältesten und reichsten Städten Aegyptens. Gerade im Herzen der Heptanomis gelegen, dreissig Meilen ungefähr südlich von Memphis, erhob es sich auf einer ziemlich beträchtlichen im Osten durch den Nil, im Westen durch den grossen Kanal, der sich am Fusse des libyschen Gebirges hinzieht, gebildeten Insel. In den vorgeschichtlichen Zeiten war es in der Umgebung eines der ver-

1) Buchstäblich: *Wohnung des Königskindes.* || 2) Koptisch. Jesaias, XXX, 4 [hebr. Chânês]. Champollion, l'Égypte sous les Pharaons Bd. I, S. 309—310.

ehrtesten Heiligtümer des Landes gegründet und hatte noch keine politische Bedeutung, als einer von seinen Fürsten, dessen Name uns in der griechischen Form Achthoës erhalten ist, es aus seinem Dunkel herauszog und ihm die hervorragende Stellung zu verschaffen im Stande war, welche so lange Memphis gehört hatte. »Er war der gewaltthätigste aller bisherigen Herrscher und verübte viele Verbrechen. Schliesslich wurde er mit Wahnsinn geschlagen und von einem Krokodil umgebracht[1]«. Nach seinem Tode brachte Herakleopolis, das auch einmal herrschende Stadt geworden war, nacheinander zwei Dynastien hervor, die neunte und die zehnte. Die turiner Papyrosfragmente, die zweite obere Reihe der Tafel von Abydos und der Kanon des Eratosthenes haben uns zweifelsohne Namen aus dieser Epoche erhalten. Die vollständige Abwesenheit von Original-Denkmälern gestattet uns nicht, die Könige, deren mehr oder weniger verstümmelte Namensringe so auf uns gekommen sind, zu ordnen und in die Dynastien zu vertheilen. Herrschten sie drei Jahrhunderte, wie die einen versichern, oder sechs, wie andere wollen? Gelang es ihnen ihre Macht über alle von dem ersten Katarakte und den Küsten des Mittelmeeres eingeschlossenen Gebiete auszudehnen, oder besassen sie nur einen Theil des Landes? Das sind alles Fragen, auf die zu antworten bei dem gegenwärtigen Stande der Wissenschaft unmöglich ist. Man sieht nur, dass die letzten von ihnen schliesslich, nachdem sie vergeblich gegen den Aufruhr der südlichen Provinzen angekämpft hatten, der immer zunehmenden Macht der thebanischen Fürsten erlagen, welche die eilfte Dynastie Manetho's bilden[2]).

1) Manetho v. Unger, S. 170. — 2) [Zu den Denkmälern dieser Dynastien sind auch die ältern Felseninschriften von El-Kâb zu rechnen, welche Herr Dr. Stern kürzlich in der Zeitschrift 1875, S. 65—73 besprochen hat. — R. P.]

Uebersicht der sechsten, siebenten, achten, neunten und zehnten Dynastie, so vollständig wiederhergestellt, als dies gegenwärtig geschehen kann:

Drittes Kapitel.

Thebanische Periode.

Von der eilften bis zur funfzehnten Dynastie (Mittelreich).

Die eilfte Dynastie. Auftreten des thebanischen Einflusses. — Die zwölfte Dynastie. Eroberung Nubiens. Der Mörissee. — Von der dreizehnten bis zur funfzehnten Dynastie.

Die eilfte Dynastie. Auftreten des thebanischen Einflusses.

Seit Mena's Emporkommen schien sich die ganze ägyptische Civilisation auf die mittleren Landstriche zwischen Memphis und Abydos zusammengezogen zu haben. In Memphis hatten die Fürsten geherrscht, in Memphis sich die Künste entwickelt und ihre Meisterwerke hervorgebracht, die südlichen Nomen spielten eine ganz nebensächliche Rolle. Ueber dem Leben ihrer Metropolen lag tiefes Dunkel, sogar ihre Götter waren so wenig bekannt, dass ich auf den bis jetzt veröffentlichten Denkmälern aus den sechs ersten Dynastien erst ein einziges Mal in einem Eigennamen den Namen des grossen Gottes von Theben, des Ammon, des Herrn beider Welten, des Schutzherrn von Aegypten in den Zeiten der Eroberungen aufgefunden habe.

VI. ELEPHANTINISCHE (ABYDENISCHE) DYNASTIE.

I.	TETA (in Memphis) ATI (im Süden)	I.	Ὀθώης
II.	MERIRA PAPI I.	II.	Φιός
III.	MERENRA [MENTEMSAF I.]	III.	Μεθέσουφις
IV.	NOFERKARA [PAPI II?]	IV.	Φίωψ
V.	MERENRA MENTEMSAF II.	V.	Μενθέσουφις
VI.	NITAQRIT	VI.	Νίτωκρις

VII. MEMPHITISCHE DYNASTIE

?

VIII. MEMPHITISCHE DYNASTIE

?

IX. HERAKLEOPOLITANISCHE DYNASTIE I. — *Ἀχθόης*

?

X. HERAKLEOPOLITANISCHE DYNASTIE

Wie Memphis nach tausendjähriger Oberhoheit seine Herrschermacht für immer einbüsste, begannen während der Umwälzungen, welche die Regierung der Fürsten von Hnês störten, die südägyptischen Städte, Koptos, Silsilis und Theben vor allen in das politische Leben einzugreifen. Für die untergeordnete Stellung, welche sie gegenüber den Städten des mittleren Landes und denen des Nordens einnahmen, spricht am meisten das Aussehen der uns von ihnen hinterlassenen Denkmäler. Die Stelen sind roh und ungeschickt, mit Hieroglyphen und plump eingeschnittenen Figuren überladen. Die in ihren Schulen beobachteten Kunstüberlieferungen scheinen von den memphitischen abzuweichen und geben keine auf ein Verwandtschaftsverhältniss mit den Denkmälern der sechsten Dynastie deutenden Vergleichungspunkte. Die Namen der Könige und Privatleute, sowie die den Beamten verliehenen Titel haben etwas ungewöhnliches in ihrem Ausdrucke. Alles ist neu, ja sogar die Religion[1]. Osiris, Chnum, Chem und besonders Ammon sind es, die angerufen werden. Phtah, Imhotep, Râ und alle memphitischen und heliopolitischen Götter sind bis zu Provinzial-Göttern heruntergekommen, sobald als Memphis aus seiner Stellung als Hauptstadt in die Lage einer Provinzialstadt geriet.

Die eilfte Dynastie stammte aus Theben. Sie stand mit Papi-Meri-Râ in einem noch unaufgeklärten Verwandtschaftsverhältnisse, und aus ihr ging die achtzehnte Dynastie hervor. Anfänglich stand sie zu den Herakleopolitischen Königen in einem Lehnsverhältnisse und es gelang ihr nur langsam, sich Unabhängigkeit zu erkämpfen. Der erste von ihren Fürsten, von dem wir den Namen wissen, Entef der erste, durfte keinen Namensring führen und war blos ein Edelmann (*erpâ*) ohne mehr Titel als andere Häupter grosser ägyptischer Familien. Sein Sohn Mentuhotep ist, obgleich er den Königsring führt, doch erst nur ein *Hor*, so ein Stück von einem Souverain, ein Häuptling der Südländer unter der Oberhoheit der rechtmässigen Könige. Drei Geschlechter nach ihm löste sich Entef IV gänzlich aus den Banden des Vasallentums los und liess sich: *Guter Gott, Herr der beiden Länder* nennen[2]. Von dem letzten

1) Mariette, Catalogue S. 26—27; Histoire d'Égypte, S. 18. || 2) Diese Thatsachen ergeben sich sämmtlich aus der *Tafel von Karnak*. Vergl. Prisse d'Avennes, Notice sur la Salle des Ancêtres, S. 14—15; De Rougé, Lettre à M. Leemans, S. 5—6 und 13 [Brugsch, Histoire, 2. Aufl. I, S. 78].

Titel muss man sich übrigens nicht täuschen lassen und nicht meinen, Entef's Ansehen habe sich dazumal über das ganze Aegypten erstreckt. Die Könige von Herakleopolis behaupteten sich im Besitze des Delta und ihre Macht musste den thebanischen Monarchen mehrfach recht fühlbar werden. Mentuhotep IV (Râ-neb-cheru) war der erste von den letzteren, dem es gelang, unter ein und demselben Scepter »beide Gebiete zu vereinen«, was ihm dann in den Königslisten einen Ehrenplatz erwarb, so dass er öfters sogar ganz für sich allein die Familie, der er angehörte, repräsentirte [1]. Es glückte seinen Nachfolgern nicht, sich lange im Besitze ihrer Macht zu behaupten, sie wichen, nachdem sie etwas über ein halbes Jahrhundert Aegypten ganz beherrscht hatten [2], dem Begründer der zwölften Dynastie.

Einige in die Felsen gehauene Tafeln, einige Grabstelen und einige kleinere Gegenstände, die in alle europäischen Museen zerstreut sind, einige halb zerstörte Gräber, das ist alles, was wir von den sechszehn Königen, aus denen die erste thebanische Dynastie von ihrer Vasallenperiode bis zu der ihrer Grösse bestand, übrig haben. Dass sie beständig mit den herakleopolitischen Königen im Kampfe lagen, hinderte sie nicht daran, einige glückliche Kriegszüge gegen die Aegypten benachbarten Länder zu unternehmen. Mentuhotep III (Râ-neb-taui) liess in der Nähe von Philai sich als Ueberwinder von dreizehn Barbarenvölkern abbilden, Entef IV (Râ-nub-choper) hatte die Neger und die Asiaten geschlagen [3] und König (Sâuch-ka-ra) Ameni behauptete von sich, er flösse allen Völkern Schrecken ein [4]. Doch konnten ihre Erfolge nichts zu bedeuten haben. Im Nordwesten hatte man die Kolonien im Sinai aufgegeben, im Süden gingen die Eroberungen Papi's und seiner Nachfolger verloren und die Grenze ging nicht weit über Elephantine hinaus. Aus Nubien eine ägyptische Provinz zu machen, war den Königen der zwölften Dynastie vorbehalten.

Von den Königsbauten der verschiedenen Entef und Mentuhotep sind uns nur vorübergehende Spuren geblieben. Selbst in ihrer grossen Zeit reichten die ihnen zu Gebote stehenden Hülfsmittel

---

1) Mariette, la Table de Saqqarah, S. 6. || 2) Im ganzen 43 Jahre wie Manetho sagt (Ausg. v. Unger, S. 107), nach der geistreichen Vermuthung von Barucchi, Discorsi critici sopra la Cronologia Egizia, S. 131—132. || 3) Birch, le Papyrus Abbott, S. 11—12 [Revue archéologique, I. Série XVI S. 268] || 4) Lepsius, Denkmäler II, 150.

nicht aus, um die Errichtung ansehnlicher Denkmäler zu gestatten. Als die Stadt, aus der sie stammten, wurde, soweit es ihre Mittel erlaubten, Theben von ihnen verschönert. Es lehrt uns wenigstens eine Inschrift aus dem zweiten Jahre Mentuhotep's III (Râ-neb-taui), dass dieser Fürst eine Expedition in das Thal Hammamat sandte, um ihm die zu seinen in Theben unternommenen Bauten nötigen Steine zu verschaffen [1]. Die einzigen Ruinen, die aus dieser Epoche noch vorhanden sind, befinden sich zu Drah-abu'l-Neggah, wo die Nekropolis stand. Dort liessen sich Entef Aâ I, Entef Aâ II, Entef IV (Râ-nub-choper) und Mentuhotep IV (Râ-nub-cheru) sowie mehrere von deren Nachfolgern bestatten. Die Gräber wurden bereits zur Zeit der zwanzigsten Dynastie von Verbrechern geschändet [2], und sind gegenwärtig bis auf das des Entef Aâ I zerstört. Letzteres war eine Pyramide aus ungebrannten Ziegeln von mittelmässiger Arbeit, die fast am Saume der Wüste stand. Ausser dem auf Nimmerwiedersehen abhanden gekommenen Sarkophage stand in dem auf seiner ganzen Fläche mit schönem Kalkputze versehenen Grabzimmer eine Stele aus dem fünfzigsten Jahre, auf welcher der König aufrecht mit dem Uraios auf der Stirn und von vier Lieblingshunden begleitet dargestellt war [3].

Nächst Theben konnte, wie es scheint, Koptos sich der Thätigkeit jener ersten thebanischen Fürsten am meisten rühmen. Koptos hatte dazumal bei seiner Lage dort, wo die zu den Gestaden des rothen Meeres und die zu den Steinbrüchen von Rohannu [4] führenden Strassen münden, sich sehr gehoben. Entef IV (Râ-nub-choper) errichtete dort Bauwerke, deren Trümmer in unseren Tagen zu einem Brückenbau verwendet wurden [5]. Mentuhotep III (Râ-neb-taui) war dem Lokalgotte Min oder Chem, einer Form des zeugenden Ammon-Râ, besonders ergeben [6] und bethätigte seinen Eifer durch die Erbauung mehrerer gegenwärtig zerstörter Denkmäler. Noch weiter sollte einen der letzten Fürsten aus dieser Dynastie,

---

1) Lepsius, Denkmäler II, 149, d. || 2) Vergl. die Akten der darüber unter Ramses IX. angestrengten Prozesses bei Birch, le Papyrus Abbott [Revue archéologique, a. a. O.]; Chabas, Mélanges égyptologiques, Serie III, Bd. I, und Maspero, Une enquête judiciaire à Thèbes || 3) Mariette, Catalogue, S. 290—291. || 4) Heutzutage *Uady 'l Hammâmât*, Chabas, Voyage d'un Égyptien, S. 54—63. || 5) Wilkinson, A Handbook for Travellers, S. 321. || 6) Brugsch, Histoire d'Égypte, Bd. I, S. 51 [2. Aufl. S. 79—80].

den (Sânch-Ka-Râ) Ameni die Erforschung des Thales von Hammâmât führen. In der Absicht, zwischen Arabien und Aegypten direkte Verbindungen anzuknüpfen, entsandte dieser einen Grosswürdenträger seines Hofes, dass er an den Ufern des rothen Meeres, wahrscheinlich in der Umgegend von Qoseyr eine Kolonie gründete. An Unternehmungslust fehlte es, wie man sieht, diesen obscuren Fürsten nicht. Die Entfaltung ihrer Macht wurde durch Staatsumwälzungen gehemmt, die uns in ihren Ursachen und im einzelnen nicht bekannt sind. Wie Aegypten nach einer mehrjährigen Zersplitterung wiederum in eines Mannes Hand lag, herrschte die eilfte Dynastie nicht mehr.

Zwölfte Dynastie.

Eroberung Nubiens. Der Mörissee.

Das Emporkommen der neuen Dynastie ging nicht ohne Kampf von Statten. Amenemhat I, der gleich seinen Vorgängern aus Theben stammte, hatte die Mitbewerber, deren Anschläge seine ersten Jahre beunruhigten, zu befehden. In den Unterweisungen für König Usortesen I, welche ihm zugeschrieben werden, sagt er: »Es war nach der Abendmahlzeit, es war Nacht geworden. — Ich hatte eine Stunde des Wohlseins benutzt, — hatte mich auf die weichen Polster meines Palastes ausgestreckt, ich überliess mich der Ruhe — und mein Herz begann dem Schlummer nachzugeben, siehe, da brachte man Waffen zusammen zur Empörung gegen mich, — und ich wurde schwach gleich der Schlange auf dem Felde. — Da wachte ich auf zu kämpfen, ich selbst mit meinem Leibe, — und ich merkte, dass ich nach Jemand schlug, der nicht Stand hielt. — Wie ich einen von den Angreifern mit den Waffen in seiner Hand erfasste, liess ich sich umwenden jenen Elenden. — Er besass keine Kraft selbst in der Nacht. Es wurde nicht gefochten, — nicht begegnete mir ein Unfall«[1]. Schliesslich gelang es dem Könige vermöge seiner Ausdauer obzusiegen: »Hatten die Heuschrecken sich geschaart zur Verwüstung, hatte man Wirren geplant gegen mich im Palaste, — waren die Wasser der Ueberschwemmung unzureichend und die Brunnen ausgetrocknet, — ge-

1) Papyros Sallier II. Taf. I, Z. 9 — III. Z. 3 [Dieser Text wurde auch von Dümichen (Zeitschr. 1874, S. 34) behandelt].

dachte man deiner Jugend[1]), um [gegen mich] zu handeln, — ich wich nie zurück von meiner Geburt an«[2]). Der Krieg zog sich endlich bei Memphis um die Festung Tetaui zusammen. Die Einnahme der letzteren Stadt war von entscheidendem Erfolge und führte zur Unterwerfung von ganz Aegypten[3]).

Amenemhat widmete fortan sich unablässig der Besserung der Schäden der Bürgerkriege und der Abwehr der Nachbarvölker, der Libyer, Nubier und Asiaten, deren Einfälle Aegypten beständig in seiner Ruhe störten: »Ich machte aus dem Traurigen einen Trauerlosen, und man hörte ihn nicht mehr. — Von fortwährenden Schlachten[4]) sah man nichts mehr, — während man vor [mir] gekämpft hatte, wie ein Stier, der nicht weiss, was zuvor war, — [und es] keine Sicherheit gab für das Glück des Wissenden und des Unwisssenden«[5]). — Ich [liess das Land] bestellen bis gen *Abu*[6]) — und verbreitete Freude bis gen *Adhu*[7]) . . . — Ich bin, der werden liess die drei Arten Getreide, *Neprat*[8]) befreundet. — Der Nil gab meinem Gebete die Ueberschwemmung über alle Gefilde: — Keinen gab es unter mir, der hungerte, Keinen, der dürstete, — denn man that nach meinem Geheiss, — und alles was ich sagte, erweckte neue Liebe. — Ich vernichtete den Löwen — [und] fing das Krokodil: — ich unterwarf die *Uauat*[9]) und führte die *Mat'iu*[10]) [in Knechtschaft], — ich zwang die Asiaten [neben mir] zu gehen wie die Windhunde«[11]). In Nubien liess dieser König die Gold-Bergwerke, die von Pepi's Zeit an liegen geblieben waren, wieder eröffnen.

Am Tage seines Regierungsantrittes war Amenemhat I kein junger Mann mehr. Nach einer Regierung von neunzehn Jahren berief er seinen Sohn Usortesen I, welcher fortan mit ihm die Königlichen Titel theilte[12]): »Einen Unterthan [der du warst], habe ich dich erhoben, — ich gewährte dir, [zu gebrauchen] deine Arme,

1) Amenemhat spricht hier zu seinem Sohne. || 2) Ebend. II. III, Z. 4—6. || 3) So verstehe ich dasjenige Fragment des turiner Königspapyros, in dem der Name *Tetaui* vorkommt. || 4) Wörtlich: »der grosse Kampfplatz«. || 5) Pap. Sallier II T. I, Z. 7—9. || 6) *Elephantine*, Aegyptens Südgrenze. || 7) *Adhu* oder *Nu—adhu*, bei Herodot *Nathoi*, im Delta, auch das Delta selbst. || 8) Gottheit des Getreides. || 9) Ein nubisches Volk, gleich südlich von Elephantine. || 10) Ein libysches Volk. || 11) Papyros Sallier II, T. II Z. 7 — T. III, Z. 1. || 12) Mariette, Catalogue, S. 86.

[auf dass] man dich fürchte um des willen. [Was mich betrifft], ich schmückte mich mit den feinen Stoffen meines Palastes, um den Augen zu erscheinen wie eine Pflanze [in] meinem [Garten]. — Ich salbte mich mit Wohlgerüchen, als vergösse ich das Wasser meiner Brunnen«[1]. Nach Verlauf von einigen Jahren spielte der greise König bereits so sehr eine Nebenrolle, dass man stellenweise vergass, auf den Denkmälern seinen Namen neben dem seines Sohnes zu verzeichnen[2]. Er beschränkte sich darauf, in seinem Palaste geborgen, Rathschläge zu ertheilen, welche, wie es scheint, dem Gedeihen Aegyptens sehr förderlich waren. Er kam dadurch dermassen in den Ruf der Weisheit, dass unter seinem Namen ein etwa mit ihm gleichzeitiger Schriftgelehrter ein kleines Pamphlet verfasste, in welchem der König, »der da aufgeht wie ein Gott«, auftritt und seinem Sohne einige Anweisungen zur Regierungskunst ertheilt: »Höre auf meine Worte! — Du herrschest über beide Welten, — du lenkst die drei Regionen[3]. — Handle [noch] besser als deine Vorgänger gethan haben. — Lass Eintracht walten zwischen deinen Unterthanen und dir, — damit sie sich nicht der Furcht ergeben. — Steh nicht allein unter ihnen. — Fülle nicht dein Herz, mache nicht zu deinem Bruder [blos] den Reichen und Vornehmen, — lass aber auch nicht einen zu dir, dessen Freundschaft nicht erprobt ist«[4]. Ausgehend von diesen Worten gibt der greise Fürst einen Abriss seines Lebens, aus welchem ich einige Auszüge bereits mitgetheilt habe. Dies kleine Werk, das nicht mehr als drei Blätter einnimmt, wurde bald klassisch und war über tausend Jahre lang noch immer in Geltung. Noch unter der neunzehnten Dynastie war es eins von denjenigen Stücken, die man in den Schulen studiren liess und welche die jungen Schriftgelehrten als Stilübungen kopirten[5].

Von dem damaligen Zustande Aegyptens und der umliegenden Länder kann uns nichts eine so gute Vorstellung geben, als einige Stellen aus den Memoiren eines gleichzeitigen Abenteurers, Namens *Sineh*[6]. Wie dieser am Hofe eines kleinen asiatischen Häuptlings

---

1) P. Sallier II, T. 1, Z. 5—7. || 2) Beispielsweise auf zwei Stelen aus dem 9ten Jahre des Usortesen I (Louvre C, 2, 3). || 3) Beide Aegypten und Nubien. || 4) Pap. Sallier II Taf. 1, Z. 2—4. || 5) Vergl. Maspero, The instructions of Amenemhat I unto his son Usortesen I, in den Records of the Past, Bd. II, 1874, Z. 9—16. || 6) Ueber dessen Persönlichkeit siehe: Chabas, Les papyrus hiératiques de Berlin, S. 36—51 und Goodwin, The story

7*

ankam, fragte man ihn nach Einzelheiten über die Macht der ägyptischen Herrscher: »Gäbe es einen Todesfall in *Amenemhat's* Palaste, ohne dass man erführe, wie das geschah? Da lobte ich den König in einer dichterischen Auseinandersetzung: . . . Meine Verbannung in diesem Lande gleicht der Fügung Gottes, denn Aegypten ist, als sei ihm gnädig der wohlthätige Gott, dessen Schrecken sich ausbreitet über alle Völker, wie die Göttin *Sechet* [sich ausbreitet über die Erde] zur Zeit der Pest. Ich sprach zu ihm, wie ich dachte, und ich entgegnete ihm: »Rette uns! Sein Sohn[1] tritt in den Palast und hat es übernommen, seines Vaters Angelegenheiten zu leiten. Er ist ein Gott ohne gleichen, kein anderer übertrifft ihn. Ein Herr der Weisheit ist er, klug in seinen Anschlägen, wohlthätig in seinen Fähigkeiten, geht ein und aus nach seinem Belieben. Er bändigt die Gegenden; indess sein Vater in seinem Palaste weilt, verkündet er diesem, was er gewonnen hat. Er ist ein Tapferer, der mit dem Schwerte wirkt, ein Held, der nicht seines gleichen hat: er sieht die Barbaren, fällt [über sie] her, stürzt sich auf die Räuber. Ein Speerwerfer ist er, der die Hände [der Feinde] lähmt; nicht vermag, wen er trifft, den Schild zu erheben. Ein Schrecklicher[2] ist er, der die Stirnen zerschmettert: man hat ihm nicht widerstanden. Ein schneller Läufer ist er, der den Flüchtigen niedermacht; keiner trifft ihn (?). Festen Herzens ist er zu seiner Zeit. Ein [Löwe] ist er, der mit der Tatze schlägt[3], der nie seine Waffe auslieferte. Ein Herz ist er, gepanzert beim Anschauen der Menge, das nichts in Ruhe lässt hinter sich. Ein [Tapferer] ist er, der vorstürmt, wenn er den Widerstand sieht. Ein [Krieger] ist er, den es freut, sich auf die Barbaren zu stürzen: er fasst seinen Schild, springt zu, ohne seinen Schlag zu wiederholen, er tödtet, ohne dass seine Lanze zu beirren wäre. Ohne dass er seinen Bogen spannte, fliehen die Barbaren vor seinen Armen gleich den Windhunden. Die grosse Göttin hat ihm verliehen, zu streiten wider jeden, der seinen Namen nicht kennt; wen er erreicht, dess schont er nicht, nichts lässt er bestehen. Ein Freund[4] ist er, der es wunder-

of Saneha, in Fraser's magazine, 1865, sowie in den Records of the Past. Bd. IV, 1876; Maspero, Le Papyrus de Berlin I in den Mélanges Bd. II, S. 67—82. ||
1) *Usortesen I.* || 2) Wörtlich: »ein *Gesichtwascher*«. || 3) Wörtlich: »*Ein Tatzenschläger* ist er«. || 4) Wörtlich: »Ein *Semer*«. Griechisch wurde der Titel semer durch *φίλος βασιλικός* »*Königsfreund*« übersetzt.

bar verstand, Zuneigung zu erwerben: sein Land liebt ihn mehr als sich selbst und freut sich seiner mehr als eines Gottes: Mann und Weib eilen herbei auf seinen Namen (?). Er ist König, er hat befohlen vom Ei an. Seit seiner Geburt war er ein Mehrer von Geburten, auch ein Einziger, göttlichen Wesens, von dem die Erde beherrscht zu werden sich freut. Er ist ein Mehrer der Grenzen, der greifen wird nach den Ländern im Süden [aber] nicht begehrt der Länder im Norden: er hat [vielmehr] die Häuptlinge der Asiaten sich unterworfen, so dass er mit Füssen trat die *Nemmásha*«[1]). Dadurch, dass *Usortesen I* die Krone mitbesass[2], gewöhnten die Aegypter sich an, in ihm, selbst bei Lebzeiten seines Vaters, den wirklichen König zu erblicken. Und als dann Amenemhat starb, nachdem er dreissig Jahre allein und mindestens zehn Jahre[3]) mit seinem Sohne zusammen regiert hatte, ging auch der bei einer neuen Dynastie so heikele Uebergang vom Stifter derselben zu seinem nächsten Nachfolger ohne Unruhen vor sich. Dem Beispiel des *Amenemhat I.* folgten fortan die meisten seiner Nachkommen. Nach zweiundvierzig Jahren gesellte sich *Usortesen I.* seinen Sohn *Amenemhat II.* auf dem Throne bei, und dieser theilte die Macht zweiunddreissig Jahre später mit *Usortesen II.* *Amenemhat III.* und *IV.* herrschten lange Zeit zusammen[4]). Die beiden einzigen Regierungen, für die uns der Beweis für diese Thatsache fehlt, sind die des *Usortesen III.* und der Königin *Sebeknofre*, der *Skemiophris* Manetho's, mit welcher die zwölfte Dynastie erlosch nach

1) Ihrem Namen nach würden die *Nemmásha* Beduinen der Wüste sein. ||
2) Berliner Papyros No. 1. || 3) Im bulaqer Museum steht auf einer Stele als Datum das 30ste Jahr des *Amenemhat I.* und das 10te des *Usortesen I.* (Mariette, Catalogue, S. 86). Eine andere Stele in demselben Museum (Mariette, Catalogue, S. 77) gibt nur das 10te Jahr des *Usortesen I.* an. Aus dem Fehlen des Namens von *Amenemhat I.* könnte man folgern, dieser sei in seinem 30sten Regierungsjahre, im 10ten Jahre von seines Sohnes Regierung, gestorben, wenn die oben S. 99, Anm. 2, angeführten Stelen im Louvre nicht zeigten, dass man gegen derartige auf den Denkmälern vorkommenden Angaben höchst vorsichtig sein muss. Die erstere bulaqer Stele beweist, dass *Amenemhat* noch in dem zehnten Jahre seines Sohns lebte, die letztere dagegen noch keineswegs, dass er in diesem Jahre auch starb. [Sehr anschaulich wird das gemeinsame Auftreten beider Herrscher durch die von Dr. Stern veröffentlichte und übersetzte Urkunde des Baues des Tum-Harmachis-Tempels zu Heliopolis aus dem dritten Jahre des Usortesen I. (Zeitschrift 1874, Seite 85, ff.)]. ||
4) De Rougé. Lettre à Leemans, S. 17.

einer Gesammtdauer von zweihundertdreizehn Jahren einem Monate und siebenundzwanzig Tagen [1].

Von allen ägyptischen Dynastien ist ganz sicher die zwölfte diejenige, deren Geschichte am meisten Sicherheit und Zusammenhang zeigt. Wir sind ohne Zweifel weit entfernt davon, von allen Ereignissen, welche sie sich vollziehen sah, Kunde zu besitzen. Die Lebensbeschreibung der acht Herrscher, aus denen sie besteht, und die Einzelheiten ihrer Kriege gehören noch zu dem Unvollständigsten. Man kann aber wenigstens ohne Unterbrechung ihrer politischen Machtentwickelung folgen, man kann nach viertausend und mehr Jahren ihr Aegypten wieder herstellen, so wie sie es sich geschaffen und ihren Nachkommen hinterlassen hatten. Als Ingenieure und Krieger zugleich, als Freunde der Künste und Beschützer des Ackerbaues, liessen sie keinen Augenblick nach, an der Grösse des Reiches zu arbeiten, das sie beherrschten. Die Grenzen des Reichs auf Unkosten der barbarischen Völker vorzurücken und das Nilthal in seinem ganzen mittlern Theile vom ersten zum vierten Kataraktе zu kolonisiren, das Kanalsystem zu regeln und durch Herstellung des Mörissees eine gleichmässigere Vertheilung des Wassers zu erzielen, die grossen Städte, Heliopolis, Theben, Tanis und hundert andere, weniger bekannte, mit Bauten zu zieren, das war das Werk, welches sie sich vornahmen und dem sie mehr als zwei Jahrhunderte lang vom Vater zum Sohne nachstrebten. Wie Aegypten aus ihren Händen kam, war es durch die Eroberung von Nubien ein Drittel grösser geworden, durch lange Jahre des Friedens und guter Verwaltung bereichert und erfreute sich eines unvergleichlichen Gedeihens. Später zur Zeit der asiatischen Kriege und der weitgehenden Eroberungen besass es mehr äussern Glanz und machte mehr Lärm in der Welt, am glücklichsten war es in der Zeit der *Usortesen*.

Zwei Schlachtfelder standen den Pharaonen offen, eins im Osten des Delta in Syrien, das andre südlich von Elephantine im eigent-

---

1) Das ist die Zahl des *turiner Königpapyros*. Die zwölfte Dynastie war von Champollion nicht erkannt worden, der aus den *Amenemhat* die Fürsten der siebzehnten Dynastie die Zeitgenossen der Hyksos machte. Die Ehre, diesen Irrtum verbessert zu haben, gebührt Lepsius durchaus. Vergl. darüber die Abhandlung dieses Gelehrten: Ueber die zwölfte ägyptische Königsdynastie in den Abhandlungen der Akademie der Wissenschaften zu Berlin, 1852.

lichen Nubien. Im Osten schien Aegypten, von den syrischen Völkerstämmen durch die Wüste getrennt, hinter seinem Sandgürtel nichts zu fürchten zu haben. Höchstens musste es einige Einfälle nomadischer Barbaren erdulden, welche für den Besitz einzelner Privatleute verderblicher waren als für die Sicherheit des Landes. Um sich gegen diese trotz der Wachsamkeit der Grenzwächter schwer zu vermeidenden *Razzia* sicher zu stellen, hatten die Herrscher des Alten Reichs vom rothen Meere bis zum Nil eine Reihe von Festungen errichtet und eine Mauer erbaut, welche den Plündernden den Eingang zum Uady Tumilât versperrte[1]. Diese von Amenemhat I. und seinen Nachfolgern sorgfältig in Stand gehaltene Mauer kennzeichnete auf dieser Seite die äusserste Grenze des Pharaonenreiches. Darüber hinaus begann die Wüste und für die Menschen dieser Epoche fast eine unbekannte Welt. Ueber die Völker Syriens und Palästina's hatte man nur unsichere Kenntnisse, die den Karawanen entlehnt oder von den Seeleuten, welche die Häfen des Mittelmeeres besuchten, mitgebracht waren. Mitunter sahen jedoch die Uferländer des Delta in ihre Städte Auswandererbanden oder ganze Stämme kommen, die in Aegypten, aus ihrem Geburtslande durch Not oder Umwälzungen vertrieben, eine Zufluchtstätte zu suchen kamen. Ein Bas-Relief des Grabes des *Numhotep* zu Beny-Hassan lässt uns der Ankunft einer Truppe solcher Unglücklichen beiwohnen. Sie werden siebenunddreissig an der Zahl, Männer, Weiber und Kinder vor den Statthalter des Nomos Meh' geführt, dem sie eine Art grünlicher Schminke, *mest'em* genannt, und zwei Steinböcke darbringen. Sie sind wie die Aegypter mit Bogen, Wurfspiess, Streitaxt und Keule bewaffnet und mit langen Röcken oder mit engen über den Hüften anschliessenden Schürzen bekleidet. Einer von ihnen spielt im Gehen ein Instrument, das in der Form an die Leiern altgriechischen Stils erinnert[2]. Die Einzelheiten ihrer Tracht, die glänzenden und geschmackvollen buntscheckigen, mit langen Frangen versehenen Stoffe, mit denen sie bekleidet sind, die Zierlichkeit der meisten Gegenstände, die sie bei sich führen, bezeugen eine vorge-

1) Chabas, Les Papyrus hiératiques de Berlin S. 38—39, 81—82, 91. ||
2) Dies Bas-Relief wurde zuerst von Champollion hervorgehoben und beschrieben, der die Auswanderer für Menschen der griechischen Rasse ansah. Es findet sich abgebildet bei Lepsius und bei Brugsch, Histoire d'Égypte, S. 63.

schrittene, wenn auch untergeordnetere Civilisation als die ägyptische. Aus Asien bereits bezog Aegypten die Sklaven, die Wohlgerüche, welche es in so grossem Maasstabe verbrauchte, das Holz und die Essenzen der Ceder, emaillirte Gefässe, Geschmeide, den Lapis lazuli und gestickte oder gewebte Stoffe, deren Monopol Chaldäa bis in die Römerzeit sich wahrte [1].

Auf einer Stelle des asiatischen Gebietes nur gedachten die Pharaonen der zwölften Dynastie sich sicher festzusetzen. Das war auf der Sinaihalbinsel bei den Kupfer- und Türkisminen, die ehemals von den Fürsten des alten Reiches ausgebeutet waren. In den Schluchten des Sinai aufgestellte Posten beschützten die Arbeiter gegen die Unternehmungen der Beduinen. Dank dieser Vorsicht vermochte man, die Ausbeutung der alten Erzgänge wiederaufzunehmen, neue Gänge zu eröffnen und den Arbeiten einen Betrieb zu geben, den sie nie vor dem gehabt hatten [2]. Selbst an dieser Stätte gingen die Könige der zwölften Dynastie nicht von ihrer gewohnten Politik ab. Sie nahmen an Grund und Boden nur soviel, als zur Ausbeutung der Bergwerke nötig war, und überliessen das übrige den Nomadenstämmen der Wüste.

Von all diesen Stämmen waren ihnen, weil sie ihre Einfälle häufig zurückzuschlagen hatten, die *Sati* oder *Shasu* am meisten bekannt, freche Plünderer, wie der Name, den sie selbst sich beilegten, besagt [3]. Sie lebten ausgebreitet an den Grenzen von Aegypten und Syrien am Saume der Wüste und des Kulturlandes, wie die Beduinen heut zu Tage, ohne festen Wohnsitz halb von Räuberei halb von dem Ertrage ihrer magern Heerden. Einige dieser Königreiche, Edom beispielsweise, wurden von ägyptischen Kaufleuten besucht und dienten Verbannten als Zuflucht. Einer der letztern, der unter *Amenemhat* und *Usortesen I.* lebte, hat uns in seinen Denkwürdigkeiten von dem Aufenthalte berichtet, den er bei einem *Shasu* — *Sheych*, bei den Fürsten von Tenu zu nehmen gezwungen war. *Sineh*, der Held dieser Erzählung, der aus Aegypten zu fliehen aus unbekannten Gründen gezwungen ist, dringt nach Ueberschreitung

---

1) Vergl. darüber, Ebers, Aegypten und die Bücher Mose's Bd. I, S. 288 ff. [auch Ebers, Zeitschrift 1874, S. 116 ff.]. || 2) Lepsius, Briefe, 337—338 ff. || 3) *Shasu* kommt von der semitischen Wurzel שסה, שסס, *plündern, rauben*.

der grossen Mauer in die Wüste ein. »Ich wanderte«, sagt er, »während der Nacht und am Morgen gelangte ich nach *Peten* und wandte mich nach *Qamoër*. Der Durst überkam mich, ich ....., meine Kehle ward heiss und ich sprach: »Das ist der Geschmack des Todes«. [Plötzlich] hob ich mein Herz und sammelte meine Kraft. Ich vernahm die süsse Stimme des Viehs. Ich bemerkte einen Barbaren und bat diesen mich zu leiten, damit ich von Aegypten mich entferne. Er gab mir Wasser und ich liess Milch kochen. Ich ging mit ihm zu seinem Stamme[1]«.

Die Beduinen, welche *Sineh* aufgenommen hatten führten ihn von Station zu Station nach dem Lande Edom. Ein Häuptling aus dieser Gegend lässt ihn holen und lädt ihn ein, bei ihm zu bleiben. »Bleib bei mir, du wirst bei mir die Sprache Aegyptens vernehmen können«. In der That begegnet *Sineh* bei dem Fürsten »einigen Leuten aus Aegypten, die zu seinen Gästen gehörten[2]«. Dieser Umstand entscheidet den Abenteurer, sich im Lande festzusetzen, und er macht dort schnell sein Glück. »Der Häuptling stellte mich an die Spitze seiner Kinder, er gab mir seine älteste Tochter zur Frau, [und] liess mir die Wahl unter den besten Landstücken, die ihm gehörten, bis zu den Grenzen des Nachbarlandes. Das ist ein gutes Land mit Namen *Aa*, es hat Feigen und Trauben und bringt mehr Wein hervor, als es Wasser gibt. Honig ist dort in Menge und Olivenbäume, Anpflanzungen und Bäume. Man findet Gerste, sein Getreide ist ohne Zahl und desgleichen das Vieh. Da ich bei meinen Zügen einen ansehnlichen Gewinn zu machen verstand, setzte er mich zum Häuptling ein unter den Besten des Landes. Ich bereitete wohlriechende (?) Brode und Wein, alle Tage, Braten, am Feuer geröstete Eier, ausser dem Wild des Landes, das ich erjagte. Ferner nahm ich und liess mir dazu geben Einkünfte von meinen Landwirtschaften. Ich bereitete jede Art von Sachen und jede Art Käse. Kinder wurden mir geboren. Sie wurden tapfer. Jeder [von ihnen] führte seinen Stamm an. Der Reisende der im Innern des Landes verkehrte, wandte sich an mich, denn ich überhäufte mit Wohlthaten Jedermann. Ich gab Wasser dem Dürstenden, ich brachte den Verirrten wieder auf seine Strasse, ich befreite, wen

1) Berliner Papyros No. 1, Z. 19—28. || 2) Chabas, les Papyrus hiératiques de Berlin, S. 40.

der *Sati* unterdrückte, so dass ich vernichtete den Bösewicht. Die Fürsten des Landes zwang ich zu kommen [sich zu unterwerfen]. Der König von Tennu liess mich mehrere Jahre unter seinem Volke als General seiner Soldaten. [Auch] zwang ich jedes Land, das ich angriff, Tribut zu zahlen aus den Erträgen seiner Ländereien. Ich nahm sein Vieh, ich führte seine Habe fort, ich trieb seine Rinder weg und tödtete seine Menschen. Es war abhängig von meinem Schwerte, meinem Bogen, meinen Kriegszügen und meinen weisheitsvollen Anschlägen, die dem Könige gefielen. [Auch] liebte er mich, da er meine Tapferkeit kannte. Er setzte mich an die Spitze seiner Kinder, da er schaute die Kraft meines Armes.«

»Ein Tapfrer von *Tennu* kam, mich herauszufordern in meinem Hause, ein berühmter, ein unvergleichlicher, [denn] er hatte all seine Widersacher vernichtet. Er sprach: »Er möge kämpfen mit mir, denn er weiss nicht, was es heisst, mich niederzuschlagen«. Er begehrte mein Vieh für seinen Stamm zu nehmen. Der König hielt Rat mit mir. Ich sprach: »Ich kenne ihn nicht. Gewiss, ich bin nicht sein Verbündeter. Ich habe mich fern gehalten von ihm und seiner Behausung. Habe ich je seine Thür geöffnet oder bin ich in sein Gehege gedrungen? [Jedoch] wenn dies ein Herz ist, das begehrt, mich zu schauen [und beflissen ist], seine Aufgabe zu erfüllen, [nämlich] mir meine Katzen und Hunde, dazu meine Kühe zu rauben, [will er] meine Stiere, meine Ziegen, meine Kälber entführen, um sie sich anzueignen, was zwingt mich da ihm Zuneigung für das zu zeigen, was er gegen mich unternommen hat! . . .« Ich spannte meinen Bogen, machte meine Pfeile bereit, lüftete meinen Dolch, und waffnete mich. Wie der Morgen kam, kam *Tennu* selbst, nachdem er alle seine Stämme versammelt und alle seine Vasallen zusammengerufen hatte. Er begehrte diesen Kampf zu schauen. Alle Herzen wandten sich mir zu, Männer und Weiber brachen in Zurufe aus, und jedes Herz trauerte um mich, [denn] man sprach: »Gibt es einen andern Helden, mit jenem zu kämpfen?« Er nahm seinen Schild, seinen Wurfspiess, sein Bündel Wurfpfeile. Wie ich aber erschien, gewaffnet wider ihn, da zerstreute ich alle seine Geschosse über den Boden, so dass keiner von uns sich auf den andern stürzte. Wie er nach mir zielte, da sandte ich ihm einen Pfeil zu, mein Schuss traf ihn am Halse. Er stiess einen lauten Schrei aus und fiel zu Boden[1]«. So war vor mehr als tausend Jahren das Leben der Wüstenstämme, so ist es heut zu Tage. *Sineh*'s Bericht passt mit geringen Veränderungen sehr gut auf die Beduinen unserer Tage.

Besonders Aethiopien war es worauf sich die Aufmerksamkeit der Fürsten der zwölften Dynastie lenkte. Dort war Aegypten in der That durch die aufrührerischen Völkerschaften bedroht, welche beide Nilufer und die umgebenden Wüsten bewohnten. Das waren zunächst jenseits des ersten Kataraktes und bis halbwegs zum zweiten die *Uauaï*, diese alten Widersacher Aegyptens, mit denen *Papi* zu thun gehabt hatte. Von den Fürsten der eilften Dynastie waren sie geschlagen und von *Amenemhat I.* unterworfen worden. Vor den Ansiedelungen der Pharaonen wichen sie fortwährend zurück und zogen vor, lieber ihre Heimat aufzugeben, als sich zu unterwerfen. Weiter südlich beim zweiten Katarakte befanden sich die Länder *Heh* und *Shaad* mit Steinbrüchen weissen Kalksteins[2]. In der Wüste und jenseits des zweiten Katarakts zogen eine Unmenge Stämme mit den seltsamen Namen *Shemik*, *Chesa*, *Ses*, *Kaâs*, *Arqin*, *Anu*[3] herum. Sie waren stets zu Raubzügen bereit, wurden immer geschlagen und niemals unterworfen. Die Pharaonen begriffen bald, wie nötig es für sie war, diese unbegrenzten und haltlosen Völkerschaften zu unterjochen und wandten gegen sie alle Lebenskräfte der Nation. Durch die Macht der Ausdauer gelang es ihnen, die meisten vollständig zu bändigen und diejenigen, welche vom Streite nicht abliessen, nach Süden zurückzudrängen und durch Fellahkolonien zu ersetzen. Nunmehr bildete das ganze Thal des Nil von der Stelle an, wo er die Ebenen Abyssiniens verlässt, um in das schmale Bett einzutreten, das er sich inmitten der Wüste ausgehöhlt hat, bis zu derjenigen, wo er sich in das Mittelmeer ergiesst, nur ein einziges Reich, das von einem Volke bewohnt wurde, dieselbe Sprache redete, dieselben Götter anbetete und ein und demselben Herrscher gehorchte.

Amenemhat I. hat die *Uauaï* geschlagen, sein Sohn *Usortesen I.* besiegte sieben verbündete Negervölker und trug seine Waffen bis nach *Uady-Halfa*[4]. Unter *Amenemhat II.* war das

---

1) Berliner Papyros no. 1. Z. 76—141. || 2) Brugsch, G. Inschr. Bd. I, S. 160. || 3) Ebendort S. 45. || 4) Stele des florentiner Museums bei Rosellini, Monumenti Storici, Taf. XXV, no. 4. — [Ein weiterer Beweis hierfür

Land der *Uauai* nur noch eine ägyptische wie die andern Nomen von einem königlichen Beamten regierte Provinz[1]. *Usortesen II.* setzte das Werk seiner Vorgänger, wie es scheint, mit grossem Glanze fort, und sein Sohn *Usortesen III.* brachte es zu Ende. Dieser Fürst, der in Aegypten so beliebt war, dass Manetho oder seine Kompilatoren ihn dem Sesostris der griechischen Ueberlieferung gleichsetzten und ihm die Eroberung der Welt zuschrieben[2], unterwarf definitiv ganz Nubien. Nach Annexion des Landes *Heh* setzte er *Semneh*, ganz nahe bei dem zweiten Katarakte, als Reichsgrenze fest. Eine im achten Jahre aufgestellte Inschrift stellt diese Thatsache sicher: »Hier befindet sich die Südgrenze, festgesetzt im Jahre VIII, unter der Heiligkeit des Königs beider Länder *Chakera Usortesen III.*, der da Leben spendet immer und ewiglich. Verboten ist jedem Neger sie zu überschreiten im Fahrzeug ausser bei Fortschaffung von allerlei Heerdenvieh, Rindern, Ziegen und Hammeln, die den Negern gehören[3]«. Eine andere Inschrift vom Jahre sechszehn erinnert an dasselbe Verbot und belehrt uns, »seine Heiligkeit habe gestattet, dass ihr eine Statue auf der von ihr selbst festgestellten Grenze errichtet werde[4]«.

Keine Lage war besser auszusuchen, um als Bollwerk Aegyptens gegen die Angriffe des Südens zu dienen. Von der Flussseite her vertheidigte die grosse Kette von Granitfelsen, welche an dieser Stelle das Nilthal senkrecht durchschneidet und eine Reihe schwer zu überschreitender Stromschnellen bildet, den Zugang zum Lande in ausreichender Weise gegen jede Flotte, welche einen Durchgang zu erzwingen versucht hätte. Auf beiden Seiten liess *Usortesen III.* auf Felsen, die lothrecht in den Stromlauf abfallen, eine Festung errichten, die den Fluss und das Thal ganz zu beherrschen bestimmt war. Diese Forts, wie alle militärischen Bauwerke dieser

---

ist der Bericht, den die von Birch (Zeitschr. 1874, S. 111 ff) veröffentlichte Inschrift des *Hat-har-sa* (oder besser: *Se-Hathar*) über die Unternehmungen dieses Würdenträgers des *Amenemhat II.* im Goldlande *Heha* liefert — R. P.]. || 1) Lepsius D. II, 123, a. || 2) Diese Ansicht wurde von Herrn de Rougé in einer seiner ersten Abhandlungen aufgenommen und aufrecht erhalten: Deuxième lettre à M. Alfred Maury sur le Sesostris de la douzième dynastie de Manéthon. [Vergl. auch Lepsius, Zeitschrift 1871, S. 52—56]. || 3) Lepsius, D. II, 136, i. Brugsch, Geog. Insch. I, S. 46—47 und Histoire d'Égypte I, S. 64—65. || 4) Lepsius, Denkm. II, 136, h.

Zeit aus Luftziegeln erbaut, zeigen nicht allein die hohen Mauern und massiven Türme der antiken Burgen sondern auch die Böschungen Gräben, Gegenböschungen und Glacis der neueren Festen und konnte lange Zeit aller Angriffsmittel spotten, über die man dazumal verfügte. Ihre Umwallung schloss einen ihrem Gründer gewidmeten Tempel ein sowie zahlreiche gegenwärtig zerstörte Wohnungen [1].

Die nunmehr von den ägyptischen Monarchen jenseits *Semneh* unternommenen Kriegszüge hatten nicht mehr die Eroberung zum Zweck. Man beschränkte sich auf Erhebung eines Tributs und Geltendmachung eines immer sehr unsichern Hoheitsrechts. So sieht man wie *Amenemhat III.* sich der über die äthiopischen Neger davongetragenen Siege rühmt, jedoch ohne irgend welche Erwähnung einer neuen Erwerbung [2]. Man begnügte sich damit, das soeben annektirte Land zu befestigen und zu verbessern. *Usortesen III.* gründete dort etwas südlich von Elephantine eine Stadt, die er nach seinem Namen *Heru-Chakerá* »Strassen des *Chakerá*« nannte und schuf den Strom entlang so viele nützliche Gründungen, dass er nach seinem Tode zu *Semneh* göttliche Verehrung erhielt [3] und über zehn Jahrhunderte lang ganz so wie *Dudun*, *Anuke*, *Num* und andere Lokalgötter angebetet wurde. Sein während der ersten Regierungen der achzehnten Dynastie verfallener Tempel wurde von *Thutmes III.* wieder aufgerichtet und hat bis auf unsre Tage Stand gehalten. Sein Sohn und Nachfolger *Amenemhat III.* liess *Pselkis* gegenüber eine wichtige Festung erbauen [4]. Er hatte auch die Idee, die Höhe, welche der Nil zu *Semneh* während des Hochwassers erreichte, aufnehmen zu lassen, und die Marken, welche er auf den benachbarten Felsen verzeichnen liess, gehören nicht zu den uninteressantesten und unwichtigsten Erinnerungen an seine Herrschaft [5].

Nicht blosses Interesse der Neugier war es, dass die in *Semneh* stehenden ägyptischen Ingenieure sich der Arbeit dieser Aufnahme

---

1) De Vogüé, Fortifications de Semneh en Nubie, in dem Bulletin archéologique de l'Athénaeum français, 1855, S. 81 ff. || 2) Lepsius, Denkm. II, 138. || 3) Lepsius Denkm. II 136, C. Brugsch Geog. Inschr. I. S. 46. De Rougé, Inscriptions des rochers de Semneh, S. 2—3. || 4) Prisse d'Avennes bei Chabas, Les inscriptions des mines d'or, S. 13—14. || 5) Lepsius, Brief an Ehrenberg in den Monatsberichten der berliner Akademie, 1845.

unterzogen. Sie sammelten für ihre in Aegypten mit dem Unterhalte der Kanäle betrauten Amtsgenossen die nötigen Berechnungselemente an. Welche Wichtigkeit dies Unternehmen für ein Land, in dem der Erfolg des Ackerbaus von der Vertheilung des Wassers auf der Bodenoberfläche abhängig ist, und in einer Zeit haben musste, in der die Fürsten unablässig sich nach allen möglichen Mitteln, den übermässigen oder ungenügenden Ueberschwemmungen abzuhelfen. umsahen, leuchtet ein. *Usortesen I.* liess am Westufer entlang. gegen das der Fluss sich besonders richtete, Deiche errichten, und seine Nachfolger, so beschäftigt wie sie mit den nubischen Kriegen waren, verwandten trotzdem die rührigste Obacht auf die Wasserregulirung. *Amenemhat III.* übertraf sie alle durch die Grösse seiner Pläne und das Geschick, mit dem er die riesenhaftesten Unternehmungen zu Ende zu führen verstand. Zweifelsohne befremdeten ihn die geringen Erfolge, welche die Wasserbehälter von mässigen Dimensionen gewährten, die damals wie heut zu Tage am Nil einer hinter dem andern lagen, und kam darauf, sie durch die Herstellung eines enormen Behälters zu ersetzen, oder durch diesen ihre Wirkung wenigstens zu vervollständigen, in dem der während der Jahre des Ueberflusses angesammelte Wasserüberschuss bis zu der Zeit aufgespeichert bleiben sollte, wo ein zu schwaches Steigen einen Theil des Landes mit Dürre bedrohen würde. Dieser Behälter, eins der Wunder des alten Aegyptens, trug mehrere Namen. Er hiess *Hunt*, die Ueberschwemmung[1], *Meri*, der See überhaupt, woraus die Griechen *Moeris* gemacht. und *Ph-Jum*, das Meer, wovon die Araber den Namen *Fayûm*, den sie dieser Provinz beilegen, hergenommen haben[2].

Einige Meilen aufwärts von Memphis bricht die libysche Bergkette plötzlich ab und enthüllt den Eingang eines Thals, welches anfangs eingeengt zwischen den Bergwänden, sich umsomehr in die Breite zieht, je mehr es gegen Westen vordringt, und schliesslich amphitheatralisch sich verläuft. »In der Mitte dehnt sich eine breite Hochebene aus, deren allgemeine Höhe dieselbe wie bei dem ägyptischen Flachlande ist, im Westen dagegen erzeugt eine ansehnliche Senkung des Terrains ein Thal, welches ein natürlicher, über zehn

1) Bulaqer Papyros, no. 2. || 2) Champollion, l'Égypte sous les Pharaons, Bd. I, S. 323.

Meilen langer See (*Birket-Qerûn*) mit seinem Wasser ausfüllt[1]. Diese Stätte vereinigte die beiden zur Herstellung eines vorzüglichen Behälters wesentlichen Bedingungen: es war hinreichend vom Nil entfernt, um nie von der Ueberschwemmung unmittelbar erreicht zu werden, und befand sich trotzdem in gleicher Höhe mit dem Nilthal. *Amenemhat III.* brauchte dort auch nicht einmal tiefe Ausgrabungen vornehmen zu lassen. Er musste nur einen Theil der mittleren Hochebene mit Deichen einschliessen, die hinreichend stark waren, die Gewässer zusammenzuhalten und ihr Ausfliessen nach dem westlichen Abhange des Thales zu verhindern, und hinreichend hoch, um nie selbst zur Zeit der stärksten Ueberschwemmungen überflutet zu werden. Die Ueberreste dieser Deiche bestehen noch gegenwärtig zwischen den modernen Städten *Illahun* und *Medinet-el-Fayûm*. Sie hatten bis gegen funfzig Meter Breite und nur drei einen halben Meter Höhe[2], der Raum des von ihnen eingeschlossnen Terrains beträgt mehr als dreissig Meilen, dem Zeugnisse Herodots entgegen, der dem Moerissee einen Umfang von neunzig Meilen zuschrieb[3]. Zwei mit Schleusen versehene Kanäle setzten den Behälter mit dem Nil in Verbindung und regulirten den Eintritt und die Entleerung seiner Gewässer[4]. Der eine von ihnen zweigte sich vom Flusse in einiger Entfernung südlich ab und lief in der Diagonale die libysche Kette entlang ungefähr in der Richtung des gegenwärtigen *Bahr-Yusuf*. Der andere zweigte sich viel weiter unten östlich von *Fayum* ab und folgte wahrscheinlich den Umrisslinien des Hülfskanals, der gegenwärtig sich in der Nachbarschaft von *Beni-Suef* aufthut. Am Durchschnittspunkte dieser beiden Kanäle waren wahrscheinlich die Schleusen gelegen und die nördliche Abzweigung war die einzige, welche während der Zeit des tiefen Wasserstandes offen war[5]. Reichte das Wachsen des Flusses aus, so erhielt das im See aufgespeicherte und dann nach Massgabe des Bedürfnisses, das sich danach herausstellte, abgelassene Wasser die Ueberschwemmung auf der Höhe, welche für

1) Mariette, Aperçu de l'histoire d'Égypte, S. 33. || 2) Lepsius, Briefe S. 81 [Lepsius gibt hier die Breite des Dammes auf ungefähr 150 Fuss und die Höhe auf 1m, 90 über dem jetzigen (durch Ueberschwemmungs-Ablagerungen erhöhten) Seeboden und auf 5m, 60 über der jenseitigen Fläche an. — R. P.]. || 3) Herodot II, 149; Vergl. Linant-bey, Mémoire sur le lac Moeris. || 4) Strabo, [B. XVII. Kap. I, 37]. || 5) Wilkinson, Handbook, S. 238, b.

ganz Mittelägypten und am ganzen linken Nilufer bis zum Meere zuträglich war. Drohte das Wachsen des Flusses im Jahre darauf sich der Städte zu bemächtigen oder die Dörfer des Delta trotz der künstlichen Erdaufschüttungen, auf denen man sie aufgebaut hatte, fortzuschwemmen, oder blos zu lange in den Niederungen zu bleiben und sie in Moorländer zu verwandeln, so nahm der Moeris den Wasserüberschuss auf und bewahrte ihn bis zu dem Zeitpunkte, wo der Fluss zu sinken begann. Mitten im See standen, wie es heisst, zwei Pyramiden jede mit einem sitzenden Kolosse bekrönt, von denen der eine *Amenemhat* und der andere seine Frau, die Königin darstellte[1]. Oben von diesem Piedestal schien der alte Pharao sein Werk zu beherrschen und immerdar auf das Land zu schauen, dessen Wohlfahrt er gesichert hat.

Diese unermessliche Arbeit, eine der nützlichsten, welche die Herrscher Aegyptens je unternommen haben, wird gewöhnlich *Amenemhat III.* allein zugeschrieben[2]. Ich zweifle keineswegs, dass dieser König daran den Hauptantheil hatte, ich kann aber nicht den Gedanken abwehren, dass seine Vorgänger wenigstens die vorbereitenden Studien, die ein derartiges Unternehmen voraussetzt, ausführen liessen. Thatsächlich weiss man, dass *Amenemhat I.* im *Fayum* ein Denkmal erbaute, in dessen Trümmern man seine Statue aufgefunden hat[3]. Usortesen I. hatte in *Shed*, der Hauptstadt des Nomos, welche die Griechen *Krokodilopolis* (unter den Ptolemäern *Arsinoë*) nannten, ansehnliche, gegenwärtig zerstörte Bauwerke aufgeführt. Man sieht dort nur noch die Stücke von einem Obelisken, den er am Eingange zum Tempel dieser Stadt errichtet hatte[4]. *Amenemhat III.* that während seiner langen Herrschaft mehr für das *Fayum* als alle seine Vorgänger zusammengenommen. Wenn er nicht Krokodilopolis gründete, wie gewisse klassische Autoren wollen[5], so verschönerte er es wenigstens durch Denkmäler und gab ihm durch Herstellung des Mörissees eine Wichtigkeit, die es vordem nicht besass. Er schlug in diesem Lande seine Residenz auf und errichtete für sich sowohl einen Palast wie ein Grabmal[6]. Der Palast war nach dem Tode seines Gründers zum Tempel ge-

1) Herodot II, 149; Diodor, I, 52. || 2) Lepsius, Briefe, S. 81 ff.; Brugsch, Histoire d'Égypte, Bd. I, S. 67—68. || 3) Brugsch a. a. O. S. 53. || 4) Lepsius, Denkm. II. [119]. || 5) Diodor I, 89, 3. || 6) Lynkeas von Samos und Demoteles bei Plinius, Nat. Hist., XXXVI, 13.

worden und erhielt bald den Namen *Lope-ro-hunt* oder Tempel am Eingang zum See, woraus die Griechen später ihr Labyrinth machten[1].

Das Labyrinth erhob sich östlich vom See auf einer kleinen Hochebene, welche der alten Stätte von Krokodilopolis zugewendet war. Es war ein grosser viereckiger Massenbau, zweihundert Meter ungefähr lang bei einer Breite von hundertundsiebzig[2]. Die nach dem Möris gewandte Façade bestand ganz aus einem so weissen Kalkstein, dass die Alten ihn für parischen Marmor hielten. Das übrige Gebäude bestand aus Granit[3]. War man einmal im Inneren, so fand man sich gleichsam verirrt mitten in einem Wirrsal kleiner dunkler Zimmer, die alle viereckig, alle statt des Daches mit einem einzigen Steinblocke überdeckt und mit einander durch so geschickt verzwickte Gänge verbunden waren, dass ein Fremder ohne Führer sich nicht herausfinden konnte[4]. Es gab deren, so sagt man, dreitausend, die Hälfte von ihnen unter der Erde[5]. Die Mauern und Decken waren mit Inschriften und in hohlem Bas-Relief ausgemeiselten Bildwerken versehen. Hier schloss man die Statuen der Gottheiten und verstorbenen Könige[6] und ohne Zweifel auch die Wertgegenstände ein, heilige Kleidungsstücke, Sistren, Halsbänder, emblematische Schmucksachen, kurz das ganze Material des Gottesdienstes, das eine anhaltende Dunkelheit allein vor Insekten, Fliegen, Staub und Sonne schützen konnte. Inmitten des Massenbaues erblickte man zwölf grosse hypostyle Hallen, von denen je zwei einander zugekehrt waren, und von deren Thüren sich sechs nach Süden, sechs nach Norden öffneten[7]. Im nördlichen Winkel des Vierecks hatte *Amenemhat III.* sein Grabmal errichten lassen, eine Pyramide aus ungebrannten Ziegeln mit gemeisseltem Steine be-

---

1) Mariette, Papyrus de Boulaq, Bd. I, Einleitung. [Dies ist die einzig annehmbare Etymologie für das griechische λαβύρινθος und wahrscheinlicher als die indogermanischen, wie die kürzlich erst von Forchhammer versuchte, welcher es als ein Kompositum ansehen und als »Wasserbehälter« fassen will! — R. P.]. || 2) Dies sind die an Ort und Stelle von den Mitgliedern der preussischen Kommission genommenen Masse (Lepsius Briefe a. a. O.). Sie weichen von den Angaben der Alten merklich ab. || 3) Plinius, Nat. Hist. XXXVI, 13. || 4) Strabo [XVII, Kap. 1, 37]. || 5) Herodot II, 148. || 6) Plinius, a. a. O. || 7) Herodot, a. a. O.

kleidet. Hier inmitten seiner Schöpfungen ward er nach einer Regierung von über vierzig Jahren[1] bestattet.

Sorgfältig von allen seinen Nachfolgern in Stand gehalten, mussten sie weit über das Erlöschen seiner Familie und den Sturz seines Reiches hinaus dauern. Um's fünfte Jahrhundert vor unserer Aera als die nordischen, nunmehr civilisirten Barbaren zu kommen anfingen, um an den Ufern des Nil die Ueberreste der grossen, langsam erlöschenden Civilisation zu bewundern, da erschien ihren Augen der Möris und das Labyrinth als das vollendetste Denkmal ägyptischer Kunst. »Ich habe das Labyrinth gesehen«, sagte Herodot, »und habe es noch grösser gefunden, als seinen Ruhm. Denn würde sich Jemand von hellenischen Bauten und Werken ein Verzeichniss machen, sie würden geringer erscheinen an Mühe und Kosten, als dies Labyrinth. Und doch ist der Tempel in Ephesos der Rede wert und der in Samos. Es waren ja auch die Pyramiden grösser als ihr Ruhm und jede von ihnen ist vielen und grossen hellenischen Werken ebenbürtig, das Labyrinth jedoch übertrifft selbst die Pyramiden«[2]. Was den Möris angeht, so ist dieser »noch ein grösseres Wunder als selbst das Labyrinth«[3]. Der Verlauf des Berichtes beweist, dass bereits *Amenemhat's III.* Name vergessen war. Man erzählte dem griechischen Reisenden in allem Ernste, »der See sei von einem Könige mit Namen Möris ausgegraben, man habe die bei der Ausgrabung herausgeschaffte Erde, um ihrer sich zu entledigen, in den Nil geworfen. Psametik und seine eilf Nebenbuhler hätten den Entschluss gefasst, ein gemeinsames Denkmal ihrer Herrschaft zu hinterlassen, und die Erbauung des Labyrinths etwas oberhalb des Mörissees der Stadt der Krokodile gegenüber angeordnet«. Für Herodot's Psametik und Möris setzten andere Schriftsteller imaginäre Pharaonen, einen Mneuis[4], Imendes[5] und Petesuchis[6], die man auf Manetho's Listen vergeblich suchen könnte. Erst in unseren Tagen hat man in den Trümmern den Namen des wirklichen Erbauers, der mehr als zwanzig Jahrhunderte verkannt war, wieder aufgefunden.

1) Das letzte von den bis jetzt bekannten Daten ist das dreiundvierzigste Jahr. || 2) Herodot II, 148. || 3) Herodot II, 149. || 4) Plinius, nat. hist. XXXVI, 13. || 5) Strabo, [Buch XVII, Kap. 1, 42. Die Ueberlieferung dieses Namens ist sehr schwankend, die meisten codd. geben Ismandes (Kap. I, 38), daneben Smandes, Mandes und Maïndes. Letztere Form wollte Bunsen recipiren. — R. P.] || 6) Plinius, l. l.

Diesen Riesenunternehmungen gegenüber bieten die von Amenemhat III. selbst und seinen Stammesangehörigen in den anderen Theilen Aegyptens ausgeführten Arbeiten nur geringes Interesse. In Theben begann Usortesen I. den Bau des grossen Ammontempels. Den grossen Tempel von Heliopolis besserte er wenigstens zum Theil wieder aus und liess einen Obelisken errichten, der als der älteste, gegenwärtig noch bestehende, die Obeliskenreihen, mit denen der ägyptische Boden einst bedeckt war, überlebte[1]. In der heiligen Stadt Abydos stellte er den Osiristempel wieder her. In Memphis erbaute Amenemhat III. die Vorhallen im Norden des Phtahtempels[2]. In Tanis gründete Amenemhat I. zu Ehren der Gottheiten von Memphis einen Tempel, den seine Nachfolger beliebig vergrösserten[3]. Wie ihre Vorfahren des Alten Reiches, verwandten die Fürsten der zwölften Dynastie ihre ganze Sorgfalt darauf, sich mit prächtigen Grabmälern zu versorgen. »Ich bin«, sprach unter Usortesen I. der Schreiber Merri, »ein Diener [des Fürsten], ein Ingenieur, Beaufsichtiger der Arbeiten, eine Palme der Liebe. Mein Herr entsandte mich mit einem grossen Auftrage als Ingenieur, ihm herzustellen eine grosse ewige Wohnung. Die Gänge und das innere Zimmer bestanden aus Mauerwerk und erneuten [die Wunder] der Bauten der Götter. Es befanden sich [in ihm] gemeisselte Säulen [schön] wie der Himmel, ein ausgegrabener Teich, der mit dem Nil in Verbindung stand, Pforten, Obelisken, eine Façade aus weissem Stein von Rufu. [Auch] Osiris, der Herr des Ament, erfreute sich der Denkmäler meines Herrn, [und] ich selbst war in Entzücken und Lust [wie ich den Erfolg] meiner Arbeit [sah]«[4]. Die Grabpyramide Amenemhat's III. in den Ruinen des Labyrinths und die des Usortesen III. in Daschur[5] sind allein noch von diesen Denkmälern übrig. Auch braucht man nicht auf die Königsgräber oder öffentlichen Bauten zu rechnen, will man sich einen Begriff von dem Leben überhaupt und der Vollendung der Kunst in dieser Epoche machen, nur die Hypogeen der Privatleute, welche gegen die Habsucht der Eroberer Aegyptens und gegen die Stürme der Zeit besser geschützt waren, haben ihr Da-

1) Stern, Zeitschrift 1874, S. 89 ff. || 2) Diodor I, 51, 6. || 3) De Rougé, Vorlesung im Collège de France 1869. || 4) Louvre, c. III, Z. IV—VII. || 5) De Rougé, Examen critique, S. 51.

sein erhalten und vor unseren Augen wieder das Nilthal so aufleben lassen, wie es vor viertausend Jahren war.

In Beni-Hassan, in der Grabstätte der erblichen Fürsten von Meh [1]), lässt sich die damalige Lage des Landes am besten verstehen. Diese Fürsten gehörten zu dem, was ich anderswo als den ägyptischen Feudaladel bezeichnet habe. In den erregten Zeiten der zehnten und eilften Dynastie hatten ihre Vorfahren wahrscheinlich in vollkommener Unabhängigkeit gelebt und eine jener Lokaldynastien gebildet, die den offiziellen Jahrbüchern des Königsreiches nicht bekannt, aber dabei so lebensfähig waren, dass sie bei jeder neuen Umwälzung wieder auftauchten, welche das Ansehen der Centralgewalt schwächte. Durch die Entef und Mentuhotep waren sie unterworfen worden, ehe es ihnen gelungen war, sich über die Nachbarnomen auszubreiten, und begnügten sich, von der Hand neben der Person des Pharao die höchsten Stellungen einzunehmen, welche anzustreben ihnen die Hierarchie dieser Zeit erlaubte. Auch ist nichts interessanter, um sich einen Begriff von der Lage der Adelsklasse zu machen, als ihre Lebensgeschichte. Der erste von ihnen, den wir kennen, war als Nomarch von Amenemhat I. in der Stadt Menât-Chufu [2]) im Verlauf der Siege angestellt worden, die diesem Fürsten den unbestrittenen Besitz von Aegypten sicherten. Als er Fürst von Meh wurde, folgte ihm sein Sohn Nacht in Menât-Chufu mit dem Titel Statthalter. Da aber Nacht ohne Nachkommenschaft gestorben war, so geruhte Usortesen I. der Schwester des jungen Mannes, Beqet, die Eigenschaft einer erblichen Fürstin zu verleihen. Beqet brachte ihrem Manne, dem Nomarchen Nehra, den Nomos Meh als Mitgift zu und verdoppelte dergestalt dessen Besitz. Das Kind, welches aus ihrer Verbindung geboren wurde, Numhotep, ward ganz jung zum Statthalter von Menât-Chufu ernannt, ein Titel, welcher in dieser Familie dem voraussichtlichen Erben gehört zu haben scheint, wie später unter der neunzehnten Dynastie der Titel Prinz von Kush dem voraussichtlichen Erben der Krone Aegyptens gehörte. Seine Heirat mit der Frau Cheti, der Erbfürstin des siebzehnten Nomos, brachte eine der fruchtbarsten Provinzen der Heptanomis unter seine Oberhoheit. Unter seinem Sohne Nacht er-

1) In der Heptanomis. Vgl. über diese Fürsten Brugsch, Geogr. Inschr. I, S. 111—116. [Auch Chabas, Mélanges III, II, 103—119; Lieblein, Zeitschrift 1874, S. 8 ff. — R. P.]. || 2) gegenwärtig *Minieh*, Brugsch, Geogr. J. I. S. 224.

reichte die Familie den Gipfelpunkt ihrer Grösse. Nacht ward in allen seinen Würden anerkannt, war durch die Rechte seiner Mutter Fürst des siebzehnten Nomos und empfing von Usortesen II. eine grosse Statthalterschaft, die fünfzehn von den von Aphroditopolis südlich gelegenen Nomen bis zu den Grenzen von Theben umfasste[1].

An diesem Beispiel sieht man, mit welcher Leichtigkeit die Nomen als erbliche, in den Händen einiger grosser Familien liegende Fürstentümer von der einen zur anderen durch Erbschaft oder Heirath unter der Bedingung übergehen konnten, dass der neue Besitzer sich in seiner Erwerbung durch den regierenden Herrscher bestätigen liess. Die Verpflichtungen dieser kleinen Fürsten gegen ihren Herrscher und ihre Unterthanen waren sehr deutlich bestimmt. Jenem waren sie Abgaben und Kriegsdienst, diesem gute und geordnete Rechtspflege schuldig. »Ich diente meinem Herrn, als er auszog, die Feinde zu schlagen in den Fremdländern. Ich zog aus als Sohn eines Häuptlings, als Kämmerer, als General der Krieger, als Nomarch von Meh. Ich reiste nach Kush, auf der Fahrt wurde ich geführt zu den Grenzen der Erde. Ich brachte die Beute meines Herrn und mein Lob erreichte den Himmel. Wie seine Majestät wiederkehrte in Frieden, nachdem er niedergeworfen hatte seine Feinde in dem verächtlichen Kush, da kam ich, zu dienen vor ihm. Keiner meiner Krieger ist entwichen, wenn ich die Erzeugnisse der Goldgruben schickte zu der Heiligkeit des Königs Usortesen I., der da lebt immer und ewiglich. Dann zog ich aus mit dem Erbprinzen, dem ältesten Sohne des Königs, von seinem Leibe, ich, Ameni, L. G. K. Ich zog aus mit vierhundert Mann, lauter Auserwählten unter meinen Kriegern, ich war in Frieden, und keiner von ihnen entwich, wenn ich brachte den Ertrag der Goldgruben. Mein Beginnen fand Belobigung bei den Königen«[2]. »Ich war ein Herr der Güte, voller Liebenswürdigkeit, ein Statthalter, der da liebte sein Land ..... Ich arbeitete und der ganze Nomos war in Thätigkeit. Kein kleines Kind ward betrübt von mir, keine Wittwe bedrückt durch mich. Keinen Bauer habe ich vertrieben, keinen Hirten gestört. Kein Aufseher war über fünf Mann, dessen Leute ich genommen hätte für meine Arbeiten. Kein Mangel war in meiner Zeit, keinen Hungernden gab es unter meiner

1) Lepsius, Denkm. II, 124—135. || 2) Lepsius, a. a. O. II, 122.

Herrschaft, selbst in den Jahren des Mangels[1]. Denn ich habe alle Felder des Nomos Meh bestellt bis zu seiner Süd- und Nordgrenze hin. Ich gab Leben seinen Bewohnern, indem ich ihnen austheilte seinen Bestand, so dass es keine Hungerleider in ihm gab. Ich gab der Wittwe gleichermaassen wie der Verheiratheten, ich zog nicht den Geringen dem Grossen vor bei dem, was ich gab. Wenn das Anschwellen des Nil gross war und die Besitzer der . . . . . und die Besitzer aller Dinge in freudiger Hoffnung waren, da habe ich nicht die Flussarme, welche die Felder berieseln, abgeschnitten«[2].

Unter dem friedfertigen Einflusse der lokalen Vice-Könige entfaltete sich der Reichtum des Landes, der in der Zeit der Wirren selbst bereits sehr gross war, in wunderbarer Weise. Man muss auf den Wänden der Gräber von Beni-Hassan oder auf den Tafeln des grossen Werkes von Lepsius[3] die Malereien gesehen haben, auf denen die zeitgenössischen Künstler die verschiedenen, damals üblichen Handwerke dargestellt haben, um sich einen Begriff von der Thätigkeit zu machen, mit der damals alle nützlichen Arbeiten betrieben wurden. Zunächst haben wir die Feldbestellung unter Anwendung von Rindern oder menschlicher Arbeit, die Aussaat und das Eintreten der Felder durch Schafböcke; das Eggen, die Ernte und das Garbenbinden bei Flachs und Getreide, das Dreschen, Vermessen und das Fortschaffen in Scheuern auf Eselrücken oder mit Kähnen; die Weinernte, die Entbeerung der Traube, die Weinbereitung in zwei verschiedenen Pressen, das Einfüllen in Amphoren und Unterbringen in Kellern. Andere Bilder zeigen den Stein- und Holzbildhauer in ihren Räumlichkeiten, Glaser, wie sie Flaschen blasen, Töpfer, wie sie ihre Gefässe bilden und in den Ofen bringen, Schuster, Zimmerer, Tischler, Gerber, Frauen bei der Arbeit, wie sie Leinewand weben unter Aufsicht von Eunuchen ohne Ruh und Rast. Trotz des Gepränges, welches die Nomarchen auf ihren Grabsteinen mit der Mildthätigkeit treiben, war die Lage dieser Arbeiterklassen eine äusserst bedrängte. Unablässig mussten sie, gebeugt unter dem Stocke des Werkführers, sich abmühen vom

---

1) Wörtlich: »Wenn es Hungerjahre gab«. || 2) Leps. II, 122. Vergl. Birch, On a remarkable inscription of the XIIth dynasty; Brugsch, Reiseberichte, S. 93 ff.; Geogr. Inschr. S. 111—116; Histoire d'Égypte, Bd. I, S. 55 ff [2. Aufl. S. 86 ff]. || 3) Lepsius, Denkm. II, Taf. 120—130.

Morgen bis zum Abend für eine magere Ration an Lebensmitteln, die kaum hinreichte für ihren und ihrer Familie Unterhalt. »Ich habe den Schmied gesehen bei seinen Arbeiten — am Ofenloche« — sagte ein damaliger Schriftgelehrter zu seinem Sohne. »Seine Finger sind [runzlig] nach Art der Krokodilshaut, — er ist stinkender als ein Fischei. — Jeder Metallarbeiter — hat der mehr Ruhe als ein Landmann? — Sein Feld für ihn ist Holz, sein Gerät ist Metall. — Nachts, wenn man meint, er sollte frei sein, — dann arbeitet er noch, nach allem, was seine Arme schon geschafft haben [während des Tages], — Nachts wacht er bei der Fackel«.

»Der Steinmetz sucht Arbeit — in allerlei hartem Gestein. — Hat er beendet die Arbeiten seines Handwerks, — und sind seine Arme ermattet, dann ruht er sich. — Da er hockend bleibt vom Sonnenaufgang an, — so sind seine Kniee und sein Rückgrat gelähmt. — Der Barbier rasirt bis in die Nacht. — [nur] wenn er isst, stützt er sich auf seinen Ellbogen, [um zu ruhen]. — Er geht von einem Hauswall zum anderen, um Geschäfte zu suchen, — er zerbricht sich die Arme, um seinen Bauch zu füllen, wie die Bienen, welche [das Erzeugniss] ihrer Arbeiten verzehren. — Der Schiffer geht hinunter bis gen Natho, seine Löhnung zu gewinnen. — Hat er Arbeit über Arbeit verrichtet, Gänse und Flamingo getödtet, hat er seine Mühe überstanden, — kommt er zu seiner Pflanzung, — kommt er zu seinem Hause, — so muss er davon gehen«.

»Ich will dir sagen, wie es mit dem Maurer [steht] — die Krankheit macht ihn zum Krüppel, — denn er ist dem Windzug ausgesetzt, — wenn er mit Mühe baut, — beschäftigt bei den [Kapitälen in Gestalt von] Lotos an den Häusern, um zu seinem Zweck zu kommen (?). — Seine beiden Arme nutzen sich ab bei der Arbeit, — seine Kleider sind in Unordnung, — er zehrt von seiner Person, — seine Finger sind ihm Brod, — er wäscht sich nur einmal am Tage. — Er erniedrigt sich, um Beifall zu finden. — Er ist ein Brettstein, der von einem Feld ins andere rückt — von zehn Ellen auf sechs, — ein Brettstein, der von einem Monat zum anderen rückt, auf den Balken [eines Gerüstes, hängend] bei den [Kapitälen in Gestalt von] Lotos an den Häusern, — dort alle nöthigen Arbeiten verrichtend. — Hat er sein Brod, so kehrt er nach Hause zurück und schlägt seine Kinder . . . . .«

»Der Weber im Innern seines Hauses, — ist schlechter daran

als ein Weib. — Seine Kniee sind in der Höhe seines Herzens. Er geniesst nicht die frische Luft. — Verfehlt er nur einen Tag, die festgesetzte Menge Zeug zu verfertigen, — so wird er gebunden, wie der Lotos im Sumpfe. — Nur wenn er durch Geschenke an Brod die Thürhüter gewinnt, — gelingt es ihm, das [Tages]licht zu schauen. — Der Waffenfabrikant müht sich aufs äusserste — und reist in fremde Lande. — Eine grosse Summe gibt er für seine Esel, — eine grosse Summe gibt er für ihre Stallung, — wenn er aufbricht. — Kaum erreicht er seine Pflanzung, — erreicht er sein Haus am Abend, — so muss er davon gehen. — Der Eilbote bei seiner Abreise in die Fremde — vermacht seine Habe seinen Kindern — aus Furcht vor wilden Thieren und Asiaten. — Was hat er, wenn er in Aegypten ist? — Kaum erreicht er seine Pflanzung, — erreicht er sein Haus, — so muss er davon gehen. — Reist er ab, so lastet sein Unglück auf ihm. — Geht er nicht fort, so ist er in Freuden. — Der Färber, seine Finger stinken — wie der Geruch fauler Fische, — seine beiden Augen sind mit Müdigkeit geschlagen, — seine Hand hält nicht fest. — Er verbringt seine Zeit mit dem Zerschneiden von Lumpen, — sein Abscheu, das sind die Kleider. — Der Schuster ist sehr unglücklich, — er bettelt fortwährend, — seine Gesundheit ist die eines zerplatzten Fisches, — er nagt am Leder [um sich zu nähren]«[1].

Die Portraits sind nicht geschmeichelt. Wären sie ernst zu nehmen, so hätte man im Aegypten der zwölften Dynastie nur Elend anzutreffen. Der Schriftsteller, dem ich sie entlehne, ist ja auch ein alter, steifer und von den Vorzügen seines Standes ganz aufgeblasener Schriftgelehrter, der seinen Sohn vom Handwerk zurückschrecken will und ihn ermutigt, die wissenschaftliche Carriere einzuschlagen: »Ich habe die Gewaltthätigkeit gesehen, — [drum] hänge dein Herz an die Wissenschaften! — Ich habe die Handarbeiter betrachtet, — [und] in Wahrheit, nichts geht über die Wissenschaften. — Wie man's im Wasser thut, so tauche hinein ins Innere des Buches *Qemi*, — du wirst dort jene Vorschrift finden, die besagt: »Wenn der Schriftgelehrte in Silsilis sich an das Studium macht, — so wird seine [leibliche] Unthätigkeit nicht seine Sache sein. — Ein anderer macht ihn satt. — Er rührt sich nicht,

1) Maspero, Du genre épistolaire. S. 50—62.

er ruht aus«. — »Ich sah die Handwerke dargestellt«, so heisst es dort ausdrücklich, — »[auch] lasse ich dich lieben das Schrifttum, deine Mutter. Ich lass ihre Schönheiten dir vors Angesicht treten. — Es ist wichtiger als alle Handwerke, — es ist kein leeres Wort auf dieser Welt. — Wer sich bemüht hat, daraus Nutzen zu ziehen von Kindheit an, der wird geehrt. — Man entsendet ihn, Aufträge auszuführen. — Wer sich nicht dem zuwendet, bleibt im Elend«[1]. — Der, welcher die Schrift versteht, — ist dadurch schon besser als du. — Nicht ist es dasselbe mit den Handwerken, die ich dir vorgeführt habe. — Ein Genosse verachtet dabei den anderen. — Nie hat man gesagt [zu einem Schriftgelehrten]: — »Arbeite für den und den. — überschreite nicht deine Befehle«. — Sicher, wie ich dich nach *Chennu* führte, — da handelte ich sicher aus Liebe zu dir. — [denn] hast du nur einen Tag gewonnen in der Schule, — so ist das für die Ewigkeit, die Arbeiten, die man dort herstellt, sind [von Dauer] wie die Berge. — Diese da sind es, geschwind, geschwind, mit denen ich dich bekannt mache, die ich dich lieben lehre, — denn sie entfernen den Feind«[2]. Und das Studium der Wissenschaften und die Würde eines Schriftgelehrten führten zu allem. Waren die Prüfungen bestanden, so konnte der Schriftgelehrte, je nach seinen Fähigkeiten, Priester, General, Steuereinnehmer, Statthalter von Nomen, Ingenieur und Architect werden. Die Literatur war auch als Mittel durchzukommen sehr in Ehren in dieser Zeit und hat eine bestimmte Anzahl von Schriftstücken hinterlassen, die in späteren Jahrhunderten als klassisch angesehen wurden. Mehrfach bereits habe ich Gelegenheit gehabt, beinah alle Werke, die uns aus der zwölften Dynastie erhalten sind, zu citiren, Sineh's Denkwürdigkeiten[3], König Amenemhat's I. Unterweisungen für seinen Sohn Usortesen[4], die Rathschläge des Schreibers Duau-se-Charda für seinen Sohn Papi[5], und den schönen Nilhymnus des britischen Museums[6]. Aus den Auszügen, welche ich daraus gegeben habe, wird man beurtheilen können, welchen Wert sie in den Augen der Aegypter hatten.

Wir sind in einer noch günstigeren Lage für die Würdigung

1) Maspero, a. a. O. S. 49—50. || 2) Maspero, a. a. O. S. 66—67. || 3) Siehe S. 99—101, 104—107. || 4) Siehe S. 97—99. || 5) Siehe S. 119—121. || 6) Siehe S. 11—12.

der Vervollkommnung, welche die bildenden Künste erreicht hatten. Wir können uns freilich keinen zureichenden Begriff von einem Tempel oder Palaste machen, denn die Zeit hat die grossen Bauwerke, welche Aegypten damals zierten, fast mitsammt ihren Trümmern verschwinden lassen. Die Säulenhallen der Gräber von Beni-Hassan erlauben uns indess, mit Sicherheit zu behaupten, dass die Baukunst bereits Meisterwerke geschaffen hatte. Eine von ihnen ist mit dorischen Säulen reinsten Stils geziert, die zum wenigsten zweitausend Jahre früher sind, als die ältesten Säulen dieser Ordnung, die in Griechenland aufgestellt wurden. Obwohl die Bildhauerei in einigen Punkten hinter der grossartigen Kunst des alten Reiches zurücksteht, hat sie uns so viel bewunderungswerte Ueberreste hinterlassen, dass man sich fragt, wo Aegypten Künstler genug zu ihrer Ausführung gefunden hat. Amenemhat's I. und Usortesen's I. Standbilder, die Herr Mariette neuerdings in Tanis entdeckt hat, sind fast gleich vollendet wie die Bildsäule des Chafrâ. Den Aegyptern selbst kamen sie so schön vor, dass Pharaonen eines späteren Zeitalters, Ramses II. und Menephtah, sie sich angeeignet haben[1]. Im allgemeinen macht sich der Stil dieser Denkmäler durch eine oft übertriebene Kraft bemerklich. Die Beine sind vom Meissel mit grosser Freiheit behandelt. Alles Nebensächliche, die Zeichnung der Verzierungen und der Schnitt der Hieroglyphen haben eine Vollendung erreicht, die sie später nie mehr wiedererlangen. Die Basreliefs, die immer ohne Perspective sind, besitzen wie in der memphitischen Periode die äusserste Feinheit. Man bekleidete sie mit lebhaften Farben, die heute noch ihren ganzen Glanz bewahren. Kurz, in ihrer Gesammtheit aufgefasst, war die Kunst der zwölften Dynastie hinter der Kunst der memphitischen Dynastien nur wenig zurück. Die Fehler, welche die Entwickelung der ägyptischen Bildhauerkunst später zurückhalten, das Herkömmliche in der Behandlung der Einzelheiten, das Schwerfällige in den Gelenken und die hieratische Starrheit machen sich kaum fühlbar. Auch machten sich, sobald sich mitten im künstlerischen Verfalle eine theilweise Renaissance vollzog, die Bildhauer der achtzehnten und sechsundzwanzigsten Dynastie daran ihre Muster unter den Werken der

---

1) Mariette, Catalogue, S. 260—261. — [So auch auf der sitzenden Kolossalstatue des Usortesen I im Säulenhofe des berliner Museums. — R. P.

zwölften oder der vierten zu wählen und versuchten den Stil ihrer Vorfahren nachzubilden [1].

Dreizehnte bis fünfzehnte Dynastie.

Aegypten war also bei Amenemhat's III. Tode in vollem Gedeihen. Die zwölfte Dynastie hatte Nubien erorbert und die Sinaihalbinsel wiedergewonnen, den Boden verbessert, die Ueberschwemmung regulirt, die hauptsächlichen Städte mit Tempeln und Denkmälern geziert, eine gute Verwaltung gesichert und dadurch den Reichtum des Landes verdoppelt, mit einem Worte, sie hatte das Ausbesserungswerk, welches die vorangehende Dynastie nur in seinen Umrissen entwerfen konnte, zu Ende gebracht. Da erlosch sie nach zwei unbedeutenden Regierungen, der Amenemhat's IV. und seiner Schwester Sebeknofre. Kaum waren dreizehn Jahre und einige Monate seit Amenemhat's III. Tode verflossen, wie der Thebaner Sebekhotep I. (*Ráchutaui*) auf den Thron stieg und die dreizehnte Dynastie begann.

Sie dauerte, wie man sagt, vierhundertdreiundfünfzig Jahre und zählte sechszehn Könige. Die Anordnung ihrer Aufeinanderfolge ist noch unsicher. Während dieses langen Zeitraums knüpfte sich die mehrmals durch Mangel an männlicher Nachkommenschaft unterbrochene Dynastenreihe ununterbrochen wieder von neuem vermöge des Erbrechts an, das den Prinzessinnen gehörte und das sie auf ihre Kinder übertrugen. Sebekhotep II. (*Ráschemuaftaui*), erbte als Sohn eines einfachen Priesters, des Mentuhotep und einer königlichen Prinzessin von seiner Mutter die Krone Aegyptens [2], Noferhotep II. (*Ráchaseshesh*), dessen Vater nicht der herrschenden Familie

---

1) [Ueber die oben erwähnten Säulen, die sogenannten protodorischen, sowie über die Entwickelungsgeschichte der ägyptischen Baukunst überhaupt hat Lepsius in seiner Abhandlung Sur l'ordre des colonnes-piliers en Égypte (Annales de l'Institut de Corr. archéol. de Rome, IX, 1838) sowie »über einige ägyptische Kunstformen und ihre Entwicklung« (Abhandl. der K. Akademie der Wissenschaften zu Berlin, Jahrgang 1871, S. 1—26) grundlegende Untersuchungen geliefert. Ueber die Landschaft in der ägyptischen Kunst handelt am eingehendsten: K. Woermann, Die Landschaft in der Kunst der alten Völker, München, 1876, S. 19—35. — R. P.] || 2) Brugsch, Histoire d'Égypte, Bd. I. S. 74 [2. Aufl. 120 f.]; Vergleiche im Louvre C, 8.

angehörte, wurde wegen seiner Mutter Kama König[1]. Neben solchen friedlichen Einschiebungen lässt sich, wie es scheint, die Spur einiger kriegerischer Staatsumwälzungen herausfinden. Ein grosser, von Herrn Mariette in Tanis aufgefundener Koloss aus grauem Granit trägt die Inschriften eines Pharao Mermeshu[2]. »*Mermeshu*, das heisst der *General* . . . . Ich brauche auf das eigentümliche dieses Könignamens nicht aufmerksam zu machen. Wer ist denn dieser General, der sich seines blossen Titels zur Bildung seines *Namens*ringes bedient? Die Oberpriester, welche den letzten Ramessiden die Macht entrissen, brachten ein ähnliches Verfahren in Anwendung, aber die Usurpatoren verheimlichten ihren Namen nicht und man kann, wenn sie ihre Würde in einen Namensring einschrieben, es als eine Grundverschiedenheit bezeichnen, dass dieser dann ein *Vornamen*-Ring war[3]«. Am wahrscheinlichsten kann man auf einen Rebellengeneral schliessen, der durch seine Siege auf den Thron kam. So eine Annahme ist aber weit entfernt davon, gesichert zu sein. Wir haben hier mithin ein Problem, das zu lösen neue Entdeckungen allein uns gestatten können.

Wie es mit diesen Unterbrechungen der unmittelbaren Aufeinanderfolge der Herrscher auch bestellt sein mag, so zeigt uns doch die Untersuchung der Denkmäler, dass die dreizehnte Dynastie in Aegypten einige Jahrhunderte das Gedeihen sicher stellte. Die Sebekhotep und Nofrehotep, die auf den Listen dicht nebeneinanderstehen und deren Namen unwillkürlich uns die achtzehn äthiopischen Könige in den Sinn bringen, welche nach Herodots Aussage[4] viel früher waren als Sabakon, sie verstanden die Eroberungen ihrer Vorgänger zu wahren, mitunter sogar, sie auszudehnen. Der vierundzwanzigste und fünfundzwanzigste Herrscher dieser Dynastie[5] liess tief in Aethiopien auf der Insel Argo ungefähr funfzig Meilen südlich von Semneh[6] Kolosse aufstellen. Im Innern setzten sie die hydrographischen Arbeiten, die von den Usortesen und Amenemhat unternommen waren, fort. Einer von ihnen, Râchemchutaui Sebekhotep[7] liess auf

1) Lepsius Denkm. II, 151. g. || 2) De Rougé liest diesen Namen *Mermenfu*. Da mir zur Zeit des alten und mittlern Reiches das Zeichen, welches in diesem Namen vorkommt gewöhnlich *mashu* zu lauten scheint, habe ich Mariette's Lesung beibehalten. || 3) Mariette, Deuxième lettre à M. le Vicomte de Rougé sur les fouilles de Tanis, S. 4—5. || 4) II, 100. || 5) Sebekhotep IV nach de Rougé, VI nach Brugsch, Bd. I. S. 74. || 6) Lepsius Denkmäl. II, 151, i. || 7) Sebekhotep IV nach Brugsch, Histoire. Bd. I. S. 73.

dem Observatorium von Semneh für seine vier ersten Regierungsjahre die Höhen der Nilanschwellung aufnehmen und vermerken[1]. Auf die Verschönerung der grossen Städte Aegyptens verwendeten sie ihre ganze Sorgfalt und liessen zu Theben im grossen Ammontempel, zu Abydos[2], zu Bubastis im Delta, wo angeblich die schöne Statue Sebekhotep's III., die jetzt im Louvre bewahrt wird, gefunden wurde[3], und zu Tanis, das sie zu einer ihrer Lieblingsresidenzen gemacht zu haben scheinen, ansehnliche Arbeiten ausführen[4]. Der Stil der Werke dieses Zeitraums steht bereits unter dem der Werke der zwölften Dynastie. Die Verhältnisse der menschlichen Gestalt fangen an, sich zu verschlechtern, die Modellirung der Glieder an Kraft und Vollendung zu verlieren. Trotz dieser oft gering hervortretenden Fehler sind die meisten bis jetzt bekannten Königsstatuen Meisterwerke, welche die Kunst der spätern Epochen selten erreicht hat. Es genügt eins dieser Stücke sorgfältig zu prüfen und sich daran zu erinnern, dass dergleichen man das ganze Nilthal entlang vom dritten Katarakt bis zur Flussmündung aufgefunden hat, um die Ueberzeugung zu behalten, dass damals Aegypten eine Grossmacht, die unter einem Scepter stand, und nicht, wie einige Schriftsteller wollen, ein in zwei von einander unabhängige Königreiche getrennter[5] oder militärisch von den im Delta ansässigen Hirtenkönigen beherrschter Staat war[6].

Waren die letzten Jahre der dreizehnten Dynastie ebenso glücklich wie die ersten? Beim gegenwärtigen Stande der Wissenschaft lässt es sich nicht sagen. Die Listen Manetho's enthüllen eine sichere Thatsache. In diesem Zeitabschnitte verschob sich der Mittelpunkt der ägyptischen Macht. Das Uebergewicht, welches Theben siebenhundert Jahre und darüber über das übrige Aegypten behauptet hatte, kam ihm abhanden und ging auf die Bevölkerung des Delta über. Die Pharaonen der zwölften und vorzüglich der dreizehnten

1) De Rougé, sur une inscription trouvée à Semneh; Lepsius, Denkm. II, 151 b und d. || 2) Louvre C, 11 und C, 12. [C. 11 besprochen von De Horrack bei Chabas, Mélanges III, 2, 203—217]. || 3) Louvre A, 16. || 4) Mariette, Erster und zweiter Brief an den Vicomte de Rougé über die Ausgrabungen zu Tanis. || 5) Brugsch, Histoire, Bd. I, S. 71—72 [2. Aufl. S. 113—114]. || 6) Diese Theorie, die von Lepsius herrührt, ist von Anfang an von de Rougé bekämpft worden. (Examen critique, 2ter Aufsatz, S. 30, ff.). Die von Hr. Mariette bei seinen Ausgrabungen zu Tanis erhaltenen Ergebnisse haben es immer schwieriger gemacht, sie aufrecht zu halten.

Dynastie hatten dies Resultat dadurch angebahnt, dass sie auf Kosten der Städte des Südens die des Nordens, Mendes, Saïs, Bubastis und vorzüglich Tanis begünstigten. Mit ihrem Dahinschwinden verlor Theben seinen Rang als Hauptstadt, und eine niederägyptische Stadt, Xoïs war es, das an seine Stelle trat. Xoïs war gerade im Mittelpunkte des Delta gelegen zwischen dem phatmetischen und dem sebennytischen Nilarm[1] und war eine der ältesten Städte im Lande, hatte jedoch bis dahin nur die unscheinbarsten Rollen gespielt. Die vierzehnte Dynastie, die aus seinen Mauern hervorging, zählte angeblich fünfundsiebzig Könige, die vierhundertvierundachtzig Jahre regierten. Die verstümmelten Namen dieser Fürsten füllen die Seiten des turiner Königspapyros, ihre Geschichte aber ist unbekannt. Höchstens könnte man annehmen, dass die letzten unter ihnen durch Staatsumwälzungen und Bürgerkriege bedrängt wurden, und dass diese ihren Sturz und den vollständigen Verfall des Landes herbeiführten.

1) Xoïs ist heutzutage *Sacha* (Champollion, L'Égypte sous les Pharaons, Bd. II. S. 211—225).

	Eilfte (diospolitische) Dynastie.		
	?		
	Zwölfte (diospolitische) Dynastie.		
I.	RÂ-SHOTEP-HET	AMENEMHAT I	Ἀμενέμης.
II.	RÂ-CHOPER-KA	USORTESEN I	Σεσόγχωσις.
III.	RÂ-NUB-KEU	AMENEMHAT II	Ἀμμανέμης.
IV.	RÂ-CHÂ-CHOPER	USORTESEN II	Σέσωστρις.
V.	RÂ-CHÂ-KEU	USORTESEN III	Λαχάρης.
VI.	RÂ-N-MÂT	AMENEMHAT III	Αμέρης.
VII.	RÂ-MÂ-CHERU	[AMENEMHAT IV]	Αμενέμης.
VIII.	SEBER-NOFRE-RÂ		Σκεμίοφρις.
	Dreizehnte (diospolitische) Dynastie.		
	?		
	Vierzehnte (Xoïtische) Dynastie.		
	?		

Zweites Buch.

Vorderasien vor und während der Zeit der ägyptischen Herrschaft.

Viertes Kapitel.

Chaldäa.

Die ursprünglichen Völkerschaften Chaldäa's. — Fabelgeschichte Chaldäa's. Die Sintflut. Die ersten geschichtlichen Könige. — Kananäer-Invasion und die Hirten in Aegypten.

Die ursprünglichen Völkerschaften Chaldäa's.

Nördlich und östlich von Aegypten auf der unermesslichen Länderstrecke, die vom Mittelmeere, dem schwarzen Meere, dem Kaukasus, dem kaspischen See, von dem Indus und den Meeren eingeschlossen wird, welche Asiens südliche Küsten bespülen, da waren Völker verschiedener Abkunft, die den ersten Pharaonen zumeist unbekannt waren, in wirrer Hin- und Herbewegung. Aegypten hatte, durch die Wüste und das Meer getrennt, an ihren Staatsumwälzungen bisher keinen Antheil genommen, höchstens hatte es am Sinaiabhange Bergwerksansiedelungen errichtet und, um seine Ansiedler zu schützen, einige Festungen angelegt. Im übrigen diente eine quer über den Isthmus gebaute Mauer, die mit befestigten Posten besetzt war, ihm als Abwehr für die Asiaten und gestattete ihm, geschützt vor den Einbrüchen von Norden her, seiner eignen Bestimmung zu folgen.

Einige von diesen Völkern, die noch ohne Namen und ohne Geschichte waren, gehörten zweifelsohne zu den Urrassen, die in so fern gelegenen Zeitabschnitten den Erdboden einnahmen, dass dem

Geologen allein zusteht, nach ihrem Alter zu forschen. Zum grössten Theil jedoch standen sie mit edleren und kräftigeren, in Sprache, Sitte und Bestrebungen gesonderten, dabei aber doch durch einen gemeinschaftlichen Schatz von Ueberlieferungen geeinten Rassen in Verbindung. Alle bewahrten untermischt mit den unbestimmten Sagen ihrer Kindheit die Erinnerung an eine Urheimat, in der ihre Vorfahren gelebt hatten, bevor sie sich zerstreuten. Das war ein hohes Gebirge oder besser ein unermessliches Hochland, viereckig von Gestalt und dabei so hoch, dass es gleichsam zwischen Erde und Himmel schwebte. In der Mitte entsprang ein grosser Fluss, der sich alsbald in vier Arme oder Kanäle zertheilte und sich über die vier umliegenden Gegenden ergoss. Dort war der Nabel der Welt und die Wiege der Menschheit. Die zwischen dem Mittelmeer und Tigris ansässigen Völker erinnerten sich, dass dies sagenhafte Land nach Osten zu läge, die Völker von Iran und vom Indus glaubten es in nördlicher Richtung zu finden. Den Modernen ist es gelungen seine Lage genauer zu bestimmen, als die Alten es gethan haben. Sie haben es in die Bolorgebirge (Belurtagh) verlegt ungefähr an die Stelle, wo diese Kette sich mit dem Himalaya verbindet, auf die Hochebene Pamir.

Dort in der That, und dort allein findet sich ein Land, das den geographischen in Asiens heiligen Büchern erhaltenen Angaben entspricht. Von der Hochebene Pamir aus oder vielmehr von dem Gebirgsstocke, dessen Mittelpunkt diese Hochebene ist, entströmen vier grosse Wasserläufe, der Indus, der Helmend, der Oxus und Yaxartes, welche in entgegengesetztesten Richtungen verlaufen und recht gut den vier Strömen der Ueberlieferung entsprechen. Ungeachtet einiger Oasen längs den Strömen und in den Thälern ist das Land arm und geeigneter Nomadenstämme als gesittete Nationen zu ernähren. Dennoch machten die Völker, die es bewohnt hatten, gewiss der Neigung nachgebend, welche die Menschen dazu führt, ein goldenes Zeitalter in der Vergangenheit zu suchen, daraus einen unvergleichlichen Garten, einen Ort der Wonne (Eden), in dem ihre Väter in einem Zustande vollkommener Unschuld und vollkommenen Glückes gelebt hatten. Aus diesem irdischen Paradiese zur Strafe für ihren Ungehorsam gegen die Befehle des Schöpfers vertrieben und fortan zur Arbeit verurtheilt, liessen sie sich am Fusse des heiligen Berges nieder und bevölkerten dessen Umgegend. Zehn

Patriarchen oder zehn Könige standen nacheinander an ihrer Spitze, aber die Verbrechen der Menschen erregten den Zorn Gottes und führten neues Unglück herbei. Das ganze Geschlecht ging in einer Sintflut zu Grunde, bis auf eine Familie, die vom Höchsten erkoren war, das Geschlecht fortzupflanzen und den Erdkreis neu zu bevölkern. Diese den meisten morgenländischen Völkern gemeinschaftlichen Ueberlieferungen zeigen uns in sagenhafter Form alles, was sie über die von der asiatischen Sintflut vernichtete Urmenschheit wussten. Die dem Tode entronnenen Stämme brachten die Geographie ihrer alten Heimat mit und jeder übertrug sie auf sein neues Vaterland. Die einen kamen westlich vom kaspischen See und verlegten ihr Eden auf den Berg Ararat, mitten hinein in die schneeigen Gipfel Armeniens, und ersetzten zwei der vier uranfänglichen Ströme durch die beiden, welche Mesopotamien durchfliessen, durch den Tigris und Euphrat. Die andern verlegten den heiligen Berg selbst an die Ufer der kaspischen See und bis nach Phrygien hinein, auf den Albordj und Berekynthos[1].

Die antike Ueberlieferung berichtete vor dem Emporkommen der grossen erobernden Völker sei ganz Asien funfzehn Jahrhunderte in den Händen der Skythen gewesen[2]. Die Skythen, »die ältesten unter den Menschen«, gehörten zum Theil wenigstens zu jenen Völkern turanischer Rasse, welche von den Sümpfen Finlands bis zu den Ufern des Amur noch heut zu Tage den Norden von Europa und Asien bewohnen. Die Turanische Rasse, wie wir sie gegenwärtig kennen, trägt keinen einheitlichen Typus zur Schau. Sie scheint eine Mischrasse zu sein, hervorgegangen aus einer Kreuzung der weissen und der gelben Rasse. Einzelne Stämme haben alle unterscheidenden Merkmale der weissen Völker, einige andre bringen es bis zur gänzlichen Verwechselung mit den gelben Völkern. Zwischen diesen beiden Extremen beobachtet man zahlreiche Spielarten,

1) Siehe über die auf das irdische Paradies bezüglichen Ueberlieferungen das Werk von Obry: Ueber die Wiege des Menschengeschlechts nach den Indern, Persern und Hebräern, und die Schlussfolgerung von Renan, Histoire générale des langues sémitiques, 3. Ausg. Bd. I. S. 476—490. || 2) Justin, Trogi Pompei historiarum Philippicarum epitoma, recens. J. Jeep. Lips. 1859, Buch II, K. 3. Die christlichen Chronographen gaben dieser Periode den Namen Σκυθισμός. Vergl. Joannes Malala, Chronographia ed. L. Dindorf, Bonn 1831, S. 25—26; Epiphanius, Opera ed. Dindorf, I, Lips. 1859, adv. Haeres., I, 5—7.

die uns ohne Sprünge und auf einer allmählichen Abstufung vom vollkommensten Typus des Europäers zum vollendetsten Chinesentypus hinübergehn lassen. Trotzdem ist die ursprüngliche Einheit der Familie, zu welcher alle diese von Aussehn verschiedenen Völker gehören, durch die Verwandtschaft der Mundarten, welche sie reden, bewiesen. Das turanische ist eher eine Station in der Sprachbildung als eine fertige Sprachform, zugleich ist es einfacher, roher und weniger durchgearbeitet als jeder beliebige der gegenwärtig bekannten arischen oder semitischen Dialekte. Seine verschiedenen Abzweigungen besitzen keinen ausgebreiteten Wortvorrat gemeinsam und haben nicht mal überall die gleiche Form in den grammatischen Bestandtheilen. »Die notwendigsten Substantive wie *Vater*, *Mutter*, *Tochter* und *Sohn* sind häufig abhanden gekommen und in den verschiedenen Zweigen dieser Familie durch Synonyma ersetzt worden. Es finden sich jedoch gemeinschaftliche Wörter wenn auch nicht mit der gleichen Beständigkeit und Regelmässigkeit wie in semitischen und arischen Dialekten. Die turanischen Zahlworte und Pronomina weisen auf eine gemeinsame Quelle hin, jedoch auch hier wiederum lässt sich die beibehaltende Kraft in diesen Nomadendialekten nicht mit der in den politischen Sprachen Asiens und Europa's vergleichen, und die in den auseinandergehendsten Nomaden-Mundarten entdeckten gemeinschaftlichen Wurzeln sind meist von viel allgemeiner Form und allgemeinerm Charakter als die Wurzelbuchstaben des arischen und semitischen Wortschatzes[1])«. Die turanischen Sprachen besitzen viel mehr Gemeinschaftliches in ihren Trieben und Neigungen als in ihren positiven Formen. Von Wort zu Wort deuten sie alle möglichen sprachlichen Kategorien an und ebenso bezeichnen sie alle möglichen Beziehungen vermittelst unveränderlicher Bestandtheile, welche sich den Wurzeln *agglutiniren* ohne selbst je verändert zu werden oder sie zu verändern. »Ihre Deklination und Konjugation lässt sich stets in ihre Bestandtheile zerlegen, und wenn die Endungen auch nicht ihre bezeichnende Kraft als unabhängige Worte beibehalten haben, so werden sie doch als modifizirende Sylben und als verschieden von den Worten empfunden, denen sie zugefügt werden[2])«.

1) Max Müller. The languages of the seat of war in the East. 2. edit. S. 88. || 2) Max Müller, a. a. O. S. 90. Vergl. H. Rawlinson, On the ethnic affinities of the nations of Western Asia, in dem Herodot von G. Rawlinson, 2. Ausg. Bd. I. S. 529—530.

Eine noch gegenwärtig unter den nomadischen Türken geläufige Ueberlieferung verlegt die Wiege ihrer Rasse etwas nördlich von der Hochebene Pamir in eins der Thäler des Altaï. Dies Thal war anfänglich von allen Seiten durch hohe, an Eisen reiche Gebirge umschlossen. Eine Feuersbrunst, welche das Eisengestein schmolz zerstörte die Scheidewand, die es von der übrigen Welt trennte, und gestattete den ersten Menschen, ihr Gefängniss zu verlassen. Ein Theil des Volkes erhob sich nach Westen zu und verbreitete sich bis an die äussersten Enden Europa's, in dem vielleicht noch die Basken seine letzten Repräsentanten sind. Die übrigen stiegen gen Süden herab, bemächtigten sich der Ebenen von Baktrien, überschritten die grosse Gebirgskette des Indu-Kush und setzten sich zunächst am Rande der Hochebene Iran fest. Am Fusse des Gebirges selbst ist das Land gut bewaldet und bewässert, je weiter man jedoch nach dem Innern vordringt, desto mehr verlieren die Ströme an Gehalt. Schliesslich verlaufen sie im Sande, zwei bis drei ausgenommen, welche sich in den grossen See Hamun ergiessen. Mit Ausnahme des Landstreifs, welcher an ihren Ufern entlang läuft, ist das übrige Land nur eine gewaltige Salzwüste, deren Boden bald aus Kies besteht, bald aus einem feinen beweglichen Sande, welchen der Wind in unermesslichen Längswogen hochtreibt, bald einem von der Sonne gehärteten und gedörrten Thon. Die Masse der Nation setzte sich auf dem Hochlande von Iran fest besonders in dem nördlichen Theile, dem man später den Namen Medien gab. Mehrere Stämme gingen westwärts nach Atropatene, nach Armenien und selbst bis nach Kleinasien. Andere drangen geradeaus nach Süden vor und setzten sich am Fusse des Hochlandes Iran fest in den Ebenen von Susiana und an den Ufern des Tigris und Euphrat.

Der Tigris und Euphrat entspringen in Armenien auf dem Berge Niphates (*Keleschin-Dagh*), dem höchsten in den Parallelketten, welche zwischen dem Pontus-Euxinus und Mesopotamien verlaufen und dem einzigen zugleich, der manchmal die Grenze des ewigen Schnees berührt[1]. Zuerst laufen sie einander parallel, der Euphrat von Ost nach West bis *Malatiyeh*, der Tigris »nach Osten Assyrien zugewandt[2]«. Jenseits *Malatiyeh* wendet sich der Euphrat

1) G. Rawlinson, The five great Monarchies Bd. I, S. 6. || 2) Genesis II. 14.

stark nach Südwest und bricht sich Bahn durch den Taurus, als wollte er sich mit dem Mittelmeer verbinden [1], dann neigt er sich nach Südost in der Richtung auf den persischen Meerbusen. Beim Austritt aus den Gebirgen wendet sich der Tigris unmittelbar nach Süden und nähert sich allmählich dem Euphrat, auf der Höhe von Bagdad sind beide Flüsse nur noch von einander durch einige Meilen niedrigen und ebenen Landes getrennt [2]. Trotzdem fliessen sie noch nicht zusammen. Nachdem sie einen Raum von zwanzig bis dreissig Meilen fast parallel gelaufen sind, gehen sie von neuem auseinander, um sich ungefähr erst achtzig Meilen tiefer zu verbinden, den *Schatt-el-Arab* zu bilden und sich in den persischen Meerbusen zu ergiessen. Im mittlern Theile seines Laufes nimmt der Euphrat zur Linken zahlreiche Zuflüsse auf, den *Balich* [3] und den *Chabur* [4], welche die Wasser vom Berge *Masios* [5] ihm zuführen. Von seiner Verbindung mit dem *Chabur* bis zu seiner Mündung hat er weiter keinen Nebenstrom. Der Tigris dagegen wird zur Linken von den Wassern des *Kentrites* [6], des obern und des untern *Zab* und von dem *Gyndes* [7] vergrössert. Auch sind beide Flüsse frühzeitig schiffbar, der Euphrat bei *Sumeïsat* [8], der Tigris in der Nähe von Mossul; Anfang oder Mitte Aprils sobald der Schnee schmilzt, schwellen sie übermässig an, treten über und gehen erst im Juni zur Zeit der stärksten Hitze in ihr Bett zurück [9].

Nicht zu allen zeiten bot das Becken des Euphrat und Tigris den Anblick, den er gegenwärtig zeigt. Im Beginne unserer geologischen Periode durchliefen beide Flüsse den Raum von ungefähr fünf Graden in einer grossen geschlängelten Ebene der Sekundärformation, welche von einigen Wasserläufen durchfurcht wurde, die vom

1) »Occidentem petit, ni Taurus obstet, in nostra maria venturus« Pomponius Mela, de situ orbis III, 8, 8, 80, 7 ed. Parthey. || 2) G. Rawlinson, a. a. O. I, S. 7. || 3) Der *Bilichos* der Alten. || 4) Der *Aborras* oder *Chaborras* der Alten. || 5) Strabo XI, 12, 4; 14, 2. Heutzutage der *Karadjah-Dagh*. || 6) Xenophon, Anabasis, IV, 3, 1. Heutzutage der *Bitlis-Chaï*. || 7) Heutzutage der *Diyaleh*. || 8) Das ehemalige Samosat. || 9) Layard, Niniveh and Babylon, S. 297. G. Rawlinson, a. a. O. I, S. 11—13. Die modernen Angaben stehen im Widerspruche mit denen des Herodot, nach welchen »der Fluss nicht, wie das in Aegypten der Fall ist, von selber das Ackerland überflutet, sondern das Erdreich durch Händearbeit und Pumpwerke feucht erhalten wird« (Herod. I, 193).

Berge Masios herabkommen [1]. An den Stromufern und an den Orten, wo Quellen entspringen, ist dies ein furchtbares Gebiet, überall sonst öde und kahl [2]. Das südliche Ende dieser Ebene bildete ehmals den Meeresstrand und beide Flüsse ergossen sich einige zwanzig Meilen von einander in einen Meerbusen, welcher den gegenwärtigen persischen Meerbusen verlängerte und sich östlich bis zu den letzten Widerlagern der iranischen Berge, westlich bis zum Fusse der sandigen Höhen hinzog, welche die Grenze des arabischen Hochlandes bezeichnen. Der ganze untere Theil dieses Thals ist nur ein Landstrich von relativ moderner Bildung, der durch das Schwemmland des Tigris, des Euphrat und von Strömen wie der *Adhem*, *Gyndes* und *Choaspes* geschaffen wurde, die schliesslich, nachdem sie lange selbständig gewesen sind und dazu beigetragen haben, das Meer, in welches sie sich ergossen, auszufüllen, zu blossen Zuflüssen des Tigris wurden. Gegenwärtig noch macht das Delta des *Schatt-el-Arab* reissende Fortschritte und die Zunahme des Gestades steigt in siebzig Jahren bis auf eine englische Meile [3]. In alten Zeiten war das Vorrücken des Landes merklicher und musste in dreissig Jahren ungefähr eine Meile betragen [4]. Wahrscheinlich ist es also, dass damals, wie die Ansiedler in das Thal hinabkamen, der persische Meerbusen bis vierzig oder fünfundvierzig Meilen höher hineinreichte, als dies gegenwärtig der Fall ist [5]. Der Tigris und Euphrat ergossen sich in einigem Abstande von einander in's Meer und vereinigten ihre Gewässer erst mehrere Jahrhunderte später.

Die Gegend des Schwemmlandes und der Theil davon besonders, welcher an die Ufer des persischen Meerbusens angrenzt, dienten den ersten Ansiedlern zur Aufnahme. Es war das eine unermessliche Niederung, deren Eintönigkeit keine zufällige Aenderung im Terrain unterbrach. Der Euphrat war von seinen Ufern schlecht umschlossen und entsandte seine Arme nach rechts und links, die sich zum Theil mit dem Tigris vereinigten, zum Theil sich in den Sümpfen verliefen. Ein Theil des Bodens, dem das Wasser immer

1) G. Rawlinson, a. a. O. I, S. 3—4. || 2) G. Rawlinson, a. a. O., I, S. 182. || 3) Loftus, Chaldea and Susiana, S. 282. || 4) H. Rawlinson, im Journal of the R. Geographical Society, Bd. XXVII. S. 186. || 5) Loftus, im J. of the R. G. S. Bd. XXVI, S. 142; G. Rawlinson, The five great Monarchies, Bd. I. S. 4—5.

entzogen blieb, verhärtete sich unter den Strahlen einer glühenden Sonne, ein anderer verschwand fast ganz unter den Sandhaufen, die der Wüstenwind mit sich führt, das übrige war nur eine Pestlagune, erfüllt von riesigen Binsen, deren Höhe zwischen zwölf und fünfzehn Fuss schwankt[1]. Um aus diesem verödeten Lande eins der reichsten, wenn nicht das reichste Land der Welt zu machen, musste man den Lauf der Gewässer regeln, und die Ueberschwemmung, welche bestrebt war, sich einigen Punkten vorzugsweise zuzuwenden, auf bestimmte andere mit Hülfe von Kanälen gleichmässig vertheilen. Das war das Werk, welches die ersten Ansiedler in Chaldäa in Angriff nehmen mussten.

Selbst in diesem Zustande war das Land weit entfernt, keine Hülfsquellen zu besitzen. Es enthält wenig nützliche Baumarten, »denn es besitzt weder den Feigenbaum, noch die Rebe, noch den Oelbaum«[2]. Zum Ersatz trägt es von selbst den Weizen[3] und die Dattelpalme. Dort ist der Boden »so tauglich, die Frucht der Demeter zu tragen, dass er regelrecht zweihundertfältig und auf ausnahmsweise guten Feldern dreihundertfältig trägt. Die Blätter des Getreides und der Gerste sind dort gut vier Finger breit. Dass Hirse und Sesam die Grösse von Bäumen erreichen, wie ich es kennen gelernt habe, will ich weiter nicht erwähnen, da ich wohl weiss, dass denen, welche in das babylonische Land nicht gekommen sind, auch die erwähnten Verhältnisse der Erzeugnisse sehr unglaublich erscheinen werden. Man verwendet aber kein Olivenöl, sondern bereitet solches aus Sesam«[4]. — »Der Palmbaum entspricht allen übrigen Bedürfnissen der Bevölkerung, denn Brod, Wein, Essig, Honig und allerlei Gewebe bereitet man aus ihm. Seine Nüsse verwenden die Schmiede als Kohlen, eingeweicht dienen sie als Nahrung bei der Mast von Rindern und Schafen. Man sagt, es gäbe ein persisches Lied, in welchem die dreihundertund sechszig Nutzanwendungen der Palme besungen würden«[5]. Fische

---

1) Diese Schilderung ist in allen ihren Einzelheiten dem modernen Zustande des Landes entnommen, doch passen sie auch ganz gut auf die Vergangenheit, Vergl. Loftus, Susiana and Chaldea, S. 14 ff. || 2) Herodot I. 193. || 3) Berosos, Fragm. I ed. Lenormant. || 4) Herodot I, 193; vergl. Theophrast. Hist. plant. VIII, 7 und Plinius, Natur. hist. XVIII, 17, 45. || 5) Strabo, XVII, 1, 14; vergl. Theophrast, Hist. pl nt. II, 2; und Plinius, N. h., XIII, 4.

gibt es in Strömen und Sümpfen in Ueberfluss, besonders Barben und Karpfen. Sie kommen auch bei der Ernährung der modernen Bewohner Chaldäa's noch sehr in Betracht[1].

Seit der Zeit ihrer Ankunft an den Ufern des Euphrat besassen die Turanier eine Verfassung als Volksverband, die Schrift[2]), die hauptsächlichen der Menschheit nützenden Gewerbe, eine Gesetzgebung und vollständige Religion. Ihre Schrift war rein hieroglyphischen Ursprungs wie die ägyptische. Jedes Zeichen war das Bild der Sache selbst, die man darstellen wollte, oder des materiellen Gegenstandes, welcher am meisten Analogie mit dem abstracten Begriffe, den man auszudrücken beabsichtigte, darbot. So nahm man, den Gottesbegriff auszudrücken, den achteckigen Stern, den Begriff König wiederzugeben verwendete man die Biene. Die Ungeschicklichkeit des Graveurs und des Schreibers entstellte beide Zeichen und ersetzte sie durch mehr oder weniger ungestalte Aequivalente: und für den Stern, und für die Biene. Das ursprüngliche Bild veränderte sich mehr und mehr dermassen, dass es unmöglich wurde in der Gesammtheit von Strichen und Haken, die eine Gruppe bildet, den Typus wiederzufinden, den diese Striche dargestellt hatten. Glücklicherweise hatte man damals, als diese Abänderung sich vollzog, bereits nicht mehr nöthig, um das Zeichen zu lesen, den Gegenstand zu erkennen, dessen Darstellung es gewesen war. Das Zeichen des Sterns brachte das Auge auf den Begriff *Gott*, und der Begriff Gott erweckte im Geiste des Lesers das diesem Begriffe entsprechende Wort AN. Auch wurde , obschon es den symbolischen Sinn *Gott* beibehielt, zur Darstellung der Sylbe AN in einer Menge von Worten, die mit der Gottheit keinen Bezug hatten. Indem man mehrere Zeichen zusammenstellte, erhielt man den Ausdruck für Worte, deren Laut zum Theil aus der Aussprache des einen, zum Theil aus der Aussprache des anderen bestand. stellt drei Wassertropfen vor, bezeichnet *Wasser* und wird A gelesen. Vereint mit dem Zeichen , das den Stern darstellt,

1) Layard, Niniveh and Babylon, S. 567. || 2) wie Oppert nachgewiesen hat.

Gott bedeutet und AN gelesen wird, bildet es eine Gruppe 𒀀𒀭, A + AN, AAN, die Regen besagt. Dieses scheinbar ziemlich einfache System bietet starke Unzulänglichkeiten. Zahlreiche hieroglyphische Zeichen können mehrere Werthe haben und in der gesprochenen Sprache auf mehrere verschiedene Arten gelesen werden. 𒁁 stellt die Begriffe: *beendigen, altwerden, abschliessen, sterben, öffnen, Blut* und *Leichnam* dar und wird je nach dem Begriffe, den es wiedergibt, BE, BAT, TIL, CHUR, US, gelesen, mit einem Worte, ist ein *polyphones Zeichen*. Unter allen diesen Bedeutungen und allen diesen verschiedentlichen Aussprachen wählte der Leser nach dem allgemeinen Verlauf des Satzes und der Stellung des Zeichens, die Bedeutung und Lesung, welche ihm am besten zu passen schien. Die Unklarheit, die aus dieser Viellautigkeit entsprang, war derart, dass die Assyrer und Babylonier selbst sich oft darin verirrten. »Wir wollen keinen Beweis weiter dafür als die Anzahl Bruchstücke von auf Thontäfelchen entworfenen Syllabaren und grammatischen Vocabularen, welche die Bestimmung hatten, die Geheimnisse des einheimischen Schreibsystems zu enthüllen, und die man in so grossem Ueberflusse in den Trümmern von Ninive gefunden hat. Zur guten Hälfte besteht, was wir an Denkmälern der Keilschrift besitzen aus Eselsbrücken, die uns dazu dienen können, die andere Hälfte zu entziffern, und die wir genau so benutzen, wie vor zweitausendundfünfhundert Jahren es die Studenten im Lande Assur machten«[1].

Unter diesen Hieroglyphen findet man bereits besondere Zeichen zur Bezeichnung der nutzbaren Metalle und der Werthmetalle, für Gold und Silber, Eisen, Kupfer und seine verschiedenen Verbindungen. Da die Turanier inmitten der Abhänge des Altaï lebten, wo

1) Fr. Lenormant, Essai sur la propagation de l'alphabet phénicien, Bd. 1, S. 48. [Mehr hierüber, siehe: Fr. Delitzsch, Assyrische Studien, Band 1, Leipzig 1874, S. 3—10. Oppert, Expédition scientifique en Mésopotamie, II, S. 63, auch Kap. 16 dieser Schrift]. — Halévy wollte neuerdings den semitischen Ursprung der chaldäischen Schrift und Civilisation nachweisen (Journal asiatique 1875 [auch Bd. VII, 1876, S. 201 ff.]). Kein Assyriologe hat ihm beigestimmt. Vergl. Fr. Lenormant, La langue primitive de la Chaldée; Oppert, im Journal asiatique 1875 und Schrader in der Zeitschr. der D. M. Gesellschaft 1875.

Mineralien und Metalle beinah in gediegenem Zustande fast zu ebener Erde anzutreffen sind, so erlernten sie sehr schnell die Kunst des Bergmanns, Giessers und Goldschmieds, und sie verpflanzten diese nach Chaldäa. Die ältesten Gräber dieses Landes enthalten Gegenstände aus Gold, Bronze und Eisen, Messer, Hammerbeile, Sicheln, Armspangen und ciselirte Ohrgehänge[1]. »Daneben und ebenso sehr in Verwendung findet man Werkzeuge und Waffen aus behauenem und polirtem Kiesel. Pfeilspitzen, Beile und Hämmer. Das verbreitetste Metall ist die Bronze, aus Bronze bestehen alle Metall-Geräthe und Werkzeuge. . . . Was das Eisen betrifft, so ist es viel seltener und scheint noch wegen der Schwierigkeit seiner Gewinnung als Werthmetall betrachtet zu werden. Statt Werkzeuge daraus zu machen, bildet man daraus Armspangen und andere rohe Schmucksachen«[2]. Von den anderen Gewerben wie von der Weberei ist uns nichts erhalten. Die Staatsverfassung und Gesetzgebung sind uns fast gänzlich unbekannt. Das einzige Bruchstück altturanischen Rechtes, das wir besitzen, handelt von Familienbanden und Pflichten. Es beweist uns, dass das Weib in ziemlich hohen Rechten und Ehren stand. Selbst unter der Gewalt des Mannes konnte sie ein persönliches Vermögen besitzen. Der Mann, welcher sein Weib verleugnete, hatte ihr wie zur Entschädigung eine halbe Mine Silber zu geben. Der Sohn, welcher seine Mutter verläugnete, war »ausgeschlossen von Erde und Wasser«. Der Sohn, welcher zu seinem Vater sprach: »Du bist nicht mein Vater!« war verurtheilt, sein Wort zu widerrufen und hatte eine Geldstrafe zu zahlen. Dagegen wurde das Weib, das ihren Mann verleugnete, in den Fluss geworfen, Vater und Mutter, welche sich weigerten, ihr Kind anzuerkennen, waren mit Gefängnisshaft zu bestrafen[3].

Die Turanier Chaldäa's stellten sich die Erde als einen umgekehrten und auf der unteren Seite ausgehöhlten Kahn vor[4], nicht als einen von den länglichen bei uns gebräuchlichen Kähnen, sondern als einen von jener ganz runden Trogart, welche die Bas-

1) G. Rawlinson. The five great Monarchies. Bd. I. S. 93—99. || 2) Fr. Lenormant, Les premières civilisations. Bd. I. S. 118—119. || 3) J. Oppert, im Journal asiatique, série V. Bd. I, S. 371 ff., Fr. Lenormant, La magie chez les Chaldéens. S. 310—312. || 4) Diodor von Sicilien. II, 31, 7.

Reliefs uns so häufig vorführen, und deren die Stämme am unteren Euphrat sich noch gegenwärtig bedienen. In der unteren Höhlung verbarg sich der Abgrund (*ge*), der Aufenthaltsort des Todes und der Finsterniss. Ueber den Abhang der gewölbten Oberfläche breitete sich das eigentliche Land (*ki*) aus, von allen Seiten umgeben von dem Oceanstrome (*zuab*); Chaldäa wurde als Mittelpunkt der Welt betrachtet. Sehr weit jenseits des Tigris erhob sich das Gebirge des Ostens (*Chursak-kurra*), das Himmel und Erde verband. Der Himmel (*anna*) hatte die Gestalt einer gewaltigen, halbkugelförmigen Kappe, deren unterer Theil auf den äussersten Enden des Erdkahnes jenseits des oceanischen Stromes ruhte. Der Sternhimmel, »ausgebreitet über der Erde gleich einer Decke«, drehte sich um das Gebirge des Ostens wie um einen Zapfen und zog in seinem beständigen Laufe die Fixsterne (*mul*) mit fort, mit denen seine Wölbung übersäet war. Zwischen Himmel und Erde kreisten zunächst die sieben Planeten (*lubat*), als eine Art grosser belebter Wesen, dann die Wolken, die Winde, der Blitz und der Regen. Die Erde ruhte auf dem Abgrunde, der Himmel auf der Erde. Die Einbildungskraft der ersten Chaldäer ging nicht so weit, zu fragen, worauf der Abgrund ruhte.

Dies dreitheilige All war mit einer Menge verschiedener Wesen und Stämme bevölkert, von denen die einen, wie Menschen und Thiere, in einem kleinen Theile des grossen Ganzen beschlossen waren, die anderen sich unterschiedslos durch die Weltgebiete verbreiteten, wie Geister und Götter. Die Geister (*zi*) sind die Personification der guten, schlechten oder indifferenten Naturkräfte. Sie handeln gut und schlecht nach ihrem Belieben, regeln die Ordnung und den Gang der Himmelskörper von den Jahreszeiten ausgehend, blasen den Wind und schütten den Regen aus, lassen das Korn treiben und bringen die Saat in die Höhe, beleben oder tödten alles, was Leben hat. Die Götter (*an, dingir, dimir*) sind Geister hohen Ranges, welche den grossen Theilungen in der Welt oder den grossen Naturerscheinungen vorstehen. Ueber jedes der drei Gebiete des Alls herrscht ein höchster Gott: *Anna* im Himmel, *Ea* auf Erden und *Mulge* in der Tiefe des Abgrundes. Anna, der Himmelsgeist, war sowohl Leib als Seele des Himmels, der materielle Himmel und die Vernunft, welche die Materie des Himmels lenkt. Ea, der Geist der Erde (*zi-ki-a*) herrscht über die Erdoberfläche und die Atmosphäre, sein Lieblingsaufenthalt jedoch ist der Oceanstrom, auch gibt man ihm stellenweise eine Göttin Riah, »das Fluidum, das Wasser an sich«, zur Mutter. Er selbst wird oft »der grosse Fisch des Oceans, der erhabene Fisch« genannt. Er durcheilt sein Reich auf einem symbolischen Fahrzeuge, das wie die Sonnenbarke bei den Aegyptern von den Gestalten des RA, so von seinen Kindern, den Göttern gehandhabt wird. Seine Genossin *Damkina* oder *Davkina* ist die Personification der Erde. Der Gott breitet sich über sie, befruchtet sie, und aus ihrer Umarmung entstehen die materiellen Wasser, die alles ergrünen lassen. *Mulge* und seine weibliche Form *Ninge* leben im höllischen Abgrunde und nehmen beim Abscheiden aus dem Leben die menschlichen Seelen auf. Die Seelen gelangen, nachdem sie über den ewigen Strom gebracht sind, zum Fusse des Gebirges des Westens, hinter dem sich die Sonne verbirgt, und dringen ein in »das unveränderliche Land (*Kurnude*[1])«, in das Gebiet »ohne Rückkehr, auf der Strasse, deren Bahn sich nimmer zurückwendet, zu dem Hause, dessen Bewohner sich sehnen nach Licht, dem Ort, da Staub ihre Nahrung und ihre Speise Koth; und seine Oberen sind gekleidet gleich Vögeln in ein Gewand von Flügeln; Licht wird nimmer geschaut, in Finsterniss wohnen sie«[2]. Es gibt dort weder eine Belohnung für die Guten, noch eine Züchtigung für die Bösen, die Vergeltung des Guten und des Bösen beginnt auf Erden und hört auch auf Erden auf. Doch ist eine Lebensquelle in dem einen Winkel des Abgrundes verborgen, welche die höllischen Geister mit Sorgfalt vor dem Anblicke der Manen verheimlichen. Nur den Göttern steht der

---

1) [Delitzsch (in seinen Anmerkungen zu der Uebersetzung von Smith, Chaldäische Genesis, Leipzig 1876, S. 314) liest für Kurnude, *Kurnuga*, und erklärt es durch »Land ohne Rückkehr«. Der assyrische Name der Unterwelt ist *Aralu*, eine angeblich goldreiche Gegend im Norden, welche das Epitheton »der unsichtbare Ort« führt. Vielleicht ist damit das ägyptische Todtengefilde *Ar*, *Aalu*, *Aanlu*, *Aanr* zu identifiziren und eine Entlehnung von den Semiten. Es kommt wenigstens dieser Name in der ältesten Periode der Denkmäler nicht vor und zeigt vielfach eine Hieroglyphenschreibung, wie sie den semitischen Lehnworten eigen ist. — R. P.]. || 2) [Vergl. Smith, Chaldäische Genesis S. 197 und. 313 f.; Schrader, die Höllenfahrt der Istar, Giessen 1874, S. 9; Oppert, in den Annales de Philosophie chrétienne 1874 (Separatabdruck davon Paris 1875), und G. Smith, Assyrian Discoveries, London 1875, S. 202, f.].

Zugang dazu offen und sie können die Seele, welche sie mit ihrem Wasser getränkt haben, auf die Erde zurücksenden[1]).

Unter den grossen Göttern regte sich ein unzählbares Volk von Göttern und Geistern immer im Kampfe gegeneinander. Der Gott der Tagessonne, *Ud*, »lässt die Lügen vergehen, zerstreut die schlechten Einflüsse und enttäuscht die boshaften Ränke«. — »Sonne, im tiefsten der Himmel erglänzest du. Du öffnest die Riegel, welche die hehren Himmel verschliessen, du öffnest die Pforte des Himmels. Sonne, zu der Oberfläche der Erde wendest du dein Angesicht. Sonne, du breitest aus über die Oberfläche der Erde wie eine Decke die Unermesslichkeit der Himmel«. Das Feuer *Izbar* oder *bilgi*, höher als die Sonne selbst, ist »der Oberpriester auf der Erdfläche«, sei es, dass es in der Opferflamme brenne, sei es, dass es leuchte am häuslichen Herd. »Ich bin die goldene Flamme, die grosse, die Flamme, die hervorquillt aus dürrem Schilf, das hehre Wahrzeichen der Götter, die Flamme des Kupfers, die Beschirmerin, die da schleudert ihre glühenden Zungen. Ich bin der Gesandte *Silik-mulu-chi*'s«. *Silik-mulu-chi*, »der da bereitet das Gute den Menschen«, ist der Sohn des Ea, der Vermittler zwischen seinem göttlichen Vater und der leidenden Menschheit. Durch ihn thut Ea seine Befehle kund den Menschen und Göttern und enthüllt den grossen, den geheimnissvollen Namen, der die Dämonen in Flucht jagt. »Wer entzieht sich seinem Hagel? Sein Wille ist ein erhabener Befehl, den du geltend machst im Himmel und auf Erden .... Herr, du bist erhaben, wer kommt dir gleich?«.

Die Dämonen und bösen Geister gehen aus der Hölle hervor. Sie schleichen überall hin und verstecken sich unter allen Gestalten, um den guten Geistern und den Menschen zu schaden. Die einen haben den Rang von Halbgöttern und sind unter den Namen *mas*, Kämpfer, und *lamma*, Kolosse, bekannt, die anderen sind in hierarchischer Weise in Klassen von sieben getheilt, in: *alal*, Zerstörer, *telal*, Krieger und *maskim* oder Schlingenleger, »die sich verbergen in den der grössten Tiefe des Abgrundes und in den Eingeweiden der Erde, weder männlich noch weiblich, ohne Gattinnen zu haben

1) [Eine Uebersicht über diese Götter nach dem neuesten Stande der Forschung gibt G. Smith, Chaldäische Genesis, S. 51 ff und Delitzsch dazu S. 268 ff.].

und ohne Kinder zu erzeugen«. Einige von ihnen vergreifen sich an der Gesammtordnung der Natur und bemühen sich, das Weltall umzustürzen. Andere mischen in schlechter Absicht sich unter die Menschen. »Haus für Haus dringen sie ein, in die Thüren schlüpfen, wie die Schlangen schlüpfen sie. Sie hindern die Gattin, fruchtbar zu werden vom Gatten, sie rauben das Kind von den Knieen des Menschen, sie lassen das freie Weib fliehen aus dem Hause, in dem sie geboren hat. . . . Sie lassen den Sohn fliehen aus dem Hause des Vaters«. Sie lebten mit Vorliebe an verlassenen Stätten und kamen nur hervor, um die Menschen und Thiere anzufallen. Sie schlichen sich in die Leiber ein und liessen dort die Krankheiten entstehen. Die Pest und das Fieber, die Erscheinung, das Gespenst, der Vampyr, die Incubus und Succubus waren verschiedene solche dieser furchtbaren Sippschaft angehörige Wesen. Der Mensch, als beständige Zielscheibe ihrer Angriffe, befand auf Erden sich wie ein Verirrter in einem unbekannten Lande inmitten wilder Stämme. Zu seiner Vertheidigung musste er sich unter den Geistern und Göttern zu Verbündeten verhelfen, sich mit Schutz- und Trutzwaffen gegen die Dämonen rüsten, mit einem Worte, zu der Magie seine Zuflucht nehmen. Der turanische Kultus ist in der That eine wirkliche Magie, in der die Hymnen an die Gottheit alle mehr oder minder sich in Beschwörungen umsetzen, und in der der Priester weniger Priester als Hexenmeister ist[1].

Neben den Turaniern bringen die Denkmäler uns Kunde von einer anderen, an Temperament und Streben sehr verschiedenen Rasse, von der kushitischen. Die Kushiten hatten einen niedrigen Wuchs, einen schlanken und wohlgebauten Körper, reichliches, oft gekräuseltes, aber nie wie beim Neger wolliges Haupthaar; eine tiefe Hautfarbe, die zwischen hellbraun und schwarz schwankte; regelmässige, mitunter zarte Gesichtszüge; eine gerade, schmale, hinreichend hohe Stirn; eine lange, zierliche und feine Nase, die weniger deutlich hervortrat, als bei einem Arier; nur der Mund war entstellt und mit dicken, fleischigen Lippen versehen[2]. Die Ueberlieferung verlegt ihre Wiege nach Baktrien in das Land Kush,

1) Diese ganze Auseinandersetzung ist der Arbeit von Fr. Lenormant über die Magie bei den Chaldäern und die akkadische Urzeit entlehnt, Paris 1874. 8°. ||

1) Prichard, Physical history of Mankind, Bd. II, S. 44. [Deutsche Uebersetzung von R. Wagner, Leipzig 1840, Bd. II, S. 46].

welches der Gihon bespült[1]. Einige ihrer Stämme richteten sich an den Ufern des Amu-Daria und des Syr-Daria ein am Fusse des Gebirges, welches die Ebenen der Bucharei von dem Hochlande Iran trennt und noch den Namen Hindu-Kush führt[2]. Andere drangen bis nach Kleinasien vor, wenn man den Sagen Glauben schenken muss, die aus den Karern und ihren Geschlechtsverwandten einen Zweig der kushitischen Rasse machen[3]. Mehrere stiegen den Indus entlang hinunter und breiteten sich über das Dekhan aus. Die kühnsten gingen über Persien und Arabien, drangen bis zur Meerenge Bab-el-Mandeb vor, überschritten diese und setzten sich an den Ufern des blauen Nil fest, wo ihre Nachkommenschaft, »das verächtliche Kush«, jahrhundertelang der erbitterte Gegner Aegyptens war. Die Kushiten scheinen am Meere frühzeitig Geschmack gewonnen zu haben. »Von den Indusmündungen, von den Küsten von Katosch aus, von Guzerate, von Konkau und Malabar, von den Gestaden Gedrosiens, Karamaniens und Persiens, sowie vom ganzen Umkreise des persischen Meerbusens gibt es eine Reihe mythischer Züge, welche auf sie als deren Urheber zurückgehen. Sie gehen die arabischen Küsten bis zu den Ufern des äthiopischen Afrikas lang und breiten sich dort bis in die Gegend von Sofala aus. Sie dringen über die Meerenge Bab-el-Mandeb und rücken bis an das äusserste Ende des elamitischen Meerbusens vor. Ihre Rührigkeit überschreitet diese Grenzen. Wir können ihnen auf der Mittelmeerstrasse vom Delta Aegyptens folgen bis gen Joppe an den Gestaden Palästina's«[4]. So breitete sich Kush, vielleicht die wichtigste Urrasse, deren Erinnerung die Menschheit bewahrt hat, aus vom Ganges bis zum Nil, vom griechischen bis zum indischen Meere. Ihr Ruhm und ihre Macht, obwohl sie in den Jahrhunderten, in welchen die hellenischen Stämme zum geschichtlichen Leben erwachen, sich sehr abgeschwächt hatten, drangen bis nach Griechenland. Die Dichter

---

1) Genesis, II. 13. || 2) Obry, a. a. O. S. 103—125; d'Eckstein im Athenaeum français, 22. April, 27. Mai, 19. August 1854; De quelques légendes brahmaniques, im Journal asiatique von 1856. || 3) D'Eckstein, les Cares dans l'antiquité. [Ueber die Sprache der Karer und deren geringe Ueberreste vergl. De Lagarde, Gesammelte Abhandlungen, Leipzig, 1866, S. 266 ff (Boetticher). Arica. Halae 1851. S. 3 f.]. | 4) D'Eckstein im Athenaeum français, 22. April 1854.

brachten Memnon[1], den Gründer von Susa[2] und Verbündeten des Priamos, auf die Bühne, und der alte Homer feierte die Aethiopen als die weisesten und fernsten der Menschen, die theils am Aufgange der Sonne, theils an ihrem Niedergange wohnten[3].

Die Kushiten sprachen anscheinend eine dem Hebräischen, Arabischen und den übrigen semitischen Mundarten sehr nahestehende Sprache. Die einfachste Erklärung dieser Erscheinung ist die, welche in den Kushiten und Semiten keine grundverschiedenen Rassen, sondern zwei zu verschiedenen Epochen zur Gesittung gediehene Theile ein und derselben Rasse erblicken würde. Die Kushiten, »dieser alte Zweig der semitischen Völkerfamilie, war zuerst aus der gemeinschaftlichen Wiege gegangen und wurde auch zuerst von dieser Menge lange Zeit hindurch nomadischer Horden ansässig und erhob sich dann zur Gesittung, um für seine Brüder, die Hirten geblieben waren, ein Gegenstand sowohl des Neides, wie des Abscheus zu werden«[4]. Auch zeigen uns die ältesten Ueberlieferungen der Semiten-Völker dieser Rasse an den Grenzlanden Chaldäa's ansässig. Sie kamen von Osten und stiegen von jenem Hochlande herunter, von dem alle edlen Rassen der alten Welt ausgegangen sind. Sie brachten die Erinnerung an ihr jenseits des Oxus gelegenes Vaterland und an die grosse Sintflut mit, welche sie von dort vertrieben hatte. Zuerst hatten sie in Armenien, am Fusse des Ararat, zwischen dem oberen Laufe des Tigris, des Euphrat und Kyros[5]) ihren Wohnsitz aufgeschlagen und verbreiteten sich dann südlich ins Land Arphaxad[6], nach Mesopotamien und

1) Hesiod, Theogonie, Vers 924; Pindar, Nemäische Oden, III, 62—64; Aischylos Pers. 17, 118, bei Strabo XV, 3, 2. || 2) Herodot V, 54; Diodor II, 22, 3. || 3) *Αἰθίοπας τοὶ διχθὰ δεδαίαται, ἔσχατοι ἀνδρῶν, Οἱ μὲν δυσομένου Ὑπερίονος, οἱ δ' ἀνιόντος*, Odyssee I, Vers 23 u. 24. Ephoros verstand hierunter die Spaltung der Aethiopen in afrikanische und asiatische (Fragm. 38 [Vergl. auch Müller, Fragmenta histt. graecc. I, S. 243 f. 201 und 317. Ebers, Aegypten u. die Bücher Mose's, S. 32 und S. 58 ff.]) und seine Deutung ist, mag Strabo dazu bemerken, was er will, die richtige. [Ueber die Verwendung des Namens Kush seitens der Hebräer siehe auch: Duncker, Geschichte I, S. 189]. || 4) Creuzer et Guigniaut, Religions de l'Antiquité, Bd. II, Theil 3, S. 822. || 5) Amos IX, 7; Gesenius, Thesaurus unter *Qêr*; Knobel, die Völkertafel der Genesis, S. 150 ff; Renan, Histoire des langues sémitiques, S. 29 ff. || 6) *Arph-Kasdim*, *Arr-Kasdim* wörtlich: »Chaldäergrenze« Michaelis Spicilegium II, S. 75; Gesenius, Thesaurus. [Duncker, Geschichte des Alterthums I. 4. Auflage, S. 292 und 195, Anm. 2].

von da aus später nach Syrien. Mehrere ihrer Stämme rückten bis nach Chaldäa hinein und fügten zu den zwei in diesem Lande bereits enthaltenen Elementen ein drittes, welches von geringerer Bedeutung war, als die beiden anderen. Ein Theil verschmolz sich bald mit den Kushiten, deren Sprache sie redeten, der andere verliess nach einem mehr oder weniger langem Aufenthalte schliesslich Chaldäa und ging aus, sich in der Ferne einen günstigeren Boden für seine nomadischen Neigungen zu suchen.

Drei kushitische Hauptvölker setzten sich im Bezirke des persischen Meerbusens fest. Der erste, der Kossäer oder Kissier von den klassischen Schriftstellern genannt wird, liess sich in der bergigen Gegend, die sich östlich vom Tigris hinzieht, nieder[1]. Der zweite ordnete sich längs dem untern Tigris und Euphrat hin ein, und bildete dort später das vorwiegende Element der chaldäischen Bevölkerung. Der dritte nahm an den nördlichen Ufern des persischen Meerbusens seinen Wohnsitz und verliess diese später, um sich an den Ufern des Mittelmeeres einzurichten. Zunächst nicht auf dem Festlande selbst sondern auf den kleinen Inseln an der Küste errichteten die Kushiten ihre am höchsten verehrten Heiligtümer, ohne Zweifel, um sie vor einem Handstreiche sicher zu stellen und sie den Wechselfällen eines feindlichen Einbruchs zu entziehen. Die Angehörigen des dritten Stammes, die später die Vorfahren der Phönizier wurden, hatten die Bahreïn in Besitz genommen und zwar zwei davon besonders, welche sie Tur und Arad benannten[2]. Dilmun oder Dilvun, eine andere heilige Insel, lag in einiger Entfernung von der Tigrismündung an der susianischen Küste[3]. In diesen unverletzlichen Zufluchtsstätten bildeten sich mit Musse die ersten Priesterkollegien, innerhalb derer sich sowol die religiöse wie wissenschaftliche Civilisation der kushitischen Völkerschaften heranbildete. In der Astronomie verdankt man ihnen

1) Herodot nennt Susien *γῆ Κισσίη* (V, 49) oder *χώρη Κισσίη* (V, 52, VI, 119) und dessen Einwohner *Κίσσιοι* (III, 91, VII, 62, 86, 210), andere haben die Form *Κοσσαία* und *Κοσσαῖοι* (vergl. Arrian, Indica, 40, b). || 2) Tyros und Arados, Strabo XVI, 3, 4; p. 766. Nach Plinius, VI, 2 hiess die Insel Tylus [Detleffsen liest Tyrus]. Vergl. Androsthenes bei Theophrast. De causis plant. II, 5, 5. [Sprenger, Die alte Geographie Arabiens, Bern 1875, §. 153—155]. || 3) Fr. Lenormant, Essai sur un document mathématique chaldéen S. 123—145; vergl. Essai de commentaire S. 220—222.

die Erfindung des Thierkreises und seiner zwölf Abtheilungen zu dreihundertundsechzig Theilen oder Graden, von denen jeder wieder in sechzig Minuten zerfiel, und die Eintheilung des natürlichen Tages oder der Nykthemera in zwölf äquinoktiale, je aus zwei gewöhnlichen Stunden gebildete, Stunden. Die Griechen fanden angeblich in Babylon auf Täfelchen von gebranntem Thon verzeichnete, in ein sehr hohes Altertum zurückgehende Beobachtungsreihen vor[1]. Die modernen Ausgrabungen haben uns Bruchstücke eines mathematischen Werkes geliefert, in welchem die Quadrate der Bruchzahlen $\frac{1}{60}$ 2 bis zu $\frac{60}{60}$ 2 oder $\frac{1}{60}$ aufgeführt sind[2].

Im Hintergrunde der kushitischen Religionen finden wir wie bei allen Religionen einen Gott, der zugleich einer und vielfältig ist; einer, weil die Materie aus ihm emanirt, und er sich mit der Materie verbindet: vielfältig, weil jede Einwirkung welche er in sich selbst auf die Materie ausübt, als von einem besonderen Wesen ausgeführt betrachtet wird und einen besondern Namen trägt. Bei ihrem ersten Auftreten sind diese verschiedenen Wesen noch nicht nach Massgabe einer regelrechten Hierarchie gesondert und vertheilt, sie bestehen neben einander ohne Unterordnung, und jedes von ihnen wird vorzugsweise vor allen andern in einer Stadt oder von einem Volke verehrt, so Anu in Uruch, Bel in Nipur, Sin in Ur und Marduk in Babylon. Anu, Bel, Sin und Marduk sind nur eine einzige Wesenheit, und doch besitzt diese einzige Wesenheit, deren Namen sie sind, ein zwiefaches Sein. Sie vereint in ein und derselben Person die beiden zu jeder Zeugung notwendigen Prinzipe, das männliche und das weibliche. Jeder Gott zertrennt sich in eine ihm entsprechende Göttin, Anu und Sin in die Göttin Nana, Bel in Bêlit, Marduk in Zarpanit. Die göttlichen Wesen werden nicht mehr alleinstehend sondern als Paare aufgefasst, und jedes der von ihnen gebildeten Paare ist nur ein Ausdruck für den einzigen, uranfänglichen Gott ungeachtet der Spaltung in seiner Natur, wie er auch als einziger angesehen wird trotz der Vielfältigkeit seiner Namen. Die Ordnung des Vorsitzes regulirt sich bei diesen Götter-

1) Epigenes bei Plinius, VII, 65. || 2) Fr. Lenomant, Essai sur un document math. Paris 1868, 8°. [Études accadiennes I, Paris 1873, S. 85; Oppert, l'étalon des mesures assyriennes, fixé par les textes cunéiformes. Extrait du Journal asiatique. Paris, 1875. S. 22 ff.].

paaren nach den Zufälligkeiten der Politik. Diejenige Stadt, welche über die übrigen chaldäischen Städte die Hegemonie ausübt, verschafft ihrem Gotte auch Geltung vor den andern Göttern. Sin hat den Vortritt in der Zeit der Oberhoheit von Ur, Samas in der Zeit der Oberhoheit von Larsam. Erst zweitausend Jahre vor unserer Zeitrechnung geschah es, dass unter Saryukin I., dem Könige von Agane, und seinem Sohne Naramsin die Priester mit Zugrundelegung der alten Ueberlieferungen ein regelrechtes System herzustellen versuchten, in dem die Emanationen der Gottheit, nicht mehr alle auf die gleiche Stufe gestellt, sondern einander untergeordnet wurden. Es gelang ihnen eine offizielle Religion herzustellen, welche die Lokalkulte ersetzte und fortan ganz Chaldäa beherrschte[1].

An der Spitze der Hierarchie thront der höchste Gott Ilu, den man später in Ninive Assur nennt. Aus dem höchsten Gotte emanirte das uranfängliche Chaos, die noch ungestaltete und alle Gestalten in sich mengende Materie. Der Wille, das Wort Gottes trennte die Grundstoffe des Chaos. Das Licht Gottes durchdrang das All, beseelte es und erhielt die durch das Wort gestiftete Ordnung. Diese drei Mächte: die Materie, das Wort und die Vorsehung sind die erste Dreieinigkeit der chaldäischen Religion, diejenige welche aus Gott unmittelbar hervorgeht und uns die göttlichen bei der Schöpfung und Erhaltung der Welt beschäftigten Personen vorführt: die Materie heisst Anu (Oannes), das Wort Bel, die Vorsehung Nuah. Auf den Denkmälern hat Anu, »der alte, der Vater der Götter, der Herr der Unterwelt, der Herr der Finsterniss und der verborgnen Schätze«, die Gestalt eines Mannes mit einem Adlerschwanze, der mit dem Kopfe eines monströsen Fisches geschmückt ist, dessen Leib ihm über Schultern und Hüften fällt. Bel, »der Demiurg, der Herr der Welt, der Herr aller Gegenden, der Gebieter der Geister« ist ein auf einem Throne sitzender König. Er hat zwei Nebenformen: Bel-Marduk in Babylon, und Bel-Dagan, an dessen Fischleib oben ein Menschenrumpf angesetzt ist. Nuah, auch Nisrok und Shalmanu (der Erretter) genannt, »der kluge Leiter, der Herr der sichtbaren Welt, der Meister der Wissenschaften, des Ruhmes und des Lebens«, ist ein mit vier ausgebreiteten Flügeln

1) Fr. Lenormant, La magie chez les Chaldéens, S. 113—124.

nach Art der Cherubine versehener Genius. Jeder von diesen Göttern halbirt sich in eine weibliche Gottheit, welche seine passive Gestalt, gleichsam sein »Abglanz« ist: Anat (Anaïtis), Bêlit (Bêltis, Mylitta) und Tihavti (Thauatth). Anat, Belit und Tihavti sind weniger lebensfrisch als ihre männlichen Genossen, gehen leicht in einander auf und verschmelzen sich oft zu einer einzigen Göttin, welche den Namen Belit annimmt und dem weiblichen Prinzipe in der Schöpfung, der feuchten, fruchtbringenden Materie vorsteht[1].

Jene erste Dreiheit umfasst ausschliesslich Wesen von schwankendem und unbestimmtem Charakter. Die zweite besteht aus dem Mondgotte Sin, dem Sonnengotte Samas und dem Luftgotte Bin. Da die Chaldäer vorzugsweise Astronomen waren, gestatteten sie dem Mondgotte den Vortritt vor dem Sonnengotte. Sin war für sie »das Oberhaupt, der mächtige, funkelnde«, dazu »der Gebieter über die dreissig Tage im Monat«. Samas ist »der grosse Bewegende, Regierende, der Schiedsrichter zwischen Himmel und Erde«; Bin »der Verwalter von Himmel und Erde, Spender des Ueberflusses und Herr über die Kanäle«, spielt eine sowol wohlthätige wie schreckenerregende Rolle. Als »Gebieter über das Gewitter, den Wirbelwind und die Ueberschwemmung« führt er wie ein Flammenschwert den vierzackigen Blitzstrahl in der Hand[2]. Auf diese zweite Dreiheit folgen die Planetengötter: Adar (Saturn), Marduk (Jupiter), Istar (Venus) und Nabu (Mercur). Adar, der häufig mit dem Namen Samdan (der mächtige) belegt wird, ist kein anderer als der assyrische Herakles. Er ist derjenige, welcher uns auf den grossen Basreliefs im Louvre in Riesengestalt vorgeführt wird, wie er in seinen Armen einen Löwen erstickt. Man gibt ihm auch die vielsagendsten Beinamen: »der fürchterliche, der Herr der Tapfern, der Meister der Kraft, der Vernichter der Feinde, der da züchtigt die Ungehorsamen und ausrottet die Empörer, der Gebieter des Eisens«. Marduk wurde später aus einem Planetengotte Babylon's oberster Gott und mit Bel verschmolzen. Nergal gilt als »der

1) G. Rawlinson, The five great Monarchies, Bd. I, S. 115—123; Fr. Lenormant, Histoire ancienne de l'Orient Bd. II, S. 182—184; Essai de commentaire sur les fragments cosmogoniques de Berose, S. 64—70 [Geo. Smith, Chaldäische Genesis, S. 54 ff.]. | 2) [Siehe die Abbildung bei Smith a. a. O., S. 90, und den schönen von Delitzsch übersetzten Hymnus an ihn, a. a. O. S. 281].

10*

grosse Held, der König im Handgemenge, der Gebieter der Schlachten, der Kämpe der Götter«; seine Gestalt ist die eines Löwen mit einem Menschenkopfe oder menschlichen Rumpfe. Istar gleich Anat und Beltis stellt in ihrer Person die Natur dar. Eine von ihren Rollen ist die einer Kriegerin, einer »Königin des Sieges« und »Richterin über die Kriegsthaten«. Man sieht sie als solche auf einem Löwen oder Stiere stehen, geschmückt mit der Sternentiara und mit Bogen und Köcher gewaffnet. Auch ist sie die Göttin der Wollust und der Zeugung und nimmt alsdann den Beinamen Zir-banit, »Erzeugerin der Wesen«, auch Zirpanit an. Sie wird von vorn, ganz entblösst, mit den beiden Händen an die Brust gedrückt, dargestellt. Nabu schliesslich ist »der Häuptling des Weltalls, der Ordner der Werke in der Schöpfung, der dem Aufgange der Sonne ihren Niedergang nachfolgen läst«. In ihm erblickte man das Vorbild alles dessen, was auf Erden vollkommen war, und ein Muster, dem ähnlich zu werden sich die Könige bemühen mussten[1].

Zusammen mit den Göttern der beiden Dreiheiten und dem obersten Gotte bildeten die fünf Planetengötter den Grossen Rat der zwölf Götter, der Herrn über die Götter, die über die zwölf Monate im Jahre und die zwölf Zeichen des Thierkreises gesetzt waren[1]. Ihre Verehrung erstreckte sich über das ganze Land und bildete den Hauptbestand der offiziellen Religion; in der Religion des Volks jedoch standen zahlreiche Gottheiten zweiten Ranges unter ihnen. Von diesen Gottheiten waren einige eigentlich nur Nebenformen von den grossen Göttern, welchen die lokalen Ueberlieferungen eine Sonderexistenz gaben: Zagar ist ein Beiname des Adar, Belit-Balati, »die Gebieterin des Lebens«, ein personificirtes Beiwort der Belit. Andere waren eigentliche Persönlichkeiten und hatten einigermassen wichtige Verrichtungen, standen wie Ashmun und Kummut den Konstellationen vor oder überwachten wie Serach die Ernten; so war Bel-Aura der Genius des Feuers, Bau des Chaos, Martu, der Sohn Anu's, der Westen, und Shadu der Osten. Mehrere wie Lagamar und Susinka waren von den benachbarten Völkern, den Susiern, vielleicht auch von den Syrern entlehnt. Die sechsunddreissig Dekane wurden je von einem Gotte, von den sogenannten

1) Fr. Lenormant, Histoire ancienne Bd. II, S. 184—186; Essai de commentaire, S. 93—124.

»Nebengöttern« repräsentirt: »Von diesen Nebengöttern wohnt die Hälfte über, die Hälfte unter der Erde, um diese zu überwachen. Jeden zehnten Tag wird von ihnen einer als Abgesandter der obern Region in die untere entsandt, und von dieser geht in einem unabänderlichen Austausche einer in jene hinüber[1]«.

Fabelgeschichte Chaldäas. Die Sintflut. Die ersten geschichtlichen Könige.

Da die turanischen und kushitischen Stämme dicht zusammen und gleichsam in einander eingeschichtet waren, währte es nicht lange, bis sie sich verbündeten und mit einander verschmolzen. Aus der Vereinigung beider ging eine Mischbevölkerung hervor, deren zwischen dem Hochlande Iran und der grossen arabischen Wüste gelegenes Gebiet naturgemäss in zwei Theile zerfiel. Oestlich vom Tigris entstand das susische Volk und das Königreich Elam, westlich von ihm erhob sich das erste Chaldäerreich.

Elam beginnt an den Ufern des Flusses, ein reiches, ebenes, angeschwemmtes Land, ebenso ergiebig wie Chaldäa[2]. Weizen und Gerste lieferten dort hundertfältigen, mitunter zweihundertfältigen Ertrag[3], Palm- und Dattelbäume wuchsen daselbst in Fülle besonders in der Umgegend der Städte, und andere Baumarten wie Akazien und Pappeln waren im Lande reichlich verbreitet[4]. Der Boden steigt jedoch schnell stufenförmig nach dem medischen Hochlande zu auf, das Klima wird immer kälter, das Erdreich immer weniger ergiebig. Von den Bergen rinnen mehrere Flüsse und die wichtigsten darunter, der Choaspes, der Pasitigris und der Eulaios (Ulaï), sind in ihrem untern Laufe ebenso breit wie der Tigris und Euphrat. Am Zusammenflusse der beiden Arme des Choaspes hatten an der Grenze der grossen Ebene, acht bis zehn Meilen vom Gebirge entfernt, die Könige von Elam ihre Hauptstadt Susa erbaut. Die Burg mit dem Königsschlosse stand auf einer Anhöhe, welche weithin die Ebene beherrschte. Zu deren Füssen nach Osten zugekehrt breitete sich die aus an der Sonne gedörrten Ziegeln erbaute Stadt hin[5]. Weiter oben am Flusse stiess man auf Madaktu, Badaka bei den klassischen Schriftstellern, sonst war das Land mit

1) Diodor II, 30, 7. || 2) Diodor II, 30, 6. || 3) Strabo, XV, 3, 11. || 4) Loftus, Chaldaea and Susiana, S. 290—346. || 5) Loftus, a. a. O., 347. ||

grossen Städten wie Naditu und Chamanu bedeckt, und diese führen meist den Beinamen Königsstädte[1]. Susien bestand nämlich aus einer Art Feudalstaat, der in kleine, von einander unabhängige, aber gemeinschaftlich unter der Botmässigkeit eines einzigen, vorzugsweise in Susa residirenden, Königs stehende, Staatswesen zerfiel. Das turanische Element hatte hier die Oberhand und brachte auch schliesslich es dahin, dass seine Sprache wenigstens als die offizielle und beiden gemeinsame den Vorrang erhielt[2], dabei bewahrten jedoch die Kushiten ihre Nationalität bis in die spätesten Zeiten und sind auf den ninivitischen Basreliefs an ihrem negerartigen Typus herauszuerkennen. Susien wurde bereits sehr früh der Sitz einer mächtigen, selbst der chaldäischen voraufgehenden Civilisation. Das wenige, was uns aus Denkmälern späterer Zeit über seine Religion bekannt ist, versetzt uns in eine neue Welt voll seltsamer Namen und Gestalten. Obenan in der Götterhierarchie steht, wie es scheint, ein höchster Gott und eine höchste Göttin, die in Susa Susinka und Nachunte hiessen. Die für Profane nicht zugängliche Bildsäule der Nachunte war in dem heiligen Haine von Susa verborgen, aus dem Assur-ban-habal sie siebenhundert Jahre vor unserer Zeitrechnung hervorholte. Dann kommen zehn Götter erster Ordnung, die sich in zwei Triaden vertheilen. Der bekannteste von diesen ist Umman, vielleicht der Memnon der Griechen[3]. Im übrigen scheint die susische Civilisation stets die grösste Aehnlichkeit mit der chaldäischen besessen zu haben. Susier und Chaldäer besassen, soweit wir darüber ein Urtheil haben können, fast dieselben Sitten, dieselben kriegerischen Bräuche und gleiche Befähigung zum Betriebe der Gewerbe und des Handels.

Westwärts vom Tigris geboten zwei mächtige Nationen, die Sumir und die Akkad, aus deren Verschmelzung die chaldäische Rasse hervorging[4]. Wie die Auswanderer den Boden Chaldäas betraten, fanden sie daselbst weder Steinbrüche noch Bergwerke

1) Finzi, Ricerche per lo studio dell' antichità assira S. 293—304. || 2) Fr. Lenormant, la Magie, S. 320; [Duncker, Geschichte I, S. 193]. || 3) Lenormant, La Magie, S. 137—323. || 4) Oppert hält die Sumir für Turanier. Die englische Schule und Lenormant halten die Sumir für Kushiten und sehen in den Akkad Turanier. [Auch Fr. Delitzsch hat sich kürzlich für die nichtsemitische Abkunft der Sumir ausgesprochen: Smith, Chaldäische Genesis S. 286 ff.].

vor[1], waren also gezwungen aus Sumpfgewächsen ihre Behausungen zu erbauen. Man band mehrere Stengel zusammen, krümmte die Bündel bogenförmig und erhielt so eine Art Balkenwerk, über welches Matten ausgepannt wurden und die Wände bildeten[2]. Später nahm man Palmstämme statt der Binsen, noch später Ziegel. Der Boden lieferte in Babylonien nämlich einen trefflichen Thon, der im Ofen getrocknet oder blos der Sonne ausgesetzt so hart wurde, das er zur Errichtung von Baulichkeiten verwandt werden konnte. Aus diesen mannigfachen Materialien wurden die ersten Städte Chaldäa's erbaut: Ur[3], Uruch[4], Larsam[5], Nipur[6], Sippara[7], Borsip[8] und Babel. Ur, das an dem rechten Ufer des Euphrat nicht weit von dessen ehemaliger Mündung lag, war in jenen Urzeiten der grosse Stapelplatz für den Seehandel; seine Schiffe gingen weithin in den persischen Golf, sogar in das indische Meer[9]. Es stand mitten in einer Niederung, welche hie und da von Sandhügeln unterbrochen war. Im Mittelpunkte ragt ein dreistöckiger, aus mit Erdpech bekleideten Ziegeln erbauter Tempel auf, und rings herum zieht sich ein Gürtel von Gräbern, welche die Reisenden reichlich zur Förderung der Wissenschaft ausgebeutet haben[10]. An beiden Euphratufern zwischen Ur und Sippar standen Zirgilla[11],

---

1) G. Rawlinson, The five great Monarchies, S. 38. || 2) Die chaldäischen Araber erbauen ihre Hütten noch auf dieselbe Art. Vergl. Layard, Ninive and Babylon, S. 544—555; Loftus, Chaldaea and Susiana, S. 91—92. || 3) Heutzutage *Mugheyr*, das »erdpechhaltige«. || 4) In der Bibel *Erech* oder *Orech* (Genesis XIV, 1), bei den Alten *Orchoe* (Strabo XVI, 1; Ptolemaios, V, 20), heutzutage *Warka*. || 5) Vielleicht das *Laranchai* bei Berossos (Lenormant frag I) und Apollodor's *Larissa* (Bibliothek II, 4, 4), heutzutage *Senkereh* oder *Sinkara* (Oppert, Expédition Bd. I, S. 266 ff.). || 6) Im Talmud *Nopher*, bei den Hebräern *Kalneh* (Genesis X, 10) oder *Kalnô* (Jesaja X, 9) nach Oppert (Histoire des empires de Chaldée et d'Assyrie S. 21) = *Hekal-Anu* »Behausung des Gottes *Anu*«, heutzutage *Niffer*. | 7) *Sepharvaïm* in der heil. Schrift; vergl. Finzi, Ricerche S. 193—195. [Duncker, Geschichte I, S. 195 f.] || 8) Finzi, Ricerche S. 189—190 [Neubauer, La géographie du Talmud, Paris 1868, S. 346 f. Duncker, a. a. O., S. 206, 217]. || 9) H. Rawlinson, im Journal of the geographical Society Bd. XXVII, S. 185. || 10) G. Rawlinson, The five great Monarchies, Bd. I, S. 15—16; Finzi, a. a. O., S. 174—177; [G. Smith, Chaldäische Genesis, S. 124 ff.]. || 11) Heutzutage *Zerghul* (Fr. Lenormant, Études accadiennes Bd. I, Theil 3, S. 77).

Eridu[1], Karrak[2], Kuti[3] und Agane[4], aneinander gereiht. Meist haben die Städte ansehnliche Trümmer hinterlassen, welche, ohne gerade in die ersten Zeiten der turanischen Ansiedlungen zurückzureichen, uns doch so weit in das Altertum zurückversetzen, dass es noch nicht gelungen ist, ihr Alter mit Bestimmtheit abzuschätzen.

Innerhalb dieser alten, heutzutage untergegangenen Städte ging die gewaltige Kreuzung von Rassen und Ideen vor sich, aus welcher die chaldäische Nation und Gesittung entstand. Die Verschmelzung von zwei so entgegengesetzten Elementen, wie das kushitische und turanische sind, konnte unter blutigen Kämpfen und beständigen Zerwürfnissen allein zu Stande kommen. Von diesen weit in der Zeit zurückliegenden Kriegen ist bis jetzt kein Echo zu uns durchgedrungen. Soweit wir an der Hand der Denkmäler in die Geschichte zurückgehen können, finden wir, dass sich Sumir und Akkad zu einem Volke vermischt haben. Das Land Sumir ist nur noch gleich der terra salica in den mittelalterlichen Scribenten eine halb verschwommene Erinnerung, nur noch eine Ueberlieferung der Vorzeit, nach deren Entstehen man begierig forscht[5]. Die turanische Sprache erlischt allmählich und fristet nur noch als heilige Sprache ihr Dasein in den Tempeln oder den Schulen[6]. Das turanische Syllabar wurde den kushitischen Bedürfnissen angepasst und dient zur Schreibung einer semitischen Mundart: jedes Zeichen entspricht neuen Lauten, behält aber doch seine ursprüngliche Bedeutung bei. Der Laut ILU, welcher dem Begriffe *Gott* entspricht, wird mit dem Zeichen [Keilschriftzeichen] verbunden, ohne diesem seinen Laut AN zu nehmen. Das Zeichen [Keilschriftzeichen], *Sonne* und *Tag*, wird SHAMAS und YUM und daneben nach seinem turanischen Lautwerte UT, UD, PAR und PARRA ausgesprochen. Beide Kulte vermischten sich mit einander in ungleichem Verhältnisse. Der kushitische Marduk

1) Bei Ptolemaios (V. 20) *Rata*; vergl. Oppert, Expédition de Mésopotamie I, 269, welcher das Zeichen *Rat* liest. || 2) Fr. Lenormant, Études accadiennes Bd. I, Theil 3, S. 77. || 3) *Kutha* (Finzi, Ricerche, S. 190—192). || 4) Es war dies ein auf der rechten Seite des Euphrat gelegener Stadtheil von *Sippara*, den man als eine Stadt für sich betrachtete (Fr. Lenormant, Les Premières civilisations, Bd. II, S. 105). || 5) Norris, Assyrian Dictionary, Theil II, S. 701. || 6) Fr. Lenormant, La Magie, S. 289, 299.

wurde mit dem turanischen Silik-molu-chi[1] verbunden. Ea verschmolz mit Nuah, und Sin mit Hurki, doch gewinnen die Götter mit semitischen Namen über ihre Rivalen die Oberhand. Den turanischen bleiben nur die magischen Bräuche übrig, und sie bilden neben der offiziellen Religion eine Art Volksreligion, oder besser eine fest organisirte Hexenkunst. Die magische Priesterschaft zerfiel in drei Gattungen: Beschwörer, Aerzte und Theosophen. Sie trachtete »das Böse abzuwenden und theils durch Reinigungen, theils durch Opfer oder Zauberei, zum Guten zu verhelfen[2]«. Was sie für Riten und Besprechungen anwandte, ist uns theilweise in einem grossen Werke erhalten geblieben, von dem im britischen Museum sich Bruchstücke befinden.

Es zerfiel dieses in drei Bücher. In dem Buche von den Bösen Geistern sind die gegen die Dämonen gerichteten Formeln. Das zweite Buch enthält Besprechungen gegen die Krankheiten, und das dritte geheimnissvolle Hymnen, welche die Götter beschwören sollen. Die wirksamste Schutzformel entlehnte ihre Wirksamkeit von dem »grossen, höchsten Namen« der Gottheit, welchen allein Eà weiss und Silik-molu-chi kund gethan hat. Zu den Besprechungsformeln kamen noch Talismane verschiedener Art, Bänder von Zeug, welche dem Hausgerät und den Kleidungsstücken angeheftet wurden, Amulette aus Holz, Stein, oder gebranntem Thon und Statuetten von Unthieren und Genien. Wer diese Talismane trug oder besass, war selbst von den Göttern nicht zu verletzen, weil der Talisman »eine Scheidewand war, die man nicht fortnimmt, eine Grenze, welche die Himmel nicht übertreten, eine Grenze zwischen Himmel und Erde, die man nicht verschiebt, die kein Gott ausgerottet hat, eine Scheidewand, die man nicht fortnimmt, aufgestellt gegen die Unthat, eine Scheidewand, die nicht von dannen geht, und welche man der Unthat entgegensetzt.« Im Louvre ist eine Bronzestatuette zu sehen, welche einen Dämon mit einem Hundeleibe, mit Adlerfüssen, und mit Armen, die Löwenklauen tragen, mit einem Skorpionsschwanze und mit einem Schädel, der Ziegenhörner hat, statt des Kopfes darstellt; vier grosse ausgebreitete Flügel beschatten ihm den Rücken. Es ist ein Talisman. Eine turanische, an den Lenden entlang geschriebene, Inschrift belehrt uns, dass »diese zierliche Person der

1) Lenormant, La Magie, S. 9, 18, 175—177. || 2) Diodor, II, 29, 3.

Dämon des Südwestwindes ist« und dass es genügte, wenn man das Bildwerk an die Thür oder das Fenster eines Hauses stellte, um die bösen Genien fern zu halten.

Neben den Gutes wirkenden Zauberern gab es auch solche, welche die Dämonen in verbrecherischer Absicht heraufbeschworen, Hexenmeister und Hexen, Looswerfer und Tränkchenbrauer. Ein chaldäischer Hexenmeister verkaufte gleich seinen modernen Handwerksgenossen Gifte, er behexte und entfesselte mit seinen Bannsprüchen die Geister des Abgrunds: »Der Bannspruch wirkt auf den Menschen gleich einem bösen Dämon, ... der Bannspruch der Bosheit ist die Quelle der Krankheit«. Es galt jeder Kranke für behext und konnte nur vermittelst einer Beschwörung, welche derjenigen, die ihn heimgesucht hatte, entgegenwirkte, Heilung erhalten. Es gab auch keine Aerzte im eigentlichen Sinne in Babylonien [1]: es gab Zauberpriester, welche gegen die Krankheiten Tränkchen und Amulette verkauften. Durch hundertjährige Erfahrungen waren sie jedenfalls mit einer gewissen Anzahl medizinisch wirksamer Pflanzen und Stoffe bekannt geworden, und ihre magischen Tränke und Pulver waren häufig wirkliche, bei verschiedenen Krankheiten angewandte, Heilmittel. Ohne Besprechung gab es jedoch keine Pulver und Tränkchen, und wenn sich der Kranke besserte, so hatte die Besprechung und nicht das Heilmittel die Ehre von der Kur [2].

Wie die chaldäischen Rassen sich verschmolzen, kam ihnen die Erinnerung an ihre Herkunft abhanden, und das Andenken an ihre Wanderzüge und Kämpfe erlosch in ihnen. Die Ueberlieferungen, welche sie aus ihrer Heimat jenseits des Oxus mitgebracht hatten, lokalisirten sie an den Ufern des Euphrat und Tigris und liessen die Menschen und Dinge in Chaldäa entstehen. Es wurde ein ganzer Cyclus von epischen und religiösen Sagen entfaltet, »welcher in seiner Auffassungsweise und Entwickelung mit den epischen Dichtungen Indiens viel analoges hat. Es waren dies auch Geschichten von göttlichen Heroen, von Göttern, die sich in Könige

1) Herodot I, 197. || 2) Lenormant, La Magie, S. 11—20; [über das Looswerfen vergl. Lenormant, La divination et la science des présages chez les Chaldéens, Paris 1875, S. 17 ff. Ueber eine sagenhafte Reise des Gottes Marduk, auf der er die Krankheitsgeister unschädlich zu machen trachtete: Smith, Chald. Genesis, S. 101].

der Urzeit verwandelten, von denen man sich erzählte, wie sie wirkten, was sie auf Erden erlebten, was sie an Kriegsthaten verrichteten, wie märchenhafte Abenteuer sie bestanden, und wie sie Städte und Reiche gründeten; es waren Geschichten, die als Anlass und Vorwand gebraucht wurden, um im Laufe der Begebenheiten kosmogonische Sagen mit zu behandeln«[1]. Aus Berossos und aus den Trümmern der assyrischen Literatur vermögen wir wenigstens einige Episoden dieser Sagen wieder theilweise herzustellen, soweit sie zur Sagengeschichte Chaldäa's gehörten.

Diese versetzen uns meist sogar in den Anfang der Schöpfung. Die Priester in den alten turanischen Heiligtümern glaubten durch besondere Offenbarung zu wissen, wie Gott oder die Götter es anstellten, als sie die Welt bildeten. Auch sie liessen Alles aus dem Chaos werden. »Als droben nicht kundthat der Himmel, drunten die Erde einen Namen nicht nannte«, d. h. ehe Himmel und Erde vorhanden waren, gab es nur *Mummu-Tiamat*, »die Gebärerin ihrer aller«, hebräisch: *tehôm*), innerhalb deren sich zuförderst die Wasser sonderten, das Wasser des Himmels von dem Meere schied. Dann erst wurden die Götter. Aus der Meerestiefe lassen diese das Festland erstehen »zur Wohnung des Menschen, darinnen möge er bauen seine Stadt«. Dann ordnete der schaffende Gott die Gestirne, »das Jahr zu bestimmen, durch die Beobachtung ihrer Constellationen ordnete er zwölf Monate (oder Zeichen) von Sternen in drei Reihen, von dem Tage, da das Jahr beginnt bis zum Schlusse«. Er erschliesst die grossen, festen Thore zur Linken und Rechten, d. h. öffnet den Horizont im Osten und Westen, das Chaos geräth in Sieden und herauf kommen *Uru*, der Mond, »der beschirmt die Nacht«, und *Samas*, die Sonne, »zum Kreislauf«. Als »die Götter in ihrer Gesammtheit« das geschaffen hatten, und, wie es scheint, auch die Ungestüme des Meeres entstanden waren, »liessen sie werden lebendige Wesen, . . . Vieh des Feldes, Thiere des Feldes und Gewürm des Feldes«. Und wie so alles vorbereitet war, wurde schliesslich der Mensch ins Leben gerufen; und wir erfahren auch, dass ihm sogleich kundgethan wurde, welche Pflichten er den Göttern und seinesgleichen gegenüber inne zu halten habe. Wie jedoch in der indischen Mythe Vritra gegen Indra, in der ägyptischen Apep

1) Lenormant, Les premières civilisations Bd. II, S. 82.

gegen Râ, Set gegen Osiris das Haupt erhebt, so empören sich auch bei den Chaldäern die masslosen, unbändigen Naturgewalten in Gestalt des Meerdrachen *Tiamit* gegen die ordnenden Mächte des Himmels und ziehen sogar den Menschen auf ihre Seite. Aber *Marduk* wirft die Riesenschlange sammt ihren Genossen zu Boden, bannt und bändigt sie und rettet die Götter und das Bestehen der Welt. So die Erzählung, welche uns am besten, — immerhin noch sehr fragmentarisch, — erhalten ist [1].

Das hebräische Volk nahm diese Ueberlieferungen auf, ohne sie im wesentlichen umzugestalten. Auch bei ihnen folgte die Schöpfung des Trockenen auf die Scheidung der Wasser in eine obere und untere Schicht; und da in dem chaldäischen Berichte, soweit er uns erhalten ist, ausdrücklich hervorgehoben wird, dass damals »eine Pflanze noch nicht gewachsen war«, auch wir über die Erschaffung der Gewächse keine keilschriftlich überlieferte Urkunde haben, müssen wir annehmen, dass auch in der chaldäischen Erzählung wie in der Genesis die Vegetation unmittelbar nach der Bildung des Festlandes aufsprosste. Wie uns der Bericht der jüdischen Urkunde vorliegt, ist er bereits durch die Anschauungen der Jahvehreligion hindurchgegangen [2], wir können es daher nur als eine Uebergehung, nicht als eine Grundverschiedenheit in dem hebräischen Werke ansehen, dass in ihm das uranfängliche Chaos keine Persönlichkeit hat, dass von der Entstehung der Götter und vollends von dem Kampfe derselben mit den bösen Mächten des Chaos nicht die Rede ist. Letzteren gesteht die heilige Schrift ohnehin nur selten Persönlichkeit zu [3].

Der Fall des Menschen in Folge der Sünde, seine Empörung gegen die Götter und die Kämpfe zwischen den niederen Geistern und den höchsten Gottheiten nahmen die ersten Zeiten der soeben geschaffenen Welt in Anspruch.

»Im Anfang gab es in Babylon eine grosse Menge von Men-

1) [Vergleiche hierzu die Uebersetzung der assyrischen Texte in Geo. Smith's Chaldäischer Genesis, S. 60—93 und Delitzsch dazu S. 293—300, assyrisch bei Delitzsch, assyrische Lesestücke, Leipzig 1876, S. 40—45]. || 2) [Vergl. auch Delitzsch, zu Smith, S. 305, f.]. || 3) [Eine Erinnerung an die Kämpfe der Götter mit den Geistern des Chaos scheint mir noch in Job, III, 8 und XL, 14 zu liegen sowie in der Rolle, welche der Behemoth und der Leviathan im Talmud spielen. — R. P.].

schen verschiedenen Stammes, welche Chaldäa bevölkerten. Sie lebten ohne Ordnung gleich den Thieren. Am ersten Tage stieg jedoch aus dem erythräischen Meere, da, wo es an Babylon angrenzt, ein vernunftbegabtes Wesen mit Namen Oannes[1] empor. Es hatte ganz den Leib eines Fisches, hatte unter dem Fischkopfe jedoch einen anderen Kopf (einen Menschenkopf) angewachsen, und auch an dem Fischschwanze wuchsen Menschenfüsse hervor. An Stimme war es einem Menschen gleich, und ein Bildniss von ihm ist heutzutage noch erhalten. Dieses Wesen weilte den Tag über bei den Menschen ohne irgendwelche Nahrung zu sich zu nehmen. Es überlieferte denselben die Kunde der Buchstaben, Wissenschaften und mannigfachen Künsten, lehrte, wie man sich in Städten ansiedelt und Tempel baut, und die Grundbegriffe von Gesetzen und von der Feldmesserkunst, zeigte ihnen, wie man Früchte säet und erntet, kurz, gab den Menschen Alles, was die Gesittung des Lebens fördert. Seit damals sind überhaupt keine Erfindungen mehr gemacht worden. Sowie die Sonne unterging, tauchte jenes Oanneswesen wieder ins Meer und verweilte die Nacht über in den Wogen, denn es war amphibischer Art. . . . Oannes schrieb über den Ursprung und die staatlichen Angelegenheiten ein Buch, welches er den Menschen mittheilte«[2].

Zwischen der ersten Gottesoffenbarung und dem Auftreten einer mythischen Dynastie verstrich ein langer Zeitraum: »Der erste König war ein Chaldäer Aloros aus Babylon, von dem nur erzählt wird, dass er von der Gottheit selbst zum Völkerhirten erkoren wurde. Er regierte 10 Saren, d. h. 36000 Jahre, weil der Saros 3600, der Neros 600 Jahre, und der Sossos 60 Jahre beträgt. Nach Aloros' Tode herrschte sein Sohn Alaparos drei Saren, nach diesem Amillaros[3], aus der Stadt Pantibiblia[4], 13 Saren[5]. Unter diesem tauchte aus dem erythräischen Meere der zweite Annêdôtos empor, der seiner Gestalt nach, halb Mensch, halb Fisch, dem Oannes sehr nahe kam, ein Halbgott. Nach diesem herrschte Ammenon, gleichfalls ein Chaldäer aus Pantibiblia, 12 Saren lang.

---

1) Helladios bei Photios (Biblioth. cod. 279, p. 1593) nennt ihn Ὠής, Hyginus (fab. 264) Euhanes. || 2) Berossos, frag. 1 ed. Lenormant. Müller fragg. histt. graecc. Bd. 2. S. 497. || 3) Var. Almelón. || 4) Sippara, oder besser Urueh nach den neuen Forschungen von Fr. Lenormant, La langue primitive de la Chaldée S. 341—342. || 5) [18 Saren bei Eusebios].

Unter diesem soll der geheimnissvolle Oannes erschienen sein. Darnach herrschte 10 Saren der Hirt Davos[1] aus Pantibiblia. Unter diesem stieg aus dem erythräischen Meere der vierte Annédotos empor, der ebenso wie die früheren an Gestalt ein Zwitterwesen zwischen Mensch und Fisch war. Dann herrschte Evedoranchos[2] aus Pantibiblia 18 Saren lang. Zu seiner Zeit stieg noch so ein Wunderthier, Namens Anodaphos aus dem Meere empor. Alle diese Wunderwesen führten dasjenige, was Oannes im grossen Ganzen durch seine Worte angeordnet hatte, weiter aus. Es herrschte demnächst 10 Saren der Chaldäer Amempsinos aus Larancha[3] und 8 Saren Obartes[4], gleichfalls ein Chaldäer aus Larancha. Und wie Obartes starb, war 18 Saren sein Sohn Xisuthros[5] König: unter diesem fand die grosse Sintflut statt, so dass man also im ganzen 10 Könige und 120 Saren hat«[6].

Die fabelhaften Jahreszahlen, welche die Chaldäer ihren ersten Königen zuschrieben, schienen den klassischen Schriftstellern lächerlich[7]. Man nahm allerdings, wie es scheint, an, dass von Anbeginn der Welt bis zur Sintflut 691200 Jahre verflossen seien, von denen 259200 bei der Thronbesteigung des Aloros abgelaufen waren, und 432000 auf ihn und seine nächsten Nachfolger grossmütig vertheilt wurden[8]. Auch sind die meisten neueren Geschichtsforscher darin einig, dass sie diesen zehn Königen eine astronomische Bedeutung beimessen und sie für eine Personificirung der zehn Zeichen des Thierkreises ansehen[9]. Die Gesammtdauer für ihre Herrschaft, 432000 Jahre, die ihnen zugeschrieben wird, also für jeden 43200 Jahre, ist augenscheinlich so berechnet, dass sie zu einer grossen astronomischen Periode von 12 × 43200 Jahren passt, für deren Vorhandensein Beweise vorzuliegen scheinen, obgleich man nicht weiss, wozu und woher sie entstand. Den Chal-

1) [So der armenische Eusebios, das v entstammt nur der armenischen Orthographie. Var. *Daonos*]. || 2) [Var. Edoranchos]. || 3) *Larsam* oder, falls die von Lenormant (La langue primitive, S. 342) vorgeschlagene Korrektur in den Text des Berossos aufzunehmen ist, *Surippak* ([Σου]ρά[π]χα = [Λα]ρά[γ]χα. || 4) Var. Otiartes. || 5) Var. Sisithes. || 6) Berossos, frag. IX, X u. XI bei Lenormant, Müller, a. a. O. S. 499. || 7) Cicero de divinatione I, 19; Africanus bei Syncellus pag. 17. || 8) Fr. Lenormant, essai d'interprétation. S. 226—240. || 9) Movers, Die Phönizier Bd. I, S. 105 ff. Lenormant, Essai. S. 236—240. [Duncker. Gesch. S. 180. 184].

däern galt das, was der Sintflut voraufging, als eine Probezeit, in welcher die noch barbarische Menschheit der Unterstützung von oben her bedurfte, damit sie die sie umringenden Schwierigkeiten überwältigen könne. In sie fallen sechs Offenbarungen der Gottheit, jedenfalls entsprechend der Anzahl derjenigen heiligen Schriften, welche von den Priestern für den vollkommensten Ausdruck des geoffenbarten Gesetzes angesehen wurden[1].

Eines Nachts vernahm König Xisuthros[2], wie Gott Nuah[3] zu ihm sprach: »Du Surippakite, Sohn Ubaratutu's, mache ein grosses Schiff [für dich und die Deinen, denn] ich vertilge den Sünder[4] und Leben . . . und bring hinein allen lebendigen Samen in das Schiff [ihn zu erhalten]«. Er hiess ihn, die Bücher, die da Anbeginn, Mitte und Ende enthielten, in der Stadt Sippara vergraben, und auf alles gerüstet, aufbrechen. Wie Xisuthros ihn fragte: wohin? erwiederte er: »Zu den Göttern«, und fügte hinzu, wenn er beten würde, werde es den Menschen gut gehen. Xisuthros gehorchte und baute sich ein mit Erdpech wasserdicht gemachtes Schiff. »Alles, was ich hatte, nahm ich zusammen; alles was ich an Silber hatte, nahm ich zusammen. Alles was ich hatte an Gold, nahm ich zusammen. Alles was ich hatte an lebendigem Samen, nahm ich zusammen. Alles brachte ich hinauf auf das Schiff. Alle meine Knechte und Mägde, das Vieh des Feldes, die Thiere des Feldes, die Jünglinge des Heeres, allesammt brachte ich hinauf«. Wie das bewerkstelligt war, sprach am Abend der Gott Samas: »Ich will schwer regnen lassen vom Himmel, geh hinein in das Schiff und schliess zu deine Thür!« Jene Flut brach herein, von der er gesprochen hatte, sagend am Abend: »Ich will schwer regnen lassen vom Himmel«. Als ich eintrat in den Abend des Tages, am Tage des Wachens, hatte ich Furcht. Ich ging hinein in das Schiff und schloss meine Thür. Zu verschliessen das Schiff gab ich Buzur-Sadurabu[5], dem Bootsmann, den Palast sammt dessen Gütern«.

Am nächsten Morgen erhob sich ein wütendes Unwetter weit

---

1) Movers, die Phönizier, Bd. I, S. 93 ff. || 2) Keilschriftlich Hasisadra. || 3) Im Texte des Berossos: Kronos. || 4) [diese Bedeutung ist nach Fr. Delitzsch für das betreffende Keilschriftzeichen sehr zweifelhaft.]. || 5) [Nach Delitzsch, zu Smith, Chald. Gen. S. 319].

und breit am Himmel. »Bin[1]) donnerte in dessen Mitte und Nebo[2]) und Sarru[3]) gingen voran, die Thronträger schritten über Berge und Thäler, der Zerstörer Nergal[4]) stürzte (alles) um; Adar[5]) schritt hervor und warf nieder, die Geister brachten Vertilgung, in ihrer Herrlichkeit fegten sie die Erde, . . . die lichte Erde ward zur Wüste. . . . Der Bruder sah nicht den Bruder, nicht erkannten einander die Menschen. Im Himmel fürchteten sich die Götter vor dem Sturm und suchten Zuflucht. Sie stiegen hinauf zu dem Himmel Anu's«[6]). Istar weinte über das Loos der Menschheit, und »die Götter in Anbetracht der Geister weinten mit ihr, die Götter sassen auf Sitzen mit Wehklagen. . . Sechs Tage und Nächte vergingen. Wind, Flut und Sturm überwältigten. Am siebenten Tage, an dessen Verlauf legte sich der Sturm und all die Flut, welche verheert hatte, gleich einem Erdbeben, liess nach. Das Meer liess er trocknen, und Wind und Flut nahmen ein Ende. Ich durchschiffte das tosende Meer, während die ganze Menschheit zu Schlamm geworden war. Wie Schilfrohr schwammen die Leichen. Ich öffnete das Fenster und das Licht fiel auf mein Antlitz, ich setzte mich nieder, zuckte zusammen und weinte; über mein Antlitz flossen meine Zähren«.

Die Arche, welche das Heil der Menschheit in sich barg, hielt endlich im Lande Nizir auf den gordyäischen Bergen an. Nach siebentägigem Harren »sandte ich eine Taube aus: und sie flog fort, die Taube flog hin und her und einen Ruheplatz fand sie nicht und kehrte wieder[7]). Ich sandte aus eine Schwalbe und sie flog fort: die Schwalbe flog hin und her und einen Ruheplatz fand sie nicht und kehrte wieder. Ich sandte aus einen Raben und er flog fort: der Rabe flog und sah die Abnahme des Wassers und frass, schwamm und wanderte fort und kehrte nicht wieder. Ich liess aus die Thiere nach den vier Winden, goss ein Trankopfer aus, und baute einen Altar auf dem Gipfel des Berges«. Die Gebete

---

1) Der Gott des Storms, [bei Smith, a. a. O.: Vul]. || 2) Der Gott des Planeten Mercur. || 3) Ein Genius, der mit Nebo zusammen auftritt. || 4) Der Gott des Planeten Mars. || 5) [bei Smith, S. 226: Ninip.] || 6) [Nach Smith, Chald. Gen. S. 226]. || 7) [Es ist nicht sicher, dass der erste Vogel, den Xisuthros abschickte, eine Taube war, da man das in dem betreffenden Keilschrifttexte befindliche Wort *tu h'u* noch nicht endgültig als einen Namen der Taube nachgewiesen hat. Siehe: Delitzsch zu Smith, S. 319 f.].

des Xisuthros und Fürbitten der Götter beruhigten schliesslich den Zorn des Bel. Er willigte ein, die in der Arche gerettete Menschheit am Leben zu lassen und die Sintflut nie zu wiederholen. »Als sein Urtheil gefällt war, trat Bel hinein in das Schiff, nahm meine Hand und richtete mich auf, befahl mir, aufzustehen und mein Weib an meine Seite zu bringen. Er schloss einen Bund, setzte fest in einem Vertrag und gab einen Segen«. Die Sage erzählt weiter, wie Xisuthros, nachdem er mit seinem Weibe, seiner Tochter und dem Bootsmanne geopfert hatte, »gleich zu sein den Göttern, entrückt wurde« und für immer verschwand. »Wie aber diejenigen, welche in dem Fahrzeuge verblieben waren, merkten, dass Xisuthros mit denen, die bei ihm waren, nicht wiederkam, gingen sie heraus, suchten nach ihm und riefen ihn bei Namen. Xisuthros selber sahen sie zwar nicht wieder, es kam aber eine Stimme vom Himmel, welche ihnen sagte, sie sollten gottesfürchtig sein, denn ob seiner Frömmigkeit sei er zu den Göttern entrückt und wohne bei diesen, der gleichen Ehre seien auch sein Weib, seine Tochter und der Bootsmann theilhaftig geworden. Sie sagte ihnen ferner, dass sie nach Babylon zurückkehren sollten, dass ihnen obliege, die Bücher in Sippara auszugraben und den Menschen mitzutheilen, und dass sie sich in Armenien befänden. Wie jene das vernahmen, opferten sie den Göttern und wanderten gen Babylon. Von der Arche, die in Armenien anhielt, gibt es in den gordyäischen Bergen noch ein Stück, von welchem die Pilger mitunter den Asphalt abkratzen, um diesen als schützendes Amulet zu verwenden[1]. Xisuthros' Gefährten gruben, wie sie in Babylon angekommen waren, die Schriften zu Sippara wieder aus, schrieben eine Menge Bücher, errichteten Tempel und schufen so ein zweites Babylon«[2].

Es war ein Riesengeschlecht, welches die Erde von neuem be-

---

1) Man hat sogar babylonische Amulette aus später Zeit gefunden, die aus einem Stücke Erdpech bestehen, in welches mit griechischen Buchstaben kabbalistische Worte eingekratzt sind. 2) Borossos frag. 15—16 ed. Lenormant, Müller a. a. O. S. 501 u. 502. Der hier gegebene Sintflutbericht lehnt sich theils an Berossos theils an die von Smith zuerst übersetzten assyrischen Tafeln an. G. Smith, The chaldaean account of the Deluge in den Transactions of the Society of Biblical Archeology Bd. 1, S. 213—234 vergl. Fr. Lenormant, Les premières civilisations Bd. 1, S. 1—146 u. G. Smith Assyrian discoveries, 1875, S. 165—222 [chaldäische Genesis, S. 223—229].

völkerte: »Von den ersten Menschen wird erzählt, dass sie so auf ihre Kraft trotzten und durch ihre Grösse so aufgeblasen waren, dass sie die Götter geringschätzten und sich diesen überlegen wähnten, und daher dort, wo jetzt Babylon steht, einen hoch emporragenden Turm errichteten, so dass sie dem Himmel sehr nahe kamen. Da kamen die Winde den Göttern zu Hülfe und stürzten ihr Machwerk über ihnen zusammen. Die Trümmer heissen Babylon. Bisher hatten die Menschen einerlei Sprache geredet, nun zwangen die Götter sie zu mannigfach verworrenen Lauten«[1]. Diese Ueberlieferung steht fast in derselben Gestalt in den heiligen Schriften der Hebräer[2]. Ihre Heimat ist übrigens die Ebene Sennaar, also Chaldäa, und sie kommt bei den übrigen Völkern der semitischen Familie gar nicht vor, noch weniger bei den Völkern arischer[3] oder turanischer Herkunft. Man darf also annehmen, dass diese Ueberlieferung den Kushiten an den Ufern des Euphrat angehört. In einer Version dieses Berichtes lag der *Turm der Sprachen* in Ur oder Kalanneh, einer der ältesten, wo nicht überhaupt der ältesten Metropole von Südchaldäa[4]; doch verlegt die am allgemeinsten angenommene Ueberlieferung in die Nähe von Babylon oder nach Babylon selbst, obschon die biblische Etymologie für Babel, von belel, verwirren, der Schreibweise dieses Wortes: Babel, Babilu nicht entspricht, da es nur die »Pforte des Gottes Ilu« bezeichnet. Was den Turm selber anlangt, so hielten die Chaldäer ihn für identisch mit dem Turme von Borsippa, welcher, nach Aussage des Königs Nabukudurussur, seit undenklichen Zeiten unvollendet geblieben war[5]. Dieser bestand aus sieben aufeinanderliegenden Terrassen, die je einem Gotte geweiht und mit der diesem Gotte zukommenden Farbe angestrichen war. Jede Terrasse hatte eine vollkommene viereckige Gestalt und war derartig gebaut, dass sie

1) Berossos frag. XVII, XVIII. || 2) Genesis XI, 1—9. || 3) Ausgenommen die Armenier, welche sie entweder den heiligen Büchern der Chaldäer oder der Hebräer entlehnten. || 4) Jesaja XI, 10 (Nach den LXX). || 5) W. A. J. Band I, 51. 1; Oppert, Études assyriennes, S. 91—132 und Fr. Lenormant, Essai d'interprétation, S. 351—352. [Altassyrische Texte, die sich allem Anschein nach auf ein ähnliches Unternehmen wie den Turmbau beziehen, hat Smith (Chald, Genesis, S. 122 ff.) aufgefunden und übersetzt. Doch sind die entscheidenden Stellen darin gerade noch nicht endgültig zu deuten (vergl. Delitzsch, l. l. S. 310). Abbildungen ähnlicher Bauten, siehe Smith, a. a. O. S. 124—127.]

hinter die darunterliegende zurücktrat, so dass dies Gebäude wie eine gewaltige Stufenpyramide mit sehr breiter Basis und sehr schmaler Spitze aussah. Gegen die babylonische Sitte waren die Vorderseiten, nicht die Ecken des Gebäudes nach den vier Himmelsrichtungen ausgerichtet[1].

Das Auftreten der ersten menschlichen Dynastie fiel in die Zeit kurz nach der Sintflut und der Sprachverwirrung. Sie war, wie Berossos angibt, eine chaldäische und umfasste 86 Könige, welche im Ganzen 34080 Jahre herrschten. Evechus und Chomasbelos, die beiden ersten, hatten den Thron 2400 und 2700 Jahre hindurch inne. Nach dem Syncellus bestand sie nur aus sechs Monarchen: Evechus, Chomasbelos, Poros, Nechubas, Nabios und Zingiros und ihre Herrschaft dauerte nur 225 Jahre[2]. Geschichtlichen Wert hat man diesen Namen nicht beizulegen, braucht auch nicht zu versuchen, die Zeitangaben für diese erste Dynastie mit der Wahrscheinlichkeit in Einvernehmen zu bringen. Die Urzeit der Geschichte war bei den Chaldäern voll von Märchen und Sagen, von denen uns einzelne Spuren in der Ueberlieferung und auf Denkmälern erhalten sind. Sie liessen im Norden Nimrod herrschen. »Der fing an ein gewaltiger Herr zu sein auf Erden, — und war ein gewaltiger Jäger vor dem Herrn. Daher spricht man: Das ist ein gewaltiger Jäger vor dem Herrn wie Nimrod. — Und der Anfang seines Reiches war Babel, Erech, Akkad und Kalneh im Lande Sennaar«[3]. Ihm schrieb Josephos die Erbauung des Sprachenturmes zu[4]. Die christlichen Erklärer identificirten ihn mit Belos[5]. Die arabische Sage behauptet von ihm, er habe den Juden Abraham in einen glühenden Ofen geworfen und versucht, sich auf einem Adler zum Himmel emporzuschwingen[6]. Noch heutzutage haftet in dem Lande seines Ruhmes sein Name in der Ueberlieferung an allen bedeutenden Trümmerstätten von Ober- und Nieder-Chaldäa[7]. Doch wusste nur er allein der Vergessenheit sich zu entziehen, man weiss nicht, wer seine Nachfolger waren,

1) Oppert, Expédition en Mésopotamie, Bd. I, S. 168—182; 200—216. [Dagegen: Duncker, Geschichte, I, S. 219 Anm.]. || 2) Berossos, frag. 11 des 2ten Buches bei Müller, a. a. O. || 3) Genesis X, 8, 10. || 4) Ant. Jud. I, 4, 2. || 5) Moses von Chorni, Buch I, Kap. 7. || 6) Qorân, Sure 29 vers 23. Yaqût, Lexicon geogr. s. v. *Niffer*. || 7) G. Rawlinson, the five great monarchies, I. S. 154.

man weiss weder wie lange er sein Reich, noch ob überhaupt sein Reich ihn überlebt hat.

In andern Sagen stand ihm Izdubar[1], der König von Surippak zur Seite. Mit Hülfe seines Dieners Eabani fängt dieser einen geflügelten Stier[2], das Urbild jener Stiere, welche späterhin die Schlösser der assyrischen Monarchen schmückten. Vereint mit seinem Jäger Zaidu befreit er das Land von einem Seeungetüme, welches Mädchen, die seinem Wüten preisgegeben wurden, verschlang, und Bul hiess: »Izdubar sagte zu ihm, zu Zaidu: Geh Zaidu, und nimm mit dir das Weib Charimtu und das Weib Samchat[3], und wenn das Thier aus seinem Bereiche auf das Feld geht, sollen beide Weiber ihr Gewand ablegen, dass ihre Schönheit offenbar werde und das Ungetüm über sie herfalle; dann schlachte du es ab, wenn es sich so preisgibt«. Binnen drei Tagen kehrte Zaidu aus der Stadt Uruch als Sieger heim[4]. Neben derartigen Kämpfen gegen die Ungetüme kommen auch Kriege, die mit Menschen geführt, und Bündnisse vor, die mit den Göttern geschlossen werden. Izdubar vertilgte Humbaba[5], »wie ein Stier sein Land stieg er hinan hinter ihm drein, — vernichtete ihn, und sein Gedächtniss ward verhüllt. — Das Land verwüstete er, den Reif der Krone nahm er«. — »Nach der Gunst Izdubar's erhob die Fürstin Istar ihre Augen. Ich will dich nehmen, Izdubar, zum Gemal, dein mir gegebener Schwur soll dein Band sein. Du sollst mein Gemal sein, und ich will dein Weib sein.... Es sollen unter dir sein Könige, Herren und Fürsten. Den Tribut der Berge und Thäler sollen sie dir bringen, Steuern sollen sie dir geben..... Einen Nebenbuhler gebe es nicht«!

Doch konnte die Liebe der Göttin den Helden nicht vor Er-

---

1) Die Lesung dieses Namens ist zweifelhaft. || 2) [Nach den von Smith publizirten Abbildungen, falls diese sich auf das hier erwähnte Ereigniss beziehen(?), hatte dieser Stier keine Flügel und nimmt Smith daher (Chald. Gen. S. 195) ausdrücklich zurück, dass diese Sage, wie er früher annahm mit den Stierkolossen zusammenhänge]. || 3) [Bei Lenormant, Les premières Civilisations, II, S. 23 f, lauten die Namen Hakirtu und Upasamru]. || 4) [Nach Lenormant, a. a. O., S. 24. Smith lässt den einschlägigen Passus in der Chald. Genesis S. 175 unübersetzt, bespricht ihn aber Discoveries, S. 170]. || 5) [Bei Lenormant, a. a. O. S. 26 Belesu, so auch Smith, Discoveries, S. 167 und 171. Letzterer fasst jedoch das betreffende Fragment (Chald. Genesis, S. 187 f.) neuerdings als Schluss des Kampfes mit Humbaba.].

kraukung schützen[1]. Izdubar »fürchtet den Tod, den schlimmsten Feind des Menschen«. Er entschliesst sich dazu, seinen Vorfahren Xisuthros[2] zu befragen, um von ihm zu erfahren, wie man es anstellt, um nicht mehr sterblich zu sein. Ein Traum offenbart ihm den Weg, welchen er einschlagen muss, um zu Xisuthros zu gelangen und die Zauberkünste des Magiers Urbel[3] verkürzen seine Reise. Izdubar und Urbel schiffen sich auf dem Euphrat ein, fahren auf diesem anderthalb Monate lang hinunter und gelangen in ein rings von Sümpfen umgebenes Land, in welchem der ehemalige, zu einem Gott gewordene, König haust. Sie erblicken diesen von weitem, können jedoch das Gewässer, welches sie von dem göttlichen Gebiete trennt, nicht passiren. Schliesslich erwacht Xisuthros und erzählt, wie ihn sein frommer Sinn vor der Sintflut errettete und ihm zur Unsterblichkeit verhalf[4]. Er bringt dann auch noch Izdubar die Sühnungsceremonien bei, vermöge deren er sicher das ewige Leben erlangen soll. Solche Wundergeschichten verlegten die chaldäischen Dichter in den Anbeginn ihrer Geschichte[5].

Es scheint, als habe jede Stadt, wenigstens jede wichtigere Stadt besondere Könige und einheimische Dynastien besessen, die mitunter dem Einflusse der benachbarten Könige unterworfen waren, mitunter auch diese unter ihre Herrschaft brachten. Die Hauptstadt der ältesten Gruppe von Königen, von welchen wir Denkmäler übrig haben, war Ur. Den Namen des ersten von ihnen, den man auf semitisch Uruch oder Urcham, auf turanisch Likbagas gelesen hat[6], findet man in ganz Chaldäa, in Larsam, Uruch, Nipur

1) [Nach der Ansicht von Smith und nach der Weise, wie er die erhaltenen Bruchstücke dieser Erzählung ordnet, ist sogar diese Krankheit eine Strafe, welche die beleidigte Istar über den König verhängte, als er die Liebe, welche sie ihm antrug, verschmähte und sie beschimpfte]. ‖ 2) [Dieser heisst in den von Smith neuerdings veröffentlichten Texten *Hasisadra*; so auch in dem oben mitgetheilten Sintfluttexte]. ‖ 3) [So liest Lenormant, Les premières civilisations, II, S. 46]. Nach Smith *Urhamsi*. ‖ 4) Hier wird die Erzählung von der Sintflut eingeschoben. ‖ 5) Fr. Lenormant, Les premières civilisations, Bd. II S. 1—146; Schrader, Die Höllenfahrt der Istar, 1874, S. 56—68; G. Smith, Assyrian Discoveries, S. 165—222. [G. Smith, Chald. Genesis, S. 143—243]. ‖ 6) Die Lesung *Uruch*, *Uriyak* wurde von Rawlinson und Hincks mit Rücksicht auf den König *Areyoch* der Genesis (XIV, 1), *Urchammu* von Oppert mit Rücksicht auf den König *Orchamus* in der klassischen Sage (Ovid, Metamorphosen IV, 212) vorgeschlagen. [Auch Smith liest *Uruch*].

und Sippar ganz ebenso oft wie in der Hauptstadt selber. Alles was von ihm übrig ist, trägt einen unstreitig sehr altertümlichen Charakter. Es liegen nicht allein die mit seinem Namen gestempelten Ziegel viel tiefer begraben als die anderer Chaldäerfürsten, auch der Stil der Bauten, zu denen sie gebraucht wurden, ist roh und ursprünglich. Es sind das Tempel von riesenhaften Verhältnissen, deren vier Ecken sorgsam nach den vier Himmelsgegenden ausgerichtet sind. Die Trümmer des grössten von diesen, des von Uruch bilden einen ungefähr 70 Meter an jeder Seite langen und 35 Meter hohen Hügel; ihn zu errichten, hat man wol gegen dreissig Millionen Ziegel verbraucht[1]. Likbagas' übrige Denkmäler tragen, wenn sie auch weniger ausgedehnt sind, doch noch grossartigere Verhältnisse zur Schau. Sie sind so zahlreich und gross, dass in Ermangelung irgend welcher andern Urkunden, das schon hinreicht, uns von der Gesittung des Volkes und von der Macht des Fürsten, welche an ihnen bauten, eine Vorstellung zu gewähren. Nur auf dem Wege der Eroberung konnte der König von Ur, wenn er sein Reich nicht erschöpfen wollte, sich die zu ihrer Erbauung nötige Zahl von Arbeitern verschaffen[2].

Was Likbagas an grossen Arbeiten unternahm, führten seine Nachfolger Dungi[3] und Ilgi[4] weiter fort. Von diesen Fürsten ebenso wie von den ihnen untergebenen Vicekönigen (*patesi*) von Zirgilla und Eridu weiss man nur die Namen, nichts von ihrer Geschichte. Nur scheint es, als habe unter ihnen Ur seine Macht eingebüsst und fortan diejenige Stadt, welche die turanischen Texte mit Nisin, die semitischen mit Karrak bezeichnen, die Hegemonie in Chaldäa übernommen. Die Fürsten kushitischer Abkunft in Karrak, Gamil-Adar, Ismi-Dagan, u. s. w. nahmen schliesslich das ganze Land, selbst Ur und Uruch in Besitz und wurden nach kurzer Frist von den Königen von Larsam, Sin-Idinnuv und Nur-Bin wieder entthront. Im Norden scheint die Machtvollkommenheit dieser

1) Loftus, Chaldaea and Susiana, S. 167 ff.; G. Rawlinson, The five great monarchies, Bd. I. 156. [Smith, Chald. Genesis S. 25; Duncker, Geschichte I, S. 197]. || 2) Oppert, Histoire, S. 46 ff.; G. Rawlinson, Bd. I. 156; G. Smith, Notes on the early history of Babylonia. || 3) [G. Smith, Discoveries, S. 232, nennt ihn den Sohn Uruch's. Er baute der Göttin Ennukanu oder Suanna einen Tempel in Babylon]. || 4) [Nach Duncker I, S. 198 der Sohn Uruch's. Er baut zwei Tempel zu Uruch wieder auf].

Fürsten über Nipur nicht hinausgereicht zu haben. Babylon, das von eigenen Priesterkönigen (sakkanakku) regiert wurde, und Agane blieben von den südlichen Dynastien unabhängig[1]. Mit einem Einfall der Elamiten schloss diese erste Periode der chaldäischen Geschichte ab. Zwischen 2300 und 2280 vor unserer Zeitrechnung[2] zog ein König von Susa, Kudur-Nachunta[3] in die Euphratebenen hinab, verheerte das Land, nahm die Städte ein von Ur bis Babylon, und entführte die chaldäischen Götterbilder als Trophäen. Nachdem er dem ganzen Lande Tribut auferlegt hatte, zog er wieder ab. Aus seinen Nachkommen entsprang eine neue Dynastie, welche bei Berossos eine medische heisst, und die man mit Unrecht für eine arische gehalten hat[4].

Die Kananäerinvasion und die Hirten in Aegypten.

Vor dem Einsturze des Chaldäerreiches waren mehrfach freiwillige oder erzwungene Wanderzüge vorgekommen. So ging ein solcher von Assur aus[5] und machte im mittleren Bereiche des Tigris Halt. Therach, der mythische Ahne der Hebräer zog aus dem Ur der Chaldäer und liess sich bei Charran in Mesopotamien nieder[6], und die Völkerschaften am persischen Meerbusen verliessen ihre Heiligtümer zu Tyros und Arados und zogen nach Syrien hinüber. Ob man in diesen Völkerbewegungen Ereignisse zu sehen hat, die gleichzeitig mit einander vor sich gingen, oder ob es geratener ist, sie für drei auf einander folgende Wanderzüge anzusehen, weiss ich nicht. doch scheint es mir auf jeden Fall, dass sie ein und dieselbe Ursache haben, nämlich, dass neue turanische Völkerschaften

---

1) G. Smith, Notes; Fr. Lenormant, Études accadiennes Bd. I, 3, S. 76—79. || 2) Dies Datum ergibt sich aus einer Inschrift Assur-ban-habal's. [Vergl. Smith, History of Assurbanipal S. 234 f; Discoveries S. 224; Chaldäische Genesis, S. 164; vergl. aber auch Delitzsch zu letzterer Stelle, S. 312. Smith nimmt 2280 an, Duncker, Geschichte I, S. 190, nur vor 2000]. || 3) [In Varianten erscheint dieser Name als *Kudur-nanhundi*]. || 4) Siehe hierüber Oppert, Histoire, S. 9—10; Fr. Lenormant, Histoire Bd. II. S. 21—23, 28—29; G. Rawlinson, The five great Monarchies, Bd. I, S. 159—161. || 5) Genesis X. 11—12. || 6) XI, 31 ebend. Neuerdings hat Halévy zu beweisen gesucht, dass Ur Kasdim und Harran nicht in Chaldäa sondern bei Damaskus lägen (Mélanges d'épigraphie sémitique, S. 72—86). [Vergl. Duncker, Geschichte I, S. 285 f. S. 293 f.].

in Westasien auftauchten. Geschichtschreiber, welche später die verschwommenen Nachklänge der asiatischen Ueberlieferungen sammelten, setzten diesen Einbruch auf Rechnung der Skythen. Ein Skythenkönig, der, ziemlich unwahrscheinlich, Indathyrsos heisst, sollte als Sieger ganz Asien durchzogen haben und bis nach Aegypten vorgedrungen sein[1]. Auch für Aegypten sollte dieser feindliche Einbruch freilich unheilvoll genug werden.

Wie wir bereits gezeigt haben, hatten sich eine Menge Kushitenstämme schon in uralten Zeiten am westlichen und südlichen Ufer des persischen Meerbusens zusammen gezogen. Da die natürliche Lage sie darin begünstigte, waren sie mit der Schiffahrtskunde vertraut geworden, schwärmten immer weiter in die Ferne und bereicherten sich durch Handelsverkehr mit Indien. Ihre Karawanen zogen durch die Wüste bis an die Küsten des rothen Meers von da nach Afrika hinein. Es war das wol der Grund, weshalb bei den Aegyptern der Volksname eines solchen Stammes, Pun (*Poeni, Puni*), für Arabien und das Somaliland gebraucht wurde[2]. Als Grund für den schleunigen Aufbruch derselben, den wir lieber einem feindlichen Einbruche zuschreiben, führt die klassische Ueberlieferung ein heftiges Erdbeben an. Die Kushiten von Punt verliessen ihre Heimat und wandten sich gen Westen, indem sie die Völker, welche sie bei ihrem Durchzuge antrafen, veranlassten, ihnen zu folgen. Einer Version zu Folge, sollten sie am Laufe des Euphrat langgegangen sein, in der Gegend von Babylon am Gestade des grossen assyrischen Sees (Bahr-i-Nedjif) gerastet haben, und dann auf dem nördlichen Wege nach Syrien vorgedrungen sein[3]. Nach den arabischen Geschichtschreibern zogen sie über die Landenge der arabischen Halbinsel von der Mündung des Euphrat zum Jordanthale[4]. Es machte ihnen geringe Mühe, bei ihrer Ankunft die

1) Megasthenes bei Strabo, XV. 1, 6; Arrian, Indica, 5—6. || 2) Mariette, Sur une découverte récemment faite à Karnak in den Comptes Rendus 1874, S. 247—249. Schon in der vierten Dynastie wird Hathor als Herrin von Punt erwähnt. [Vergl. dazu: Mariette, Les listes géographiques des pylons de Karnak; Comprenant la Palestine, l'Éthiopie, le pays des Somal, Leipzig 1875. Brugsch, Götting. gelehrt. Anz. 1876 No. 1. Ebers, Aegypten u. die Bücher Mose's, I. S. 64 ff. A. Sprenger, Die Geographie Arabiens, S. 297—301]. || 3) Justin XVIII, 3, 2. || 4) Vergl. Caussin de Perceval, Histoire des Arabes avant l'islamisme, Bd. 1, S. 33 ff.

halbbarbarischen Nationen der Rephaim, Nephilim und Zomzommim niederzuschmettern, und sie bemächtigten sich des gesammten Landes von den Euphratufern bis zur Landenge von Sues. Sie blieben dabei nicht stehen; jedenfalls durch die berühmten Schätze Aegyptens angelockt, zogen mehrere Stämme von ihnen über die Wüste, welche die Grenze von Afrika und Asien bildet, und drangen in das Nilthal ein[1].

Für einen feindlichen Einbruch waren die Umstände dazumal besonders günstig. Aegypten, wie in allen unruhigen Epochen seiner Geschichte, war in kleine Fürstentümer zerfallen, die mit einander in fortwährendem Kampfe lagen und sich in beständigem Aufruhr gegen den rechtmässigen Herrscher befanden. Die nach der Mitte des Delta, nach Xoïs zurückgedrängte vierzehnte Dynastie war soeben unter Wirren und Bürgerkriegen erloschen, und was noch von ihrer Macht übrig war, das warfen die Eroberer rasch über den Haufen: »Es kam ein König über uns, der hiess Timaios. Warum unter diesem Könige gerade Gott wider uns war, weiss ich nicht, aber es kamen unerwartet Menschen von unrühmlichem Geschlechte aus den östlichen Gegenden in das Land gestürmt, und bewältigten es mit leichter Mühe ohne Widerstreit mit Gewalt[2].« Es war, als liesse sich eine Heuschreckenwolke in Aegypten nieder. Städte und Tempel, alles wurde zertrümmert, ausgeraubt und niedergebrannt. Von der männlichen Bevölkerung wurde ein Theil massakrirt, was übrig blieb mit Weib und Kind in die Knechtschaft gebracht. Wie Memphis eingenommen und das Delta erobert war, erwählten die Barbaren einen von ihren Häuptlingen, der Shalit (Salatis, Saïtes) hiess, zum König. Shalit legte bei ihnen den Grund zu einer regelrechten Regierungsweise, er erkor Memphis zur Hauptstadt und züchtigte seine ägyptischen Unterthanen durch eine Steuerauflage.

Zwei Gefahren drohten ihm. Dadurch dass im Süden nach dem Sturze der Xoïten die Fürsten von Theben die Leitung der Dinge in die Hand nahmen und die fünfzehnte, diospolitische, Dynastie begründeten, wurde der Widerstand des Landes organisirt. Im Norden war die Habgier der Kananäischen Stämme, die in

1) Die kananäische Herkunft der Hirtenkönige und ihres Volkes wird von Manetho (ed. Unger. S. 140 ff) bezeugt. [Siehe auch Duncker, I S. 96]. ||

2) Manetho ed. Unger, S. 140 [Var. *Τιμαος*].

Syrien geblieben waren, und der Ehrgeiz der elamitischen Eroberer Chaldäa's[1] zu bändigen. Shalit sah sofort, was er zu thun hatte. Vor der Hand stand von den veruneinigten und durch ihr Missgeschick gebeugten Aegyptern nichts zu befürchten, darum begnügte er sich damit, an den strategisch wichtigen Punkten im Thale befestigte Posten einzurichten, durch deren Besitz ihm die Unterwürfigkeit der umliegenden Nomen sicher war, und wandte seine Hauptstärke der Grenze des Isthmus zu. Durch jene friedfertigen, zahlreichen Einwanderungen war bereits unter der zwölften Dynastie in den Osten des Delta eine asiatische Bevölkerung gekommen. Mitten unter dieser errichtete er auf den Trümmern einer alten Stadt, Hâuâr (Avaris), welche in sagenhaften Beziehungen zu dem Mythos von Osiris und Typhon stand, ein grosses verschanztes Lager, welches 240000 Soldaten zu fassen vermochte. Alljährlich im Sommer begab er sich dorthin, um den militärischen Uebungen beizuwohnen, den Sold auszuzahlen und Lebensmittel vertheilen zu lassen. Durch diese permanente Besatzung war das neue Reich vor jedem feindlichen Einfall geschützt, und für Shalit's Nachfolger wurde dieselbe zu einer unerschöpflichen Pflanzschule trefflicher Soldaten, mit denen sie Aegypten vollends eroberten. Es waren mehr als zweihundert Jahre dazu nötig, die Fürsten von Theben zu unterjochen; fünf Könige, Bnôn, Apachnas, Apapi I., Jannas und Asses machten sich zur Lebensaufgabe, »unablässig Krieg zu führen, um Aegypten von Grund aus auszurotten[2]«. Es gelang Asses schliesslich, die fünfzehnte Dynastie zu stürzen und allein Herr von ganz Aegypten zu bleiben.

Bei den Aegyptern hiessen die syrischen Nomadenstämme *SHUS*, *SHASU*, *Räuber, Diebe*, was damals, wie heutzutage, für die Beduinen in der Wüste bezeichnend war. Diesen Namen übertrugen sie auf ihre asiatischen Besieger, und somit gestaltete sich der König der Kananäer in ihrem Munde zum *SHUS*-Könige, zu einem *HIQ-SHUS* um, und die Griechen machten daraus Hykussos, Hyksos[3]. Das Volk hiess bald *Mentiu*, die Hirten, bald *Satiu*, die Bogenschützen. Die Erinnerung an ihre Gräuelthaten blieb den Aegyp-

1) Manetho nannte sie nicht ganz richtig Assyrer. | 2) Manetho, a. a. O. S. 141. | 3) Manetho, a. a. O. S. 142 [Duncker, I, S. 96; Brugsch, Histoire, 2. Aufl. S. 153 f.].

tern lange noch lebendig im Gedächtnisse und erregte noch zwanzig Jahrhunderte später den Groll des Geschichtschreibers Manetho. Der Volkshass überhäufte sie mit schmählichen Beinamen und sprach von ihnen als von Verfluchten, Pestmenschen und Aussätzigen[1]. Doch sie wurden bald zahmer. Standen sie auch in kriegerischer und politischer Hinsicht über ihren Unterthanen, so merkten sie doch, dass sie in Hinsicht auf moralische und intellektuelle Bildung diesen nachstanden. Ihre Könige merkten bald, es sei erspriesslicher das Land auszubeuten als auszurauben, und man musste, da von den Eindringlingen sich keiner aus den verwickelten Fiskusangelegenheiten herauszufinden vermocht haben würde, im Dienste des Schatzamtes und der Verwaltung ägyptische Schreiber anstellen. Wie die Barbaren überhaupt erst bei den Aegyptern in die Schule genommen waren, kamen sie schnell in ein gesittetes Dasein hinein. In der Umgebung der Hirtenkönige tauchte wieder der Hofstaat der Pharaonen mit seinem ganzen Gepränge, seinem ganzen Schwarme von grossen und geringen Beamten auf, und die königlichen Titulaturen eines Cheops und eines Amenemhat wurden den fremdländischen Namen Jannes und Apapi angepasst. Die ägyptische Religion erhielt Duldung, ohne dass man sie offiziel adoptirte, und die kananäische liess sich einige Umgestaltungen gefallen, um die empfindlichen Osirisverehrer nicht über die Massen zu verletzen. Der kriegerische Sutech, der Nationalgott der Eroberer wurde mit dem ägyptischen Set identifizirt[2]. Tanis, das zur Hauptstadt des Landes wurde, sah seine Tempel sich wieder erschliessen und seine Paläste sich mehren. In seinen Ruinen hat man Sphinxe und Statuen aufgefunden, die uns zeigen, wie es zur Zeit der Hirten mit der Bildhauerei stand: »Die Augen sind klein, die Nase stark und obwohl gekrümmt doch flach, die Wangen sind dick und dabei doch knochig, das Kinn springt vor und der Mund ist in der Art, wie er an den Rändern verläuft, eigentümlich. Wie in den einzelnen Zügen, so macht sich auch in dem ganzen Gesichte eine gewisse Rauhheit bemerkbar; das ganze Denkmal sieht durch die buschige Mähne, welche den Kopf umrahmt, in der dieser scheinbar ver-

1) Chabas, Mélanges égyptologiques, Série I. S. 29—41.

2) [Dagegen: Eduard Meyer, Set-Typhon, Leipzig 1875, S. 2, S. 54 ff., der aber auch mehrfache Umgestaltungen des Setmythos durch die Kananäer zulässt, vergl. S. 52 ff.].

schwindet, ungemein merkwürdig aus[1]«. Diese neue, halb ägyptische, halb semitische Gesittung wurde unter jener zweiten Dynastie ausgebildet, welche schliesslich auch die einheimischen Historiographen adoptirten und als sechszehnte einheimische Dynastie rechneten.

Wenn zur Pharaonenzeit die Bevölkerung Syriens bereits in Menge Aegypten überströmte, ein Land, das sie als Untergebene, vielleicht auch als Sklaven behandelte, so war gewiss zur Zeit der Hirtenkönige die Einwanderung noch in bedeutenderem Masse rege. Die neuen Ankömmlinge fanden ja an den Ufern des Nils Leute vor, die mit ihnen eines Stammes waren, die sich freilich zu Aegyptern jedoch nicht in dem Masse verändert hatten, dass ihnen jegliche Erinnerung an ihre Sprache und Abstammung entschwunden war. Sie fanden um so mehr ein eifriges Entgegenkommen, als die Eroberer das Bedürfniss fühlten, sich inmitten einer feindseligen Bevölkerung zu verstärken. Mehrfach stand das Königsschloss asiatischen Rathgebern und Favoritinnen offen, und das verschanzte Lager zu Hauâr barg oft syrische oder arabische Rekruten. Alles feindliche Einfälle, Hungerzeiten und Bürgerkriege, hatten sich anscheinend verschworen, nicht blos vereinzelte Individuen sondern ganze Familien und Völkerschaften nach Aegypten hineinzutreiben. Die bisher im südlichen Chaldäa ansässigen Semitenstämme waren, geführt von dem sagenhaften Therach, am Flusslaufe des Euphrat hinaufgezogen und hatten sich am linken Flussufer bei Charân in Mesopotamien niedergelassen. Ein Theil von diesen ging mit einem Oberhaupte, das nach der Ueberlieferung Abram oder Abraham heisst, bald darauf über den Euphrat, und durchzog unter dem Namen Hebräer[2]) ganz Syrien, der Länge nach von Norden nach Süden. Die Abramiten setzten sich in der Umgegend von Kiriath-Arba oder Hebron fest und schwärmten von dort über ganz Kanaan aus. Theils gingen sie über den Jordan und bildeten die Stämme Moab und Ammon, theils drangen sie in die Wüste im Süden ein und vermischten daselbst sich mit den Edomitern. Die übrigen nahmen von dem mystischen Beinamen eines ihrer Anführer den Namen an, unter dem sie berühmt wurden, Bne-Israel[3]), und

1) A. Mariette, Lettre à M. le vicomte de Rougé sur les fouilles de Tanis, S. 9, [Revue archéol. 1861, S. 105]. || 2) »Die von jenseits des Flusses«. || 3) Israel: *oder welcher gegen Gott streitet*. Diesen Beinamen erhielt Jakob nach

zogen, nachdem sie mit ihren Zelten lange die Ebenen und Berge Kanaans durchstreift hatten, mit der ganzen Habe ihres Stammes hinab nach Aegypten.

Nach der Sage hatte der Patriarch Jakob zwölf Söhne. Josef, der jüngste, wurde seinen Brüdern durch die Bevorzugung, welche sein Vater für ihn kundgab, verhasst. Sie verkauften ihn an eine nach Aegypten reisende Kaufmannskarawane und redeten ihrem Vater vor, ein wildes Thier habe seinen heissgeliebten Sohn zerrissen. Doch der Allmächtige war mit Josef und gab ihm Gedeihen. Er wurde an einen Grosswürdenträger der Krone verhandelt, der Petephra hiess, wurde dann bald der Intendant seines Gebieters und Pharao's erster Minister. Wie seine Brüder eines Jahrs, gezwungen durch eine Hungersnot, nach Aegypten kamen, dort Getreide einzukaufen, entdeckte er sich ihnen und führte sie zum Könige. Da sprach Pharao zu Josef: »Sage deinen Brüdern: Thut also! Beladet eure Thiere und ziehet hin! Und wenn ihr kommt in's Land Kanaan, so nehmt euren Vater und euer Gesinde und kommt zu mir. Ich will euch Güter geben in Aegyptenland, dass ihr essen sollt das Mark im Lande«! [1]).

Da brach Israel auf mit allem, was ihm gehörte, »und die Kinder Israel führten Jakob, ihren Vater, mit ihren Kindlein und Weibern auf den Wagen, die Pharao gesandt hatte, ihn zu führen. Und nahmen ihr Vieh und ihre Habe, die sie im Lande Kanaan erworben hatten, und kamen also in Aegypten, Jakob und seine ganze Familie mit ihm [2])«. Sie liessen sich zwischen dem sebennytischen Nilarm und der Wüste im Lande Goshen nieder und vermehrten daselbst sich über die Massen [3]). Nach der Ueberlieferung fällt ihre Herabkunft nach Aegypten in die Zeit eines Hirtenkönigs, der in ihr Aphobis heisst [4]). Augenscheinlich einer von den Apapi, vielleicht derselbe, welcher Tanis verschönerte und dessen Denkmäler Mariette auffand.

Unter der Herrschaft der ausländischen Könige behielt Aegyp-

---

der Sage, nachdem er mit Gott gerungen hatte (Genesis, XXXII, 24—32). || 1) Genesis XLV, 17—18. || 2) Genesis XLVI, 5—6. || 3) Ueber das Land Goshen ist mit einigen Einschränkungen das Werk von G. Ebers, Durch Gosen zum Sinai, Leipzig 1875, S. 488—513 zu Rate zu ziehen. || 4) Johannes von Antiochien fragm. 39 bei Müller, Fragg. H. Gr. Bd. IV. [Vergl. Brugsch, Histoire, 2. Aufl. S. 175].

ten seine Lehnsverfassung wie unter den eingebornen Königen bei. Die Hirten besassen das Delta mit Memphis, Hâuâr und Tanis. jenseits Memphis jedoch scheint ihre Machtvollkommenheit sich nicht weiter als zum Fayum ausgedehnt zu haben[1]. Oberägypten und der dazugehörige Theil von Nubien lag wie zur Zeit der eilften Dynastie in den Händen von ortseinheimischen, von dem Könige von Tanis abhängigen, zu einem jährlichen Tribute verpflichteten Tyrannen. Theben, welches seit Amenemhat I. Zeit stets von vorwiegendem Einflusse war, übte über diese kleinen Fürsten eine Art Hegemonie aus, durch welche seine Dynasten naturgemäss die Rivalen der Beherrscher des Delta wurden. Wol machten unter der sechszehnten Dynastie die Thebaner mehr als einmal den Versuch, das Joch abzuschütteln, jedoch ohne jeglichen Erfolg: erst nach einem zweihundertjährigen Vasallentume brach ein entscheidender Aufstand aus. Damals herrschte in Tanis Apapi, und Rasqenen Taâa I., der Fürst von Theben, der später König (*suten*) wurde, war noch weiter nichts als Regent (*hiq*) der Südländer. Nach Aussage der Aegypter gab den ersten Anlass zum Kriege ein religiöser Zwist und Streitigkeiten über die Wasservertheilung[2]. Apapi erklärte in einem Anfalle von Fanatismus, er wolle nur noch Sutech den Nationalgott der Hirten als Herrn anerkennen und liess ihm bei seinem Palaste einen Prachttempel, wol denselben von dem Mariette einige Trümmer entdeckt hat, errichten. Das hiess, sich mit den religiösen Gefühlen der Aegypter und besonders mit denen des thebanischen Fürsten, der Ammon-Râ, den Götterkönig anbetete, in offenen Kampf begeben. Es wurden Unterhandlungen zwischen dem Hofe von Tanis und dem von Theben angesponnen, führten aber zu keinem Resultat. Taâa I. nahm den Königstitel an, legte durch seine Opposition gegen die Hirten den Grund zu der XVII. Dynastie, und es begann der Freiheitskrieg.

Alle kleinen ägyptischen Fürsten ergriffen Partei für den Fürsten von Theben gegen den Feind der Nation. Aus den Stellungen, welche die Hirten in Mittelägypten inne hatten, wurden sie vertrieben und nach Memphis zurückgedrängt. Nach erbittertem Kampfe

1) Mariette, Notice, S. 56. || 2) Vom Ausbruch des Krieges wird in einem leider sehr verstümmelten Abschnitte des Sallierpapyros No. I. S. I. Z. 1. S. 3, Z. 3 erzählt. [Ebers, Aeg. u. d. B. Mose's, S. 204 f.; Duncker, Geschichte I, S. 98; Brugsch, Histoire 2. Aufl. S. 160 ff.].

ward Memphis von einem Könige, der bei Manetho Alisphragmuthosis[1] heisst, eingenommen, und den aus dem westlichen Theile des Delta vertriebenen Hirten blieb nur noch ihr verschanztes Lager bei Hâuâr übrig. Trotz der verzweifelten Anstrengungen, welche die Thebaner machten, hielten sie hier noch lange Stand, und Rasqenen III, Taâaqen, Kames und ihre Vasallen konnten der Hirtenfestung nichts anhaben. Glücklicher war Ahmes I., Kames' Nachfolger, dem es gelang, sich im fünften Jahre seiner Herrschaft Hâuâr's zu bemächtigen. Die Trümmer des Barbarenheeres zogen sich nach Syrien zurück, wohin die siegreichen Aegypter ihnen nachsetzten und sie im sechsten Jahre des Ahmes nochmals bei Sharuhen schlugen. Nach einer mehr als sechshundertjährigen Fremdherrschaft war Aegypten wieder frei von den Katarakten bis zu den Gestaden des Mittelmeers[2].

Der Freiheitskrieg dauerte über hundertundfünfzig Jahre, brachte Aegypten in die vollständigste Zerrüttung und übersäete das Land mit Trümmerstätten. Ahmes musste vor allem darnach trachten, wieder Ordnung in die Verwaltungsangelegenheiten zu bringen. Die kleinen Fürsten, die ihm in der Bekämpfung der Hirten beigestanden hatten, wurden zu erblichen Nomosstatthaltern gemacht, zum Ersatz dafür blieben ihnen die königlichen Ehren und der Königstitel (*suten*), den sie vielfach angenommen hatten, und den sie bis an ihren Tod immer noch beibehielten[3]. Um unter den äthiopischen Negerstämmen sich Bundesgenossen zu verschaffen, hatte Ahmes eine Frau von ihrer Rasse, die schwarze Königin Ahmes-Nofertari geheiratet. Nach der Vertreibung der Hirten war Ahmes darauf bedacht, die Herrschaft über die Gebiete am oberen Nil, die seine Vorgänger aus der zwölften und dreizehnten Dynastie ausgeübt hatten, wiederzugewinnen, und so wurden seine äthiopischen Unter-

---

1) [So nach Manetho bei Josephos; Var. Misphraguthosis, nach Unger eine Verwechselung mit Misphragmuthosis. 6. König der 18. Dynastie nach Africanus und Eusebios]. || 2) Für das Studium dieser Epoche vergl.: Lepsius, Chronologie S. 337 ff.; Brugsch, Histoire I, S. 75—81; [2. Aufl. S. 129 ff.;] Maspero, Revue critique, 1870. S. 116, und Une enquête judiciaire à Thèbes, S. 71—81. [Duncker, Gesch. 1, S. 92—100]. In einer besondern Abhandlung, Les Pasteurs en Égypte, Amsterdam 1868, hat Chabas fast alles, was wir über die Hirten bis jetzt wissen, zusammengestellt. || 3) Birch, Le Papyrus Abbott, S. 17.

stützen aus Bundesgenossen zu Unterthanen[1]. Doch sahen sie wenigstens zu ihrer Genugthuung, wie ihre Landsmännin Nofertari von ihrem Gemal mit Ehren überhäuft, wie sie zur Regentin und späterhin zur Göttin erhoben wurde[2].

Während in dieser Weise Ahmes das ägyptische Reich in seiner ganzen Ausdehnung wiederherstellte, war er beflissen, auch die Trümmer, welche der Krieg in den grossen Städten hinterlassen hatte, wieder aufzubauen oder auszubessern[3]. Die grossen Bauten, welche die Könige der früheren Dynastien in Theben angefangen hatten, hatten die aus den drei letzten, weil sie entweder dazu zu wenig Macht besassen, oder zu sehr beschäftigt waren, nicht weiter fortgeführt. Ahmes liess das Heiligtum des Ammon zu Karnak wiederherstellen, und zu mehreren anderen religiösen Bauten den Grund legen[4]. Memphis, um das die Aegypter lange mit den Hirten stritten, hatte darunter wol gelitten und seine Tempel waren in Trümmer gesunken. Im zweiundzwanzigsten Jahre seiner Herrschaft eröffnete Ahmes mit grossem Gepränge die Steinbrüche von Turah und Massarah von neuem und fing an, den grossen Ptahtempel wiederherzustellen[5]. Zu den Arbeiten brauchte man selbstredend die kriegsgefangenen Hirten und Neger, die Aegypter schwangen sich von Handwerkern zu Werkführern auf, während die Asiaten sich damit begnügen mussten, wie vor der Invasion, Steine zu schleppen und Ziegel zu streichen. Manetho berichtete, der König habe den Trümmern des besiegten Heeres, um sie los zu werden, eine Kapitulation bewilligt, auf Grund deren sie sich nach Syrien zurückzogen[6]. Die grosse Masse des zwischen der Wüste und den östlichen Nilarmen ansässigen Volkes zog die Knechtschaft im reichen Aegypten den Freiheitsaussichten vor, die sich ihm durch die Auswanderung eröffneten. Die Hirten und mit ihnen diejenigen

---

1) Lepsius, Auswahl, Taf. XIV; Denkm., III, 37. || 2) Brugsch, histoire, I, S. 85—86; 2. Aufl. S. 165. [Ihr Bild bei Lepsius, Denkm. III, T. 1, jetzt im berliner Museum im historischen Saal; aus einem Grabe bei Qurnah.]. || 3) [Nach Brugsch, Histoire, I. 2. Aufl. S. 173 rührten diese Trümmer nicht von den Hyksos her, deren in der späteren Tradition allerdings sehr krass verewigte Zerstörungslust er bestreitet]. || 4) De Rougé, Étude sur les monuments du massif de Karnak, in den Mélanges d'archéologie égyptienne, Bd. I. || 5) Lepsius, Denkm. III., Taf. 71; vergl. Brugsch, Histoire. Bd. I, S. 85, und Zeitschrift 1867, S. 89—93. || 6) Manetho ed. Unger, S. 151.

syrischen und jüdischen Stämme, denen sie gastliche Aufnahme gewährt hatten, blieben zwar auf ihrem Grund und Boden, jedoch nicht mehr als Herren. Ihr verschanztes Lager bei Hâuâr wurde zerstört, und sowohl, um sie in Schranken zu halten, als auch, um einen Vorposten gegen eine feindliche Rückkehr der asiatischen Völkerschaften in Aegypten zur Verfügung zu haben, wurde die Festung T'al erbaut. Apapi's Hauptstadt Tanis wurde als Feindesstadt behandelt und in der Verwüstung, in welche der Krieg sie gebracht hatte, belassen. Auf mehrere hundert Jahre entschwand sie vollständig aus der Geschichte [1].

Ahmes I., der Befreier, blieb immer bei den Aegyptern hoch geehrt; sie machten ihn zum Gott und zum Stifter einer neuen, der achtzehnten Dynastie. Sein Nachfolger Amenhotep I. (Amenophis), der Sohn der schwarzen Königin, wich nicht von seines Vaters Politik ab. Er beschränkte nach Norden hin sich auf die Defensive [2], vergrösserte aber dafür die Grenzen seines Reiches im Süden. Eine Reihe von geschickt angeordneten Zügen brachte die ägyptischen Heere bis mitten nach Aethiopien hinein und vollendete dessen Eroberung [3]. In den südlichen Gegenden hatten die Pharaonen nunmehr keine grossen Kriege zu führen. Es genügten einige hurtig vollführte Streifzüge für sie, die Wüstenstämme halb im Gehorsam zu halten und Aegypten mit hinreichend vielen schwarzen Sklaven zu versorgen. Hier gewann die ägyptische Civilisation wieder, was sie an Gebiet in Folge der Invasion seit der vierzehnten Dynastie eingebüsst hatte, ja ging darüber hinaus und zog den Nil hinauf bis nach Napata und weiter als bis dahin. Kolonisten wurden zu beiden Seiten des Flusses sesshaft gemacht, überall, wo die Terrainbeschaffenheit das zuliess, wurden Städte und Tempel errichtet, zwischen dem ersten und vierten Katarakte schlug die Sprache, die Sitte und der Kultus der Thebaner einen festen Wohnsitz auf, und Aegypten umfasste thatsächlich das Nilthal von den Ebenen Sennaar's bis zur Deltaküste.

Aber der Freiheitskrieg und die Feldzüge, welche an diesen sich anschlossen, hatten den kriegerischen Sinn der Nation, die Eroberungslust der Fürsten geweckt. Gewissermaassen durch die Re-

---

1) Mariette, Notice des Monuments, S. 272—273. || 2) Brugsch, Histoire, I. S. 86—87. | 3) Siehe Anm. 1 auf Seite 176.

aktion gegen die brutale Unterdrückung, die es Jahrhunderte lang ausgehalten hatte, erfasste Aegypten ein Drang in die Ferne, den es nie zuvor besass, und es wurde ihm Bedürfniss, auch selber einmal den Unterdrücker zu spielen. Auf der Südseite gab es keine Eroberungen mehr zu machen, aber nach Osten zu, in jenen asiatischen Gegenden, deren Grenzen höchstens die Soldaten der ersten thebanischen Dynastie angetastet hatten, gab es Stoff zu ebenso gewinnbringenden wie rühmlichen Thaten. Schwerfällig setzten die ägyptischen Legionen sich in Bewegung und schlugen jenen Weg nach Asien ein, welchen die Ueberreste der Hirten ihnen erschlossen hatten. Er geriet bei ihnen nie wieder in Vergessenheit. Von den Quellen des blauen Nils bis zu denen des Euphrat, über ganz Aethiopien und ganz Syrien hin, gab es fortan nur noch einen Sieg, eine Eroberung nach der anderen. Heute erfuhr man in Theben von der Niederlage der abyssinischen Neger, vom Eintreffen des siegreichen Feldherrn oder Fürsten, seiner Beute und seiner Soldaten. Weit, weit durch die Strassen zogen endlose phantastische Festzüge mit am Halfter geführten Giraffen, angeketteten Hundskopfaffen und zahmen Panthern und Unzen. Morgen ist ein Sieg im Westen des Delta über die Libyer und deren Verbündete gewonnen. Die nordischen Barbaren, mit seltsamen Helmen ausstaffirt, oder mit dem Rachen eines Pelzthieres auf dem Kopfe, dessen Haut von den Schultern herabhing, stellten den Augen der gebräunten Aegypter ihre grossen, weissen, mit Bemalung und Tätowirung geschmückten Leiber zur Schau. Dann kam ein Erfolg gegenüber den Ruten oder die Einnahme eines befestigten Stapelplatzes des syrischen Handels. Beim Schmettern der Hörner und Wirbeln der Trommeln begann der Vorbeimarsch von neuem; überall ward der Triumphzug des Pharao vom Zuruf der Menge und dem Gesange der Priester empfangen. Es war das eine Zeit, in der man sein Glück machen konnte. Der Sohn eines Fährmannes zog als einfacher Soldat aus und kehrte als General heim[1]. Dass Aegyptens Kriegslust sich legte, dazu bedurfte es fünfhundertjähriger, anhaltender Kämpfe.

Der Enderfolg jener Invasion, welche das erste Chaldäerreich

---

1) Siehe die merkwürdige Geschichte von *Ahmes se Abna* in der Abhandlung von De Rougé und bei Brugsch, Histoire, Bd. I, S. 80.

über den Haufen warf, war der, dass sie einerseits die Hirten, über Aegypten, und andererseits die Aegypter, über Asien herzufallen veranlasste. Mit dem Einrücken der Aegypter in Syrien fängt eine neue Epoche in den Schicksalen der antiken Nationen an: die Geschichte der isolirten Völker hört auf, die Weltgeschichte fängt an.

XV. Dynastie.

Im Delta. Erste Hirtendynastie.			In Oberägypten. Thebanische Dynastie.
I.	SHÂLIT	*Σάλατις, Σαΐτης.*	
II.	. . . . .	*Βνῶν.*	
III.	AP. . .	*Ἀπαχνάν.*	
IV.	APAPI	*Ἄφωφις. Ἄφωβις.*	
V.	. . . . .	*Στααν* oder *Ἰάννας.*	
VI	. . . . .	*Ἀσσὴθ. Ἄσσης*	

XVI. Dynastie.
Zweite Hirtendynastie
über ganz Aegypten.

. . . .

? — APAPI RÂ-ÂÂ-QENEN.

XVII. Dynastie.

Dritte Hirtendynastie. 43 *Könige* (?).	43 thebanische Könige.
I. APAPI RÂ-ÂÂ-QENEN	I. TÂ-ÂÂ I, RASQENEN I.
. . . .	II. TÂ-ÂÂ II. RASQENEN II.
. . . .	? . . . .
. . . .	? (*Ἀλισφραγμούθωσις*).
. . . .	? (*Τέθμωσις*).
. . . .	? TÂÂÂQEN RÂSQENEN III.
. . . .	? KAMES RÂ-UAT-CHOPER.

Fünftes Kapitel.

Syrien und das Chaldäerreich von der Chaldäerinvasion bis zu den Invasionen der Aegypter. — Achtzehnte Dynastie. — Neunzehnte Dynastie. — Seti I und Ramses II.

Syrien und das Chaldäerreich von der Chaldäerinvasion bis zu den Invasionen der Aegypter.

Der erste, welcher die Aegypter zur Eroberung von Asien antrieb, war Thotmes I., der Sohn und Nachfolger Amenhotep's.

Dasjenige Land, welches sie jenseits des Isthmus vorfanden, führte bereits den Namen Syrien [1]. Nach Norden zu wird es von den letzten Abdachungen des Taurosgebirges begrenzt. Im Osten bildet seine Grenze der Euphrat und die Wüste, im Süden das rothe Meer, im Westen das Mittelmeer. Von zwei parallelen Bergketten wird es von Norden nach Süden durchzogen, von dem Libanon und dem Antilibanon: zwischen beiden zieht sich ein breites Thal hin, welches vom Nat'ana (Litany) und vom Orontes der Länge nach durchflossen wird. Der Orontes entspringt auf dem Antilibanon und entsteht aus der Vereinigung einer ansehnlichen Zahl von Flüsschen und Giessbächen, fliesst zunächst nach Nordwest, wendet sich aber, sobald er die Ebene erreicht, nach Osten, strömt durch einen ungefähr drei Meilen breiten und eine Meile langen See, neigt sich dann nach Norden und fliesst bis zum sechsunddreissigsten Breitengrade mit dem Meer fast parallel. Hier angelangt, biegt er plötzlich nach Westen, dann nach Süden aus und stürzt sich nach einem Laufe von ungefähr 60 Meilen in das Meer. Seine Strömung ist so heftig, dass ihm deswegen die Leute, welche an seinen Ufern wohnen, den Namen Nahr-el-assy, rebellischer

---

1) Aegyptisch heisst es *Char* oder mit Entartung der Aspirata *ch* in einen Zischlaut: *Shar*. Es ist vielleicht eine Variante von *Acharru*, Westen, womit die Assyrer die syrische Küste des Mittelmeers bezeichneten. In späterer Zeit geben die ägyptischen Denkmäler den Namen in der Form *Ashar*. [Zu dem Namen *Char* (*Chal*) vergl. Brugsch, Histoire, Bd. I, S. 147; zu *Acharru*. Delitzsch, Assyrische Studien I, S. 319 ff. Ueber die Verwendung der Namen *Ἀσσύριος*, *Σύριος* und *Σύρος* vergl. die Abhandlung von Th. Nöldeke im Hermes, Bd. V, Berlin 1871, S. 443—468].

Fluss gegeben haben. Der Nat'ana[1] entspringt einige Kilometer vom Orontes im Antilibanon und wendet sich gen Süd-Süd-West. Je weiter er sich von seiner Quelle entfernt, um so enger wird allmählich das Thal und um so mehr nötigt es ihn, sein Bett einzuschränken, bis es schliesslich eine jähe, mehr als dreihundert Meter tiefe und dabei so schmale Schlucht bildet, dass an einer Stelle Felsmassen, die von der einen Gebirgswand sich abgelöst haben, sich auf die gegenüberliegende aufgelegt und dadurch eine natürliche Brücke über den Fluss hergestellt haben. Unmittelbar, nachdem der Nat'ana diese Schlucht verlassen hat, etwa dreissig Meilen von seiner Hauptquelle, fällt er in das Meer. Das Becken beider Flüsse ist ein und dasselbe, ein etwa achtzig Meilen langes Thal, welches da, wo der Nat'ana und Orontes entspringen, von einer kleinen Hügelreihe von geringer Höhe durchzogen wird. Nur wenige Länder der alten Welt waren so fruchtbar, wie diese syrische Thalmulde. Nach Süden zu breiten Getreidefelder und Rebengärten sich wie ein Teppich über den Thalgrund und steigen, soweit des Menschen Fuss vorzudringen vermag, an den Gebirgswänden empor. Im Norden entstand durch die Anschwemmungen des Orontes ein schwarzes, fruchtbares, für Cerealien und Früchte jeglicher Art ergiebiges Erdreich. Das hohle Syrien (Cölesyrien) wurde ja, nachdem es sowohl ägyptische wie assyrische, persische und makedonische Eroberer, die vorübergehend in demselben sich aufhielten, ernährt hatte, schliesslich in der Hand der Römer einer von den Kornspeichern der Welt[2].

Rings um dieses glückliche Land, welches, so zu sagen, den Kern von ganz Syrien bildet, ziehen sich Länder von sehr verschiedenem Wesen und Aussehen nach allen Richtungen, nach Norden, Süden und Westen hin. Im Norden zwischen dem Orontes und Euphrat befindet sich ein ärmlicher, dürrer Landstrich, welcher an seinem nördlichen und westlichen Theile von dem Tauros und dem Chamana (Amanos) begrenzt wird. Von jenen beiden Gebirgen lösen sich Ausläufer ab, die sich stufenförmig abflachen oder bald zu kreidigen oder felsigen Hochländern erweitern, welche letzteren von Hügeln mit rundlichen, kahlen Kuppen übersäet, von schmalen,

1) Ueber den Namen Nat'ana vergl. Maspero, in den Mélanges, Bd. I, S. 140—141. 2) [Vergl. hierzu Duncker, Geschichte I, S. 249].

gewundenen, nach dem Orontes und der Wüste zu verlaufenden Thälern zerklüftet sind. Auf die Hochländer folgen weite, von niedrigen, nackten Hügelreihen durchzogene Ebenen. Ihr Erdreich ist trocken und steinig, ihr Pflanzenwuchs kümmerlich, Wasser fliesst in ihnen spärlich und wenig. Der wichtigste Fluss ist der von Aleppo (bei Xenophon: Chalus), dessen Lauf langsam von Norden nach Süden rinnt und am Saum der Wüste sich in einen kleinen, mit Eilanden übersäeten Salzsee verliert. Ungefähr gleich weit vom Chalus und vom Euphrat liegt zwischen diesen ein zweiter Salzsee von ziemlich weitem Umfange, aber ohne Abfluss. Cerealien, Reben, Oliven und Pistazien wachsen in jenen heissen Gegenden nur kümmerlich, und nur die gebirgigen Strecken sind so ergiebig, dass sie ihre Bewohner ernähren.

Oestlich vom Antilibanon zieht sich das damaskenische Syrien hin, ein wahres Gartenland, von den schneeigen Gipfeln des Hermon überragt, von welchem letzteren zwei Flüsse entspringen, der Abana und Parphar, welche angesichts der Wüste einem üppigen Pflanzenwuchse Nahrung spenden. Es ist dies eine weite, von Kanälen durchzogene Ebene, während das westlich vom Libanon liegende Land nur aus einem schmalen Streif Landes besteht, welcher nirgends breiter als acht bis zehn Meilen wird. Es ist, als ob von der Mündung des Nat'ana bis zu der des Orontes ein schmaler Streif Sand hinrolle, vielfach von Buchten zerwühlt und von Felsvorsprüngen, die so weit ins Meer reichen, dass sie treffliche Häfen bilden, häufig durchzogen. Wundervoll gedeihen Oelbäume, Reben und Getreide auf den vordersten Abhängen der Hügel hinter dem Gestade. Ehedem waren die Gebirgshöhen mit gewaltigen Eichen-, Tannen- und Cedernwaldungen bedeckt. Es gibt keinen grossen Strom, aber lauter ungestüme Giessbäche, die wie der Leon und Lykos (Nahr-el-kelb) fast mit einem Sprunge von den Libanongipfeln herab sich in das Meer stürzen.

Auf der westlichen Seite des Hermon, am Südende des Antilibanon fängt ein Thal an, wie es auf der Welt ohne gleichen dasteht. Es ist das ein durch vulkanische Thätigkeit in der Erdoberfläche entstandener Riss, ein breiter Spalt, der im Anbeginn der Jahrhunderte auseinanderklaffte und seitdem sich nicht wieder schloss. Der Jordan, welcher in diesem rinnt, bildet hier, kaum einige Meilen von seiner Quelle entfernt, einen See, den Merom, dessen Niveau mit dem des Mittelmeeres übereinstimmt. Von da ab jedoch wird das Thal tiefer und wühlt sich, so zu sagen, in die Erde ein. Vom Meromsee fliesst der Strom zum See Genezareth, vom See Genezareth hinab zum todten Meere, woselbst die Senkung des Bodens das Maximum ihrer Intensität, 419 Meter unter dem Mittelmeerniveau erreicht. Südlich vom todten Meere verengt sich das Thal und steigt, bevor es ins rothe Meer ausläuft, schnell zu einer Höhe von 500 Metern auf.

Es gibt nichts so verschiedenes, wie das Aussehen der östlich und westlich vom Jordan liegenden Länder. Im Osten steigt der Boden jäh ungefähr 1000 Meter hoch empor, breitet alsdann sich aus und bildet eine gewaltige, etwas hügelige Hochebene, auf welcher die grossen Zuflüsse des Jordan und todten Meeres, der Yarmuk, Jabbok und der Arnon fliessen. Im Westen liegen wirre, rundliche Hügelmassen, die auf ihren steinigen, kaum mit einem mageren Erdreich bedeckten Kuppen doch Getreide, Oliven und Feigen tragen. Ein von der Hauptkette abgesonderter Gebirgsstock, der Karmel (Karmana) ragt etwas südlich vom See Genezareth nach Nordwesten hinaus und schiebt sich unmittelbar an das Meer vor. Das Land im Norden des Karmel, Galiläa, hatte frische Gewässer und grünende Hügel in Menge. »Reben und Feigenbäume umschatteten die Bauerhöfe, die Gärten waren ein Dickicht von Apfelbäumen, Nussbäumen und Granatbäumen. Wenn man aus dem einen Schluss ziehen darf, welchen die Juden noch in Safed ernten, so gab es vortrefflichen Wein«. Die Gegend südlich vom Karmel zerfällt naturgemäss in drei Parallelzonen. Erst kommt ein sandiger Küstenstrich, der sich am Meere lang zieht, dann weit ausgedehnte, stellenweis bewaldete Ebenen, bewässert von schilfbewachsenen Flüssen, und schliesslich das Bergland, die Wasserscheide zwischen der Seeküste und dem Jordanthale. Das Dünenland ist für den Anbau geeignet, und die Städte, die in ihm liegen, Gaza, Joppe und Asdod, sind rings mit Hainen von Fruchtbäumen umgeben. Die Ebene besitzt eine wunderbare Ertragsfähigkeit und besteht aus einem angeschwemmten Erdreich, welches ohne Düngung und fast, ohne bestellt zu werden, jährlich ansehnliche Ernten abwirft. Die an manchen Stellen ziemlich stark bewaldeten Berge werden, je weiter man nach Süden kommt, um so kahler. Es fehlt dort den Thälern das Wasser, und das dürre, sonnenverbrannte

Erdreich wird immer unfruchtbarer, bis es schliesslich ganz in der Wüste aufgeht. Von hieran bis an das rothe Meer gibt es blos eine Reihe von Sandebenen, die vom Bette wasserloser Giessbäche zerklüftet werden und in denen vulkanische Massengebirge, im Osten der Seïr, im Süden der Sinai emporragen. Der Frühjahrsregen bringt daselbst für einige Wochen einen schnell erspriessenden Pflanzenwuchs zur Entfaltung, gerade so viel, wie die Nomadenstämme für ihre Heerden brauchen.

Wie die schwerfälligen Bataillone des ersten Thotmes zum ersten Mal über den Isthmus und die Wüste zogen, waren diejenigen Völker, welche zur Zeit des alten ägyptischen Reiches diese weite Länderstrecke inne hatten, von der Weltbühne fast ganz verschwunden. Von der grossen Kananäerinvasion waren sie überrascht und überflutet, und theils vernichtet, theils von den Eroberern absorbirt worden. Es waren nur sehr wenige Urstämme, welche ihre Selbständigkeit zu wahren vermochten. Zur Zeit der hebräischen Eroberung waren noch im Osten des Jordan die Rephaim ansässig[1]; »ein grosses, hochgewachsenes Volk«, die Anakim, von dem es hiess: »Wer kann wider die Kinder Anak's bestehen?«[2], lebte zerstreut in den Gebirgsmassen, welche sich um das todte Meer hinziehen. »Sieben Jahre vor Tanis in Aegypten«[3] gründete dort Arba, einer ihrer mythischen Häuptlinge, die Stadt Kiriath-Arba, welche später Hebron wurde[4]. Die Grenzgebiete der Wüste am Berge Seïr bewohnten die Horim[5] und die Avvim die Ebene südöstlich von Gaza[6]. Es waren wohl auch noch andere Stämme entkommen und hielten sich noch einige Zeit wenigstens an manchen Orten im Lande, doch erlagen auch sie schliesslich, ihr Name erlosch, die Erinnerung an sie entschwand oder ging in Märchen unter. Die früheren Gebieter des Landes dachte man sich als Riesen (*Rephaim*) mit summender, verworrener Sprache (*Zomzommim*), oder als schreckliche Unholde (*Emim*)[7], neben welchen andere Völker »wie die Heuschrecken«[8]) aussahen. Durch die verschiedenen aufeinanderfolgenden Invasionen gewann Syrien eine ganz neue Gestalt und fiel drei grossen Rassen von gemeinsamer

1) Deut. III, 8. || 2) a. a. O. IX, 2. || 3) Num. XIII, 23. || 4) Judic. I, 10; Josua XIV, 15. || 5) Gen. XIV, 6; Deut. II, 12—22. || 6) Deut. I, 23. || 7) Deut. II, 10—11, 20—21. || 8) Num. XIII, 34.

Abstammung, welche die Mundarten ein und derselben Sprache redeten, anheim, welche sich gleichsam darin theilten: nördlich und östlich vom Libanon die Aramäer, längs der Küste, im Herzen und Süden des Landes und in den Thälern am oberen Orontes am Nat'ana und Jordan die Kananäer, und südlich und östlich vom rothen Meere, am Saume der Wüste, die Terachiten.

Die Aramäer waren an beiden Euphratufern, sowohl in Mesopotamien wie in Syrien ansässig, und drangen nie weiter nach Süden vor. Einige Stämme von ihnen, die Solymer und Erember, stiegen über den Amanos und zogen an der Südküste von Kleinasien entlang nach Lykien[1]. Die übrigen liessen sich zwischen dem Gebirge und der Wüste auf den Abdachungen der Felsplateaux von Nordsyrien und an dem Ostabhange des Antilibanon nieder, und bildeten daselbst bald zwei grosse Bevölkerungscentren, Nordaramäa zwischen dem Euphrat und dem Amanos und Aram Dammeseq, das damaskenische Syrien in der Umgegend der grossen Stadt Damaskos.

Nordaramäa wurde vermöge seiner zwischen den beiden Hauptreichen der alten Welt, Chaldäa und Aegypten vermittelnden Lage sehr bald einer der reichsten Verkehrsplätze im Morgenlande. Statt sich in die Wüste zu wagen und von den Ufern des todten Meeres und des Jordan direkt an die Euphratufer und an die Gestade des persischen Meerbusens zu ziehen, gingen die Karawanen lieber das Thal des Nat'ana und Orontes hinauf, um von dort aus den mittleren Lauf des Euphrat zu erreichen und wieder nach Babylon hinabzuziehen. Als Herren über beide Flussufer hatten die Aramäer daselbst an allen Furten, die vom syrischen auf das mesopotamische Ufer führen, Festungen erbaut. An der südlichsten stand Tur-Meda oder Thapsakos[2], an der mittleren Karkemish, an der nördlichsten Samosata. Die Furt von Samosata würde, da sie am Ausgange aus den Gebirgen lag, die Karawanenführer zu einem unnötigen Umwege von beinahe vierzig Meilen veranlasst haben, und wurde daher von den Kaufleuten, welche von Aegypten nach Chaldäa gingen, wenig benutzt. Thapsakos lag zu nahe an der

---

1) Movers, Bd. II, S. 176 ff.; Knobel, Die Völkertafel, S. 229—231; Renan, Histoire des langues sémitiques, Bd. I, S. 49—52. || 2) Movers, Die Phönizier, Bd. II, Theil 2, S. 154.

Wüste und war mithin den Anfällen der Beduinen zu sehr ausgesetzt. Dagegen Karkemish, welches mitten in einem gesitteten Lande lag, ziemlich gleich weit von den Barbaren im Norden und im Süden, wurde bald der beliebteste Uebergangspunkt und Stapelplatz für die Karawanen. Es lag einige Kilometer vom Flusse an einer Quelle Mabog, von deren Namen zunächst der heilige Stadttheil, dann die ganze Stadt ihren Namen erhielt. Die Griechen, bei denen es mitunter mit dem alten Ninive verwechselt wurde[1], liessen es von der Semiramis, von Deukalion, von dem Gotte Bakchos und von dem Lyder Attos gegründet werden. In christlicher Zeit erzählten die Syrer, es sei zu Zeiten des Propheten Elijah von zwei Magiern, dem thrakischen Orpheus und dem persischen Zoroaster gegründet. Es wurde schnell der Mittelpunkt einer grossen commerziellen und religiösen Bewegung. Die Feste seiner grossen Göttin Atargath bildeten einen Sammelpunkt für die Gläubigen und gaben zu förmlichen Jahresmessen Anlass, zu denen Kaufleute aus allen Landen, scheinbar aus religiösem Antriebe zusammenströmten[2].

Einige Meilen südwestlich von Karkemish stand Padan (Batnai) und Chalep (Aleppo)[3]. Chalep lag minder günstig als Karkemish und hatte darum nie die Bedeutung seiner Nachbarstadt. Es war trotzdem eine ansehnliche und sogar in Aegypten wegen der Erzeugnisse »seiner durstigen Gefilde[4]« bekannte Stadt. Südlich von diesen Städten traf man auf Aram T'obah, dessen Gebiet sich von den Ufern des Orontes bis zu denen des Euphrat ausbreitete[5], gewiss aber auch noch auf mehrere kleinere, weniger mächtige Staaten, die abseits in den Thälern des Antilibanon lagen und gleichsam eine Kette von Aramäerstämmen zwischen Nord- und Südaramäa bildeten. Damaskus, die Metropole von Südaramäa, verfügt über eine Lage, wie sie die Natur von Anbeginn her zur Anlage für eine grosse Stadt bestimmt zu haben scheint. Sie war

---

1) Ammianus Marcellinus lib. XIV, 26. | 2) Vergl. über Karkemish G. Maspero, De Carchemis oppidi situ et historia antiquissima, Lutetiae Paris. 1872. [Ueber die Göttin Atargath ('Athar-'athe) vergl. Wolf Graf Baudissin, Studien zur semitischen Religionsgeschichte, Heft I, Leipzig 1876, S. 238 f. Ueber die syrischen Karawanenstrassen: Duncker, Geschichte I, S. 192 f.]. || 3) Chabas, Voyage d'un Égyptien, S. 101—110 [vergl. auch den Aufsatz: Tunip und Charbu von Th. Nöldeke, Zeitschrift 1876, S. 10 f.]. || 4) Leidener Papyros I. 343, Taf. 7, Zeile 8. || 5) Knobel, Die Völkertafel, S. 227—228.

nach der hebräischen Ueberlieferung von Uz, dem Sohne Arams, dem Urenkel Noah's gegründet. Inmitten von Fruchtgärten, die es überall umziehen und bis in seine Mauern hineinreichen, dehnt es sich in der Ebene aus, und zerfällt durch den Abana in zwei ungleiche Hälften, die beständig von den Kanälen frisch erhalten werden, welche dieser Fluss nach allen Richtungen hin entsendet. Noch heutzutage entlockt sein Anblick dem Reisenden, der aus den Engpässen des Antilibanon herauskommt, einen Ausruf der Bewunderung: »Vor sich hat er die Stadt, deren Häuser bereits ihm zwischen den Bäumen entgegenschimmern, hinter sich die majestätische Kuppe des Hermon mit ihren Schneefurchen, die ihm das Aussehen eines weissharigen Greisenhauptes verleihen, zur Rechten das Hauran, die beiden niedrigen, parallelen Bergketten, welche den Pharphar[1] in seinem untern Laufe einschnüren, und die Hügel des Seegebietes; zur Linken die letzten Ausläufer des Antilibanon, wo er mit dem Hermon zusammentrifft. Der Eindruck, den diese reichbestellten Gefilde, diese von einander durch Furchen getrennten, mit den schönsten Früchten beladenen, entzückenden Fruchthaine machen, ist der der Ruhe und des Glücks.... Hier in der Umgegend von Damaskus glaubt man kaum, dass man sich im Morgenlande befindet[2], und zumal wenn man aus den unwegsamen und glutverbrannten Gebieten der Gaulonitis und Iturea's kommt, freut man sich aus tiefster Seele, wieder die Werke der Menschenhand und die Segnungen des Himmels zu finden. Seit dem fernsten Altertume bis auf unsere Tage führte jener Gürtel voller Labsal und Wonne, der Damaskus umspannt, stets denselben Namen und mahnte stets an ein und denselben Traum, an den vom »Gottesparadiese«[3]«. Das Gebiet von Damaskus dehnte sich über alle in der Ebene gelegenen Städte und alle in den Hermonschluchten eingenisteten Dörfer aus, über Abila, über die Weinstadt Chelbon und einige kleinen im obern Jordanthale gelegenen Nachbarstaaten Aram-Rohob[4], Aram-Maacha[5] und das Land Gessur[6]. In jener Zeit hatte Damaskus noch nicht die wichtige Rolle, welche es später spielte. Noch lag es nicht an derjenigen Strasse, welche die Kara-

1) Nahr-el-Auadj. || 2) Die Ebene liegt allerdings über 1700 Meter über dem Meeresspiegel. || 3) Renan, Les Apôtres, II, S. 177—178. || 4) II. Samuel X, 6, 8. || 5) I. Chron. 19, 6. || 6) II. Sam., XV, 8.

wanen einschlugen. durch die Antilibanonkette vom übrigen Syrien abgeschlossen und vor feindlichem Einbruch beschützt lebte es in seinen Gärten dahin.

Die Kananäerstämme hatten sich bald nach der Eroberung in zwei Gruppen gesondert. Die einen breiteten sich in den Thälern des Binnenlandes vom Amanos bis zum Seïr und in jenen Ebenen aus, die sich vom Karmel südlich bis an die Wüste und die ägyptische Grenze hinziehen. Die andern schlugen längs der Küste zwischen dem Karmel und der Orontesmündung, dem Libanongebirge und der See ihre Wohnsitze auf. Durch die Verschiedenheit ihrer Lage kam jede von beiden Gruppen zu andern Sitten und anderm Charakter. Die Kananäer im Binnenlande waren je nach ihren örtlichen Verhältnissen Ackerbauer oder Hirten und zerfielen in eine grosse Zahl von Stämmen, die sich unablässig unter einander befehdeten. Die Kananäer an der Küste waren zwischen dem Gebirge und dem Meere beengt und wurden Seeleute und Händler.

Den Kananäern an der Küste gab das klassische Altertum den Namen Phönizier. Sie hiessen nach gewissen griechischen Ueberlieferungen so von Phoinix, dem Sohne Agenor's, dem Begründer ihres Stammes[1]. Nach verschiedenen Schriftstellern bedeutete *Phoinikes* blos das rothe Volk, einmal zur Erinnerung an das rothe (erythräische) Meer, an dessen Ufern sie so lange hausten, ein andermal wegen der Purpurfabriken, welche sie in ihren Ansiedelungen errichteten, dann auch als Anspielung auf ihre Gesichtsfarbe. Die bis in die jüngste Zeit hinein am meisten angenommene Ansicht sieht in *Phoinix* den Namen des Palmbaums und in *Phoinikia* das *Palmenland*[2]. *Phoinix* ist in Wirklichkeit eine erweiterte Form von *Phun* (*Poeni*, *Puni*), dem alten Volksnamen, welchen die Kananäer in ihrer Heimat führten und der sie auf allen ihren

1) Stephan von Byzanz unter *Φοινίκη*. ‖ 2) [Vergl. oben S. 168. Brugsch führt (Histoire, Bd. I, S. 174, 2. Auflage) eine Stelle aus zwei Stelen vom 22. Jahre des Ahmes an, in welcher als Bauarbeiter *Fenchu* erwähnt werden. Er sieht darin den Namen der Phönizier und verspricht weitere Erörterungen darüber. Das phönizische Küstenland hiess bei den Aegyptern *Kaft*]. Movers, Die Phönizier, Bd. II, Theil I, S. 1—4. [Der Name *Fenchu* findet sich bereits in dem berliner Papyros I und scheint mir nur eine Kollektiv-Bezeichnung für ausländische Gefangene (abzuleiten vom Stamme *fech*, *fench*) zu sein. — G. M.]

Wanderzügen begleitete. Die ältesten ägyptischen Denkmäler identifiziren Ostarabien mit dem Lande *Punt*. Durch die Kananäer am persischen Meerbusen kam der Name Phönizien nach Syrien, die syrischen Phönizier brachten ihn nach Afrika und die afrikanischen Phönizier (*Poeni*) verbreiteten denselben bis in ihre entlegensten Kolonien.

Zum syrischen Phönizien gehörten zahlreiche, theilweise sehr bedeutende, Städte. Es waren das von Süden nach Norden gerechnet: Ako (Saint-Jean d'Acre), Achzib, Us, Tyros, Sarepta, Sidon, Beirut, Gebel, Akra, Sinna, Botrys, Tripolis, Simron, Simyra, Arad, Marath, Karne und Paltos. Ungleich zwischen den einzelnen Stämmen vertheilt wurden diese Städte schliesslich zu von einander unabhängigen Kleinstaaten, wie die der Sidonier, Gibliten, die von Akra, Sinna und Simyra. Anfangs scheinen die Gibliten über die übrigen Phönizier eine wirkliche Macht besessen zu haben[1]. Sie hatten zwei Königreiche, das eine Gebel, das andere Beirut. Gebel oder Gebôn[2], das bei den Griechen Byblos hiess, rühmte sich, die älteste Stadt der Welt zu sein. Im Anbeginn der Zeiten war es von dem Gotte El an einer andern Stelle, als es später stand, erbaut worden. Damals lag es einige Meilen im Binnenlande am nördlichen Ufer des Nahr-el-Kelb. Es wurde später verlassen, die Einwohnerschaft zog an das Meer und baute am Adonisflusse eine zweite Stadt, welche denselben Namen wie die erste erhielt. Beirut, »die Brunnenstadt«, theilte mit Gebel den Ruhm, von dem Gotte El gegründet zu sein; es war dies ein wohlgeschützter, am Rande einer von den fruchtbarsten Ebenen Phöniziens gelegener Hafen. Das Gebiet der beiden Städte besass nur eine ziemlich beschränkte Küstenausdehnung, ging dafür aber ziemlich tief in das Binnenland hinein. Nördlich grenzte es an das Land der Akräer und Siniten an, von denen diese am Meere zwischen dem Akkargebirge und dem Nahr-el-Kebir (Eleutheros) ansässig waren, jene tief im Innern des

1) A. a. O. II. Theil I S. 105—107. || 2) Die Form Gebôn, als Name dieser Stadt ergibt sich aus dem Anastasipapyros I, Taf. XX, Zeile 7; vergl. Chabas. Le voyage d'un Égyptien, S. 156—160. [Die ägyptische Form des Anastasipapyros ist *Kepuna*. Im Papyros Ebers (63, 8) wird ein asiatischer Mann (ein *Am*) aus *Kepni* erwähnt als Verfasser eines Receptes]. Harz aus Kepni kommt noch im Heter-Papyros (im Anfange unserer Zeitrechnung) vor. — G. M.

Libanon hausten. Dann folgten die Semyräer in einer grossen, wohlbewässerten Ebene, und jenseits des Gebirges am mittlern Orontes die grosse Königsstadt Hamath. Alle diese Staaten waren zu schwach, dass sie sich auf die Dauer selbständig hätten halten können, und von vornherein dazu verurtheilt, zu verschwinden: ihr Landgebiet wurde zerstückelt, ihre Städte wurden eingenommen, kolonisirt oder dermassen zerstört, dass von ihnen auch nicht die mindeste Spur mehr zu finden ist[1].

Durch die Entkräftung der Gibliten wurde Sidon schnell die bedeutendste phönizische Stadt, »der Erstgeborene Kanaan's«. Trotz dieses anspruchvollen Titels war zunächst Sidon doch nur ein einfaches Fischerdorf[2] und Tyros, Gebel und Beirut durchaus untergeordnet[3]. Es war von Bel, dem griechischen Agenor, zugleich mit Tyros am Nordabhange eines kleinen Vorgebirges gegründet, welches sich quer nach Süden hinauserstreckt. Der im Altertum so gefeierte Hafen entsteht dadurch, dass eine niedrige Felsenreihe von der Nordspitze der Halbinsel aus einige hundert Meter weit mit dem Strande parallel läuft. Die umliegende Ebene bewässert der »liebliche Bostrên« (*Nahr-el-auwaly*): sie wird von Gärten bedeckt, ob deren Schönheit die Stadt im Altertum den Namen: das blumenreiche Sidon[4] führte.

Sidon hatte zwei Rivalen: im Norden Arad und im Süden Tyros. Arad stand etwas vom Festlande entfernt, auf einer Insel. »Es ist ein meerumspülter Fels, ungefähr sieben Stadien im Umfange, voll von Bauwerken. Es ist gegenwärtig noch so stark bevölkert, dass man in mehrstöckigen Häusern wohnt . . . Den Wasserbedarf entnimmt man aus Cisternen oder vom Festlande«. In der Meerenge selbst zwischen der Insel und der Küste gab es eine Süsswasserquelle, die auf dem Meeresgrunde entsprang und der Insel in Kriegszeiten zur Verproviantirung diente. Taucher setzten eine bleierne, am oberen Ende mit einem langen Kupferrohre versehene Glocke auf die Mündung der Quelle. So wurde das Wasser abgefangen, stieg nach hydrostatischen Gesetzen in dem Rohre in die Höhe und kam in süssem Zustande an die Oberfläche, wo man

1) Movers, Die Phönizier, Bd. II, Th. 1, 113—117. | 2) Daher sein Name *TIDÔN*, *Fischerei*. | 3) Movers, a. a. O. II, 1, S. 250 ff. | 4) *Σιδόνα ἀνθεμόεσσαν* (Dionysios Periegetes).

es auffing[1]. Arad gegenüber lagen zwei grosse, beide den Aradern untergebene Städte: Karne und Marath. Das Gebiet dieses kleinen Volkes zog sich übrigens ziemlich weit an der Küste hin und bis in das Binnenland hinein. Im Norden besassen sie Gabala und Paltos, im Süden hatten sie sich Volk und Stadt Simyra unterworfen, und im Osten gehorchte ihnen zeitweilig Hamath am Orontes.

Das Landgebiet der Sidonier wurde nach Norden vom Tamur und von dem Königreiche Beirut begrenzt und reichte im Süden bis an die Mündung des Nat'ana; jenseits von diesem Flusse lag das eigentlich tyrische Gebiet. In den ersten Weltaltern, wie die Götter noch unter den Menschen lebten, baute Samemrum auf dem Festlande eine Stadt aus Schilf und Papyros. Dieser gegenüber nahm sein Bruder Usôos, der erste Seefahrer, einige kleine Eilande in Besitz, auf welchen er heilige Säulen aufstellte[2]. Das war der Anfang von Tyros. Dann kam Melkarth, der tyrische Herakles. Die Priester dieses Gottes erzählten dem Geschichtsschreiber Herodot, »mit der Ansiedelung von Tyros zugleich sei auch das Heiligtum gestiftet, seit 2300 Jahren also wohnten die Tyrier in ihrer Stadt«. Die Rechnung der tyrischen Priester versetzt uns in das Jahr 2750, also in die Zeit der Hirten und der Kananäischen Invasion zurück. Gleich Arad besass Tyros einen Inselstadttheil, auf dem seine Tempel und Arsenale lagen, und einen auf dem Festlande, der Alt-Tyros (Palai-Tyros) hiess. Das Inseltyros hatte nicht wie Arad eine submarine Quelle zur Verfügung, und seine Bewohner hatten nur das Wasser der Cisternen oder das, was sie in Böten vom Festlande holen liessen, zur Löschung ihres Durstes[3]. Tyros besass die ganze Küste von der Mündung des Nat'ana bis zum Berge Karmel.

Die Kananäer im Binnenlande, die sich vom Amanos bis zur Südküste des todten Meeres ausgebreitet hatten, bildeten kein derartig zusammenhängendes Ganze wie die an der Küste. Ihre Stämme zerfielen zumeist in mehr oder weniger bedeutende Bruchtheile, die sich an verschiedenen Punkten des Landes niedergelassen hatten. Der wichtigste von allen, die Hittiter, besassen zwei Hauptniederlassungen, eine im Norden des Landes in den Schluchten des

---

1) Strabo, XVI, 13, S. 753; vergl. Plinius, N. hist., II, 103; V, 31.

2) [Ueber diese Erzählung vergleiche Wolf Graf Baudissin, Studien I, S. 14 ff.].

3) Anastasi-Papyros I, Taf. 21, Zeile 1—2; vergl. Chabas, Voyage d'un Égyptien, S. 165—171.

Amanos, die andere im Süden in dem westwärts vom todten Meere gelegenen Gebirgsstocke. Die nördlichen Hittiter, die den Aegyptern unter dem Namen Cheta bekannt waren, hatten die beiden Abhänge des Amanos einerseits bis an den Orontes, andererseits bis an den Tauros im Besitz. Die südlichen Hittiter, welche einst das mittlere Flussgebiet des Jordan beherrschten, wurden immer machtloser und koncentrirten sich schliesslich um Hebron, woselbst die schwierigen Bodenverhältnisse sie noch lange vor der Ueberwältigung durch die Nachbarvölker schützten[1]. Den Hittitern standen die Amoriter an Bedeutung am nächsten, dann die Hiviter und die Gergesener. Die Hauptmasse des Amoritervolkes lagerte auf dem Hochlande östlich vom Jordan und hatte daselbst zwei hervorragende Königreiche, von welchen das nördliche, zwischen dem Hermon und Jabbok, dessen Hauptstadt Edreï war, an Aram Dammeseq angrenzte, das südliche, zwischen dem Jabbok und Arnon, gen Süden bis zu den terachitischen Staaten reichte und Chesbon zur Hauptstadt hatte[2]. Ein Stamm hatte sich in das Orontesthal vorgeschoben und besass daselbst das berühmte Kadesh[3], ein zweiter lebte am Meeresstrande zwischen Ekron und Joppe[4], ein dritter, der um den Berg Moriah herum sich zu Jebus niedergelassen hatte, liess sich Jebusiter nennen[5], noch andere schliesslich hatten sich bei Sichem und südlich von Hebron festgesetzt, und zwar in solcher Zahl, dass davon die Gebirge, welche das todte Meer einfassen, den Namen Berge der Amoriter erhielten[6]. Die Hiviter lebten östlich von Sidon in den Thälern am oberen Jordan und Nat'ana. Ihre Ansiedelungen reichten nördlich bis Hamath und südlich bis gen Edom[7]. Was die Gergesener, die letzte, dunkelste, von den kanaäischen Rassen, anlangt, so scheint ein Theil von ihnen östlich vom Jordan[8], der Rest in Nordsyrien nicht weit von den nördlichen Hittitern gewohnt zu haben[9].

Die Terachitenstämme hatten dazumal nur eine untergeordnete Bedeutung. Die Kinder Israel wurden in Aegypten zurückgehalten und sollten dort noch Jahrhunderte lang bleiben, ehe sie in das

1) Genesis XIV, 3; XXIII, 3 ff. || 2) Knobel, Völkertafel, S. 201 ff. || 3) Brugsch, Geogr. Inschr. II, S. 21—22. || 4) Judic. I, 34. || 5) Movers, Die Phönizier, Bd. II. Theil I. S. 80. || 6) Deuteronomium I, 7, 19—20 ff. || 7) Knobel, Völkertafel, S. 332. || 8) Knobel, a. a. O., S. 333. || 9) In den Texten aus der Zeit des zweiten Ramses heissen sie *Qirqasha*.

Land ihrer Väter zurückkamen. Die Ammoniter stritten sich mit den Amoritern um den Besitz des nördlich vom Arnon gelegenen Landes. Südlich vom Arnon lebten die Moabiter, die sich an den Ufern des rothen Meeres nur kümmerlich behaupten konnten. Die Edomiter schaarten sich um den Berg Seïr, sie stiessen im Norden an die Moabiter und breiteten sich nach dem rothen Meere zu aus. Sie hatten fortwährend mit den Wüstenarabern, den Amalekitern und anderen zu streiten, denselben, welche die Aegypter allgemeinhin als Shôs (*Räuber*) bezeichneten. Die Shôs oder Shasu waren überall am Saume des Kulturlandes vom Isthmus von Sues bis zum Euphratufer verbreitet und reizten sämmtliche syrische Völker unaufhörlich. Man traf sie sowohl in den Ebenen im Süden wie im Norden an, sogar Cölesyrien und Phönizien waren vor ihren Einfällen nicht sicher und der Reisende begegnete ihnen selbst in den Schluchten des Libanon[1].

Jenseits des Euphrat begann zwar noch nicht das eigentliche Chaldäa, es waren hier aber wenigstens schon Völker, die unmittelbar von den chaldäischen Königen abhängig waren. Die Kleinstaaten, in welche das untere Stromgebiet des Euphrat und Tigris zerfiel, zu vertilgen, ging über die Macht der elamitischen Eroberer hinaus. Sie kamen durch diese in Fremdherrschaft, blieben aber bestehen. Kudur-Nachunta[2], der erste von ihnen, herrschte von Susa aus und ebenso seine Nachfolger unmittelbar nach ihm. Kudur-Lagamer und Kudur-Mabuk, die am meisten bekannten, unternahmen weitgehende Eroberungszüge. Die Bibel erzählt uns, dass Kudur-Lagamer (Chodor-Laomer) mit seinen Vasallen Amraphel, dem Könige von Sinear, Arioch, dem Könige von Elassar und Thargal, einem mesopotamischen Barbarenkönige, in Syrien eingefallen sei. Er schlug die gegen ihn verbündeten Fürsten des südlichen Syriens und legte ihnen Tribut auf für die nächsten zwölf Jahre. Im dritten Jahre entstand eine allgemeine Erhebung, Kudur-Lagamer eilte herbei, besiegte die Empörer im Thale Siddim und plünderte ihre

1) Pap. Anastasi I, Taf. 19, Zeile 1—2; vergl. Chabas Voyage, S. 112—116. [Dieser Bezeichnung der Wüstenaraber entspricht die in römischer Zeit ebenso verbreitete Nabatäer. Auch diese wohnten ebensowohl im Süden Palästina's, wie im Libanon, vergl. De Luynes, Revue numismatique 1858, S. 382 ff. und Blau in der Zeitschrift d. D. M. G. 1871, S. 560. — R. P.]. || 2) [Ueber seinen Namen vergl. oben S. 167, Anm. 3].

Städte. Auf dem Heimwege soll er bei diesem Feldzuge von dem Oberhaupte der Hebräer, von Abraham, angegriffen sein und eine leichte Schlappe erlitten haben[1]. Zwar unternahm Kudur-Mabuk. einer von seinen Nachfolgern. noch Feldzüge nach Syrien. aber nach diesem ging es auch mit der Macht der Elamitendynastie immer mehr zu Ende. Die Könige von Süd-Chaldäa. besonders von Larsam. erklärten sich offen für unabhängig. während im Norden die Fürsten von Agane die Grenzen ihres Gebietes zu erweitern begannen. Das in Babylon überwiegende, bisher dem turanischen untergeordnete, semito-kushitische Element reagirte gegen die ihm widerfahrene Bedrückung. und der König von Agane, Sarvukin I., ein Heros des chaldäischen Altertums, verhalf ihm schliesslich zum Siege.

Aus Sarvukin's I. Erlebnissen bildeten sich Volkssagen. die nachträglich in die officielle Geschichte aufgenommen wurden. Die Bildsäule. welche ihm später in der Stadt Agane gesetzt wurde. trug auf ihrer Basis folgende Inschrift: »Ich bin Sarvukin. der mächtige König. der König von Agane. Meine Mutter war eine Fürstin. meinen Vater kannte ich nicht, ein Bruder meines Vaters beherrschte das Land. In der Stadt Azupiranu. welche am Ufer des Euphrat gelegen, ward meine Mutter. die Fürstin. mit mir schwanger. in schwerer Lage gebar sie mich. Sie legte mich in ein Kästchen von Rohr. verschloss mit Erdpech meinen Ausgang. liess mich hinab in den Strom. welcher mich nicht ertränkte. Der Strom trug mich. zu Akki, dem Wasserträger brachte er mich. Akki der Wasserträger. im Mitgefühl seines Herzens[2], hob mich auf. Akki. der Wasserträger. zog als sein Kind mich auf. Akki. der Wasserträger, stellte als seinen Verwalter mich an. und in meinem Verwalter-Amt liess es Istar mir glücken. . . . Jahre habe ich die Herrschaft geübt«. Das ist immer so in den im Volke erzählten Geschichten von Stiftern von Religionen und Reichen, dieselbe Geschichte wie die von dem in das Wasser geworfenen und von der Pharaonentochter herausgeholten Moses, von Kyros und Romulus. die ausgesetzt und bis zum Jünglingsalter von Hirten gross gezogen wurden[3].

---

1) Genesis XIV. 1; G. Rawlinson. Five great Monarchies. S. 161—163; Fr. Lenormant, La langue primitive de la Chaldée. S. 372—379. [Duncker. Geschichte I. S. 190 f. Smith. Genesis, S. 247.] 2) [Wörtlich: »im Mitgefühl der Eingeweide«]. 3) Smith Notes on the early history. und Fox

Saryukin I. war ein Eroberer, unterwarf die kleinen Chaldäerreiche bis auf Larsam und Apirak, drang bis an den persischen Meerbusen vor, wandte sich alsdann gegen die Elamiten, besiegte diese und erzwang von ihnen Tribut. Die Nordstämme, die Gutiu, welche das gesammte Land zwischen dem Euphrat und den gordyäischen Gebirgen inne hatten, wurden unterjocht, dann schlug Saryukin dieselben Wege wie die elamitischen Eroberer ein und drang bis nach Syrien vor. Bei der Heimkehr von seinen Feldzügen liess er den Tempel von Agane und die der Göttin Anunit geweihte Pyramide wieder aufbauen. Nach aussen hin kennzeichnet seine Regierung die höchste Machtentfaltung der Chaldäer und im Inneren das beginnende Uebergewicht der semitisch-kushitischen Rassen über das übrige Chaldäa. Er stiftete zu Uruch eine Bibliothek, von welcher die Stadt bald den Namen *Stadt der Bücher* erhielt. Um diese zu füllen, liess er die alten Bücher auftreiben, in denen die Ueberlieferungen der chaldäischen Priesterschaft standen, und neue in semitischer Sprache abfassen. Eines von den grossen Werken gab eine Uebersicht über die Augurenregeln und die früheren Sternbeobachtungen, ein anderes lieferte die grammatischen Regeln für die beiden Sprachen, die semitische und die turanische. Die magischen und juristischen Aufsätze, die ursprünglich in alt-turanischer Mundart abgefasst waren, liess Saryukin übersetzen und erläutern. Mühsam gesammelt und auf Täfelchen von gebrannter Erde übertragen, überdauerten diese ihn um über fünfzehnhundert Jahre. Assur-ban-habal, der König von Assur, liess davon Abschriften nehmen, deren zu Ninive wieder aufgefundene Ueberreste zu den Schätzen des britischen Museums gehören[1].

Saryukin I. hatte seinen Sohn Naramsin zum Nachfolger, der so wie er ein kriegerischer und sehr baulustiger König war. Dieser kämpfte in Chaldäa und in Syrien und rückte bis zu dem kupferreichen Lande Magan, wahrscheinlich bis an die Sinaihalbinsel vor[2].

Talbot, A fragment of ancient Assyrian mythology in den Transactions of the Society of Biblical Archeology. Bd. I. S. 271—280; Fr. Lenormant, Les premières civilisations. Bd. II. S. 105—110: [die hier gegebene Uebersetzung folgt Smith, Genesis. S. 248. Dass hier eine Reminiscenz an Exodus II. vorliegt, ist eine Ansicht, mit der Smith ziemlich allein steht]. || 1) Smith, Notes on the early history; Fr. Lenormant, Études accadiennes. Theil I. Fasc. 3. S. 79; Les Premières civilisations. Bd. II. S. 105—106. || 2) Smith, a. a. O.;

13*

Nach ihm jedoch geriet die Herrschaft in die Hände eines Weibes, Ellatbau. Das benutzte der damals in Larsam gebietende Fürst Rim-aku dazu, ganz Südchaldäa wiederzugewinnen, doch wie er jedenfalls wol auch über Babylon selbst herzufallen im Begriff war, kam ihm ein gefährlicherer Feind zuvor. Chammuragas, der König der Kassi im Lande Elam, setzte die Königin Ellatbau ab und dafür sich selbst auf den Thron. Dieser liess die alten Kanäle ausbessern, den Flusslauf in Ordnung bringen, neue Kanäle graben und die Denkmäler seiner Vorgänger wieder herstellen. Demnächst wandte er sich gegen Rim-aku und eroberte auch noch alles, was von Chaldäa übrig war[1]. Babylon wurde erweitert und wurde seine Hauptstadt, sowie nach ihm die seiner Nachfolger. Die von ihm gestiftete Kissäerdynastie herrschte noch ohne Unterbrechung mehrere Jahrhunderte lang fort, jedoch, wie es scheint, nicht mit besonderem Glanzė, und, wenn uns die Annalen dieser Epoche in vollständigem Maasse erhalten wären, würden wir in diesen nichts weiter finden, als ab und zu von Kämpfen mit den Elamiten unterbrochene Auflehnungen gegen die Centralgewalt, Angaben über die Wiederherstellung oder Stiftung von Tempeln und über gereinigte oder neu gegrabene Kanäle. Chaldäa trat nicht aus sich heraus und büsste dadurch die fernen Eroberungen Kudur-Laomer's und Kudur-Nachunta's, Saryukin's I. und Naramsin's ein.

Inzwischen war nördlich von Babylon in den bisher den Gutim gehörigen Ländern eine neue Stadt und ein neues Königreich, Elassar und das Land Assur erstanden. Elassar[2] wurde am linken Ufer des Tigris sechzig Kilometer oberhalb der Stelle erbaut, wo er mit dem unteren Zab zusammenfliesst. An demselben Ufer des Flusses, aber weiter nach der Quelle hinauf, jenseits des oberen Zab stiess man auf die Burg Nini oder Ninive[3]. Anfangs wurde

Fr. Lenormant, Études accadiennes I, fasc. 3, S. 79—80; vgl. Haigh in der Zeitschrift 1874, S. 20—23, und Schrader ebendort, S. 50—53. || 1) J. Ménant, Inscriptions de Hammourabi; J. Oppert, Histoire des empires, S. 34–37; G. Rawlinson, The five great Monarchies, Bd. I, S. 168—169; Fr. Lenormant, Études accadiennes, S. 80; G. Smith, Notes. Saryukin's Regierung scheint mir etwa in das Jahr 2000 vor Chr. zu setzen zu sein; eher früher als später. Smith's chronologische Ansätze sind künstlich verkürzt. [Smith, Chald. Gen. S. 26 setzt ihn in das Jahr 1550, Duncker, I, S. 198 »kaum später als in das achtzehnte Jahrhundert v. Chr.«]. || 2) Heutzutage *Kaleh-Sherghat*. || 3) *Nini*, *Nii* ist die Namensform auf ägyptisch.

das Land Assur von souverainen Oberpriestern oder Patis beherrscht und war Chaldäa unterthänig. Die ersten Fürsten desselben, die man kennt, Ismi-dagan und Samsi-Bin herrschten gleichzeitig über Nipur und Assyrien. Sie lebten zwischen 1800 und 1760 vor unserer Zeitrechnung[1] und waren Zeitgenossen der ersten Könige der achtzehnten Dynastie. Wenn nicht ihnen selbst, so war es doch ihren Nachfolgern beschieden, bald den Druck der ägyptischen Macht zu verspüren.

Achtzehnte Dynastie.

Es wäre interessant zu wissen, welchen Eindruck die neue Welt, in welche die Aegypter sich hineinwagten, auf sie machte. Leider ist von den Feldzügen Thotmes' I. kein Bericht bis auf uns gekommen. Wir wissen nur, dass er bereits in dem ersten Jahre seiner Herrschaft bis nach Nordsyrien vordrang[2] und seine Siegesstelen an den Ufern des Euphrat[3], wahrscheinlich unweit Karkemish, aufstellte. Dieser erste Feldzug, mehr eine Entdeckungsreise, zeichnete die Strasse vor, welche die ägyptischen Heere fortan bei jedem Kriege unabänderlich innezuhalten hatten. Beim Ausmarsche aus Aegypten marschirten sie nach Raphia, der südlichsten syrischen Stadt, von dort über Gaza, Askalon und Iert'a. Bei der Station Juhem spaltete sich die Strasse in zwei Aeste. Der eine, um die Hälfte kürzere, liess den Hafen Joppe mit seinen entzückenden Gärten ziemlich zur Linken liegen und führte geradewegs gen Norden. Er zog sich bei Aalun in die Schluchten des Karmel hinein, kam dann etwas nördlich von der Kananäischen Königsstadt Taânak in der Ebene wieder zum Vorschein und lief einige Meilen weiter auf Mageddo aus. Der andere wandte von Juhem aus sich nach Osten und zog durch die Amoriterberge, ging über T'efta den Jordan hinauf, schlängelte sich durch Gross- und Klein-Ophra um den ephraemitischen Gebirgsstock herum, liess Bethshear etwas zur Rechten liegen, stieg dann über Kishion und Shunem in die Ebene Jesreel hinab und endete schliesslich hinter Mageddo, etwa auf dem halben Wege zwischen dieser Stadt und dem Thabor. Mageddo war am Ufer des Qinabaches erbaut und versperrte die Libanon-

1) J. Ménant, Annales des rois d'Assyrie, Paris 1874, S. 17—19. || 2) Lepsius, Denkmäler III. 5. || 3) De Rougé, Annales de Touthmès III. S. 17.

wege, so dass es den nach dem Euphrat marschirenden Heeren nach Belieben die Strasse öffnen oder schliessen konnte. Es spielte auch in allen Kriegen, welche die Aegypter in Asien führten, eine hervorragende Rolle, da es der Sammelplatz für die Streitkräfte der Kananäer und ein vorgeschobener Posten der nördlichen Völkerschaften gegen die von Süden kommenden Angriffe war. Jede Schlacht, die unter seinen Mauern verloren wurde, lieferte ganz Palästina dem Sieger in die Hände und gestattete ihm, seinen Marsch nach Cölesyrien zu fortzusetzen.

Von Mageddo aus gingen die Aegypter über den Thabor und gelangten bei Kinneret am Gestade des galiläischen Meeres an, zogen über Merom, Kadesh (später Kadesh Naphtali), Lais, Hazor und Rohob fast bis zur Quelle des Jordan hinauf und gingen unweit des gegenwärtigen Fleckens Ghazze über die Hügel, welche das Jordanthal von dem Thale des Nat'ana trennen. Dann zogen sie an bis zur Quelle des Nat'ana, nahezu bis Tibechat (Baalbek?) hinauf und in das Orontesthal hinunter nach Hamath. Kadesh, das grosse, war von allen Städten, welche sie auf dem Wege antrafen, am wichtigsten. Es stand am Ufer des Orontes, von einer Krümmung desselben umschlungen, in den Landen der Amoriter. Waren die syrischen Anführer bei Mageddo geschlagen, so gingen sie gewöhnlich zurück bis zu dieser Stadt und lieferten die zweite Schlacht unter deren Mauern. Wurden sie besiegt, so blieb ihnen nichts mehr übrig, als sich zu zerstreuen und sich jeder in seiner Burg zu verrammeln. Die Aegypterkönige zogen am Orontes lang, nahmen Hamath, wendeten sich, wenn sie ungefähr mit Antiochien in einer Höhe waren, nach rechts und erreichten Chalep und Patan (Batanai) [1]. Von da bis nach Karkemish brauchte man nur noch einige Stunden zu marschiren.

Die rechts und links von dieser Heerstrasse liegenden Völker erkannten die Oberhoheit der Pharaonen an und traten ihrem Reiche bei. Die einen unterwarfen nach dem Vorgange der Phönizier sich beinahe ohne Widerstand, dagegen andere zu unterjochen, gehörten lange Kriege und erbitterte Schlachten. Auch hat man das ägyptische Reich sich nicht etwa ähnlich so vorzustellen, wie später das römische. Syrien, Arabien und Aethiopien wurden nie Provinzen

1) Maspero, De Carchemis oppidi situ. S. 5.

nach Art der ägyptischen Nomen, und wurden auch nicht von Beamten ägyptischer Abkunft verwaltet. Sie behielten ihre vormaligen Gesetze. Religionen. Sitten und Dynastien bei und blieben, mit einem Wort, ganz so, wie sie vor der Eroberung gewesen waren. Sie bildeten eine Art Lehnsstaat, dessen Souverain der Pharao, dessen grosse Vasallen Syrer- oder Negerhäuptlinge waren. Die Vasallen hatten sich ihrem Lehnsherrn gegenüber unterwürfig zu zeigen, zahlten diesem Tribut und gewährten den ägyptischen Truppen freien Durchzug durch ihr Gebiet, während sie denselben den Feinden verweigerten. Sonst waren sie Herren im eigenen Hause, durften sich gegenseitig angreifen, unter einander Frieden schliessen und Bündnisse eingehen, ohne dass es ihrem Oberherrn in den Sinn gekommen wäre, dagegen Einspruch zu erheben.

Ein Reich mit einer derartigen Verfassung war durchaus nicht dauerhaft. Solange als ein energischer Fürst die Macht in Händen hatte, oder vielmehr, solange die Besiegten ihre Niederlage so lebhaft im Gedächtnisse behielten, dass sämmtliche Freiheitsgelüste davon erstickt wurden, hielten die Syrerfürsten ihre Vasallenpflicht inne und zahlten ihre Abgaben. Aber es genügte, dass der regierende Herrscher starb und ein neuer auf den Thron kam, dass ein ägyptischer Feldherr eine Schlappe erlitt, oder dass davon blos die Rede war, kurz, das geringfügigste Ereigniss reichte aus, einen allgemeinen Aufstand zu Wege zu bringen. Sämmtliche Völker verweigerten die Abgaben, die einzelnen Reiche wurden wieder selbständig, und in wenigen Tagen besass Aegypten nur noch das Landgebiet, was ihm von vornherein gehörte. Man musste dann wieder ganz von neuem anfangen. Es entstand gewöhnlich eine Koalition, deren Truppen bei Mageddo oder bei Karkemish den Stoss ihres Gegners erwarteten. In einer oder zwei Schlachten wurden solche Kraftanstrengungen überwältigt, dann trennten sich die Verbündeten und suchten jeder sich eiligst in seinem Reiche oder in seiner Stadt zu schützen. Den Aegyptern standen zwar keine grossen Heere mehr gegenüber, aber sie mussten die Rebellenfürsten alle einzeln verfolgen und lange Zeit belagern, ehe sie dieselben wieder unterwarfen. Durch die Empörung war das Reich in einem Tage über den Haufen geworfen, und jahrelange Kämpfe, oft die ganze Regierungszeit eines Königs, waren erforderlich, es in seiner ganzen Ausdehnung wiederherzustellen. Vergebens nahm der Sieger, um einem Aufstande vorzubeugen, zu den strengsten Massregeln seine Zuflucht, verheerte die Aecker, trieb die Heerden fort, schleifte die Festungen, verwüstete die Städte mit Feuer und Schwert, setzte die Häuptlinge ab und liess sie hinrichten: das half alles nichts. Wenn eine Regierung damit vergangen war, dass man das Land eroberte, ging es beim Anfange der nächsten Regierung verloren, um wieder erobert und demnächst wieder verloren zu werden, ohne dass es je gelang, dauernde Zustände einzuführen.

Kurz vor seinem Tode hatte Thotmes I. seine Tochter Hatasu[1] zur Mitregentin gemacht und sie, wie es Sitte war, mit ihrem jüngern Bruder Thotmes II. vermält[2]. Thotmes' II. Regierung dauerte kaum ein paar Jahre und zeichnete sich nicht durch bemerkenswerte Vorkommnisse aus. Man begnügte sich mit einigen Kriegszügen, um Aegypten die Oberherrschaft über Asien und Aethiopien zu erhalten. Die Stämme des Sudan, welche seit Ahmes I. Zeit noch immer unter den Waffen waren, fügten, wie es schien, sich endlich in den Verlust ihrer Freiheit. Aus ihnen wurde ein Vice-Königreich, welches sich vom ersten Katarakte bis an die abyssinischen Gebirge erstreckte. Anfangs wurden Grosswürdenträger mit der Statthalterschaft über Aethiopien betraut, doch wurde diese bald zu einem sehr wichtigen Staatsamte, und es wurde am ägyptischen Hofe üblich, den Thronerben mit dem Titel eines Prinzen von Kush dazu zu ernennen. Es war das mitunter nur eine Auszeichnung: der jugendliche Prinz blieb bei seinem Vater, indess irgend ein Grosser für ihn das Land verwaltete. Oft führte er auch die Statthalterschaft selber und suchte sich in den Gegenden am obern Nil für seinen Herrscherberuf auszubilden.

Von ihrer Mutter Ahmes und ihrer Grossmutter Ahmes-Nofertari her war die Königin Hatasu zu viel grössern Ansprüchen berechtigt als ihr Vater und ihr Gemal. In den Augen der Nation war sie die legitime Thronerbin und unmittelbare Repräsentantin der frühern Dynastien. Auch hatten, wie Thotmes I. an seinem Lebensabend sich anschickte, sie zur Herrschaft zu berufen, Staatsrücksichten an diesem seinem Entschlusse ebensoviel Antheil als seine väterliche Zuneigung. Solange Thotmes II. lebte, wurde die

1) Oder besser *Hatshepu*. | 2) De Rougé, Étude des monuments du massif de Karnak. In den Mélanges d'archéologie égyptienne. Bd. I, S. 50.

Machtvollkommenheit, welche das Familienoberhaupt dieser Königin ertheilt hatte, immer grösser, und als er starb, ohne männliche Erben zu hinterlassen, erreichte sie ihren Höhepunkt. Hatasu wurde mit der Regentschaft während der Minderjährigkeit ihres zweiten Bruders beauftragt, schob den jugendlichen Herrscher sofort bei Seite, und masste sich alle Macht an[1]. In ihrem Namen baute und widmete sie Tempel, brachte das königliche Opfer dar und befehligte Armeen: sie ging sogar so weit, sich als Mann mit einem künstlichen Barte wie die andern Herrscher abbilden zu lassen. Sie verstand es übrigens die Oberhoheit über die Länder im Norden und Süden intakt zu bewahren, erhielt wie ihr Vater Tribut von den Ruten, den nordsyrischen Völkern, und ihre Waffen drangen sogar in das To-nuter vor, welches vordem keines Aegypters Fuss betreten hatte. Das To-nuter grenzte an Punt und lag jedenfalls an der südarabischen Küste. Da es sich beinah auf der Mitte des Weges zwischen den beiden grossen Handelsgebieten der alten Welt, zwischen Indien und dem semitischen Asien befand, war es, so zu sagen, das gemeinschaftliche Waarenlager für den Geschäftsverkehr der morgenländischen Völker geworden. Die Schiffe des Dekhan führten dorthin ihre Waaren, die Araber und Chaldäer schafften sie dann weiter nach Babylon, Assyrien, Naharaïn und Phönizien und bis an das ägyptische Gestade des rothen Meeres, wo die Händler von Koptos dieselben in Empfang nahmen. Als Gebieterin über Syrien und Aethiopien beschloss Hatasu, auch »das Land Punt kennen zu lernen bis an die Grenzen des To-nuter«, und ihrem Reiche ein Land einzuverleiben, welches Luxushölzer, Gummi, Gewürze, Gold, Silber, Lapis-lazuli, Edelsteine und allerlei wertvolle Waaren hervorbrachte, welche in Aegypten für die Zwecke des Kultus und des gesitteten Lebens sehr gesucht waren. Auf dem rothen Meere brachte sie eine Kriegsflotte, jedenfalls die erste, welche überhaupt diese Breiten befuhr, zusammen und führte diese selber an die Küste von Punt. Die Einwohner ergaben sich fast ohne Widerstand, die Königin war mit dem ersten Erfolge zufrieden und hielt es nicht für geraten, bis in das To-nuter vorzurücken. Sie kehrte heim nach Aegypten und führte eine gewaltige Beute

1) De Rougé, Étude des monuments du massif de Karnak, in den Mélanges, Bd. I, S. 44, 50—51.

mit, die aus einem Gemisch indischer, asiatischer und afrikanischer Erzeugnisse bestand. Mit den Erdballen in Körbe verpflanzt, brachte sie zweiunddreissig wohlriechende Sträucher mit, welche sie dann in ihren Gärten zu Theben anpflanzen liess. Wie ich glaube, war das der erste Akklimatisationsversuch, von dem man weiss[1].

Hatasu starb etwa im 21. Jahre der offiziellen Regierung ihres jüngern Bruders Thotmes III. Bald nach ihrem Tode wurde ihr Andenken heftig angefeindet, und man liebte es, in ihr, deren Dasein für Aegypten so ruhmvoll war, ein Weib zu sehen, welches die Herrschaft unrechtmässig an sich gerissen hatte. Die Inschriften, welche von ihren grossen Kriegen meldeten, wurden ausgemeisselt, ihre Namensringe ausgelöscht und statt ihrer Titel die ihrer Brüder eingefügt.

Sowie der neue König die Leitung der Geschäfte übernahm, brach ein fürchterlicher Aufstand aus. Ruten verweigerte die Abgaben und die umliegenden Gegenden von Syrien folgten seinem Beispiel: in wenigen Tagen war, Gaza ausgenommen, ganz Syrien verloren. Thotmes begab sich nach Gaza, feierte daselbst seine Krönungsfeste und schlug langsam den Weg nach Norden ein. Zehn Tage nach seinem Aufbruche war er erst bei dem Flecken Juhem, einige zwanzig Meilen von Gaza, und wartete die Berichte seiner Kundschafter ab, um einen endgültigen Feldzugsplan aufzustellen. Er erfuhr schliesslich am sechzehnten Tage, dass die Verbündeten unter dem Befehl des Fürsten von Kadesh sich am Ausgange aus den Karmelschluchten, etwas vor Mageddo, verschanzt hätten und mit ihren nicht zu verachtenden Streitkräften die Strasse nach dem Libanon deckten. Einige von den ägyptischen Heerführern fürchteten die Gefahren, die ein Angriff von der Front her mit sich brachte, und schlugen vor die Position auf dem Wege zu umgehen, der nach T'efta führte und in der Ebene Jezreel zwischen Mageddo und dem Thabor dem Feinde in den Rücken fiel. Thotmes verwarf ihren Rat, da er an ihm den Makel der Feigheit fand. Auf dreitägigen Eilmärschen gelangte er zu dem Flecken Aaluu, welchen die Syrer unbesetzt gelassen hatten. In der Frühe des

1) Die auf diesen Feldzug bezüglichen Texte wurden von J. Dümichen in seinem grossen Werke: »Die Flotte einer ägyptischen Königin« veröffentlicht. Vergl. Mariette, Histoire, S. 48–51; de Rougé, Étude des monuments du massif de Karnak, in den Mélanges d'archéologie égyptienne, Bd. 1, S. 49.

zwanzigsten Tages brach er auf, ging über den Engpass, ohne andern Schwierigkeiten als denen des Terrains zu begegnen, rastete einen Augenblick am Nordabhange des Gebirgs, um seine nachgebliebene Nachhut aufzunehmen, und rückte um die siebente Stunde hinaus in die Ebene. Da es zu spät war, noch an demselben Tage etwas zu unternehmen, schlug er am Ufer des Qina dem feindlichen Lager gegenüber sein Lager auf.

In der Dämmerung des einundzwanzigsten Tages marschirte das Aegypterheer in Schlachtordnung auf. Rechts stützte es sich auf den Qinabach, links breitete es sich bis nordwestlich von Mageddo aus, jedenfalls, um den Feind zu überflügeln und unter die Stadtmauern zurückzuwerfen. Der König war im Mitteltreffen. Die Syrer wurden durch einen heftigen Angriff in Bestürzung versetzt und von panischem Schrecken ergriffen. Ihre Wagen und Pferde liessen sie im Stich und flüchteten auf Mageddo zu, da sie sich aber zu sehr überstürzten, um in die Umwallung zu gelangen, fürchtete die Besatzung, dass etwa die Aegypter hinter ihnen her eindringen möchten, und schloss ihnen die Thore. Man verstand sich höchstens dazu, die Heerführer mit Hülfe von Stricken auf den Wall zu ziehen. Das übrige Heer zerstreute sich und eilte mit solcher Hast in die Berge, dass es keine Zeit hatte, ansehnliche Verluste zu erleiden. Es gab nur 83 Todte und 340 Gefangene, dafür fanden die Aegypter auf dem Schlachtfelde 2132 Pferde, 994 Wagen und die ganze Beute, welche die fliehenden Asiaten im Stiche gelassen hatten. Mageddo, das für sich allein »tausend Städte« wert war, hielt sich kaum noch einige Tage, ergab sich mit allen Fürsten, die sich darin geborgen hatten, und sein Fall entschied den Erfolg des Feldzuges[1]. Die syrischen und mesopotamischen Häuptlinge, zu allererst der von Assur, zahlten schleunigst Tribut und huldigten dem Sieger.

Jedoch bald griff der Fürst von Kadesh, nachdem er sich von der Bestürzung, in die er in Folge der Niederlage bei Mageddo geraten war, erholt hatte, wieder zu den Waffen und wiegelte ganz Nordsyrien auf. Thotmes bemächtigte im 29. Jahre sich Tunep's, Chalep's und Arad's, und schritt im 30. zur Belagerung von Kadesh

1) De Rougé, Annales de Touthmès III, S. 8—9, 26—28; Sur quelques textes inédits du règne de Touthmès III, S. 35—40. Der von Goodwin veröffentlichte (angeblich geschichtliche) Text, der sich auf Thotmes III. bezieht,

selbst. Die Stadt wurde im Sturm genommen und geplündert, und ihre befestigte Umwallung theilweise zerstört. Der Feldzug schloss damit, dass Simyra und Arad genommen wurden. Thotmes begnadigte die Anführer, liess sich aber deren Söhne und Brüder ausliefern und schickte diese nach Aegypten. Starb einer von den regierenden Fürsten, so setzte er einen von den Geiseln an dessen Stelle. Nachdem er so sich die Treue der syrischen Provinzen gesichert hatte, ging er im 33. Jahre unweit von der Stelle, an welcher sein Vater Thotmes I. seine Siegesstele auf der Westseite des Flusses aufgestellt hatte, über den Euphrat und begab sich in die Gefilde Mesopotamiens. Er besiegte die Aramäer und schlug sie in die Flucht, »dass keiner sich umzusehen wagte«, überschritt den Chabur, gelangte an die Ufer des Tigris und zog an diesen bis Ninive entlang. Der Häuptling des Landes Assur leistete keinen Widerstand, so dass sich das Unternehmen in einen Triumphzug verwandelte. Das Heer fröhnte der Jagd auf die grossen Thiere, mit denen Vorderasien dazumal bevölkert war, es wurden hundertzwanzig Elephanten getödtet und deren Stosszähne mit dem Tribut der Fremdvölker nach Aegypten heimgeführt. Ganz unbehindert kam Thotmes von diesem fernen Zuge zurück; wo er durchzog, brachten ihm die tributpflichtigen Völker, was er für sein Heer an Proviant brauchte, nebst der Jahresabgabe, welche er ihnen auferlegt hatte. Es hatte den Anschein, als ob Asien für immer und ewig unterworfen sei, und trotzdem fing der Krieg im folgenden Jahre von neuem an. Im 34. Jahre griff nochmals Nordsyrien, im 35. Mesopotamien zu den Waffen. Kadesh war aus seinen Ruinen neu erstanden und trat an die Spitze einer neuen Bundesgenossenschaft. Es wurde im 42. Jahre im Sturm genommen. Kaum war die Empörung unterdrückt, so brach sie auch wieder von neuem aus, und es vermochten weder Strenge noch Milde, sie zu verhüten[1].

---

ist nur ein Bruchstück von einem von seinem Verfasser in diese Zeit verlegten abenteuerlichen Romane. | 1) Vergl. Ebers, Thaten und Zeit Thotmes III. in der Zeitschrift 1873, S. 1 ff., und Chabas, Mélanges égypt. Série 3, Bd. II. S. 279 ff. [Duncker, Geschichte II, S. 21, Anm. bezweifelt wegen der Erwähnung der Elephantenjagd, dass in dieser Inschrift, der des Amon-m-heb, *Nii* = Ninive wäre, und denkt an ein afrikanisches Land. Nii liegt aber, so weit die ägyptischen Berichte es erwähnen, in Asien; und wenn auch Amon-m-heb über die Lage dieser Stadt weiter nichts aussagt, so erwähnt er doch vorher Tachis und nach-

Im Süden hatte der Vice-König Jahr aus, Jahr ein mit dem Caua zu schaffen. Da die Negerstämme am oberen Nil längst vor den ägyptischen Waffen zu zittern gewohnt waren, hielten sie kaum Stand und suchten ihr Heil in den Wüsten, Gebirgen oder Sümpfen. Der Sieger zog in die verlassenen Dörfer, plünderte die Hütten und zündete sie an, machte einige Gefangene, suchte sich die Heerden und Wertgegenstände zusammen, wie Kunsthölzer, Goldstaub und Goldbarren, emaillirte oder ciselirte Metallgefässe und Straussenfedern, was die armen Kerle aus Mangel an Zeit weder verstecken, noch mitnehmen konnten, und zog nach einem leichten Siege von wenigen Wochen dann wieder triumphirend nach Aegypten zurück. Im Süden und im Norden gab es, so lange Thotmes III. herrschte, immer einen glücklichen Krieg nach dem anderen, und nicht mit Unrecht hat dieser Fürst den Beinamen, der grosse, erhalten. Er war beständig unterwegs von einem Ende des Reiches zum anderen, in dem einen Jahre unter den Mauern von Ninive und im nächsten schon wieder tief in Aethiopien, und überlieferte seinen Nachfolgern die Aegypterwelt in grösserer Ausdehnung, als er sie übernommen hatte, in einer Ausdehnung, welche sie nie wieder erhalten sollte. Was Wunder, dass seine unaufhörlichen Kriege, wie es sich gebührte, die um seinen Hof geschaarten Dichter begeisterten? Auf einer zu Karnak entdeckten Stele spricht der Gott Ammon zu ihm:

»Ich bin da, ich lasse dich vertilgen die Grossen von *T'ah*, werfe sie dir unter die Füsse hin über ihre Lande; ich lasse sie schauen deine Majestät als Herrn des Lichtes, wenn du erstrahlst über ihren Häuptern als mein Abbild.

Ich bin da, ich lasse dich vertilgen die asiatischen Barbaren, gefangen nehmen die Anführer der *Rutennuvölker*, — ich lasse sie schauen deine Heiligkeit, geziert mit deinem [Kriegs-] Schmucke, ergreifend die Waffen, auf dem Wagen.

Ich bin da, ich lasse dich vertilgen das Ostland, niedertreten die Bezirke des heiligen Landes (*To-nuter*) — ich lasse sie schauen deine Majestät gleich dem *Seshed*[1]-Stern, der ausströmt seine Feuersglut und spendet seinen Thau.

Ich bin da, ich lasse dich vertilgen das Westland, *Kefa* und

---

her Kadesh. — R. P.]. || 1) [Der Sinn des Wortes *seshed* ist noch dunkel, wahrscheinlich überhaupt nur »Gestirn« gemeint].

Asi sind in Schrecken[1], — ich lasse sie schauen deine Majestät als jungen Stier, festen Herzens, bewehrt mit Hörnern: nicht kann man ihm Stand halten.

Ich bin da, ich lasse dich vertilgen, die da wohnen in ihren Häfen, und das Mädenland erbebt in Furcht vor dir, — ich lasse sie schauen deine Majestät gleich dem Nilpferde, dem Herrn des Schreckens in den Gewässern: nicht kann man ihm nahen.

Ich bin da, ich lasse dich vertilgen, die da wohnen auf den Inseln, die da im Herzen der Meerflut hausen, sie erreicht[2] dein Brüllen, — ich lasse sie schauen deine Majestät gleich dem Rächer, der auf dem Rücken seines Schlachtopfers steht.

Ich bin da, ich lasse dich vertilgen die Tahennu; die Danaer gehorchen deinem Geiste, — ich lasse sie schauen deine Majestät gleich einem wütigen Löwen, der sich lagert auf ihren Leichen hin über ihre Thäler.

Ich bin da, ich lasse dich vertilgen das Meergebiet, der Umkreis des grossen Seebeckens ist ergriffen von deiner Faust. — ich lasse sie schauen deine Majestät gleich dem Herrn des Flügels (dem Sperber), der mit einem Augenblinzeln erfasst, was ihm beliebt.

Ich bin da, ich lasse dich vertilgen, die da wohnen in ihren Lagunen; du bändigst die Gebieter des Sandes (Herushâ) als Gefangene; — ich lasse sie schauen deine Majestät gleich dem Schakal des Südlandes, dem Herrn der Schnelligkeit, dem Läufer, der durcheilt beide Regionen.

Ich bin da, ich lasse dich vertilgen die Barbaren Nubiens; bis zum Volke Pat ist es in deiner Hand; — ich lasse sie schauen deine Majestät gleich deinen beiden Brüdern, deren Arme ich vereint habe für dich zu deiner Macht«[3]).

Nach einer vierundfünfzigjährigen Regierung verstarb Thot-

1) [*Kefa* hat Maspero, du genre épistolaire, S. 88 Anm. 2 mit Recht mit Phönizien identificirt. *Asi* hält er für das Land nördlich von Arados zwischen dem Orontes und der See. Brugsch (Zeitschrift 1875, 13) liest *Asibi* und erklärt Kypros, indem er darauf aufmerksam macht, dass auf dem kanopischen, dreisprachigen Stein es im demotischen Text durch *Salamina* = Salamis wiedergegeben wird]. || 2) [Wörtlich: (sind) unter deinem Brüllen]. || 3) Mariette, Revue générale de l'Architecture, 1860, Bd. XVIII, Spalte 57, 60, und Notice des principaux monuments exposés au musée de Boulaq, 3. Aufl., S. 78-80; Birch, Archaeologia, Bd. XVIII; de Rougé, Revue archéologique 1861, Nouv. sér., Bd. IV, S. 196—222; Maspero, Du genre épistolaire, S. 85—89.

mes III. am letzten Phamenoth[1]. Seine Siege waren den Syrerhäuptlingen so gut im Gedächtniss geblieben, dass sie Amenhotep II., ohne sich zu empören, seine Regierung antreten liessen. Nur die assyrischen Könige, welche sich durch die Entfernung hinreichend gesichert fühlten, wagten sich für unabhängig zu erklären. Der König brach auf, um sie zu züchtigen, er ging über den Euphrat und »gleich einem wüthigen Löwen« rückte er auf Ninive los. Er befand am 26. Tybi sich am Ufer des Flusses Arasat, überschritt nach einer Recognoscirung nach dem Lande Anat zu, zu welcher die verbündeten syrischen Reiter verwendet wurden, diesen noch an demselben Tage, und es entspann sich eine entscheidende Schlacht, in welcher die Aegypter Sieger blieben. In Mesopotamien überwinterte Amenhotep und nahm erst im Monat Epiphi des zweiten Jahres seine Operationen wieder auf. Er stand am 10. Epiphi vor Ninive und dies unterwarf sich ohne Widerstand: »die Bewohner, Männer und Weiber, standen auf den Mauern, seine Majestät zu begrüssen«. Dann zog er den Tigris hinab und gelangte zur Stadt Akkad, die er einnahm[2]. Nach einem etwa zweijährigen Feldzuge war im dritten Jahre die Empörung vollständig erstickt, und der Pharao konnte wieder nach Aegypten ziehen. Am Gallion seiner Triumphbarke hingen die Leichen von sieben Häuptlingen aus dem Tachislande, die er selber bei seinen Siegen erschlagen hatte. Kopf und Hände von sechs derselben wurden auf den Mauern von Theben zur Schau gestellt, der siebente wurde nach Napata geschafft, dass daran die kleinen Negerfürsten sich ein Beispiel nehmen und Pharao's Macht respektiren lernen sollten[3]. Es gelang Amenhotep II., sein Reich zu erhalten und sogar zu erweitern. Sein Sohn Thotmes IV. zog zwar auf seinen Kriegen nicht so weit, wusste aber durch glückliche Unternehmungen in Syrien und Aethiopien den fremden Völkern Achtung einzuflössen[4]. Unter Amenhotep III., der auf Thotmes IV. folgte, waren die Grenzen der Aegypterherrschaft nördlich durch den Euphrat, südlich durch das Gallaland fixirt[5]. Die Kriege bezweckten keine Erobe-

1) Ebers, Thaten und Zeit Thotmes III., in der Zeitschrift 1873, S. 7. Die genaue Dauer beträgt 54 Jahre 11 Monate. || 2) Champollion, Notices manuscr., Bd. II, S. 185—186. || 3) Lepsius, Denkmäler III. Taf. 65. a. Zeile 16—20. || 4) Lepsius, Denkm. III. Taf. 69. e. f. Sharpe, Egyptian Inscriptions, Taf. 93, Zeile 5—6; Louvre C. 202. || 5) Lepsius, Abth. III,

rungen mehr, sondern waren Streifzüge, Sklavenjagden, die man unternahm, um die ägyptische Arbeiterbevölkerung zu rekrutiren und die grossen Bauunternehmungen, die im Nilthal erstanden, zu versorgen.

Die ersten Könige der achtzehnten Dynastie, Ahmes und Amenhotep hatten mit der Vertreibung der Hirten und der Reorganisation Aegyptens hinreichend zu thun. Sie beschränkten sich darauf, die bei Memphis gelegenen Steinbrüche wieder zu eröffnen und diejenigen Denkmäler auszubessern, welche bei der Invasion und dem Freiheitskriege am meisten gelitten hatten. Wie Thotmes III. von seinem asiatischen Feldzuge heimkehrte, verwandte er die vielen Kriegsgefangenen, die er mitführen liess, als Bauarbeiter und begann grosse Arbeiten, an deren Herstellung seine Nachfolger unausgesetzt thätig waren. Das ganze Nilthal, vom vierten Katarakte bis ans Meer, wurde mit Denkmälern bedeckt. Zu Napata errichtete Amenhotep III. einen Tempel, zu dem Wege, mit sphinxartig hingelagerten Widdern davor, führten, und verschönerte zu Soleb zwischen dem zweiten und dritten Katarakte den Tempel Thotmes' III. Thotmes III. stellte den zu Semneh zu Ehren des grossen Eroberers der zwölften Dynastie, Usortesen's III. errichteten Tempel wieder her und fing bei Amada einen Râtempel zu bauen an, durch den uns einige sehr bemerkenswerte historische Texte aus dieser Zeit erhalten sind[1]. Spuren von der Thätigkeit der Pharaonen der achtzehnten Dynastie findet man gegenwärtig noch in den meisten Grossstädten des eigentlichen Aegyptens, in Elephantine, Ombos, Eileithyia und Koptos. Nur Tanis, als Hauptstadt der Hirtenkönige und Mittelpunkt des Sutechkultus, wurde von ihnen vernachlässigt. Ahmes hatte diese Stadt geschleift, und bei seinen Nachfolgern geriet sie systematisch in Vergessenheit[2].

Theben war zur Zeit der memphitischen Könige nur eine kleine am rechten Nilufer erbaute Provinzialstadt ohne andere wich-

---

Bl. 77, c; Louvre, historischer Saal, Glasschrank N. 582; British Museum, No. 138; vergl. Brugsch, Histoire, Bd. 1, S. 115. || 1) Vergl. über diesen Tempel: Chabas, Une inscription historique du temps de Seti I. || 2) Mariette, Lettre à M. de Rougé; [Brugsch, Histoire d'Égypte, 2. Aufl., S. 170 f. lässt wol mit Recht diese Antipathie gegen die Reminiscenzen aus der Hyksoszeit von der achtzehnten Dynastie ausgehen, welche sich als von den bisherigen Herrschern unterdrückt betrachtete].

tige Denkmäler, als ein der Triade Ammon, Mut und Chons gewidmetes Heiligtum. Am jenseitigen Ufer zu Drah-abu'l Neggah standen die Grabespyramiden der thebanischen Fürsten und die Gräber ihrer Unterthanen. Die Könige der zwölften Dynastie bemühten sich nach Kräften, die Stadt zu verschönern. Von Amenemhat I. gibt es im Assassif, am linken Ufer, Spuren, die auf seine Thätigkeit deuten[1]. Usortesen I. fing einen grossen Tempel aus Granit und Sandstein zu bauen an, an welchem Amenemhat I. und Amenemhat III. weiter arbeiteten[2]. Die Denkmäler jener Epoche wurden während der Hirtenherrschaft sorgsam in Stand gehalten und waren zur Zeit der Könige aus der achtzehnten Dynastie noch vorhanden. Thotmes I. rührte an ihnen nicht und umgab sie mit einem Kreise von Gebäuden, die von Thotmes II. und der Regentin Hatasu vollständig ausgeführt wurden. Thotmes III. errichtete ein zweites granitnes Heiligtum und liess in den Höfen desselben seinen Siegesbericht einmeisseln. Seine Nachfolger Amenhotep II., Thotmes IV. und Amenhotep III. führten die von den vorangehenden Königen unternommenen Arbeiten weiter fort oder nahmen neue in Angriff. Durch solche nachträglichen Zuthaten wurde der Tempel allmählich erweitert, bis er schliesslich ein gewaltiges Ganze bildete, dessen einzelne Theile miteinander theils durch lange Sphinxalleen, theils durch Mauern aus ungebrannten Ziegeln verbunden waren[3]. Südlich von Karnak gründete Amenhotep III. einen anderen, der Verehrung des Ammon gewidmeten, Tempel. Er wurde am Flussufer an dem gegenwärtig Luxor genannten Orte aufgeführt und kann als ein Meisterstück ägyptischer Kunst gelten[4]. Am linken Nilufer haben die Herrscher der achtzehnten Dynastie zahlreiche Spuren ihres Daseins hinterlassen. Sie waren thätig zu Assassif, Medinet-Habu und Deyr-ul-Bahary, wo die Königin Hatasu ihren Feldzug gegen Arabien ausführlich einmeisseln und malen liess. Vor dem gegenwärtig verfallenen, von Amenhotep III. erbauten Tempel standen zwei Kolossalstatuen, welche lange Zeit hindurch die alte Welt in Staunen setzten. Eine

---

1) Wilkinson, Handbook for travellers, S. 328. || 2) Ebendort, S. 328, 376, 378; Champollion, Not. man., Bd. I. S. 45; vergl. Mariette, Karnak. Leipzig 1875, 4⁰ mit Atlas fol. || 3) De Rougé, Sur les monuments du massif de Karnak, in den Mélanges d'archéologie, Bd. I. S. 35—51, 66—74. || 4) Mariette, Karnak.

von ihnen zerbrach bei dem grossen Erdbeben vom Jahre 27 vor J. Chr., die obere Hälfte löste sich ab und fiel herunter, nur die untere blieb stehen. Bald darauf verbreitete sich das Gerücht, aus dem Sockel der Bildsäule erklängen jeden Morgen Laute ähnlich dem Tone, den eine zerspringende Saite auf der Lyra oder Harfe hervorruft[1]. Es strömten Touristen herbei, und es währte nicht lange, so bildete sich eine Sage. Obwohl die Bewohner von Theben das bezeugten[2], wollten die Griechen in der tönenden Bildsäule doch nicht einen Koloss des Pharao Amenhotep III. erblicken, sondern fassten sie als ein Bildniss des Aethiopen Memnon, des Sohnes des Tithon und der Eos auf, welcher nach Hektor's Tode Priamos gegen die Griechen zu Hülfe kam und von Achilleus getödtet wurde. Jeden Morgen begrüsste als wohlerzogener Sohn Memnon mit harmonischer Stimme seine Mutter Eos. Um die Mitte des zweiten Jahrhunderts unserer Zeitrechnung unternahmen Hadrian und die Kaiserin Sabina eine Reise nach Oberägypten, um seine wunderbare Stimme zu hören. Schliesslich führte die beständig zunehmende Ehrfurcht der Memnonverehrer zu dem Wunsche, das Götterbild wiederherzustellen. Der Kaiser Septimius Severus liess es so, wie es vor dem Sturze gewesen war, wieder ergänzen. Aber wider alles Erwarten verstummte Memnon. »Dass die harmonischen Akkorde, die, wie so viele Zeugen gehört zu haben versichern, aus dem wundersamen Kolosse erklangen, sobald die ersten Strahlen der Morgensonne ihn beschienen, möglich waren, leugne ich nicht. Ich habe nur zu sagen, dass nie, so oft ich beim Anbruch der Morgenröthe auf den gewaltigen Memnonsknieen sass, ein musikalischer Akkord von seinem Munde mich in der Aufmerksamkeit gestört hat, mit welcher ich auf das melancholische Bild der Ebene von Theben schaute, auf welcher die Gebeine jener Erstgeborenen unter den Königsstädten zerstreut liegen«[3].

Amenhotep III. hatte eine Frau von fremdländischer Herkunft und Religion, die Königin Taï, geheiratet[1]. Er hatte von ihr

---

1) Strabo, XVII. 1. 46. || 2) Pausanias, I, 42, 2. || 3) Champollion, Lettres écrites d'Égypte, S. 312. Vergl. über die Anekdoten-Geschichten vom Memnon Letronne's Abhandlungen über La statue vocale de Memnon, 1832. 4⁰. [Parthey, Wanderungen durch das Nilthal, Berlin 1840, S. 454—462. Lepsius, Briefe aus Aegypten, Aethiopien und der Halbinsel d. Sinai. S. 283 ff.].
4) Brugsch, Histoire, Bd. I, S. 118.

einen Sohn, und dieser folgte ihm unter dem Namen Amenhotep IV. Das Bildniss des Amenhotep IV., wie wir es auf den Denkmälern kennen lernen, zwingt uns, »in seiner ganzen Persönlichkeit den absonderlichen und seltsamen Typus wiederzufinden, welchen die Verstümmelung dem Gesichte, dem Busen und dem Bauche« der Eunuchen aufdrückt. Andererseits weiss man, dass er sehr jung die Königin Nofertiuta heiratete und von ihr sieben Töchter hatte. »Es ist also wahrscheinlich, dass, wenn ihm in der That das Unglück widerfuhr, welches seine Züge zu bekunden scheinen, dies während der Kriege Amenhotep's III. unter den Negervölkern im Süden geschah. Der Brauch, die Gefangenen und Verwundeten zu verstümmeln, ist unter diesen Volksstämmen so alt wie die Welt«[1]. Amenhotep IV., der unzweifelhaft die religiösen Begriffe seiner Mutter eingesogen hatte, bekundete einen grossen Abscheu vor der Ammonverehrung und wandte seine Huldigungen den Sonnengottheiten, besonders der Sonnenscheibe zu. Die Furcht, unter seinen Unterthanen eine Empörung zu veranlassen, hinderte ihn anfangs daran, seine Ketzerei zu offen kund zu thun. Ihm genügte, seinen Namen Amenhotep, der den Namen Amon in sich schloss, mit Chunaten, Glanz der Sonnenscheibe zu vertauschen, und fuhr dabei fort, seinem Vater Amenhotep und sogar dem Gotte Ammon Verehrung zu bezeigen[2]. Später trug der Religionseifer über die Vorsicht den Sieg davon. Der Kultus des Ammon ward geächtet und sein Name überall, wo man ihn erreichen konnte, ausgelöscht. Die Aegypter von reiner Abkunft verschwanden als in religiöser Hinsicht Verdächtige aus der Umgebung des Königs, und räumten asiatischen Persönlichkeiten den Platz, die nach dem Ebenbilde des Pharao gestaltet und wie er, der Männlichkeit beraubt waren. Theben, das voller Denkmäler war, die dem in Ungnade gefallenen Gotte geweiht waren, verlor seinen Rang als Hauptstadt. Chunaten baute sich zu Tell-el-Amarna eine neue, in der ihn nichts an die alte Religion erinnern konnte.

Die Sonne war der Hauptgott der neuen Religion. Alle alten Sonnengottheiten, Râ, Harmachis und Hor wurden respektirt[3]. Die Denkmäler zeigen uns den Gott in Gestalt einer Sonnenscheibe.

1) Mariette im Bulletin archéologique de l'Athenaeum français. 1855, S. 57. || 2) Lepsius, Denkm. III, 91. 110. || 3) Birch. On a remarkable object, in dem Arch. Journ. 1851.

14*

deren Strahlen auf die Erde hinabsteigen, jeder Strahl läuft in eine Hand aus, welche das Henckelkreuz, das Emblem des Lebens hält. Die Sonnenscheibe hiess *Aden*, *Aten*, und man hat vielleicht nicht ohne Grund mit diesem Namen den Namen Adonai in den semitischen Religionen verglichen. Ueberall, wohin sich der König begibt, geleitet ihn die Sonnenscheibe und spendet ihm ihren Segen. Diese religiösen Lieblingsneigungen hinderten nicht, dass Chunaten gleich seinen Vorfahren ein grosser Bauunternehmer und Eroberer war. Er liess in Aethiopien, zu Theben und zu Memphis Arbeiten ausführen[1] und behielt die Hoheitsrechte sowohl in Syrien wie in Afrika. Wie er starb, ging die Krone auf den Prinzen Aï, seinen Milchbruder, den Gemal seiner ältesten Tochter Taï über. Ohne auf die Religion der Sonnenscheibe zu verzichten, hob der neue König doch die gegen Ammon gerichteten Verfolgungen auf und liess die ehemaligen Götter des Landes wieder verehren. Seine Nachfolger wurden zwei seiner Schwager, Tutânchamen und nach diesem Râsâakachepru, welche eine kurze, aber glückliche Herrschaft gehabt zu haben scheinen. Tutânchamen wird wenigstens als ein allmächtiger Pharao abgebildet, dem die fremden Völker mit Zittern huldigen. Nach ihnen jedoch verwüsteten Aegypten Bürger- und Religionskriege, und es kam ein ephemerer Fürst nach dem anderen auf den Thron. Sogar ihre Namen sind uns unbekannt. Der König Horemheb[2] (Armaïs) stellte den Frieden wieder her, unterdrückte die Sonnenreligion, zerstörte Chunaten's Denkmäler und brachte die ehemalige Gottesverehrung überall wieder zur Geltung. Nach aussen gewann er Aethiopien, welches zeitweilig verloren ging, wieder, erhob vom Lande Punt Tribut, versuchte aber keinen Kriegszug nach Syrien. Was hier die Thotmes und die Amenhotep so theueren Kaufes erobert hatten, wurde während der Religionskriege eingebüsst. Die kleinen Lokalfürsten zahlten keinen Tribut mehr, und eine ganze Generation von Eroberern musste kommen, bevor sie wiederum unterjocht wurden.

---

1) Nicholson, On some remains of the Disk-Worshippers. || 2) Wol eigentlich *Harmhabi* auszusprechen, daher griech. Ἁρμαΐς (= Ἁρμαϊϝις); *Hor* erscheint in griech. Umschreibungen von ägyptischen Zusammensetzungen nur am Ende und da, wo man noch den Sinn derselben festhielt, sonst *Har*. [Vergl. auch Pap. Mariette, 25: Ἁρμαΐειος — R. P.].

Neunzehnte Dynastie.

Seti I. und Ramses II.

Horemheb starb, ohne direkte Erben zu hinterlassen und eine neue Familie brachte die Krone an sich. Das Oberhaupt der neunzehnten Dynastie Ramses I. stammte, wie es scheint, aus den semitischen, unterägyptischen Distrikten und war vielleicht mit dem Königsgeschlechte der Hirten verwandt[1]. Nachdem er unter Aï und Horemheb Dienste gethan hatte, gelangte er schliesslich ziemlich betagt auf den Thron und bot sein ganzes Ansehen auf, im Lande wieder Frieden und Ordnung herzustellen. Nach aussen hin bekundete sich seine Herrschaft durch einen Zug gegen Aethiopien, im zweiten Jahre[2], und durch einen kurzen Feldzug gegen die Syrer, an welchen ein Vertrag mit den Cheta sich anschloss. Er starb nach sechs bis sieben Jahren und hinterliess als Nachfolger seinen Sohn Seti, den Sethos der griechischen Ueberlieferungen.

Gleich in den ersten Tagen seiner Regierung kündigte Seti sich als Eroberer an. Durch einen gegen die Shasu-Beduinen unternommenen Kriegszug kam er nach Palästina und von da an den Fuss des Libanon und in das Orontesthal. Nach einem wenigstens fünfzigjährigen inneren Frieden berauschten sich die Aegypter an diesem ersten Erfolge. Von der Grenze an, wo der Sieger von dem Jubel der Grossen und Priester empfangen wurde, bis nach Theben, wo er seinem Vater Ammon die Gefangenen, die er gemacht hatte, vorführte, war seine Heimkehr ein fortlaufender Triumphzug[3]. Aegypten mochte wähnen, es seien die schönen Zeiten der Thotmes und Amenhotep wiedergekehrt. Leider hatten diese Siege mehr äusseren Schein, als Hintergrund. Asiens Lage war seit hundert Jahren eine andere geworden. Das südliche Syrien, das von den durchziehenden Heeren erdrückt wurde, hatte jegliche Idee von Widerstand aufgegeben. Die Phönizier fanden, ein freiwilliger Tribut sei weniger kostspielig, als ein Krieg mit den Pharaonen, und entschädigten sich für den Verlust ihrer Selbständigkeit reichlich dadurch, dass sie den Seeverkehr mit Aegypten für sich ausbeuteten. Im Norden dagegen hatten die durch ihre unablässigen

1) Mariette, La stèle de l'an 400. || 2) Louvre C, 57. || 3) Brugsch, Reiseberichte, S. 149 ff.

Niederlagen geschwächten Ruten den Cheta Platz gemacht. Die Cheta lagerten anfangs auf den Amanoshöhen, fügten lange sich der Uebermacht der Ruten und gehörten zu der Bundesgenossenschaft, an deren Spitze jene standen. Sie waren zugleich mit diesen besiegt und zahlten gleichfalls an Thotmes III. und dessen Nachfolger Tribut. Um die Zeit der Ketzerkönige sagten sie sich von dem Unterthänigkeitsverhältnisse los, in welchem sie bis dahin gelebt hatten. Ihre Oberhoheit breitete sich über ganz Naharaïn von Kadesh bis Karkemish aus, und wie Sapalel, der erste uns bekannte Fürst der Cheta von Ramses I. angegriffen wurde, zwang er diesen, ihn als seines gleichen zu behandeln. Im zweiten Jahre seiner Regierung fand Seti I. ihn an der Spitze seiner Gegner stehen. Im Amoriterlande, um Kadesh, zog sich der Kampf zusammen. Er fiel noch für die Aegypter günstig aus. Nach mehreren glücklichen Kämpfen fiel die Stadt in Pharao's Hand, und die Beute derselben musste das grosse Heiligtum des thebanischen Ammon zieren[1]. Mehrere Jahre zog sich die Fehde hin, und es ermüdete schliesslich an der Zähigkeit der fortwährend besiegten und fortwährend wieder zu neuem Kampfe bereiten Cheta die Geduld ihrer Gegner. Seti war des Krieges müde, verhandelte mit König Motur (Motener) und schloss ein Schutz- und Trutzbündniss, welches bis zu seinem Tode währte.

Fortan ging die ägyptische Grenze nie mehr über die Orontesmündung hinaus. Dadurch, dass die Macht der Pharaonen sich auf Südsyrien und Phönizien einschränkte, gewann sie daselbst mehr Halt. Seti I. setzte, statt blos von den besiegten Völkern Tribut zu beanspruchen, Statthalter ägyptischer Herkunft über dieselben und legte permanente Besatzungen in die Festungen Gaza, Askalon und Mageddo, so dass die Empörung erschwert und der Frieden besser gesichert wurde[2]. Es war das zwar ein grosses Resultat, vergleicht man es jedoch mit denen, welche Thotmes III. erzielte, so lässt sich die Bemerkung nicht abwehren, dass zur Zeit der achtzehnten Dynastie Aegypten beträchtlich mehr Macht besass. Die damaligen Pharaonen hätten nie die winzigen Syrerkönige für ihresgleichen angesehen und es über sich vermocht, mit diesen einen ehrenvollen Frieden zu schliessen, sie sahen in denselben entweder

1) Brugsch, Histoire. Bd. I. S. 128—130. || 2) Brugsch, a. a. O., S. 135.

Feinde, die zu besiegen oder Rebellen, die zu züchtigen waren. Der Krieg schloss damit, dass sie sich auf Gnade und Ungnade ergaben oder vollständig aufgerieben wurden, aber nicht mit einer einfachen Konvention. Mochte Seti immerhin sich die Titel Besieger von Ruten und Punt zusprechen, seiner Siege über die Beduinen sich rühmen und verkünden, sein Reich erstrecke sich vom Gestade des Mittelmeeres bis zur Meerenge des Windes Bab-el-Mandeb), — das Euphratgebiet ging ihm unwiederbringlich verloren. Er konnte nicht nach seinem Gutdünken ausziehen, in Mesopotamien oder Chaldäa zu kriegen, denn ein kleines, jüngst noch gar nicht bekanntes, Volk hielt seine Heere im Schach und versperrte ihm den Weg nach Hochasien.

Er hatte bei Lebzeiten seines Vaters eine Prinzessin aus der alten Königsfamilie, Amenhotep's III. Enkelin, geheiratet, die ebenso wie ihre Grossmutter Taï hiess, und dadurch die Usurpation, deren Ramses I. sich schuldig gemacht hatte, legitimisirt. Der aus dieser Ehe entsprungene Sohn, Ramses, ererbte naturgemäss alle Rechte seiner Mutter und wurde sogleich bei seiner Geburt von den loyalen Aegyptern als der einzig rechtmässige Herrscher angesehen. Sein Vater, der thatsächliche König, war genötigt, ihn, jedenfalls um einer Empörung vorzubeugen, als er noch »ein kleiner Knabe« war, neben sich auf den Thron zu setzen. Es war das zunächst nur eine rechtliche, den Anhängern des alten Staatsherkommens jedenfalls erwünschte Fiktion, welche das übrige Volk jedoch gleichgültig liess und von Seti selber oder von dessen Ministern wenig beachtet wurde. Während dieses ersten Theiles seines Daseins war Ramses überhaupt weder geradezu Erbprinz, noch König, sondern nahm zwischen diesen beiden Stellungen eine vermittelnde, wahrscheinlich höchst unklare Stellung ein. Im Prinzip hatte er, als anerkannter Herrscher über beide Aegypten, Anspruch auf sämmtliche Abzeichen und Vorrechte der Königswürde, trug aber in Wirklichkeit jene nicht immer und übte diese niemals aus. Er durfte den Uraios und die Doppelkrone beanspruchen, behielt für gewöhnlich jedoch den für königliche Prinzen üblichen Hauptschmuck, eine starke, gebogen herunterhängende Haarflechte bei. Er durfte die beiden Namensschilde und seitens der ägyptischen Hofkanzlei die pomphaftesten Titulaturen beanspruchen, die mit der Abfassung der Inschriften betrauten Schreiber unterliessen jedoch oft, seinen Namen in die ersteren hineinzuschreiben und bedachten ihn nur mit den bescheidenen Titeln: »der Sohn, welcher seinen Vater liebt«, und der Erbe. Bei allen Ceremonien des Kultus durfte er auf das Ehrenamt und auf die Hauptrolle Anspruch machen, doch zeigen die Denkmäler ihn uns stets an zweiter Stelle, wie er eine Opferschüssel hält, Trankopfer spendet oder Anrufungen hersagt, indess sein Vater die heiligen Bräuche vollzieht. Von einem Könige hatte Ramses nur den Titel und den äusseren Schein, die Schreiber der Staatskanzelei vergassen seine unbestreitbaren Ansprüche, und gedenken ihrer nur gelegentlich und unabsichtlich[1].

Im Alter von zehn Jahren kriegte Ramses in Syrien und, falls man darin den griechischen Schriftstellern trauen darf, auch in Arabien. In Folge dieser Feldzüge, erprobt durch die Gewohnheit im kriegerischen Oberbefehle und an Alter gereift, begann er, an der inneren Staatsleitung einen thätigen Antheil zu nehmen und forderte sein königliches Erbe. Diese Umwandelung eines obskuren, seinen Unterthanen fast unbekannten Prinzen zu einem von seinen sämmtlichen Gegnern gefürchteten *Gebieter beider Welten* ging langsam und allmählich von Statten, je nachdem Ramses' persönliche Bedeutung sich mehr und mehr entwickelte und kundgab. Durch seine Jugendkriege war Seti alt und matt geworden, trat allmählich die Macht an ihn ab, bis er schliesslich von seinem ruhmreichen Sohne gänzlich in Schatten gestellt wurde. In seinem Palaste beschloss er in Zurückgezogenheit sein Leben unter göttlichen Ehrenbezeugungen. Einige Abbildungen im Tempel von Abydos zeigen ihn, wie er mitten unter den Göttern thront, in der einen Hand die Keule, in der anderen ein zusammengesetztes, durch eine Zusammenstellung der verschiedenen Symbole für Kraft und Leben gebildetes Scepter haltend. Ihm zur Seite sitzt Isis und hinter dem allmächtigen Götterpaare, dem Ramses huldigt, sitzen zu drei und drei vertheilt die beisitzenden Götter. Es ist das eine verfrühte Apotheose, deren Erfindung dem frommen Sinne des neuen Königs zur Ehre gereicht, die aber über die thatsächliche Stellung Seti's in seinen alten Tagen keinen Zweifel lässt. Einen Gott betet man an, aber er führt nicht die Herrschaft, eine allgemeine Regel, von der

---

1) G. Maspero, Essai sur l'inscription d'Abydos, und Revue critique 1870, Bd. II, S. 35—40.

Seti keine Ausnahme machte; man betete ihn an, aber die Herrschaft führte er nicht mehr[1].

Der Frieden wurde plötzlich durch eine unvorhergesehene Gefahr gestört. Die kleinasiatischen Völkerschaften, welche bisher ausserhalb der Tragweite Aegyptens geblieben waren, machten den Versuch, in das Delta einzufallen. Neue Völker, die Shardaner und Tursha (Tyrsener) landeten an der afrikanischen Küste und schlossen einen Bund mit den Libyern. Ramses II. schlug sie. Diejenigen von ihnen, welche er gefangen nahm, wurden der königlichen Leibgarde einverleibt[2]. Die übrigen kehrten nach Kleinasien zurück und nahmen solche Erinnerungen an ihre Niederlage mit, dass Aegypten fast ein Jahrhundert hindurch vor ihren Einfällen sicher war.

Wie der Frieden im Norden sicher gestellt war, begab Ramses sich nach Aethiopien und verbrachte dort die letzten Regierungsjahre seines Vaters damit, dass er die Stämme, welche die Ufer am oberen Nil bevölkern, bekämpfte und unterjochte. Er errang sogar in diesen Gegenden wichtige Erfolge, welche die griechische Ueberlieferung unrichtiger Weise übertrieb. »Zunächst lenkte er seine Heere gegen die Aethiopen, schlug sie und legte ihnen Tribute an Ebenholz, Gold und Elephantenzähnen auf. Dann entsandte er eine Flotte von vierhundert Schiffen nach dem rothen Meere und war der erste Aegypter, welcher Kriegsschiffe baute. Diese Flotte nahm von den in diesen Breiten gelegenen Inseln Besitz und von dem ganzen Küstenlande bis zum Indos«[3]. Nach Strabo wäre er in Afrika bis in die Gegend vorgedrungen, welche den Zimmet hervorbringt. Man zeigte Stelen, die er hinterlassen hatte. Auch hatte er die Küsten am rothen Meere besiedelt, wo noch in griechischer Zeit einige Orte »Sesostrismauer« hiessen, und das Vorgebirge Dire an der Strasse Bab-el-Mandeb mit einer Inschrift versehen[4]. Diese Berichte sind augenscheinlich übertrieben: Sesostris besass überhaupt keine Flotten und ging nie bis zum Indos. Nichts beweist uns ferner, dass er die Uferbewohner am rothen Meere unterworfen habe, noch dass er bis zum afrikanischen

1) Maspero, In der Revue critique 1870. || 2) De Rougé, Extrait d'un Mémoire sur les attaques, S. 5—6. || 3) Herodot, II, 102. || 4) Strabo, XVI, 4, 4.

Ocean gelangt sei. Wie die Denkmäler zeigen, beschränkte er sich darauf, gegen die Negerstämme am oberen Nil ergiebige und wenig gefahrvolle Streifzüge zu unternehmen[1]).

Bei der Kunde von seines Vaters Tode verliess Ramses II., der nunmehr Alleinherrscher war, Aethiopien und eilte, sich in Theben in den Besitz der Herrschaft zu setzen. Er war damals in der Blüte seiner Jahre und ihn umgab eine zahlreiche Kinderschaar, von denen einige bereits alt genug waren, um unter seiner Leitung zu kämpfen. Seine ersten Jahre wurden durch keinen bedeutenden Krieg gestört, höchstens zwei kurze Kriegszüge nach Syrien geben die Denkmäler an, der eine davon brachte ihn an das Ufer des Nahr-el-kelb bei Beirut[2]). Die Cheta waren dem mit Seti abgeschlossenen Bundesvertrage treu und suchten keine Empörung zu erregen. Die Völker von Kanaan waren durch die Anwesenheit der ägyptischen Besatzungen niedergehalten und rührten sich nicht. So schien alles auf das beste zu gehen, als am Ende des vierten Jahres ein furchtbarer Krieg ausbrach. Alle Völker von Nord-Syrien, die Cheta, die Länder von Kati, Karkemish, Kadesh und Arad bildeten eine Bundesgenossenschaft, der sich Völker beigesellten, die bis dahin keinen Antheil an den Kriegen gegen Aegypten genommen hatten. Die Cheta hatten ihren Wohnsitz an beiden Ausläufern des Tauros und gehörten gleichzeitig zu Kleinasien und zu Syrien, auf der einen Seite konnten sie die Amoriter, auf der anderen den Hellespont erreichen. Auf ihren Zügen nach Nord und West trafen sie auf troische und lykische Völkerschaften, die gleichfalls auf Beute und Abenteuer aus waren. Die Hoffnung, wo nicht Aegypten selbst, so doch die ägyptischen Provinzen in Syrien zu plündern, bewog Ilion, Pedasos, die Dardaner, Mysier und Lykier sich der Bundesgenossenschaft gegen Sesostris anzuschliessen. Es begab sich, dass die troischen Heere die Halbinsel in ihrer ganzen Länge durchzogen und sich inmitten des Orontesthales, gegen dreihundert Meilen von ihrer Heimat, lagerten[3]). Ramses nahm die von ihm soeben an der Grenze zwischen Aegypten und der arabischen Wüste gegründete Stadt, Pa-Ramses Aa-

1) [Aehnlich urtheilt Duncker, Gesch. I, S. 118 ff. über diese Sagen.] || 2) Lepsius, Denkm. III, 170. || 3) De Rougé, Extrait d'un Mémoire sur les attaques. S. 4. Maspero, De Carchemis oppidi situ, S. 37—58.

nechtu (Stadt des Ramses, des sehr tapferen) mit Namen, zur Operationsbasis, durchzog Kanaan, das ihm noch gehorsam war, eilte den nördlichen Gegenden zu und hielt erst in Shabtun, einem kleinen etwas südöstlich von Kadesh, der Stadt gegenüber gelegenen Flecken an. Er verweilte einige Tage, um das Terrain zu untersuchen und einen Versuch zu machen, die Stellung der Feinde, über die er nur sehr unbestimmte Angaben hatte, zu ergründen. Die Verbündeten waren dagegen durch ihre Spione, die meist den Nomadenstämmen der Shasu angehörten, vollkommen unterrichtet und kannten alle seine Bewegungen. So war der Chetafürst im Stande, einen geschickten Handstreich zu ersinnen und auszuführen, der das ägyptische Heer hart an den Rand des Verderbens brachte und nur an der Persönlichkeit des Pharao scheiterte.

Als eines Tages Ramses etwas südlich von Shabtun vorgegangen war, kamen zwei Beduinen, die ihm sagten: »Unsere Brüder, die Häuptlinge der mit dem alten Häuptlinge der Cheta vereinten Stämme, schicken uns, Seiner Majestät zu sagen: Wir wollen dienen dem Pharao, L. G. K. Wir verlassen den verächtlichen Häuptling der Cheta. Er ist im Lande von Chalep im Norden der Stadt Tunep, aus Furcht vor dem Pharao, ist er zurückgeeilt«. Durch diesen Bericht, dem es an Wahrscheinlichkeit nicht fehlte, ward der König hintergangen, gegen eine Ueberrumpelung war er durch die angenommene Entfernung des Feindes (Chalep liegt in der That gegen vierzig Meilen nördlich von Kadesh) gesichert und ging an der Spitze seiner Truppen, nur von seinem Kriegsstabe geleitet, ohne Misstrauen vorwärts, indess die Legionen des Ammon, Phra, Phtah und Sutech, die den Haupttrupp seines Heeres bildeten, ihm in einiger Entfernung folgten. In demselben Augenblicke, wo er seine Kräfte derartig spaltete, zogen die Verbündeten, welche die Verräter ihm als weit entfernt geschildert hatten, sich im geheimen nordöstlich von Kadesh zusammen und hielten sich bereit, während des Flankenmarsches, den das ägyptische Heer notwendigerweise an diesem Platze vorbei auszuführen hatte, über dasselbe herzufallen. Ihre Zahl war bedeutend, wenn man darnach schliessen darf, dass ein einziger von ihnen, der Fürst von Chalep, an dem Schlachttage 18000 Mann Kerntruppen in die Schlachtreihe führen konnte; das Gedicht des Pentaur berichtet uns ferner, dass sie 2500 Wagen zählten, deren jeder drei Mann aufnahm.

Mittlerweile brachten die Kundschafter zwei neue Spione herbei, die man soeben ergriffen hatte. Der König, der sogleich einigen Argwohn geschöpft zu haben scheint, liess auf frischer That den Gefangenen Stockstreiche ertheilen und brachte aus ihnen ein volles Geständniss heraus. Sie bekannten, dass sie ausgeschickt seien, um die Bewegungen des ägyptischen Heeres zu überwachen, und erklärten, die Streitkräfte der Verbündeten seien seit längerer Zeit hinter Kadesh zusammengezogen, und warteten nur eine günstige Gelegenheit ab, um hervorzukommen. Ramses rief seinen Kriegsrat zusammen und theilte den Offizieren die kritische Lage mit, in der er sich befand. Die Generäle entschuldigten sich, so gut es ging, beriefen sich auf die Fahrlässigkeit der Provinzialstatthalter, die versäumt hätten, über die Stellung des Feindes täglich Erkundigung einzuziehen, und entsandten einen Eilboten zum Hauptheere, um dieses rechtzeitig seinem Herrn zu Hülfe kommen zu lassen. Noch war man in Beratung, als man erfuhr, der Feind habe sich soeben offen gezeigt und setze sich in Bewegung. Der Chetafürst liess eiligst seine Truppen in die südliche Gegend von Kadesh rücken, während der König sich bereits nördlich von dieser Stadt am nördlichen Orontesufer befand, vernichtete die Legion des Phra, die im Centrum marschirte und schnitt die Verbindung zwischen den beiden Theilen des ägyptischen Heeres ab. An der Spitze seines Kriegsstabes musste der König selber zum Angriff schreiten. Achtmal hintereinander stürzte er sich auf den ihn umringenden Feind, durchbrach dessen Reihen, sammelte seine zerstreuten Truppen und hielt den Rest des Tages hindurch den feindlichen Anprall aus. Gegen Abend verlor der Feind den Vortheil, den er am Morgen errungen hatte und musste sich fechtend vor der ägyptischen Hauptarmee, die endlich in die Schlachtlinie einrückte, zurückziehen. Die Nacht hob den Kampf auf, und am anderen Tage ward die Schlacht erneuert. Nach blutigem Streite wurden die Cheta und ihre Verbündeten an mehreren Punkten zurückgeworfen und begannen einen vollständigen Rückzug. Der Stallmeister des Chetafürsten, Garbatus, der General seiner Infanterie und seiner Streitwagen, der Oberste der Eunuchen und Chalepsar, der Schreiber der Bücher, jedenfalls der offizielle Annalenschreiber, der damit betraut war, der Nachwelt die Thaten seines Herrschers zu übermitteln, blieben auf dem Schlachtfelde.

Ein Theil des syrischen Heeres war am Orontes in die Enge geraten und versuchte, schwimmend ihn zu überschreiten. Mizraïm, dem Bruder des Chetafürsten, gelang es, das andere Ufer zu erreichen, der Häuptling des Landes Nissa war weniger glücklich und ertrank, und der Fürst von Chalep wurde halbtodt aus den Fluten gezogen. Die Schlachtenbilder zeigen ihn uns, wie er, bei den Füssen hochgehalten, das Wasser hervorsprudelt, das er verschluckt hatte. Die Besiegten wären wahrscheinlich alle umgekommen, hätte nicht ein Ausfall der Besatzung das Vordringen der Aegypter aufgehalten und den Einwohnern von Kadesh ermöglicht, die Verwundeten und Flüchtlinge aufzunehmen. Am anderen Tage suchte der Chetafürst um Frieden nach und erhielt ihn [1].

Wider alles Erwarten war mit diesem Siege der Krieg nicht zu Ende. Das Land Kanaan und die Nachbarprovinzen erhoben sich. Der Chetafürst fasste frischen Mut, brachte seine Streitkräfte, da ihm diese Ablenkung zu Statten kam, wieder in Stand und brach bald das Uebereinkommen. In ganz Syrien loderten die Flammen der Empörung auf von den Ufern des Euphrat bis zu denen des Nil. Die bei Kadesh vernichtete Bundesgenossenschaft kam nicht wieder zu Stande, die kleinasiatischen Völker traten aus und erschienen nicht von neuem in den Schranken. Es gab keine grossen Schlachten weiter, wohl aber eine Reihe von Einzelgefechten und Belagerungen, die fast fünfzehn Jahre in Anspruch nahmen. Der Krieg wurde bald hierhin, bald dorthin verlegt, ohne einen festen Plan brach er im Norden aus, wenn er im Süden zu Ende war. Im achten Jahre befanden die ägyptischen Heere sich in Galiläa und unterwarfen daselbst Merom und Thabor. Im eilften Jahre ward die wichtige Stadt Askalon eingenommen trotz des heldenhaften Widerstandes seitens der Kananäer, welche sie vertheidigten. Bei einem anderen Feldzuge verlegte der König den Krieg mehr in den Norden und nahm zwei Städte im Chetalande ein, woselbst er eine Statue von sich fand. So zog sich der Krieg von einem Jahre zum anderen hin, bis endlich beide Völker durch so viele unnütze Anstrengungen erschöpft waren und sich ent-

1) De Rougé, Le poëme de Pentaur, Vorlesung von 1868—69, im Auszuge von Robiou in der Revue contemporaine; Chabas, Analyse de l'inscription d'Ibsamboul.

schlossen, die Waffen niederzulegen. Chetasar, der neue Chetafürst, der Nachfolger seines Bruders Motur, welcher während des Streites ermordet worden war, trug dem ägyptischen Herrscher den Frieden an. Im einundzwanzigsten Jahre wurde dieser angenommen und abgeschlossen.

Der Vertragsentwurf war ursprünglich in der Chetasprache abgefasst. Er wurde auf eine Silberblechplatte eingravirt und diese dem Pharao feierlich in der Stadt Ramses überreicht. Die Grundlage des Vertrages war im wesentlichen dieselbe wie für die vordem zur Zeit Ramses' I. und Seti's I. zwischen den ägyptischen Königen und den Chetafürsten abgeschlossenen Verträge. Es ward ausgemacht, zwischen beiden Völkern solle ewiger Frieden herrschen. »Wenn ein Feind gegen die dem grossen Könige Aegyptens unterthänigen Länder vorrückt, und dieser zu dem grossen Fürsten von Cheta schickt, sagend: »Komm, bringe mir Streitkräfte gegen sie«, so soll der grosse Fürst von Cheta thun [was der grosse König Aegyptens von ihm erheischt]; der grosse Fürst von Cheta soll seine Feinde vernichten. Und wenn der grosse Fürst von Cheta vorzieht, nicht selbst zu kommen, so soll er die Bogenschützen schicken und die Wagen [des Chetalandes zu dem grossen Könige Aegyptens], um seine Feinde zu vernichten«. Eine ähnliche Klausel sichert dem Chetafürsten die Unterstützung durch ägyptische Heere zu. Dann kommen Spezialartikel, welche bestimmt sind, den Handel und die Industrie der verbündeten Völker zu schützen, und die Gerichtspflege bei ihnen sicherer zu machen. Jeder Verbrecher, der durch die Flucht in das Nachbarland sich den Gesetzen zu entziehen versuchen würde, sollte den Beamten seines Volkes wieder eingehändigt werden. Jeder, der ohne Verbrecher zu sein, flüchtig geworden war, jeder gewaltsam Entführte, jeder Arbeiter, der aus dem einen Gebiet in das andere verziehen sollte, um sich dort niederzulassen, soll zu seinem Volke zurückgeführt werden, ohne dass ihm das Verlassen seiner Heimat als Verbrechen angerechnet werden könnte. Wer derart zurückgeschickt wird, »dessen Vergehen soll nicht ihm vorgeworfen werden, man soll weder sein Haus, noch sein Weib, noch seine Kinder vernichten; man soll nicht tödten seine Mutter, und ihn nicht schlagen in die Augen, auf den Mund, auf die Füsse. Kurz, kein Vergehen soll ihm vorgeworfen werden«. Gleichstellung und vollkommene gegenseitige

Verbindlichkeit zwischen beiden Völkern, ein Bündniss zu Schutz und Trutz, Auslieferung von Verbrechern und Ueberläufern, sind die Hauptbedingungen dieses Vertrages, den man bis jetzt für das älteste Denkmal der Diplomatik ansehen darf[1]).

So schlossen die Kriege des zweiten Ramses. So ruhmreich sie auch in Wirklichkeit waren, die Ueberlieferung hatte daran nicht genug. Den griechischen Schriftstellern zu Folge wäre Sesostris[2]) bis tief nach Asien hineingedrungen, hätte Syrien, Medien, Persien, Baktrien und Indien bis an das Weltmeer unterworfen, hätte dann seinen Rückweg durch die skythischen Wüsten genommen, sei bis zum Tanaïs vorgerückt und hätte im Umkreise des Palus Maeotis eine Anzahl Aegypter zurückgelassen, aus denen das Kolchervolk entsprang[3]). Er soll sogar nach Europa hinübergegangen sein und, weil daselbst der Mangel an Lebensmitteln und das rauhe Klima seinen Eroberungen ein Ziel steckte, in Thrakien erst Halt gemacht haben. Nachdem er neun Jahre hindurch von einem Siege zum anderen geeilt war und überall als Merkmal seiner Anwesenheit Bildsäulen und Stelen mit seinem Namen darauf hinterlassen hatte, kehrte er nach Aegypten zurück[4]). Herodot sah mehrere von diesen Denkmälern in Syrien und in Ionien. Man hat in der That an der Mündung des Nahr-el-kelb bei Beirut drei in den Felsen gehauene, vom zweiten und vierten Jahre Ramses' II. datirte Stelen entdeckt. Die beiden Darstellungen, die es nach Herodot's Aussage zu seiner Zeit in Kleinasien gab, sind heutzutage noch zu Ninfi zwischen Smyrna und Sardes zu sehen. Diese scheinen auf den ersten Blick allerdings dem Charakter der Pharaonenwerke zu entsprechen, doch bei aufmerksamer Untersuchung erweisen sich vielfache der ägyptischen Kunst fremde Details. Die Fussbekleidung ist gleich den mittelalterlichen Schnabelschuhen vorn gekrümmt, der Kopfschmuck gleicht eher einer phrygischen Tiara, als einer Doppelkrone, und die Streifen der Kalasiris gehen

1) Der Wortlaut dieses Vertrages wurde in Champollion, Not. man., Bd. II; Brugsch, Monuments, Bd. I, Taf. XXVIII und in dem grossen Werke von Lepsius veröffentlicht. || 2) Der Name Sesostris und Sesoôsis entsprang aus einem im Volke üblichen Namen für Ramses II: *Sestu-râ* oder *Sesurâ*. || 3) Hyde Clarke hat kürzlich die Glaubwürdigkeit dieser Ueberlieferung auf philologischem Wege zu beweisen versucht: Memoir on the comparative Grammar of Egyptian, Coptic and Ude. London 1873. Herodot II, 103—105. || 4) Herodot II, 102—107.

statt von oben nach unten, von rechts nach links[1]. Wahrscheinlich rühren diese Skulpturen von keinem ägyptischen Meissel her, und stellten ganz gewiss nicht Sesostris vor.

Sechsundvierzig Jahre lang, vom 21. bis zum Sterbejahre des Königs, wurde der Friede nicht wieder gestört. Beiderseitig wurden die Bedingungen des Vertrages gewissenhaft beobachtet und die Freundschaftsbande zwischen beiden Herrschern wurden bald noch enger als vordem durch eine Familienverbindung geschürzt. Ramses II. heiratete des Chetafürsten älteste Tochter und lud einige Jahre darauf seinen Schwiegervater zu einem Besuche im Nilthal ein: »Der grosse Häuptling von Cheta schickte aus, dem Fürsten von Kati zu melden: Schicke dich an, dass wir nach Aegypten gehen! Des Königs Wort ist kund geworden, willfahren wir dem Sesostris! Er spendet den Hauch des Lebens denen, die ihn lieben; es liebt ihn alle Welt, und Cheta ist ganz eins mit ihm«[2]. Im 23. Jahre besuchte der Syrerfürst die Stadt Ramses, vielleicht sogar Theben. Man liess bei der Gelegenheit eine Stele ausmeisseln, auf welcher er mit seiner Tochter und seinem Schwiegersohne dargestellt ist. Mit einer Mischung von Befriedigung und Verwunderung erlebte Aegypten, dass seine erbittertsten Widersacher seine treuesten Bundesgenossen wurden, und wie »die Völker Kemit's ein und dasselbe Herz hatten, wie die Fürsten der Cheta, was sich nicht begeben hatte seit der Zeit des Gottes Râ«.

Dieser tiefe Friede begünstigte, dass der König sich seiner Neigung für Monumentalbauten hingeben konnte. »Er liess in einer jeden Stadt der Hauptgottheit des Ortes einen Tempel errichten«, sagen die griechischen Geschichtsschreiber. Und allerdings ist gerade Ramses II. so recht eigentlich ein königlicher Baumeister. Während seiner, ihm so reichlich bemessenen, siebenundsechzigjährigen Herrschaft, fand er Musse, das fertig zu machen, was seine Vorgänger

---

1) Charles Texier, Asie Mineure II, 304, Taf. 132. Kalasiris heisst eine Art von kurzem Untergewand, das an den Hüften anschliesst; es war der hauptsächlichste Bestandtheil der ägyptischen Nationaltracht. [Auch Duncker, I, S. 114 lehnt die ägyptische Herkunft dieses Denkmales ab]. Das zweite, am Karabeldere, fand C. Humann, vergl. Archaeologische Zeitung, Berlin 1875, S. 50 f.

2) Pap. Anastasi II, Taf. 2; Anastasi IV, Taf. VI, Zeile 7—9. Vergl. Chabas, Mélanges égypt. Série II, S. 151 und G. Maspero, Du genre épistolaire, S. 102.

anfingen, und überall neue Bauwerke aufzuführen. Ohne von der Wahrheit abzuweichen, darf man sagen, dass es keine Ruine in Aegypten und Nubien gibt, auf der nicht sein Name stände [1]. Das grosse Speos von Abu Simbel wurde dazu ausersehen, das Andenken an die Feldzüge gegen die Neger und die Syrer zu verewigen. Vierundzwanzig Meter hohe Kolosse schmücken den Eingang. In Theben wurde Amenhotep's III. Tempel vollendet (Luqsor) und mit zwei granitnen Obelisken geziert, von denen einer gegenwärtig sich auf der Place de la Concorde zu Paris befindet. Der zweite Pylon des grossen Ammontempels (Karnak) wurde mit Gemälden bedeckt, welche die Schlacht bei Kadesh vorstellten. Der von Seti I. zu Ehren des ersten Ramses angelegte Tempel wurde fertig gemacht und eingeweiht. Das den Alten als Grab des Osymandias bekannte Ramesseum brachte gleichfalls in seinen Skulpturen den Feldzug des fünften Jahres in Erinnerung. Ueberall, in dem Tempel zu Abydos ebenso wie zu Memphis und Bubastis, in den Steinbrüchen zu Silsilis wie in den Sinaibergwerken findet man das Wirken Ramses' II. Der von den Herrschern der achtzehnten Dynastie vernachlässigte grosse Tempel zu Tanis wurde von ihm wiederhergestellt und erweitert, die Stadt selbst wurde fast ganz neu aufgebaut und erstand wieder aus ihren Trümmern. Mehrfach machten die mit Arbeit überhäuften Baumeister sich eigentlicher Usurpationen schuldig, liessen auf Bildsäulen und Tempeln den Namen der königlichen Erbauer austilgen und an deren Stelle die Namensringe Ramses' II. setzen [2].

Gemeinnützige Arbeiten wurden mit Sorgfalt und Geld in reichem Maasse bedacht. Bereits im dritten Jahre hatte der Pharao, weil er die Ausbeute der nubischen Goldgruben gern sicherer und leichter machen wollte, auf dem Wege, der vom Nil nach Gebel-Ollaki führt, eine Reihe Haltestationen, die mit Cisternen und Brunnen versehen waren [3], erbauen lassen. Später liess er das Kanalnetz, welches Unterägypten durchfurchte, säubern und

1) Mariette, Histoire d'Égypte, S. 60—61. || 2) So ist beispielsweise die grosse Sphinx A, 21 im Louvre eine Bildhauerarbeit aus der Zeit eines Königs der zwölften oder dreizehnten Dynastie. || 3) Birch, Upon an historical tablet of Ramses II, in der Archaeologia, Bd. XXXIV, S. 357, 399; Chabas, Les Inscriptions des mines d'or, S. 13, 190.

vervollständigen, so auch den Kanal zwischen den beiden Meeren[1]. Am Saume der Wüste errichtete er eine Reihe von befestigten Stationen, welche Aegypten vor den Beduinen sicher stellen sollten. Die politische Nothwendigkeit zwang ihn, im Osten des Delta seine Residenz zu nehmen und in diesem Landestheile hat er mehrere neue Städte gegründet, deren wichtigste seinen Namen führte. Die Dichter jener Zeit haben uns pomphafte Schilderungen hinterlassen. »Zwischen Palästina und Aegypten dehnt sie sich aus«, sagen sie. — »ganz voll von lieblichen Vorräten. — Sie ist das Ebenbild gleichsam von Hermonthis — ihre Dauerhaftigkeit ist die von Memphis; — die Sonne geht auf — und geht unter in ihr. — Alle verlassen ihre Städte und siedeln sich an in ihrem Gebiet«[2]. — »[Die Leute die da wohnen] am Meer, bringen ihr als Spende Aale und Fische, — und geben ihr den Ertrag ihrer Sümpfe. — Die Insassen der Stadt sind in Festtagskleidung alle Tage, — wohlriechendes Oel ist auf ihrem Haupte in neuen Perrüken; — sie weilen an ihren Thüren, — Blumensträusse in den Händen, — grüne Zweige [aus dem Flecken] Pa-Hathor. — Guirlanden [aus dem Flecken] Pahur, am Tage des Einzuges des Pharao ..... Die Freude herrscht und verbreitet sich — unaufhaltsam. — o *Ra-usor-má step-en-Rá!* L. G. K. Gott Month in beiden Aegypten. — Gott, *Ramses-Meïamun!* L. G. K.!«[3].

Wie man sieht, blühte die Dichtkunst zur Zeit Ramses' II., und die Handschriften haben uns den Namen und die Werke der damals beliebten Dichter, Amenemapt und Pentaur erhalten. Letzterer ist der Verfasser eines der bedeutendsten und schwunghaftesten Werke in der ägyptischen Literatur, des Gedichtes, in welchem der Feldzug des fünften Jahres und die Schlacht bei Kadesh erzählt werden. Die Angaben des Gedichtes sind bereits bekannt: der von dem Chetafürsten überraschte König wird gezwungen, an der Spitze

1) Aristoteles, Meteor, I, 14; Strabo, XVII, 1, 25; 1, 2, 31; Plinius, N. H. VI, 29, 165. Diese Schriftsteller sagen von dem Unternehmen sämmtlich, es sei begonnen, aber nicht ausgeführt. Ein Denkmal aus Seti's I. Zeit zeigt uns den Kanal bereits vor Ramses II. in Thätigkeit. || 2) Pap. Anastasi II, T. 1, Z. 2—5; Pap. Anast. IV, T. VI, Z. 2—4. Vergl. Chabas, Mél. égypt. série 2, S. 151; Maspero, Du genre épistolaire, S. 102. || 3) Pap. Anastasi III, T. 3, Z. 1—9. Vergl. Chabas, M. ég. série 2, S. 132—134; Maspero, Du g. ép. S. 105—106.

seines Kriegsstabes selbst zum Angriffe zu schreiten. »Siehe, da erhob sich Seine Majestät gleichwie sein Vater Month; er ergriff seine Waffen, hüllte sich in seinen Panzer gleichwie Baal zu seiner Stunde. Die grossen Pferde, welche seine Majestät trugen, »Sieg zu Theben« war ihr Name, entsprangen aus den Stallungen des Râ-usor-ma step-en-Râ, des von Ammon geliebten. Der König sprang empor und drang in die Reihen jener verblendeten Cheta ein. Er war allein für sich, kein Anderer war mit ihm. Er hatte so sich vorgestürzt angesichts derer, die hinter ihm waren, [und fand sich umringt von zweitausendfünfhundert Wagen, vom Rückzuge abgeschnitten durch alle Krieger des verblendeten Cheta und durch die zahlreichen Völkerschaften, welche mit ihnen waren, durch die Leute von Arad, Mysien und Pedasos. Jeder von ihren Wagen trug drei Mann, und sie waren alle beisammen«.

»Kein Fürst war bei mir! Kein General, kein Offizier der Bogenschützen oder der Streitwagen. Meine Soldaten haben mich im Stich gelassen, meine Ritter sind vor ihnen entwichen, und keiner blieb bei mir, um zu kämpfen«. Da sprach Seine Majestät: »Wer bist Du, mein Vater Ammon? Vergisst ein Vater seines Sohnes? Habe ich irgend etwas vollbracht ohne dich? Ging und stand ich nicht nach Deinem Worte? Ich habe Deine Gebote nicht verletzt. Es ist sehr gross der Herr Aegyptens, der da [niederwirft] die Barbaren auf seinem Wege! Was sind denn vor Dir diese Asiaten? Ammon entkräftet die Frevler. Habe ich Dir nicht unzählige Opfer gespendet? Ich füllte Deine heilige Stätte mit meinen Gefangenen, ich baute Dir einen Tempel für Millionen von Jahren, ich spendete Dir alle meine Habe für Deine Scheuern. Die ganze Welt brachte ich Dir dar, um zu bereichern Deinen Besitz..... Sicherlich, ein klägliches Loos ist dem bestimmt, der sich Deinem Vorhaben widersetzt! Glücklich, wer Dich kennt! Denn deine Handlungen stammen aus einem liebevollen Herzen. Ich rufe Dich an, mein Vater Ammon! Siehe, hier bin ich inmitten zahlreicher und mir unbekannter Völker! Alle Völker sind eins geworden wider mich, und ich bin allein für mich, kein Anderer ist mit mir. Die grosse Zahl meiner Krieger hat mich verlassen, keiner meiner Ritter schaute sich nach mir um, keiner hat meiner Stimme gehorcht, als ich sie rief. Ich aber denke, Ammon ist mir mehr als eine Million Krieger, als hunderttausend Ritter,

15*

als eine Myriade Brüder und junger Söhne, und wären sie alle bei einander vereint! Das Werk der Menschen ist nichtig, Ammon wird über sie siegen. Ich habe dies durch den Rat Deines Mundes vollführt! o Ammon! und nicht habe ich übertreten deine Ratschläge. Siehe, ich habe Dir Ruhm dargebracht bis an das Ende der Welt!«

Man bedenke, er befindet sich auf einem Schlachtfelde, die Syrer umzingeln ihn, und er ist allein gegen alle. Für ihn handelt es sich nicht mehr darum, zu siegen, sondern darum, die feindliche Linie zu durchbrechen und als König zu sterben. Und dennoch, trotz der Gefahr, welche ihn bedrängt, wendet sich sein erstes Gefühl zu Gott. In dem Augenblicke, wo er sich in das Handgemenge stürzen und die letzte Kraftanstrengung aufbieten will, da fordert er seinen Vater Ammon zum Zeugen auf und ruft ihn zu Hülfe, nicht kurz mit einigen zwischen zwei Schwerthieben unüberlegt ausgestossenen Worten, sondern ausführlich, mit so viel Ruhe und Ernst, als weilte er noch in den friedlichen Heiligtümern von Theben. Der göttliche Gedanke ist über ihn gekommen und hat ihn für einen Augenblick der Erde entrückt, die Gefahr ist vorüber, die Feinde sind verschwunden, und die ganze Welt ist scheinbar ihm unter den Füssen entwichen. Er fühlt sich ungestört in die Nähe einer Welt versetzt, die so ruhig und erhaben ist, dass der Schlachtenlärm ihn nicht mehr erreicht. Er schaut Ammon von Angesicht zu Angesicht, mahnt ihn, welche Ehrerbietung er den Göttern erwiesen, wie er ihre Tempel mit Wohlthaten überschüttet hat und sucht die Hülfe der himmlischen Mächte nach, nicht in demütigen und flehenden Ausdrücken, wie ein einfacher Sterblicher das gethan hätte, sondern in einem grossartigen, befehlshaberischen Tone, in dem das Gefühl von seiner eigenen Gottheit zum Durchbruch kommt.

Die Unterstützung lässt nicht auf sich warten. »Der Ruf ist bis gen Hermonthis erklungen, Ammon kommt auf meine Anrufung, er reicht mir seine Hand. Ich breche in einen Freudenschrei aus, er spricht hinter mir: »Ich eile zu Dir, Ramses-Meïamun, L. G. K., ich bin mit Dir. Ich bin es, Dein Vater! meine Hand ist mit Dir, und ich bin Dir mehr als Hunderttausende. Ich bin der Herr der Kraft, der da liebt die Tapferkeit. Ich habe ein mutvolles Herz gefunden und bin befriedigt. Mein Wille wird geschehen«. Gleich wie Month, entsende ich nach rechts hin meine Pfeile, nach links werfe ich die Feinde über den Haufen. Ich bin vor ihnen gleich wie Baal zu seiner Stunde. Die zweitausendundfünfhundert Wagen, die mich umringen, werden von meinen Rossen zertrümmert. Kein Einziger von ihnen braucht seine Hand zum Kampfe, das Herz fehlt in ihrer Brust, und die Furcht entkräftet ihre Glieder. Sie verstehen nicht mehr, ihre Schüsse zu entsenden und finden keine Kraft mehr, ihre Lanzen zu halten. Ich stürze sie in das Wasser, wie das Krokodil hineinfällt, sie liegen auf ihrem Angesicht, Einer über dem Anderen, und ich morde in ihrer Mitte. Ich will nicht, dass ein Einziger sich umschaue, noch dass Jemand sich umwende. Wer da fällt, soll nicht wieder aufstehen«.

Selbst auf einen modernen Menschen, der in der Einmischung von Göttern blos ein Theaterkunststück zu sehen gewohnt ist, macht es einen grossen Eindruck, dass die Gottheit so plötzlich mitten in die Schlacht hineinstürmt. Für einen in grenzenloser Scheu vor den übermenschlichen Gewalten erzogenen Aegypter musste dieser unwiderstehlich sein. Wenn der Chetafürst auch zuerst allem Anscheine nach triumphirt, so fühlt er sich plötzlich von einer unsichtbaren Macht gebannt und »schaudert entsetzt zurück. Da liess er die grosse Zahl seiner Häuptlinge vorrücken mit sammt ihren Wagen und ihren in allen Waffen geübten Mannschaften, den Fürsten von Arad, den von Mysien, den Fürsten von Ilion, den von Lykien, den von Dardanien, den Fürsten von Karkemish, den von Qarqisha und den von Chaleb. Diese Verbündeten der Cheta bildeten in ihrer Gesammtheit dreitausend Wagen«. Alle Anstrengungen sind überflüssig. »Ich stürzte mich auf sie gleich wie Month, meine Hand verschlang sie im Zeitraume eines Augenblickes. Ich mordete und metzelte in ihrer Mitte. Sie sprachen zu einander: »Das ist kein Mensch, der mitten unter uns ist, das ist Sutech, der grosse Krieger, das ist Baal selber. Es sind nicht menschliche Handlungen, die er vollbringt: allein, ganz allein treibt er Hunderttausende zurück, ohne Häuptlinge und ohne Soldaten. Lasst uns eilen, fliehen vor ihm, nach unserem Leben trachten und [noch] athmen den Lebenshauch!« Jeder, der ihn bekämpfen wollte, fühlte seine Hand ermatten; sie konnten nicht Bogen, noch Lanze mehr halten. Wie der König sah, dass er an der Verbindung der Strassen angelangt war, da verfolgte er sie wie ein Greif«.

Erst wie die Feinde beim Entweichen sind, ruft er seine Soldaten herbei, weniger, um von ihnen Hülfe zu verlangen, als um sie zu Zeugen für seine Kraft zu nehmen. »Seid fest, stärkt eure Herzen, meine Soldaten! ihr seht meinen Sieg und ich war allein. Ammon war es, der mir Kraft verlieh, seine Hand ist mit mir«. Er ermutigt seinen Stallmeister Menna, den die Zahl der Feinde mit Schrecken erfüllt, und wirft sich mitten in das Handgemenge. »Sechsmal brach ich durch die Feinde«. Am Abend endlich kommt sein Heer an und erlöst ihn. Er versammelt seine Generäle und überhäuft sie mit Vorwürfen. »Was soll die ganze Welt sagen, wenn sie vernimmt, ihr liesset mich allein ohne einen zweiten? Kein Fürst, kein Offizier der Wagen oder Bogenschützen hatte seine Hand mit der meinen vereint? Ich habe gekämpft und habe ganz allein Millionen Völker zurückgetrieben. *Sieg zu Theben* und *Nura, die befriedigte*, waren meine grossen Rosse, sie habe ich in meiner Hand gehabt, als ich allein war inmitten entsetzlicher Feinde. Ich selbst werde sie ihre Nahrung vor mir zu sich nehmen lassen tagtäglich, wenn ich in meinem Palaste sein werde, denn ich habe sie gefunden, wie ich mitten unter den Feinden war, mit dem Häuptlinge Menna, meinem Stallmeister, und mit den Offizieren meines Stabes, die mich begleiteten und meine Zeugen sind bei diesem Kampfe, das sind die, welche ich gefunden habe. Ich kehre zurück von einem ruhmreichen Streite und habe mit meinem Schwerte die gesammten Massen geschlagen«.

Der Kampf am ersten Tage war nur das Vorspiel für ein bedeutenderes Gefecht. Am anderen Morgen begann die Schlacht wieder von neuem, mit welchem Erfolge für die Aegypter und welchen Verlusten für die Asiaten haben wir oben gezeigt. Die Einzelheiten dieses zweiten Tages verfolgt Pentaur nicht weiter, er schildert ihn flüchtig in einigen Zeilen, welche ganz dem Lobe des Königs gewidmet sind. Der Gegenstand des Gedichtes ist eben nicht der Sieg bei Kadesh und die Niederlage der syrischen Heere. So wichtig immerhin für den Geschichtsschreiber diese Ereignisse sind, der Dichter lässt sie fast ganz bei Seite. Er hat den unbeugsamen Mut des Sesostris, seine Zuversicht auf die Hülfe der Götter und die unwiderstehliche Kraft seines Armes besingen, hat den überraschten, von den Seinen im Stiche gelassenen Helden zeigen wollen, wie er durch seine Tapferkeit die Fehler seiner Generäle wieder gut macht, allein auf den Feind geht, ihn sechsmal zum Weichen bringt und ihm allein bis zum Untergange der Sonne die Spitze bietet. Alle Fakta, welche den Gesammteindruck zu schwächen oder den Glanz der Tapferkeit des Königs zu mindern geeignet wären, sind im Unklaren gelassen. Der Kriegsstab wird nur einmal erwähnt, die Schilderung des zweiten Schlachttages ist unzureichend. Der König der Cheta bittet um Frieden, Sesostris bewilligt ihn ihm und kehrt triumphirend in seine Staaten zurück. »Ammon kam, ihn zu begrüssen, sprechend: »Komm, Ramses Meïamun, unser geliebter Sohn!« Die Götter gewährten ihm ungemessene Perioden der Ewigkeit auf dem doppelten Throne seines Vaters Atum, und alle Völker sind niedergeworfen unter seinen Sandalen«[1].

Sechstes Kapitel.

Die grossen Wanderungen zur See und die zwanzigste Dynastie.

Die sidonischen Ansiedlungen und Kleinasien. — Die Wanderungen der kleinasiatischen Völker und der Exodus. — Ramses III. und die zwanzigste Dynastie.

Die sidonischen Ansiedelungen und Kleinasien.

Von allen syrischen Völkerschaften waren die Phönizier diejenige, welche aus der ägyptischen Eroberung am meisten Nutzen gezogen hatte. Von der gewöhnlichen Heerstrasse lagen sie abseits und hatten vom Durchzuge der Heere ebenso wenig zu leiden, als von den Wechselfällen des Kampfes, wie doch die anderen Völker Kanaan's. Die Leute von Arad und Simyra hatten unter Thotmes III. sich an den Erhebungen der Rotennu betheiligt, und waren derart gezüchtigt worden, dass ihnen die Lust verging, wieder anzufangen. Gebel und Berytos, Sidon und Tyros waren ihren fremden Gebietern von der Zeit des Thotmes' I. an bis auf die des

1) Der Text des Gedichtes findet sich im Papyros Raifé und Sallier III, auch in Abu Simbel, Luqsor, Karnak und im Ramesseion. Die Uebersetzung rührt von De Rougé her, Recueil de travaux, 1870, Bd. I, S. 1—8.

Ramses' II. treu geblieben. Sie hatten das Privileg erworben, mit Aegypten auf Rechnung des Auslandes und mit dem Auslande auf ägyptische Rechnung zu verkehren. Diesem Privileg war es zuzuschreiben, dass Sidon, welches nach den Gibliten unter den Phöniziern den Vorrang erhielt, seine Seemacht entfalten konnte und auf den Gipfel des Reichtums und Ruhmes gelangte.

Der Verkehr der Phönizier mit den Ausländern wurde sowohl zu Lande wie zu Wasser, durch Karawanen und zu Schiffe bewerkstelligt. Alle Strassen, welche von den grossen Handelsplätzen im fernsten Morgenlande, von Indien, Baktrien, Chaldäa, Arabien und aus den Kaukasosgebieten nach Westen gerichtet waren, mündeten schliesslich in Sidon und Tyros. Es ist freilich schwierig, in Erfahrung zu bringen, ob die phönizischen Kaufleute selber auszogen, das Gold aus den Altaïgebirgen und die Erzeugnisse des Ganges zu holen, oder ob sie sich begnügten, ihre Waaren von den verkehrsvermittelnden Stapelplätzen in Arabien und Chaldäa zu entnehmen. So viel steht fest, dass sie an den grossen Verkehrsstrassen sich weit und breit niederliessen und sich deren Hauptpunkte an den Furten der Flüsse und an den Pässen der Gebirge aneigneten[1]. Laïs an den Jordanquellen unfern der Stelle, wo die Strasse, welche von Aegypten nach Chaldäa führt, aus dem südlichen Syrien nach Cölesyrien hinüberleitet, war eine Ansiedelung der Sidonier[2]. Hamath im Orontesthale, an der Furt des Euphrat Thapsakos[3]) und an den Tigrisquellen Nisibis[4]) sollten von den Phöniziern gegründet sein. Diese Städte und andere mehr, deren die Geschichte sich nicht mehr zu erinnern weiss, waren alle gleichsam Wahrzeichen, welche sich die sidonischen Kaufleute auf ihrem Karawanenwege abgesteckt hatten, sie waren Stapelplätze, nach denen sie die Erzeugnisse der umliegenden Gebiete zusammenschafften, um sie nach ihren Waarenlagern am Libanon zu entsenden.

Hamath, Nisib und Thapsakos jedoch lagen abgelegen mitten im Binnenlande und waren nicht im eigentlichen Sinne sidonische Besitzungen, vielmehr waren sie von den benachbarten Fürsten und Stämmen, aber in keiner Weise von ihrer Mutterstadt abhängige

---

1) Movers, Die Phönizier, Bd. II, Theil 2, S. 159—165. || 2) Josua, XIII, 6; Judic. XVIII, 7—8. || 3) Movers, a. a. O. II, 2, S. 164. || 4) Stephan von Byzanz, unter Νίσιβις.

Handelsstationen. Der Seeverkehr mit den Mittelmeervölkern führte im Gegentheil zum Zustandekommen eines echten Kolonialstaates. Freilich die Geschichte und Entwickelung dieser Kolonisation, durch welche das Mittelmeer zu einem phönizischen Meere umgeschaffen wurde, sind uns vollkommen unbekannt. Was sich darüber an Urkunden und Berichten in den Archiven von Tyros und Sidon befand, ist gegenwärtig vernichtet und ebenso sind es die Werke, welche mit Hülfe derselben Schriftsteller der griechisch-römischen Epoche verfasst haben. Was wir darüber wissen, ist uns fast durchgängig in mythischer Form überliefert. Melkarth, der tyrische Herakles soll, um Iberien, wo Geryon's Sohn Chrysaor herrschte, zu erobern, ein Heer und eine Flotte aufgebracht haben. Unterwegs eroberte er Afrika, führte daselbst den Ackerbau ein und gründete die märchenhafte Stadt Hekatompylai, ging über die Meerenge, welche nach ihm benannt wurde, erbaute Gades und besiegte Spanien. Nachdem er Geryon's mythische Rinder entführt hatte, kehrte er über Gallien, Italien, Sardinien und Sizilien nach Asien zurück. Zu dieser einheitlichen Ueberlieferung, welche im grossen Ganzen die phönizische Kolonisation ganz gut darstellt, kam eine Unzahl von örtlichen Ueberlieferungen, wie die von Kinyras auf Kypros und Melos, und die Entführung der Europa durch Zeus. So wurde Kadmos entsandt, seine Schwester zu suchen, besuchte Kypros, Rhodos und die Kykladen, erbaute Theben in Böotien und starb in Illyrien. Ueberall, wo die Phönizier gewesen sind, hinterliess die Grösse und Kühnheit ihrer Unternehmungen unvertilgbare Spuren in der Einbildungskraft des Volkes. Ihr Name, ihre Götter und die Erinnerung an ihre Herrschaft ging ins Sagenhafte hinüber, und mit Hülfe dieses Gemisches von Märchen und Sagen gelingt es, die untergegangene Geschichte ihrer Entdeckungen theilweise wieder zusammenzustellen[1].

Kaum hatten die Phönizier in ihrer neuen Heimat sich angesiedelt, so eilten sie auch schon auf das Meer hinaus. Zuerst entsandten die Gibliten Kolonien nach den angrenzenden Küsten[2]. Die Ueberwinder der Gibliten, die Sidonier, fuhren darin fort und

---

1) [Vergl. Wolf Wilhelm Graf Baudissin, Studien, S. 1. 5. 29 f., 33; 273 f. — Duncker, Geschichte I, S. 270 f., II, 29 ff.; Valdemar Schmidt, Syriens Oldtid, Del I. Kjöbenhavn, S. 107 ff.] || 2) Movers, Die Phönizier II, 2, S. 103 ff.

drangen auf ihren Zügen weiter hinaus. Nachdem sie sich in Besitz der Orontesmündungen gesetzt hatten, landeten sie auf Kypros. Nach der Ansicht der Alten stand Kypros keiner damals bekannten Insel auf der Welt nach[1]. Es ist ungefähr 60 Meilen lang und durchschnittlich 20 breit, und verlängert sich nach Nordosten zu einer schmalen Halbinsel, die fast wie ein nach der Orontesmündung zeigender Finger aussieht. Es wird von einer mässig hohen Gebirgskette durchzogen und besitzt einige dem Anbau günstige Ebenen. Im Altertume war es bewaldet[2], wurde aber allmählich durch die Hand des Menschen entblösst. Im allgemeinen ist der Boden fruchtbar, bringt so viel Getreide hervor, als die Bewohner zur Nahrung brauchen, und eignet sich zur Zucht der Reben und Oelbäume, doch beruht sein Hauptreichtum in seinen Bergwerken. Die Hügel von Tamasos bargen so viel Kupfer, dass *cyprium* bei den Römern der gewöhnliche Name für Kupfer wurde, und dieser seitdem in alle europäischen Sprachen übergegangen ist. Bereits als die Phönizier nach Syrien kamen, wurde Kypros von zwei Abzweigungen der kananäischen Rasse, den Hamathitern und den Chittitern oder Kittiern, bevölkert, welche die Ureinwohner in das Innere zurückdrängten und die beiden Städte Hamath (Amathus) und Kittion gründeten. Die Eindringlinge wurden durch Einwanderer verstärkt, so dass die ganze Insel schliesslich den Phöniziern in die Hände fiel. Byblos gründete an der Westküste das grosse Heiligtum Paphos, anderwärts wurden Golgos, Lapethos, Kurion, Karpasia und Tamasos erbaut, die je einen unabhängigen, von einem König geleiteten, Kleinstaat bildeten. Zunächst standen diese kyprischen Königreiche unter dem Einflusse von Byblos, gingen aber später in Sidons Oberhoheit über. Sie erhielten sidonische Ansiedler, welche ihre Unterthänigkeit gegen die Mutterstadt sicherten, und durch diese wurde die Insel vollends ein semitisches Land[3].

Nach Süden zu brachten die Phönizier keine Ansiedlung von Bestand zu Wege. Sie hatten an der Südküste feste Plätze in Dor, Joppe, Askalon und am Berge Kasios an der Grenze von Aegypten. Jenseits des Kasios war es mit ihrer Macht zu Ende, denn nie

1) Strabo, XIV, 6, 5; Eusthatios zu Dionysios, Vers 508. || 2) Eratosthenes bei Strabo, XIV, 6, 5. || 3) Movers, die Phönizier, Bd. II, Theil 2, S. 203—246.

hätte der Pharao es Fremdlingen erlaubt, in seinen Landen, an der Mündung seines Flusses Forts oder selbständige Waarenlager zu besitzen. Sie mussten zufrieden sein, dass sie in den grossen Deltastädten, Tanis, Bubastis, Mendes und Saïs den Aegyptern unterthänige Waarenplätze hatten. Die Magazine, welche sie zu Memphis im Stadtviertel Anchtaui errichteten, gewannen einen beträchtlichen Umfang, und es wurde aus denselben förmlich eine eigene Stadt[1]. Von Aegypten aus zogen ihre Schiffe westlich an der afrikanischen Küste hin, anfangs freilich mit geringem Erfolge, denn fürs erste hemmten hier wol die ungastlichen Küsten der Marmarica den Aufschwung der Kolonisation.

Auch boten die Länder im Norden ja den Seefahrern von Byblos und Sidon ein gewaltiges Feld für Entdeckungsreisen und Abenteuer. Etwas jenseits vom Orontes macht das Gestade eine östliche Biegung und behält diese Richtung auch weiterhin bei; hier hört Syrien auf und fängt Kleinasien an. Gleich den vorderasiatischen Ländern gestaltet es sich zu einer Hochlandsmasse, die nach allen Richtungen von mächtigen Bergketten umschlossen und durchzogen wird; »wie ein kleines Irân baut es sich aus der Mitte dreier Meere auf«, aus dem Mittelmeere, dem ägäischen und dem Pontos Euxeinos[2]. Dieses Hochland wird im Süden vom Tauros, im Norden von einem vom Kaukasos ausgehenden Höhenzuge begrenzt, welcher mit dem schwarzen Meere parallel läuft und zwischen Nikaia und Dorylaion mit dem mysischen Olympos endigt. Den Tauros verbindet eine mässig hohe Hügelreihe mit dem Olympos, welche die Halbinsel von Südost nach Südwest durchzieht; im Osten lehnt das Land sich an den Euphrat und das armenische Hochgebirge an. Nicht alle Gewässer, welche im Innern nach der Mitte des Hochlandes zu ablaufen, erreichen das Meer. Nur der Pyramos und Saros im Süden, der Iris, Halys und Sangarios im Norden sind so mächtig, dass sie sich einen Weg durch das starke Hinderniss bahnen, welches sie vom Meeresstrande trennt. Die übrigen Flüsse finden ihr Ende in Thalgründen, in welchen sie zu solchen Sümpfen und Seen, wie die in Iran und in der Tatarei werden. Der Tattasee, der grösste von diesen Seen ist salzhaltig und ändert seinen Umfang nach den Jahreszeiten.

1) Brugsch, in der Zeitschrift für ägyptische Sprache 1863, S. 9. || 2) E. Curtius, Griechische Geschichte, Bd. I, S. 5.

»Nirgends ist so wie in Kleinasien das Gestade vom Binnenlande verschieden: es ist ein Land wie aus anderm Stoffe, nach anderen Gesetzen gebildet[1]«. In den westlichen Landstrichen gibt es Längsthäler, die sich nach Westen zu öffnen, und in welchen Flüsse rinnen, die alljährlich geschäftig ihr Alluvium in das Meer vorschieben: so der Kaïkos, Hermos, Kaystros und Maiandros. Diese Flüsse führten, wenigstens in früher Vorzeit, sämmtlich Gold die Fülle mit sich: sie werden von einander durch Gebirgszüge getrennt, welche wie Inseln aus der Meeresfläche plötzlich aus dem ebenen Lande auftauchen. So zwischen dem Maiandros und Kaystros der Mesogis (*Kastaneh-dagh*) und zwischen dem Kaystros und dem Hermos der Tmolos (*Kisilia-musa-dagh*). An der tief ausgezahnten Küste liegen verstreut grosse, fruchtbare Inseln: Lesbos, Chios, Samos, Kos und Rhodos; meist so nah am Festlande, dass sie dessen Ausgänge beherrschen, und dabei doch so weit entfernt, dass sie vor plötzlicher Ueberrumpelung sicher sind. Das westliche Kleinasien, als ein an Getreide, Reben, Olivenbäumen, sowie an Marmor und Metallen reicher Landstrich, vereinigte alle Vorzüge eines ackerbautreibenden mit denen eines handeltreibenden Landes, es musste der Wohnsitz von Völkern werden, die gleichzeitig Landwirte und Seefahrer, Produzenten und Kaufleute waren. Es lag eingeengt zwischen zwei von dem mittleren Hochlande ausgehenden Gebirgsgruppen, zwischen dem waldbedeckten, an Metall und Heerden reichen Ida im Norden und den lykischen Vulkangipfeln, in denen nach der Ueberlieferung die flammenschnaubende Chimaira lag, im Süden. Westwärts von Lykien, südlich vom Tauros dehnt sich eine steile Küste hin, unterbrochen durch die Mündungen von Bächen, welche jäh von den Bergesgipfeln in das Meer hinabströmen und lauter kleine Parallelthäler bilden. Am östlichen Ende derselben, da wo Kilikien und Syrien zusammentreffen und einen Winkel bilden, haben der Pyramos und der Saros mit vereinter Kraft eine weite Alluvialebene geschaffen, welche im Gegensatze zu den steinigen Taurosgegenden (*Cilicia trachaea*) bei den Alten das ebene Kilikien (*Cilicia campestris*) hiess.

In Kleinasien haben sich, wie es scheint, sämmtliche Rassen der alten Welt ein Rendez-vous gegeben. Im Anbeginne der Ge-

1) E. Curtius, Die Ioner vor der ionischen Wanderung, S. 9.

schichte trifft man hier die Turanier und die Kushiten, beide in der ihren nationalen Neigungen entsprechenden Weise angesiedelt, die Turanier am pontischen Gestade und auf der Hochebene in der Mitte der Halbinsel, in einem Lande voller Gebirge und Erzgruben, die Kushiten auf der Abdachung nach dem ägäischen Meere zu. Die Kushiten verschwanden zuerst, und zwar fast spurlos, so dass höchstens in der karischen Urbevölkerung man einen ihrer mächtigsten Stämme wiedererkennen darf[1]. Die hinter ihren Gebirgen verschanzten Turanier hielten sich, wenn auch in verminderter Zahl, bis in die Römerzeit hinein. Die von jeher dem Bergwerksbetriebe ergebenen kolchischen Völker, die Saspiren und Chalyber, lieferten Vorderasien Zinn und Eisen. Weiter im Süden geboten zwei durch enge Freundschaftsbande vereinte Nationen, die Muskaï und die Tublaï, in der Bibel Mesheeh und Tubal. Die Tublaï waren im Stromgebiete des Iris ansässig und reichten bis an das schwarze Meer, die Muskaï hatten die beiden Ufer des obern Euphrat inne und breiteten sich bis an den Halys aus. Die eine von den beiden Hauptstädten im klassischen Kappadokien, Mazaka auf dem Argeiongebirge, hatte ihren Namen erhalten, die andere Kumanu (Comana) war von ihnen gegründet und gehörte ihnen lange Zeit. Es bedurfte hundertjähriger Kämpfe, bis sie aus dem Erbe ihrer Väter verdrängt und nach dem Kaukasos zurückgetrieben wurden[2].

Gleich den Turaniern am Euphratufer und in Iran erlagen die kleinasiatischen den vereinten Angriffen der Arier und Semiten. Es ist ziemlich wahrscheinlich, dass die Semiten sofort bei ihrer Invasion nicht bloss Syrien und die Euphratufer kolonisirten, sondern auch sich westlich nach dem Pontos Euxeinos und dem ägäischen Meere abzweigten, doch ist es leider noch nicht möglich den geschichtlichen Beweis dafür anzutreten. Was wir von den kleinasiatischen Sprachen an Worten noch übrig haben, hängt meist mit dem arischen Sprachstamme zusammen, und Religion und Mythos dieser Völkerschaften sind den griechischen Mythen näher verwandt als den semitischen Religionen. Man hat freilich Lud den Sohn Sem's mit den Lydern identifizirt, doch würde diese Gleichsetzung, sogar wenn

1) D'Eckstein, Questions relatifs aux antiquités des peuples sémitiques, S. 37 ff. und Les Cares dans l'antiquité. [Duncker, Geschichte I, 419]. ||
2) [Duncker, a. a. O., I. S. 375, 393 f., 380. Gelzer, Kappadokien und seine Bewohner, Zeitschrift f. aeg. Sprache 1875, S. 14 ff.].

sie sicher wäre, für den Ursprung des Volkes selbst nichts beweisen. Die Völkertafel der Genesis reiht in die semitische Kategorie so viele Völker nicht-semitischer Zunge ein, dass daraus, dass Lud unter Sem's Söhnen vorkommt, kein Beweisgrund gegen die arische Abkunft der Lyder zu entnehmen wäre. Falls sich vereinzelte Semitenstämme auf Phrygiens Höhen wagten, wurden sie doch bald zurückgetrieben oder vertilgt, und nur in Lykien und längs der Südküste vermochten sie sich bleibend anzusiedeln. Ein Zweig des aramäischen Stammes setzte sich südlich vom Tauros fest, kolonisirte Kilikien, und aus ihm vereint mit den Solymern und Erembern wurde dann bald die Vorhut der semitischen Völkerschaften gegen die Nationen arischen Stammes [1]).

Die kleinasiatischen Arier gehörten sämmtlich zu ein und derselben Familie, deren Gebiet vom armenischen Hochgebirge bis zum Tauros und dem Archipelagos reichte. Der Haupttheil der Nation koncentrirte sich auf der westlichen Hochebene, in dem nördlich vom Sangarios, südlich vom Maiandros berieselten Theile. Dieser Landstrich, welchem man den Namen Phrygien gab, war von Anfang an wegen der Fruchtbarkeit seiner Felder und der Schönheit seiner Auen berühmt, und da er so warm war, dass er zur Rebenzucht taugte, und dabei doch so gemässigt, dass die Auswanderer sich in ihm ihre ursprüngliche Frische bewahrten, wurde er bald der Sitz eines mächtigen Königreichs und eines arbeitsamen Volksschlages. Die phrygische Sprache ist mit der griechischen vielleicht näher verwandt als das gotische mit dem mittelhochdeutschen [2]), in der Deklination und Konjugation hatte es dieselben Endungen wie das griechische und auch wenigstens theilweise dieselben Lautgesetze wie die im griechischen geltenden [3]). Da die Phryger durch Völker

---

1) [Duncker, Geschichte, I, S. 415. S. 390 ff.]. || 2) E. Curtius, griechische Geschichte Bd. I, S. 31. || 3) So verändert sich das schliessende m in n (E. Curtius. griechische Gesch. Bd. I, S. 63). Der Nominativus des Singulars wird durch — as, — es, is, — os und — a bezeichnet, der Genitivus durch — αϝος, der Dativus durch — aï, — ei. Beim Zeitworte endigt die dritte Person des Singulars (sosesaït = exstruxit, u. s. w.) auf — t statt des griech. — ς u. s. w. [Lagarde, gesammelte Abhandlungen, S. 243—245, wo sich auch die antiken Glossen der übrigen kleinasiatischen Sprachen gesammelt finden. Wegen dieser siehe: G. Curtius, Die Sprache der Lyder, Z. f. die Wissenschaft der Sprache Bd. II, S. 220 ff. Lassen, Ueber die Lykische Sprache, Z. d. deutschen M. G. X, 1856, S. 329 ff. sowie Blau ebend. XVII,

von derselben Völkerfamilie vom Meere getrennt waren, isolirten sie sich frühzeitig, und ihre Gesittung nahm eine eigenartige Wendung an. Aus ihren Ueberlieferungen ersehen wir, dass ihre mächtigsten Könige an den Sangariosquellen ansässig waren. Dort lebten Gordios und Midas, der Sohn des Gordios und der Göttin Kybele. Midas ist ein reicher und kriegerischer Fürst, in welchem die beiden Städte Prymnesos und Midaïon den Heros verehrten, der sie gegründet haben sollte. Unter einer Reihe von Königen, von welchen mehrere den berühmt gewordenen Namen ihres Ahnherrn führten, gedieh und erweiterte sich das phrygische Königreich. Ein englischer Reisender, Leake, entdeckte im Anfange dieses Jahrhunderts unweit der Sangariosquellen ein Thal mit einer Menge altertümlicher Gräber. »Diese Gräber entstammen zwar einer uns nicht bekannten jedoch weit früheren Zeit als der der Griechen- und Römerherrschaft. Die Sprache der Inschriften selbst ist rein phrygisch, und zwar beschränkt sie sowie das uns in spärlichen Resten erhaltene, bis jetzt noch nicht vollständig entzifferte Alphabet auf die Grenzen des alten Königreichs, über welches die Dynastie des Midas herrschte. Weit und breit im Lande sieht man, soweit in demselben sich jene ehrwürdigen Ueberreste der Eingebornen vorfinden, von Denkmälern, welche der Römerzeit angehören, nur spärliche Trümmer, und denjenigen, welche nach einander diesen Landstrich erobert haben, scheinen diese vereinsamten Thäler unbekannt geblieben zu sein, in welchen späterhin Christenfamilien sich eine Zufluchtstätte vor den heidnischen Verfolgungen, vielleicht auch vor der muhammedanischen Invasion suchten[1]«. Einige Grabmäler, Ruinen von Festungen und unerklärte Basreliefs[2]) sind alles, was wir von diesen Königen Phrygiens übrig haben, die im Anfange der griechischen Geschichte durch ihren Reichtum, ihre Liebhaberei für Pferde und durch die fanatische Anbetung so berühmt waren, welche sie der Göttermutter und dem Dionysos zollten. Der Königswagen des Midas und sein gordischer Knoten blieben als Andenken an die alte Uebermacht der Phrygier unversehrt, das Schwert Alexander's war nötig, um den Knoten durchzuhauen, und

S. 649 ff.]. || 1) Charles Texier, Description de l'Asie Mineure, I, S. 153. || 2) Diese Basreliefs und die Festungspläne von Pichmich-Kalesi und Giaur-Kalesi siehe bei Perrot, Exploration archéologique, S. 135—149, 156—163 u. s. w. und Taf. 8, 9, 10, 34—52, 53—68 u. s. w.

die griechische Invasion, um die alten, nationalen Könige in Vergessenheit zu bringen.

Nördlich von Phrygien verbreiteten sich einige arische Stämme von geringer Zahl über die Wälder, welche die Küste des Pontos Euxeinos umsäumen, und bildeten zwischen dem Billaios und Halys den unberühmten Stamm der Paphlagonier. Zur Linken von ihnen nahmen die Thraker unter dem Namen Thynen, Bithynen, Bebryker, die beiden Gestade des Bosporos ein. Noch weiter zur Linken überdeckte die grosse Nation der Mysier mit den von ihr abstammenden Völkerschaften, den Teukrern, Kebrenern, und Dardanern das Thal des Rhyndakos und Kaïkos, die Gebirgsmasse des Ida und die Halbinsel, welche dieser zwischen der Propontis dem Hellespont und dem ägyptischen Meere bildet. Die Sage berichtete von Dardanos, unter dem Schutze des idäischen Zeus habe er die Stadt Dardania gegründet, und diese sei der Stammsitz der Dardaner geworden. Später ging ein Theil von seinen Kindern vom Gebirge an die Ufer des Skamandros hinab und baute sich dort auf einem steilen Hügel, welcher weithin die Ebene und das Meer beherrscht, eine Stadt. »An der Ostseite in langer Windung vom Skamandros umflossen, senkt dieser Hügel sich gegen Westen mit sanften Abhängen, wo zahlreiche Wasseradern dem Boden entspringen; sie sammeln sich zu zwei Quellbächen, welche durch ihre in allen Jahreszeiten gleiche Fülle und gleiche Temperatur sich auszeichnen. Dies Quellenpaar ist das unveränderliche Naturmal, an welchem die überragende Höhe als die Stadtburg von Ilion erkannt wird. Es sind dieselben, zu denen einst vom skäischen Thore aus die Troerinnen zum Wasserschöpfen und zum Waschen hinabgingen, und noch heute sind es die alten Mauern, welche das hinströmende Wasser zu bequemerer Benutzung zusammenfassen[1]«.

Die in jüngster Zeit unternommenen Ausgrabungen haben die Stätte wo Troja war und die Ruinen mehrerer, schichtweise über einander liegender Städte wieder aufgedeckt[2]. Es beweisen die in der ältesten von diesen Städten entdeckten Trümmer das Vorhandensein einer eigentümlichen Gesittung, in der man sich vergeblich nach Spuren einer ägyptischen oder assyrischen Beeinflussung um-

1) E. Curtius, Griechische Geschichte, Bd. 1, S. 66. || 2) Das Ergebniss dieser Ausgrabungen wurde von Schliemann veröffentlicht.

sehen würde. Meist bestehen die Werkzeuge aus Stein oder geschnitztem Knochen, doch schliesst ihr Gebrauch die Anwendung von Erzen nicht aus. Kupfer, Gold, Silber und dessen Verbindungen waren bekannt und in Anwendung, vorzüglich Gold. Die Töpferarbeiten waren ohne Beihülfe der Drehscheibe mit der Hand angefertigt, sie sind weder bemalt noch mit Lack überzogen, sondern nur mit einem steinernen Glätter blank gemacht. Das erste Troia ging bei einer jedenfalls von den gegen dasselbe verbündeten Nachbarstämmen angelegten Feuersbrunst zu Grunde, erhob sich jedoch bald wieder aus seinen Ruinen. »Auf dem sanfteren Abhange der Höhe lag die Stadt selbst; darüber ragte die steile Felsburg Pergamos, von deren Zinnen der Blick die ganze, zur See allmählich sich erweiternde Ebene mit ihren Doppelflüssen Skamandros und Simoïs beherrschte und über die Ebene hinweg das breite Meer, von dem Punkte an, wo der Hellespont mit mächtigen Wellen in das ägäische Meer hineinbraust, bis nach Tenedos südwärts. Grossartiger war kein Herrschersitz der alten Welt gelegen als diese troische Burg: tief versteckt und sicher, aber zugleich freiumblickend und weitgebietend. Hinter sich hatte er die triftenreichen Waldungen des Gebirgs, unter sich die fruchtbare Ebene, vor sich das weite Inselmeer, aus dessen Mitte das Berghaupt von Samothrake emporsteigt, die Warte des Poseidon, dem Zeussitze auf dem Ida gegenüber[1]«.

Von Troas und Mysien südwärts wohnte eine Gruppe von unbestimmten Völkerschaften, Lyder, Leleger, Lykier und Karer. Die Lyder bebauten die reichen Thäler des Hermos, Kaystros und Maiandros. Die ältesten Ueberlieferungen des Landes erhielten das Andenken an ein mächtiges, an den Abhängen des Berges Sipylos, zwischen dem Hermosthale und dem Meerbusen von Smyrna begründetes, Staatswesen. Magnesia, die älteste unter den Städten, der Ursitz der Gesittung dieser Gegenden, die Residenz des Götterfreundes Tantalos, des Vaters der Niobe und der Pelopiden, war dessen Hauptstadt. Ueberall an der Küste auf einmal tauchen Leleger auf, in den fernsten Erinnerungen Griechenlands und Kleinasiens kommen sie vor. Man findet sie in Lykien wie in Troas, an den Ufern des Maiandros ebenso wie an den Ausläufern des

1) E. Curtius, griechische Geschichte, I, S. 67.

Ida. Die Sagen von Megara verlegten in den Anfang der Zeiten einen Heros Lelex, den sie aus Aegypten kommen liessen. Pedasos am Satnioeis war unter anderm von ihnen gegründet, in Karien zeigte man noch zu Strabo's Zeit halbzerfallene Grabmäler und zerstörte Städte, denen man den Namen Lelegia beilegte. Die mit kushitischem Blute vermischten Karer herrschten neben den Lelegern über die Küsten und Inseln des ägäischen Meeres. Die im Süden zwischen den Solymern und Karern eingeengten Lykier verbreiteten sich im Innern bis zu den Ufern des Halys und Euphrat, wo die assyrischen Denkmäler ihre Anwesenheit bekunden[1]. Lykien hiess ein Theil von Troas, südlich vom Ida, es gab ein Lykien in Attika und Lykier auf Kreta[2]). Jene drei Nationen, die Karer, Lykier und Leleger bilden von Anfang an eine solche Mischung, dass man oft in die Notwendigkeit versetzt wird, das, was nur von einer von ihnen ausdrücklich gesagt wird, auf alle drei zu beziehen[3].

Die Phönizier hatten in Kilikien und im Lande der Solymer keinen Widerstand gefunden und bedeckten daher auch jene Küste mit den Kolonien Kibyra, Masura, Ruskopus, Syllion, Mygdale, Phaselis und Sidyma[4]). Wie sie jedoch aus dem Semitenlande heraus in die von den arischen Rassen besetzten Gegenden kam, wurde das anders. Statt dass die Lykier jene Seefahrer, welche ihnen die Erzeugnisse des gesitteten Morgenlandes zuführten, freundlich aufgenommen hätten, traten sie vielmehr ihrer Ansiedlung in den Weg und erlaubten ihnen nicht, Kolonien zu gründen. Vom Heiligen Vorgebirge bis zu der knidischen Landzunge gab es am Festlande nur einen bedeutenderen phönizischen Handelsplatz, Astyra gegenüber von Rhodos[5]). Weniger widerstrebten die Karer. Diese liessen die Sidonier nach Rhodos übersetzen, die Eingebornen vertreiben und sich der drei Häfen Ialysos, Lindos und Kamyros bemächtigen[6]. Sie traten bei den Fremdlingen in Dienst, gingen mit denselben Heiraten ein und nahmen so viel phönizisches Blut in sich auf, dass ihr Land bisweilen Phoinike, das Phönizier-

1) De Rougé, Mémoire sur les Attaques, S. 29—30; Finzi, Ricerche, S. 256. || 2) E. Curtius, Die Ioner vor der ionischen Wanderung, S. 34—36. || 3) [Ueber die Lykier siehe auch Duncker, Geschichte I, S. 419 ff.] || 4) Movers, Die Phönizier, II. 2. S. 346. || 5) Stephan von Byzanz unter Astyra, vergl. Movers, die Phönizier, II, 2, S. 247—257. || 6) Movers, Die Phönizier, II, 2. S. 247—257. [Vergl. Duncker. Gesch. I. S. 418 ff].

land, genannt wurde. Das so entstandene Mischvolk war für das gesittete Gedeihen jener Länder, welche das ägäische Meer umgeben, für lange Zeit von unvergleichlicher Bedeutung. Weithin verbreitete es sich nach Megara, nach Attika, wo mehrere Familien von den Grossen des Landes von ihnen abstammten, ging alsdann ganz zu Grunde und hinterliess keine bleibende Geschichte, wie das bei Bastardvölkern meist der Fall ist. Bei der Ankunft der Phönizier und durch die Berührung mit diesen erwachten sie zum gesitteten Leben, vereinten sich mit den Phöniziern, bestiegen deren Schiffe und durcheilten mit denselben die Welt; wie die Macht der Phönizier aber abzunehmen begann, machten auch die Karer Rückschritte. Sie verschwanden mit demselben Tage aus der allgemeinen Geschichte, an welchem der eindringenden griechischen Gesittung die letzte ägäische Ansiedlung der Phönizier erlag.

Jenseits von Rhodos standen dem Seefahrer zwei Wege offen. Er konnte sich dem Norden zuwenden, die asiatische Küste hinaufgehen und die Mündung des Hellespont gewinnen. Ein Theil der phönizischen Flotten schlug diesen Weg ein. Vom Festlande waren sie durch die Arier für immer abgehalten und entschädigten sich in ihrer Ohnmacht durch die Besetzung derjenigen von den Sporaden und Kykladen, welche durch ihre Lage oder ihre natürlichen Schätze die Aufmerksamkeit der Eroberer auf sich zogen [1]. Unterstützt von den Karern [2], besiedelten sie sowol Delos wie Rheneia und Paros. Oliaros fiel den Sidoniern [3], und Melos den Gibliten in die Hände [4]. Melos erzeugte Schwefel, Alaun und Walkererde die Fülle, und es besass eben so reichhaltige Erzgruben wie Thera und Siphnos. Zu Nisyra und zu Gyaros gab es Purpurfischereien; Zeugfärbereien und Fabriken zu Kos, Amorgos und Melos. Aus allen diesen Inseln wurden Posten, die weniger leicht anzugreifen und leichter zu vertheidigen waren, als die Waarenhäuser auf dem Festlande [5]. Doch blieben die Sidonier nicht dabei stehen. Sie gingen die thrakischen Küsten hinauf und begannen die Goldbergwerke am Berge Pangaion auszubeuten. Ihre Ansiedlungen bedeckten Samothrake, Lemnos

1) Movers, Die Phönizier, Bd. II, Theil 2, S. 262—263. || 2) Thukydides. I. 4—8. || 3) Herakleides der Pontier bei Stephan von Byzanz unter Ὠλίαρος. || 4) Stephan von Byzanz unter Μῆλος; vergl. Movers, Die Phönizier. II, 2. S. 130—131. [Vergl. auch Duncker Gesch. I. S. 32]. || 5) Movers, a. a. O. II. 2. S. 263—373.

und Thasos, jedoch ohne grossen Erfolg. Das Werk, welches die Sidonier hier wieder in Angriff zu nehmen und zu fördern versucht hatten, war die Sache der Tyrier.

Von den Kykladen aus verbreiteten sich die Phönizier nach allen umliegenden Ländern. Immer waren sie auf der Suche nach neuen Auswegen für ihren Handel, sie wagten sich in den schmalen Kanal des Hellespont's hinein und gelangten in ein geräumiges, stilles Becken, das im Süden von grossen Inseln begrenzt war, auf denen sie landeten. Nachdem sie den Besitz der Meerenge sich durch Anlegung von Lampsakos und Abydos gesichert hatten, nahmen sie Pronektos[1], am Eingange des askanischen Meerbusens, am Ausgange der Silbergruben, welche die Bithynen in ihren Gebirgen ausbeuteten[2], zum Wohnsitze. Im Hintergrunde dieses ersten Binnenmeeres entdeckten sie einen neuen Kanal, der einer Mündung eines grossen Flusses ähnlicher war als einer Meerenge, sie drangen mit Mühe hindurch, da sie beständig in Gefahr schwebten, von der gewaltigen Strömung an die Küste geworfen und an den Klippen zerschmettert zu werden, die sich ihnen zu nähern schienen, um sie zu zermalmen[3], und befanden sich vor einem unermesslichen Meere mit stürmischen Wogen, dessen waldige Ufer sich nach Ost und West verschwindend weit ausdehnten. An der Ostküste zogen sie entlang, denn dorthin lockte sie der Ruf der Erzgruben des Kaukasos. Mit Unterstützung der ihnen verbündeten Karer errichteten sie vom Bosporos nach Kolchis hin eine Reihe von befestigten Plätzen, das pontische Herakleia, Sesamos, Karambys und Sinope, die unter der griechischen Herrschaft später blühende Städte wurden. Ein zweites Tyros ward an der Mündung des Dniepr errichtet, und selbst in die grossen, südrussischen Steppen wagten sich die sidonischen Abenteurer[4]. Aus diesen ferngelegenen Meeren brachten sie den Thunfisch und die Sardelle, Purpur, Ambra, Gold und Silber, Blei und das zur Herstellung der

---

1) Stephan von Byzanz s. v. *Προνεκτος*. || 2) Movers, Die Phönizier, Bd. II, Theil 2, S. 295—297. || 3) Vergleiche die Sage von den *Symplegaden*, welche bei dem Herauskommen aus dem Bosporos die Galeeren zermalmten, bei den Griechen. || 4) Movers, Die Phönizier, Bd. II., Theil 2, S. 295—297. [Ueber diese Züge vergl. auch Neumann, Die Hellenen im Skythenlande, Bd. I, S. 340 f.].

Bronze nötige Zinn mit, was sie ehemals auf dem Landwege über Armenien und Syrien erhalten hatten.

Von Rhodos aus nimmt man in der Ferne im Süden die Gipfel der kretischen Gebirge wahr. Indess ein Theil der phönizischen Flotten der Entdeckung des Pontos Euxeinos zueilte, segelte ein anderer nach Kreta hinüber und nahm es in Besitz. Diese Insel sperrt vom Süden her den Eingang zum ägäischen Meere und bildet für sich allein ein selbstgenügsames, kleines Festland. Es birgt fruchtbare Thäler und waldbedeckte Gebirge. Die Phönizier verjagten die Eingeborenen aus der Ebene, und diese flüchteten in die Schluchten des Ida. Die Purpurfischereien von Itanos thaten sich auf: es wurden im Norden Lappa und Kairathos[1], Phoinike oder Arados, Gortyna und Lebene im Süden, in Besitz genommen oder gegründet[2]). Von Kreta zog man bald nach Kythera hinüber. Kythera lag am Eingange zum lakonischen Meerbusen, kaum drei Meilen vom Festlande, und diente den Schiffen zum Halteplatze, die sich aus dem Morgenlande nach Italien oder nach Sicilien begaben[3]. Die *murex brandaris*, aus der man den »Purpur der Inseln«[4] gewann, fand sich dort in solcher Menge vor, dass in einer bestimmten Zeit die Insel den Namen Porphyroessa, »die purpurne«[5] erhielt. Die Phönizier richteten sich dort wohnlich ein und bauten der Astarte ein Heiligtum, vielleicht das erste überhaupt, das in Griechenland errichtet wurde[6]. Sie verbreiteten sich von hier aus am Peloponnes entlang und weiter nach Illyrien und nach Italien[7]. Wie das griechische Festland im Süden von Kythera, im Westen von den Kykladen aus in Angriff genommen war, unterliessen sie auch nicht dieses selbst heimzusuchen. Der korinthische Isthmus und die Eilande, die vor diesem liegen, Aigina und Salamis, Argolis und Attika wurden nach der Reihe erforscht. Kadmos, der Gründer von Theben, der Erfinder der Buchstaben, errichtete in Böotien eine mächtige Kolonie[8]). Von diesen Niederlassungen sollte

1) Später *Knósos*. || 2) Movers, Die Phönizier, Bd. II, Theil 2, S. 258—261. || 3) Thukydides IV, 53. || 4) Ezekiel, XXVII, 7. || 5) Stephan von Byzanz unter *Κύθηρα*. || 6) Herodot I, 105; Pausanias I, 15, 5; III. 23, 1. || 7) Movers, Die Phönizier II, 2. S. 341—343. — [Vergl. hierzu auch Duncker, Geschichte II. S. 34 ff.]. || 8) Movers, a. a. O. S. 85—92. Fr. Lenormant, La légende de Cadmus et les établissements phéniciens en Grèce. in Les premières civilisations, Bd. II, S. 313 ff.

keine die dorische Wanderung überleben, doch übte ihr Dasein inmitten der griechischen Urbevölkerung einen Einfluss auf den Charakter und die Religion des hellenischen Stammes, dessen Spuren man nachzuforschen anfängt, nachdem man ihn zu lange abgeleugnet hat.

Die Wanderungen der kleinasiatischen Völker und der Exodus.

Einige kleinasiatische Völkerschaften, besonders die Karer und Lyder, erlagen dem übermächtigen Einflusse der semitischen Völkerschaften derartig, dass sie sogar ihre arische Physionomie einbüssten, andere, wie die Lykier im Süden und im Norden die Phryger und Lyder widerstanden energischer und hielten sich von jeglicher fremden Beimischung rein. »Wir nennen die kleinasiatischen Küstenvölker, so weit sie dem phrygisch-pelasgischen Geschlechte angehören, mit allgemeinem Namen die Ostgriechen, und so verschieden auch ihr Verhalten den Phöniziern gegenüber gewesen ist, so hatten sie doch alle das Gemeinsame, dass sie sich die Kultur des vorangeschrittenen Volkes aneigneten und ihm mit klugem Sinne seine Künste ablernten. Mit Fischerei seit alten Zeiten vertraut, fingen sie nun an, ihre Kähne mit dem Kielbalken zu versehen, der sie zu kühnerer Fahrt befähigte: sie bildeten die rundförmigen, bauchigen Kauffahrer nach, die »Seerosse«, wie sie sie nannten; sie lernten Segel und Ruder verbinden und vom Steuerplatze aus nicht mehr nach den wechselnden Gegenständen des Ufers, sondern nach den Gestirnen den wachsamen Blick richten. Die Phönizier sind es gewesen, die am Pol den unscheinbaren Stern ausfindig gemacht haben, den sie als den sichersten Führer ihrer nächtlichen Fahrten erkannten; die Griechen haben das glänzendere Sternbild des grossen Bären zu ihrem Schiffahrtsgestirne gewählt, und wenn sie dadurch auch an Genauigkeit astronomischer Bestimmungen ihren Lehrmeistern nachstanden, so sind sie doch in allen anderen Stücken ihre glücklichen Nacheiferer und Rivalen geworden. Als solche haben sie aus ihren Gewässern allmählich die Phönizier zurückgedrängt, und daher kommt es, dass sich am Meere von Ionien der uralten Verbindungen mit der syrischen Küste ungeachtet, so geringe Ueberlieferung von phönizischer Seeherrschaft erhalten hat«[1].

[1] Curtius, griechische Geschichte. Bd. I, S. 37—38.

Die Sidonier und die Karer machten sich kein Gewissen daraus, in den Meeren des Archipelagos Seeraub zu treiben. Gleich den mittelalterlichen Normannen, zogen sie hinaus in die Ferne und trachteten gewinnbringenden Abenteuern nach; fortwährend auf der Lauer nach günstiger Gelegenheit und einem guten Handstreiche, streiften sie an den Küsten entlang. Wenn sie weiter über keine Kräfte zu gebieten hatten, landeten sie in friedfertiger Weise, breiteten ihre Waaren aus und begnügten schlimmsten Falles sich mit dem redlichen Erwerbe, den sie durch das Tauschgeschäft mit ihren Vorräten erzielen konnten. Wenn sie sich des Erfolges sicher glaubten, kehrten sie die Raublust heraus, zündeten die Ernten an, verheerten die einsamen Flecken und Tempel und nahmen alles mit, was ihnen in die Hände fiel, besonders Weiber und Kinder, die sie dann wieder auf den Märkten des Morgenlandes als Sklaven losschlugen, wo die Menschenwaare ungemein hochgeschätzt war. Die Griechen »gewöhnten sich den Seeraub als einen natürlichen Lebensberuf anzusehen, den man trieb, wie jeden anderen, wie Wildjagd und Fischfang, und wenn irgendwo unbekannte Leute ans Ufer stiegen, so fragte man arglos, wie Homer bezeugt, ob sie Händler wären oder als Seeräuber umzögen«. Die phönizischen Flotten und Faktoreien wurden nun ebenfalls angegriffen, die Kykladen wiedergewonnen. Bald sannen die Sidonier nur noch darauf, an einigen wichtigen Punkten sich zu behaupten, in Thasos im Norden, in den Kykladen auf Melos und Thera, auf Rhodos und Kythera im Süden. Die Eteokreter wurden jedenfalls durch Auswanderer vom Festlande her verstärkt und verjagten die kananäischen Ansiedler; Kreta ward befreit und bildete ein Königreich von hundert Städten, dessen Hauptstadt Knosos war. »Die erste Reichsmacht des hellenischen Altertums war eine Insel- und Küstenstadt, sein erster König, Minos, ein Seekönig«. Minos schrieb man den Ruhm zu, das Seeräubertum auf den Inseln des Archipel ausgerottet und den Zügen der Phönizier und Karer Schranken gesetzt zu haben. Das Emporkommen der kretischen Herrschermacht bezeichnet das Ende der sidonischen für die griechischen Meere[1]. Die wenigen Ansiedelungen, welche sich hier und da noch hielten,

1) [Vergl. Duncker. II. S. 36 f.]

konnten auch nur unter Zugeständnissen und vermöge von Vorsichtsmassregeln forbestehen[1].

So weit man das beurtheilen kann, vollzog sich diese Umwälzung in den letzten Jahren der achtzehnten Dynastie. Die Phrygier lagen abgesondert im inneren Binnenlande, nahmen keinen Antheil daran und überliessen die Sorge, dies zu Stande zu bringen, den Mäonen, Tyrsenern, Troern und Lykiern, jenem halbsagenhaften Völkergeschlechte, das wir aus den klassischen Geschichtsschreibern und von den ägyptischen Denkmälern her kennen[2]. Nach den Ueberlieferungen des Landes erhielt Manes, der Sohn des Zeus und der Erde, den Kotys von der Kallirrhoe, der Tochter des Okeanos. Kotys erzeugte Asios, der Asien seinen Namen gab, und Atys, der die Dynastie der Atyaden in Lydien begründete. Kallithea, die Tochter des Tyllos und Frau des Atys, brachte zwei Söhne zur Welt, die nach den einen Tyrsenos oder Tyrrhenos und Lydos[3], nach den anderen Torrhebos und Lydos[4] hiessen. Bei der Prüfung dieser Genealogie, in der die eponymen Landesheroen zusammengefasst sind, erweist sich, dass es zuerst ein grosses Mäonen genanntes Volk an der Westküste von Kleinasien gab, das aus mehreren Stämmen, den Lydern, Tyrsenern oder Tyrrhenern (Tursha), den Torrhebern und den Shardana bestand. Einige von diesen Stämmen, die jedenfalls durch den Reiz der Seeräuberei nach dem Meere gelockt wurden, verliessen das Land schliesslich und suchten ihr Glück in der Ferne. »Unter der Regierung des Atys, des Sohnes des Manes[5], gab es eine gewaltige Hungersnot im ganzen lydischen Lande .... Der König fasste den Entschluss, das ganze Volk in zwei Hälften zu theilen und beide losen zu lassen, die eine sollte im Lande bleiben, die andere auswandern; er selber wollte über diejenigen herrschen, denen bestimmt wäre, im Lande zu bleiben, über die Auswanderer dagegen sollte das sein Sohn Tyrsenos. Sie zogen das Loos, und eine Hälfte ging hinunter nach

1) E. Curtius, Griechische Geschichte Bd. I., S. 58—62. || 2) Wegen der ägyptischen Quellen siehe De Rougé, Extrait d'un mémoire sur les attaques dirigées contre l'Égypte par les peuples de la méditerranée, Revue arch. N. S. XVI. 1867. S. 35—45, 81—103; Chabas, études sur l'Antiquité historique, S. 191 ff. || 3) Herodot I, 94. || 4) Xanthos der Lyder bei Dionysios von Halikarnassos, Ant. Rom. I. 28. || 5) Nach andern Genealogien war Atys der Enkel des Manes.

Smyrna, erbaute sich Schiffe, lud alles ein, was ihnen von Nutzen sein konnte, und fuhr ab, um sich Nahrung und ein Land zu suchen. Nachdem sie an vielen Völkern vorbeigezogen waren, gelangten sie zu den Umbrern, bauten dort Städte und wohnen daselbst bis auf den heutigen Tag. Den lydischen Namen vertauschten sie mit dem des Königssohnes, der sie anführte, machten sich aus diesem einen Beinamen und wurden Tyrsener genannt«[1]. Was nun auch Herodot davon sagen mag, es vollzog sich diese Wanderung nicht mit einem male und in einheitlicher Richtung, sie zog sich fast zwei Jahrhunderte lang hin von der Zeit Seti's I. bis zu der Ramses' II. und erstreckte sich über die verschiedensten Gegenden. Man findet tyrrhenische Pelasger auf Imbros, Lemnos, Samothrake und auf der Halbinsel Chalkis, an den Küsten und auf den Inseln der Propontis, auf Kythera und auf der Südspitze von Lakonien. Bei ihrer Ankunft in Afrika verbündeten sie sich mit den Libyern und griffen gegen das Ende der Regierung Seti's I. Aegypten an. Wir haben bereits gesehen, dass sie so gewaltsam zurückgeworfen wurden, dass sie während der Regierung Ramses' II. sich jeder Feindseligkeit enthielten. Die bei dieser Gelegenheit gefangen genommenen Shardana wurden dem ägyptischen Heere einverleibt und zeichneten sich im Kriege gegen die Cheta aus. Sie standen dort den Lykiern, Mysern und Troern von Angesicht zu Angesicht gegenüber, die mit Hülfe der Syrer das zu Stande zu bringen versuchten, was die Seevölker nicht mit den Libyern zusammen hatten ausrichten können[2]. Die Niederlage von Kadesh benahm den Troern die Lust an weitgehenden Kriegszügen, sie sahen von da ab sich vor, sich an den Verbündungen gegen Aegypten zu betheiligen.

Wie Ramses II. mit dem Chetafürsten seinen Vertrag schloss, war er mindestens bereits fünfzig Jahre alt und hatte vierzig Jahre dem Kriege gewidmet[3]. Es ist begreiflich, dass er ein Bedürfniss nach Ruhe empfand und die königliche Machtvollkommenheit einem von seinen Söhnen übertrug. Da die drei ersten todt waren, so erkor er um das dreissigste Jahr Châmuâs, den vierten, das Oberhaupt der memphitischen Priesterschaft. Châmuâs herrschte bis zu

1) Herodot I, 94 [vergl. Duncker, Geschichte I, S. 409 ff.]. || 2) Siehe oben, S. 217—222. || 3) Maspero, Essai sur l'Inscription d'Abydos, S. 80.

seinem Tode im fünfundvierzigsten Jahre und die Herrschaft ging auf Menephtah, den dreizehnten Sohn des Königs, über. Menephtah ward sehr jung zum Erbprinzen ernannt und mit sehr hohen Ehrentiteln geziert und scheint die besondere Gunst des Sesostris mit der Prinzessin Bet-Anat und dem Prinzen Châmuâs getheilt zu haben, die beide wie er, Kinder der Königin Isi-Nofert waren. Mehrfach wenigstens wird er als ein Prinz bezeichnet, »der sich erhoben hat wie Phtah unter der Menge, um treffliche Gesetze festzustellen für beide Länder«. Zwölf Jahre lang, vom fünfundfünfzigsten bis zum siebenundsechzigsten war er Regent und wurde bei seines Vaters Tode König unter den Titeln: Bânrâ mernuteru, der Sohn der Sonne, Menephtah hotep-hi-ma. Diesem Namen hat Manetho, oder haben seine Kompilatoren vielmehr, den Amenephthes oder Amenophis als Nachfolger des Ramses Meïamun entlehnt.

Bei seinem Regierungsantritte war Menephtah kein Jüngling mehr. Da er spätestens in den ersten Jahren der Regierung seines Vaters geboren war, musste er sechzig Jahre alt sein, wo nicht mehr. Ein Greis folgte mithin auf den anderen und das in einem Zeitpunkte, wo Aegypten dringend einen jungen, thätigen König gebraucht hätte. Trotzdem waren die ersten Jahre glücklich. Nach aussen wurden die Garnisonen der syrischen Städte nicht beunruhigt[1], die Cheta, welche eine Hungersnot heimsuchte, empfingen von Aegypten Unterstützungen an Getreide und brachen aus Dankbarkeit dafür nicht den Frieden. Im Innern setzte man die grossen Bauten in Theben, Abydos und Memphis weiter fort vorzüglich im Delta, wo Menephtah nach seines Vaters Beispiel seine Residenz aufgeschlagen hatte. Alles schien eine friedliche, wenn nicht eine ruhmreiche Regierung zu verkünden. Jedoch hatten die kleinasiatischen und libyschen Völkerschaften seit ihren Niederlagen unter Seti und Ramses II. Zeit gehabt, frischen Mut zu fassen. So lange der alte König auf dem Throne sass, waren sie im Schach gehalten, Menephtah's Regierungsantritt bewog sie, einen neuen Versuch zu machen. In Theben erfuhr man plötzlich, die Flotten des Archipel's hätten an der libyschen Küste Banden der Tyrsener, Shardana und Lykier, in Begleitung von bisher unbekannten Hülfstrupppen, von Achäern und Shakalash, an's Land gesetzt. Der

1) Pap. Anastasi III, verso von S. 5—6.

Libyerkönig Mermaïu, der Sohn Deïd's[1]), dazu die Tamahu, Mashuash und Kehak vereinten sich mit ihnen, und sie schlugen insgesammt den Weg nach Aegypten ein. Das Invasionsheer bestand nur aus Kerntruppen, es waren lauter auserlesene Mannschaften, darunter die behendesten Läufer ihres Landes. Sie zogen mit dem festen Vorsatze aus, nicht einen einfachen Streifzug zu machen, sondern das Delta zu erobern und sich daselbst als Kolonie niederzulassen.

Bei der Kunde von ihrer Annäherung war Aegypten bestürzt. Der lange Frieden, in dessen Genuss man sich seit dem einunddreissigsten Jahre des Ramses' II., ein halbes Jahrhundert lang, befunden hatte, hatte den Kriegseifer der Aegypter merkwürdig abgekühlt. Die Zahl des Heeres war herabgesetzt, es enthielt keine Hülfsmächte mehr, die Festungen waren schlecht in Stand gehalten und liessen die Grenze offen. Die erste Erregung trieb die unmittelbar bedrohte Bevölkerung zur widerstandslosen Unterwerfung. Menephtah eilte an den gefährdeten Ort und stellte überall die Ordnung und Mannszucht wieder her. Er zog das Heer zusammen und rekrutirte es, liess Soldtruppen aus Asien herbeiholen und schickte seine Reiterei vor, um Kunde vom Eintreffen des Feindes zu geben. Er selbst deckte mit seiner Hauptmacht Memphis und befestigte den grossen Nilarm, um dem östlichen Theile des Delta wenigstens Schutz zu gewähren.

Kaum waren diese Vorbereitungen getroffen, so erschien auch der Feind in den Ebenen von Paarisheps (Prosopis)[2]) und breitete sich über alle anliegenden Ländereien aus, als wollte er sich dort wohnlich einrichten. Menephtah stellte zunächst ihm seine Reiterei und seine Hülfstruppen entgegen und versprach den Feldherrn des Vortrupps, sich mit ihnen in vierzehn Tagen mit dem übrigen Heere zu verbinden. Inzwischen erschien ihm der Gott Phtah im Traume und verbot ihm, sich auf dem Schlachtfelde zu zeigen[3]). Allem Anschein nach hemmte dieser Uebelstand den Eifer der Aegypter nicht, denn am dritten Epiphi schlugen sie nach sechsstündigem Kampfe die Libyer und deren Verbündete vollkommen in die Flucht.

1) Ueber diesen Namen siehe Goodwin in der Zeitschrift 1868, S. 39. || 2) Brugsch, in der Zeitschrift 1867, S. 98. || 3) De Rougé, Mémoire sur les attaques, S. 9. [In der Revue arch. S. 41].

Mermaïu's Leibwache ward durchbrochen und vernichtet, er selbst gezwungen, die Flucht zu ergreifen und seinen Bogen, seinen Köcher und sein Zelt im Stiche zu lassen. Das Lager wurde genommen und die Beute wiedergewonnen. Die Barbaren wurden von der ägyptischen Reiterei unermüdlich verfolgt, konnten sich nicht wieder erholen und verliessen so bald als möglich das von ihnen angegriffene Land. Kaum gelang es dem Libyerfürsten, mit heiler Haut davonzukommen. Aegypten war voll von dieser Siegeskunde, und die Begeisterung war um so aufrichtiger, als der Schrecken gross gewesen war. Des Königs Heimkehr nach Theben war nur ein langer Triumphzug. »Er ist sehr stark, Bâurâ, L. G. K., — sehr klug sind seine Anschläge, — seine Worte sind wohlthuend wie Thot, — alles was er thut gerät. — Befindet er sich wie ein Führer an der Spitze der Bogenschützen, — dann dringen seine Worte durch die Mauern. — Da sie sehr den lieben, der seinen Rückgrat gekrümmt hat — vor Meïamun, L. G. K., — schonen seine Krieger den, der sich erniedrigt hat — vor seinem Mut und seiner Kraft. — Sie fallen her über die . . . . . — sie vertilgen den Syrer. — Die Shardana, die Du mit Deinem Schwerte erworben hast, — machen ihre eigenen Stämme zu Gefangenen. — Sehr glücklich ist Deine Heimkehr nach Theben, — Du triumphirender! Dein Wagen wird mit Händen gezogen, — die besiegten Häuptlinge gehen widerstrebend vor Dir einher, — wenn Du sie Deinem ehrwürdigen Vater zuführst, — dem Ammon, dem Gemal seiner Mutter[1]«.

Dieser Sieg befreite das Land von den Angreifern, es hätte jedoch, um es aus der Schwäche emporzuziehen, auf welche die Inschriften deuten, einer sichereren Hand bedurft als der eines sechzig- bis siebzigjährigen Greises. Menephtah's Kraftlosigkeit musste die Hoffnungen derjenigen Fürsten ermutigen, welche Ansprüche auf die Krone zu besitzen glaubten, es scheint sogar, als hätten einige darunter seinen Tod nicht abgewartet, um ihre Ansprüche offen zu bekunden. Auf einer im bulaqer Museum aufbewahrten Stele von Abydos lässt Râmesses em per-en Râ, mit dem Beinamen Meriu, ein erster Minister des Königs, seinem Namen die ungewöhn-

1) Pap. Anastasi II, T. 4, Z. 4; T. V, Z. 4. Vergl. De Rougé, Mémoire sur les Attaques, S. 35—36; Maspero, Du genre épistolaire, S. 82—83; Chabas, Recherches pour servir à l'histoire de la XIXe Dynastie, S. 93—94.

liche Formel folgen: Geliebt von Ramses Meïamun wie die Sonne ewiglich. Erinnert man sich daran, dass Ramses II. vergöttert war und ergänzt nach *geliebt von Ramses Meïamun* die Worte *ta-änch* (dem Lebenspender), so wird man doch nicht minder überrascht sein, wenn man sieht, wie ein Privatmann, er mag an Rang so hoch stehen, wie er wolle, sich einen Titel beilegte, der für gewöhnlich den Königen vorbehalten war. Bei dem Fehlen von Urkunden ist es uns unmöglich, die Art der Anmassung, welche auf dieser Stele sich andeutet, recht zu würdigen[1]«. Schliesslich war dieser Ramses per-en Râ, statt ein Usurpator zu sein, vielleicht nur ein Vicekönig, der mit aussergewöhnlichen Titeln ausgestattet war und gleiche Machtvollkommenheit besass, wie Menephtah selbst bei seines Vaters Lebzeiten hatte.

Wenn man jedoch zugibt, dass die mehr oder weniger bemäntelten Usurpationen vielleicht nicht unter der Regierung Menephtah's anfingen, so kann man kaum bestreiten, dass sie nach seinem Tode sich vollzogen haben[2]. Mitten aus dem Dunkel, das diesen Zeitraum einhüllt, tritt eine fast sichere Thatsache hervor: Seti II., Menephtah's Sohn, der bei seines Vaters Lebzeiten bereits Prinz von Kush und in Aussicht genommener Thronerbe war, stieg nicht sofort auf den ägyptischen Thron. An seine Stelle trat ein Prinz der Amenmeses hiess, ein Sohn oder Enkel von einem von den vor ihres Vaters Tode verstorbenen Kindern des Ramses II[3]. Amenmeses stammte aus dem aphroditopolitischen Nomos, aus der Stadt Cheb, »aus welcher Isis ihn hervorgehen liess, um ihm die Herrschaft zu verleihen über alles, was die Sonne umkreist[4]«; seine Macht erstreckte sich auf Theben und möglicherweise auch über ganz Aegypten. Seinem Nachfolger Menephtah II. Siphtah, der gleichfalls aus Cheb stammte, gelang es durch seinen treuen Minister Bai[5] und jedenfalls auch durch seine Vermälung mit der Königin Tausert, deren Namen man stets dem seinen beigefügt findet, sich auf dem *Thron seines Vaters* zu befestigen. Er herrschte über

1) Mariette, Catalogue du musée de Boulaq, S. 156. || 2) Chabas, Recherches pour servir à l'histoire de la XIXe dynastie, S. 114—118, hat die ganze Geschichte dieses Zeitraums anders aufgefasst. Bis auf weiteres folge ich der von De Rougé, Étude sur une stèle, S. 185 ff. vorgeschlagenen Anordnungen. || 3) Vergl. darüber: Maspero, Lettre à Monsieur d'Eichthal S. 40—43. || 4) Lepsius, Denkmäler, III, 201a || 5) Lepsius, Denkmäler, III, 202c.

Aethiopien und rühmt sich von sämmtlichen Nationen Gesandte erhalten zu haben [1]). Zwischen seinen Anhängern und denen des Sohns des Menephtah kam, wie es scheint, ein Kompromiss zu Stande, denn ein gewisser Seti, welcher ganz derselbe wie Seti II. zu sein scheint, lebte bei ihm als »Prinz von Kush, Verwalter der dem Ammon gehörigen Goldbergwerke, Geisselträger zur Rechten des Königs, Palastintendant und Direktor der königlichen Bibliothek«. Das einzige genaue Datum, welches wir über diese Fürsten haben, ist aus dem dritten Jahre Siphtah's, und Manetho's Listen scheinen für sie höchstens ein Dutzend Jahre anzugeben. Nachdem der letzte von ihnen todt war, bestieg schliesslich Seti II. den Thron entweder in Folge einer erfolgreichen Staatsumwälzung, oder mit Hülfe eines Kompromisses zwischen den beiden streitigen Linien. Eine Inschrift aus seinem zweiten Jahre schreibt ihm Siege über die Ausländer zu [2]), und ein Papyros im britischen Museum lobt seine Grösse in beredten Ausdrücken. Wie weit man solchen Angaben trauen darf, ist mir hinlänglich bekannt, denn der im Papyros Anastasi IV. enthaltene Siegesgesang ist fast Wort für Wort eine blosse Abschrift von einem vordem Menephtah gewidmeten Triumphliede, welches einfach durch Einfügung von Seti's II. Namen diesem zugeeignet ist. Mehrere Urkunden aus seiner Zeit scheinen anzudeuten, dass unter ihm ähnliche Wirren und Usurpationen, wie die, welche Menephtah's letzte Jahre trübten, eintraten. Da Seti II., wenn man in ihm wenigstens nicht lieber einen zehn bis zwölf Jahre durch die Usurpation der Fürsten von Cheb vom Thron verdrängten Sohn des alternden Menephtah's sehen will, bei seines Vaters Thronbesteigung jedenfalls bereits ein gewisses Alter erreicht hatte, so war er, als er selbst auf den Thron kam, ein Greis, welcher kaum noch soviel Energie besitzen konnte, um den Verhältnissen die Spitze zu bieten. Eine Statuette im Louvre stellt einen »hockenden Mann« dar, welcher zwischen den Schenkeln einen Naos hält, in dem Phtah-Sokaris abgebildet ist. Auf den Schultern desselben sind die Namensringe des Seti II. eingekratzt und dienen als Zeitbestimmung für ihn; sein Name wird Alari gelesen. Seine Titel sind so hohe, dass sie nur einem Thronerben zukommen würden, wenn uns nicht die

---

1) Lepsius, a. a. O., 201a. | 2) Lepsius Denkmäler III, 204. Vergl. die Legenden des Hypogaion bei Champollion, Not. Desc. Bd. I, S. 459.

tiefgreifenden Unruhen, die auf Menephtah's Regierung folgten, den Verdacht gestatteten, es läge hier die Usurpirung unberechtigt hoher Titel vor. Abgesehen davon dass die Persönlichkeit, mit der wir es zu thun haben, sich die für den Hohenpriester von Memphis üblichen Titel als ihm erblich zukommend beilegt, gibt er sich als den Erben in der Behausung des Gottes Seb (in Aegypten) und als obersten Erben beider Länder aus. Das Ende der Inschrift ist zerbrochen, doch werden trotz jener grossartigen Titel keine königlichen Verwandtschaftsbeziehungen angeführt[1]).

Aus allen diesen verschiedenen Gründen, wegen der Ohnmacht der zu hoch betagten Fürsten, der Empörungen unter den Grosswürdenträgern und der Usurpirungen seitens der Nebendynastien, die fast ein halbes Jahrhundert lang Aegypten heimsuchten, kam es schliesslich unter der Regierung Seti's II. oder unmittelbar nach seinem Tode so weit, dass nicht allein im Aegypterreiche, sondern auch in Aegypten selbst eine vollständige Zersetzung eintrat: »Im Lande Aegypten ging es drunter und drüber[2]): die Einwohner hatten kein Oberhaupt, [und zwar] viele Jahre lang, bis dass andere Zeiten kamen, denn Aegyptenland gehörte den Oberhäuptern der Nomen, die einer den anderen umbrachten, gross und klein. Andere Zeiten kamen darnach in den Jahren des Nichts[3]), da wurde ein Syrer mit Namen Arisu[4]) ein Häuptling unter den Nomenfürsten und zwang das ganze Land, ihm Ehrfurcht zu erweisen. Jeglicher that sich mit seinesgleichen zusammen, einander Hab und Gut zu plündern, und, da man die Götter ebenso behandelte, wie die Menschen, wurden keine Opfer mehr dargebracht in den Tempeln«[5]). Diese Ausdrücke sind klar und zeugen von einer vollkommenen Anarchie; sie beweisen uns, wie leicht das Nomenaggregat, aus dem Aegypten bestand, sich auflösen konnte, sobald

---

1) De Rougé, Notice des Monuments. 3. Aufl. S. 37—38, A, 71. ‖ 2) Wörtlich: »Aegyptenland war preisgegeben, ward hinausgeworfen«. ‖ 3) Wörtlich: »leere Jahre«. ‖ 4) Vergl.: אריסי, den Namen von Hamon's Sohn. ‖ 5) Grosser Papyros Harris Taf. LXXV, Z. 2—6. Vergl. Eisenlohr. On the political condition of Egypt before the reign of Ramses III, in den Transactions of the Society of Biblical Archeology, Bd. I, S. 355—384; [Der grosse Papyrus Harris, Vortrag von August Eisenlohr. Leipzig 1872, S. 13 ff. Zeitschrift 1873, S. 157 ff.] und Chabas, Recherches pour servir à l'histoire de la XIXe dynastie. S. 1—23.

die einigende Macht kraftlos geworden war. An der Spitze seiner siegreichen Heere zog Sesostris durch Asien und durch Afrika, und schon nicht ganz fünfzig Jahre nach seinem Tode ging Aegypten in Stücken. »Nur wenn die Wüste ebenes Land wird und die Berge sich senken, werden die Barbaren des Auslandes nach Aegypten kommen«, sagte zu jener Zeit ein Schriftgelehrter. Es waren keine Wunder nötig, um eine Invasion zu ermöglichen. Seit Ramses II. war es mit der ägyptischen Kriegsmacht und der Aegypterherrschaft im Auslande schnell bergab gegangen. Menephtah hatte die Bundesgenossenschaft mit den Hittitern aufrecht erhalten und Besatzungen in den Hauptstädten Palästina's stehen gehabt. Jedoch unter Amenmeses, unter Siphtah und sogar unter Seti II. wird einem wohl versichert, dass Siege errungen seien, aber von grossen Unternehmungen gegen das Ausland sieht man keine Spur. Jedenfalls hatte man die Truppen aus den syrischen Provinzen zurückziehen müssen, um den Eventualitäten der einheimischen Kriege vorzubeugen. Wie die bei ihren bisherigen Versuchen zurückgeschlagenen Ausländer nochmals ihr Glück versuchten, stiessen sie nur auf einen äusserst schlaffen Widerstand, und ihre Unternehmungen waren zeitweilig mit Erfolg gekrönt.

Von der Invasion und den Wirren begünstigt, erhoben sich überall die ausländischen Sklaven, welche die Pharaonen der achtzehnten und neunzehnten Dynastie nach Aegypten mitgebracht hatten. »Man sagt, die Gefangenen, welche Sesostris in Babylon gemacht habe, hätten einen Aufstand gegen den König unternommen, da sie die Bedrückung bei ihren Arbeiten nicht mehr zu ertragen im Stande waren. Sie bemächtigten sich eines am Flusse gelegenen befestigten Platzes, bekriegten die Aegypter und verheerten das umliegende Land, und wie ihnen schliesslich Straflosigkeit gewährt wurde, siedelten sie sich an dem Platze an und nannten ihn Babylon nach ihrer Heimat«. Eine entsprechende Geschichte erzählte man von dem benachbarten kleinen Flecken Troia[1]. Da die Sklaven dazu verurtheilt waren, das Gestein zu brechen, Ziegel zu streichen, Kanäle zu graben und die Tempel, Paläste

1) Diodor I, 56, 3. *Troia* ist die ägyptische Stadt *Trufu* (Brugsch, Zeitschrift 1867, S. 89 ff.); *Babylon* ist wahrscheinlich *Hâbenben*, wovon es die Varianten *Hâ-beben* und *Hâ-beber* gibt.

und Festungen zu erbauen, führten sie ein sehr mühevolles Leben und konnten nur durch beständige Ueberwachung zu ihrer Pflicht angehalten werden[1]. Bei der nächsten Gelegenheit empörten sie sich und suchten zu entkommen. Ihre Zahl war besonders in Unterägypten beträchtlich, wohin die Pharaonen ganze Stämme libyscher und semitischer Abkunft verpflanzt hatten, wie die Fenchu und Mat'iau. Unter ihnen befanden sich die Kinder Israel, wenigstens diejenigen, welche nach der Vertreibung der Hirten, in Aegypten zu bleiben, vorgezogen hatten. Da sie zu Staatssklaven geworden waren, verfehlten sie nicht, die Zeit der Pharaonen zu vermissen, »welche von Josef wussten«[2]. Ramses II. verschuldete vor allen anderen ihre grausame Lage, denn er bediente sich, da ihm der Frieden mit den Cheta die Hülfsquellen, die ihm der Krieg verschaffte, entzogen hatte, zur Erbauung seiner Denkmäler der Aegypter und besonders der in Aegypten ansässigen fremden Stämme. Die nationalen Ueberlieferungen der Hebräer entwarfen von der Lage ihres Volkes zu seiner Zeit ein Trauergemälde. »Man setzte Frohnvögte über sie, die sie mit schweren Diensten drücken sollten; denn man baute dem Pharao die festen Städte Pithom und Ramses. — Aber je mehr sie das Volk drückten, je mehr es sich mehrte und ausbreitete. Und sie hielten die Kinder Israel für einen Gräuel. — Und die Aegypter zwangen die Kinder Israel zum Dienst mit Unbarmherzigkeit, — und machten ihnen ihr Leben sauer mit schwerer Arbeit in Thon und Ziegeln, und mit allerlei Fröhnen auf dem Felde und mit allerlei Arbeit, die sie ihnen auflegten mit Unbarmherzigkeit«[3]. Ebenso wie die anderen Gefangenen, warteten die Hebräer nur auf eine Gelegenheit, um sich ihrer Knechtung zu entziehen.

Die am meisten beglaubigte Ueberlieferung verlegt den Auszug unter die Regierung des Menephtah[4]. Dieser Fürst wäre der Pharao der Bibel, der den Hebräern nicht gestattete, in die Wüste zu ziehen, um zu opfern. Wenn man jedoch die bis jetzt bekannten Denkmäler zur Rechenschaft zieht, so deutet noch nichts in dem Zu-

1) Siehe darüber Brugsch, Histoire d'Égypte Bd. 1, S. 106, und Chabas, Mélanges ég. 2 série, S. 108—165. || 2) Exodus 1, 8. || 3) Exodus, 1, 11—14. || 4) De Rougé, Examen critique de l'ouvrage de M. le chevalier de Bunsen Theil 2, S. 74. [Siehe auch A. v. Gutschmid, Beiträge zur Geschichte des alten Orients, S. 10.].

stande Aegyptens unter Menephtah auf eine so tief eindringende Zersetzung, dass die Empörung und Flucht eines beträchtlichen Stammes hätte mit Glück ausgeführt werden können. Der Angriff der Seevölker erstreckte sich auf das westliche Delta und drang niemals bis in das Land Goshen hinein, wo die Hauptniederlassungen des hebräischen Volkes sich befanden, wie uns die jüdischen Bücher zeigen. Er war auch nicht andauernd genug, um den ausländischen Sklaven die Zeit zu gewähren, dass sie einen Anschlag machen und die notwendigsten Vorkehrungen zu ihrer Befreiung treffen konnten. Unter der Regierung Menephtah's mithin, nach einem Siege, der noch einige Zeit lang im Auslande das Ansehen der ägyptischen Heere aufrecht erhielt, und zu einer Zeit, wo alle Kräfte Aegyptens zur Unterdrückung bereit standen, hätten die Hebräer nicht straflos ihren gefahrvollen Auszug ins Werk setzen können. Nur während der Jahre, welche dem Tode Seti's II. vorangingen und folgten, treffen die für den Exodus günstigen Voraussetzungen ein, Zersetzung und Zerstückelung der ägyptischen Monarchie, fremdländische Invasion und Krieg gegen die Angreifenden, die sich über das ganze Delta verbreiteten und lange verweilten. Es lässt sich leicht begreifen, wie mitten in der allgemeinen Unordnung ein von den Aegyptern verfolgter fremdländischer Stamm, der der Verfolgung überdrüssig war, seine Wohnsitze aufgeben und den Weg nach der Wüste einschlagen konnte, ohne von seinem ehemaligen Herrn energisch bekämpft zu werden, die ja in ihrer eigenen Existenz zu stark bedroht wurden, um sich viel um die Flucht eines Sklavenhaufens zu kümmern.

Die nationalen Ueberlieferungen der Juden berichteten, Pharao habe aus Besorgniss über die Zunahme Israel's alle männlichen Kinder tödten lassen wollen, die geboren werden würden. Eine Frau aus dem Stamme Levi habe das ihre drei Monate lang versteckt gehalten und es dann in einer Wiege von Weidenzweigen dort ausgesetzt, wo Pharao's Tochter hinzugehen pflegte, um zu baden. Pharao's Tochter hatte mit dem Kinde Erbarmen, nannte es Moses, den aus dem Wasser geretteten, und liess es bei sich in aller Weisheit Aegyptens erziehen. Er war bereits vierzig Jahre alt, als er eines Tages einen Aegypter ermordete, der einen Hebräer schlug, und sich in die Sinaiwüste rettete. Nach vierzigjährigem Exil erschien ihm Gott in einem brennenden Busche und befahl ihm, sein Volk aus der Knechtschaft zu befreien. Moses und sein Bruder Aaron begaben sich an den Hof des Königs und baten für die Hebräer um die Erlaubniss, auszuziehen, um in der Wüste zu opfern. Erst nachdem sie das Land mit den zehn sagenhaften Plagen geschlagen und alle Erstgeborenen im Volke getödtet hatten, erhielten sie dieselbe. Die Hebräer durchschritten, verfolgt von Pharao, trockenen Fusses das rothe Meer, dessen Gewässer sich zertheilten, um sie durchzulassen, und sich wieder schlossen, um die Aegypter zu verschlingen[1]. Da sang Moses und die Kinder Israel dem Ewigen dieses Lied und sprachen: »Ich will dem Herrn singen, denn er ist hoch erhaben, Ross und Reiter hat er in das Meer gestürzt. — Der Herr ist meine Stärke und Lobgesang und ist mein Gott, ich will ihn erheben. — Der Herr ist der rechte Kriegsmann, Herr ist sein Name. — Die Wagen Pharao's und seine Macht warf er ins Meer; seine auserwählten Hauptleute versanken im Schilfmeer. — Die Tiefe hat sie bedeckt; sie fielen zu Grunde wie die Steine. — Der Feind sprach: »Ich will ihnen nachjagen und sie erhaschen und den Raub austheilen und meinen Mut an ihnen kühlen; ich will mein Schwert ausziehen und meine Hand soll sie verderben«. — Da hiessest Du Deinen Wind blasen und das Meer bedeckte sie; und sanken unter wie Blei im mächtigen Wasser«[2].

Die ägyptische Ueberlieferung fasste die Sache anders auf. Nach ihrer Aussage hatte Amenophis die launenhafte Absicht, die Götter so schauen zu wollen, wie es sein Vorfahr Horos gethan hatte. Deswegen zog er einen Seher zu Rat, und dieser antwortete ihm, vor allem müsse er das Land von den Aussätzigen und anderen unreinen Leuten befreien. Sofort liess er alle Aegypter, die mit körperlichen Gebrechen behaftet waren, zusammenbringen, an die achtzigtausend Mann, und sie in die Steinbrüche von Turah werfen. Unter diesen befanden sich Priester, und das war eine Ruchlosigkeit, welche die Götter erzürnte. Der Seher fürchtete ihren Zorn, schrieb eine Prophezeiung, in der er ankündigte, es würden sich Leute den Unreinen zugesellen und Aegypten dreizehn Jahre lang

1) Exodus, K. 14. [Siehe auch: Brugsch, L'Exode et les monuments égyptiens, Leipzig 1875, der den Beweis versucht, die Katastrophe habe im Mittelmeere zwischen Chiroth und Baal-Zephon stattgefunden (S. 31), und dazu Joseph P. Thompson, Zeitschrift 1874, S. 150 ff.] || 2) Exodus XV, 1—10.

17*

beherrschen; dann tödtete er sich. Schliesslich hatte der König mit den Geächteten Mitleid und überliess ihnen die Stadt Avaris, die seit der Hirtenzeit wüst gelegen hatte. Dort constituirten sie sich unter Führung eines Priesters aus Heliopolis, des Osarsyph[1] oder Moses, in Gestalt eines Volkes, und dieser gab ihnen Gesetze, welche den ägyptischen Sitten zuwiderliefen, bewaffnete sie kriegsmässig und schloss mit den Ueberresten der vor mehreren Jahrhunderten nach Syrien flüchtig gewordenen Hirten ein Bündniss. Sie alle insgesammt machten einen Angriff auf Aegypten und nahmen es ein ohne Widerstreit. Amenophis gedachte der Weissagung des Sehers, liess die Götterbilder zusammenbringen und flüchtete mit seinem Heere und einer Menge Aegypter nach Aethiopien. »Die Solymiter jedoch, die mit den Unreinen hinabgezogen waren, frevelten deartig gegen die Menschen, dass ihre Gewaltherrschaft denen unerträglich erschien, welche damals ihre Gottlosigkeit vor Augen hatten. Denn sie brannten nicht allein Städte und Dörfer an und enthielten sich nicht der Tempelschändung und der Entweihung der Götterbilder, sondern sie verwendeten auch beständig die den Göttern geweihten Thiere als Braten, zwangen die Priester und Propheten dieselben zu opfern und zu schlachten, entkleideten diese und warfen sie so hinaus.... Später kam Amenophis wieder mit einer grossen Kriegsmacht von den Aethiopen zurück und mit ihm sein Sohn Ramses ebenfalls mit einer Kriegsmacht. Beide griffen die Hirten und Unreinen an, besiegten sie und verfolgten sie, nachdem sie viele von ihnen getödtet hatten, bis an die syrische Grenze«[2].

Ramses III. und die zwanzigste Dynastie.

Inmitten der allgemeinen Verwirrung erhob sich eine neue Dynastie. Ihr Oberhaupt, Necht-Seti, ein Abkomme Ramses' II., ein Herrscher von Theben, unterwarf die Empörer und entthronte den Syrer Arisu. »Er war den Göttern Chepra und Sutech gleich in seiner Gewalt, er stellte zurecht das ganze Land, welches in Aufruhr war, er vernichtete die Frevler, welche im Delta waren, er

1) [Einige Hss. geben Osarsiph. Ueber diesen Namen vergl. Ebers, Durch Gosen zum Sinai, S. 548; auch Lauth, Zeitschrift der deutschen morgenländischen Gesellschaft, 1871, S. 139]. || 2) Manetho bei Josephus contra Apionem, Buch, 26, 27. [Müller, Fragg. histt. graecc. vol. II, S. 580 f. Vergl. auch Lepsius, Chronologie, S. 317 ff. Duncker, Geschichte I, S. 323 ff.].

reinigte den grossen Thron von Aegypten. Er ward Beherrscher beider Länder auf dem Stuhle des Tum, er machte sich daran, das wieder aufzurichten, was umgestürzt war, so dass Jedermann seinen Bruder in denen erkannte, die so lange von ihm getrennt gewesen waren[1], er stellte die Tempel und die Opfer wieder her, um zu opfern den Götterkreisen gemäss ihren Satzungen«[2]).

Sein Sohn Ramses III., den er sich schon bei seinen Lebzeiten auf dem Throne beigesellt hatte, war der letzte grosse Herrscher Aegyptens. Während seiner zweiunddreissig Regierungsjahre arbeitete er unablässig daran, nach aussen das Reich wieder zu seiner ehemaligen Grösse zu bringen, nach innen den Wohlstand des Landes zu erhalten. Trotz der von seinem Vater erreichten Erfolge, fand er, dass die syrischen Provinzen verloren gegangen und die Grenzen überall geschädigt waren. Im Westen reizten die Beduinen beständig die befestigten Posten im Delta und die Bergwerksniederlassungen im Sinai, im Osten hatten die libyschen Völker das Nilthal eingenommen. Die Tahennu, Tamahu und Kehak und ihre Nachbarn hatten unter der Führung ihrer Häuptlinge, des Deïd, wahrscheinlich des unter Menephtah geschlagenen Mermaiu's Sohnes, des Mashaken, Tamar und T'autmar, die sandigen Hochlande der Wüste verlassen. Den mareotischen und den saïtischen Nomos und die Nilarme bis zu dem grossen Flussarme hatten sie in Besitz genommen, kurz, das ganze westliche Deltaland von der Stadt Karbana im Osten[3]) bis zu dem Weichbilde von Memphis im Süden. Nachdem Ramses III. die Beduinen nachdrücklich gezüchtigt hatte, wandte er im fünften Jahre sich gegen die Libyer und schlug sie vollständig. »Erschreckt waren sie wie die Ziegen, die ein Stier angreift, der mit den Füssen schlägt, mit den Hörnern stösst und die Berge erbeben macht, indem er auf Jeden einrennt, der ihm nahe kommt«. Die Verheerungen der Barbaren hatten die Aegypter erbittert, sie schonten keinen in der Schlacht. Die Libyer flohen

1) Buchstäblich: »seinen Bruder in *denen die vermauert gewesen waren.* ||
2) Grosser Harris-Papyros, Taf. LXXVI, Z. 8—9. Vergl. Eisenlohr, On the political condition, S. 363, 364; Chabas, Recherches pour servir à l'histoire de la XIXe dynastie, S. 23—27. [Eisenlohr, Der grosse Papyrus Harris, S. 14]. ||
3) Ueber Karbana siehe: G. Maspero, in den Mélanges d'archéologie égyptienne Bd. 1, S. 110.

in Unordnung, einige Stämme, die im Delta sich verzögerten, wurden überrumpelt, fortgeführt und der Hülfsarmee einverleibt[1].

Kaum war Ramses III. nach dieser Seite frei geworden, so musste er sich gegen Syrien wenden. Die kleinasiatischen und die griechischen Inselvölker hatten bei der Verwirrung, in der sich, wie sie sahen, Aegypten befand, Mut gewonnen, hatten sich in Menge erhoben und nochmals den Weg zum Delta eingeschlagen. Es bildete sich eine Bundesgenossenschaft aus den Danaern, den Tyrsenern, den Shakelosh, den Teukrern, die nach den Dardanern die Hegemonie über die troischen Völkerschaften erhalten hatten, den Lykiern und den Philisti. Theils waren sie zu Schiff gestiegen und sollten die Küsten angreifen, theils sollten sie ganz Syrien durchziehen und die Festungen im Isthmus bestürmen. Der Vereinigungspunkt für die Flotte und das Landheer lag an der Ostspitze des Delta, unweit der Stätte, auf der später Pelusium errichtet wurde. Ramses III. armirte die Nilmündungen, setzte die Ortschaften in den an der Grenze gelegenen Nomen in Vertheidigungszustand und rückte im achten Jahre dem Feinde entgegen. Die Verbündeten hatten die Cheta, die Bewohner von Karkemish, von Kati, Arad und Kadesh niedergeworfen und mit sich fortgezogen und, nachdem sie eine Zeit lang sich im Amoriterlande in der Umgegend der letzteren Stadt aufgehalten hatten, waren sie geradewegs auf Aegypten losgerückt. Ihr Heer und ihre Flotte trafen mit dem Heere und der Flotte Aegyptens zusammen, welche auf sie unter den Mauern eines festen Schlosses, das der *Turm des Ramses III.* hiess, zwischen Raphia und Pelusium warteten. »Die Flussmündungen glichen einer gewaltigen Mauer von Galeeren, von Schiffen, von Fahrzeugen jeder Art, die vom Vordertheile bis zum Hintertheile mit tapferen, gewaffneten Armen besetzt waren. Die Fusstruppen, die ganze Auswahl des ägyptischen Heeres, waren dort wie die brüllenden Löwen auf den Gebirgen, die Wagentruppen, auserlesen aus den hurtigsten Helden, waren angeführt von guten Offizieren jeder Art, die sich trauen konnten[2]. Die Rosse zitterten an allen Gliedern und waren begierig, die Völker unter die Füsse zu treten. Ich, spricht Ramses, ich war wie der kriegerische Month, ich stand

1) Chabas, Études sur l'Antiquité historique, S. 230—250. || 2) Buchstäblich: *die da kannten ihre Hand.*

vor ihnen und sie schauten die Gewalt meiner Hände. Ich, der König Ramses, handelte wie ein Held, der seine Stärke kennt und seinen Arm über sein Volk breitet am Tage des Handgemenges. Die, welche meine Grenze beschädigt haben, werden keine Ernte mehr auf Erden einbringen. Ihrer Seele Zeit ist der Ewigkeit zugemessen..... Die da am Ufer waren, streckte ich lang am Wasser hin, niedergemetzelt wie [in] Beinhäusern. Ich liess ihre Schiffe [umschlagen]; ihre Habe fiel ins Wasser«[1].

Dieser schleunige Sieg machte trotzdem den Kriegen Ramses' III. kein Ende. Die Libyer, die alten Verbündeten der Seevölker hätten nichts besseres wünschen können, als an dem Feldzuge gegen Aegypten im dritten Jahre Theil zu nehmen. Wenn sie es nicht thaten, so geschah dies jedenfalls, weil sie noch nicht Zeit gefunden hatten, ihre Verluste wieder gut zu machen. Sobald sie sich dazu bereit fühlten, kamen sie hervor. Ihr Häuptling Kapur und sein Sohn Mashashar nahmen die Mashuash, Sabata, Kaiqash und andere weniger bedeutende Stämme mit sich fort und griffen dann im eilften Jahre mit Hülfe tyrsenischer und lykischer Unterstützungstruppen das Delta an. »Wiederum hatte sich ihre Seele gesagt, sie würden ihr Leben in den Nomen Aegyptens verbringen und dessen Thäler und Ebenen als ihr eigen Land bestellen«. Der Erfolg entsprach ihrer Erwartung nicht. »Der Tod kam über sie in Aegypten, denn auf ihren eigenen Füssen waren sie zu dem Ofen geeilt, der die Verworfenheit verzehrt im Feuer der Tapferkeit des Königs, der da wütet wie Baal in der Himmelshöhe. Alle seine Glieder sind mit sieghafter Kraft bekleidet, mit seiner Rechten packt er die Mengen, seine Linke ragt über die, welche vor ihm gleich gegen ihn gerichteten Pfeilen stehen, um ihn zu vertilgen. Sein Schwert ist schneidig gleich dem seines Vaters Month. Kapur, der gekommen war, um Huldigung zu fordern, war blind vor Furcht, er warf seine Waffen hin, und sein Heer that ebenso wie er. Zum Himmel stiess er einen flehenden Schrei aus und sein Sohn stützte seinen Fuss und seine Hand. Siehe aber, es erhob sich bei ihm der Gott, der seine geheimsten Gedanken kannte. Seine Majestät

1) Greene, Fouilles à Thebes 1855. Vergl. de Rougé, Notices de quelques Textes hiéroglyphiques im Athenäum français 1855 und Chabas, Études sur l'Antiquité historique S. 230—288.

fiel auf ihr Haupt nieder wie ein Granitgebirge, er zermalmte sie und vermengte die Erde mit ihrem Blute gleich wie mit Wasser. Ihr Heer wurde niedergemacht, niedergemacht wurden ihre Krieger... Man bemächtigte sich ihrer. Man schlug sie mit gebundenen Armen, gleich den in den Raum eines Bootes geworfenen Vögeln, unter den Füssen seiner Majestät. Der König glich dem Month. Seine siegreichen Füsse lasteten auf dem Haupte des Feindes. Die Häuptlinge, die sich vor ihm befanden, wurden von seiner Faust getroffen und ergriffen. Seine Gedanken waren lustig, denn seine Unternehmungen waren gelungen«[1]. Fortan hüteten sich die Libyer, den Frieden Aegyptens zu stören.

Die Siege dieser zwölf Jahre machten das Unheil der vorangegangenen wieder gut. Die alten syrischen Provinzen, die verbündeten Nationen der Cheta, von Karkemish und Kati hatten nach der Niederlage der Seevölker sich ohne Widerstand unterworfen. Bald darauf wurde ein Zug zur See gegen Arabien unternommen. »Ich rüstete Schiffe und Galeeren aus, versehen mit zahlreichen Matrosen und zahlreichen Arbeitern. Darauf befanden sich die Anführer der Hülfstruppen zur See mit den Aufsehern und Rechnungsführern, um sie mit unzähligen Waaren Aegyptens auszustatten. Es gab deren von jeder Grösse zu Zehntausenden. Ausziehend auf das grosse Meer des Wassers Kati[2], gelangten sie zu den Ländern von Punt, ohne dass sie ein Unfall traf und rüsteten die Galeeren und Schiffe mit einer Ladung von Waaren des Tonuter aus, mit allen geheimnissvollen Wundern des Landes und mit beträchtlichen Mengen von den Wohlgerüchen von Punt, beladen zu Zehntausenden, mit unzählbaren. Ihre Söhne, die Häuptlinge des Tonuter kamen selbst mit ihren Tributen nach Aegypten, sie gelangten wohlbehalten in das Land von Koptos und landeten in Ruhe mit ihren Schätzen. Sie führten sie in Karawanen von Eseln und Menschen und luden sie auf dem Flusse in Barken im Hafen von Koptos«[3]. Andere Züge nach der Sinaihalbinsel stellten die Bergwerksbezirke wieder unter die Macht des Pharao[4]. Das ägyptische

1) Chabas, Études sur l'Antiquité historique, S. 242—249. || 2) Ein Name des rothen Meeres. || 3) Grosser Harris-Papyros. Vergl. Chabas, Recherches sur la XIXe Dynastie, S. 59—63; [Eisenlohr, Der grosse Papyrus H. S. 33, 34]. || 4) Chabas, a. a. O. S. 63—68.

Reich war von neuem wieder in der Verfassung, in welcher es sich hundert Jahre vordem unter Ramses II. befand. Man erlebte nicht wieder, dass Schaaren von Shardanern, Tyrsenern, Lykiern und Troern an der afrikanischen Küste landeten. Der Strom der asiatischen Auswanderung, der sich mindestens hundertundfünfzig Jahre lang gegen das Nilthal gerichtet hatte, schlug wieder seinen Weg nach Osten ein und kam, phönizischen Ansiedelungen nachgehend, nach Italien. Die Tyrsener landeten im Norden der Tibermündung, die Shardaner besetzten die grosse Insel, die später Sardinien hiess. In Asien und Aegypten blieb bald von ihren Beutezügen nur noch die Erinnerung und der sagenhafte Bericht von den Wanderungen übrig, welche sie von den Küsten des Archipel an die Gestade im Westen des Mittelmeeres geführt hatten. Nur einem der verbündeten Völker, den Philisti, gelang es, sich in Syrien niederzulassen, längs der Südküste zwischen Joppe und dem Bache Aegyptens nahm es seinen Wohnsitz in einer Gegend, die bisher die Kananäer inne gehabt hatten, und dort lebte es zunächst unter der Lehnshoheit Pharao's. An der anderen Deltagrenze erhielten sogar die Mashuash, ein libyscher Volksstamm, ein Landgebiet abgetreten. Die theils in Libyen selbst, theils in dem an den Ufern des Nil lagernden Stamme ausgehobenen Mashuashkrieger bildeten eine Kerntruppe, deren Offiziere bald eine grosse Rolle in Aegyptens innerer Geschichte spielten.

Herodot erzählte, Sesostris sei bei der Rückkehr von seinen Feldzügen beinahe durch Verrat getödtet worden. »Sein Bruder, den er mit der Regierung betraut hatte, lud ihn und seine Kinder dazu zu einem grossen Gastmahl, liess dann um das ganze Haus herum, in dem sich der König befand, Holz aufhäufen, und befahl, es anzuzünden. Da dies aber der König merkte, so beriet er sich sofort mit seiner Frau, die er mitgebracht hatte. Diese schlug ihm vor, von ihren sechs Kindern zwei zu nehmen, diese über das brennende Holz zu legen, so den Brand zu überbrücken und über sie hinwegschreitend sich zu retten. Das that Sesostris und verbrannte auf die Art zwei seiner Kinder, die übrigen retteten sich mit dem Vater«[1]. Die Denkmäler haben uns bewiesen, dass der Sesostris der Sage bei Herodot hier nicht Ramses II., sondern der

1) Herodot, II, 107.

ihm gleichnamige Ramses III. ist. Einer seiner Brüder, welchen die Urkunden mit dem erdichteten Namen Pentaurt bezeichnen, verschwor sich gegen ihn mit einer Anzahl Grosswürdenträger und Haremsweiber. Es handelte sich darum, den Pharao zu tödten und seinen Bruder an dessen Stelle zu bringen. Das Komplott ward entdeckt und die Verschworenen wurden vor Gericht gezogen und theils zum Tode, theils zum Gefängniss verurtheilt[1]. Ramses III. verbrachte frei von jeder Beunruhigung in Frieden die letzten Jahre seiner Herrschaft. Zu Theben erbaute er zur Erinnerung an seine Kriege den grossen Palast von Medinet-Habu, er vergrösserte Karnak und besserte Luqsor aus. Nähere Angaben über seine Stiftungen im Delta sind uns durch eine Handschrift aus der Bibliothek von Heliopolis, durch den grossen Papyros Harris erhalten[2]. Aus dieser Urkunde ersieht man, dass Aegypten nicht allein wieder seine äussere Herrschaft gewonnen, sondern auch seine ganze gewerbliche und kaufmännische Betriebsamkeit wiedererlangt hatte. Es schien, als seien die schönen Tage Thotmes' III. und Ramses' II. zurückgekehrt.

Trotzdem nahte der Verfall. Aegypten war durch vierhundert Jahre unablässiger Kriege erschöpft und wurde immer unfähiger zu einer ernsten Anstrengung. Die Bevölkerung war durch die Rekrutirung decimirt, durch die beständige Einführung fremder Elemente schlecht erneuert und besass nicht mehr die Ausdauer und Begeisterung der ersten Zeit. Die höherstehenden Klassen waren an Wohlleben und Reichtum gewöhnt, schätzten nur noch die bürgerlichen Berufsarten und spotteten über alles, was an das Militär streifte. »Warum sagst du, der Offizier der Fusssoldaten ist glücklicher als der Schreiber? — Komm, lass dir das Schicksal des Offiziers der Fusssoldaten schildern, seine Leiden in ihrer Ausdehnung! — Man bringt ihn herbei, schon als Kind, um ihn in die Kaserne zu sperren: — eine Wunde, die ihn verletzt, bildet sich auf seinem Bauche, eine Wunde durch Abnutzung befindet sich auf seinem Auge, — eine Risswunde ist auf seinen beiden Augenliedern:

---

1) Th. Devéria, Le Papyrus judiciaire de Turin, wo die Processakten übersetzt und erläutert sind. || 2) Siehe über diesen Papyros Chabas, Le papyrus magique Harris, S. 2 und die Uebersetzungen der Herren Birch und Eisenlohr in der Zeitschrift 1873—1874 [auch Eisenlohr, Der grosse Papyrus Harris, S. 5 ff.].

sein Haupt ist gespalten und voll Eiter[1]. — Kurz, er wird geschlagen wie eine Papyrosrolle, — er wird mit Gewalt geknickt. — Komm, lass dir von seinen Märschen nach Syrien erzählen, — von seinen Kriegszügen in ferne Länder! — Sein Brod und sein Wasser sind auf seiner Schulter, wie die Bürde eines Esels — und machen seinen Hals und seinen Nacken denen eines Esels ähnlich; — die Glieder seines Rückgrates sind geknickt. — Er trinkt von verdorbenem Wasser, — dann kehrt er auf seine Wache zurück. — Kommt er an den Feind, — so ist er wie eine zitternde Gans, — denn er hat keine Kraft mehr in allen seinen Gliedern. — Kommt er zum Schluss nach Aegypten heim, — so ist er wie ein wurmstichiger Stock. — Ist er krank, ergreift ihn das Siechtum, — so wird er auf einem Esel mitgeführt; — seine Kleider stehlen ihm die Diebe, — seine Bedienten machen sich davon«[2]. Das ist der Fusssoldat, der Reiter wird nicht viel besser behandelt. »Der Schreiber Ameuemapt sagt dem Schreiber Penbesa: »Wenn dir diese schriftliche Mittheilung überbracht wird, so befleissige dich, ein Schreiber zu werden; — du wirst Jedermann bedrücken. — Komm, lass dir die ermüdenden Obliegenheiten eines Wagenoffiziers erzählen. — Wenn er von seinem Vater und seiner Mutter in die Schule gebracht wird, — so gibt er von fünf Sklaven, die er besitzt (?), zwei hin[3]. — Wenn man ihn gedrillt hat, so geht er hin, ein Gespann zu wählen — in den Ställen in Gegenwart Seiner Majestät L. G. K. — Kaum hat er die guten Rosse genommen, — so freut er sich überlaut. — Um mit ihnen in seinen Flecken zu gelangen, — setzt er sich in Galopp, — taugt [aber] nur dazu, auf einem Stocke zu galoppiren. — Da ihm die Zukunft unbekannt ist, die seiner wartet, — so vermacht er alle seine Habe an seinen Vater und an seine Mutter, — dann nimmt er einen Wagen mit — dessen Deichsel drei *Uten*, — während der Wagen fünf *Uten* wiegt[4]. — Sobald er auf diesem Wagen Galopp fahren will, — muss er absteigen und ihn ziehen. — Er nimmt ihn, fällt auf einen

1) Eine Beschreibung der Wunden, welche aus der Abnutzung durch Helm und Panzer entstehen. || 2) Papyros Anastasi III Taf. V, Z. 5. Taf. VI, Z. 2. a. a. O. IV, Taf. 9, Z. 4 — Taf. 10, Z. 1; de Rougé, Discours d'ouverture, S. 34—35; Maspero, Du genre épistolaire, S. 41—42. || 3) Jedenfalls, um die Kosten seiner Ausbildung zu bestreiten. || 4) D. h. einen Lastwagen mit unverhältnissmässigen Theilen.

Wurm, — und prallt in das Buschwerk: — seine Beine werden von dem Wurm gebissen, — seine Ferse wird von dem Bisse durchbohrt. — Kommt man, seine Ausrüstung zu besichtigen, so ist sein Unglück auf dem Gipfel: — Er wird lang auf den Boden gelegt und erhält hundert Hiebe«[1]. — Man denke sich, diese Zeilen wären unter der Herrschaft Ramses' II. und beim Rauschen der Triumphlieder geschrieben worden. Die Menge liess freilich sich von der Siegesbegeisterung hinreissen und geleitete jubelnd den Triumphwagen des Pharao. So wie der erste Rausch vorüber war, versanken die niederen Volksklassen wieder in ihre gewöhnliche Niedergeschlagenheit, da sie durch unablässige Kriege erschöpft und von der Last der Frohnarbeiten und Abgaben erdrückt wurden. Die Gelehrten zogen die Leiden des Soldaten ins Lächerliche. Dieser Ueberdruss am Erfolge und dieser Widerwille gegen den blutigen, theuer erkauften Sieg erläutern uns viele dunkle Stellen in der ägyptischen Geschichte, und sie trugen viel zu dem schnellen Sturze des von den Fürsten der achtzehnten und neunzehnten Dynastie so mühsam aufgeführten Baues bei. Das Aegypten des Thotmes III. wollte den Krieg, das des Ramses III. wollte um jeden Preis den Frieden[2].

An dem Verlaufe der zwanzigsten Dynastie lässt sich dies recht erkennen. Im zweiunddreissigsten Jahre war Ramses der Gewalt müde, berief seinen Sohn Ramses IV., daran Theil zu nehmen[3] und starb bald darauf. Ramses IV. selbst scheint nicht über drei bis vier Jahre geherrscht zu haben, und hatte einen entfernten Verwandten zum Nachfolger, der den Namen Ramses V. annahm. Dann folgten Ramses VI., Ramses VII., Ramses VIII. und Meïamun-meri-tum, die vier Söhne Ramses' III.: sie folgten einander schnell auf dem Throne, ohne grosse Spuren von ihrer Thätigkeit zu hinterlassen. Die Regierung des Ramses IX. verfloss ruhig, und man muss bis auf Ramses XI. Meïamun II. hinuntergehen, wenn man ein Ereigniss sucht, das bemerkenswert sein soll. Ramses XI. dehnte seine Machtfülle nicht nur über Aethiopien aus, sondern auch über ganz Syrien. Bei seinem Regierungsantritte hatte bei einem Besuche, den er in Palästina machte, einer von den Häuptlingen

---

1) Papyrus Anastasi III, Taf. 6, Z. 2—10; Maspero, Du genre, S. 42—43. || 2) a. a. O. S. 43—44. || 3) Chabas, Recherches, S. 73—75.

des Landes ihm seine älteste Tochter als Geisel geschickt. Ramses gewann sie lieb und machte sie zu seiner ersten Gemalin. Einige Jahre später erfuhr er, dass die jüngere Schwester der Königin, Bentreshit, von einer Krankheit ergriffen sei, welche man der Macht eines sie besitzenden Geistes zuschreibe. Um sie zu erlösen, schickte er den Thotemhebi, das Oberhaupt der königlichen Zauberer, aber sein Wissen scheiterte an der Hartnäckigkeit der Krankheit und des Geistes. Der Vater des jungen Mädchens entschloss sich, wie das Leiden zwölf Jahre gewährt hatte, eine mächtigere Hülfe in Anspruch zu nehmen. »Wiederum sandte er zu dem Könige, ihm zu sagen: »»Hoher Fürst, mein Herr! Gefalle es Deiner Majestät, einen Gott in das Land Bachtan zu schicken, um mit diesem Geiste zu kämpfen««. Diese erneute Bitte gelangte zu dem Könige im sechsundzwanzigsten Jahre während der Ammon-Panegyrie, seine Majestät befand sich damals in der Thebaïs. Der König trat wieder vor Chons, den in seiner Vollkommenheit ruhenden Gott, um ihm zu sagen: »»Mein guter Herr, wiederum trete ich vor dich hin zu Gunsten der Tochter des Fürsten von Bachtan««. Dann liess er Chons, den in seiner Vollkommenheit ruhenden Gott, zu Chons, dem Ratgeber von Theben, bringen, zu dem grossen Gotte, der da vertreibt die Empörer. Es sprach Seine Majestät zu Chons, dem in seiner Vollkommenheit ruhenden Gotte: »Mein guter Herr, möchtest Du Dein Angesicht dem Chons, dem Ratgeber von Theben zuwenden, dem grossen Gotte, der da vertreibt die Empörer, und ihn nach Bachtan schicken aus übergrosser Gnade!« Dann sprach Seine Majestät: »»Gib ihm Deine göttliche Macht mit, ich will diesen Gott nach Bachtan schicken, um die Tochter des Fürsten von Bachtan zu heilen««. Aus übergrosser Gnade gewährte Chons von der Thebaïs, der in seiner Vollkommenheit ruhende Gott, viermal seine göttliche Macht dem Chons, dem Ratgeber von Theben. Der König befahl, den Chons, den Ratgeber von Theben ausziehen zu lassen, Ritter in grosser Zahl zogen ihm zur Linken und Rechten.«

»Der Gott gelangte in das Land Bachtan nach einer Reise von einem Jahre und fünf Monaten. Da kam der Fürst von Bachtan mit seinen Kriegern dem Chons, dem Ratgeber, entgegen. Nachdem er sich auf den Bauch niedergeworfen hatte, sprach er zu ihm: Du kommst also zu uns, Du lässt Dich zu uns herab auf Geheiss des Königs von Aegypten, »Sonne, Herr der Gerechtigkeit, geprüft von dem Gotte Râ«. Da ging dieser Gott in die Behausung der Bentreshit. Nachdem er ihr seine Macht hatte angedeihen lassen, war sie augenblicklich gesund. Es sprach der Geist, der in ihr war, vor Chons, dem Ratgeber von Theben: »»Sei willkommen, grosser Gott, der Du die Empörer vertreibst, Dein ist die Stadt Bachtan, ihre Bewohner sind Deine Sklaven, auch ich bin Dein Sklave. Ich will mich nach dem Orte begeben, von dem ich gekommen bin, um Dein Herz durch das zufrieden zu stellen, weswegen Du gekommen bist. Möge Deine Majestät befehlen, dass ein Fest mir zu Ehren von dem Fürsten von Bachtan gefeiert werde!«« Der Gott geruhte zu seinem Propheten zu sprechen: »»Es soll der Fürst von Bachtan ein grosses Opfer dem Geiste bringen««. Wie nun dies geschah, und Chons, der Ratgeber von Theben mit dem Geiste sprach, war der Fürst von Bachtan und sein Heer von grosser Furcht ergriffen. Er liess grosse Opfer dem Chons, dem Ratgeber von Theben und dem Geiste darbringen und feierte ein Fest ihnen zu Ehren. Da ging der Geist hin in Frieden, wohin es ihm beliebte, auf Geheiss des Chons, des Ratgebers von Theben. Der Fürst von Bachtan war in übergrosser Freude und so auch die ganze Einwohnerschaft von Bachtan, dann sprach er bei sich selbst: »»Es müsste dieser Gott in Bachtan bleiben können. Ich will ihn nicht nach Aegypten zurückkehren lassen««. Wie der Gott Chons drei Jahre und neun Monate in Bachtan weilte, da sah der Fürst, auf seinem Ruhebette liegend, wie der Gott seinen Naos verliess. Er war in Gestalt eines goldenen Sperbers und schwebte zum Himmel empor gen Aegypten. Wie der Fürst erwachte, war er leidend. Da sprach er zu dem Priester des Chons, des Ratgebers von Theben: »»Der Gott will uns verlassen und nach Aegypten heimkehren: lass seinen Wagen nach Aegypten reisen««. Chons kehrte mit Geschenken überhäuft in seinen Tempel nach Theben zurück[1].

Die Ramessiden unternahmen einige Züge hier und dort hin, aber niemals grosse Kriege. Sie brachten ihre Tage in innerem und äusserem Frieden hin, und, wenn es wahr ist, dass diejenigen Völker glücklich sind, die keine Geschichte besitzen, so war Aegypten glücklich unter ihrem Scepter. Es gab keine alljährlichen

1) De Rougé, Étude sur une stèle égyptienne appartenant à la Bibliothèque Impériale, Paris 1856.

Kämpfe, keine weitgehenden Züge nach den armenischen Gebirgen und nach den Nilquellen mehr. Eine Zeit lang fuhr Syrien fort, Tribut zu entrichten, denn wenn Aegypten auch von seinem Siege erschöpft war und kaum noch die Kraft besass, sich Gehorsam zu verschaffen, so war Syrien von seiner Niederlage erschöpft und besass nicht mehr die Kraft, sich zu empören. Doch war der Unterschied zwischen beiden Ländern, dass das eine bereits dreitausend Jahre Geschichte erlebt hatte, dem Greisenalter sich näherte und sich nicht wieder erholen konnte, indess das andere sich baldigst von seinen Wunden erholte. Bald kamen innere Staatsumwälzungen zum Vorschein und führten eine vollständige Erschlaffung herbei. Seit dem Emporkommen der zwanzigsten Dynastie hatte der politische Einfluss der Oberpriester des Ammon, der höchsten Häupter der thebanischen Priesterschaft beständig zugenommen, sie hatten sich allmählich alle hohen bürgerlichen und militärischen Beamtenstellen angeeignet und waren Generäle, obrigkeitliche Personen, Statthalter der Provinzen im Süden und Norden und Prinzen von Kush geworden. Es wagte, einige Jahre nach dem Tode Ramses XI., Her-hor, einer von ihnen, den damals regierenden Ramses abzusetzen und sich an seiner Stelle zum Könige zu machen. Kühn wählte er als Vornamens-Ring den Titel seiner eigenen Würde *Hon nuter tep en Amen*, Oberprophet des Ammon, und legte das Diadem an. Zuerst wurde im Auslande selbst seine Macht anerkannt; er konnte sich rühmen, sowohl von Syrien wie von Aethiopien Zins zu empfangen. Doch liessen die Parteigänger des Ramses ihn nicht lange seinen Sieg geniessen. Sein Sohn Pinot'em I. regierte nicht und wurde gezwungen, Oberpriester zu bleiben. Ein oder zwei Ramses folgten einander auf dem Throne, ohne von sich reden zu machen. Pianchi I., dem Sohne Pinot'em's, gelang es, die Krone wieder zu gewinnen und sich im Süden zum Könige ausrufen zu lassen. Eine neue, die einunddreissigste Dynastie trat mit Smendes in Tanis auf und setzte sich im Delta fest. In den darauf folgenden Kriegen verbrauchte Aegypten das bischen Kraft, das ihm geblieben war und büsste die Oberhoheit ein, die es dem Namen nach über Syrien bisher bewahrt hatte. Fast sieben Jahrhunderte lang hatte es über Vorderasien und Aethiopien geherrscht.

Achtzehnte, diospolitische Dynastie.

I. AHMES I, RÂNEBPEHTI.
II. AMENHOTEP I, RÂSARKA.
III. TAHUTMES I, RÂÂACHOPERKA.
IV. TAHUTMES II, RÂÂCHOPEREN.
V. AMENCHNUMT HATASU, RÂMAKA.
VI. TAHUTMES III, RÂMENCHOPER.
VII. AMENHOTEP II, RÂAACHEPRU.
VIII. TAHUTMES IV, CHACHAU, RAMENCHEPRU.
IX. AMENHOTEP III, RÂMÂNEB.
X. AMENHOTEP IV, RÂÂANOFRU, CHUNATEN.
XI. NUTER ATEF AÏ HAQ NUTER UÂS, RÂCHOPER CHEPRU AR MÂ.
XII. TUTANCHAMEN HAQ ON-RES, RACHEPRUNEB.
XIII. RÂSÂAKACHEPRU, RÂÂNCHCHEPRU.

. . . .

. . . .

? HOREMHEB MEÏAMUN, RÂT'ESERCHEPRU STEPEN RÂ.

Neunzehnte, diospolitische Dynastie.

I. RAMESSU I, RAMENPEHTI.
II. SETI I MENEPHTAH, RÂMAMEN.
III. RAMESSU II MEÏAMUN I, RÂUSOR MASTEPENRA.
IV. MENEPHTAH I HOTEPHIMA, BANRA MEÏAMUN.
V. AMENMESES HAQ ON, RÂMENCHA STEPENRA.
VI. MENEPHTAH II SEPTAH, CHUNRA STEPENRA.
VII. SETI II MENEPHTAH, RÂUSORCHEPRU MEÏAMUN.

. . . .

(?ARISU).

Zwanzigste, diospolitsche Dynastie.

I. NECHT SETI MERIRÂ MEÏAMUN RÂUSORCHAU MEÏAMUN.
II. RAMESSU III HAQ NUTER ON, RÂUSORMA MEÏAMUN.
III. RAMESSU IV HAQ MA MEÏAMUN, RÂUSORMA STEPENAMEN.
IV. RAMESSU V AMEN-HI-CHOPESH-F MEÏAMUN, RÂUSORMA. SCHOPERENRA.
V. RAMESSU VI AMEN-HI-CHOPESH-F NUTER HAQ ON RA NERMA MEÏAMUN.
VI. RAMESSU VII AT-AMEN NUTER HAQ ON RÂUSORMA MEÏAMUN STEPENRA.
VII. RAMESSU VIII SET-HI-CHOPESH-F MEÏAMUN RÂUSORMA CHUNAMEN.
VIII. MEÏAMUN MERITUM.
IX. RAMESSU IX SEPTAH SECHANRA MEÏAMUN.
X. RAMESSU X MEÏAMUN NOFER-KAU-RA STEPENRÂ.
XI. RAMESSU XI MEÏAMUN II RÂUSORMA STEPENRÂ.
XII. RAMESSU XII CHÂMUAS NUTER HAQ ON MEÏAMUN RAMENMA STEPENPTAH.
XIII. RAMESSU XIII MEÏAMUN AMEN-HI-CHOPESH-F RÂ CHOPER MA STEPENRA.
XIV. [HERHOR SE-AMEN NUTER HON TEP EN AMEN].
XV. ? RAMESSU XIV?
XVI. ? RAMESSU XV?
XVII. ? RAMESSU XVI?

Drittes Buch.

Das Assyrerreich und die morgenländische Welt bis zur Thronbesteigung der Sargoniden.

Siebentes Kapitel.

Erstes Assyrerreich. — Die Juden im Lande Kanaan.

Assyrien. Ninos und Semiramis. Tuklat-habal-asar I. — Eroberung des Landes Kanaan durch die Kinder Israel. Moses. Josua. Die Richter.

Assyrien. Ninos und Semiramis. Tuklat-habal-asar I.

Syrien ist so gelegen, dass es nur unter der Bedingung unabhängig sein kann, dass es keine mächtigen Nachbarn hat. Es scheint, als ob jeden Eroberungsstaat, der am Nil begründet wird, die Reichtümer von Damaskus und Sidon, von Karkemish und Gaza unwiderstehlich anziehen. Wie Aegypten von den Hirten befreit war, war es über das Land Char hergefallen, hatte Besatzung in den Städten gehalten und allen Völkerschaften, den grossen wie den kleinen, Tribut auferlegt, und zwar mehrere Jahrhunderte lang. Noch hatten sich die ägyptischen Heere nicht daraus entfernt, so zeigten sich bereits die assyrischen Heere, um hinein zu marschiren.

Das Land Assur nahm den mittleren Theil von dem Stromgebiete des Tigris, von dem Zusammenflusse mit dem Kurnib bis zu der Gegend ein, wo er in die angeschwemmten Ebenen übertritt. Im Osten trennte es der mittlere Lauf des grossen Zab und die Vorberge des Zagros wie eine natürliche Scheidewand von dem Lande Namri und den turanischen Stämmen Mediens. Im Norden diente ihm der Berg Masios, im Südosten der Adhem zur Grenze, im Westen und Südwesten zog es sich nach dem Chabur und Euphrat hin, doch weiss man nicht, ob es je die beiden Flüsse erreichte[1]. Die östliche Gegend war von zahlreichen Flüssen, von dem Kurnib oder Chabur, dem grossen und dem kleinen Zab und dem Adhem bewässert, von Hügeln durchfurcht, reich an Erzen und Mineralien und fruchtbar an Getreide und Früchten aller Art. Im Altertume bedeckten eine Menge vom Tigris und seinen Nebenflüssen abgeleitete Kanäle das Land und halfen den spärlich auftretenden Regengüssen in den Sommermonaten nach. Es befanden sich daselbst viele reiche und bevölkerte Städte, ihre Namen füllen die Jahrbücher der Könige, und ihre Trümmer sind noch über den Boden hingestreut; doch ist es nicht immer möglich, sie mit Sicherheit zu identifiziren. Zwei Hauptstädte Assyriens, Ninive und Kalach waren dort von den ersten chaldäischen Ansiedlern gegründet. Westlich vom Flusse befand sich ein gewaltiges breitgefaltetes Hochland, das auf der Höhe von Singar höchstens von einigen Gruppen von Kreidehügeln unterbrochen wurden. Dort ragten in einem bis auf die Ufer des Tigris selbst mageren und schlecht bewässerten Bezirke Singar und El-Assur, Assyrien's älteste Königsstadt empor.

Seit Thotmes III. Zeit hatte sich das gegenwärtige Machtverhältniss der in diesen Gebieten herrschenden Staaten umgekehrt. Chaldäa war schon sehr geschwächt und wurde beständig schwächer. Assur dagegen fing an zuzunehmen. Auf die ersten Priesterkönige (*patesi*): Ismi-Dagan, Samsi-Bin[2] und Iri-Amtuk, von denen mehrere Tribut an die Pharaonen gezahlt hatten, waren Könige (*sar*) gefolgt, die von Aegypten und besonders von Chaldäa unabhängig waren: Assur-Narara, Nabu-Dagan, Assur-Bel-nisisu. Ihre Regierungszeit führt bis in das funfzehnte Jahrhundert vor unserer Zeitrechnung zurück. Dank diesen noch obskuren Herrschern hatte Assur gelernt, sich bei seinen Nachbarn Geltung zu verschaffen. Assur-Bel-nisisu und sein Sohn Busur-Assur (zwischen 1400 und 1370) unterhandelten bereits mit den Königen Chaldäa's Karaindas und seinem Nachfolger Burnaburiyas I. wie mit ihres gleichen. Der letztere heiratete eine Tochter Assurubalat's, des Nachfolgers Busur-

1) In klassischer Zeit diente der Name Assyrien zur Bezeichnung für Gebiete von sehr verschiedener Ausdehnung. Herodot gebraucht ihn für Chaldäa I, 160. 192; III, 92; Plinius für ganz Mesopotamien, N. H., 26. Vergl. Strabo XVII, 1. Der Distrikt von Ninive hiess spezieller *Ἀτουρία*. || 2) Der Göttername *Bin* wird neuerdings von einigen Assyriologen *Rimmon*, daher dann auch Samsi-*Rimmon*, *Rimmon*-nirari u. s. w. gelesen.

Assur's, dem diese Heirat Anlass gab, sich in die innern Angelegenheiten von Babylonien zu mischen. Als Karadas, Burnaburiyas Sohn, bei einem Aufstande der Kassi getödtet, und an seine Stelle ein gewisser Nazibugas gekommen war, drang Assurubalat in Babylonien ein, brachte den Usurpator um und setzte an seiner Statt wieder den zweiten Sohn des Burnaburiyas ein, der Kurigalzu hiess. Ein Jahrhundert war kaum verflossen, da zog ein anderer assyrischer Fürst, Tuklat-Adar I. (um 1270) nach Babylon, nicht mehr als Unterstützer sondern als Eroberer, und unterwarf ganz Chaldäa [1]. Babylon galt nunmehr als Vasallenstadt von Assyrien. Die Fürsten, welche der Sieger dort einsetzte, wurden als Untergebene behandelt und waren zinspflichtig. Acht Jahrhunderte musste Chaldäa warten, bis es wieder vollständig seine Unabhängigkeit gewann.

Später, um die persische Zeit, wurden an die Stelle des thatsächlichen Verlaufs, den wir eben vorgetragen haben, mythische Sagen gesetzt. Man erzählte, im Anfange der Geschichte habe ein Häuptling Namens Ninos sich durch seine Eroberungen ausgezeichnet und ein Reich begründet, das Babylonien, Armenien, Medien und alle zwischen dem Mittelmeere und dem Indos gelegenen Länder umfasste. Er errichtete Ninive am Ufer des Tigris. »Man gab der Stadt die Gestalt eines länglichen Vierecks, dessen grössere Seite 150, dessen kürzere 90 Stadien betrug. Der Gesammtumfang betrug 480 Stadien im Umkreis (89 Kilometer) . . . Ausser den Assyriern, welche den reichsten und wichtigsten Theil der Bevölkerung bildeten, nahm Ninos in seine Stadt eine grosse Anzahl Ausländer auf, und bald ward Ninive die grösste und blühendste Stadt der Welt«. Ein Krieg gegen Baktrien riss den König aus seinen baulichen Unternehmungen heraus. Er schritt zur Belagerung von Baktra. Dort traf er mit Semiramis zusammen, der man göttliche Abkunft zuschrieb. Man sagte ihr nach, sie sei die Tochter eines einfachen Sterblichen und der Göttin Derketo von Askalon. Bei ihrer Geburt war sie ausgesetzt worden, und ein Hirt, Simas mit Namen, hatte sich ihrer angenommen. Onnes, der Statthalter von Syrien, hatte sie ihrer Schönheit wegen geheiratet und mit in den Krieg genommen. Ninos war verwundert über ihre Tapferkeit,

1) G. Rawlinson, The five great Monarchies, Bd. II, S. 54—59; Lenormant, Histoire, Bd. II, S. 55—59; Ménant, Annales, S. 15—28; Babylone et Chaldée, S. 117—124; [Duncker II, S. 19 ff.].

entführte sie ihrem Manne, nahm sie zum Weibe und machte sie zu seiner Erbin.

Sobald Semiramis Königin war, gründete sie Babylon nach einem noch ausgedehnteren Plane als dem von Ninive. Die Umfassungsmauer betrug 360 Stadien (70 Kilometer) in die Länge, war von 250 dicken Thürmen eingefasst und so breit, dass sechs Wagen neben einander fahren konnten. Der Euphrat wurde eingedämmt, mit Bollwerken von einer Ausdehnung von 160 Stadien (30 Kilometer) eingefasst, und beide Ufer wurden durch eine Brücke verbunden. Mitten in der Stadt ragte der Tempel des Gottes Bel empor. Kaum waren die Arbeiten fertig, so brach in Medien ein Aufstand aus. Semiramis unterdrückte ihn und unternahm einen Zug durch die verschiedenen Provinzen ihres Reiches. In Medien gründete sie Ekbatana, Semiramokarta am Vansee in Armenien, Tarsos in Kilikien. Wohin sie kam, da liess sie Berge sprengen, Felsen zertrümmern und grosse, schöne Strassen herstellen. In den Ebenen errichtete sie Tumuli, die ihren während des Zuges verstorbenen Feldherren zum Grabe oder neuen Städten zur Grundlage dienten. An den Grenzlanden von Syrien angelangt, überschritt sie den Isthmus, unterwarf Aegypten und Aethiopien. Der Ruf der Reichtümer Indiens führte sie von den Ufern des Nil zu denen des Indos. Aber ihr Glück liess sie im Stich. Von dem Könige Stabrobates wurde sie geschlagen und kehrte heim in ihre Staaten, um sie nicht wieder zu verlassen. Sie hatte an den Grenzen der bewohnten Erde, mitten im Skythenlande nahe bei dem Jaxartes ihre Siegesstelen aufgerichtet, und dort fand diese noch unversehrt der grosse Alexander vor. Sie sagte auf diesen: »Die Natur verlieh mir den Leib eines Weibes, aber meine Thaten haben mich den grössten Männern gleichgestellt. Ich lenkte das Reich des Ninos, das da reicht nach Westen an den Fluss Hinaman (Indos), nach Süden an die Länder des Weihrauchs und der Myrrhe, nach Norden an die Saken und die Sogdier. Vor mir hatte kein Assyrer das Meer erblickt: ich sah deren viere, die so fern lagen, dass Niemand sie erreichte. Ich zwang die Flüsse zu fliessen, wohin ich wollte, und ich wollte nur, dass sie es da thaten, wo sie Nutzen brachten. Ich befruchtete die unfruchtbare Erde, dadurch, dass ich sie mit meinen Flüssen netzte. Uneinnehmbare Burgen baute ich, mit Eisen brach ich Strassen durch unzugängliche Felsen. Für meine Wagen bahnte ich Wege, auf denen nicht einmal vordem wilde Thiere gelaufen waren. Und inmitten dieser Beschäftigungen fand ich Zeit für meine Freuden und für meine Freunde«.

Alle diese Unternehmungen stellten sie nicht vor Verschwörungen sicher. Wie sie in Erfahrung gebracht hatte, ihr Sohn Ninyas habe sich gegen sie verschworen, dankte sie ab zu seinen Gunsten und verwandelte sich in eine Taube. An letzterem Zuge merkt man die Göttin heraus. Ninos und Semiramis gehören nicht der Geschichte an, sie sind ein Götterpaar und unter ihrem Namen verbergen sich Adar-Samdan und Istar, der assyrische Herakles und die assyrische Aphrodite. Ihre Unternehmungen müssen den Fabeln zugezählt werden, mit denen die babylonische Epeudichtung die ersten Weltalter ausgefüllt hatte[1]. Erst zur Zeit der Perserkönige sammelte der Geschichtsschreiber Ktesias von Knidos die zerstreuten Berichte und machte diese beiden mythischen Persönlichkeiten zu wirklichen Königen[2].

Die wirkliche Geschichte der ersten assyrischen Könige liegt weit ab von dem Romane von Ninos und Semiramis. Die Eroberung Chaldäa's verwickelte die Nachfolger Tuklat-Adar's in eine lange Reihe blutiger Kriege. Bei seinem Tode empörte sich Bin-bal-idin, einer von den Häuptlingen, die er über das eroberte Land gesetzt hatte, gegen seinen Sohn Bel-kudur-ussur, verjagte die assyrischen Besatzungen und griff, nachdem er die mächtigen Befestigungen von Nipur wieder aufgebaut hatte, Assyrien an. Bel-kudur-ussur wurde geschlagen und getödtet. Das Königssiegel Tuklat-Adar's wurde bei der Flucht erbeutet und als Trophäe im Schatze von Babylon niedergelegt, wo es sechshundert Jahre lang verblieb. Adar-habal-asar ergriff, nachdem er »das Land Assur begründet und den assyrischen Heeren zum ersten Male eine Einrichtung gegeben hatte«, wieder die Offensive und es gelang ihm, Bin-bal-idin unter den Mauern von Elassar zu schlagen. Fortan war die Macht der Niniviten beständig im Zunehmen. Assur-Dayan, Adar-habal-asar's Sohn, »übertraf alles, was vor ihm gewesen war«. Er trug wichtige Erfolge über

1) Siehe oben, S. 163—164. || 2) Fr. Lenormant, La Légende de Sémiramis, 1872. Neuerdings hat ein englischer Gelehrter, Herr Daniel Haigh die Behauptung aufgestellt, die babylonische Semiramis sei mit der Königin Ahmes-Nofertari von Aegypten identisch (Zeitschr. 1874. S. 18—23). [Vergl. Duncker II S. 4—19.].

Zamana-zikir-idin, den König von Babylon, davon, nahm die Städte Zabba, Irriga und Agarsal und kehrte beutebeladen heim in seine Staaten. Noch glücklicher waren seine beiden Nachfolger Mutakkil-Nebo[1] und Assur-ris-isi. Der letztere »griff die Rebellenländer an und unterwarf die Fürsten der ganzen Welt«. Zweimal griff Nabukudur-ussur I., der König von Babylon, Assyrien an, zweimal wurde er zur Flucht gezwungen und liess seine Wagen, sein Gepäck und die Königsstandarte, die man vor ihm hertrug, in den Händen des Siegers[2].

Assyrien bildete ein zusammenhängendes, mächtiges Königreich und seine Streitkräfte konnten sämmtlich derartig nach einem Punkt zusammengezogen werden, dass sie jeden Widerstand vernichteten. Seine Könige hatten, ausgenommen nach Süden, wo Chaldäa zu fürchten war, nur vereinzelte Stämme ohne Zusammenhalt und festen Bestand sich gegenüber und vernichteten diese ohne weitere Mühe einen nach dem andern. Auch hatten sie bereits seit langer Zeit ihre Macht über das obere Stromgebiet des Tigris und über Mesopotamien ausgedehnt; das Land Kummuch (Kommagene)[3], ein Theil des Naïri[4], zahlte ihnen Tribut. Tuklat-habal-asar I. (Tiglath-Phalasar) vergrösserte das Besitztum bedeutend. Sogleich am Anfange seiner Regierung stiegen die Muskaï (Moschier)[5], unter dem Befehle von fünf Königen stehend, herab von den Gebirgen, auf denen sie ansässig waren, und brachen in Kommagene ein. Vordem hatten sie den Königen Assyriens gehorcht, hatten sich aber vor sechzig Jahren empört und ihre Unabhängigkeit bewahrt. Tuklat-habal-asar eilte ihnen entgegen und schlug sie. »Mit ihren Leichen füllte ich die Wurzeln des Gebirges an. Ich schnitt ihnen das Haupt ab. Ich warf die Mauern ihrer Städte über den Haufen. Ich nahm Sklaven, Beute, Schätze ohne Zahl. Ihrer sechstausend, die meiner Macht entkommen waren, baten mich auf den Knieen, und ich machte sie zu Gefangenen«. Unmittelbar auf die Niederlage der

---

1) Da Smith überhaupt den Götternamen Nebo *Nusku* liest, wäre auch dieser Name *Mutakkil-Nusku* zu lesen. || 2) Ménant, Annales, S. 29—32; Babylone et Chaldée, S. 125—127. || 3) Es ist das nicht das Kommagene der klassischen Geschichtsschreiber, sondern ein Kommagene von grösserer Ausdehnung, das die Ausläufer des Tauros bei Samosat und das ganze obere Stromgebiet des Tigris bis nach Diarbekir zu einnahm. || 4) Das an den beiden Abhängen des Berges Masios zwischen dem obern Tigris und mittlern Euphrat gelegene Land. || 5) Siehe oben S. 237.

Moscher folgte die Eroberung von Kommagene. Die Assyrer gingen über den Tigris und nahmen trotz der Dazwischenkunft einiger Nachbarstämme die Hauptstadt der Provinz ein. »Der Rest ihrer Krieger hatte Furcht vor meinen schrecklichen Waffen und konnte dem Anprall meines mächtigen Angriffs nicht widerstehen; um ihr Leben zu erretten, waren sie auf die Hochlande geflohen zu den Berggipfeln und den Waldlichtungen durch gewundene Bergschluchten hindurch, durch die des Menschen Fuss kaum schreiten kann. Ich stieg hinauf ihnen nach, sie wurden handgemein mit mir, und ich schlug sie in die Flucht. Wie ein Sturm ging ich über die Reihen ihrer Kämpfer hin inmitten der Bergschluchten. . . . . Ich unterwarf das ganze Land Kummuch und habe es seitdem in die Grenzen meiner Herrschaft aufgenommen.

»[Denn] ich bin Tuklat-habal-asar, der gewaltige König, der Vernichter der Bösen, der da vertilgt die Heerhaufen der Feinde«.

Die Eroberung von Kommagene und die Unterwerfung der Moscher konnten nicht von Dauer sein, wenn die Nachbarstämme in Unabhängigkeit verblieben. Im folgenden Jahre marschirte Tuklat-habal-asar, während ein Theil seiner Truppen über den kleinen Zab ging und glückliche Streifzüge in den Gebirgen von Kurdistan ausführte, »gegen das Land Charia und die Heere des gewaltigen Landes Kurchie durch undurchdringliche Wälder, die noch kein König erforscht hatte. Der Gott Assur, mein Gebieter, hiess mich vorgehen. Ich rüstete meine Wagen und meine Heere und bemächtigte mich der Burgen der Lande Itni und Aya, die auf den hohen Spitzen unzugänglicher Gebirge lagen, die spitz waren wie die Spitze eines Dolches und meinen Wagen keinen Weg boten. Meine Wagen liess ich in der Ebene und drang in die Windungen der Gebirge ein«. Dieser Kriegszug führte ihn in das Herz des armenischen Hochgebirges. Er schlug daselbst die Bewohner des Landes Kurchie und nahm fünf und zwanzig Städte des Landes Charia ein. »Die Länder Saranit und Ammanit bedeckte ich mit Trümmern; seit undenklichen Zeiten waren sie nicht unterworfen worden. Ich mass mich mit ihren Heeren im Lande Aruma, ich züchtigte sie, ich verfolgte ihre Krieger wie das Wild, ich nahm ihre Städte ein, ich führte ihre Götter von dannen. Ich machte Gefangene, bemächtigte mich ihrer Habe und Schätze, ich übergab die Städte den Flammen, verwüstete sie, zerstörte sie, machte Ruinen und Schutthaufen daraus, legte das drückende Joch meiner Herrschaft auf sie und in ihrem Beisein brachte ich Dank dar dem Gotte Assur, meinem Gebieter[1]«.

Wie die Unterwerfung der nördlichen und westlichen Länder gesichert war, wandte sich Tuklat-habal-asar nach Syrien. Sein erster Feldzug nach dieser Richtung war ganz der Eroberung des Naïri gewidmet. »Tapfer im Handgemenge, mutig in den Schlachten zog ich in unvergleichlicher Weise aus gegen die Könige der Gestade des obern Meeres, die sich nie unterworfen hatten, und die Assur mir bezeichnet hatte. Ich überschritt unwegsame Sümpfe, Fiebergegenden, zu denen keiner von den vorangehenden Königen je vorgedrungen war, ich zog durch schwierige Wege, durch dichte Gehölze«. Die östlich vom Euphrat befindlichen Stämme boten keinen grossen Widerstand dar und unterwarfen sich beinahe, ohne zu kämpfen. Jenseits des Euphrat jedoch galt es, das Terrain Schritt für Schritt streitig zu machen. Drei und zwanzig Könige vom Naïri versammelten ihre Truppen, liessen sich von den Gestaden des Mittelmeeres Unterstützung kommen und lieferten den Assyrern eine Schlacht. Sie wurden geschlagen, ihre Städte zerstört und die Königssöhne als Geiseln fortgeführt. Dieser Erfolg war nur das Vorspiel noch grösserer. Tuklat-habal-asar zog im folgenden Jahre von Elassar aus, »nachdem er einem Traume gemäss, den er gehabt hatte, einen günstigen Tag angesetzt hatte, und überzog das Land Aram, das nicht anerkannte Assur, seinen Gebieter«. Ausgehend von der Chaburmündung zog er den Euphrat hinauf, schlug die T'uchi, verfolgte sie bis vor Karkemish, ging über die Furt und stand als der erste von seinem Stamme auf dem Grund und Boden der nördlichen Hittiter.

Seit beinahe zwei Jahrhunderten hatte die Macht der Hittiter nur abgenommen. Nachdem sie von dem grossen Einbruche der Seevölker niedergeworfen, dann von Ramses III. befreit waren, hatten sie sich, ohne Schwierigkeiten zu machen, in die Oberhoheit von dessen schwächlichen Nachfolgern gefügt. selbst Her-hor hatte

---

1) François Lenormant glaubt von diesem Feldzuge, er sei gegen die mittlern Gebiete von Kleinasien gerichtet gewesen, *Kurchie* wäre nach ihm Kilikia tracheia oder das Land *Korykos*, *Adanit* die Stadt *Adana* in Kilikien. Korykos und Adana liegen alle beide am Mittelmeere und Tuklat-habal-asar sagt, er habe erst das Mittelmeer bei seinem spätern Feldzuge gegen Syrien erreicht. (Essai de commentaire sur Bérose, S. 146—147).

von ihnen Tribut erhoben[1]. Ihr Name war schliesslich auf alle nordsyrischen Völkerschaften, die sich zwischen dem Euphrat und dem Meerbusen von Issos befanden, übergegangen, im Gegensatze zu den Aramäern, die weiter südlich zwischen dem Libanon und Euphrat lebten. Als Tuklat-habal-assar zu diesen Völkern gelangte, die soeben noch unter der ägyptischen Gewalt gestanden hatten, fiel es ihm nicht schwer, sie zu unterjochen. Er zog durch Nordsyrien, stieg über den Libanon und betrat das Land Acharru. Arvad erschloss ihm seine Häfen und stellte ihm seine Schiffe zur Verfügung. Das Gerücht von seinen Siegen verbreitete sich über alle südlichen Länder und bis nach Aegypten. Der damals regierende Pharao hielt es für klug, keinen Einspruch gegen diese Verletzung derjenigen Ansprüche zu erheben, welche ihm seine Ahnen auf die Cheta etwa hinterlassen hatten. Er schickte dem mächtigen Assyrerkönige Geschenke, unter andern Krokodile (*namsuch*) und Nilpferde (*ummi*). Da diese Thiere an den Ufern des Tigris unbekannt waren, erregten sie dort die grösste Verwunderung und man hielt diese Sendung für so erwähnenswert, dass sie gewürdigt wurde, unter interessanten Begebenheiten dieser Regierung aufgenommen zu werden.

Auf jeden Fall muss man, wenn man von diesen Kriegen erfährt, eine hohe Meinung von dem Charakter des Fürsten, der sie unternahm, und von seinem Volke bekommen. Tuklat-habal-asar ist gleich den grossen Pharaonen der achtzehnten und der neunzehnten Dynastie vorzugsweise ein unermüdlicher Feldherr. Die meisten Kriegszüge führt er in eigener Person an, überfällt und unterwirft unzählige Stämme, eilt von einem Ende seines Reichs an das andere, unbekümmert um die Entfernung und materielle Hindernisse, und ist dabei ein grosser Löwenjäger und Erleger wilder Thiere. Die Assyrer waren zweifelsohne eine der begabtesten Rassen von Vorderasien. Sie besassen weniger ursprüngliches als die Chaldäer, die in der Gesittung ihre Lehrmeister waren, jedoch mehr Zähigkeit und Energie. Im höchsten Grade waren die kriegerischen Eigenschaften, physische Kraft, Rührigkeit, Geschicklichkeit, Kaltblütigkeit und unerschütterliche Kühnheit ihnen eigen. Sie suchten sich den wilden Stier oder den Löwen auf, den es in ihrem Lande

---

1) Siehe oben S. 271.

in Fülle gab, und traten ihm Stirn gegen Stirn entgegen. Grosse Fehler entstellten diese Tugenden. Sie waren ein mörderisches Volk, voll Gewaltthat und Lügen[1], sinnlich, stolz bis zum Uebermass, schurkisch und verräterisch aus Verachtung gegen ihre Feinde. Wenige Völker haben so wie die Assyrer das Recht des Stärkern gemissbraucht. Auf ihrem Wege verwüsteten oder verbrannten sie die Städte, die Häuptlinge der Empörer pfählten sie oder schunden sie bei lebendigem Leibe. Trotz des Glanzes und der Verfeinerungen ihrer äusseren Gesittung blieben sie immer Barbaren.

Im Namen Assurs begingen sie diese Scheusslichkeiten, denn im vollsten Sinne waren sie ein religiöses Volk. »Sich streicht der König sehr heraus, noch mehr jedoch die Götter. Er kämpft zu eignem Ruhme und zur Erweiterung seines Landgebietes, aber auch zu Ehren der Götter, welche die andern Völker verwerfen, und um ihre Verehrung weit über alle bekannten Länder auszubreiten. Seine Kriege sind zum wenigsten ebenso sehr Religions- wie Eroberungskriege, seine Bauwerke, wenigstens die, auf die er sich am meisten zu gute thut, sind religiöse Bauwerke[2]«. »Der Tempel Anu's und Bin's, der grossen Götter, meiner Gebieter, den vor sechshundert ein und vierzig Jahren Samsi-Bin, der Patis von Assur, Sohn Ismi-Dayan's, des Patis' von Assur erbaut hatte, war in Trümmer zerfallen. Assur-Dayan, König des Landes Assur, der Sohn Adar-habal-asar's, des Königs des Landes Assur, riss diesen Tempel nieder, baute ihn aber nicht wieder auf. Sechzig Jahre lang rührte man nicht an seinen Grundlagen«. Tuklat-habal-asar baute ihn von neuem auf, grösser, als er vordem gewesen war, und umgab ihn mit Tempeln und Schlössern, deren glänzende Einrichtung er rühmt. Trotz dieser Lobreden lässt sich die assyrische Baukunst mit der ägyptischen kaum vergleichen, weder in Bezug auf Grösse der Anlage noch in der Wahl der Materialien. Den Massen von Luqsor und Karnak gegenüber sind ihre Massen ausdruckslos, ihre Formen ungeschickt und entlehnt. Sie bediente sich vorzugsweise der Ziegel, die mit schmalen, geglätteten und ausmeisselten Steinplatten überzogen wurden, während die ägyptischen Baumeister mit Vorliebe

1) Vergl. Nahum, III, 1. || 2) G. Rawlinson, The five great Monarchies, Bd. II, S. 72—73. [Ueber die assyrische Kunst vergl. J. Oppert, Grundzüge der assyrischen Kunst. (Oeffentliche Vorträge gehalten in der Schweiz. Heft XI). Basel 1872.].

Kalkstein und Granit verwendeten. Die assyrischen Paläste und Schlösser haben nicht die Dauerhaftigkeit der ägyptischen Denkmäler besessen; sie sind zu unförmlichen Haufen zusammengesunken.

Nach der Eroberung des Naïri hat Tuklat-habal-asar an einer von den Quellen des Tigris eine Siegessäule errichten lassen: »Nach dem Willen des Assur, Samas und Bin, der grossen Götter, meiner Gebieter, habe ich, Tuklat-habal-asar, König des Landes Assur, Sohn des Assur-ris-isi, des Königs des Landes Assur, des Sohnes des Mutakkil-Nebo, des Königs des Landes Assur, Besieger der Völker vom grossen Meere bis zum Lande Naïri, zum dritten Male das Land Naïri unterworfen«. Ein weiterer Kriegszug führte zur Unterwerfung des Landes Chumanu (Komana). Ein anderer brachte den König mitten in Chaldäa hinein, innerhalb zweier Jahre durchstreifte er es nach jeder Richtung; Dur-Kurigalzu (Akkerkuf?), Sippar, Babylon und Upi (Opis?) wurden eingenommen, das Land T'uchi ward verwüstet. Ein eklatanter Rückschlag jedoch blieb nicht aus und verwischte den Ruhm dieser ersten Erfolge. Marduk-idin-ache, der König von Babylon, verjagte die Eindringlinge, drang ihnen nach in Assyrien hinein und bemächtigte sich der Stadt Hekali. Er entführte deren Götterbilder und schaffte sie nach Babylon, woselbst sie vierhundertachtzehn Jahre lang als Gefangene blieben.

Assur-bel-kala machte das Unglück seines Vaters wieder gut. Er nahm Bagdada (Baghdad), verheerte die Umgegend von Babylon und nötigte den König Nabu-zapik-iskun, um Frieden zu bitten. Dieser blieb unter seinem Nachfolger Samsi-Bin II., gleichfalls einem Sohne Tuklat-habal-asar's, bestehen. Samsi-Bin's Sohn jedoch, Assur-rab-amar, hatte eine unglückliche Regierung. Unweit von Karkemish ward er von den verbündeten Hittitern geschlagen und verlor alle Eroberungen seines Grossvaters. Syrien entging den Händen der Assyrer und blieb Herr über seine eigene Bestimmung[1].

---

1) J. Ménant, Annales S. 53—56.

Uebersicht der ersten assyrischen Dynastien, soweit es mir möglich war, dieselbe wieder herzustellen:

Patis von Assur.	
I. ISMI-DAYAN (um 1800).	III. TE . . . . BA.
II. SAMSI-BIN (u. 1760).	IV. IRI-AMTUK (u. 1520).
. . . .	
Könige von Assur.	
I. ASSUR-NARARA und NABU-DAGAN (um 1500).	X. BEL-KUDUR-USSUR (u. 1260).
. . . .	XI. ADAR-HABAL-ASAR (u. 1250).
II. ASSUR-BEL-NISISU (u. 1400).	XII. ASSUR-DAYAN (u. 1190).
III. BUSUR-ASSUR (u. 1390).	XIII. MUTAKKIL-NABU (u. 1150).
IV. ASSURUBALAT (u. 1370).	XIV. ASSUR-RIS-ISI (u. 1150).
V. BEL-NIRARI (u. 1350).	XV. TUKLAT-HABAL-ASAR I. (u. 1130).
VI. PUDIEL (u. 1330).	
VII. BIN-NIRARI I. (u. 1310).	XVI. ASSUR-BEL-KALA (u. 1090).
VIII. SALMAN-ASAR I. (u. 1290).	XVII. SAMSI-BIN II. (u. 1070).
IX. TUKLAT-ADAR I. (u. 1270).	XVIII. ASSUR-RAB-AMAR (u. 1060).

Eroberung des Landes Kanaan durch die Kinder Israel. Moses. Josua. Die Richter.

Beim Auszuge aus Aegypten waren die Kinder Israel zunächst nach Nordost gezogen, als wollten sie auf dem kürzesten Wege nach Asien hinein, beim dritten Halteplatze wandten sie sich nach Süden, gingen durch das rothe Meer und erreichten die Wüste. Es geschah dies zu der Zeit, wo die Libyer und die Seevölker Aegypten bedrohten, sie mussten von den grossen Heerstrassen sich abseits halten, um einem Zusammenstosse mit den Barbaren und der Verfolgung durch den Pharao zu entgehen. Das Volk Israel verbarg sich auf der Sinaïhalbinsel.

Dass Moses die Juden aus Aegypten führte, ihnen Gesetze gab und sie bis an die Grenzen des Landes Kanaan leitete, ist sicher: die Einzelheiten aus seinem Leben sind jedoch derartig mit Sagen untermengt, dass sie nicht mit Sicherheit festzustellen sind. Man weiss, dass er, am Sinaï angelangt[1], die zehn Gebote verkündete

1) Die wirkliche Lage des Sinaï ist nicht bekannt. Die Ueberlieferung

und angab, er habe sie von Gott selbst unter Donner und Blitz erhalten. Vom Sinaï zogen die Auswanderer nach Norden hinauf und gingen durch die Wüste Pharan. Bei Kadesh-Barnéa, an der Grenze von Kanaan, hielten sie es für ratsam, das Land, bevor sie sich hineinwagten, zu rekognosziren. Die Berichte der Kundschafter schreckten sie derartig ab, dass man den Rückweg einschlagen und nach dem rothen Meere hinabgehen musste. Acht und dreissig Jahre lang zogen sie in der Wüste der Verirrung zwischen Kadesh-Barnéa und dem Flecken Et'iôngeber umher. Es war dies ja auch die Zeit der grossen Kriege Ramses III., das südliche Syrien war weiter nichts als ein Schlachtfeld, das die Aegypter den Seevölkern und ihren Verbündeten streitig machten. Es war thunlicher, in der Wüste zu bleiben, dort im Waffenhandwerk und in der Führung eines unabhängigen Lebens Uebung zu gewinnen, und eine Verfassung anzubahnen. Fortan zerfielen die Hebräer in zwölf Stämme oder Verzweigungen, von denen zehn: Juda, Simeon, Benjamin, Dan, Ruben, Gad, Issashar, Naphtali, Zebulon und Asher unmittelbar vom Erzvater Jakob abstammten; Ephraim und Manasse, die beiden andern, rührten von Joseph her, und ein dreizehnter, Levi, war ganz dem Priestertume gewidmet und besass keine staatliche Existenz. Jeder Stamm war unabhängig von den zwölf übrigen und besass eine regelrecht konstituirte Civilbehörde, welche seine Angelegenheiten ordnete: er zerfiel in *Geschlechter*, die weiter wieder in *Häuser* zerfielen. Die Oberhäupter der Geschlechter und Häuser, die *Alten*, bildeten einen Rat, dessen Entscheidungen massgebend waren. Die Stämme waren lauter kleine Freistaaten, die mitunter sich von einander absonderten, mitunter sich je drei oder vier zu Bundesstaaten zusammen thaten. Sie besassen nur den gemeinschaftlichen Glauben und die gemeinschaftliche Abstammung als einigendes Band.

Die Kananäer und die terachitischen Stämme, die nicht Hebräer waren, Edom, Ammon und Moab, besassen analoge Religionen wie Chaldäa und Assyrien. In Babylon jedoch waren die Mythen von einer einflussreichen Priesterkaste überarbeitet worden, waren schliesslich miteinander in Uebereinstimmung gebracht und

---

verlegt ihn nach Gebel Mûsa. Eine grosse Zahl alter und neuerer Autoren, Eusebios, Hieronymus, Kosmas und Lepsius, verlegen ihn nach Gebel-Serbâl. Vergl. das neueste Werk darüber, Ebers, Durch Gosen zum Sinaï. S. 385—426.

bildeten eine vollständige Einheit von Glaubenssätzen. In Syrien waren sie in einem flüssigen Zustande verblieben und die Götter theilten sich in das Land, als wären sie sämmtlich dessen Lehnsfürsten. Die Anbetung des Baal, des Herrn und höchsten Gebieters, und seiner Genossin Astarte schloss ebenso wie die des Tammuz und der Baalit, des Marna und der Derketo, des Hadar und der Atargath, den ursprünglichen Glauben an den einigen Gott in sich: »Die Vielfältigkeit der untergeordneten Baalim beweist gegen diese uranfängliche Einheit nicht mehr als die Zertheilung des ägyptischen Gottesbegriffs in seine vergötterten Mächte, nur ist in Phönizien« und in Syrien »diese Zertheilung der göttlichen Macht mehr geographischer und politischer als philosophischer Art. Weniger die göttlichen Attribute als die Lokalheiligtümer liessen die Nebengötter, als eponyme *Baal* der Hauptstädte entstehen. Der Baal, der zu Tyros, Sidon und zu Tarsos angebetet wurde, wird zu Baal-Tur, Baal-Sidon, und Baal-Tars. Als solcher kann er einen besonderen Namen erhalten, und dieser vernichtet im Geiste des gemeinen Volkes vollends seinen ursprünglichen Charakter, lässt jedoch nichtsdestoweniger eine verworrene Kunde von der uranfänglichen Einheit bestehen. Das zeigt uns eine Inschrift in zwei Worten. Melqarth, der grosse Gott von Tyros, dessen Verehrung durch die tyrischen Ansiedlungen weithin ausgebreitet wurde, ist nichts weiter als der Baal der Mutterstadt: »dem Gotte Melqarth, dem Baal von Tyros[1]«. Man huldigte den Göttern auf hohen Stätten (*bamôth*) und in heiligen Hainen. Ausschweifende und barbarische Bräuche waren dabei zulässig, und schon der Gedanke an diese erfüllte die israelitischen Propheten mit Abscheu. Moloch erheischte Menschenopfer und begehrte, dass man Kinder vor ihm verbrenne. Astarte (Astoreth) war sowohl der Lust wie dem Kriege ergeben und hatte heilige Kurtisanen (*Kedeshôth*) zu Priesterinnen. In Phönizien und auf Kypros mussten ebenso wie in Babylon alle Weiber wenigstens einmal in ihrem Leben in den heiligen Bezirk des Tempels kommen und sich dem ersten besten preisgeben. Der Lohn ihrer Schmach gehörte dem Schatze der Göttin.

Unter den kananäischen Völkerschaften hatten nur die Phönizier versucht, ihre Mythen zu einer Lehreinheit zusammenzufassen.

1) De Vogüé, Mélanges d'archéologie orientale, S. 51—52.

Ein Priester, der in der Ueberlieferung Sanchoniathôn heisst, hatte eine Art von phönizischer Genesis verfasst. Er sagt: »Im Anfang war das Chaos (*bohu*) und das Chaos war finster und stürmisch bewegt und der Hauch (*ruach*) schwebte über dem Chaos. — Und dieser war unbegrenzt und hatte Aeonen hindurch keine Schranken. — Da ward der Geist von Liebe entzündet zu seinen eigenen Anfängen, und es entstand eine Durchdringung und diese Verflechtung ward genannt Sehnsucht (*chefet*). — Dieses ist der Anfang aller Schöpfung: der Geist selbst aber hatte kein Bewusstsein seiner Schöpfung. — Aus der Durchdringung des Geistes und des Chaos entstand *môt* (der Schlamm) und aus *môt* ward aller Samen der Schöpfung und *môt* war der Vater aller Dinge; *môt* hatte aber die Gestalt eines Eies. — Und es erglänzten die Sonne, der Mond, die Sterne und grossen Gestirne. — Es waren aber auch Geschöpfe ohne Bewusstsein da, und aus diesen lebendigen Wesen entstanden die vernunftbegabten, und man nannte sie *Tophesamim* (Betrachter des Himmels). — Da wurden durch den Donnerhall des Kampfes der Elemente, die sich zu trennen begannen, diese vernunftbegabten Wesen gleichsam aus ihrem Schlummer aufgeweckt, und die Männchen und Weibchen fingen an, sich zu regen (und sich aufzusuchen) auf Erden und im Meere[1]«. Unglücklicherweise sind diese Bruchstücke in einem so verstümmelten Zustande auf uns gekommen, dass man ihren Sinn kaum wieder feststellen kann.

Die Glaubensrichtung der Israeliten bildete den auffälligsten Gegensatz zu den kananäischen Religionen. Bei den Juden finden sich wol einige unklare Spuren von einem ursprünglichen Heidentum. Götter (*elohim*), heilige Steine (*Beth-el*, *Betylen*), Götzenbilder (*teraphim*), welche Familiengötter sind und zu dem ererbten Besitze des Stammes gehören[2], sie sind jedoch im Grunde Monotheisten. Und dazu hat sich ihr Monotheismus niemals wie in Aegypten und Chaldäa unter einer pantheistischen Hülle versteckt, er ist es innerlich und äusserlich. Sie haben nur einen Gott und diesen Gott vermengen sie nicht mit dem Weltall, gestehen ihm weder Besandtheile

1) Sanchoniathon, fr. 1 bei Müller, Fragm. H. Graec. Band III. Vergl. Bunsen, Aegyptens Stelle in der Weltgeschichte, Buch V, 1—3. Abth. S. 257—295. [Wolf Wilh. Graf Baudissin, Studien, S. 11 ff.]. || 2) [Vergl. Wolf W. Graf Baudissin, a. a. O., S. 55 ff. Peschel, Völkerkunde, S. 258, S. 263, S. 300 f.].

noch Geschlecht zu. Ihr Gott ist von der Welt abgesondert, erzeugt nicht noch wird er erzeugt, empfängt nicht noch wird er empfangen, kein Gott steht ihm gleich noch ist ihm einer untergeordnet. Die ganze Natur ist seiner Hände Werk, die Naturgesetze sind nicht vergötterte Aeusserungen von ihm sondern bleiben stets beabsichtigte Wirkungen seiner Gottheit. Der Donner ist seine Stimme, der Blitz sein Licht, seine Waffe der Hagel und der Sturmwind. Donner, Blitz und Hagel werden nie zu selbständigen Wesen; sie sind Thaten Gottes.

Dieser einige Gott, der Jahveh[1], ist vor allem der nationale Gott Israel's, wie es Kamosh der von Moab und Marna der von Gaza ist. Im Anfange hat er mit dem mythischen Vater der Nation, mit Abraham einen Vertrag geschlossen und dieser mehrfach erneute Vertrag sichert den Kindern Israel seine beständige Fürsorge zu. Er hat es übernommen, sein Volk vor Allem und gegen Jeden zu beschirmen, vorausgesetzt, dass sein Volk keinen andern Gott anbetet. Wenn das Volk ihm die Treue bricht und den Baalim nachläuft, zieht Jahveh seine Hand von ihm ab und gibt es den Anschlägen seiner Nachbarn preis. Um wieder in Gnaden angenommen zu werden, muss man die Götzenbilder zertrümmern und wieder zur Beobachtung des Gesetzes zurückkehren. »Ich bin Jahveh, dein Gott, der ich dich aus Aegyptenland, aus dem Diensthause geführt habe. — Du sollst keine anderen Götter neben mir haben. — Du sollst den Namen Jahveh's, deines Gottes nicht missbrauchen, denn der Herr wird den nicht ungestraft lassen, der seinen Namen missbraucht. — Sechs Tage sollst du arbeiten und alle deine Dinge beschicken, aber am siebenten Tage ist die Ruhe Jahveh's, deines Gottes. — Da sollst du kein Werk thun, weder dein Sohn, noch deine Tochter, noch dein Knecht, noch deine Magd, noch dein Vieh, noch dein Fremdling, der in deinen Thoren ist. — Du sollst deinen Vater und deine Mutter ehren, auf dass du lange lebest im Lande. — Du sollst nicht tödten. — Du

1. *Jahveh* ist wahrscheinlich die Aussprache des mystischen Tetragramma יהוה. Aus Hochachtung sprach man diesen Namen nicht aus, und setzte gewöhnlich bald *Adonaï*, bald *Elohim* an seine Stelle. Deswegen wurden, als man die Vokalpunkte zu bezeichnen begann, die vier Buchstaben יהוה so punktirt, dass sie *Jehowa* oder *Jehovi* [resp. *Adonaï*] je nach dem Worte gelesen wurden, das man beim Vortrage in Anwendung brachte. [Vergl. auch: Wolf Graf Baudissin, a. a. O., S. 181 ff.].

sollst nicht ehebrechen. — Du sollst nicht stehlen. — Du sollst kein falsch Zeugniss reden wider deinen Nächsten. — Lass dich nicht gelüsten deines Nächsten Hauses. Lass dich nicht gelüsten deines Nächsten Weibes, noch seines Knechtes, noch seiner Magd, noch seines Ochsen, noch seines Esels, noch Alles, das dein Nächster hat«[1]. Das äussere Zeichen des Bundes Jahveh's mit seinem Volke war die Bundeslade, eine Art Naos von mit Goldblech überzogenem Cedernholze, den auf den ägyptischen Bas-reliefs dargestellten Naos an Gestalt ähnlich. Man trug die Bundeslade inmitten des Volkes, und ihre Gegenwart flösste diesem ein unbegrenztes Vertrauen auf Gottes Macht ein.

Mit den zwölf Geboten war jedenfalls ein mehr oder weniger entwickeltes Gesetzbuch verbunden. Einige Ritualvorschriften und Ceremonien, die entschieden den Bräuchen des ägyptischen Gottesdienstes entlehnt sind, müssen bis auf jene Zeit zurückgehen, in der die Kinder Israel unmittelbar nach ihrem Auszuge aus Aegypten der Jahvehverehrung eine Anzahl Gebräuche anpassten, welche sie vor den Bildsäulen Ammon's und Phtah's hatten ausüben sehen. In der Hauptsache jedoch reducirt sich das, was man von der ursprünglichen Gesetzgebung der Hebräer weiss und hat, fast auf nichts. Höchstens kann man Moses, wenn nicht der Form so doch dem Inhalt nach, die zehn Gebote und etwa eine kleine Zahl mitten unter späteren Gesetzen zerstreuter Vorschriften in den unter seinem Namen geschriebenen Büchern zuschreiben. Wenn es an dem ist, dass es jemals wirklich eine mosaische Gesetzgebung gab, so vermindert ihr Untergang die grosse Rolle in keiner Weise, welche Moses gespielt hat. Moses war der Organisator des hebräischen Volkes. Er liess ihm seine patriarchalische Verfassung und sicherte den Stämmen ihre Unabhängigkeit, zog aber dabei das Band fester zusammen, das sie umschlungen hielt. Aus dem nationalen Gotte, der bisher beinahe mit den fremden Göttern auf gleichem Fusse gestanden hatte, machte er einen eifersüchtigen, exklusiven Gott, dessen Verehrung die zwölf Stämme zu gemeinsamer Anbetung vereinte. Er stellte ihn hin als unsichtbaren König des Volkes, als Gesetzgeber und höchsten Richter, als Herrn und Besitzer der Habe des Volkes. Und dieser eine Gott hatte für alle seine Kinder nur

1) Exodus XX, 2—17.

ein Heiligtum, die Bundeslade. Alljährlich kam das Volk zur heiligen Stätte zusammen und feierte grosse Feste, Ostern, Passah und das Hüttenfest. Zur Knechtschaft ausgebildet und bereit dazu, wieder seine Kette anzunehmen und seinen Gott zu verläugnen, war es aus Aegypten ausgezogen: es war Moses zu verdanken, dass es fest in seinem Glauben und ganz zur Eroberung gerüstet aus der Wüste hervorging.

Vierzig Jahre, wie es heisst, waren seit dem Durchgange durch das rothe Meer verflossen, als es die Erlaubniss erhielt, das Land der Verheissung zu betreten. Noch immer erstreckte sich die durch Ramses' III. Siege gekräftigte Macht von Aegypten über Syrien. Doch hielten die Ramessiden, der überlieferten Politik ihres Geschlechtes getreu, nur die strategisch wichtigen Punkte besetzt. Ihnen genügte der Besitz Gaza's, Mageddo's und einiger fester, an der grossen Heerstrasse gelegener Ortschaften. Wer das übrige Land beherrschte, darum kümmerten sie sich sonst wenig. Moses vermied, um jeder Gelegenheit zu einem Streite mit einem so mächtigen Nachbar vorzubeugen, sich zunächst gegen die westlich vom todten Meere gelegenen Gegenden zu richten. Er zog es vor, durch das Land Moab zu ziehen. Der Amoriterkönig Sihon und Og, der König von Bashan, wurden nacheinander geschlagen, das ganze Land Gilead fiel dem israelitischen Volke in die Hände, von den Ufern des Arnon bis zum Fusse des Hermon. Drei Stämme oder Bruchtheile von Stämmen liessen sich dort nieder, im Süden Ruben zwischen dem Arnon und dem Bache Arbôth, Gad am Jordan entlang bis zu dem galiläischen Meere, im Königreiche Bashan die Hälfte von Manasse, und einige Familien von Juda bei der Quelle des Flusses. Man hatte nur noch den Jordan zu überschreiten, aber Moses überschritt ihn nicht. Er sah das gelobte Land von weitem und starb, »und Niemand hat sein Grab erfahren bis auf den heutigen Tag«[1]. Josua, der Sohn des Nun, sein Nachfolger im Oberbefehl, ging etwas oberhalb von der Mündung über den Fluss und nahm Jericho ein. Der Fall dieses Platzes zog den der Nachbarstädte Ai, Bethel und Sichem nach sich. Sichem, im eigentlichen Herzen des Landes, wurde sofort der Sammelplatz des Volkes: Josua schlug daselbst seine Residenz auf und liess auf dem Berge

---

1) Deuteronomium, XXXIV, 6.

Ebal einen grossen steinernen Altar errichten, auf dem die Hauptbestandtheile des Gesetzes eingemeisselt waren. Die erste Verbündung der Süd-Kanaanäer, die sich unter dem Befehle Adonisedek's, des Königs von Jebus, bildete, wurde unter den Mauern von Gibeon geschlagen und ihre Oberhäupter wurden hingerichtet. Nicht mehr Glück hatte die zweite, welche Jabin, der König von Hazor, organisirt hatte; Jabin wurde an den Wassern des Merom geschlagen, und seine Hauptstadt wurde eingenommen und niedergebrannt. Israel wurde Herr über das ganze Land zur Linken und Rechten des Jordan von Kades-Barnéa bis zu den Quellen des Flusses. Die Ebene und die Küste, die unter der unmittelbaren Oberhoheit Aegyptens standen, wurden fürs erste respektirt.

Die Stämme theilten sich das eroberte Land sofort. Juda nahm die südliche Gegend des Landes zwischen dem todten Meere und der Ebene von Gaza, es grenzte südwestlich an Simeon, nördlich an Dan und an Benjamin. In der Mitte setzten sich Ephraim und der Rest von Manasse fest, Issashar, Zebulon, Naphtali und Asher an der Küste entlang nördlich vom Karmel in der Ebene Jesreel. Der Stamm Levi hatte kein »Erbtheil, denn der Herr, der Gott Israel's ist sein Erbtheil«[1]. Hier und da verstanden einige Kananäerstädte ihre Unabhängigkeit zu wahren und lebten abgesondert mitten unter den Israeliten: Jebus und Gibeon im Süden, Laïs im Norden und andere von geringerer Bedeutung. Die Bundeslade war zuerst in Gilgal vor Jericho aufgestellt, dann in Shilo, wurde der Obhut des Stammes Ephraim anvertraut und blieb das gemeinsame Heiligtum der Nation.

Palästina und Phönizien zur Zeit der Richter.

Josua hatte keinen Nachfolger. Der nationale Kultus wurde so gut als möglich nach seinem Tode aufrecht erhalten, »so lange die Aeltesten lebten, die lange nach Josua lebten« und die Eroberung ward fortgesetzt; doch gestattete der Mangel an einem einheitlichen Oberbefehl und die Zerfahrenheit der Sonderbestrebungen nicht, dass entscheidende Erfolge errungen wurden. Im Süden schlugen Juda und Simeon bei Bezek die Kananäer und verjagten alle eingeborenen Stämme, die auf dem Amoritergebirge wohnten.

1) Josua XIII, 33.

19*

bis auf die Jebusiter: sie wagten nicht, auf ebenem Felde den Streitwagen und schweren, in Eisen gehüllten Heerhaufen der Philistäer die Stirn zu bieten. Im Mittelpunkte versäumte Manasse, Betshean und dessen Weichbild einzunehmen; Taanak und Mageddo, die an der grossen Strasse zwischen Aegypten und Mesopotamien lagen und unter der besonderen Obhut der Pharaonen standen, wurden nicht angegriffen. Im Norden konnten die kleinen Stämme Asher, Zebulon, Naphtali, Issashar und Dan kaum den kleinsten Theil des ihnen zugedachten Grundbesitzes einnehmen[1].

Hier stiessen die Kinder Israel in Gestalt der Sidonier auf gewaltige Widersacher. Phönizien hatte vierhundert Jahre lang Pharao Tribut entrichtet und sich glücklich geschätzt, dass es mit einigen Opfern das ägyptische Handelsmonopol erstand. Aus dem Schutze, welchen ihm Aegypten angedeihen liess, sowie aus dem Aufschwunge, welchen seine Seemacht dadurch erhielt, dass sich ihm die reichen Handelsplätze im Delta erschlossen, hatte es den grösstmöglichen Vortheil gezogen. Freilich stockte im ägäischen Meere der Aufschwung der Kolonisation in Folge des in beständiger Zunahme begriffenen Einflusses der Griechen und der Wanderzüge der Seevölker. Aus Kreta und von den Kykladen waren die Sidonier verjagt und es blieben ihnen nur noch einige wichtige Posten, da wo die grossen Seewege ausmündeten, wie Rhodos, Melos, Thasos, Kythera[2]. Sonst hatten sie überall immer weitere Kreise in den Bereich ihrer Seefahrten gezogen, und es hatte sich die Zahl ihrer Ansiedelungen vermehrt. Von Griechenland und Italien gingen sie nach Sizilien, von Sizilien nach Malta und nach Afrika hinüber. Kambe wurde an der Stätte errichtet, wo später Karthago lag, und nicht weit davon Utika[3].

Alles trägt zu der Annahme bei, dass sie in Afrika der ihren verwandte Rassen vorfanden. Nach dem Einbruche der Hirten in Aegypten waren einige Kananäerstämme nicht im Delta stehen geblieben, sondern nach Westen weitergezogen. Sie gingen bis jenseits der Syrten entlang am libyschen Gebiete, gingen über die Mündungen des tritonischen See's und machten in den fruchtbaren Bezirken der Byzakene Halt[4]. Der Beihülfe ihrer Nachkommen

1) Richter I. || 2) Siehe oben, S. 247—248. || 3) Movers, Die Phönizier, Bd. II, Theil 2, S. 509—514. || 4) Movers, a. a. O., Bd. II. Th. 2, S. 412—442.

verdankten es die Sidonier, dass sie an der Küste zahlreiche Verkehrsposten *emporia* einrichten konnten. Das geschah ungefähr in derselben Zeit, in welcher die Juden den Jordan überschritten und die in den Gebirgen des Landes Kanaan ansässigen Völkerschaften vor sich her trieben. Der Rest der Kananäer flüchtete unter den Schutz der Phönizier und schiffte sich nach Osten ein, da er jeden Augenblick bedroht war, in's Meer gedrängt zu werden. Eine noch im sechsten Jahrhunderte unserer Zeitrechnung landläufige Ueberlieferung berichtete, die Gergesäer hätten sich bei dem Anrücken der unter Josua's Befehl stehenden Israeliten nach Afrika gerettet und sich bis zu den Säulen des Herakles verbreitet. Der Geschichtschreiber Prokop sagt: »Sie wohnen dort noch und bedienen sich der phönizischen Sprache. Sie erbauten eine Warte in einer munidischen Stadt, wo die jetzt Tigisis genannte Stadt liegt. Daselbst befinden sich bei der grossen Quelle zwei aus weissem Gestein verfertigte Stelen, die in phönizischen Buchstaben folgendes besagen: *Wir sind die, welche vor dem Angesichte des Räubers Josua, des Sohnes des Nave, flohen*[1]«. Ihr Eintreffen schuf die Handelsposten zu wirklichen Ansiedelungen um. Ein neues Volk, die Libyphönizier, entstand aus der Mischung der neuen Ankömmlinge mit den Abkommen der kananäischen Stämme und den Angehörigen der Berberrasse, die den Hauptbestand der autochthonen Bevölkerung bildeten: man erbaute an den Gestaden der Syrte Leptis, Aea, Sabrata, und Thapsos. Der ganze Handelsverkehr von Nordafrika ging in die Hände der Sidonier über.

Immer mussten die in den Städten Phöniziens aufgehäuften Schätze für die Hebräer ein Gegenstand des Verlangens sein, eines Verlangens jedoch, das schwer zu befriedigen war. Trotz ihrer Siege waren die Kinder Israel kein Kriegsvolk im eigentlichen Sinne. Die Pfeile der Phönizier schlugen sie in die Flucht, sie unterfingen sich nicht, gegen die eisengewaffneten Krieger der Kananäer, die in der Ebene wohnten, sich in's freie Feld vorzuwagen, noch weniger, so gut vertheidigte Städte anzugreifen, wie es die an dem Küsten-

1) Procopius, ed. Dindorf, Buch II, Kap. X. Vergl. Movers, Die Phönizier, Band II, Th. II, S. 427—435. [Auch Augustin bei F. Papencordt, Geschichte der vandalischen Herrschaft in Africa, Berlin 1837, S. 36, Anm. 3. und bei Schröder, Die phönizische Sprache, Halle 1869, S. 6, wo sich auch näheres über den Sprachgebrauch findet. Fournel, les Berbers, I S. 34. — R. P.].

lande waren. Andererseits hatten die Sidonier, wie sie sahen, dass die Israeliten im Besitze der meisten Landstrassen waren, die nach Aegypten, Arabien und Chaldäa führten, ein Interesse daran, mit den neuen Gebietern des Landes schonend zu verfahren. So gewährten sie ihnen durch eine Art stillschweigender Uebereinkunft die Erlaubniss sich auf dem Grundgebiete ihrer Städte als Metöken niederzulassen. »Asher vertrieb nicht die Bewohner von Akko noch die Bewohner von Sidon, Achlab, Achsib und Rehob — und so wohnten die Asheriten in der Mitte der Kananäer, der Bewohner des Landes, denn sie vertrieben sie nicht[1]«. Die Daniten, welche von den Amoritern beständig gereizt wurden, störten diesen Einklang, sie überfielen mitten im Frieden die sidonische Ansiedlung Laïs, liessen die Bevölkerung über die Klinge springen und erbauten eine neue Stadt, welche sie Dan nannten »nach dem Namen Dan's ihres Vaters, welcher dem Israel geboren wurde[2]«. Sidon verschmerzte leicht den Verlust dieses einsam mitten im Binnenlande gelegenen Postens und behielt die friedfertigen Beziehungen zu den Stämmen bei. Asher, Issashar und Naphtali wurden als Maurer, als Landarbeiter und Karawanenführer verwandt und bewahrten dabei ihre volle Freiheit; sie betheiligten sich bei nationalen Lebensäusserungen, selbst bei den Kriegen gegen die Kananäer. Später lastete die Phönizierherrschaft schwerer auf ihnen, sie wurden als Unterthanen angesehen, weithin fortgeschafft und als Sklaven an das Ausland verkauft. Sidon zählte unter den Unterdrückern Israel's in erster Linie[3].

Indessen wurde das Band, welches die zwölf Stämme unter einander verknüpfte, immer lockerer, je mehr die Erinnerung an Moses und Josua abhanden kam. Theoretisch blieb das gemeinsame Heiligtum der Nation immer die in Shilo, in Ephraim aufgestellte Bundeslade, in Wirklichkeit verfehlten die wiederholentlichen Verbindungen mit eingebornen Stämmen nicht, das schon sehr gesunkene religiöse Gefühl noch mehr herabzustimmen. »Sie nahmen sich die Töchter der Hittiter, Amoriter, Pheresier, Hiväer und Jebusiten zu Weibern, und ihre Töchter gaben sie deren Söhnen, und dienten ihren Göttern. Und es thaten die Söhne Israel's was böse war in

1) Richter I, 31—32. || 2) a. a. O. XVIII, 29. || 3) Movers, Die Phönizier, Bd. II, Theil I, S. 302—315.

den Augen Jahveh's, ihres Gottes, und dienten den Baalim und den Hainen[1]«. Da die religiöse Einheit aufgehoben war, zerfiel die politische von selber. Ephraim fuhr fort, die bedeutendste Rolle zu spielen, ohne dass es ihm jedoch gelungen wäre, sich, ohne Widerspruch zu finden, an die Spitze der Nation zu stellen. Kriege brachen zwischen den einzelnen Stämmen aus, die stärkeren Stämme liessen zu, dass die Kananäer die schwächern unterdrückten, und erwiesen sich selbst zur Vertheidigung ihrer Unabhängigkeit machtlos. Trotz seiner vierzigtausend waffenfähiger Leute wurde Israel die Beute der Nachbarstaaten. Nach einander standen die einzelnen Bestandtheile des Volkes unter der Herrschaft der Amoriter, Ammoniter, Moabiter und Phönizier, und diese liessen sie reichlich für das büssen, was bei der Invasion ihnen von Josua widerfahren war: »Ueberall, wohin sie auszogen, war die Hand Jahveh's wider sie zum Unglück, so wie Jahveh geredet und so wie er ihnen geschworen. Und sie waren sehr bedrängt. Da erweckte Jahveh Richter, und die erretteten sie aus der Hand ihrer Plünderer. Aber auch ihren Richtern gehorchten sie nicht, denn sie hurten andern Göttern nach, und beteten sie an. Sie wichen schnell ab von dem Wege, welchen ihre Väter gewandelt, zu gehorchen den Geboten Jahveh's; sie thaten nicht also. Und wenn Jahveh ihnen Richter erweckte, so war Jahveh mit dem Richter und errettete sie aus der Hand ihrer Feinde, so lange der Richter lebte, denn Jahveh hatte Mitleid wegen ihrer Wehklage über ihre Bedrücker und ihre Dränger. Aber es geschah, wenn der Richter starb, so wandten sie sich und handelten übler als ihre Väter, indem sie andern Göttern nachgingen, ihnen zu dienen und sie anzubeten. Sie liessen nichts fallen von ihrem Thun und von ihrem hartnäckigen Wandel[2]«.

Selten genoss ein Richter Anerkennung bei der ganzen Nation; sein Wirken war meist örtlich begrenzt. Ging einem Stamme oder einer Stammgruppe bei der Unterdrückung die Geduld aus, und verjagte man die Fremden, dann übte derjenige, welcher an die Spitze der von Erfolg gekrönten Empörung getreten war, einige Jahre hindurch die höchste Gewalt aus. Die meisten Richter entsprechen bei weitem nicht der Vorstellung, welche sich die spätern theokratischen Geschichtschreiber Judäas von ihnen machten. Sie

1) Richter III, 5—7. 2) Richter, II, 15—19.

sind selten Helden der Sanftmut und Frömmigkeit: Gideon heisst auch Jerubaal (fürchtend den Baal) und errichtet in seiner Stadt ein Götzenbild[1]. Abimelek ist ein Tyran von der schlimmsten Sorte, und Jephtah beginnt seine Laufbahn als Strassenräuber: »Von einigen dieser Männer wird ausführlich gehandelt, von andern werden nur wenige und meist ganz unbedeutende Züge berichtet. Der Richter, von dem uns am meisten erzählt wird, der starke Simson, ist zwar wol als historische Persönlichkeit zu betrachten, aber die Darstellung seiner Thaten und Leiden trägt ein ganz sagenhaftes Gepräge und zeigt ein solches Gemisch von derbem Humor und tiefer Tragik, wie es sonst im alten Testament nicht vorkommt[2]«. Die Chronologie, welche sich aus den aneinandergereihten Berichten ergibt, ist erkünstelt und fast wertlos für die Geschichte: sie würde höchstens dazu führen, zwischen dem Auszuge aus Aegypten und dem Auftreten des jüdischen Königtums einen Zeitraum von fünfhundert Jahren anzusetzen. Die Ergebnisse der ägyptischen Chronologie haben uns genötigt, diese Ziffer bedeutend geringer anzunehmen.

Acht Jahre lang bedrückte Kusan-Reshataïm, der König von Nordsyrien, das ganze Land: danach befreite Kaleb's Neffe Othniel seine Landsleute und wurde der erste Richter, der erste wenigstens der uns erwähnt wird. Bald darauf befreiten der Benjamite Ehud und Sangar, Anath's Sohn, die nördlichen Stämme von der Herrschaft der Moabiter und Philistäer, ohne dass es ihnen jedoch gelungen wäre, in Israel wieder die Ordnung herzustellen[3]. Im Norden, nach den Jordanquellen zu, zwangen die Kananäer die galiläischen Stämme, dem Jabin, Könige von Hazor, Tribut zu zahlen. »Deborah aber, eine Prophetin, das Weib Lappidoth's, die richtete Israel zu selbiger Zeit. Sie wohnte aber unter einem Palmbaume, zwischen Rama und Bethel, auf dem Gebirge Ephraim. Und es gingen die Kinder Israel hinauf zu ihr zum Gericht«. Sie rief den Barak, den Naphtaliten, den Sohn Abinoam's, zu den Waffen und erliess an die zwölf Stämme einen Aufruf gegen die Kananäer. Juda und Simeon, Dan und Asher, ein Theil der Mannschaften von Ruben und sämmtliche von Gilead entsprachen ihrer Aufforderung

1) [Graf Baudissin, S. 25. S. 59]. | 2) Th. Nöldeke, Die alttestamentliche Literatur, S. 43, 44; [Siehe auch: Nöldeke, Untersuchungen zur Kritik des alten Testaments, S. 173 ff.] | 3) Richter, III.

nicht. Zebulon und Naphtali griffen Jabin's Feldherrn Sisera beim Berge Thabor an und schlugen ihn. Barak jagte den Streitwagen nach bis zu Aresoth-Goyim, und Sisera's ganzes Heer musste über die Klinge springen. Sisera floh zu Fuss in das Zelt Jael's, des Weibes Heber's, des Keniten, und diese ermordete ihn im Schlafe, indem sie ihm einen Nagel in die Schläfe schlug. Nachdem so der Krieg einen guten Anfang genommen hatte, wurde er mit der Unterstützung von Ephraim, Issashar und Benjamin weiter geführt, »und die Hand der Söhne Israels ward immer schwerer wider Jabin, den König von Kanaan, bis sie ihn ausrotteten«. Der Sieg begeisterte Deborah zu einem Liede der Danksagung, das man zu den schönsten der hebräischen Literatur rechnen darf: »Preiset Jahveh, dass Führer führten in Israel, dass willig das Volk war! — Höret, ihr Könige! merket auf, ihr Fürsten! Ich will, ich will dem Jahveh singen, will spielen dem Jahveh, dem Gott Israel's. — . . . . In den Tagen Samgar's, des Sohnes Onath's, in den Tagen Jael's feierten die Strassen, und die Wanderer gebahnter Wege gingen krumme Pfade. — Unbewohnt waren die unbefestigten Städte, unbewohnt waren sie in Israel, bis ich, Deborah, auftrat, bis ich auftrat als Mutter für Israel. — Auf, auf, Deborah! Auf, auf! Wohlan, Barak, führe deine Gefangenen, Sohn Abinoam's! — . . . . Gepriesen vor Weibern sei Jael, das Weib Heber's, des Keniten, vor Weibern im Zelte gepriesen! — Wasser verlangte er: Milch gab sie, in der Schale der Vornehmen brachte sie Rahm. — Ihre Hand streckt sie aus nach dem Pflock, und ihre Rechte nach dem Hammer der Arbeiter, und sie schlägt Sisera, zerschmettert sein Haupt, zermalmt und durchbohrt seine Schläfe. — Zwischen ihren Füssen sinkt er hin, fällt, liegt: zwischen ihren Füssen sinkt er, fällt; da, wo er sinkt, da liegt er erwürgt. — Durch das Fenster schaut, ruft die Mutter Sisera's durch das Gitter: »Warum zaudert sein Wagen zurückzukommen? Warum zögern die Tritte seiner Gespanne?« — Die Klugen unter ihren Edelfrauen antworten ihr; und sie selbst erwidert sich ihre Rede: »Werden sie nicht Beute finden, vertheilen: ein, zwei Mädchen auf jeden Kopf, Beute bunter Gewänder für Sisera?« — Also mögen untergehen all' Deine Feinde, Jahveh! Aber die ihn lieben, seien wie Aufgang der Sonne in ihrer Kraft!«[1].

1) Richter, IV—V.

Der Sieg Barak's hatte die nördlichen Volksstämme frei gemacht, die südlichen, die am Kampfe nicht Antheil genommen hatten, gerieten bald mit den kleinen Fürsten der arabischen Wüste in Händel. »Und es geschah, wenn Israel säete, so zogen Midian und Amalek und die Söhne des Ostens herauf und zogen wider sie. — Und sie lagerten sich wider sie und verderbten das Gewächs des Landes bis nach Gaza hin, und liessen keine Lebensmittel übrig in Israel, weder Schafe, noch Ochsen, noch Esel. — Denn sie und ihre Heerden zogen herauf und ihre Zelte, und kamen wie Heuschrecken an Menge, und ihrer und ihrer Kamele war keine Zahl, und sie kamen ins Land, es zu verheeren«. — Ein Mann aus dem Stamme Manasse, Jerubaal, der auch Gideon heisst, errettete Israel. An der Spitze einiger thatkräftiger Mannschaften überfiel er zur Nachtzeit die Midianiter und schlug sie vollständig in die Flucht. Die Entronnenen wurden beim Uebergang über den Jordan von den Ephraemiten abgethan. So gross war der Erfolg, dass man dem Sieger den Königstitel für sich und seine Nachkommen antrug. Er antwortete ihnen jedoch: »Ich will nicht herrschen über euch, und mein Sohn soll nicht herrschen über euch; Jahveh soll herrschen über euch!« Gideon machte sich von seinem Gotte eine ziemlich seltsame Vorstellung, wenn es wahr ist, dass er, um ihn besonders zu ehren, ein Götzenbild aus dem Golde der Beute goss, das er zu Ophra, in seiner Heimat, aufstellte; auch fügt der Verfasser des Buches der *Richter* vorsichtig hinzu, dass dieses Götzenbild »dem Gideon und seinem ganzen Hause zum Fallstricke war«. Abimelek, einer von den siebzig Söhnen des Helden, liess alle seine Brüder in Sichem ermorden und rief sich selbst zum Könige aus. Drei Jahre später kam er um bei einem Aufstande. Immer gewaltiger wurde die Anarchie, die er zu bekämpfen versucht hatte[1], und sie gab Israel ohne Widerstand den Anschlägen der Philistäer preis.

Schon längst hat man die ausländische Herkunft der Philistäer erkannt: »Eine sehr wahrscheinliche, von den besten Exegeten und Ethnographen angenommene Hypothese lässt sie aus Kreta kommen[2].

1) Richter III—IX. || 2) Hitzig, Urgeschichte und Mythologie der Philistäer, S. 14 ff; Gesenius, Thesaurus, unter den Worten *Kaphthor*, *Krethi*, u. s. w.; Ewald, Geschichte des Volkes Israel, 1, S. 325 ff. 2. Ausg., 3. Ausg. S. 348 ff.; Bertheau, Zur Geschichte der Israeliten, S. 188 ff.; Movers, Die Phönizier I, S. 3—4, 10, 27—29, 33 ff., 663; Tuch, Commentar über die Ge-

Der Name *Plishti* (*Ἀλλόφυλοι*) bereits deutet auf eine fremdländische Abkunft oder auf ferne Wanderungen und erinnert an den der *Pelasger*. Bei den hebräischen Schriftstellern heissen sie mehrfach *Kerethi* [1], ein Wort, in dem man ohne Widerstreben den Namen *Kreter* wiederfinden darf. Sonst [2] scheint dies Wort mit dem Worte *Kari* (Karer?) als Bezeichnung für die Leibwache der Könige Juda's, zu wechseln. Man weiss, dass die Karer die Bundesgenossen der Kreter waren und im Altertume gleichfalls die Rolle von Söldnern spielten [3]. Die hebräischen Ueberlieferungen lassen die Philistäer wenigstens einstimmig von der Insel Kaphthor [4] kommen; eine unklare Bezeichnung, welche für die Hebräer, ebenso wie die Namen *Kittim*, *Tharsis* und *Ophir*, weiter nichts als den Begriff eines fern und an der See gelegenen Landes ausdrückte. Das Wort *Kaphthor* entspricht ja auch so ziemlich dem Worte *Kypros*. Sieht man aber, wie die Hebräer im allgemeinen alle Inseln und Küsten des Mittelmeeres mit *Kittim* (dem Eigennamen der Stadt *Kittion* auf der Insel Kypros) und mit *Tharsis* die phönizische Kolonie *Tartessos* in Spanien) bezeichnen, so gibt man gern zu, dass sie den Namen der Insel Kypros (sehr vielen anderen Inseln und besonders Kreta beilegen konnten. Stephan von Byzanz [5] stellt uns Gaza als eine kretische Kolonie hin« [6]. Die ägyptischen Denkmäler bestätigen diese Hypothese und geben uns das Datum der philistäischen Wanderung. Die Philistäer gehörten zu den Stämmen, welche Aegypten zur Zeit Ramses' III. angriffen. Nachdem sie von diesem geschlagen waren, zogen sie vor, lieber in seinen Dienst zu treten, als in ihr fernes Vaterland zurückzukehren, und erhielten von ihm die Erlaubniss, sich an der südlichen Küste von Syrien anzusiedeln [7].

---

nesis. S. 215 ff.; Munk, Palestine, S. 82 ff. || 1) I. Sam., XXX, 14; Soph., II, 5; Ezech. XXV, 16. || 2) II. Sam., XX, 23; II Reg. XI, 4, 19. || 3) Ewald, Geschichte I, 329; 3. Aug. 352; Winer, Bibl. Realwörterb. Art. *Krethi und Plethi*; Bertheau, Zur Geschichte, S. 307, 313 ff. || 4) Kap. X, 14 der Genesis scheint sie aus Aegypten oder aus dem Lande der *Kasluchim* kommen zu lassen, wahrscheinlich liegt an dieser Stelle eine Umstellung vor, und die Worte: . . . *und die Kaphthorim* sind hinter *Kasluchim* zu setzen. || 5) Bei den Worten *Γάζα* und *Μινώα*. || 6) E. Renan, Histoire générale des langues sémitiques. 4. Ausg. Bd. I. S. 53—54. [Vergl. auch, Ebers, Aegypten und die Bücher Mose's S. 120 ff.; Dietrich, Kaphthor, in Merx' Archiv für wissenschaftliche Erforschung des A. T. S. 313—320.] || 7) Chabas bestreitet

Das Landgebiet, welches ihnen an dem Winkel, welchen Syrien und die Wüste bilden, abgetreten wurde, zog sich vom Bache Aegyptens bis in die Umgegend von Joppe hin. Dort befanden sich gegen fünf ansehnliche Städte, Gaza, Askalon, Ashdod, Ekron und Gath, welche alle über die Ausgänge aus Palästina und über die Zugänge zum Isthmus herrschten. Auch hatten längst die Pharaonen danach getrachtet, sich den Besitz des Landes zu sichern. In Gaza hatten Thotmes III., Seti I. und Ramses III. semitische Besatzungen unterhalten[1]. Ramses III. versetzte einen ausländischen Stamm dorthin, auf dessen Treue er rechnen zu dürfen glaubte. Die Ländereien und die offenen Flecken, die über diese verstreut waren, fanden die Philistäer im Besitze der Avväer, und diese boten keinen Widerstand. Sie nahmen die fünf Städte in Besitz und verschmolzen durch wiederholte Verbindungen mit der Urbevölkerung, nahmen auch deren Sprache und Religion an. Marna von Gaza und Dagon und Derketo, die Fischgötter Askalon's, wurden ihre Götter. Die Rasse, welche aus dieser Mischung hervorging, zerfiel naturgemäss in zwei Klassen, in eine Volksklasse, die besonders aus autochthonen Familien bestand, und eine kriegerische Aristokratie, die von den Ansiedlern des dritten Ramses herrührte. Wie die Israeliten nach Palästina kamen, hatten sie ein Interesse daran, nicht den Zorn der Pharaonen auf sich zu laden, und hüteten sich die Philistäer, die unmittelbaren Vasallen der Pharaonen, anzugreifen. Hätten sie es gethan, so wäre es für sie ohne Erfolg gewesen. Gaza, Ashdod, Askalon, Ekron und Gath, die dem Prinzip nach Juda zugesprochen waren, wurden niemals unterworfen. Als die Enakim aus der Umgegend von Hebron verjagt und die Amoriter von ihren Bergen vertrieben waren, da fanden sie ein sicheres Unterkommen unter den Mauern von Ekron, Ashdod und Gath. Die Zahl der Philistäer wuchs durch das Eintreffen dieser Flücht-

---

diese Ansicht. Études sur l'antiquité historique, 1. Ausgabe, S. 292—296; 2. Ausg. S. 284 ff.; Recherches sur l'histoire de la dix-neuvième dynastie. S. 99—101; Vergl. hierüber Maspero, in der Revue critique 1873, Bd. II, S. 84—85 und Fr. Lenormant, Histoire ancienne, Bd. I, S. 207—208. || 1) Siehe auf der Rückseite des Papyros Anastasi III., Taf. V—VI das Verzeichniss der semitischen Oberhäupter der Besatzung von Gaza unter Menephtah I., ungefähr ein halbes Jahrhundert vor dem Anlangen der Philistäer. Vergl. Chabas, Recherches sur l'histoire, S. 95—99.

linge, welche nicht wenig zur Kräftigung ihrer Macht beitrugen. Bald wurden die fünf »Schwesterstädte« die Hauptstädte von fünf durch das Band der innigsten Bundesgenossenschaft vereinigten Fürstentümern. Gaza übte für gewöhnlich eine Art von Hegemonie aus, die sich durch die militärische und kommerzielle Wichtigkeit seiner Lage rechtfertigt, dann folgten einander je nach ihrer Bedeutung untergeordnet: Ashdod, Askalon, Gath und Ekron. Eine jede wurde von einem Kriegshäuptlinge oder *Seren* regiert. Zu Gath, wo die Bevölkerung stärker als anderswo mit kananäischen Bestandtheilen untermengt war, war Seren eine erbliche, mit dem Titel König (*melek*) verbundene, Würde. Die fünf Sarnim traten zu einem Rate zusammen, um über die Geschäfte zu verhandeln und im Namen der Bundesgenossenschaft zu opfern, sie zogen gemeinschaftlich in den Krieg, ein Jeder an der Spitze des Kontingents, welchen die Stadt gestellt hatte, deren Oberhaupt er war. Ihre Hauptmacht lag in Streitwagen, auf denen der Adel einherfuhr, und in Bogenschützen, deren Geschicklichkeit in Israel sprichwörtlich war[1].

Als die Priesterkönige selbst auf die nominelle Herrschaft verzichten mussten, welche die Aegypter noch über Syrien ausübten, hatten die Philistäer ihre Macht bereits an den Nachbarvölkern erprobt. Ihr erster Anschlag gegen Israel, den Samgar zurückschlug, scheint nicht von Bedeutung gewesen zu sein; noch zogen sie das Seeräubergewerbe dem Landkriege vor. Ihre Schiffe zogen von Askalon oder von Mafuma, dem Hafen Gaza's, aus, durchfurchten die Meere und liefen den Phöniziern den Rang ab. Ihre Kühnheit wuchs derartig, dass eine ihrer Flotten, unter dem Befehle des Häuptlings von Askalon, Sidon angriff, das sidonische Geschwader schlug und die Stadt einnahm[2]. Dieses Missgeschick versetzte der sidonischen Herrschaft den Todesstoss. Die Aristokratie flüchtete nach Tyros und dachte dort eine sichere Zuflucht vor den Anschlägen der Seeräuber zu finden, Sidon verlor seine Stellung als Hauptstadt und verschwand auf mehrere Jahrhunderte vom Schauplatz. Sein Fall war für die Israeliten der kleinen Nordstämme ein

1) Ueber die Philistäer ist die ausgezeichnete Monographie von Stark, Gaza und die philistäische Küste, Jena 1852 zu Rat zu ziehen. || 2) Justin, Buch XVIII, K. 2. Vergl. Movers, Die Phönizier, Bd. II, 1, S. 315—317.

glückliches Ereigniss, er befreite sie von den Phöniziern und sicherte ihnen fünfzig Jahre lang den Frieden. »Und es stand auf, Israel zu retten, Tolah, der Sohn Puah's, des Sohnes des Dodo, ein Mann aus Issashar. Er wohnte aber zu Samir auf dem Gebirge Ephraim. — Und er richtete Israel dreiundzwanzig Jahr. Da starb er und ward begraben zu Samir. — Und es stand auf nach ihm Jaïr, der Gileadit, und richtete Israel zweiundzwanzig Jahr: — und er hatte dreissig Söhne, welche auf dreissig Eseln ritten und dreissig Städte hatten. Man nennt sie Jaïr's Dörfer bis auf diesen Tag, welche im Lande Gilead liegen«[1].

Im Süden nahmen die Philistäer sehr bald eine bedrohliche Haltung an. Während die Ammoniter und Amoriter in Peräa einfielen, griffen sie Dan, Simeon und Juda an. Der Gileadit Jephtah, der anfangs im Lande Tob das Räuberhandwerk betrieb, schlug hintereinander die Amoriter und die Ammoniter. Er soll, um den Sieg zu erhalten, dem Herrn gelobt haben, er werde ihm das, was ihm, wenn er wohlbehalten aus dem Lande der Kinder Ammon zurückkehre, zuerst aus seinem Hause entgegenkäme, als Brandopfer darbringen: »Als er gen Mit'pah kam zu seinem Hause, siehe! da ging seine Tochter heraus ihm entgegen mit Pauken und Reigen: sie war aber nur die einzige, er hatte weder Sohn noch Tochter ausser ihr. — Und es geschah, als er sie sah, da zerriss er seine Kleider und sprach: »»Ach, meine Tochter! tief beugst du mich und bringst mich ins Verderben! Ich habe meinen Mund aufgethan gegen Jahveh, und kann es nicht zurücknehmen««. — Und sie sprach zu ihm: »»Mein Vater, hast du deinen Mund aufgethan gegen Jahveh, so thu mit mir, wie es hervorgegangen aus deinem Munde, nachdem dir Jahveh Rache verliehen hat an deinen Feinden den Kindern Ammon's««. — Doch sprach sie zu ihrem Vater: »»Es geschehe mir dieses: lass ab von mir zwei Monde, dass ich hinabgehe nach den Bergen und meine Jungfrauschaft beweine, ich und meine Gespielinnen««. — Und er sprach: »»Gehe hin!«« Und er entliess sie auf zwei Monde. Und sie ging hin mit ihren Gespielinnen und beweinte ihre Jungfrauschaft auf den Bergen. — Und es geschah nach Verlauf zweier Monde, da kehrte sie zurück zu ihrem Vater, und er that an ihr das Gelübde, das er gelobt. Und

1) Richter X, 1—4.

es war eine Sitte in Israel, — alljährlich gehen die Töchter Israel's hin, zu klagen um die Tochter Jephtah's, des Gileaditen, vierzig Tage im Jahr«[1]. Jephtah's Siege über die Ammoniter befreiten nur die Stämme, die im Mittelpunkte des Landes lagen, und die von Peräa; die im Süden blieben noch immer den Angriffen der Philistäer ausgesetzt. Der in Simson, dem Daniten, verkörperte Widerstand der Landbevölkerung mochte immerhin Wunderthaten über Wunderthaten vollführen, es wurde doch Israel schwächer von Tag zu Tag, und es war nicht abzusehen, wann sein Verfall innehalten würde.

Achtes Kapitel.

Das jüdische Reich.

Anfänge des jüdischen Königtums. Samuel, Saul und David. — Salomo. Der Abfall der zehn Stämme. — Israel und Juda bis zu Omri's Regierungsantritt. Die einundzwanzigste ägyptische Dynastie. — Sheshonq I. Anfänge des Königreichs Damaskus.

Anfänge des jüdischen Königtums. Samuel, Saul und David.

Nachdem die Philistäer Juda und Simeon unterworfen hatten, wandten sie sich gegen die im Mittelpunkte des Landes ansässigen Stämme Ephraim, Benjamin und Manasse. Das Volk meinte, es werde in einer Verbindung der bürgerlichen Gewalt mit der priesterlichen Oberhoheit Linderung für seine Leiden finden, und erkor den Hohepriester Eli zum Richter und Heerführer. So lange er jung war, entsprach Eli der Hoffnung Israel's; wie er aber auf seinen alten Tagen blind wurde, entfremdeten seinem Hause die Gewaltthaten und Ausschweifungen seiner Söhne das Herz des Volkes. Die Philistäer fielen in die Ebene Jezreel ein, schlugen zu Aphek ein Lager auf und tödteten in einer ersten Schlacht von den Israeliten viertausend Mann. Da sprachen die Alten von Israel: »Warum hat uns Jahveh heute geschlagen vor den Philistäern? Lasst uns von Shilo die Bundeslade Jahveh's holen, dass sie in unsere

1) Richter, XI.

Mitte komme und uns errette von der Hand unserer Feinde«. — »Und als die Bundeslade Jahveh's in das Lager kam, da erhob ganz Israel ein grosses Geschrei, dass die Erde bebte«. Wie das die Philistäer vernahmen, hatten sie Angst und sprachen: »Wehe uns! denn solches war nicht gestern und vorgestern! — Wehe uns! wer wird uns retten von der Hand dieses mächtigen Gottes!«.... »Seid fest und seid Männer, ihr Philistäer, dass ihr nicht den Hebräern dienen müsst, wie sie euch gedienet haben! So seid denn Männer und streitet!« Dreissigtausend Israeliten blieben auf dem Schlachtfelde, und die Bundeslade wurde erobert. »Da lief ein Mann von Benjamin vom Wahlplatze und kam gen Shilo an demselben Tage, seine Kleider zerrissen und Erde auf seinem Haupte. — Und als er kam, siehe, da sass Eli auf dem Stuhle, zur Seite des Weges, und harrte, denn sein Herz war bange wegen der Lade Gottes. Und als der Mann gekommen war, es zu berichten in der Stadt, siehe, da wehklagte die ganze Stadt. — Und Eli hörte den Schall des Wehklagens und sprach: »Was bedeutet der Schall dieses Lärmens?« Und der Mann eilete und kam, und berichtete es dem Eli. — Eli aber war achtundneunzig Jahr alt und sein Auge war starr, und er konnte nicht sehen. — Und der Mann sprach zu Eli: »Ich komme von der Wahlstatt und bin heute von der Wahlstatt geflohen«. Und er sprach: »Wie stand die Sache, mein Sohn?« — Und der Bote antwortete und sprach: »Israel ist geflohen vor den Philistern, und auch war eine grosse Niederlage unter dem Volke, und deine beiden Söhne, Hophni und Pinehas, sind todt, und die Lade Gottes ist genommen«. — Und es geschah, als er die Lade Gottes erwähnte, da fiel er vom Stuhle, rücklings, an der Seite des Thores, und brach das Genick und starb, denn er war ein alter Mann und schwer«[1].

Ein Prophet errettete Israel. Zu allen Zeiten waren unter der Menge Seher (*Roë, Hoze*) aufgetreten, Propheten (*nâbî*), denen eine plötzliche Erleuchtung die Geheimnisse der Vergangenheit, Gegenwart und Zukunft enthüllte. Der Nâbî war der Dollmetscher Gottes, der Mund, dessen Gott sich bedient, um zu den Menschen zu reden, er »spricht daher oft geradezu von Gott in der ersten Person. Die menschliche Persönlichkeit tritt dann bei ihm ganz

---

1) I Samuel, IV, 1—8.

zurück, aber nur, um bald wieder deutlich hervorzutreten; denn diese Form ist nur ein Ausdruck der höchsten Begeisterung oder der innigsten Ueberzeugung von der Einheit des menschlichen Willens und Denkens mit dem göttlichen. Nur der ist ein Prophet, welcher von sittlich-religiösen Gedanken und Empfindungen bewegt ist und im Dienste der Religion Israel's steht; mit dem Verzückten oder Wahrsager hat er nur in Aeusserlichkeiten Gemeinschaft«[1]. Samuel, der Sohn Elkanah's war nach langjähriger Unfruchtbarkeit geboren und von seiner Mutter Hannah der Verehrung Jahveh's geweiht worden. Als Kind bereits war er nach Shilo geschickt, angethan mit »einem linnenen Ephod« und einem Mäntelchen, das seine Mutter ihm alljährlich brachte, wenn sie mit ihrem Manne zu dem alljährlichen Opfer hinaufzog, diente er dem Herrn vor Eli bis zu dem Tage, wo die göttliche Begeisterung ihn erfasste. Fortan »war Jahveh mit ihm und liess nichts von allen seinen Worten auf die Erde fallen. — Und es erkannte ganz Israel von Dan bis Bersheba, dass Samuel betraut war als Prophet Jahveh's«[2].

Zwanzig Jahre nach dem Unglückstage von Aphek hielt Samuel die Zeit für gekommen, das Philistäerjoch abzuschütteln. Er ermahnte das Volk, auf die Anbetung der Baalim zu verzichten, und rief es nach Mit'pah zusammen, dass es für seine Sünde Busse thun sollte. Die Philistäer beunruhigte diese Versammlung, die für ihre Machtstellung nichts gutes verkündete, und sie »zogen hinauf wider Israel; und die Söhne Israel's hörten es und fürchteten sich vor den Philistäern. — Da nahm Samuel ein Milchlamm und opferte es dem Jahveh als ganzes Brandopfer; und Samuel schrie zu Jahveh für Israel, und Jahveh erhörete ihn«. Die Philistäer wurden durch rollenden Donner in die Flucht geschlagen und konnten nur mit Mühe in ihre Heimat zurückkommen: »Da nahm Samuel einen Stein und setzte ihn zwischen Mit'pah und den Felsen, und nannte seinen Namen Ebeneser und sprach: »Bis hierher hat uns Jahveh geholfen«. Schleunigst benutzte er seinen Sieg, schlug die Tyrer und Amoriter und nahm alle verlorenen Städte wieder ein[3]. Doch konnte er nicht hindern, dass die Feinde zu Michmas eine Burg erbauten, in Gibea eine Besatzung hielten und die südlichen Stämme entwaffneten.

1) Nöldeke, Die alttestamentliche Literatur, S. 200. || 2) I. Samuel, I—III. || 3) I. Samuel VII.

In ganz Israel gab es keinen Schmied mehr, denn die Philistäer hatten gesagt: »Man muss den Hebräern verwehren, sich Schwerter oder Spiesse zu machen«. — Und ganz Israel ging herab zu den Philistäern, um ein Jeglicher seine Pflugschaar, seine Hacke, sein Beil und seinen Spaten zu schärfen, wenn nämlich die Schneiden an den Spaten und Hacken, Gabeln und Beilen abgestumpft waren, und um die Spitzen zu richten«[1]. Samuel suchte seine Hülflosigkeit dadurch zu verschmerzen, dass er die Jahvehverehrung, wenigstens so gut er konnte, wieder einrichtete. Er schlug in Rama, seinem Geburtsorte, in dem er dem Herrn einen Altar errichtet hatte, seinen Wohnsitz auf. Jahr aus Jahr ein zog er im Lande umher gen Bethel, Gilgal und Mit'pah, hielt dort Volksversammlungen ab und »richtete Israel«[2].

Wie er alt wurde, »setzte er seine Söhne als Richter über Israel. — Und es war der Name seines Erstgeborenen Joël und der Name seines zweiten Abijah; sie richteten zu Bershebah«. Mit ihnen stand es wie vordem mit den Söhnen Eli's: »sie bogen aus nach Gewinn und beugten das Recht«. Israel war ihrer Herrschaft müde, ebenso seiner eigenen Zerwürfnisse und der Ohnmacht, zu welcher diese es verurtheilten, und beschloss, gleich den Nachbarvölkern sich einen König zu wählen. Samuel versuchte, ihnen diesen Vorsatz dadurch auszureden, dass er ihnen die Leiden schilderte, welche dieser Entschluss für sie zur Folge haben würde. »Der König wird eure Söhne nehmen und sie sich auf seine Wagen thun und unter seine Reiter, dass sie vor seinem Wagen herlaufen, — dass er sich Oberste mache über tausend und Oberste über fünfzig, dass sie seine Aecker ackern, und seine Ernte ernten, und seine Kriegsgeräte machen und seine Wagengeräte. — Und eure Töchter wird er nehmen zu Salbenmischerinnen und zu Köchinnen und Bäckerinnen. — Und eure Felder und eure Weinberge und eure Oelgärten, die besten, wird er nehmen und seinen Knechten geben. — Und eure Knechte und eure Mägde und eure schönsten Jünglinge wird er nehmen und gebrauchen zu seinen Geschäften. — Den Zehnten von euren Schafen wird er nehmen und ihr selber werdet seine Knechte sein. — Zu selbiger Zeit werdet ihr schreien wegen eures Königs, den ihr euch gewählt, und Jahveh wird euch nicht erhören

1) I. Samuel XIII, 19—21. || 2) I. Samuel, VII, 16.

zu selbiger Zeit. Das Volk wollte von nichts wissen: »Ein König soll über uns sein, — dass auch wir seien wie alle Völker, und unser König richte uns. Er ziehe aus vor uns her und streite unsere Streite[1]«. Da Samuel ihnen einen König geben musste, fasste er bei sich den Entschluss, ihnen einen zu geben, der ihm zu Gefallen lebte.

Der Ammonit Nahash hatte sich um Jabes in Gilead gelagert und hielt es eng eingeschlossen. Vergeblich trachteten die Einwohner nach einem ehrenvollen Friedensschlusse; er wies ihre Anerbietungen zurück: »Darin will ich mit euch einen Bund machen, dass ich euch allen das rechte Auge aussteche und euch zur Schande Israel's mache«. Sie schickten Boten zu den zwölf Stämmen, um Hülfe zu erbitten, und überall, wo die Boten hinkamen, begann das ganze Volk zu wehklagen. Saul, der Sohn des Kis, ward unwillig über die Feigheit und die nutzlosen Thränen seiner Landsleute, er nahm ein Paar Ochsen, die er vom Felde heimführte, zerstückelte sie und schickte die Theile davon in Israel herum, mit der Drohung, so werde er mit den Ochsen derer verfahren, die nicht Saul und Samuel nachfolgten. Saul war stark, wohlgestaltet, einen Kopf höher als das übrige Volk. Man kam auf seinen Ruf zusammen, und Jabes wurde befreit. Samuel glaubte, den Mann gefunden zu haben, den er brauchte, und rief Saul zu Gilgal zum König aus.

Das Einverständniss zwischen dem Propheten und seinem Günstling hielt nicht lange vor. Samuel rechnete stark darauf, in Saul's Namen der eigentliche Herrscher zu sein, und Saul seinerseits verfehlte nicht, die Bevormundung in der Samuel ihn zu halten trachtete, lästig zu finden. Um immer eine Streitmacht bereit in der Hand zu haben, hatte er sich ein kleines stehendes Heer von dreitausend Mann eingerichtet, von denen zweitausend bei ihm selbst weilten, tausend unter dem Befehle seines Sohnes Jonathan standen. Jonathan benutzte dies dazu, den Philistäern die Burg Gibea zu entreissen, die sie bereits lange besassen. Sogleich berief Saul das Volk nach Gilgal und bat Samuel, er möge dem Herrn das Sühnopfer darbringen. »Er wartete sieben Tage, aber Samuel kam nicht gen Gilgal, und das Volk verstreute sich von Saul. — Da sprach Saul »bringet mir her Brandopfer und Dankopfer«! Und er opferte

1) I. Samuel, VIII.

Brandopfer«. Wie er kaum damit fertig war traf Samuel ein und überhäufte, da er darin eine Anmassung sah, den König mit Vorwürfen: »Jahveh hätte dein Reich bestätigt über Israel für und für. Aber nun wird dein Reich nicht bestehen. Jahveh hat sich einen Mann gesucht nach seinem Herzen, dem hat der Herr geboten, Fürst zu sein über sein Volk, denn du hast Jahveh's Gebot nicht gehalten«. Mit den sechshundert Mann, die Saul noch übrigbehalten hatte, schlug er trotzdem bei Michmas die Philistäer und setzte ihnen bis nach Beth-Avon nach. Durch diesen Sieg wurde sein Ansehn erhöht, und die Israeliten gewannen frischen Mut. Hinter einander wurden die Moabiter, Ammoniter, Edomiter und die syrischen Könige von T'obah besiegt. Amalek wurde zuletzt heimgesucht, und, was sich bei der Niederlage desselben zutrug, steigerte noch Samuel's Hass gegen den König.

Samuel hatte den Israeliten befohlen, Amalek auszutilgen: »Tödte beides, Mann und Weib, Kinder und Säuglinge, Ochsen und Schafe, Kamele und Esel«. Saul verschonte nach seinem Siege den König Agag und hob den besten Theil der Beute auf. Samuel war über solchen Ungehorsam empört und sprach über Saul nochmals seine Verwünschung aus: »Ist es nicht also, da du klein warst vor deinen Augen, wurdest du das Haupt unter den Stämmen Israels, und Jahveh salbte dich zum König über Israel? — Und der Herr sandte dich auf den Weg und sprach: »Zieh hin! und vertilge die Sünder, die Amalekiter und streite wider sie, bis du sie vernichtest. — Warum hast du nicht gehorcht der Stimme Jahveh's«? Saul versuchte vergeblich, sich zu entschuldigen; Samuel entgegnete ihm: »Ich will nicht mit dir umkehren, denn du hast Jahveh's Wort verworfen, und Jahveh hat dich auch verworfen, dass du nicht König seist über Israel«. Und als sich Samuel umwandte, weil er wegging, ergriff Saul ihn bei einem Zipfel seines Gewandes, und es zerriss. — Da sprach Samuel zu ihm: Jahveh hat das Königreich Israel heute von dir gerissen und deinem Nächsten gegeben, der besser ist als du«. — Saul aber sprach: »Ich habe gesündigt; aber ehre mich doch jetzt vor den Aeltesten meines Volks und vor Israel und kehre mit mir um, dass ich den Jahveh, deinen Gott, anbete«. Samuel willigte ein und liess sich Agag holen. Wie dieser erschien, rief Samuel: »Wie dein Schwert Weiber ihrer Kinder beraubt hat also soll auch deine Mutter ihrer Kinder beraubt sein unter den

Weibern«. Also zerhieb Samuel den Agag in Stücken vor Jahveh in Gilgal und kehrte heim nach Rama. Saul sah ihn hinfort nicht wieder.

Der greise Prophet führte allerdings nichts geringeres im Sinne, als in Israel einen König dem andern gegenüber zu stellen. Unter dem Vorwande, daselbst ein Opfer feiern zu wollen, begab er sich nach Bethlehem und weihte hier David, den Sohn des reichen Isaï (Jesse) zum Thronerben mystisch ein. David wurde, um den in Schwermut versunkenen König zu zerstreuen, an den Hof berufen, wurde bald Saul's Günstling und Jonathan's Busenfreund. Bei einem Kriege gegen die Philistäer lenkte er die Aufmerksamkeit des Volkes durch seine Heldenthaten und seinen Mut auf sich, »und es begab sich, da er wiedergekommen war, dass die Weiber aus allen Städten Israels waren gegangen mit Gesang und Tanz dem Könige Saul entgegen mit Pauken, mit Jubel und mit Kymbalen. — Und es stimmten an die Weiber, die da spielten, und sprachen zu einander: »Saul hat seine tausend erschlagen, aber David seine zehntausend!« Das weckte in Saul die Eifersucht: eines Tages versuchte er bei einem Wutanfall David mit seiner Lanze aufzuspiessen. Nachdem er wieder zu sich gekommen war, entfernte er den Jüngling, machte ihn zum Hauptmann und gab ihm zur Belohnung für seine Dienste die Hand seiner zweiten Tochter Michal. Mehrmals wurde David von seinem Weibe, von seinem Schwager Jonathan und von dem Hohenpriester Achimelek errettet, verliess dann schliesslich das Land und zog sich zu Achis, dem Könige von Gath und von diesem in das Land Moab zurück. Er führte fortan ein abenteuerliches Dasein als Bandenführer, war heute mit den Philistäern verbündet, morgen deren Widersacher, wurde von Saul mit Erbitterung verfolgt und lebte nur von der Mildthätigkeit eines Weibes oder von dem, was er auf den Feldern wegnahm. In jeder Hinsicht schien ihn das Schicksal heimzusuchen: Samuel starb zu Rama, Saul liess seinen Freund den Hohenprieser Achimelek tödten und nahm ihm sein Weib Michal weg, um sie mit Jemand anders zu verheiraten. Des Krieges müde suchte er seine Zuflucht bei den Philistäern: Achis nahm ihn wohlwollend auf und gab ihm T'iklag zum Wohnsitz.

Dort war er anderthalb Jahre lang, als Krieg ausbrach. Saul sammelte im Norden Ephraim's sein Heer auf dem Gebirge Gilboa, doch war zum ersten Male sein Herz unruhig und seine Seele voll düsterer Vorahnungen. Die Sage berichtet, in einem Augenblicke der Entmutigung, habe er sich zu einer Hexe in Endor begeben und diese ersucht, Samuel's Schatten heraufzubeschwören. Samuel erschien, das Gesicht mit seinem Mantel verhüllt, und wiederholte die Verwünschungen, die er gegen Saul ausgestossen hatte: »Jahveh hat das Königtum gerissen aus deiner Hand und es einem andern gegeben, dem David. Wie du der Stimme Jahveh's nicht gehorcht und nicht vollzogen hast seine Zornesglut an Amalek, darum thut dir Jahveh solches an diesem Tage. Und Jahveh wird auch Israel mit dir in die Hand der Philistäer geben, und morgen wirst du und deine Söhne bei mir sein. Auch das Heer Israel's wird Jahveh in die Hand der Philistäer geben[1]«. Am anderen Tage wurden in der That die Israeliten bei Gilboa geschlagen; Saul verzweifelte und stürzte sich in sein Schwert. Die Feinde schnitten ihm den Kopf ab und hingen Saul's Leiche an die Mauer von Bethshean, von der sie die Bewohner der Stadt Jabes in Gilead entfernten. Bei der Kunde von diesem Unglück brach David in Thränen aus: »O Israel! die da getödtet sind auf deinen Höhen, gefallen sind deine Helden! — Sagt es nicht an zu Gath, verkündet es nicht auf den Gassen Askalon's, dass sich nicht freuen die Töchter der Philistäer, dass nicht frohlocken die Töchter der Unbeschnittenen! — Ihr Berge zu Gilboa! nicht Thau, nicht Regen sei auf euch noch auf euern hohen Gefilden, denn dort fiel der Schild der Helden, der Schild Saul's, als wäre er nicht der Gesalbte des Herrn. — Vom Blute der Erschlagenen, vom Fette der Helden wich Jonathan's Bogen nicht zurück und Saul's Schwert kehrte nicht leer heim. — Saul und Jonathan, die sich liebten im Leben, sind auch im Tode nicht geschieden; leichter als die Adler und stärker als die Löwen. — Ihr Töchter Israel's, weinet über Saul, der euch kleidete in Scharlach, der euch goldenen Schmuck gab für eure Gewänder. — Ach, gefallen sind die Helden im Streit! Jonathan ist erschlagen auf den Höhen! — Es ist mir leid um dich, mein Bruder Jonathan, ich habe grosse Freude und Wonne an dir gehabt, deine Liebe war mir mehr als Frauenliebe. — Ach, gefallen sind die Helden im Streit, und verloren ist die Kriegsrüstung[2]!«

1) I. Samuel, XXVIII, 8—19. || 2) II. Samuel, I, 19—27.

Wider alles Erwarten verfolgten die Philistäer nicht weiter diesen Erfolg, sondern zogen sich in ihre Städte zurück und legten die Waffen nieder. Freilich schien es auch, als bedürfe Israel nicht mehr äusserer Angriffe, um zu unterliegen, sondern trüge selbst genug zu seinem eigenen Verfalle bei. Statt Angesichts des Feindes sich zu einigen, trennten sich die zwölf Stämme, und der Bürgerkrieg brach aus. Während sich David zu Hebron von Juda ausrufen liess, sammelte Abner die Ueberbleibsel des Heeres und gab dem übrigen Volke Ishbaal (Ishboseth), den Sohn Saul's, zum König; Machanaïm im Lande Gilead wurde der Sitz des neuen Königtums. Länger als sieben Jahre dauerten die Feindseligkeiten mit schwankendem Erfolge. Vielleicht hätten sie schliesslich zu David's Ungunsten geendet, da verliess Abner seinen Herrn, der ihn schwer gekränkt hatte, und Ishbaal ward bald darauf von zweien seiner Leute ermordet, so dass David keinen Widersacher mehr hatte. Die Vertreter der Stämme begaben sich nach Hebron und liessen ihm in Gegenwart der Aeltesten die Weihe ertheilen. Drei Tage lang dauerten die Krönungsfeierlichkeiten, von überall her, sogar aus den fernen Gegenden Asher's, Zebulon's und Naphtali's brachte man »Brod auf Eseln und auf Kamelen, auf Maulthieren und auf Rindern, Mehlspeisen, Feigen und Rosinen, Wein und Oel, und Rinder und Schafe in Menge, denn es war Freude in Israel[1]«.

Hebron war durch seine Lage im Mittelpunkte von Juda zwar die natürliche Hauptstadt dieses Stammes jedoch nicht für ein Königreich, das sich über ganz Israel ausdehnte. David suchte eine weniger weit nach Süden gelegene Stadt und wählte die Kananäerburg Jebus. Jebus lag auf einer nach Osten, Süden und Westen vom Bette des Kidron und von der Schlucht Hinnom eingefassten Anhöhe; durch eine tiefe Spalte, die von Nord nach Süd verlaufend die Höhen Zion's von den Hügeln Millo und Moriah trennte, wurde es in zwei Theile geschnitten. Durch einen kräftigen Angriff unter Joab's Leitung fiel die Stadt in die Hände der Hebräer. Mit dem Besitzer wechselte es den Namen, und wurde Jerusalem. David setzte es eiligst in Vertheidigungszustand, schlug seine Residenz zu Zion auf und befestigte Millo, während er Moriah dem Volke überliess; doch umschloss er diese drei Punkte nicht mit einer

1) I. Chronik, XII (XIII), 40.

zusammenhängenden Umfassungsmauer[1]. Als späterhin ihm der Erfolg seiner ersten Kriege einige Augenblicke Ruhe gönnte, liess er sich durch tyrische Arbeiter ein Schloss aus Cedernholz und behauenen Steinen errichten[2]. Zunächst liess er aus Kiriath-Jearim die Bundeslade holen, wo sie seit Eli's Tode geblieben war, und stellte sie bei sich auf dem Hügel Zion hin[3]. Somit machte er Jerusalem nicht nur zur politischen, sondern auch zur religiösen Hauptstadt des Landes; die Hebräer gewöhnten sich, die neuerdings erst eroberte Stadt als Königssitz und als die Stätte Gottes zu betrachten. Von dieser Neigung wusste David Nutzen zu ziehen. Während er an der Grenze Benjamin's sass und Juda im Rücken hatte, konnte er über Jericho in das Jordenthal hinuntergehen und von da in's Land Gilead gelangen. Allerdings waren Zebulon, Asher und Naphtali noch weiter von ihm ab, als nötig war, doch waren das Stämme von geringer Bedeutung. Er musste, um zu herrschen, Ephraim und Juda in seiner Hand haben, und dazu war die Lage Jerusalem's ungemein günstig.

Da die Zwietracht der Israeliten den Philistäern eine Bürgschaft für ihre eigene Ruhe gab, hatten sie, solange Ishbaal lebte, die Juden in Frieden gelassen; die Einigung der zwölf Stämme jedoch erregte bei ihnen ernstliche Befürchtungen. Sie fassten den Entschluss, den neuen König anzugreifen, bevor er Zeit fände, die Ordnung wieder herzustellen und ein Heer zu organisiren. Jerusalem wurde bedroht, Bethlehem belagert, alles vergebens. David schlug die Philistäer zweimal nach einander, verfolgte sie von Gabaon bis gen Gezer[4]) und ging, ohne ihnen die Zeit zu lassen, sich wieder zu erholen, von der Vertheidigung zum Angriff über. Der Streit entspann sich an der ganzen Grenze entlang, von Gath bis Ekron, und währte lange, bis er zu irgend welchem Ergebnisse kam. David schonte sich nicht und trat tapfer mit seiner Person ein. Eines Tags wagte er sich soweit in's Handgemenge vor, dass nur mit Mühe Abisaï ihn der Gefahr entriss: fortan liessen seine Gefährten ihn nicht mehr an der Schlacht Antheil nehmen. Er hatte immer ein Corps von sechshundert Tapfern (*gibborim*) um sich, die

---

1) II. Sam. V, 5—9; I. Chron. XI (XII), 4—8. || 2) II. Sam. V, 11; I. Chron. XIV (XV), 1. || 3) II. Sam. VI; I Chron. XIII (XIV); XV—XVI (XVI—XVII). || 4) II. Sam., V, 17—25; I. Chron., XIV (XV), 8—17.

den Kern seines Heeres bildeten: und ihre Anführer, Joab und Abisaï, Eleazar, der Sohn Dodo's, Elchanan aus Bethlehem, Jonathan und Benaïah blieben immer die Lieblinge des israelitischen Volks. Lange nach ihrem Tode erzählte man sich davon, wie Jabsocham, der Sohn Hakmoni's ganz allein dreihundert Mann erlegte an einem Schlachttage[1], und wie »Benaïah, der Sohn Joïada's, des Sohns eines tapfern Mannes von Kabt'eel«, grosse Thaten verübte. »Selbiger schlug die beiden tapfersten Männer Moab's und selbiger stieg hinab und schlug den Löwen in der Grube an einem Schneetage. Und er schlug auch einen ägyptischen Mann, der fünf Ellen hoch war, und in der Hand des Aegypters war ein Speer, dick wie ein Weberbaum, und er ging zu ihm hinab mit einem Stocke, und riss den Speer aus der Hand des Aegypters und tödtete ihn mit seinem eigenen Speere[2]«. Die Philistäer wurden stets geschlagen und baten schliesslich um Frieden. Gath und die dazugehörigen Dörfer blieben in der Gewalt der Israeliten, die vier andern Städte behielten ihre Unabhängigkeit und waren nicht einmal zu einem regelmässigen Tribute verpflichtet. Ihren plötzlichen Angriff hatte Israel fortan nicht mehr zu befürchten, ihre Kriegsmacht war vernichtet und kam nie wieder völlig zum Aufschwung.

Der glückliche Ausgang dieses langen Krieges liess David Lust an seinen Erfolgen finden: sein Königreich ward gekräftigt und erweiterte sich nach allen Seiten hin mit jener Schnelligkeit, welche den morgenländischen Monarchien eigen ist. Zuerst unterlag Moab. Zwei Drittel der Einwohner wurden kaltblütig niedergemetzelt, die übrigen unterwarfen sich[3]. Einen mächtigeren Feind fanden die Hebräer im Norden vor. Wie zu Zeiten der Aegypter zerfiel Syrien in lauter mit einander rivalisirende Königreiche, in die Reiche Damaskus, Maacha, Rohob, T'obah und Hamath. Der damalige Beherrscher von T'obah, Hadarezer, Rehob's Sohn, unterwarf dieselben sämmtlich eins nach dem andern und brachte schliesslich eine gewisse Einheit in das ganze. David konnte die Begründung eines grossen Staatswesens im Orontesthale nicht genehm sein, er griff, wie Hadarezer gerade »hinzog, seine Macht wiederherzustellen am Strome Euphrat«, Aram-T'obah an und trug einen offenkundigen Sieg davon. Die Damaskener hatten sich so

1) I. Chron. XI (XII) 11. || 2) II. Sam., XXIII, 20—21; I. Chron. XI (XII), 22—23. || 3) II. Sam. VIII, 2; I. Chron., XVIII (XIX) 2.

verspätet, dass sie an der Schlacht nicht mehr Theil nehmen konnten, und lauerten ihm auf dem Rückwege auf: er schlug sie, nahm ihre Stadt ein und liess in derselben eine Besatzung zurück. Die Kunde von diesem Erfolge erfüllte nicht bloss die Hebräer, sondern auch mehrere Syrerfürsten mit Freude, welche Hadarezer's unruhiger Sinn beängstigte, und Thoï, der König von Hamath, sandte seinen Sohn Joram zu David, um diesem zu seinem Siege Glück zu wünschen[1]. Diese Eroberung hatte mehrere andere Eroberungen zur Folge. Um Damaskus zu besetzen, hatte man den südlichen Landstrichen ihre Besatzung entziehen und Juda ohne Vertheidigung lassen müssen. Das benutzten die Idumäer und begannen von neuem ihre Raubzüge in den Grenzgebieten. In aller Eile schickte David eine Abtheilung von dem in Syrien kriegführenden Heere ab. Joab und Abisai schlugen die Idumäer im Salzthale südlich vom todten Meere[2]). Der König kam um im Gefecht, sein Sohn Hadad entfloh mit einigen treuen Dienern nach Aegypten. Sämmtliche Männer, die Joab in die Hände fielen, liess er tödten; das Land wurde militärisch besetzt[3]), und jüdische Besatzungen wurden in Elath und Et'iongaber, an der östlichen Spitze des rothen Meeres, einquartiert. David weihte, was er auf diesen Kriegen erbeutete, dem Herrn, und zum Danke »beschützte der Herr ihn, wohin er zog«[4].

So waren binnen wenigen Jahren durch staatsmännische Gewandtheit die Hebräer zu einem erobernden Volke umgeschaffen. Sie geboten von den Ufern des Euphrat bis zum Bache Aegyptens und zu den Gestaden des rothen Meeres. Moab, Edom und Damaskus standen unmittelbar unter ihren Beamten, die Philistäer lieferten Weizen und Oel für des Königs Tafel. Phönizien bewarb sich um ihre Gunst, schickte ihnen seine Nutzhölzer und lieh ihnen seine Künstler; T'obah, Hamath und die Aramäerstaaten entrichteten Tribut. David's Reich war ein ächt morgenländisches Reich: es entstand nach dem Vorbilde des ägyptischen und chaldäischen, war aber von geringerem Umfange und kürzerem Bestand. Die zinspflichtigen Völker entsagten nicht völlig der Lust nach Selbstän-

1) II. Sam. VIII, 3—10; I. Chron., XVIII, (XIX), 3—10. || 2) II. Sam., VIII, 13—14; I. Chron., XVIII (XIX), 12—13; Ps. IX. || 3) I. Reg., XI, 15—16. || 4) II. Sam., VIII, 11—12; I. Chron., XVIII (XIX), 10—11.

digkeit, sie verwarfen im Grunde ihres Herzens Israel's Oberhoheit und lauerten nur auf eine gute oder schlechte Gelegenheit, das Waffenglück von neuem zu versuchen. Wie der Ammoniterkönig Nahash starb, der ehemals David vor Saul's Nachstellungen geschützt hatte, schickte dieser zu dessen Sohne Hanun und liess ihn beglückwünschen. Hanun dachte sich, die Gesandten seien Kundschafter, welche den Plan seiner Königsstadt aufnehmen sollten, liess ihnen den Bart halb abscheeren, die Kleider zur Hälfte, bis zum Gürtel, abschneiden und schickte sie mit Schimpf und Schande zurück. Das war das Zeichen zum Kriege. Die Ammoniter setzten sich mit Hadarezer in Einvernehmen und brachten glücklich ganz Syrien zum Aufstande; zwanzigtausend Mann aus Rohob, tausend aus Maacha, zwölftausend aus Tob und das ganze Heer von T'obah eilte ihnen zu Hülfe. Joab, der in David's Abwesenheit den Oberbefehl führte, stand mitten zwischen den Ammonitern und den Hülfstruppen, theilte daher sein Heer in zwei Haufen, behielt selber den Befehl über den, welcher den Syrern gegenüberstand, und vertraute den andern seinem Bruder Abisaï an. Die Reihen der Syrer wurden gesprengt, die der Ammoniter aufgelöst, doch hielt Joab es nicht für ratsam, sie bis in ihre Stadt zu verfolgen. Hadarezer brachte alles, was er an Soldaten hatte, zusammen und liess sogar die Aramäer jenseits des Euphrat um Verstärkungen ersuchen. Diesmal ergriff David die Offensive, ging über den Jordan und drang bis gen Alam vor, wo Hadarezer's Feldherr Sobach an der Spitze seiner Truppen ihn erwartete. Nochmals wichen die Syrer; Sobach wurde auf der Flucht getödtet, Hadarezer ward von seinen sämmtlichen Verbündeten im Stich gelassen und unterwarf sich. Im folgenden Jahre schritt Joab zur Belagerung von Rabbah. Wie dieser Ort daran war, sich zu ergeben, liess er den König in das Lager holen, um diesem die Ehre von der Eroberung zu überlassen. Die Ammoniter wurden ganz so hart behandelt wie ihre moabitischen Vettern: »man legte sie unter Sägen und unter eiserne Dreschwagen und unter eiserne Beile und steckte sie in Ziegelöfen[1]«. Milde gehörte nicht zu David's Haupttugenden.

So fand schliesslich Syrien seinen Meister. Durch Assur-rabamar's Niederlage waren die Assyrer nach dem Tigris zurück-

1) II. Samuel, X—XII; I. Chron. XIX—XX (XX—XXI).

geworfen und dachten ferner nicht daran, ihn zu beunruhigen, und das Bischen Thatkraft, was noch in Aegypten steckte, ging in Bürgerkriegen drauf. Es war eine günstige Gelegenheit, ein einheitliches Staatswesen aus den Völkerschaften zwischen dem Euphrat und dem rothen Meere zu bilden. Durch die Schöpfung des jüdischen Reiches erhielt Syrien nicht diejenige Einheit, deren es bedurfte, um sich selbständig behaupten und mit einiger Aussicht auf Erfolg den Anschlägen seiner mächtigen Nachbarn widerstehen zu können. Der Widerstreit der Religionen liess allein schon den Widerstreit der Völker bestehen. Baal hätte ja zur Not mit Jahveh einen Ausgleich eingehen können, wenn sich Jahveh überhaupt auf Unterhandlungen eingelassen hätte. Aber Jahveh konnte keinen andern Gott neben sich dulden, seine Anhänger sollten nur ihn allein anbeten, nur ihn allein kennen. Hätte man selbst die Juden vermocht, gegen den syrischen Götzendienst duldsam zu sein, man hätte doch an Hindernissen anderer Art scheitern müssen. Für den Augenblick konnten sich die phönizischen Seeleute, die Kaufleute von Damaskus, die Landleute Cölesyriens vor den Israeliten oder jedem andern kriegerischen Volke beugen, das mächtig genug war, um sich Anerkennung zu verschaffen; wie konnte man sie aber dazu bringen, sich untereinander zu verständigen und zu einem Volke sich zu verschmelzen? Das jüdische Reich war nur eine Anhäufung von Provinzen und lehnspflichtigen Königtümern, und seine schlecht zusammengeschweissten Bestandtheile hatten das unablässige Bestreben, sich zu trennen. Gewalt hatte sie unterworfen, und nur mit Gewalt konnten sie zusammengehalten werden. An dem Tage, wo die Gewalt Israel's ihr Ende nahm, da zerfiel das Reich von selber und kam überall so vollständig in Vergessenheit, als hätte es nie bestanden.

David hätte am Tage nach seinem letzten Siege sterben sollen. Wie die grossen Herrscher des Morgenlandes meistens, lebte er länger als nötig war und machte klägliche Prüfungen durch, wie sie gewöhnlich das Ende einer langen Regierung trüben. Er hatte nach der Belagerung von Rabbah Bathsheba, das Weib Uriah's des Hittiter's, verführt und ihren Gemal, dessen Vorhandensein ihm lästig wurde, umbringen lassen. Nachdem er auf frischer That von dem Propheten Nathan einen Verweis erhalten hatte, that er Busse und behielt das Weib bei sich[1]. Bereits war sein Haus nur zu sehr bevölkert, und es verfehlten nicht Streitigkeiten zwischen den Kindern von verschiedenen Müttern auszubrechen. Amnon, den Achinoam geboren hatte, schändete seine Schwester Tamar, die Tochter der Maacha; Absalom, Tamar's Bruder, rächte dieses Verbrechen dadurch, dass er den Schuldigen umbrachte. Von seinem Vater begnadigt, empörte er sich bald nachdem[2] und zog das ganze Volk auf seine Seite. Da er im entscheidenden Augenblicke zauderte, liess dies David die Zeit übrig, jenseits des Jordan zu entkommen; die undisziplinirte Menge, die er verführt hatte, wurde von dem kleinen Heere des Königs mit leichter Mühe zerstreut und er selber von Joab auf der Flucht getödtet[3]. Da der Führer todt war, war der Bürgerkrieg anscheinend zwecklos, doch zog ihn noch die Eifersucht der Stämme auf Juda einige Zeit in die Länge. Erst durch den Tod Sibah's, des Benjamiten, endete er unter den Mauern von Abel-beth-Maacha[4]. Volksempörungen hatte David nicht mehr zu befürchten, doch brachte die Wahl seines Nachfolgers ihn in unauflösliche Schwierigkeiten. Nach der naturgemässen Ordnung hätte der Thron dem Adonijah, seinem vierten Sohne, gebührt, doch Bathsheba und der Prophet Nathan bestimmten den alten König, Salomo in Jerusalem ausrufen zu lassen und ihm bei seinen Lebzeiten die Macht zu übergeben. Kaum einige Monate überlebte David seine Abdankung; er starb im Alter von einundsiebzig Jahren im einundvierzigsten Jahre seiner Regierung[5].

Die Erinnerung an seine Fehler und Verbrechen erlosch bald. Dass er in seiner Jugend den Philistäern Dienste geleistet hatte, dass er später vor Ehebruch nicht zurückschreckte und mit Mord sehr freigiebig war, vergass man und erblickte in ihm nur noch den Stifter des israelitischen Königtums, »den Mann nach dem Herzen Gottes«. Der Buhle der Bathsheba, der Mörder des Uriah, wurde das Prototyp des Messias, der da kommen sollte, Israel zu entsündigen. Man schrieb ihm sämmtliche religiösen Dichtungen zu, welche die hebräische Literatur bis auf die Makkabäerzeit hervorbrachte, und legte ihm neben der politischen noch eine diese weit

1) II. Samuel, XI, XII. || 2) Der hebräische Text sagt: *nach vierzig Jahren* (II. Sam. XV, 7). Der syrische Text und Josephos (Ant. Jud., VII, 9, 1. ed. Dindorf, Paris 1865) geben nur *vier Jahre*. || 3) II. Sam., XIII—XIX. || 4) a. a. O. XX. || 5) I. Reg., I—II.

überdauernde literarische Berühmtheit zu. Zwischen den übertriebenen Lobreden der alten und den leidenschaftlichen Angriffen vieler neuerer Schriftsteller muss man den Mittelweg einschlagen: David war nicht immer »der Mann nach dem Herzen Gottes«, er war aber auch nicht immer »der Mann der Blutthaten«. Seine dichterischen Leistungen sind fast ganz zu Grunde gegangen [1], doch sichert ihm, was wir davon noch haben, den Namen eines grossen Dichters, und ebenso das, was wir von seiner politischen Laufbahn wissen, den Ruhm eines grossen Königs.

Salomo. Abfall der zehn Stämme.

Salomo entledigte sich, sowie sein Vater todt war, seiner Widersacher und Feinde. Adonijah und Joab wurden umgebracht, — letzterer an einer heiligen Stätte, zu der er geflüchtet war, — Abiathar wurde nach Anathoth verbannt, und für ihn wurde Tadok Hohepriester. Alle Unterthanen David's beugten sich vor seinem Nachfolger: Tyros, das damals allein an Reichtum dem jüdischen Reiche gleichstand, suchte um Bundesgenossenschaft mit demselben nach. Tyros war nach Sidon's Sturze Phöniziens Hauptstadt geworden. Zunächst hatten es zwei Shophetim geleitet, dann legte es sich einen König, Abibaal, zu, ungefähr zu derselben Zeit, als die Hebräer zu Hebron durch Akklamation David erwählten. Hirom I. hatte immer in Freundschaftsbeziehungen zu David gestanden, und hatte ihm zum Bau des Königsschlosses Holz und phönizische Künstler geliefert. Auch unter Salomo befolgte er dieselbe Politik und gewann durch sein geschicktes Auftreten, wenn auch nicht eine Erweiterung seines Landgebietes, so doch Frieden und Freiheit. Tyros besass bereits Kolonien in Sizilien, Nordafrika und im Lande Tarshish [2], und konnte nun alle Kraft und Energie, über die es verfügte, auf die Erweiterung seiner Herrschaft in der Ferne verwenden.

Wie Salomo den Thron bestieg, war seit fast einem Viertel Jahrhundert ununterbrochen Frieden gewesen, und dadurch das Gedeihen der Bevölkerung überall befördert. »Juda und Israel waren

---

1) Von David besitzen wir nur noch die im zweiten Buche Samuels enthaltenen Bruchstücke und vielleicht einige Psalmen (XXIV, 7—10; CI, u. s. w.). ||
2) Süd-Spanien.

zahlreich wie der Sand am Meer an Menge; sie assen und tranken und waren fröhlich . . . und sie wohnten in Sicherheit ein Jeglicher unter seinem Feigenbaum von Dan bis Bersheba[1]«. Das Erdreich besass natürliche Fruchtbarkeit und brauchte nur wenig bestellt zu werden. Bald trug es in Fülle Getreide und Gerste, Oel, Honig und den Flachs, durch den es berühmt geworden war. Diese Vermehrung des Wohlstandes führte selbstredend vermehrte Lasten herbei. Salomon legte den Ueberbleibseln der Kananäerstämme, die bisher, ohne etwas zu zahlen, unter den Israeliten gelebt hatten[2], Abgaben auf und verpflichtete die Juden sogar zu Naturalabgaben zum Unterhalte des königlichen Hauses. Ohne Rücksicht auf die Stämme wurde das Land in zwölf Finanzbezirke getheilt, die unter dem Befehle von zwölf Beamten standen, und diese »versorgten den König und sein Haus; einen Monat lang im Jahr lag es einem Jeden ob zu versorgen«. Die Kosten eines solchen Hofhalts und Heeres, wie die des Salomo waren, zu bestreiten, musste dem Lande schwer zur Last fallen, man verbrauchte täglich »dreissig *Kor*[3] Weissmehl und sechzig gewöhnliches Mehl, zehn gemästete Rinder und zwanzig Weide-Rinder, und hundert Schafe, ohne die Hirsche und Gazellen, Büffel und das gemästete Geflügel[4]«. Der Ertrag der Krongüter, die von David im Verlauf seiner langen Kriege aufgehäuften Schätze und die jährlichen Tribute der Vasallenstaaten kamen zu dem Ertrage der Abgaben hinzu, und durch sie wurde der König der Juden einer der reichsten Fürsten seiner Zeit.

Mit diesen Hülfsquellen wollte er den Ertrag des Handels und Gewerbfleisses verbinden. Bisher hatte Israel sich darauf beschränkt, auf den phönizischen Märkten den Ueberschuss von Getreide, Oel und andern Lebensmitteln loszuwerden, der im Lande nicht verzehrt wurde; an dem grossen zwischen Aegypten, Phönizien und den Euphratgebieten bestehenden Karawanenverkehr hatte es garnicht sich betheiligt. Salomo begehrte, auch daran Theil zu nehmen. Der Weg, den die Kaufleute für gewöhnlich einschlugen, führte hinauf nach Karkemish[5], er besetzte daher diesen stark auf der ganzen Strecke, wo er durch sein Gebiet lief. Hamath wurde der Haupt-

1) I. Reg. IV, 20, 25. || 2) II. Chron., VIII, 7—8. || 3) Der *Kor* galt ungefähr 388 Liter. [Vergl. auch Bertheau, Zur Geschichte der Israeliten, S. 73. Oppert, L'étalon des mesures assyriennes. Paris 1875, S. 59, ff.]. || 4) I. Reg. IV, 7—29. || 5) Siehe oben S. 185.

stapelplatz an der jüdischen Grenze und der letzte Ring in einer Postenkette, die sich am Libanon hinzog, um den Karawanen zum Schutze und zu Halteplätzen zu dienen[1]. Es gab aber auch andere Wege, die von der ägyptischen Grenze nach Mesopotamien führten, ohne das jüdische Land überhaupt zu verlassen. Diese verliessen, theils bei Damaskus, theils bei Hamath, die gewöhnliche Strasse, drangen in die Wüste ein und gelangten bei Thapsakos an den Euphrat. Sie wurden von aramäischen und kananäischen Handelsleuten, von den Einwohnern von Arad und Tyros besucht, trotz der Plünderung seitens der Araber und des Mangels an Wasser. Salomo wollte sie verbessern und hier den ganzen Verkehr von Aegypten und Phönizien durchleiten. Er »erbaute Tadmor in der Wüste[2]«. Die Lage der Palmenstadt Tadmor hat mit der von Damaskus Aehnlichkeit, doch fehlt ihr etwas wie der Abana und Pharphar, um ihre Wüste in ein Paradies umzuschaffen. Sie liegt am Fusse einer von Südwest nach Nordost streichenden Bergkette, zwei wenig ergiebige Quellen rieseln daselbst und geben den Gruppen von Palmbäumen Nahrung, denen sie ihren Namen verdankt[3]. Lange bereits war es eine von Handelsleuten besuchte Station gewesen, als Salomo es erkor und mit Mauern umzog[4]. Die Unterwerfung von Hamath-T'obah sicherte die Herrschaft, welche die Israeliten in diesen Gegenden ausübten[5], und begünstigte ihre Arbeiten. Nunmehr zogen von Damaskus oder Hamath jüdische und phönizische Karawanen nach Tadmor, von Tadmor nach Thapsakos, ohne sich weiter vor den Arabern oder Aramäern fürchten zu müssen.

Auf der Südgrenze grenzte das Reich an Aegypten und das rothe Meer. Salomo suchte ein Bündniss mit den Aegyptern nach. Die Stadt Gezer hatte sich empört, und da die Hebräer im Belagerungskriege nicht geschickt waren, verstanden sie es nicht, sie zu unterwerfen. Salomo erbat sich die Tochter des Pharao von Tanis zur Frau[6] und bestimmte seinen Schwiegervater, sich in's Mittel zu legen. Die ägyptischen Ingenieure wurden bald mit der Stadt fertig, schleiften sie und überliessen sie dem jüdischen Könige als Mitgift

1) I. Reg., IX, 19; II. Chron., VIII, 4—6. || 2) I. Reg. IX, 18; II. Chron., VIII, 4. So die gewöhnliche Ueberlieferung. Ursprünglich Tamar und nicht Tadmor (Palmyra) im Text. || 3) Porter, Handbook, S. 543. || 4) Josephos, Ant. Jud. VIII, 6, 1. || 5) II. Chron. VIII, 3. || 6) Das war Psinaches oder Psusennes II.

seiner neuen Frau[1]. Die Handelsbeziehungen zwischen beiden Ländern wurden immer inniger. Seit dem Einfalle der Hirten hatten die Pferde in Aegypten sich vervielfältigt. Jede grössere Stadt in dem Delta und in der Heptanomis hatte ihre Gestüte und Fabriken, aus denen sich die benachbarten Könige mit Pferden und Wagen versorgen liessen[2]. Salomo eignete sich den Verkauf ägyptischer Pferde als Monopol zu: »und es kam herauf und ward ausgeführt ein Wagen aus Aegypten um sechshundert Silbermünzen, und ein Ross um hundertundfunfzig, und also führten sie mit sich für alle Könige der Hittiter[3] und für die Könige von Aram[4]«. Der Besitz der Häfen Idumäa's am rothen Meere regte ihn zu einem äusserst kühnen Vorhaben an. Hirom lieh ihm phönizische Arbeiter und Seeleute die zu Et'iongaber eine Flotte erbauten, sie ausrüsteten und auszogen, die Ophirländer zu suchen[5]. Nach Verlauf von drei Jahren kehrten sie heim mit Gold, Silber, Elphenbein, Edelsteinen, wertvollen Hölzern und merkwürdigen Thieren wie Affen und Pfauen. Der Erfolg dieser ersten Entdeckungsreise ermutigte zur Fortsetzung derselben. Theilweise wenigstens führte während Salomo's Regierung die Flotte regelmässige Reisen aus, welche die Juden in Beziehungen mit den Fürsten von Südarabien brachten[6]. Der wirklich aus diesen weitgehenden Unternehmungen hervorgehende Vortheil konnte nicht beträchtlich sein, doch wirkte die Kühnheit, die sie voraussetzen lassen, lebhaft auf die Einbildungskraft und verschaffte dem Salomo mehr Berühmtheit in der Sage als alles, was er sonst unter seiner Regierung vornahm.

Die Reichtümer, welche diesen mannigfachen Hülfsquellen ent-

---

1) I. Reg. III, 1. || 2) Fr. Lenormant, Le cheval dans le nouvel empire égyptien, in: les Premières civilisations, Bd. I, S. 306, ff. || 3) Hier handelt es sich um die Salomo nicht unterworfenen Nordhittiter, die *Cheta* oder *Chatti*. || 4) I. Reg., X, 28—29; II. Chron. I, 16—17. || 5) Aus den über die Lage des Ophirlandes geschriebenen Abhandlungen könnte man eine ganze Bibliothek herstellen. Nach Arabien, an die afrikanische Küste, nach Persien, nach Indien, nach Java und sogar nach Peru wollte man es verlegen. Die Namen für das *Almug*holz und die Pfauen scheinen indischen Ursprungs zu sein und haben den Ausschlag für Indien gegeben. Dabei wäre es aber möglich, dass statt diese Gegenstände aus Indien selber zu holen, Salomo's Seeleute sie in einigen Waarenlagern der afrikanischen Küste vorgefunden hätten, die seit Alters her mit Indien in Verkehr standen. || 6) I. Reg. IX, 26—28; X, 11, 15, 22; II. Chron., VIII, 17—18; IX, 10—13, 21.

stammten, verausgabte er auf königliche Art und Weise. Der Luxus an seinem Hofe übertraf alles, was den Hebräern bisher glaublich schien, und gestaltete sich zu noch übertriebenerem Masse in der Sage. Er liess sich aus mit feinem Golde überzogenem Elfenbein einen Thron anfertigen, von Gold waren die Schilde seiner Leibwache, von Gold war auch sein Tafelgeschirr, »nicht von Silber, denn Silber ward zu Salomo's Zeiten nicht mehr geachtet als die Steine am Wege« [1]. Ein Theil von diesen Schätzen wurde wenigstens zu nützlichen Ausgaben verwandt. Man baute die Befestigungen von Mageddo und Hazor wieder auf, Gezer und die beiden Bethoron wurden zum Schutze gegen die Philistäergrenze wieder neu errichtet [2]; die nach Jerusalem führenden Strassen wurden mit schwarzem Basalte aus dem Lande Bashan [3] gepflastert und die Stadt wurde mit Mauern umzogen. Salomo liess dort ein Schloss für sich und eins für die Pharaonentochter erbauen, dazu Fischteiche und strahlende Säulenhallen; »Cedernholz war zu Jerusalem an Menge den Sykomoren gleich, die in der Niederung wachsen [4]«.

David hatte den Bauplatz für den Tempel ausgesucht, Salomo übernahm es, ihn zu errichten. Der Moriah hatte eine unregelmässige Gestalt, und seine natürliche Oberfläche war für diese ihm zugedachte Verwendung nicht recht geeignet, daher glich Salomo dessen Umrisse durch Strebemauern aus, welche, je nachdem es das Terrain erforderte, sich an die Abhänge des Berges anlehnten, oder bis in das Thal hinabreichten. Der von diesen Mauern umspannte Raum wurde mit Erde ausgefüllt, und so eine Art Esplanade als Untergrund für den Tempel hergestellt. Die zu dem Unternehmen nötigen Arbeiter, Werkführer und Bauhölzer zu liefern, übernahm Hirom gegen eine jährliche Lieferung von Oel und Getreide [5]. Der von den tyrischen Arbeitern errichtete Bau war nach Osten gerichtet, und war zwanzig Ellen breit, sechzig lang und dreissig hoch. Die Mauern waren aus starken Steinblöcken, das Holzwerk aus geschnitztem und vergoldetem Cedernholze. Man kam durch einen Säulenhof (*ulam*) hinein, zwischen zwei Säulen hindurch, die aus ciselirter Bronze waren und Yakîn und Boas hiessen. Im Innern gab es nur zwei Gemächer, die heilige Stätte (*hekal*), in welcher

1) I. Reg., X, 16—21, 27; II. Chron., I, 15; IX, 20, 27. || 2) I. Reg., X, 15—19; II. Chron., VIII, 5—6. || 3) Josephos, Ant. Jud. VIII, 7, 4. || 4) I. Reg., X, 27. || 5) a. a. O., V, 7—11; II. Chron., II, 3—11.

der Räucheraltar, der siebenarmige Leuchter und der Schaubrodtisch standen, und das Allerheiligste (*debir*), wo die Bundeslade auf den Flügeln zweier Cherubim von vergoldetem Holze ruhte. Auf den drei Seiten des Schiffs waren bis zur halben Höhe drei Reihen Zellen übereinander gebaut, in welchen man die Schätze und das geweihte Gerät aufbewahrte. Das Allerheiligste durfte der Hohepriester alljährlich einmal betreten. In das Heiligste durften die Priester kommen; es diente für gewöhnliche Cultusceremonien, man verbrannte daselbst Weihrauch und stellte Schaubrode aus. Im innern Vorhofe stand der grosse Brandopferaltar, das *eherne Meer* und zehn kleinere Becken, in welchen man die einzelnen Stücke der Opferthiere, die Kessel, Messer, Kellen und alle bei blutigen Opfern verwendeten Geräte abspülte. Eine niedrige, von einem Geländer aus Cedernholz bekrönte Mauer trennte diesen innern Hof von einem andern, zu dem das Volk jederzeit Zutritt hatte. Im zwölften Jahre seiner Regierung weihte Salomo selbst den Tempel ein, führte die Bundeslade von Zion nach dem Allerheiligsten hinüber und opferte unter allgemeiner Freude und Bewunderung[1]. Da die damaligen Juden mit architektonischen Dingen wenig vertraut waren, sahen sie Salomo's Werk für einen in seiner Art einzigen Musterbau an: dabei war es gegenüber den grossartigen Bauwerken Aegyptens und Chaldäa's dasselbe, was ihr Reich gegenüber den andern Reichen der alten Welt war, es war ein kleiner Tempel für ein kleines Volk.

Kaum war er vollendet, so übte er auch bereits einen entscheidenden Einfluss auf das Schicksal des israëlitischen Volkes aus. Salomo liess daselbst mit grosser Pracht Ostern, Pfingsten und das Hüttenfest, die drei Hauptfeste des ländlichen Jahres feiern, mit denen sich durch die Sage bereits die den frühsten Zeiten des israëlitischen Volkes entstammenden Erinnerungen verknüpft hatten[2].

---

1) I. Reg. VI—VIII; II. Chron., II—VII. || 2) Ostern, das Fest der ungesäuerten Brode (*Hag Hammaṣṣôth*) verkündete den Beginn der Ernte, vom 14. *Abîb* Abends bis zum 21. Abends. Man feierte es später zum Gedächtnisse an den Auszug aus Aegypten. Sieben Wochen später bezeichnete Pfingsten den Schluss der Getreideernte, in der Ueberlieferung wurde es zum Jahrestage der Gesetzverkündigung. Am fünfzehnten Tage des siebenten Monats begann das Fest der Hütten oder Zelte (*sukkôth*), es fiel mit dem Abschlusse der Ernte überhaupt, mit der Einbringung aller Baumfrüchte und der Weinlese zusammen.

Die Juden der Provinzen zog ebenso sehr das Verlangen, den Tempel zu sehen, wie Frömmigkeit nach Jerusalem, die geringen Entfernungen machten solche Reisen bequem und wenig kostspielig, und bald wurden unter priesterlichem Einflusse die drei grossen alljährlichen Feste obligatorische Pilgerfahrten. Die alten Heiligtümer zu Shilo, Gilgal, Mit'pah und Rama wurden verlassen, die auf den Höhen dargebrachten Opfer kamen ab und wurden bald als Zeichen des Götzendienstes angesehen. Statt dass früher jedes Kind Israel's das Opferthier schlachten konnte, wurde der Priester im Tempel der dazu nötige Vermittler zwischen Gott und dem Gläubigen. Die Priesterfamilien verliessen ihre Stämme, um sich in der heiligen Stadt anzusiedeln, und sobald wie sie vereinigt waren, begannen sie, ihre Macht zu fühlen und sich besser, als bisher geschehen war, zu organisiren. Gemäss der Art ihrer wirklichen oder angeblichen Zugehörigkeit zum Stamme Levi zerfielen sie in zwei Klassen. Diejenigen, von denen galt, dass sie von Aron und seinen Söhnen abstammten, bildeten die hohe Geistlichkeit, die mit der Ausübung des eigentlichen Priesteramtes betrauten Priester (*kohanīm*). Sie zerfielen in vierundzwanzig Unterabtheilungen, die je ein Oberhaupt hatten und sich in der Erfüllung ihrer Pflichten ablösten. Die *kohanīm* hatten Zutritt zum Heiligsten, zündeten daselbst auf dem goldenen Altare Morgens und Abends Wohlgerüche an, hielten den grossen goldenen Leuchter rein, erneuerten das Oel in den Lampen, legten jede Woche die Schaubrode auf den heiligen Tisch und sprachen den feierlichen Segen am Schlusse der öffentlichen Opfer; ausserhalb des Tempels besuchten sie die Kranken und erklärten das Gesetz. Die andern hiessen blos Leviten und theilten unter sich die geringfügigern Obliegenheiten, sangen und spielten auf Instrumenten, öffneten und schlossen den Tempel, reinigten die heiligen Gefässe, verfertigten Schaubrode und Kuchen, überwachten die Schätze und Vorräte und zogen an den Thoren und in den Vorhöfen auf Wache. Binnen kurzem entstand aus diesen durch dieselben religiösen Ueberzeugungen und den gemeinschaftlichen Besitz von Vorrechten zu einem Ganzen verbundenen Männern ein Priester-

---

Sieben Tage mussten die Hebräer in Laubhütten zubringen, die man auf der Strasse, auf öffentlichen Plätzen, auf dem Dache und auf den Höfen der Häuser errichtete. Später behauptete man, dies solle an das Nomadenleben in der Wüste erinnern.

volk im Volke. Ihr Oberhaupt, der Hohepriester, gewann bald mehr Antheil an den politischen Angelegenheiten: allmählich nahm seine Bedeutung zu, kam zunächst dem Einflusse der Könige gleich, ging dann über denselben hinaus und machte schliesslich Jerusalem zur Hauptstadt einer ächten Theokratie.

Als Salomo den Tempel erbaute, sah er nicht im entferntesten voraus, dass er dadurch einen Herrn über seine Nachfolger setzte. Er hatte zwar Hochachtung vor dem jüdischen Gesetze, gab aber doch nicht, wie das sein Vater that, viel darauf, ausschliesslich dem nationalen Gotte ergeben zu sein. Theils aus Neigung zur Ausschweifung, theils aus politischen Rücksichten, hatte er übermässig viele Weiber genommen, und sein Harem war voll von Ausländerinnen, von, auf ägyptischen und phönizischen Märkten erhandelten, Sklavinnen oder Geiseln, die blos für die Ergebenheit ihres Vaters oder ihrer Brüder hafteten. Die Mutter seines erstgebornen Sohnes Rehabeam war eine Ammonitin, und die Königin war eine Aegypterin. Gleich den Pharaonen, die, ohne etwa ihrer Frömmigkeit Abbruch zu thun, den Göttern der Besiegten opferten, duldete Salomo wegen seiner Weiber, wol auch wegen seiner heidnischen Vasallen, nicht allein die ausländischen Kulte, sondern übte sie auch gelegentlich selber aus: »Er wandelte der Astarte nach, der Gottheit der Sidonier, und dem Milkom, dem Gotte der Ammoniter; . . . . Er baute eine Höhe dem Kamosh, dem Gotte Moab's, auf dem Berge der vor Jerusalem liegt, und dem Moloch, dem Gotte der Kinder Ammon's«[1]. Was wir über seinen Charakter wissen, deutet in ihm auf philosophische Bestrebungen, vermöge deren er wol ohne Abscheu auf die fremdländischen Gottheiten blicken konnte. Wie man seinem Vater fast die gesammte lyrische Literatur zuschrieb, so ging die philosophische Literatur des Hebräervolks unter seinem Namen. »Gott gab Salomo Weisheit und Einsicht in hohem Masse und ausgebreiteten Verstand wie der Sand an den Ufern des Meeres. — Und die Weisheit Salomo's war grösser als die Weisheit aller Söhne des Ostens und alle Weisheit Aegyptens. — Und er war weiser als alle Menschen, als Ethan, der Ezrahit, und Heman, Kalkol und Darda[2], die Söhne Mahol's, — und sein Name war

1) I. Reg., XI. 1—13. 33. || 2) Sänger, denen in der Ueberlieferung mehrere Psalmen zugeschrieben werden.

unter allen Völkern ringsum. — Er redete 3000 Sprüche (mashal), und seine Lieder (shir) waren 1005. — Er redete über die Bäume von der Ceder auf den Libanon bis zum Ysop, der an der Wand wächst, und redete über das Vieh und über die Vögel und über das Gewürm und über die Fische. — Und es kamen von allen Völkern, zu hören die Weisheit Salomo's, von allen Königen der Erde, welche hörten von seiner Weisheit[1]«. Seine Werke sind untergegangen, das Hohelied, die Sprüche, der Prediger und die Weisheit gehören, obwohl man sie ihm lange zuschrieb, andern Zeiten an. Trotzdem zeigt uns die Ueberlieferung in Bezug auf diese Werke, was für einen hohen Begriff man sich von Salomo's Dichtergenius machte und wiesehr er an der literarischen Thätigkeit seiner Zeit betheiligt war.

So wetteiferte denn alles, äussere Macht, Verkehr, Künste und Wissenschaften, darin, dieser Regierung einen in der Geschichte Israels einzig dastehenden Charakter zu verleihen. Später unter den Schmerzen des Exils und der Gefangenschaft dachten die Juden oftmals an diese grosse Zeit zurück und gefielen sich darin, sie noch in der Sage zu verschönern. Jahveh sollte Salomo dreimal erschienen sein: am Tage nach David's Tode, um ihm Weisheit und Gelingen zu gewähren[2]; nach der Tempelweihe, um ihn in der Beobachtung des Kultus zu bestärken[3], und an seinem Lebensende, um ihm seine götzendienerischen Schwächen vorzuhalten und ihm den Sturz seines Hauses vorauszusagen[4]. Er sollte mit sämmtlichen Königen der Welt in Verkehr gestanden haben[5], und die Königin von Saba sollte tief aus Arabien herbeigekommen sein, um ihm zu huldigen[6]. Wie das bei morgenländischen Monarchien der Fall zu sein pflegt, war der Schluss seiner Herrschaft nicht so wie ihr Anfang. Salomo hatte unter seiner Hand seines Vaters Kriegsmacht abnehmen lassen. David's Feldherrn und Veteranen waren todt, den Truppen hatte kein bedeutenderer Krieg Gelegenheit zur

1) I. Reg., IV, 29—34. || 2) a. a. O. III, 4, 5; II. Chron., VII, 7—12. || 3) I. Reg. IX, 1—9; II. Chron., VII, 12—22. || 4) I. Reg., IX, 9—13. || 5) a. a. O. IV, 34. Vergl. Eupolemos bei Eusebios, Praep. evang. I, IX, c. ult. | 6) I. Reg. X, 1—13; II. Chron., IX, 1—12. Die Aethiopen haben sich die Sage von der Königin von Saba angeeignet und aus ihr eine Episode in der Geschichte ihres Volks gemacht, vergl. Prätorius, De fabula reginae Sabae apud Aethiopas, Berlin, 1871.

Uebung gegeben, und der König war keine kriegerische Natur. Dabei hatte er dennoch im Vertrauen auf seine Gewalt die untergebenen Völker gedemüthigt und die Vasallenkönige gekränkt. Hirom, der ihn beim Bau des Tempels unterstützt und ihm Seeleute geliehen hatte, erhielt zum Entgelt für seine Dienste nur zwanzig elende Flecken in Galiläa. Er gab sie verächtlich ihrem Herrn zurück, wagte aber seiner Unzufriedenheit weiter keinen Ausdruck zu geben und mochte das Glück von Tyros nicht durch einen ungleichen Kampf auf die Probe stellen[1]. In Aegypten war eine andere Dynastie aufgekommen, und es war eine Zufluchtstätte für alle Missvergnügten geworden. Es ermöglichte dem Sohne des zu David's Zeit getödteten Königs von Edom, Hadad, mit einer Handvoll Abenteurer in seine Heimat zurückzugehen. Daraus entspann sich ein Plänklerkrieg, in dem Salomo nicht die Oberhand zu gewinnen vermochte, so dass der Verkehr mit dem rothen Meere in's Stocken geriet[2]. Rezon, der vordem dem Könige von T'obah, Hadarezer, untergeben war, nahm im Osten die Stadt Damaskus ein und verjagte die hebräischen Besatzungen aus den umliegenden Ländern[3]. Sein Reich versperrte den Zugang zu Tadmor, so dass den Juden der Besitz der syrischen Wüste verloren ging.

Im Innern traten allenthalben unzweideutige Anzeichen des Verfalls zu Tage. David's Schätze und der Handelsgewinn genügten anfangs zur Bestreitung der grossen Unternehmungen und des Luxus im königlichen Haushalte, doch gingen diese Hülfsquellen mit der Zeit auf die Neige, und die Lasten waren unerträglich geworden. Da die Erbanung des Tempels Juda sowohl den religiösen wie den politischen Vorrang zusicherte, war die Eifersucht der andern Stämme rege geworden, besonders konnte sich Ephraim nicht an den Verlust seines Ansehens gewöhnen. Die Priester und Frommen betrauerten heimlich die Duldsamkeit des Königs, indess die Propheten ihn offen der Gottlosigkeit ziehen, ja sie gingen so weit, mit dem Untergange seiner Familie zu drohen und ihm bei seinen Lebzeiten einen Nachfolger zu bestimmen. Achijah von Shilo, einer von ihnen, gab den Unzufriedenen ein Oberhaupt in der Person des Jerobeam, des Sohnes Nebat's, vom Stamme Ephraim. Er suchte

1) I. Reg., IX, 11—14; II. Chron., VIII, 2. || 2) I. Reg. XI, 14—22. | 3) a. a. O., XI, 23 und 24.

ihn auf dem Felde auf, riss den neuen Mantel, den er auf der Schulter trug vor ihm in zwölf Stücke, und gab ihm davon zehn, »denn so spricht Jahveh, der Gott Israel's: Siehe ich reisse das Königreich aus der Hand Salomo's, und gebe dir die zehn Stämme«. Nach einer solchen Weissagung konnte Jerobeam nichts besseres thun, als das Königreich so schnell als möglich räumen: er entkam nach Aegypten und blieb daselbst bei Sheshonq bis zum Ende der Regierung Salomo's[1].

Kaum war Salomo gestorben (929), da brach allenthalben gegen seinen Sohn Rehabeam der Aufstand aus. In der alten Stadt Sichem in Ephraim versammelte sich das Volk, und Jerobeam, den man aus seiner Verbannung herbeigeholt hatte, übernahm es, dem neuen Könige die Beschwerden Israel's vozustellen. »Dein Vater hat unser Joch schwer gemacht, du aber erleichtere uns den harten Dienst deines Vaters und sein schweres Joch, das er auf uns gelegt hat, so wollen wir dir dienen«. Rehabeam verlangte drei Tage Aufschub, fragte zuerst die alten Diener der Krone um Rat, und diese rieten ihm nachzugeben. Die Ansicht der ihn umgebenden Jugend drang durch. Als Jerobeam wiederkam, empfingen ihn nur Beleidigungen und Drohungen. »Mein Vater hat euer Joch schwer gemacht, ich aber will noch hinzuthun zu demselben, mein Vater hat euch gezüchtigt mit Ruthen, ich aber mit Stachelgeisseln«. Der Abfall war allgemein; alle nördlichen und südlichen Stämme, die Philistäer, Moab und Ammon erkannten den Vorrang von Ephraim an und riefen Jerobeam zum König über Israel aus. Dem Sohne Salomo's blieb nur noch Juda, das Gebiet Simeon's, einige Städte in Dan und Benjamin und die Oberhoheit über Edom. Was von David's Eroberungen im Norden noch übrig geblieben war, ging auf immer verloren, und ging aus der Hand der israelitischen Könige in die Hand der Könige von Damaskus über[2].

So fiel David's Haus und mit ihm das Reich, welches es zu begründen versucht hatte. Sieht man nur auf den Charakter der beiden Könige, die ihm angehörten, so kann man gewiss sich nicht des Gedankens erwehren, es hätte verdient, mehr Erfolg zu haben. David und Salomo zeigen jene merkwürdige Vereinigung der Eigen-

1) I. Reg., XI, 26—40; II. Chron., IX, 29; X, 2. || 2) I. Reg. XII, 1—19; II. Chron. X.

schaften und Fehler, die bei den grossen Fürsten der semitischen Rassen stattfindet. Der erstere, als Glücksritter und abenteuerlicher Held, ist ein gutes Bild von einem ränkevollen, grausamen und ausschweifenden, aber tapfern, vorsichtigen, der Aufopferung, Grossmut und Reue fähigen Dynastienstifter, der zweite ist ein hochmütiger, sinnlicher, frömmelnder und dabei doch philosophischer, Monarch, wie ein solcher gewöhnlich auf das Oberhaupt der Familie folgt. Wenn sie nichts herstellten, was von Dauer war, so geschah das deshalb, weil Beide die Natur des Volkes verkannten, mit dem sie zu thun hatten. Die Juden waren kein kriegerisches Geschlecht, und David stürzte sie in Kriege: sie waren weder Seeleute noch Baukünstler, noch besassen sie damals Neigung für Handel und Industrie, und Salomo zwang ihnen Handelsflotten, Verkehrswege und Handelsbeziehungen auf. Sie hatten Abscheu vor dem Fremdländischen und Fanatismus für ihre Religion, — er gab ihnen das Beispiel in der Duldsamkeit. Zufällige Umstände schienen für den Augenblick ihnen günstig zu sein. Aegyptens und Assyriens Schwäche, Aram's und Phöniziens Zerwürfnisse gestatteten David, Schlachten zu gewinnen und Eroberungen zu machen: die gewinnsüchtige Bundesgenossenschaft mit Tyros gab Salomo die Mittel in die Hand, seine Handels- und Baupläne zu verwirklichen. Das Reich jedoch, das sie begründet haben, hatte nur in ihnen seinen Bestand, und sobald wie sie dahin waren, verschwand es ohne Sang und Klang durch die blosse Macht der Ereignisse.

Israel und Juda bis auf Omri's Regierungsantritt. Die einundzwanzigste ägyptische Dynastie. Sheshonq I. Anfänge des Königreichs Damaskus.

Die wirkliche Kraft beider Königreiche war trotz des äussern Anscheins ganz dieselbe. Israel hatte die grössere Ausdehnung und Zahl für sich, doch war Juda zusammengehöriger und besser organisirt. Es besass mit Jerusalem Salomo's Vorratshäuser und Schätze, während Jerobeam gezwungen war, eine Verwaltung zu schaffen und sein Volk mit Abgaben zu drücken. Die derbe Lehre, die Rehabeam soeben erhalten hatte, war für ihn nicht verloren. Erst hatte er daran gedacht, sein Recht wieder mit den Waffen geltend zu machen, doch brachte des Propheten Shemaïah Klugheit und Rat ihn davon ab. Er verwandte seine Hülfsmittel darauf, das Königreich in Vertheidigungszustand zu setzen, neue Waffen zu verfertigen und die Mauern der Festungen wieder aufzubauen [1]. Jerobeam blieb seinerseits nicht unthätig. Er für seine Person liess sich in Sichem nieder und befestigte zur Ueberwachung der östlichen Stämme den Flecken Penuel am linken Ufer des Jabbok [2]. Nachdem er so im allgemeinen für Sicherheit gesorgt hatte, dachte er daran, die religiösen Angelegenheiten in seinen Staaten zu ordnen. Unter Salomo hatte der Tempel in Jerusalem den zwölf Stämmen gemeinsam als Heiligtum gedient. »Und Jerobeam sprach in seinem Herzen: Nun wird das Königreich sich zurückwenden zum Hause David's. — Wenn dieses Volk hinaufgeht, Opfer zu thun im Hause Jahveh's zu Jerusalem, so wird das Herz dieses Volkes sich zurückwenden zu ihrem Herrn, zu Rehabeam, dem Könige von Juda«. Um dieser Gefahr abzuhelfen, war es nicht nötig, Jahveh zu verwerfen; es genügte schon, wenn man der alten Gottheit einen neuen Kultus gab. Während seines Aufenthaltes in Aegypten hatte Jerobeam Gelegenheit gehabt, die mystischen Gestalten zu sehen, denen die Priester Verehrung darbrachten. Es war dies jene Zeit, in der die Hapi-Verehrung sich in ihrem ganzen Glanze entwickelte und in Memphis eine Bedeutung erreichte, die sie nie zuvor besessen hatte. »Der König machte zwei goldene Kälber und sprach zum Volke: »Lange genug seid ihr hinaufgezogen gen Jerusalem! Siehe, da ist dein Gott, Israel, der dich heraufgeführt aus dem Lande Aegypten«. Die beiden Bildwerke wurden, das eine in Dan an der Nordgrenze, das andere in Bethel an der Grenze von Juda und Ephraim aufgestellt [3]. Im ganzen genommen war es keine Neuerung, was Jerobeam vornahm; Bildwerke hatten die Hebräer vor ihm angebetet und erst weit später hörten sie auf, solche anzubeten. Bis auf Hizkiah opferten die Priester Jerusalem's der grossen ehernen Schlange [4]. Rehabeam sogar handelte seinerseits ebenso, wo nicht schlimmer. Er war der Sohn der Ammonitin Naamah und verehrte den Gott seiner Mutter, wie Salomo es mit den Göttern seiner Weiber gethan hatte. Nach seinem Beispiele opferte das Volk überall auf den Höhen, pflanzte heilige Bäume und kniete

1) I. Reg., XII, 21—24; II. Chron. XI, 1—12. || 2) I. Reg., XII, 25 || 3) I. Reg., XII, 26—30. || 4) II Reg., XVIII, 4.

vor den alten Kananäischen Gottheiten hin. Jerobeam tastete die Vorrechte der Priesterklasse an. Nicht zufrieden, dem Tempel zu Jerusalem den grössten Theil seiner Gläubigen entzogen zu haben, erkannte er das Recht der Leviten, allein Priester zu sein. nicht an, sondern wählte diese aufs geratewohl unter den Stämmen aus, »Wer da wollte, den setzte er ein, dass er ein Höhenpriester ward. Und er ward dadurch Ursache der Verschuldung des Hauses Jerobeam's und seiner Ausrottung und Vertilgung vom Erdboden«. Seine Kühnheit erreichte ihren Höhepunkt, als er nicht allein einen Tempel dem andern, sondern auch ein Fest dem andern gegenüberstellte. Er erkor den achten Monat dazu aus, in Bethel das Erntefest zu feiern und vor dem goldenen Kalbe zu opfern[1]. Die Priester verziehen ihm diesen Verstoss niemals. Alle Leviten und Frommen, die es in Israel gab, wanderten nach Juda aus, um Jahveh im Tempel zur rechten Zeit und nach überliefertem Brauche opfern zu können[2].

Unter den umliegenden Staaten war allein Aegypten damals stark genug, um daran zu denken, aus der Verlegenheit der Juden Nutzen zu ziehen. Die Zeit, welche zwischen der Usurpation der Priesterkönige und der Räumung Palästina's seitens der letzten Truppen Pharao's verstrichen war, verlief unter Bürgerkriegen und Staatsumwälzungen. Jenes alte Aegypten der grossen thebanischen Könige war erstorben; es war dafür ein anderes, neues Aegypten zur Welt gekommen. Der Süden und Theben waren im Absterben begriffen, der Norden und die Deltastädte dagegen hatten Leben erhalten. Theben war solange, als sich die Eroberungen der Pharaonen annähernd auf das Stromgebiet des Nil beschränkten, der naturgemässe Mittelpunkt des Landes. Da es fast am Ausgangspunkte der hauptsächlichsten Verkehrsstrassen von Afrika und Arabien lag, war es gleichsam ein gewaltiger Stapelplatz, in dem sich alle Schätze des Auslandes vom persischen Meerbusen an bis jenseits der Sahara und vom Mittelmeere bis zum Gebiete der grossen Seen zusammendrängten. Da die Deltastädte Völkerschaften zunächst lagen, mit denen man noch in keinem geregelten Verkehr stand, waren sie von keinem bedeutenden Einflusse, und trotz seines Umfangs, trotz der Erinnerungen an Mena und die ersten Dynastien,

1) I. Reg., XII, 31—33; XIII, 33—34. || 2) II. Chron., XI, 13—17.

stand selbst Memphis in zweiter Linie. Da die Thebaïs durch die Invasion der Hirten die Zufluchtstätte, das letzte Bollwerk der ägyptischen Nationalität wurde, trat ihre Bedeutung noch mehr in den Vordergrund, und war zwar Theben auch während der hundertjährigen Kämpfe mit diesen nicht mehr die erste Stadt des Landes, so pulsirte in ihm doch das eigentliche Leben, das Herz Aegyptens. Zu Theben's Nutz und Frommen erweiterten Ahmes' Siege und Thotmes' Eroberungen den Umfang der Weltanschauung, ihm kam es zu gut, dass man den Isthmus von Sues überschritt, Syrien unterwarf und über den Euphrat und den Tigris setzte, und es erlebte, dass zweihundert Jahre lang alle besiegten Völker im Schatten seiner Paläste einherzogen. Wie jedoch die bangen Zeiten der neunzehnten und der zwanzigsten Dynastie kamen, wie die bisher nur mit Füssen getretenen asiatischen Barbaren sich aufrichteten und den Pharaonen Trotz boten, da begann man zu merken, dass es weit war von Karnak bis an die syrische Grenze, und dass für Fürsten, die stets in Aufregung erhalten wurden, eine über hundert Meilen im Innern gelegene Stadt ein schlechtes Hauptquartier war. Ramses II., Menephtah und Ramses III. verlebten den grösseren Theil ihres thätigen Daseins im Osten des Delta; sie erweiterten die alten Städte desselben und gründeten neue, die durch den Handel mit Asien sehr bald wohlhabend wurden. Der Schwerpunkt Aegyptens, welcher sich nach dem Sturze des ersten Reichs wegen der Eroberung von Aethiopien und der Zunahme der ägyptischen Macht im Sudan nach Süden verlegt hatte, ging allmählich immer weiter nach Norden zurück und blieb im Delta liegen. Tanis, Bubastis und Saïs stritten sich gegenseitig fast mit gleichem Erfolge um die Macht, wurden der Reihe nach Königsstädte, erreichten dabei doch nie Theben's Glanz und brachten auch keine Dynastie hervor, die man mit den thebanischen Königsdynastien vergleichen dürfte.

Unter den letzten Ramessiden war Theben gewohnheitsmässig Aegyptens Hauptstadt geblieben. Wie Herhor statt der Nachkommen Ramses' III. die Oberpriester des Ammon zur Herrschaft bringen wollte, erhoben die nördlichen Städte Einspruch gegen dieses Vorhaben. Es erhob sich Tanis unter Simentu Meïamun, dem Smendes Manetho's, und wurde zur Hauptstadt einer neuen, der einundzwanzigsten Dynastie. Nicht ohne Schwierigkeiten erreichte es

Simentu, im ganzen Lande sich Anerkennung zu schaffen, und seine Nachfolger hatten beständig mit Widerstand zu kämpfen. Theben gehorchte ihnen nur von Zeit zu Zeit, und Aethiopien, das vom Delta zu weit entfernt war, als dass es mit geringer Mühe zu seiner Pflicht angehalten werden konnte, machte sich unabhängig unter einem Abkömmlinge der Oberpriester des Ammon. Die Nomen, getreu ihren Localtraditionen von Selbständigkeit, erhoben sich gegen die Centralgewalt, und Aegyptens durch die ausländischen Kriege zusammengeschmolzene Bevölkerung lieferte nicht mehr hinreichende Kontingente zur Rekrutirung des Heeres. So wurden die Pharaonen von Tanis dazu gezwungen, sich bei den Nachbarvölkern nach Unterstützung umzusehen, ihre Töchter an jüdische Könige oder Söhne an kananäische Prinzessinnen zu verheiraten, und gaben Aegypten den Barbaren preis.

Die Einmischung der Barbaren in Aegyptens Angelegenheiten geschah weniger plötzlich und unerwartet, als man dies zunächst vermuten sollte. Seit jeher hatte man es für politisch geeignet gehalten, die Lücken, die der Krieg in der Bevölkerung verursachte, durch Gefangene zu ergänzen. Die Pharaonen der zwölften Dynastie hatten bereits damit geprahlt, dass sie die Völker des Nordens nach Süden und die des Südens nach Norden versetzten; ganze Völkerschaften hatten sie in's Nilthal verpflanzt. Der Einbruch der Hirten überlieferte das Land Jahrhunderte lang Leuten von fremder Herkunft und vermehrte die Zahl der Ausländer bedeutend. Nach dem Siege des Ahmes wanderte die Königsfamilie und die Kriegerklasse nach Asien aus, doch blieb die Hauptmasse der Bevölkerung auf ägyptischem Boden. Hauar, Tanis und die im Nordosten des Delta gelegenen Städte und Nomen besonders in der Umgebung des Menzaleh-Sees blieben, so zu sagen, in semitischen Händen. Als ägyptische Unterthanen büssten die Semiten ihre Volksüberlieferungen nicht ein, sie bewahrten eine Art Autonomie, verweigerten die Zahlung gewisser Abgaben und rühmten sich, nicht von der Pharaonenrasse zu sein. Ihre Nachbarn altägyptischen Stammes gaben ihnen Spitznamen als Ausländern: *Pa-shemur*, die Barbaren (Baschmuren), *Pi-amu*, die Asiaten (*Biahmiten*)[1]. Unter der achzehnten

---

1) A. Mariette, Mélanges d'archéologie égyptienne et assyrienne, Bd. 1, S. 91—93. (vergl. auch A. v. Kremer, Aegypten, 1, S. 138, den dort citirten

Dynastie erlangten einige von ihnen wichtige Befehlshaberstellen oder kamen zu hohen Priesterwürden. Ihre Gottheiten. Sutech, Baal, Baal-T'ephon, Marna, Astarte, Anata und Kadesh mischten sich in das ägyptische Pantheon und hatten in Memphis eigene Tempel. Um die Mitte der neunzehnten Dynastie brachten die Eroberungen des Sesostris und die innige Bundesgenossenschaft, die dieser Fürst mit dem Beherrscher der Cheta schloss, syrische Mundarten in Mode. Man hielt darauf, sie nicht nur freigebornen Kindern sondern auch libyschen und schwarzen Sklaven beizubringen: Weltmänner und Gelehrte gefielen sich darin, ihre Rede mit ausländischen Ausdrücken auszustaffiren. Es gehörte nicht mehr zum guten Ton, eine Stadt *nut*, sondern eine *qiriath* zu bewohnen, eine Thür *ro*, sondern *tarâu* zu nennen, sich auf einer Harfe *bent*, sondern auf dem *kinnor* zu begleiten. Statt dass die Besiegten dem Pharao Huldigung *aau* darbrachten, erwiesen sie ihm den *salam*, und die Truppen wollten nur noch beim Klange des *tupar* oder *toph* Trommel marschiren. Fehlte es an einem semitischen Namen für einen Gegenstand, so sann man auf Mittel, die ägyptischen Worte zu entstellen, um ihnen wenigstens einen ausländischen Anstrich zu geben. Statt *chabes*, Lampe, *senh*, Pforte zu schreiben, schrieb man *chabusa*, *saneshau*. Die überfeinerten Leute von Theben und Memphis fanden ebensoviel Gefallen daran, zu *semitisiren*, wie man heutzutage daran findet, in das Französische schlecht ausgesprochene englische Worte einzustreuen[1].

Andere Rassen, andere Einflüsse westlich im Delta. Saïs und die Nachbarstädte, durch ihre Lage im steten Verkehr mit den libyschen Stämmen, hatten diesen zum Theil ihre Bevölkerung entnommen. Dort herrschten die Mat'iu und seit Ramses' III. Regierung vor allem die Mashuash vor; während jedoch die Semiten mit der Zeit ebensowohl Landleute, Schriftgelehrte, Priester und Kaufleute wie Krieger wurden, bewahrten die Libyer stets ihre kriegerische Anlage und militärische Organisation. Seit mehr als zweitausend Jahren hatten die Libyer im Lande ihr Lager, ohne dort ansässig zu werden, sie waren eher ererbte Söldner als friedliche Einwohner. Sie bildeten Polizeitruppen, die in jedem Nomos dem Gouverneur und der Behörde zur

Aufsatz von Mariette und Gregor Barhebraeus bei de Sacy zu Abd-allatif, S. 496 u. S. 507.]. || 1) G. Maspero, Du genre épistolaire, S. 9.

Verfügung standen, waren in den Grenzposten zur Besatzung und begleiteten den Pharao auf seinen fernen Zügen. Die Begriffe Waffen und Kampf waren mit ihrer Person so eng verbunden, dass in den Zeiten des sprachlichen Verfalls ihr zu *Matoï* entstellter Name der allgemeine Ausdruck für Soldat bei den Kopten wurde. Die Mashuash behielten ihr Kostüm und ihre besondere Bewaffnung immer bei, auf den Denkmälern erkennt man sie an dem Stücke Zeug, das sie als Kopfputz tragen. Sie rekrutirten sich beständig aus dem Kerne der libyschen Bevölkerung, welchen die Glücksfälle des Krieges oder das Verlockende einer hohen Löhnung in die Fremde zogen, und bald bildeten sie die Hauptmacht und den Bestand der ägyptischen Heere. Mit diesen Fremden als mit einer Wache, die zuverlässiger war als die einheimischen Truppen, umgaben sich die Pharaonen und betrauten Prinzen von Geblüt mit dem Oberfehle über sie. Die *Oberhäupter der Mashuash* machten sich schliesslich von ihrem Souverain fast unabhängig, bald benutzten sie ihre Soldaten, um sich auf den Thron zu erheben, bald zogen sie vor, nach ihrem Belieben die Könige zu ernennen und abzusetzen. Seit dem Ende der einundzwanzigsten Dynastie war Aegypten den Fremden zur Beute und es hatte nur noch diejenigen zu Herrn und Meistern, welche diesen genehm waren[1].

Die Semiten und die östlich im Delta gelegenen Städte hatten zuerst die Oberhand. Um die Mitte der zwanzigsten Dynastie liess sich ein Syrer, Bebaï mit Namen[2], in Bubastis oder dessen Umgegend nieder. Seine Nachkommen gediehen daselbst, und der fünfte von diesen, Sheshonq mit Namen, heiratete eine Prinzessin von königlichem Geblüte, Meht-en-usech. Sein Sohn Nimrod vereinigte mit den religiösen Würden, die er bekleidete, den militärischen Titel eines Befehlshaber der Mashuash. Noch glänzenderes Glück machte sein Enkel Sheshonq. Man begegnet ihm zunächst als einer *Majestät*, und mit der Bezeichnung *Fürst der Fürsten*, was zu zeigen scheint, dass er unter den Führern der Mashuash die erste Stelle einnahm. Später verheiratet er seinen Sohn Osorkon mit der Tochter des letzten tanitischen Königs Hor-Psiunchâ-Meïamun, des

1) Brugsch, Histoire, Bd. I, S. 237—241. || 2) Der Name wird *Buaï* (*bis*) geschrieben, oder *Bubuaï*. Er scheint mir dem hebräischen Namen בֵּבַי analog zu sein.

Psusennes II. bei Manetho. Beim Tode dieses Fürsten bemächtigt er sich der Krone und stiftet eine neue, die zweiundzwanzigste Dynastie[1]. Es war also eine semitische Familie, welche die zufälligen Ereignisse bis auf den Thron von Aegypten brachten, und trotz ihres langen Verweilens auf dem Boden ihres Adoptiv-Vaterlandes, hatte sie weder das Andenken an ihr Herkommen noch die Erinnerung an ihre volkstümlichen Götter aufgegeben. Offiziell huldigte Sheshonq dem Ammon-RA, der Isis und vor allem der Bast, privatim hielt er sich an die Verehrung der syrischen Gottheiten und liess in Palästina männliche und weibliche Sklaven ankaufen, um seinen Vater Nimrod nach der Weise seiner Vorfahren zu ehren[2]. Die kleinen Oberhäupter verstand er zum Gehorsam zu bringen und ganz Aegypten unter einem Scepter zu vereinigen. Kam er auf der äthiopischen Seite nicht dazu, die Fürsten von Napata zu unterwerfen, so war in Syrien seine Politik um so glücklicher. Ohne mit Salomo zu brechen, hielt er sein Königreich allen Unzufriedenen offen; der Idumäer Hadad und Jerobeam fanden bei ihm ihr Unterkommen. Fünf Jahre nach dem Abfall der Stämme fiel er in Syrien ein und »zog hinauf gegen Jerusalem«. Alle Schätze, die Salomo

1) Lepsius, über die XXII. ägyptische Königsdynastie, S. 262 ff.; Brugsch, Histoire d'Égypte Bd. I. S. 219—222. || 2) Mariette, Abydos, Bd. II, Taf. 36—37; Brugsch, in der Zeitschrift 1871, S. 85—86. Ungefähr folgendermassen lässt sich eine Uebersicht über die einundzwanzigste Dynastie herstellen:

Einundzwanzigste Dynastie.

I. RA-NUTER-CHOPER STEPENAMEN SI MENTU MEÏAMUN,
Σμενδής.

II. RA-ÂA-CHOPER STEPENAMEN PSIUNCHÂ MEÏAMUN,
Ψουσεννής α΄.

III. . . . .
Νεφελχέρης.

IV. RA-USOR-MA STEPENAMEN AMENEMKAM MEÏAMUN,
Ἀμενωφθίς.

V. . . . .
Ὀσοχώρ.

VI. . . . .
Ψιναχής.

VII. RA-UT'-HIQ . . . . HOR PSIUNCHÂ MEÏAMUN,
Ψουσεννής β΄.

im Tempel und im Palaste aufgehäuft hatte, fielen ihm in die Hände[1], von da zog er nach Israel, dessen Festungen ihm ohne Widerstand die Thore öffneten[2]. In sein Reich heimgekehrt liess er auf den Mauern Karnak's die Namen der von ihm unterworfenen Städte einmeisseln. Dies und die Beute, welche er mitbrachte, war der eigentliche Gewinn seines Feldzuges. Er starb bald darauf und seinen Nachfolgern fiel es nicht ein, die Oberhoheit, welche er zeitweilig über Syrien besass, wieder geltend zu machen.

Nach Sheshonq's Rückzuge gerieten Juda und Israel nur noch um so tiefer in ihre Bürgerkriege hinein. Jerobeam verstarb 908, und sein Sohn Nadab wurde nach einer zweijährigen Regierung vor Gibbethon von Baesha, dem Sohne Achija's ermordet. Der neue König fiel über Juda her, wo soeben Asa, Abijam's Sohn, Rehabeams Enkel, den Thron bestiegen hatte, und befestigte Rama, zwei Meilen nördlich von Jerusalem. Asa, dem es, wie die Sage berichtet, gelungen war ein ungeheures Heer der Aethiopen und Libyer zurückzuschlagen[3], glaubte sich nicht stark genug, den Israeliten zu widerstehen, und rief den König von Syrien zu Hülfe. Seit Rezon's Empörung war unter Hezion[4], unter Tabrimmon und Benhadar I.[5] die Bedeutung und Militärmacht von Damaskus dauernd im Zunehmen, und es hatte Hamath, Cölesyrien und alle dem Euphrat benachbarten Wüstenstriche erobert. Benhadar ergriff die ihm dargebotene Gelegenheit, seine Herrschaft nach Süden zu erweitern, überfiel Galiläa und nahm dessen Städte ein. Baesha musste nach Norden zurück, konnte in Rama sich nicht behaupten, und Asa sicherte seine Grenze dadurch, dass er Gibea und Mit'pah befestigte.

---

1) I. Reg., XIV, 25—26. || 2) Städte von Israel werden in grosser Zahl neben Städten Juda's in der Liste von Karnak erwähnt. [Vergl. auch: Sisaq's Zug gegen Juda von O. Blau, Zeitschrift der D. M. Gesellschaft 1861, S. 233—251.]. || 3) Die Chroniken (II, XIV, 9—13), die uns von diesem überaus verdächtigen Einfalle berichten, nennen den Anführer der Angreifer *Zerach*. Champollion (Précis du système hiéroglyphique, 257—262) hat darin *Osorkon I.* von der 22. Dynastie sehen wollen; Brugsch will darin den Namen eines Aethiopenkönigs *Al'erk-Amen*, wiedererkennen, welcher bedeutend später lebte (Hist. Bd. I, S. 228). || 4) Der Name Hezion ist vielleicht nur aus Rezon verderbt; dann wäre Hezion aus der damaskenischen Königsreihe zu streichen. || 5) Die gewöhnliche Schreibung *Ben-hadad* ist falsch, wie das einerseits das assyrische *Bin-hidri* und andererseits die Uebersetzung der Septuaginta *υἱὸς Ἄδερ* beweist. (Baudissin, Studien, S. 310 ff.).

Es glückte Baesha ebensowenig wie Jerobeam, eine bleibende Dynastie zu stiften. Wie er mit Nadab, so verfuhr Zimri mit seinem Sohne Ela. Auch diesmal war, als der Mord begangen wurde, das Heer im Philistäerlande vor Gibbethon; es erhob sich, erwählte durch Akklamation seinen Anführer Omri und zog gegen die Mörder. Zimri wurde nach einer siebentägigen Regierung in Tirzah eingeschlossen, legte Feuer an die Königsburg und verbrannte sich in derselben. Der Sieger Omri fand seinen Widersacher in Thibni, Ginath's Sohne. Vier Jahre währte der Bürgerkrieg zwischen beiden Parteien und schloss erst mit Thibni's und seines Bruders Jehoram's natürlichem oder gewaltsamen Tode[1]. Jerusalem's Einnahme durch Sheshonq, die beständigen Feindseligkeiten zwischen Juda und Israel und die Verbrechen und Kämpfe unter den Israeliten selber schwächten das hebräische Volk vollends und entzogen ihm auch noch das Bischen Ansehen, welches von David her an seinem Namen haftete. Rezon's Nachfolger trachteten danach, die verschiedenen syrischen Völkerschaften zu einem einzigen Reiche zu vereinen, und ohne die entscheidende Einmischung der assyrischen Heere wäre ihnen ihr Vorhaben auch wol geglückt.

Neuntes Kapitel.

Das zweite Assyrerreich bis auf Saryukin's Thronbesteigung.

Assur-nazir-habal und Salmanasar III. Die Könige von Damaskus und das Haus Omri. — Zeitweiliger Verfall des Assyrerreichs. Die Propheten in Israel. Jerobeam II. Tuklat-habal-asar II. Sturz von Damaskus. — Zweiundzwanzigste und dreiundzwanzigste Dynastie. Die Aethiopen in Aegypten. Piānchi und Shabaq. Sturz des israelitischen Königtums.

Assur-nazir-habal und Salmanasar III. Die Könige von Damaskus und das Haus Omri.

Für Assyrien folgten auf Assur-rab-amar's Niederlage Unglücksjahre. Er verlor nicht allein Tuklat-habal-asar's syrische Eroberungen, seiner Oberhoheit entzogen sich auch die Länder im Norden und Süden. Das beständig unruhige Babylonien schüttelte

1) Nach Josephos. Ant. Jud. VIII, 12, 5 wurde Thibni ermordet.

das Joch ab, und die Völkerschaften Armeniens und Kappadokiens errangen von neuem ihre Selbständigkeit, selbst Mesopotamien löste sich ab, und die Assyrerkönige behielten kaum mehr als die Distrikte, die um ihre Hauptstadt herumlagen. Die alte, bis zum Uebermass erniedrigte, Dynastie überlebte nicht lange mehr ihr Missgeschick. Kurz nach Assur-rab-amar's Tode stand ein neuer König, Bel-kat-irassu, auf und »wurde Ursprung des Königtums« (um 1020). Salmanasar II., Irib-bin, Assur-idin-ache, Assur-danil I. und Bin-nirari II., dessen Nachfolger, wirkten fast hundertfunfzig Jahre lang unablässig zur Hebung der Monarchie. Städte und Tempel setzten sie in Stand, Bewässerungskanäle liessen sie graben und reinigen, und die grossen Deiche, welche das ebene Land vor dem Einbrechen des Tigris beschirmten, liessen sie verstärken. Das längst unterbrochene Eroberungswerk nahm dann auch Bin-nirari's Sohn, Tuklat-Adar II. (880—883) wieder auf und wurde durch Mut und Wildheit berühmt: »er steckte die Leiber der Besiegten auf Pfähle«. Während die Könige von Israel und von Damaskus ihre Zeit mit unnützen Kämpfen verbrachten, arbeiteten die von Assyrien geduldig an der Kräftigung ihrer Macht[1].

Jeweiter ihr Ansehen gen Norden vordrang, um so mehr büsste El-Assur die Bedeutung allmählich ein, die es im Anbeginne der Monarchie besass, es blieb nicht mehr der Mittelpunkt des Reichs, und nur die Achtung vor dem Herkömmlichen erhielt ihm seinen Rang als Hauptstadt. Tuklat-Adar's Nachfolger Assur-nazir-habal versetzte ihm dadurch, dass er eine andere Residenz erkor, den Todesstoss. Etwa fünfhundert Jahre vordem hatte ein ehemaliger Assyrerkönig, Salmanasar I. zu Kalach am linken Tigrisufer, da wo sich der grosse Zab mit diesem Flusse vereint, eine Stadt erbaut, die in Folge der Wechselfälle der Staatsumwälzungen nicht zu einer Weiterentwicklung kam. Was von den Bauten seines alten Vorgängers noch übrig war, liess Assur-nazir-habal in seinem vierten Regierungsjahre dem Erdboden gleich machen und den Grund zu einer neuen Stadt legen. Fortan waren wenigstens hundert Jahre lang sämmtliche assyrischen Könige, Salmanasar III., Samsi-Bin und Bin-nirari,

---

1) Oppert, Histoire des empires de Chaldée et d'Assyrie. S. 61—69; G. Rawlinson, The five great Monarchies, II, 80—83; Fr. Lenormant, Histoire d'Orient Bd. II, S. 64—65; Ménant, Annales des rois d'Assyrie, S. 59—61.

unablässig an der Verschönerung derselben thätig und, wenn sie, wie das selten vorkam, einen Augenblick sich nicht mit dem Kriege zu befassen hatten, schlugen sie daselbst ihre Residenz auf: »Auf der reichen Plattform, auf der die Stadt lag, stand ein Palast neben dem andern, ein jeglicher reich mit Holzschnitzereien, Gold, Malerei, Bildhauerarbeiten und Schmelz verziert, und jeder mit den vor ihm erbauten an Glanz wetteifernd. Steinerne Löwen, Sphinxe, Obelisken, Gotteshäuser und heilige Türme verschönerten die Scenerie und benahmen ihr vermöge ihrer Mannigfaltigkeit das monotone. Die an den Adartempel angebaute hohe Stufenpyramide (*ziggurat*) überragte das Ganze, und um sie schaarte sich jenes Gewirr von Palästen und Baulichkeiten. Im Westen spülte der Tigris an den Fuss der Plattform, in seinen Fluten spiegelte die Stadt sich wieder, so dass die Bauten doppelt so hoch aussahen und die Massen etwas von ihrer erdrückenden Wuchtigkeit, welche den wunden Punkt der assyrischen Architektur bildet, verloren. Es war das ein Anblick, welcher, wenn die untergehende Sonne jene grellen Farbentöne darüber ausstrahlte, die nur am orientalischen Himmel zu sehen sind, einem Reisenden, der ihn zum ersten Male erlebte, wie eine Erscheinung aus dem Feenreiche vorkommen musste[1]«.

Von hier zogen die Monarchen Assyriens fast alljährlich auf Krieg aus. Sie konnten nicht in Versuchung kommen, sich nach Norden und nach Westen auszubreiten, da sie sich rückwärts an das medische Hochland anlehnten und die armenischen Hochgebirge ihnen Schranken setzten: ihrer hätte dort nur Mühe und wenig Vortheil geharrt. Die widerspenstigen Stämme höchstens, die an der äussersten Grenze des Tigristhales und in Kurdistan's Gebirgen wohnten, suchten sie unterjocht zu halten, und nur, um einige Streifzüge nach dem schwarzen Meere und dem Kaspischen See zu unternehmen, oder, um kühn über Medien bis an den Indus vorzurücken, gingen sie mitunter über jene Grenzen hinaus. Ihre grossen Schlachtfelder lagen in einer andern Richtung, und zwar im Süden bei Babylon und in Elam und im Westen und Südwesten in Syrien. Zweihundert Jahre lang legten die assyrischen Heere ganz oder theilweise alle Jahre denselben Weg, jedoch in umgekehrter Richtung zurück, auf dem achthundert Jahre früher Thot-

1) G. Rawlinson, The five great monarchies, Bd. II, S. 98—99.

mes' III. und Amenhotep's II. Heere einhergezogen waren. Sie griffen Syrien an und nahmen trotz des hartnäckigsten Widerstandes es Stück für Stück, indem sie zunächst Karkemish, dann Phönizien und Damaskus, danach Israel und Gaza eroberten. und alle Schranken, die sie von Aegypten abhielten eine nach der andern niederwarfen, bis dass eines Tags die beiden grossen morgenländischen Weltreiche wieder wie in der Zeit der Pharaonen aus der achtzehnten Dynastie von Angesicht zu Angesicht einander gegenüberstanden. Diesmal hatten die Rollen gewechselt. Damals ging Aegypten seinem Widersacher entgegen und zog durch Vorderasien, um unter Ninive's Mauern zu gelangen: jetzt hingegen greift Assyrien an und nur mit Mühe und Not vertheidigt sich Aegypten. Memphis bekam eine ausländische Besatzung, und Assur-ban-habal's Feldherrn plünderten die Tempel von Theben.

Assur-nazir-habal fing dies Vorrücken an. Er brachte das Assyrerreich dahin, dass es sich plötzlich erhob und mit einemmale sich nach allen seinen Grenzen hin entfaltete. Es begann das zunächst mit einem Zuge gegen Kurdistan und gegen das westliche Armenien. In einer regelrechten Schlacht konnten die Eingebornen sich nicht halten, darum »zogen sie sich in die unzugänglichen Gebirge zurück und verschanzten sich auf den Gipfeln, dass ich sie nicht erreichen sollte, denn jene stolzen Bergspitzen ragen auf wie die Spitze eines Schwertes, und nur die Vögel des Himmels können auf sie hinauffliegen . . . In drei Tagen erklomm ich das Gebirge und setzte ihre Schlupfwinkel in Schrecken . . . Ihre Leichen streute ich über die Abhänge hin gleich den Blättern der Bäume, und was noch übrig war, flüchtete in die Felsen«. Nachdem der Eroberer die Dörfer der Aermsten in Brand gesteckt hatte, fiel er über den Landstrich Karchi[1] her: »ich liess daselbst zweihundertsechzig Krieger über die Klinge springen, schnitt ihre Köpfe ab und baute Pyramiden aus denselben«. Nach Karchi kam das Land Kummuch an die Reihe. Bereits hatte er von den Muskai Tribut empfangen und rüstete sich, weiter nach Norden vorzurücken, da brach in einer mesopotamischen Stadt Aufruhr aus, und er musste umkehren. Bei seinem Anrücken warfen die Empörer die Waffen fort und flehten um Vergebung für ihr Vergehen: er war nicht zu erbitten: »Ich

1) Heutzutage Kurch.

tödtete je einen von zweien«, sagt er, ». . . Vor den grossen Stadtthoren erbaute ich eine Mauer; ich liess die Führer der Empörung schinden und deren Haut über die Mauer spannen. Einige wurden lebendig vermauert, andere längs der Mauer gekreuzigt oder gepfählt; eine Menge von ihnen liess ich in meiner Gegenwart schinden und ihre Haut über die Mauer spannen. Ihre Köpfe liess ich in Gestalt von Kronen zusammenlegen und ihre durchbohrten Leichen als Kränze«. Der Haupträdelsführer wurde mit nach Ninive genommen, geschunden und seine Haut an die Mauer genagelt. Es war daher nicht weiter wunderbar, dass sich die Bewohner des Landes Laki ohne Widerstreit unterwarfen. Nicht weniger nachdrücklich und grausam wurden andere Aufstände, welche in abgelegenen Winkeln Armeniens ausbrachen, erstickt, und bei seiner Heimkehr nach Kalach konnte Assur-nazir-habal am Schlusse dieses ersten Jahres sich rühmen, dass sein ganzes weites Reich und alle Grenzen desselben seines Armes Kraft verspürt hätten.

Was so glücklich begann, das straften die nächsten Jahre nicht Lügen: 881, Krieg gegen die in der Zagrosgegend ansässigen Völker; 880, Krieg gegen Armenien; 879, Krieg gegen Kummuch, Naïri und die meisten Stämme am obern Tigris. Die Siegesberichte und die Grausamkeiten gegen die Besiegten bleiben dabei sich stets gleich. 879 wurden die Bewohner von Karchi nochmals angegriffen und »verliessen ihre Festungen und Burgen; ihr Leben zu erretten entflohen sie gen Matni, in ein mächtiges Land. Ich setzte ihnen nach, tausend Leichen ihrer Krieger säete ich über das Gebirge, bestreute das Gebirge mit Leichen und füllte damit die Schluchten. Zweihundert Gefangene waren mir lebendig in die Hände gefallen; denen schnitt ich die Hände ab«. Noch waren mitten in Mesopotamien verschiedene selbständige Städte und Stämme übrig, aber ein Feldzug reichte aus, auch diese zu unterwerfen. Assur-nazir-habal zog den Charmis und Chabur bis an den Euphrat, dann den Euphrat von dem Zusammenflusse mit dem Chabur bis nach Anat hinab. Es war das mehr ein militärischer Spaziergang als ein Krieg, denn, ohne sich nötigen zu lassen, zahlten Sadikanni[1], Bit-Chalupič, Sirki[2] und Anat, sämmtliche an den Ufern liegenden Städte, Tribut.

1) Heutzutage *Araban*. || 2) *Circesium*, da wo der Chabur mit dem Euphrat zusammenfliesst; vergl. Fox Talbot, Assyrian Texts, S. 30—31.

Der Fürst von T'uchi, der zu widerstehen wagte, wurde in einer zweitägigen Schlacht besiegt und floh über den Euphrat in die arabische Wüste. Es waren einige chaldäische Truppen bei demselben, die unter dem Befehl eines Feldherrn Namens Bel-bal-idin und Zabdan's, des Bruders des Königs Nabu-bal-idin von Babylon, standen. Sie fielen beide dem Sieger in die Hände, und Assurnazir-habal benutzte das dazu, dass er Chaldäa für überwunden erklärte: »Die Furcht vor meiner Macht erstreckte sich über das Land Kar-Dunyas, der Schrecken vor meinen Waffen erfasste das Kaldu-land«, — Worte genug über eine bedeutungslose Begebenheit! An solche Prahlereien kehrte sich Nabu-bal-idin nicht weiter, und der Assyrerkönig, zufrieden über den Sieg, hielt es für ratsam, diesen nicht durch einen Einfall in Chaldäa aufs Spiel zu setzen. Noch dazu empörten 878 sich die T'uchi, und Assur-nazir-habal musste noch einmal den Schauplatz seines vorigen Feldzuges durchstreifen. Alle längs des Chabur und Euphrat gelegenen Landstriche wurden unbarmherzig verheert, die Städte wurden niedergebrannt, und die Gefangenen gepfählt oder an das Kreuz geschlagen. Mit Recht durfte er ausrufen: »Auf Trümmern erheitert sich mein Angesicht, in der Stillung meines Grimmes fühle ich meine Befriedigung[1]«.

Im nächsten Jahre befand er sich in Gegenden, welche seit etwa zweihundert Jahren kein Fuss eines assyrischen Monarchen betreten hatte. Im Frühling 877 verliess er Kalach, rückte nach Mesopotamien hinein, ging über den Chabur und den Balich und gelangte an die Ufer des Euphrat. Nordsyrien zerfiel in unabhängige Kleinstaaten, die wie in der ägyptischen Zeit zu einer Art von Staatenbund zusammengefasst waren. Die Völker, die mehrere hundert Jahre früher darin hausten, gab es meist nicht mehr. Die Ruten waren verschwunden, ohne eine Spur ihres Daseins zurückzulassen. Es gab kein Chetavolk mehr, nur ihr Name war noch am Leben geblieben, denn Chatti hiess noch das Land zwischen dem Euphrat, Orontes und Amanos. Chatti zerfiel in einige zwanzig Königreiche, deren Lage nicht genau bekannt ist: Munzigani, Kaharga, Achassi, Jaturi, Jaraki, etc.; die hauptsächlichsten waren Karkemish (Gargamish) und Batnai (Pateni), deren Gebiet sich bis an den Fuss des Amanos erstreckte[2]. Es war das ein reiches und

---

1) Oppert, Histoire, S. 92. || 2) Finzi, Ricerche, S. 357 ff.

gutbevölkertes Land und trieb sowohl Gewerbe wie Handel: nutzbare und Wertmetalle, Gold, Silber, Kupfer, Zinn, Eisen, gab es daselbst in Ueberfluss, und der Verkehr mit Phönizien brachte Purpur, Leinenzeuge, Eben- und Sandelholz dorthin. Assur-nazir-habal's Angriff scheint die Chattihäuptlinge mitten im Frieden überrumpelt zu haben. König Sangar von Karkemish liess, ohne den Assyrern den Uebergang streitig zu machen, diese den Euphrat überschreiten und öffnete ihnen seine Stadtthore. König Lubarna von Kunulua »fürchtete sich vor der Macht der Feinde und dem Ausgange der Schlacht«, zahlte 20 Talente Gold, 1 Silber, 200 Zinn und 100 Eisen und gab 2000 Rinder, 10000 Schafe, 1000 Gewänder von Linnen und Garn, abgesehen von Geräten, Waffen und Sklaven. Das Luchutiland widerstand und wurde dem entsprechend behandelt: die Städte wurden ausgeplündert und die Gefangenen gekreuzigt. Nachdem das vollführt war, besetzte Assur-nazir-habal die beiden Abhänge des Libanon und zog an das Gestade des Mittelmeers hinab. Phönizien wartete mit seiner Huldigung nicht bis zu seiner Ankunft: die Könige von Tyros, Sidon, Gebel und Arvad, »welches mitten im Meere liegt«, sandten ihm Geschenke. Auf dem Libanon und Amanos beschäftigten die Assyrer sich mit dem Fällen von Cedern, Fichten und Cypressen, schafften dieselben nach Ninive und erbauten daraus der Göttin Istar einen Tempel[1].

Von diesem Zeitpunkte ab wissen wir über Assur-nazir-habal nichts mehr. Er herrschte noch acht Jahre und es lässt, soweit wir von seinem Charakter wissen, sich nicht annehmen, dass er diese müssig verbrachte. Es folgte ihm sein Sohn Salmanasar III. 835, der nach seines Vaters Vorbilde fortwährend kriegte. Gleich im Jahre seiner Thronbesteigung ging er über den Euphrat, liess sich von den Hittitern huldigen und machte schliesslich am Mittelmeergestade Halt. Die vier nächsten Jahre verwandte er auf Unterdrückung von Empörungen und Kräftigung seiner Oberhoheit über Syrien. Nach der Unterwerfung von Karkemish und Pateni rückte er in das Orontesthal ein, woselbst der König von Damaskus mit seinen Vasallen seiner harrte[2].

1) Oppert, Histoire S. 69—104; G. Rawlinson, The five great Monarchies, Bd. II, S. 84—89; Fr. Lenormant, Histoire, Bd. II, S. 66—68; J. Ménant, Annales, S. 64—95. || 2) Oppert, Histoire S. 108—111; G. Rawlinson, II, S. 111; Fr. Lenormant, Histoire, II, S. 68—69, J. Ménant, Annales, S. 96—

Nach der Besiegung Thibni's, des Sohnes Ginath's, hatte Omri danach getrachtet, seiner Macht Halt zu verschaffen. Israel hatte bis dahin keine feste Hauptstadt; Sichem, Tirzah und Rama hatten Jerobeam's und Baesha's Nachfolgern umschichtig als Residenz gedient: und neuerdings hatte, wie es schien, Tirzah im Wettstreite mit den übrigen den Sieg davongetragen, die dortige Burg war jedoch von Zimri niedergebrannt, und, dass es so leicht einzunehmen war, konnte doch bei dem Stifter einer Dynastie nur Besorgnisse erwecken. Omri erkor einen steilen, etwas nordwestlich von Sichem und dem Berge Ebal gelegenen Hügel als Stätte für seine Königsstadt, kaufte denselben von dem Besitzer, welcher Shemer hiess, und nannte ihn Shimrôn (Samarien)[1]. Eine geschickte und umsichtige Wahl, wie das bald der schnelle Aufschwung, den die Stadt nahm, bewies. Da Shimrôn in einem breiten und tiefen Thale lag, das es nach allen Richtungen hin beherrschte, mit Wasser reichlich versehen war und von der Natur mächtig befestigt, wurde es das für das Reich Israel, was Jerusalem für Juda war, dasjenige Widerstandscentrum, um welches sich das Volk bei der geringsten Gefahr zusammenschaarte. Die wichtige Bedeutung dieser Gründung entging den Zeitgenossen keineswegs, für sie gehörte der Name Omri begrifflich zum Königreich Israel und war von demselben fortan unzertrennlich. Für die Ausländer war hinfort Samarien und sogar Israel Beth-Omri, das Haus Omri's: und als längst bereits Omri und sein Haus nicht mehr über die Hebräer herrschten, bestand doch dieser Name noch fort[2].

Die Wirren, in welche die Kriege zwischen Omri und Thibni Israel gebracht hatten, nutzte der alte Ben-hadar I., der Baesha bekriegt hatte, dazu aus, dass er von neuem zum Angriff schritt, mehrere Städte fortnahm und den König zwang, in Samaria den Syrern den Besitz eines besondern Stadttheils zu gewähren[3]. Seit Salomo war Israel dem Verluste seiner Selbständigkeit nie so nahe gewesen. In Folge seiner allmählichen Zerstückelung war es in der Lage, über kurz oder lang das Schicksal der mittelsyrischen Landstriche zu theilen und eine blosse Provinz des Königreichs Damaskus zu werden. Omri fühlte das recht gut und sah sich nach einer

99, 105—112. || 1) I. Reg., XVI, 24. || 2) Oppert, Histoire, 105—106; Schrader, Die Keilinschriften und das Alte Testament, S. 91—93. || 3) I. Reg. XX, 34.

Stütze im Auslande um. Aegypten lag zu fern, die Assyrer waren eben erst über den Euphrat gekommen, und zwischen ihm und Juda war durch den Religionshass eine tiefe Kluft entstanden: er wandte sich daher nach Phönizien und wirkte seinem Sohne Achab die Hand Izebel's, der Tochter des Königs Ithobaal von Tyros, aus.

Seit Hirom I., der Freund David's und Salomo's, gestorben war, war Tyros von blutigen Staatsumwälzungen heimgesucht. Baleastart, Hirom's Sohn und Nachfolger, starb nach einer kaum siebenjährigen Regierung. Abdastart, dessen Erstgeborner, wurde bei einem Volksaufstande getödtet. Bekanntlich genossen die Königsammen im Morgenlande einen grossen Einfluss, und so ermordeten die vier Söhne von Abdastart's Amme, die am Hofe erzogen und wegen ihrer Mutter an demselben angestellt waren, den König und setzten den ältesten unter ihnen auf den Thron. Mit Hülfe jener Unmenge von Sklaven, Söldnern und besitzloser Leute, die es in den phönizischen Städten gab, behaupteten sie sich zwölf Jahre lang im Besitze der Macht. Ihre Herrschaft veranlasste manches Unheil; von der Aristokratie wanderte ein Theil in die Ferne aus, die Kolonien lösten sich vom Mutterlande ab und wurden selbständig. Es wäre, wenn solche Zustände weiter fortgedauert hätten, um das tyrische Reich geschehen gewesen. Durch eine Revolution wurde der Usurpator verjagt und das alte Königsgeschlecht wieder eingesetzt, doch kam die unglückliche Stadt nicht zu der Ruhe, deren sie bedurfte, denn rasch hintereinander wechselten die drei Söhne Baleastart's, die noch am Leben geblieben waren, Astart, Astarim und Pheli den Thron. Letzterer wurde nach einer neunmonatlichen Regierung von einem Verwandten, Ithobaal, dem Oberpriester der Astarte, ermordet, der die Gewalt in Beschlag nahm und zweiunddreissig Jahre lang behielt[1].

Diese Wirren fingen gerade zu derselben Zeit wie die Spaltung der zwölf Stämme an, so dass die Hebräer, da sie durch den Bürgerkrieg in Anspruch genommen waren, nicht in der Lage waren, das Unglück ihres Nachbarn auszunutzen. Trotzdem stand immer zu befürchten, ein König mit mehr Unternehmungsgeist, oder einer der weniger in Anspruch genommen wäre als seine Vorgänger, könnte sich von Phöniziens Schätzen in Versuchung führen lassen, und da-

1) Movers, Die Phönizier, Bd. II., Theil I. S. 340—346.

nach trachten, sich deren zu bemächtigen. Ithobaal beeiferte sich die sich ihm darbietende Gelegenheit zur Abwendung dieser Gefahr und zur Abschliessung einer Familienverbindung mit dem neuen israelitischen Königshause zu ergreifen. Izebel ward Achab's Weib und erhielt bald eine unumschränkte Gewalt über ihren Mann. Abergläubisch, wie alle Weiber, und noch dazu von ihrem Vater zur Frömmigkeit erzogen, der Hohepriester der Astarte gewesen war, bevor er König wurde, wusste sie Achab zur offenen Ausübung der Verehrung phönizischer Gottheiten zu bewegen. Baal und Astarte besassen ihre Tempel in Samaria und auf allen Hügeln ihre heiligen Haine; ihre Priester und Propheten setzten sich an des Königs Tisch und breiteten sich im Lande aus, während Jahveh's Priester und Propheten sich verbergen mussten, um der Verfolgung zu entgehen. Die Hauptmenge des Volkes blieb zwischen beiden Parteien unentschieden. Wol konnte der Prophet ihnen sagen: »Wenn Jahveh Gott ist, so wandelt ihm nach, und wenn Baal Gott ist, so wandelt ihm nach«, sie antworteten nichts darauf und fuhren fort, »zu hinken nach beiden Seiten[1]«. Selbst der König, der mehr abergläubisch als ächt religiös war, konnte weder für Jahveh noch für Baal sich offen erklären, heute liess er die phönizischen Propheten niedermetzeln[2], morgen überlieferte er die hebräischen Izebel's Rache[3]. Wer dem Nationalgotte treu war, fand in Elijah von Thisbe einen Führer, dessen Abenteuer und Grossthaten uns mit soviel Wundern untermischt überkommen sind, dass sich das Wahre darunter unmöglich ausscheiden lässt. Vom Geiste Gottes ergriffen tritt Elijah vor Achab, verkündet ihm, es werde nur auf sein Geheiss noch in den nächsten Jahren Thau und Regen geben, und flieht, um dem Zorne des Königs zu entgehen, in die Wüste. Erst wird er von Raben ernährt, die Morgens und Abends ihm Fleisch und Brod zutragen, dann, als die Quelle versiegt war, aus der er trank, durch einen unerschöpflichen Mehlkasten und Oelkrug, deren Inhalt er mit einer Wittwe zu Sarepta im Lande Sidon theilt. Der Sohn dieses Weibes stirbt plötzlich, Elijah weckt ihn im Namen Jahveh's auf und verlässt, stets vom höhern Geiste geleitet, seine Zufluchtsstätte, um von neuem vor dem Könige aufzutreten. Achab empfängt ihn, ohne ihm irgend welchen Hass zu bezeigen, versammelt die

1) I. Reg., XVIII, 21. || 2) a. a. O. XVIII, 40. || 3) a. a. O. XIX, 2.

Heidenpropheten und stellt sie ihm auf dem Berge Karmel von Angesicht zu Angesicht gegenüber. Die Phönizier rufen mit lautem Schreien ihre Baalim an und zerfleischen sich den Leib mit Messerstichen. Nachdem Elijah sie sich in Verrenkungen und Gebeten hat erschöpfen lassen, ruft er seinerseits Jahveh an; das Feuer des Himmels kommt auf seinen Ruf herab und verzehrt das Brandopfer in einem Augenblicke. Das Volk fällt über die Priester her, metzelt sie nieder, und es beginnt zu regnen. Es heisst, Elijah habe nach diesem Siege sich wieder in die Wüste zurückgezogen und viele Wunderthaten vollbracht: danach erkor er sich Elisha zum Nachfolger und fuhr lebendig gen Himmel im feurigen Wagen[1]. So will es die Ueberlieferung, und in ihrer Uebertreibung selbst zeigt sie uns, welchen mächtigen Eindruck der grosse Prophet auf den Geist des Volkes Israel gemacht hatte.

Zu der religiösen Zwietracht kamen die Unglücksfälle eines Krieges mit dem Auslande. Benhadar I. war gestorben, und jedenfalls hatte Achab versucht, seine Unabhängigkeit wieder zu gewinnen, da ihm die Wirren günstig waren, die sich in den morgenländischen Dynastien fast stets bei einem Regierungswechsel erheben. Benhadar II. berief seine Vasallen und zog geradewegs gegen Samaria. Achab wurde von überlegenen Streitkräften in seiner Hauptstadt eingeschlossen und bat um Frieden unter jeder Bedingung, die der Sieger ihm aufzuerlegen belieben sollte: die Antwort auf seine Aeusserungen war so empörend, dass die Hebräer sich entschlossen lieber alles zu wagen, als sich zu ergeben. Mit dem Mute wandte sich ihnen das Glück wieder zu; durch einen stürmischen Ausfall der Belagerten wurde Benhadar am hellen Mittage überrumpelt, panischer Schrecken brach in seinem Lager aus und sein Heer rettete sich ohne Ordnung in das Gebiet von Damaskus. Im folgenden Jahre erneuerte es den Angriff, doch lagerte es sich in der Ebene Jezreel bei der kleinen Stadt Aphek, statt sich in das gebirgige Terrain von Ephraim zu begeben, wo ihm seine numerische Ueberlegenheit nicht zu Statten kam. Wie vorher unter den Mauern Samariens wurde es geschlagen, und Benhadar ward auf der Flucht gefangen. Trotz dieser wiederholentlichen Niederlagen war noch die Macht von Damaskus so gross, dass, weit entfernt, dass des

1) I. Reg., XVII—XIX, II. Reg., I—II.

Königs Gefangennahme den Krieg geendigt hätte, Achab seinen Sieg nicht bis auf's äusserste zu treiben wagte. Er nahm den Besiegten »als Bruder« auf, trotz des ereiferten Widerspruches einiger Propheten, und gab ihm die Freiheit wieder, nachdem er von ihm den Vertrag zu einem Schutz- und Trutzbündnisse hatte unterzeichnen lassen. Israel kam wieder zum Besitz derjenigen Ortschaften, die es unter den vorangehenden Regierungen eingebüsst hatte, und die Juden erhielten das Recht in Damaskus einen abgesonderten Stadttheil zu beziehen, — das Gegenstück und die Entschädigung für den Vertrag, der zwischen Omri und Benhadar I. abgeschlossen war [1].

Kaum hatte der Streit geendigt, da erschienen an der Nordgrenze des Königsreichs Damaskus die Assyrer. Mit unruhigen Blicken hatte Benhadar die schnellen Fortschritte mit angesehen, die sie täglich im nördlichen Syrien machten, und sich zu ihrem Empfange gerüstet. Seine Bündnisse mit Hamath, Arvad und den andern Städten Phöniziens hatte er erneuert, die Unterstützung Israel's und der Araber in Anspruch genommen und sogar in Aegypten und im Lande Ammon Hülfstruppen angeworben. Auch ging er den Assyrern, als im Herbste 854 Salmanasar den Euphrat überschritt, um ihn anzugreifen, kühn entgegen und bot ihnen bei Karkar [2] eine Schlacht an. Bei sich hatte er 2000 Wagen und 10000 Juden, die von Achab gesandt waren, 700 Wagen, 7000 Ritter, 10000 Fussgänger aus Hamath, 1000 ägyptische Söldner und tausend Ammoniter, die mit seinen Vasallentruppen zusammen ein Heer von 62900 Fussoldaten, 8200 Rittern und 1810 Wagen bildeten; ein Araberhäuptling Namens Djendib hatte eine Truppe von tausend Kamelen mitgebracht. Die Verbündeten verloren die Schlacht: vierzehntausend von ihnen kamen um [3], die übrigen flüchteten jenseits des Orontes. Jedoch die Schlacht war so heiss gewesen, dass Salmanasar seinen Erfolg nicht ausnutzen konnte; er ging wieder über den Euphrat zurück, ohne die Unterwerfung von Damaskus erlangt und ohne Tribut auferlegt zu haben [4]. Da er im Südosten seines Reichs in Anspruch genommen war, kam er die nächsten

1) I. Reg. XX. || 2) Ménant (Annales, S. 112) liest diesen Namen *Burkaru*. || 3) Ein anderer Text hat 20500. || 4) Oppert, Histoire. S. 111—119; 136—142; G. Rawlinson, The five great Monarchies, Bd. II, S. 102—103; Fr. Lenormant, Histoire, Bd. II, S. 68—90; Schrader, Die Keilinschriften und das Alte Testament, S. 94—104; J. Ménant, Annales, S. 99, 112—113.

Jahre nicht wieder. Marduk-inadinsu, der von seinem nicht ebenbürtigen Bruder Marduk-bel-usate verratene und besiegte König von Babylon, hatte den König von Assyrien herbeigerufen. Salmanasar eilte herbei und unterwarf auf dem ersten Feldzuge (852) die nördlich vom Dhurnat gelegenen Landstriche. Noch mehr Glück hatte er in dem nächsten Jahre, da er den Prätendenten schlug, sich Babylon's, Barsip's und Kuti's bemächtigte und an das chaldäische Küstenland hinabzog[1]. Nach Beendigung dieser Eroberung nahm er seine Pläne gegen Damaskus wieder auf.

Die Niederlage bei Karkar hatte Ben-Hadar's Macht für den Augenblick erschüttert. Achab hatte, als er sich die seinen Vorgängern abgenommenen jüdischen Städte zurückgeben liess, Ramoth-Gilead zu erwähnen vergessen. Und das war gerade ein wichtiger Ort, der das ganze linke Jordanufer beherrschte und sowohl Israel wie Juda bedrohte. Den unglücklichen Ausgang des Feldzuges gegen die Assyrer wollte Achab dazu benutzen, diesen zurückzuerhalten und sah sich nach Verbündeten um, die ihn bei diesem Unternehmen unterstützen könnten. In Jerusalem war soeben eine grosse geistige und politische Veränderung vor sich gegangen. Gleich seinem Vater Asa war Jehoshaphat ein glühender Jahvehverehrer, er bemühte sich, den Götzendienst auszurotten, und die von seinem Nachbar angestiftete Prophetenverfolgung musste ihm sehr schmerzlich gewesen sein[2]. Doch machte ihn seine Frömmigkeit nicht blind für die politischen Forderungen der Gegenwart. Wie unheilvoll die Eifersucht zwischen Israel und Juda war, erhellte aus den unter den früheren Regierungen gemachten Erfahrungen, denn während der Bürgerkriege hatten Moab, Ammon und die Philistäerkönige sich erhoben, und Damaskus, das zeitweilig eine jüdische Stadt gewesen war, war die Hauptstadt eines mächtigen Reichs geworden und drohte zu Gunsten Benhadar's Salomo's Reich zu erneuern. Trotz des Widerstrebens der Propheten überzeugte sich Jehoshaphat, man müsse vor allen Dingen die Zwietracht beilegen und sämmtliche Streitkräfte der Nation gegen die Syrer aufbieten. Er vermählte seinen Sohn Jehoram mit der israelitischen Königstochter Ataliah[3].

1) Oppert, Histoire. S. 112; G. Rawlinson, The five great Monarchies. Bd. II. S. 102; Fr. Lenormant, Histoire, Bd. II. S. 71; J. Ménant, Annales, S. 99—100. 114. || 2) I. Reg., XXII. 43—44; II. Chron., XVII. 3—4. || 3) Vergl. I. Reg. VIII, 18 mit II. Reg., VIII, 26.

willigte, als Achab ihn bei seinem Vorhaben gegen Ramoth-Gilead um Unterstützung bat, ein, ihn zu begleiten und traf in Samaria mit diesem zusammen[1]. Zum ersten Male seit fast hundert Jahren betrat Juda's Heer das Gebiet Ephraims ohne feindliche Absichten und schaarte sich mit ihm um eine Fahne.

Jehoshaphat hatte mit seinem Regierungsantritte sich thätig und kriegerisch gezeigt und mehrere glückliche Kriegszüge gegen seine südlichen Nachbarn unternommen, durch welche seine Macht über Edom befestigt wurde[2]. Gegen Benhadar's Glück konnten alle seine guten Eigenschaften nichts ausrichten. Bei der Schlacht, die unter den Mauern von Ramoth-Gilead sich entspann, entging er der Gefangennahme; sein Heer ward zur Hälfte aufgerieben. Achab wurde früh morgens bereits von einem Pfeile tödtlich verwundet, erlag gegen Sonnenuntergang, und seine von panischem Schrecken ergriffenen Soldaten zerstoben nach allen Richtungen. Achaziah brachte seines Vaters Leiche nach Samaria, Jehoshaphat flüchtete nach Jerusalem[3], und es hatte den Anschein, als brauche Benhadar nur vorzurücken, um sich ohne Mühe Israel's und Juda's zu bemächtigen (851). Die Einmischung der Assyrer rettete die Hebräer vor drohendem Untergange. Der König von Damaskus ward nach Norden zurückgerufen und fand, dass Salmanasar über sämmtliche Länder zwischen dem Euphrat und dem Orontes gebot. Er wurde 850 und in dem darauf folgenden Jahre trotz der Unterstützung von Hamath und Phönizien her vollständig geschlagen, es kamen 10000 von seinen Mannschaften um, und ein Theil seiner Streitwagen und seines Kriegsmaterials blieb auf dem Schlachtfelde. Doch fühlten bei alledem die Assyrer, trotz ihres Sieges, sich durch denselben dermassen geschwächt, dass es ihnen nicht leicht fiel, ihn auszunutzen. Die nächsten beiden Jahre verbrauchten sie zur Unterwerfung einiger armenischer und medischer Stämme und Marken und erst 846 schritten sie von neuem zum Angriff, mit dem Erfolge, den sie gewöhnlich hatten[4]. Benhadar wurde nochmals besiegt, doch seinem Reiche konnte man nichts anhaben, und, wie er kaum

1) I. Reg. XXII, 1—19; II. Chron., XVIII, 1—27. || 2) II. Chron., XVII. || 3) I. Reg., XXII, 20—29; II. Chron., XVIII, 18—34. || 4) Oppert, Histoire, S. 112, 120; Fr. Lenormant, Histoire Bd. II, S. 71; J. Ménant, Annales, S. 100—114.

seine Gegner los war, wandte er sich auch schon wieder gegen die Juden.

Er fand, dass diese sich von ihren Niederlagen erholt hatten. Achaziah freilich war nur vorübergehend Beherrscher von Samaria gewesen, doch sein Bruder Jehoram fühlte sich so stark, dass er Eroberungsgelüste hegte. Nach der Schlacht bei Ramoth-Gilead hatte der Moabiterkönig Mesha sich erhoben und den Tribut, welchen sein Volk seit vierzig Jahren an die Könige von Israel zahlte, verweigert. Jehoram und Jehoshaphat machten den Versuch, ihn zu unterwerfen. Da sie ihn von Norden her aus Furcht vor den im Lande Gilead liegenden syrischen Besatzungen nicht anzugreifen wagten, so gingen sie südlich vom todten Meere entlang und belagerten ihn in seiner Königsstadt [1]. Trotz einiger hier und da errungener Siege, hatte der Feldzug keinen glücklichen Verlauf, denn die Moabiter blieben nicht allein selbständig sondern erweiterten sich auch noch auf Unkosten der Rubeniten, und auf dem einzigen Denkmale, welches wir von Mesha's Regierung übrig haben [2], durfte dieser sich rühmen, »den Städten, welche er dem Lande Moab zuerwarb, ihre ehemaligen Namen wiedergegeben zu haben«. Benhadar's Einfall trug wol etwas zum Obsiegen der Moabiter bei. Die syrischen Heere breiteten sich über Ephraim aus und zogen hinauf gen Samaria. Die Stadt hielt sich gut, und an ihrer Einnahme verzweifelnd hob Benhadar die Belagerung gerade auf, wie die Hungersnot in ihr auf das äusserste gestiegen war. Er sollte Israel nicht wieder betreten, denn erkrankt und bereits im Sterben liegend wurde er von einem seiner Offiziere, der Chazaël hiess, umgebracht, der an seiner Stelle sich zum König machte [3]. Seine weder unrühmliche noch erfolglose Herrschaft hatte etwa dreissig Jahre gewährt. Mit Hamath und mit Phönizien war er in enge Bundesgenossenschaft getreten, gebot über zweiunddreissig Lehnskönige und widerstand tapfer den Assyrern. Er hatte versucht, ganz Palästina zu erobern und hatte, wenn er mit diesem Vorsatze auch kein Glück hatte, fast das ganze Land Gilead zwischen dem Hauran und der Moabitergrenze unterworfen. In seiner Hand war Damaskus thatsächlich die Hauptstadt und das Bollwerk Syriens geworden.

1) II. Reg., III, 4—27. || 2) Die berühmte Dhibänstele, welche 1869 von Clermont-Ganneau entdeckt wurde, und von welcher sich Bruchstücke im Louvre befinden. || 3) II. Reg., VI, 8 — VIII, 15.

Diese hervorragende Stellung behielt es nicht lange. Chazaël hatte anfangs freilich Glück und eroberte die beiden Abhänge des Anti-Libanon und den grössern Theil von Aram. Den für ihre Vorgänger einige Jahre früher so unheilvollen Plan gegen das gileaditische Ramoth nahmen Jehoram von Israel und Achaziah von Juda wieder auf, doch missglückte er ihnen ebenso wie Achab und Jehoshaphat[1]. Den Eindruck, welchen diese Erstlingserfolge machten, verdunkelte bald ein gewaltiges Missgeschick. Nachdem Salmanasar (845) die Stämme am obern Euphrat bekämpft, einen Vorstoss in die medischen Hochlande gemacht (844) und (843) die Völkerschaften auf dem Amanos bekriegt hatte, nahm er die Feindseligkeiten gegen Aram wieder auf. In einer sorgfältig ausgesuchten Stellung erwartete Chazaël den Feind und wurde besiegt. Es war die blutigste Schlacht, die bis dahin zwischen den Assyrern und den Damaskenern geliefert worden war. Er verlor 16000 Mann zu Fuss, 410 Ritter, 1121 Wagen, Damaskus und noch mehrere feste Ortschaften wurden genommen, und die Assyrer drangen, überall, wo sie durchzogen, raubend und sengend bis in das Hauran-gebirge. Die Könige von Sidon und Tyros befürchteten, ein gleiches Geschick möchte ihren Staaten zu Theil werden und erkannten eiligst die Oberhoheit des Siegers an. Der König von Israel sandte einen Tribut von Gold- und Silberbarren, goldenen Schüsseln, Bechern und Geräten, Sceptern und Waffen. So kamen die Hebräer zum ersten Mal mit Assyrien in Berührung[2] (842).

Beide Königreiche waren in den letzthin verflossenen paar Monaten durch blutige Staatsumwälzungen zerrüttet worden. Dem Hause Omri hatten die Propheten niemals verziehen, dass es phönizische Religionen einführte und den nationalen Kultus mit Verfolgungen heimsuchte. Elijah bereits hatte darauf gesonnen, Achab zu entthronen und Jehu an dessen Stelle zu setzen[3], Elishah, sein Nachfolger und Lieblingsschüler, führte seines Meisters Vorhaben aus. Vor Ramoth war Jehoram verwundet und hatte, um zu genesen, sich in das Schloss Jezreel, fern von seiner Hauptstadt und von seinem Heere, zurückgezogen. Ein Sendbote Elisha's begab sich in das

1) II. Reg., VIII, 28—29. || 2) Oppert, Histoire, S. 113, 118; G. Rawlinson, The five great Monarchies, Bd. II, S. 104—106; Schrader, Die Keilinschriften und das A. T., S. 104—108; J. Ménant, Annales, S. 100, 115—116. || 3) I. Reg. XIX, 16.

Lager, weihte Jehu und befahl ihm im Namen Gottes, das Haus Achab zu vertilgen und den Tod der Propheten zu rächen. Jehu liess sich durch den Zuruf des ganzen Heeres bestätigen und zog gegen Jezreel. Achaziah von Juda war bei seinem Oheim und seiner Grossmutter Izebel zu Besuch. Als der Wächter meldete, man sähe ein Heer heranrücken, stiegen die beiden Könige, statt zu flüchten, auf ihre Streitwagen, und zogen diesem entgegen. Jehu durchbohrte Jehoram mit einem Pfeilschusse und liess Achaziah, der zu entkommen versuchte, von seinen Begleitern ermorden. Das war erst der Anfang der Tragödie. Wie die greise Izebel von der Ermordung und von der Ankunft des Mörders erfuhr, wollte sie wenigstens als Königin sterben: »sie that Schminke an ihre Augen, schmückte ihr Haupt und schaute zum Fenster hinaus. — Und als Jehu in das Thor trat, sprach sie: »Ging es gut Zimri, dem Mörder seines Herrn?«. — Und er erhob sein Angesicht nach dem Fenster und sprach: »Wer hält es mit mir? Wer?« Und es schauten zu ihm zwei, drei Eunuchen. — Und er sprach: »Werfet sie hinab«! Und sie warfen sie hinab, und ihr Blut spritzte an die Wand und an die Rosse, und er fuhr über sie hin«. Es waren noch die Prinzen aus dem Hause Achab übrig. Er liess aus Samaria sich deren Köpfe schicken und schichtete sie in zwei Haufen am Schlossthore Jezreel auf. Auch die Prinzen vom Hause Juda, die mit Achaziah gekommen waren, wurden auf der Landstrasse getödtet, die Baalsdiener und Priester wurden verräterischer Weise im Tempel versammelt und bis auf den letzten Mann abgeschlachtet, und die Jahvehverehrung wurde mit all ihrer Pracht, wenn auch nicht in ihrer ganzen Reinheit, wiedereingeführt. Die Rückwirkung dieser Revolution wurde selbst in Jerusalem in einer Art verspürbar, wie das freilich nicht vorauszusehen war. Wie Izebel's Tochter Athaliah, Achaziah's Mutter, sah, dass das Königshaus fast gänzlich ausgerottet war, liess sie alles, was von Jehoshaphat's Nachkommen noch übrig war, vertilgen; nur ein Knabe, Jehoash entkam durch die Fürsorge des Hohepriesters. Als alles niedergemetzelt war, ergriff sie die Herrschaft, umgab sich mit einer phönizischen Leibwache und überliess sich der Verehrung der Baalim. Jehu's Verbrechen hatten also den sonderbaren Erfolg, dass sie, so gut es sich machen liess, in Israel zwar den nationalen Gottesdienst wieder zur Geltung brachten und dafür denselben in Juda zu Grunde richteten, so dass in Samarien Jahveh und in Jerusalem Baal thronte [1].

Chazaël blieb noch immer gefährlich; er war zwei Jahre nach seiner ersten Ninderlage den Assyrern nochmals ohne Erfolg entgegengetreten, hatte einige Burgen eingebüsst und gleich den Königen von Tyros, Sidon und Gebel Tribut gezahlt [2]. Das war sein letzter Versuch, Salmanasar zu widerstehen und er zog es vor, sich lieber zu unterwerfen und dadurch sich das Recht auszuwirken, ungestört seinen Anschlägen gegen die Israeliten nachgehen zu können, als sich nochmals unvermeidlichen Niederlagen auszusetzen. Es gelang ihm über alles Erwarten; Jehu konnte ihm nicht Stand halten und wurde geschlagen »an allen Grenzen, — vom Jordan an gegen Aufgang der Sonne, das ganze Land Gilead, die Gaditen und Rubeniten und die Manassiten, von Aroer an, das am Bache Arnon liegt, bis gen Gilead und Bashan [3]«. Damaskus war zwar im Norden von den Assyrern gedemütigt, war aber noch so mächtig, dass es die Juden demütigen konnte. Es konnte jedoch nur vorübergehend ein solches Uebergewicht haben, denn von den vielen aufeinanderfolgenden Kriegen war es erschöpft und drohte, bei dem nächsten ernstlichen Anstosse in sich zusammenzusinken. Noch war es zwar das Bollwerk Syriens, doch war es morsch und halb in Trümmer gesunken.

Salmanasar's eigentliche Aufgabe war vollbracht. Sein Vater hatte Nordsyrien erobert; er ging einen Schritt weiter auf Aegypten zu und stürzte die Königreiche in Mittelsyrien. Den Rest seiner Regierung nahmen Kriegszüge gegen die nördlichen und östlichen Völkerschaften fast gänzlich in Anspruch. Durch einen zweijährigen Krieg fielen ihm die beiden Abhänge des Amanos und das ebene Kilikien anheim, und selbst Tarzi (Tarsos) geriet in seine Hände (831). Drei Jahre lang widerstanden die Länder Urartu und Van in Armenien, bis sie schliesslich doch erlagen [4]. Indess war das Alter und mit ihm die Gebrechlichkeit herangerückt: der durch dreissigjährige Kriege erschöpfte Königsgreis musste das Lager meiden und seinen Feldherrn den Oberbefehl überlassen. Sein ältester

---

1) II. Reg. IX—XI, 3; II. Chron., XXIII. || 2) Oppert, Histoire, S. 121; Ménant, Annales, S. 101. || 3) II. Reg., X, 32—33. || 4) J. Ménant, Annales, S. 101—104.

Sohn Assur-danin-habal meinte, er lebe zu lange, und brachte über die Hälfte des Reiches gegen ihn zur Empörung. Assur, Amid, Arbela und vierundzwanzig andere Städte nahmen an dem Aufruhr Theil, nur Kalach und Ninive blieben treu. Salmanasar betraute seinen zweiten Sohn Samsi-Bin mit der obersten Leitung. In nicht ganz vier Jahren war der Aufstand unterdrückt, Assur-danin-habal wurde getödtet, und Salmanasar hatte noch den Trost, nach einer fünfunddreissigjährigen Regierung wenigstens in Frieden sterben zu können (823)[1].

Zeitweiliger Verfall des Assyrerreichs. Die Propheten in Israel. Jerobeam II. Tuklat-habal-asar II. Sturz von Damaskus.

Assyriens kriegerische Uebermacht hielt sich noch einige Zeit nach ihm. Durch wiederholentliche Kriegszüge unterwarf Samsi-Bin III. (823—810) die Stämme von Naïri und eroberte Medien bis zum Lande Bart'u[2] im äussersten Osten des kaspischen Meeres. Trotzdem dass Marduk-balat-irib, der mächtigste von den Fürsten, die damals Nordchaldäa beherrschten, von Elam und den mesopotamischen Aramäern unterstützt wurde, konnte er Assyrien nicht die Spitze bieten und verlor in der Schlacht bei Daban (819) 7000 Mann, 200 Wagen, dazu seine Königsstandarte und sein Gepäck. Dieser Sieg war ebensowenig entscheidend wie zwei andere 812 und 811 gegen Babylon gerichtete Unternehmungen. Doch ebnete er wenigstens den Weg für Bin-nirari II. (810—780), welcher die Könige Chaldäa's unterjochte. Bin-nirari war ebenso rührig wie vordem sein Vater und Grossvater, so dass ein siegreicher Feldzug in jedes Jahr seiner Regierung fällt. Siebenmal brach er in Medien ein, zweimal überfiel er das Land Van und dreimal Syrien. Der König Mariah von Damaskus, einer von Benhadar's III. Nachfolgern, hatte sich empört: er belagerte denselben in seiner Königsstadt und nahm ihn gefangen. Die Empörer wurden so nachdrücklich gezüchtigt, dass die übrigen Syrerkönige dadurch abgehalten wurden, Mariah's Beispiel nachzuahmen, und weder Phönizien noch Israel, Edom und die

1) Oppert, Histoire, S. 122; G. Rawlinson, The five great Monarchies, Bd. II, S. 109—110; Fr. Lenormant, Histoire Bd. II, S. 73; J. Ménant, Annales, S. 118—119. || 2) Nach Lenormant's Angabe: *Parthyene*, nicht Persien.

Philistäer, so lange er herrschte, sich überhaupt zu regen wagten[1]. Das Assyrerreich umfasste damals den grössten Theil von Vorderasien und reichte mit seinen Vasallenstaaten einerseits bis zum persischen Meerbusen und nach Elam, andererseits ans rothe Meer und nach Aegypten. Im Osten waren ihm die meisten medischen Turanierstämme und einige von den arischen Stämmen unterthan, welche damals auf das Hochland Iran vorzurücken begannen. In Armenien hatte man seit Tuklat-habal-asar I. nur geringe Fortschritte gemacht, man hatte die Landstriche vom Vansee an bis zu den Quellen des Tigris in Besitz, konnte aber darüber hinaus wegen der Terrainschwierigkeiten und der Tapferkeit der Bewohner keine bleibenden Eroberungen machen. Mesopotamien, Chaldäa und Nordsyrien erkannten Assur's Oberhoheit an: Salmanasar und dessen Nachfolger waren sogar über den Tauros und den Amanos hinausgegangen, und ihnen gehorchten die Ebenen Kilikiens und die Tubal, Kappadokiens Bewohner. Die syrische Küste von der Orontesmündung bis gen Gaza, sowie alle Königreiche im Innern zwischen dem Meere und der Wüste waren von Ninive abhängig. Auf den Assyrerkönig durfte man damals schon die Worte des Propheten anwenden: er war »eine Ceder auf dem Libanon, . . . höher als alle Bäume des Feldes. — In seinen Zweigen nisteten alle Vögel des Himmels und unter seinen Aesten gebaren alle Thiere des Feldes, und in seinem Schatten wohnten alle grossen Völker[2]«.

Wie das Reich zu solchem Ruhm und solcher Macht gediehen war, schien es ganz plötzlich in sich zusammenzubrechen. Salmanasar's IV. Regierungszeit (780—770) ging gänzlich in erfolglosen Kämpfen gegen Armenien und Medien hin, und nach einem einzigen Kriegszuge gegen Damaskus (772) sah er sich genötigt, Syrien zu räumen. Unter Assur-dan-Il II. (770—752) erheben sich nicht mehr jüngst unterworfene Vasallenstaaten, sondern auch vor den Thoren Ninive's im Lande Arrapha, in der Stadt Gôzan bricht Aufruhr aus. Der kriegerische Sinn wurde so abgestumpft, dass die

1) Eine von Bin-nirari's Frauen hiess Sammurramit. Da dies die ursprüngliche Form des Namens Semiramis ist, hat man in der Frau Bin-nirari's die herodoteische Semiramis, welche hundertfünfzig Jahre vor Nabopolassar lebte und Babylon verschönerte, wiedererkennen wollen und diese Semiramis sollte dann das Prototyp der sagenhaften Semiramis sein. Beide Hypothesen haben nicht überall Anerkennung gefunden. || 2) Ezechiel. XXXI, 3—6.

Herrscher ihre Truppen nicht mehr persönlich leiteten und oftmals auf Krieg gänzlich verzichteten. Während unter Assur-nazir-habal, Salmanasar III., Samsi-Bin und Bin-nirari auf jedes Jahr ein glücklicher Kriegszug kam, blieb Assur-dan-II von den achtzehn Jahren seiner Regierung neun Jahre in Frieden. Noch schlechter stand es unter Assur-nirari II. (752—745), wo es in acht Jahren nur zwei Feldzüge gab, die beide gegen das Namriland — nur wenige Tagereisen von der Hauptstadt — unternommen wurden[1]. Nach den klassischen Ueberlieferungen fiel in diesen Zeitraum die erste Zerstörung Ninive's. Da dieselben die Namen der grossen Fürsten des vorigen Jahrhunderts nicht kannten, nahmen sie dafür ein unthätiges Königsgeschlecht an, welches von Ninos und Semiramis abstammte. Der letzte aus demselben soll sein Dasein im Harem von Weibern umgeben, als Weib gekleidet und mit weiblicher Arbeit beschäftigt verlebt haben. Da empörten sich zwei Lehnsfürsten, der Meder Arbakes und der Babylonier Belesys. Bei der drohenden Gefahr erwachte in Sardanapal die angestammte Kriegstüchtigkeit, er stellte sich an die Spitze der Soldaten, die er noch behalten hatte, schlug die Rebellen zu wiederholten Malen und hätte sie wol unterworfen, wenn nicht die Truppen, die ihm aus Baktrien zu Hülfe kamen, abgefallen und zum Feinde übergegangen wären. Er schloss sich in Ninive ein und widerstand daselbst zwei Jahre lang allen Angriffen, bis im dritten Jahre der durch Regengüsse angeschwellte Tigris austrat und zwanzig Stadien weit die Mauern niederriss. Da entsann er sich eines Orakels, welches ihm Sieg verheissen hatte, solange nicht der Fluss sich gegen ihn empören würde, und mochte seinen rebellischen Unterthanen nicht lebendig in die Hände fallen. Er verbrannte sich in seinem Schlosse mit sammt seinen Weibern und Schätzen und mit ihm ging auch sein Reich zu Grunde[2]. Gegenwärtig steht es fest, dass die erste Zerstörung von Ninive ein historischer Roman ist, doch aus den Denkmälern erhellt, dass dreissig Jahre lang von Bin-nirari II. bis auf Tuklat-habal-asar II. Assyriens Macht immer mehr in Verfall geriet[3].

1) Oppert, Histoire, S. 122—139; G. Rawlinson, The five gr. Mon. Bd. II, S. 110—127; J. Ménant, Annales, S. 119—134. || 2) Ueber die Sardanapalsage siehe Ktesias, Fragmente herausgegeb. v. Müller, Paris 1844, S. 36—40; Diodor II, 23—28; Athenaios, Deipnosophisten, herausg. v. Schweighäuser. Bd. IV. XII, 7; u. s. w. || 3) Hier nimmt Oppert die Lücke von dreissig

In Folge dieses zeitweiligen Verfalls blieben die syrischen Völkerschaften sich selbst überlassen, doch benutzten sie ihre Befreiung nur dazu, sich gegenseitig zu zerfleischen und sich immer tiefer in Bürgerkriege zu stürzen. Athaliah hatte vor, das Haus Jehoshaphat auszurotten und in Juda offiziell den Baalsdienst einzuführen; doch gelang ihr das eine sowenig wie das andere. Der Hohepriester Jehoïada rettete einen Sohn Achaziah's aus dem Blutbade und erzog ihn heimlich im Tempel. Bereits damals hatte die Priesterpartei bedeutende Fortschritte gemacht. Sie war von Asa und Jehoshaphat mit Ehren überhäuft, von deren Nachfolgern in ihrem Besitze geduldet oder bestätigt worden, hatte sich das Vertrauen des Volkes zu gewinnen gewusst, und begann sich an der Politik zu betheiligen. Jehoïada machte sich die Befehlshaber der königlichen Leibwache geneigt, offenbarte ihnen, dass Jehoash lebe und rief im Tempel diesen zum Könige aus. Athaliah, die auf den Lärm herbeigeeilt war, wurde getödtet und ebenso verfuhr man mit Mattan, dem Oberpriester des Baal[1]. Jehoïada machte sich zum Vormunde des kaum siebenjährigen neuen Königs; so kam es zur Priesterherrschaft. Die Priester liessen sich die Verwaltung der Tempelgüter übertragen und benutzten ihren Einfluss, um sich die heiligen Einkünfte theilweise anzueignen, so dass Jehoash, weil ihre Verwaltung zu viel Anstoss erregte, dem Jehoïada und den Opferpriestern die freie Verfügung über das Tempelgeld entziehen musste. Noch schlimmer als Juda erging es Israel. Jehu konnte, trotz seiner kriegerischen Befähigung, den von allen Seiten auf ihn einstürmenden Feinden nicht die Spitze bieten. Chazaël durchzog, ohne dass er auf irgend welches Hinderniss stiess, als Gebieter Samarien, drang nach Gath an der Philistäergrenze vor, nahm es ein, »und wandte sein Angesicht, hinaufzuziehen wider Jerusalem«. Jehoash erkaufte sich Frieden: »er nahm alles Geheiligte, was Jehoshaphat,

---

Jahren an, welche nach seiner Ansicht in dem assyrischen Kanon zu bemerken ist (Inscriptions assyriennes des Sargonides, S. 3–18; la Chronologie biblique fixée par les éclipses des inscriptions cunéiformes, S. 1—17). Lenormant, der sich in seiner Histoire d'Orient, Bd. 2 S. 77—88, Oppert's Ansicht angeschlossen hatte, ist später der von G. und H. Rawlinson, Smith und Schrader vertretenen beigetreten. [Vergl. auch: H. Brandes, Abhandlungen zur Geschichte des Orients im Alterthum, Halle 1874, S. 20 ff. A. v. Gutschmid, Neue Beiträge, S. 97 ff.] || 1) II. Reg., XI; II. Chron., XXII, 10—12; XXIII.

Jehoram und Achaziah, seine Väter, geheiligt hatten, und alles Gold, das sich fand in den Schätzen des Hauses Jahveh's und des Königshauses, und sandte es Chazaël. Da zog er ab von Jerusalem[1])«.

Das Unglück erreichte unter Jehu's Sohne seinen Höhepunkt. »Jehoachaz that, was böse war in den Augen Jahveh's, und der Zorn Jahveh's entbrannte über Israel und er gab sie in die Hand Benhadar's, des Sohnes Chazaël's, die ganze Zeit[2])«. Wie Jehoash durch den Rückzug der Syrer vor äussern Angriffen sicher und durch Jehoïada's Tod einen Lehrer los war, dessen Autorität ihm auf die Dauer lästig wurde, versuchte er sich dem Einflusse der Priester zu entziehen. Er brachte es aber nur dahin, dass er ihren Hass gegen sich heraufbeschwor und schliesslich in seinem Bette ermordet wurde[3]). Sein Sohn Amat'iah liess ihn im Königsgrabe beisetzen und rächte seinen Tod an den Mördern, doch liess er mit einer bei einem Manne seiner Zeit seltenen Grossmut »nicht die Kinder derer sterben, die seinen Vater getödtet hatten[4])«. Zwei Jahre vordem war Jehoachaz gestorben und hatte seinem Sohne einen leeren Schatz, ein machtloses Heer und einen auf die Hälfte zusammengeschmolzenen Staat hinterlassen[5]).

Während der allgemeinen Verwirrung und Entsittlichung verdoppelten die Propheten ihre Thätigkeit und Energie. Da die Geister im Nordreiche, wo es an einem regelrechten Priesterstande fehlte, und die phönizischen Religionen mit dem nationalen Gottesdienste im Kampfe lagen, sich in beständiger Erregung befanden, so hatten sie dort ganz besonders zu thun. Waren sie auch anfangs nur wenige, so wurden ihrer doch mehr, je mehr die Könige sie verfolgen liessen und sie bei der Lauheit des Volkes auf Hindernisse stiessen. Sie hatten es sich zur Pflicht gemacht, dem Unterdrückten gegen ungerechte oder bestechliche Richter beizustehen, und lenkten, ohne dass sie anerkannte Ansprüche und Befugnisse besassen, das Volk blos durch ihre Willensstärke. Von allen, selbst von dem

---

1) II. Reg., XII, 17—18. || 2) a. a. O., XIII, 1—8. || 3) Um die Schuld so weit als möglich von den Priestern abzuwenden ändert das Buch der Chroniken den Bericht der Königsbücher und steht mit diesen im Widerspruche. In Betreff der Regierung des Jehoash bin ich ausschliesslich dem Berichte II. Reg., XII gefolgt. [Vergl. auch: K. H. Graf, Die geschichtlichen Bücher des Alten Testaments, Leipzig 1866, S. 152 ff.] || 4) II. Reg., XIV, 5—6; II. Chron., XXV, 3—4. || 5) II. Reg., XIII, 9—10, XIV, 16.

Könige, verlangten sie Achtung vor dem Recht, Liebe zu Gott und Beobachtung der Gesetze, und übernahmen es, zu züchtigen, wo ihre Ueberredungsgabe nicht ausreichte. Elijah, Elisha und deren weniger berühmte Freunde besassen soviel Einfluss, dass sie Staatsumwälzungen veranlassten und Dynastienwechsel herbeiführten. Diese alten Propheten waren jedoch mehr Männer des Wortes und der That als der Feder, sie schriftstellerten nicht, und es lag ihnen wenig daran, ob ihre Reden, nachdem sie ihrem Zwecke entsprochen hatten, noch weiter existirten. Von ihrer Persönlichkeit und ihrem Wirken blieben nur unklare Erinnerungen haften, je nachdem es sich um grosse Ereignisse handelte oder je nachdem der Eindruck war, den sie im Geiste ihrer Zeitgenossen hinterliessen. Mächtige und grossartige Erdichtungen wie bei Elijah oder übertriebene und läppische Wunder wie bei Elisha wurden ihrer Lebensgeschichte beigemengt. In Juda, wo die Priesterschaft eine festere Verfassung besass, war der prophetische Geist weniger verbreitet, dafür aber ergiebiger an wissenschaftlichen Erzeugnissen. Es gab unter den Priestern und Leviten, die man in der Sangeskunst und Komposition unterwies, nur wenige, welche in heilige Begeisterung gerieten, doch standen denjenigen, bei welchen das wirklich der Fall war, alle Hülfsmittel einer reinen Sprache und einer bis ins Kleinliche gehenden Kunstfertigkeit zur Verfügung. Für einen die Volksmassen aufregenden Seher war Jerusalem nicht der Ort, dafür hatte man Dichter und Staatsmänner, die mit ihren Schriften auf die besten Geister und auf die Aufgeklärten einwirkten. Das Unglück des Volkes liess die ersten Propheten aufkommen, deren Bücher wir besitzen, zunächst Joël, dann Amos und Hoshea. Fortan sehen wir die Geschichte in den prophetischen Schriften und mit den Augen der Propheten an, so wie sie dieselbe auffassen, und auch mitunter so, wie sie sie machen[1].

Als Jehoash auf den Thron von Israel und Amat'iah auf den von Juda kam, schien das dem hebräischen Volke wieder etwas Lebenskraft zu verleihen. Jehoash begann damit, dass er bei Aphek Benhadar III. schlug[2], auch war er Sieger in drei andern Kämpfen,

---

1) Siehe über die Umwandlung, die im Geiste des Prophetentums sich damals vollzog: Ewald, Geschichte des Volkes Israel, Bd. III, Theil 1, S. 276, ff. Kuenen, de profeten en de profetie onder Israël, I deel, S. 73 ff. II, S. 178 ff. || 2) II. Reg., XIII, 17.

ohne dass es ihm gelungen wäre, die Syrer vollständig hinauszutreiben. Man erzählte, bevor er diesen Befreiungskrieg unternahm, habe er den alten Elisha zu Rat gezogen, der im Sterben lag. Der Prophet habe ihm befohlen. Pfeile vor ihm in die Erde zu schiessen. Der König traf dreimal und hielt inne. — Da ergrimmte der Mann Gottes über ihn und sprach: »Du hättest fünf oder sechs Mal treffen sollen. dann schlügest du die Syrer bis zum Aufreiben; nun aber wirst du dreimal die Syrer schlagen[1]«. Andererseits hatte Amat'iah die Edomiter im Salzthale, auf David's altem Schlachtfelde, geschlagen, und ihnen ihre Hauptstadt Selah genommen. Berauscht von seinem Erfolge hielt er sich für berufen, Salomo's Reich wieder aufzurichten, und liess in Samaria Jehoash herausfordern. Auf seine Herausforderung antwortete der König von Israel mit einem Gleichniss: »Der Dornstrauch auf dem Libanon sandte zu der Ceder auf dem Libanon und sprach: »Gib deine Tochter meinem Sohne zum Weibe«. Da lief einher das Wild des Feldes auf dem Libanon und zertrat den Dornstrauch. — Geschlagen hast du die Edomiter, da ist dir der Mut gestiegen. Geniesse des Ruhmes und bleib zu Hause! Warum denn willst du dich mit dem Unglücke einlassen, dass du fallest und Juda mit dir?« Bei Beth-shemesh an der philistäischen Grenze fand die Begegnung statt. Amat'iah ward besiegt und gefangen genommen; ohne Widerstreit drang Jehoash nach Jerusalem hinein, schleifte es auf eine Strecke von vierhundert Ellen, plünderte den Tempel, nahm Geiseln mit, kehrte nach Samaria heim und starb daselbst bald darauf[2]. Jerobeam II. vollendete, was zu beginnen sein Vater kaum Zeit gefunden hatte. Die Könige von Assyrien hatten sich die Oberhoheit über Aram und Phönizien entgehen lassen. Da Damaskus durch seine Kriege gegen Salmanasar III. und erst neuerdings durch die Niederlagen seines Königs Mariah ruinirt war, konnte es dem Angriffe der Hebräer nicht widerstehen. Jerobeam eroberte all die Landstriche wieder, welche David und Salomo im Norden und Osten besassen; das Moabiter- und das Ammoniterland, Cölesyrien, Damaskus und selbst Hamath fielen ihm in die Hände[3]. Nach den langen Jahren der Not, in denen die Syrer Gilead »mit eisernen Schlitten gedroschen hatten[4]«, schien seine Regierung eine

1) a. a. O., XIII, 25. || 2) a. a. O. XIV, 1—15; II. Chron., XXV, 1. 24. || 3) II. Reg., XIV, 23—28. || 4) Amos I, 3.

Zeit des Friedens und der Sicherheit; man begann aufs neue mit Phönizien und mit Aegypten zu verkehren, und die Kinder Israel wohnten wieder »in ihren Zelten wie gestern und vorgestern[1]«. Diese vierzig friedlichen, ruhmreichen Jahre waren die letzten ihrer Art im Reiche Israel. Sechs Monate nach Jerobeam's Tode wurde dessen Sohn Zakariah vor allem Volke von Shallum, dem Sohne des Jabesh ermordet, und somit endete die Herrschaft des Hauses Jehu[2]. Shallum selber behielt die Macht nur einen Monat lang; dann wurde er von Menachem, dem Sohne Gadi's, getödtet, und dieser trat an seine Stelle[3]. Taphsach und andere Städte mehr, welche dem Usurpator widerstreben wollten, wurden mit einer Grausamkeit behandelt, die ohne Gleichen war.

Die Strafe blieb nicht aus. Es entstand 745 ein Aufstand in Kalach, bei welchem Assur-nirari beseitigt wurde[4], und die Herrschaft erhielt Jemand, der wenig dazu angethan war, als König ein thatenloses Dasein zu führen. Wo Tuklat-habal-asar II. her war, weiss man nicht, weder ob er derselben Familie wie sein Vorgänger angehörte noch ob er blos ein geschickter Usurpator war. Mag seine Herkunft auch noch dunkel sein, in der Geschichte jener Tage steht seine Persönlichkeit doch unvergleichlich glänzend da. Er war ein König aus gleichem Gusse wie die frühern grossen Eroberer, war rührig und ehrgeizig und weilte mehr im Lager als in seinem Schlosse. Eine Regierung, die wie die seine auf eine langjährige Erschlaffung und langjährigen Verfall folgte, bildet einen Wendepunkt in der assyrischen Geschichte. Da jeder Nachfolger Assur-nirari's, der dieselben Irrwege wie dieser betreten hätte, das Reich ganz und gar zu Grunde gerichtet haben würde, regte Tuklat-habal-asar II. die Thatkraft der Nation an, wies ihr von neuem den Weg in das Ausland und führte sie weiter, als sie je vor ihm gekommen war. Leider gehört seine glanzvolle Regierung zu denjenigen, welche sich äusserst schwer in den gegenwärtig als fest angenommenen Rahmen der morgenländischen Geschichte einfügen lassen, denn die Angaben, welche uns die aus derselben stammenden Denkmäler über Israel und Juda liefern, weichen von den hebräischen Berichten so sehr ab, dass man fürs erste eine genaue Chronologie nicht her-

1) II. Reg., XIII, 5, wo diese Stelle sich auf Jehoachaz bezieht. || 2) II. Reg., XV, 8—12. || 3) a. a. O., XV, 13—17. 4) Ménant, Annales, S. 134.

stellen kann, ohne auf Irrtümer und Widersprüche gefasst zu sein [1].

Er bestieg am 13. Jyyar (April) des Jahres 745 den Thron und schritt sofort zur That. Sein erster Feldzug hatte nur den Zweck, Assur's Oberhoheit über Nord-Chaldäa zu bekunden. Nabu-nat'ir (Nabonassar), der damals (747—733) über Babylon herrschte, leistete keinen Widerstand und wurde in seiner Stellung gelassen [2].

---

1) Tuklat-habal-asar hatte mit drei Königen von Israel — Menachem, Pekach und Hosbea — und mit zweien von Juda — *Asriyahu* und *Jeouchas* — zu thun, ihre Namen kommen auf den Denkmälern vor. Die übliche biblische Chronologie und schwierige Lesarten haben Herrn Oppert dazu bewogen: 1) in dem bei den Assyrern vorkommenden Menachem einen zweiten in der Bibel nicht erwähnten Menachem zu sehen, den er mitten in die Regierung Pekach's einschaltet, 2) Asriyahu von Juda für den Namen des Sohnes des Tabeel zu halten, welchen in Juda Ret'in und Pekach für Achaz (Jehoachaz) einsetzen wollten (Oppert, la Chronologie biblique u. s. w. S. 29—32). Dagegen habe ich Schrader's Meinung angenommen, der alle von der Bibel angegebenen Zahlen verkürzt und aus dem Asriyahu von Juda den aussätzigen Azariah oder Ozziah macht. Der Unterschied zwischen beiden Systemen wird sich in der folgenden Tabelle besser zusammenfassen lassen, welche die streitigen Regierungsangaben vorführt. Nach der Bibel hätten regiert:

Azariah (Ozziah)	von	809	bis	759
Menachen	-	771	-	761
Pekach	-	758	-	738

Nach den assyrischen Denkmälern hätte

Azariah noch 745 bis 739 regiert
Menachem - 738
Pekach - 734 und sogar noch 729.

Das zwingt uns den allgemein recipirten Rahmen beträchtlich abzuändern. Ferner habe ich angenommen, dass Tuklat-habal-asar dem Phul oder Tiglath-Pilesar der Bibel entspricht. Aus *Tuklat-habal-asar's* Namen wird wahrscheinlich zunächst *Habal-asar*, dann *Habal*, *Bal*, *Pal* oder *Phul* geworden sein (Schrader, Die Keilinschriften und das A. T., S. 114—154, 291—306). Die chronologischen Angaben der biblischen Erzählungen habe ich stets dem Zeugnisse der gleichzeitigen Denkmäler gegenüber preisgegeben, denn auf diesen Zeitraum besonders darf man die Worte des heiligen Hieronymus in seinem Schreiben an den Presbyter Vitalis anwenden: «Relege omnes et Veteris et Novi Testamenti libros, et tantam annorum reperies dissonantiam et numerum inter Judam et Israël, id est, inter regnum utrumque, confusum, ut huiuscemodi haerere quaestionibus non tam studiosi quam otiosi hominis esse videatur.» (Sancti Hieronymi Opera edidit Martianay, Paris 1809, Bd. II, col. 622.). || 2) Nabu-nat'ir ist die ursprüngliche Form des Namens Nabonassar, mit welchem der astronomische Kanon des Ptolemaios anfängt. Man hat bereits lange erkannt, dass die Aera

Der König von Beth-Shilan, Nabu-usabsi wurde geschlagen und vor seinem Stadtthore gekreuzigt. Die umliegenden Reiche ergaben sich, und, nachdem Tuklat-habal-asar den Titel König von Sumir und Akkad angenommen hatte, kehrte er heim in seine Hauptstadt[1]. Nach einem unwichtigen Kriegszuge in das Namriland jenseits des Zab (744) begab er sich nach Syrien und berief bei der Stadt Arpad[2]) seine sämmtlichen dortigen Vasallen. Seinem Rufe folgten die Fürsten von Tyros,, Karkemish, Kommagene und sieben andere[3], und wenn sich manche weigerten, vor ihm zu erscheinen, so hinderte ihn nur eine Empörung Armeniens, die ihn wieder nach den nördlichen Provinzen seines Reiches rief, diese sofort zu züchtigen (743). Im nächsten Jahre kam er wieder, um eine Bundesgenossenschaft, welche auf Betreiben der Arpaditen sich in seiner Abwesenheit gebildet hatte, zu bekämpfen. Diesem Bunde traten nach und

---

des Nabonassar weder auf einer Beobachtung von Himmelserscheinungen noch auf der Wiederkehr einer von jenen grossen Perioden beruht, in welche nach den Chaldäern das Dasein der Welt zerfiel. Man meinte deshalb, dass sie wol mit einem wichtigen historischen Ereignisse anfange, und suchte dieses aus den klassischen Ueberlieferungen oder aus dem, was gleichzeitige Denkmäler angeben, herauszufinden. Man hat Nabonassar bald mit dem Belesys identifizirt, welcher Sardanapal besiegte, bald — und das am öftesten — aus ihm einen Sohn oder Verwandten des Phul-Belesys und den ersten rechtmässigen König des neubabylonischen Reiches gemacht [Siehe auch: Marcus v. Niebuhr, Geschichte Assur's und Babel's seit Phul, S. 6, S. 46 ff.]. Eine wahrscheinliche Erklärung hat Fr. Lenormant vorgeschlagen (Essai sur les fragments cosmogoniques de Bérose, S. 192—197). Die altbabylonischen Könige verwandten bei offiziellen Berechnungen nur das reine Mondjahr, seit Nabonassar jedoch findet man, dass die Daten meistentheils nach Sonnenjahren zu 365¼ Tag ausgedrückt werden. Nabonassar's durchgreifendes Auftreten hätte mithin darin bestanden, dass er für das Mondjahr das Sonnenjahr einführte. Ptolemaios begann die Reihe sicherer astronomischer Beobachtungen deshalb mit Nabonassar, weil die früheren dem lunaren Systeme gemäss nach den Regierungsjahren der Könige aufgezeichneten Beobachtungen erst nach einer Reihe sehr ausgedehnter Berechnungen verwertbar waren, die in der alexandrinischen Zeit vielleicht nicht vorgenommen werden konnten. || 1) In den bis jetzt bekannten Inschriften gibt es nur einen Bericht, welcher die beiden Feldzüge von 745 und 731 zugleich behandelt. Ich bin Schrader's Angaben (Die Keilinschriften u. d. A. T. S. 140) gefolgt. || 2) Heutzutage *Tel-Erphâd*, etwa zwei Meilen nördlich von Aleppo (Kiepert, in der Zeitschrift der Deutschen Morgenl. Ges. XXV, S. 655). || 3) Dass auch Menachem von Samarien und Ret'in von Damaskus sich zu einem Tribut verstanden, ist wahrscheinlich, wenn nicht gewiss. Vergl. Smith, Assyrian History, Zeitschrift 1869, S. 92.

nach der König von Hamath, mehrere Fürsten von der Küste und selbst Personen bei, welche dem Schauplatze der Begebenheiten so fernstanden wie Azariah von Juda, und doch vermochten sie das Verderben dadurch nicht aufzuhalten. Arpad wurde nach einer dreijährigen Belagerung (742—739) eingenommen, kurz darauf erlag Hamath und von seinen Einwohnern wurde ein Theil in die soeben vom Könige geplünderten Städte Ulluba und Birtu übergeführt (739). Dies Beispiel war für die Abtrünnigen entscheidend, achtzehn Könige unterwarfen sich und darunter figuriren diesmal auch Menachem von Samaria und Ret'in von Damaskus[1].

Die vier darauf folgenden Jahre wurden im Norden und im Osten gegen Armenien und Medien ausgenutzt (738—735). Längst bereits unterhielten die mesopotamischen Völker geregelte Beziehungen mit Indien und den Ländern Mittelasiens. Aus dem mittlern Tigristhale führten drei Hauptstrassen auf das Hochland von Iran, die eine, am meisten benutzte ging über den grossen Zab und mündete durch den Hohlweg Keli-shin in das Becken des Sees Urumiyeh, die andere führte durch den Bannehpass nach dem nördlichen Ekbatana, eine dritte endlich ging den kleinen Zab hinauf. Auf diesen drei Strassen brachten die Karawanen die Erzeugnisse Indiens und Baktriens, Gold, Eisen, Kupfer, Zeug, Edelsteine wie Kornalin, Agat und Lapis lazuli, mitunter auch wol merkwürdige Thiere, den Elephanten, das Nashorn und das zweihöckrige, transoxanische Kamel nach Ninive[2]. Auch hatten die meisten ninivitischen Könige dafür gesorgt, dass sie das Land Namri besassen, in das die grossen Verkehrsstrassen ausliefen. Einige waren bis zum Ostrande des Kaspischen Meeres in das Land Bart'u[3] vorgedrungen, über die medische Küste hinaus in die fernen Gebiete des äussersten Ostens hatte sich keiner gewagt. Im Frühjahr 736 fiel Tuklat-habal-asar zum zweiten Male seit seinem Regierungsantritte in Namri ein, zog bis in den Distrikt Barrua[4], und in das Mattiland hinauf an die Ufer des Sees Urumiyeh[5]. Dann wandte er sich östlich und gelangte am Südgestade des kaspischen Meeres

1) Smith, The Annals of Tiglath-Pilezer II in der Zeitschrift 1869, S. 11—13; Schrader, Die Keilinschriften und das A. T., 114—120, 140—144. || 2) G. Rawlinson, The five great Monarchies, Bd. II, S. 553—554; 557—558. || 3) Siehe S. 356, Anm. 2. || 4) Strabo's (XI, 13, 3) *Οὔερα*, vielleicht das nördliche Ekbatana oder Gazaka. || 5) Die herodotischen *Ματιηνοί* (VII, 72).

entlang ziehend in das Land Part'ua, dessen Hauptstädte: Abdadan[1], Urzikki[2] und Istar[3] er einnahm. In diesen Gebieten hatten seine Vorgänger Halt gemacht und sich nicht gemüssigt gefühlt, sich von Assyrien noch weiter zu entfernen. Er zog auf den Berg Nâl zu[4], ging durch die Distrikte Zikruti[5], Nissa[6] und T'ibur[7], theilte dann sein Heer in zwei Heerhaufen, von denen einer südlich durch die Provinzen Paria[8] und Bustus[9] auf den Hamunsee zu hinabzog, während der andere durch das Ariarva[10] und das Etymanderthal weiter nach Osten ging. Beide Abtheilungen vereinigten sich im Araquttu[11] und erreichten, indem sie ihre Spitze weiter nach Süden vorschoben, in den Ländern Sakbati[12] und Silchari das Industhal, welches die in diesen Gegenden verkehrenden babylonischen Kaufleute Ruad benannten. Hier war die Grenze ihres Marsches. Ueber Usqaqqana[13] und die östlichen Gauen Gedrosiens gingen sie wieder nach Araquttu zurück und kehrten von da auf demselben Wege, den sie auf dem Hinmarsche eingeschlagen hatten, nach Ninive heim. So ferngelegene Eroberungen konnten nur ephemerer Art sein, und, wie Tuklat-habal-asar kaum in sein Reich zurückgekommen war, da machten auch die neuen Provinzen schon einen Aufstand. Er kehrte um und zog bis nach Asien hinein (735). Wie er fort war, dauerte Assyriens Macht höchstens noch einige Monate weiter, aber die Erinnerung an diesen Kriegszug erlosch nicht. Lange Zeit nach Tuklat-habal-asar wusste man noch, dass einst die Assyrer die Länder südlich vom indischen Kaukasos beherrscht hatten: die Ehre, diese erobert zu haben, schrieb man jedoch der Semiramis zu. Es war der modernen Wissenschaft vorbehalten, diesen Irrtum zu verbessern und das Verdienst dieser

1) Gegenwärtig Abadan. || 2) *Ἄρσακ* (Korrektur aus *Ἀσαάκ*) bei Isidoros von Charax, § 12 ed. C. Müller. || 3) Gegenwärtig *Aster-abad*. || 4) Vielleicht der Paropanisos oder die Gebirgskette, welche Arachosien vom Indus trennt, in deren Nähe Ptolemaios eine Stadt *Naulibe*, heutzutage *Nilab*, angibt. || 5) Die herodotischen *Σαγάρτιοι* (I, 125) vergl. Inschrift von Behistun, Zeile II. § 15. || 6) *Νίσαια* bei Isidor § 12; jetzt *Nisapur*. || 7) Vielleicht *Σαυρί* bei Isidor. § 12, jetzt *Sherif-abad* (?). || 8) *Φρά* (Isidor. § 16) oder *Φραάδα* (Stephan von Byzanz), jetzt *Farrah*. || 9) *Βιύτ* oder *Βίατ* (Isidor. § 19), jetzt *Bost* oder *Bist*. || 10) Arien. || 11) Arachosien. || 12) Die *Σαμβαταί* des Ptolemaios, VI, 1, 2. || 13) Vielleicht *Ὀσχάνα* bei Ptolemaios VI, 21, 5.

grossen Unternehmung wieder ganz demjenigen zuzuertheilen, dem es von Rechts wegen zukommt[1].

Wie diese glänzende Episode der assyrischen Geschichte kaum abgeschlossen war, riefen dringendere Besorgnisse Tuklat-habal-asar nach dem Süden und nach dem Westen seines Reichs. Juda war bisher nur selten und nie unmittelbar mit Assyrien in Berührung gekommen. Wie Amat'iah von Jehoash geschlagen war, hatte er den Rest seiner Regierung auf Ausbesserung der Schäden, die dadurch entstanden waren, verwandt. Sein Sohn Azariah oder Ozziah eroberte Edom vollends und gewann am rothen Meere den seit Jehoshaphat verlorenen Hafen Elath wieder. Er wurde am Ende seiner Regierung aussätzig und machte deswegen seinen Sohn Jotham zum Mitregenten. Durch diese beiden thatkräftigen Fürsten kam Juda wieder zu Macht und Wohlstand, während zur selben Zeit mit Jerobeam II. Israel's letzte Hoffnung dahinsank. Der Ruf Juda's drang so weit, dass, wie Hamath von Tuklat-habal-asar bedrängt wurde und Unterstützung suchte, es nichts besseres zu thun wusste, als Azariah um Hülfe zu ersuchen. Das auf diese Weise angeknüpfte Bündniss hatte kein Glück und hätte für die Juden schlimme Folgen haben können, wenn der assyrische Monarch nicht in Medien zu thun gehabt hätte[2]. Azariah und bald nach diesem Jotham starben in Frieden, nachdem sie ihr Königreich wieder emporgebracht hatten[3]. Israel dagegen kam immer mehr herunter. Menachem konnte es bei all seiner wilden Energie vor den Anschlägen der Assyrer nicht beschirmen und musste die Umkehr derselben mit seinen Schätzen erkaufen[4]. Sein Sohn Pekachiah, der auf ihn folgte, wurde im Jahre darauf von einem seiner Feldherrn, Pekach, dem Sohne des Remaliah, umgebracht[5]. Durch diesen Mord eignete Pekach sich ein erschöpftes und von überall her bedrängtes Reich an. Die Besatzungen Jerobeam's II. blieben nicht lange in Damaskus. Nach einem im übrigen gänzlich unbekannten Benha-

1) Ueber diesen Feldzug vergl.: E. Norris, Assyrian Dictionary unter: *Namri, Zikruti, Ariarva, Araquttu*; Fr. Lenormant, Sur la campagne de Tiglath-phalazar II., in der Zeitschrift 1870, S. 48—55, 69—71. || 2) Siehe S. 366. || 3) II Reg., XIV, 17—21; XV, 1—7; 32—38; II Chron., XXV, 25—28; XXVI—XXVII. || 4) II Reg., XV, 19—20, wo Tuklat-habal-asar unter dem entstellten Namen Phul vorkommt. || 5) II Reg., XV, 22—25.

dar IV.[1], setzte sich Ret'în die Krone auf. Unter dessen Leitung kam endlich wieder Damaskus aus der Erstarrung heraus, in die es funfzig Jahre lang versunken war und gewann in den syrischen Angelegenheiten wieder die Oberhand. Er fühlte sich erst noch nicht so fest und sicher, um den Assyrern widerstehen zu können, und erkannte Tuklat-habal-asar's Oberhoheit an[2], dafür liess er aber im Süden, in den früher von Benhadar II. und Chazaël beherrschten Ländern seinem Ehrgeize freien Lauf. Pekach war so schwach, dass er ihm nicht widerstehen, und so arm, dass er ihn nicht mit Geldmitteln fernhalten konnte, wurde daher sein Vasall, und sie beide zusammen kehrten ihre Waffen gegen Juda. Auf Jotham war eben Achaz[3], ein zwanzigjähriger Jüngling, gefolgt. Dieser wurde in zwei Treffen geschlagen, und die Sklavenmärkte Syriens wurden mit den nach Damaskus fortgeführten Juden überfüllt. Sofort empörten sich die Edomiter, die Philistäer fielen über die Städte im Süden und im Westen Beth-Shemes, Ajalon, Socho, Timnah, her, und Ret'în rückte im Süden bis an die Gestade des rothen Meeres vor und nahm Elath ein. Da Achaz trotz alledem noch widerstand, fassten die beiden Verbündeten den Entschluss, ihn zu entthronen und dafür eine ihrer Kreaturen, den Sohn des Tabeel einzusetzen, auf dessen Treue sie rechnen durften[4]. Achaz richtete in dieser äussersten Bedrängniss seinen Blick auf den einzigen Fürsten der so mächtig, dass er ihn aus der Gefahr erretten konnte, und dabei so ehrgeizig war, dass er jeden Vorwand, in Palästina einzugreifen, gern benutzte; er leerte die Tempelkasse aus und liess durch eine Gesandschaft dem Assyrerkönige Tribut bringen[5].

Tuklat-habal-asar eilte herbei und griff, wie er sah, dass in seiner Abwesenheit Ret'în's Macht gestiegen war, Damaskus nicht sofort an, sondern fiel über Israel her. Pekach war zum Kampfe

1) Dieser Benhadar tritt in den assyrischen Texten als Ret'în's Vater auf. Vergl. Schrader, Die Keilinschriften S. 152–153. || 2) Siehe S. 366. || 3) Er heisst in den assyrischen Texten *Jehoachaz*. || 4) Oppert hat nach den assyrischen Denkmälern angenommen, *Tabeel's Sohn* habe Asriah geheissen (Vergl. Chronologie biblique, u. s. w. S. 29—32). Ich identificire mit Schrader den Asriyahu der assyrischen Denkmäler mit Azariah von Juda. [Vergl. Schrader. In den Jahrbüchern f. protestantische Theologie Leipzig 176, S. 373—384; A. v. Gutschmid, Neue Beiträge, S. 55 ff.] || 5) II Reg., XVI, 1—8; II Chron., XXVIII, 1—19; Jesaia VII, VIII, IX.

nicht geboren, schloss sich in Samaria ein und liess den Eroberer sonst in seinem Reiche ganz nach Belieben schalten. Die nördlichen und östlichen Stämme waren in den Kriegen gegen Damaskus bereits halb zu Grunde gerichtet und erhielten nun den Gnadenstoss. Tuklat-habal-asar »kam und nahm Ijon und Abel-Beth-Maacha, Janoha, Kedes und Hat'or, Gilead und Galiläa, sowie das ganze Land Naphtali und führte sie weg gen Assyrien[1].« Das Reich Israel behielt nur noch das Gebiet Ephraim's und einige angrenzende Gaue. Dies summarische Verfahren brachte Schrecken über Palästina und führte sofort zur Unterwerfung. Hannon, der König von Gaza, der sich in seiner Eigenschaft als Feind des Achaz recht eigentlich für bedroht hielt, entfloh nach Aegypten, das Philistäerland erklärte sich für tributpflichtig (734)[2]. Ret'in hatte, ob aus Furcht oder wirklich aus Schwäche, seinen Verbündeten der Vernichtung preisgegeben, ohne den Versuch zu machen, diese von ihm abzulenken; Tuklat-habal-asar wandte sich umgehend gegen ihn. Trotz seiner Vereinzelung widerstand er zwei volle Jahre (733—732), doch waren zum Schluss seine Kräfte erschöpft, seine Hauptstadt wurde eingenommen, und er selbst wurde getödtet. Achttausend Einwohner wurden nach Kir in Armenien gebracht, das Land zur assyrischen Provinz gemacht, und von der Herrschermacht, die es über Syrien ausgeübt hatte, blieb nichts mehr übrig[3]. Tuklat-habal-asar berief, bevor er abzog, seine Vasallen (732), und

1) II Reg., XV, 29. || 2) Schrader, Die Keilinschr. u. d. A. T., S. 145—146. || 3) II Reg., XVI, 9; vergl. Jesaia, XVII, 1 ff. Schrader, die Keilinschr. u. d. A. T., S. 151—154; Smith, The Annals of Tiglath-Pilezer II. in der Zeitschrift, 1869, S. 14. Liste der Könige von Damaskus seit Salomo, so weit sie bekannt ist:

REZON.	BEN-HADAR III.
HEZION(?)	[MARIAH.]
TABRIMMON.	. . . .
BEN-HADAR I.	[BEN-HADAR IV.]
BEN-HADAR II.	RET'IN.
CHAZAEL.	(?)—732.

Smith (Assyrian Eponym Canon S. 191) gibt statt zehn, zwölf Könige, darunter einen Chazael II., einen Benhadar und einen anonymen Fürsten, der weder in der jüdischen noch in der assyrischen Geschichte vorkommt; ein misslungener Versuch die gewöhnliche biblische Chronologie mit den Denkmälern auszusöhnen.

fünfundzwanzig Könige kamen auf seine Aufforderung. Gleich den andern kam Achaz, seinen Tribut zu überbringen und seinem Befreier zu danken[1].

Ganz Syrien war erobert oder zinspflichtig und es schien als brauchten die Assyrer, um ihre Herrschaft über die alte Welt vollständig zu machen, nur noch nach Aegypten hinüberzugehen. Vom Gestade des Mittelmeeres rief Chaldäa sie an die Ufer des Euphrat zurück. Babylon blieb ihnen stets treu und lieber zahlten die Könige, die auf Nabu-Nat'ir folgten — Nahid (733—731), Ukinzir und Pul (731—726) — Tribut, als dass sie sich den Gefahren eines ungleichen Kampfes aussetzten. Die kleinen Fürsten im Süden wurden noch härter behandelt, als das bei dem Feldzuge von 745 geschehen war. »Kinzir den Sohn des Amukkan, ihn schloss ich in der Stadt Sapiya, seiner Königsstadt, ein, viele seiner Mannschaften tödtete ich vor seinen Thoren. Die Anpflanzungen, die Mastixbäume, welche vor seiner Burg waren, hieb ich ab . . . . Seine gesammten Städte zerstörte ich, verwüstete ich, verbrannte ich mit Feuer. Das Land Beth-Shilan, das Land Beth-Amukkan und das Land Beth-Sahalli in ihrem ganzen Bereiche verödete ich wie einen Schutthaufen: verwandelte ich in Hügel und Haufen«. Das übrige Land wartete die Annäherung der Assyrer nicht ab, um sich zu demüthigen. Balazu (Belesys), Nadin und sogar Marduk-bal-idinna (Merodach-Baladan), der König von Beth-Yakin kamen, um unter den Mauern von Sapiya ihre Huldigung darzubringen. Beth-Yakin hatte dem Assyrerkönige noch niemals vorher den Eid der Treue geleistet; es war dies ein schmaler Landstrich, der sich an der Mündung des Euphrat und des Tigris hinzog, der im Norden und im Osten von Sümpfen, im Süden vom persischen Meerbusen beschützt war und an Elam und die arabische Wüste angrenzte[2].

Die Unterwerfung Südchaldäa's (731) war die letzte wichtige Herrscherthat Tuklat-habal-asar's. Die Empörung Mutton's II. des Königs von Tyros und Pekach's Ermordung (729) machten höchstens noch ein Eingreifen in Syrien notwendig; Hoshea wurde an Stelle seines Schlachtopfers zum Könige über Israel eingesetzt und zahlte

---

1) II Reg., XVI, 10; II Chron., XXVIII, 20—21. [Vergl. auch Brandes, Abh. zur Geschichte des Orients, S. 108, ff.] || 2) Schrader, die Keilinschriften und das A. T., S. 128—132.

für seine Thronbesteigung ein Geschenk von zehn Talenten Gold und tausend Talenten Silber[1]. Kurz darauf starb Tuklat-habal-asar II. friedlich in Kalach nach einer achtzehnjährigen Regierung, die zu den ruhmreichsten und am besten ausgenutzten gehört, die in der Geschichte seines Landes zu verzeichnen sind (727).

Zweiundzwanzigste und dreiundzwanzigste Dynastie.

Die Aethiopen in Aegypten. Piânchi und Shabak. Sturz des israelitischen Reichs.

In den neueroberten Ländern brach, wie Tuklat-habal-asar todt war, eine allgemeine Empörung aus; Israel und ganz Phönizien griffen zu den Waffen. Hurtigst eilte Salmanasar V. herbei: ihm erleichterte ein Aufstand der Kitier gegen Tyros den Sieg, so dass Phönizien sich wieder unterwarf[2], und Israel, das auf seine eigene Kraft angewiesen blieb, keinen Widerstand wagte. Hoshea bequemte sich abermals zur Zahlung des Tributs und beschwor noch für einige Zeit die Gefahr welche Samarien drohte[3].

Für einige Zeit, freilich nicht auf lange. Hoshea war keineswegs verworfener oder verächtlicher als die meisten Könige die vor ihm auf dem Throne sassen, vielleicht war er sogar mehr wert als viele von ihnen, denn wenn ihn auch in der Ueberlieferung seines Volkes der übliche Tadel trifft, dem die Fürsten von Israel überhaupt ausgesetzt sind, so wird dabei doch versichert: »er that was böse war in Jahveh's Augen, nur nicht so wie die Könige von Israel, die vor ihm waren[4]«. Sein Reich aber konnte nicht weiter fortbestehen, denn die Länder jenseits des Jordan, das Gebiet der Nordstämme und Galiläa waren verloren und es kam der Tag heran, an dem auch Ephraim rettungslos verloren war. Das wusste Jedermann, sprach es ganz offen aus und ergab sich fast im Voraus darin. Wie die Propheten stets und in allem die Fügung Gottes sahen, so sprach der Prophet Hoshea: »Samaria wird büssen, denn es empörte sich gegen seinen Gott: durch's Schwert werden sie fallen, ihre Kinder werden zerschmettert und ihre Schwangeren aufgehauen

1) II Reg., XV, 30; Vergl. Schrader, a. a. O., S. 146 ff. || 2) Menander von Ephesos bei Josephos, Ant. Jud. IX, XIV, 2. || 3) II Reg., XVII, 3. || 4) A. a. O., XVII, 2.

werden[1]«. Mitten aus Juda heraus gesellte sich Jesaia's Stimme zu den Seherstimmen Israel's: »Wehe der stolzen Krone der Trunkenen Ephraim's, der welken Blume, der Zierde seines Schmuckes, auf dem Haupte des fetten Thales der Weinberauschten! — Siehe, ein Starker und Gewaltiger kommt vom Herrn wie Hagelwetter, verderblicher Sturm; wie ein Wetter grosser überströmender Fluten wirft er sie zur Erde mit Macht. — Mit Füssen wird er sie zertreten die stolze Krone der Trunkenen Ephraim's — und es wird die welke Blume, die Zierde seines Schmuckes auf dem Haupte des fetten Thales gleich einer Frühfeige, ehe die Lese ist[2]«. Trotz solcher unheilverkündenden Warnungen und Weissagungen stritt Hoshea doch, so gut es gerade ging. Babylon und Elam, jene ewigen Feinde Assyriens, lagen so fern, dass bei dem damaligen schwierigen Verkehr er auf Unterstützung von ihnen nicht rechnen durfte, und Juda, die Philistäer, Tyros und Phönizien waren so schwach, dass sie, in ein so gewagtes Unternehmen sich einzulassen, keineswegs sich unterfangen konnten, so dass sämmtliche ehemalige Verbündete Israel's es auf einmal in Stich liessen. Hoshea sah sich nach neuen um.

Sheshonq des Ersten Zug nach Palästina war weiter nichts als eine ruhmreiche aber kurze Episode in der Geschichte der zweiundzwanzigsten Dynastie. Es war in Aegypten damals das vorsichgegangen, was häufig alternden Völkern widerfährt, dass sie, wenn ein thätiger und tapferer Fürst auf den Thron gelangt, dadurch scheinbar ihre erste Frische wieder erhalten. Selbst solche Truppen wie die damaligen ägyptischen, waren, weil sie gut geführt und kühn gegen die ungeordneten Haufen der Syrerbanden vorgeschickt wurden, des Sieges gewiss; Jerusalem erlag ihrem Angriffe, und die Städte Judäa's fielen dem Sieger zur Beute. Aber diese Uebermacht bleibend zu machen, dazu gab es kein Mittel mehr, denn sowie ein mittelmässiger Pharao zur Herrschaft kam, war alles, was sonst dazu dienen konnte, wirkungslos. Das trat besonders in den nächsten Jahrhunderten zu Tage. Aus den Hülfsmitteln, die Sheshonq's Nach-

1) Hoshea, XIV, 1. || 2) Jesaia, XXVIII, 1—4. [»Das Haupt des fetten Thales der Weinberauschten« ist Samaria, so genannt wegen seiner Lage inmitten eines fruchtbaren Thales. Es wird dem Feind so wenig Mühe machen, die Stadt zu erobern, als dazu gehört eine Frühfeige vom Baum zu schütteln. Vergl.: Der Prophet Jesaia erklärt von Aug. Knobel, 4. Aufl. herausg. von Diestel. S. 233 f.].

folgern noch zu Gebot standen, verstanden diese nicht ebensoviel Nutzen zu ziehen, wie er vermocht hatte, so dass sie das Eroberte aufgaben und sich scheinbar um das, was draussen vorging, nicht mehr kümmerten. Sie beschränkten sich auf die Grenzen ihres Reiches und lebten mit ihren sämmtlichen Nachbarn in Frieden, freilich nur in sofern, als diese sie in Ruhe lassen mochten. Sie verwendeten wenigstens die ruhigen Jahre ihrer Regierung zu gemeinnützigen Arbeiten. Sie errichteten Bauten in sämmtlichen grossen Städten Unterägyptens, in Bubastis, wo sie gewöhnlich wohnten, in Tanis und in Memphis. Theben büsste seit dem Sturze der Ramessiden immer mehr seine Bedeutung ein. Die früher durch die Anwesenheit der Könige und den regen Verkehr angelockten Bewohner gingen allmählich davon, stellenweise zogen sie gänzlich fort, und nur in der Nähe der Haupttempel blieben sie noch so dicht beisammen, dass daraus ebensoviele Flecken und Dörfer entstanden, als es in der ehemaligen Stadt grosse Bauwerke gab. Vermöge ihrer Herkunft und, weil das politisch notwendig war, waren die Pharaonen an das Delta gefesselt und konnten dem umsichgreifenden Verfalle nicht abhelfen. Wie die Welt noch Aegypten gehörte war Theben nicht nur die Hauptstadt Aegyptens, es war die Hauptstadt der Welt. Es war für ein Weltreich gerade gross genug, aber zu gross für ein Königreich und konnte nicht fortbestehen. Wenn man fortan auch auf das sorgsamste die Denkmäler ausbesserte und sogar neue baute, so konnte man doch das allmählich ersterbende Leben nicht wiedererwecken, und es war weniger eine Stadt als eine Art Museum für alle ruhmreichen Dynastien Aegyptens.

Osorkon I., Takelot I., Osorkon II. und Sheshonq II. bestiegen nacheinander den Thron, hundert Jahre bereits herrschten die Bubastiden, und dem äussern Anscheine nach war das Land im Ganzen durchaus nicht anders geworden; und doch war Aegypten durch die mannigfachsten Wechselwirkungen, von denen man gegenwärtig überhaupt erst zu ahnen beginnt, welcher Art sie waren, dem Abgrunde immer näher gerückt, in welchem es untergehen sollte. Sheshonq und dessen Nachfolger hatten, um solchen Usurpationen wie denen der Oberpriester des Ammon vorzubeugen, es sich zum Gesetz gemacht, mit wichtigen Aemtern Prinzen aus der Königsfamilie zu betrauen. Ein Sohn des regierenden Pharao, für gewöhnlich der älteste, war Oberpriester des Ammon und Statthalter von Theben[1], ein zweiter gebot über Sesun, ein dritter über Chnensu, noch andere über sämmtliche grosse Städte im Delta und in Oberägypten. Sie hatten jeder mehrere Bataillone jener libyschen Mat'in- und Mashuash-Soldaten bei sich, welche damals den Kern des ägyptischen Heeres bildeten, und auf deren Treue sie sich verlassen konnten. So ein Kommando wurde binnen kurzem erblich, so dass das ehemalige Feudalwesen der Nomenvorsteher zu Gunsten der Mitglieder der Königsfamilie wieder zur Geltung kam. Der Pharao fuhr fort in Memphis oder Bubastis zu residiren, die Steuern entgegen zu nehmen und die Centralverwaltung, so gut es anging, zu leiten, sowie bei grossen Ceremonien des Gottesdienstes, wie bei der Inthronisation oder bei der Bestattung eines Hapi, den Vorsitz zu führen; thatsächlich zerfiel Aegypten jedoch in eine bestimmte Anzahl von Fürstentümern, zu denen mitunter nur wenige Städte gehörten, während andere mehrere aneinander angrenzende Nomen umfassten. Die Inhaber dieser Fürstentümer wurden auch binnen kurzem so kühn, dass sie die Oberhoheit des Pharao abschüttelten und im Vertrauen auf libysche Söldnerschaaren sich nicht allein königliche Befugnisse sondern auch den Königstitel anmassten, während die auf eine Ecke des Delta zusammengedrängte rechtmässige Dynastie nur noch notdürftig ihr Ansehen bewahrte. Diese Zersetzung muss in Aegypten kurz nach Sheshonq's I. Tode begonnen haben, doch begegnet man vor der Regierung von Takelot II. keinem sichern Anzeichen dafür. Osorkon, sein ältester Sohn, Oberpriester des Ammon und Statthalter von Theben, bewahrte nur durch fortwährende Kriege das Reich unversehrt[2]. Unter Takelot's Nachfolgern Sheshonq III., Pimaï und Sheshonq IV. wurden die Empörungen immer ernstlicher. Wie nach einer siebenunddreissigjährigen Regierung[3] letzterer starb, war das Ansehen der Bubastiden dermassen gesunken, dass sie nicht mehr souverain blieben, sondern eine andere, aus Tanis stammende Familie die Lehnsoberhoheit erhielt. Die tanitische Dynastie verlieh zeitweilig diesem Jahrhundert voll

1) Lepsius, Denkm., III, 253, S. 254 c; 255, a, b, c. || 2) Lepsius, a. a. O., 256; Vergl. Brugsch, Histoire d'Égypte, Bd. I, S. 233, und Chabas, Mélanges égyptologiques, Série 2, 73–107. || 3) Mariette, Renseignements sur les Apis, im Bulletin archéologique de l'Athenaeum français, 1855, S. 98 — 100.

stürmischer Staatsumwälzungen etwas Glanz. Ihr Stifter Petsebast machte sich selbst zum Erben Sheshonq's IV., kam bis nach Theben [1], und es gelang ihm über die zeitgenössischen Fürsten eine zweifelhafte Oberhoheit zu gewinnen, welche, so gut es eben anging, Osorkon III. und Psemut funfzig Jahre lang behaupteten [2]. Unter ihrer Herrschaft trat in Aegypten eine derartige Zersetzung ein, dass es unter etwa zwanzig Fürsten vertheilt wurde, von denen mindestens vier sich den Namensring und die Insignien der Königswürde beilegten [3].

Unter diesen winzigen, unruhigen und räuberischen Königen trat eine Familie auf, welche durch die politische Thatkraft und Befähigung derer, die ihr angehörten, mit leichter Mühe über ihre Widersacher die Oberhand gewann. Es war freilich in Tanis, Chnensu und Bubastis an gewandten und ehrgeizigen Leuten kein Mangel, doch spielte dazumal keine Stadt, kein Herrscher eine Rolle von so vorwiegender Bedeutung wie Saïs und die Fürsten, die Saïs beherrschten. Die thätigen, beweglichen, streitbaren, an allem, was in ihrer Nähe vorging, Antheil nehmenden Saïten haben, sowie wir sie den Schauplatz betreten sehen, nur ein Ziel, nach dem sie mit aller Anstrengung trachten: sie wollen die Kleinfürsten absetzen und auf den Trümmern der Lokaldynastien, welche das Land zu Grunde richten, eine neue Dynastie stiften, deren Autorität über ganz Aegypten reichen soll. Die Geschichte dieser Zeit ist eigentlich die Geschichte der von ihnen zur Erreichung ihres Zweckes unternommenen Versuche und der Misserfolge, die sie alle Augenblicke in ihrem ehrgeizigen Vorgehen hemmen. Die kleinen Fürsten sind zwar gegen sie verbündet aber zum Widerstande unfähig; sie rufen sich Hülfe aus dem Auslande herbei und verraten das vaterländische Interesse ihren Sonderinteressen zu Liebe. Daher die Einfälle der Aethiopen; die kushitische Dynastie hemmt die Eingriffe der saïtischen Familie zeitweilig, ohne sie jedoch niederwerfen oder auch nur entmutigen zu können. Tafnecht's Misserfolg dient dem Bokenranf nicht zur Lehre, Bokenranfs Unglück macht seine Nachfolger nicht stutzig. Assyrien's Einmischung dient ihnen nur als Mittel, die äthiopische Macht zu schwächen. Wie die Aethiopen besiegt, die

1) Lepsius, Denkmäler III, 259, a. b. || 2) Lepsius, über die XXII. Königsdynastie. || 3) Vergl. De Rougé, Mémoire sur une inscription historique de Piânkhi Meïamoun, S. 15 ff.

Assyrer in Asien beschäftigt sind, nimmt Psametik wieder seinen Vortheil wahr, und verwirklicht schliesslich, was immerdar der Traum seines Geschlechtes gewesen war. In einigen Jahren vereinigt er das ganze Land in seiner Hand und errichtet auf sicherm Grunde jene sechsundzwanzigste Dynastie, unter der Aegypten noch einige ruhmvolle und beglückte Tage verleben sollte[1].

Tafnecht ist der erste uns durch die Denkmäler bekannte Saït. Er war dunkler Herkunft und besass von Hause aus nur die kleine Stadt Nuter bei Kanopos[2]). Bald gestatteten ihm einige glückliche Kriegszüge gegen seine nächsten Nachbarn, den Umkreis seiner Unternehmungen auszudehnen. Es war vorzugsweise ein Belagerungskrieg. Die lokalen Herrscher, die über je einen Theil oder ein Theilchen von dem nationalen Grund und Boden geboten, konnten nur durch Waffengewalt bestehen, sie fühlten sich in Feindesland und, um sich vor den Bestrebungen ihrer Widersacher zu schützen, hatten sie sich fest verschanzen müssen. Seit hundert Jahren starrte der Boden von neuen Burgen, die auf den strategisch wichtigen Punkten des Thales, auf jenen spärlichen Anhöhen, die sich am Nilufer entlang erheben, und auf den Flussinseln oder am Kreuzungspunkte der schiffbaren Kanäle lagen. In ihre Schlösser und Festungen eingebuchtet, von Mashuash- und Tahennu-Söldnern umgeben, setzten die kleinen Fürsten dem Angreifer einen erbitterten Widerstand entgegen. Tafnecht triumphirte über sie. Er bemächtigte sich aller westlich vom Hauptarme des Flusses gelegenen Nomen, des saïtischen, athribitischen, libyschen und memphitischen. Er hütete sich vor den östlich im Delta gelegenen Gegenden, denn dort regierten noch immer die Taniten, und zog am Laufe des Nil hinauf. Meïtum, das Fayum, Chnensu und dessen König Pefââbast, Sesun und dessen König Osorkon erkannten ihn als Gebieter an. Er ging alsdann auf das rechte Ufer hinüber und liess sich von On und Panebtepâhe huldigen. Wie er seine Erfolge weiter auszubeuten suchte und eben sich den Nomos Uab zinspflichtig gemacht hatte, wandten sich die noch nicht unterworfenen Oberhäupter des Delta und Oberägyptens an die einzige Macht, die dazumal im Stande war, ihm gegenüberzutreten, an die Aethiopen[3].

1) Maspero in der Revue critique. 1869. Bd. II. 377. || 2) Koptisch *Manuti* bei Kanopos (Brugsch. G. J. Bd. II. S. 289—290, und Champollion, l'Égypte sous les Pharaons. Bd. II. S. 262). || 3) Mariette, Monuments divers,

Die von den Pharaonen der XXI. Dynastie nach Nubien verbannten Nachkommen der Priesterkönige des Ammon-Rā hatten in Aethiopien aus den zweitausend Jahre früher von den Usortesen eroberten Provinzen ein selbständiges Reich geschaffen, dessen Hauptstadt Napata war[1]). Napata lag am Fusse eines Hügels, dem die frommen Einwohner den Namen heiliger Berg (*Du ab*) gegeben hatten, es galt längst für einen Hauptort in der ägyptischen Provinz Aethiopien und wurde in der Hand seiner neuen Gebieter zu einer Art von äthiopischem, dem ägyptischen möglichst treu nachgebildeten, Theben umgeschaffen. Hier thronten als Gebieter der Götterkönig Ammon-Rā nebst Mut und Chons, der Tempelbau war eine Nachahmung der Heiligtümer von Karnak, und die in demselben vollzogenen Ceremonien waren dieselben wie bei dem thebanischen Kultus. Die Könige waren, wie sie es in ihrer thebanischen Heimat waren, vor allem Priester und standen an der Spitze eines Priesterstaates, dessen Umfang bald grösser, bald kleiner war, der aber meist von den abyssinischen Gebirgen bis an den zweiten Katarakt reichte. Die Hauptbevölkerung des eigentlichen Thales von Syene bis zur Mündung des Takazze bildeten Ansiedler ägyptischer Abstammung; in den Ebenen am obern Nil befanden sich Völkerschaften anderer Rassen. Sie waren theils Schwarze, theils gehörten sie den Himyaren an, waren aus Südarabien gekommen und redeten eine semitische Mundart, theils waren sie auch mit den Aegyptern und Berbern dem Typus und der Sprache nach verwandt. Zuförderst hatte das ägyptische Element die Oberhand und leitete die Politik des Ganzen. Die Priesterkönige von Napata wurden durch alle Erinnerungen an ihre Herkunft und durch ihre Religionsüberlieferungen fortwährend auf Theben hingewiesen und versuchten daher wenigstens Südägypten wiederzugewinnen. Das gelang ihnen um die Mitte der XXIII. Dynastie, und sie schoben ihre Vorposten bis in die Umgegend von Abydos vor.

Piānchi Meïamun, derjenige an welchen die ägyptischen Fürsten ihr Gesuch richteten, herrschte bereits zwanzig Jahre, als man ihm die Eroberung von Aegypten antragen liess. Es war für ihn eine ansprechende Idee, dass er das ganze Nilthal unter seinem Scepter

---

Bd. I, Taf. I, Z. 1—7. Vergl. de Rougé, Mémoire sur une inscription historique de Piankhi Meïamoun, S. 3—4, 21—23. || 1) Siehe oben, S. 333.

vereinen könne; er gab den Truppen, die er in der Thebaïs hatte, den Befehl, unverzüglich vorzurücken, während er selber in Napata seine Hauptmacht sammelte und sich auf den beginnenden Feldzug rüstete. Der Krieg wurde mit Erfolg eröffnet; nördlich von Abydos stiess die äthiopische Flotte mit Tafnecht's Flotte zusammen, die mit Soldaten und Vorräten beladen auf Theben zukreuzte, vernichtete einen Theil derselben und zwang den andern zur Umkehr. Eine andere Flotte, auf der sich der Kontingent von drei Königen und sämmtlichen Vasallen des Tafnecht befand, wurde nach dreitägigem Kampfe geschlagen, und die Aethiopen landeten im Nomos Un. Ihre langsamen Bewegungen gestatteten dem Könige Nimrod, sich nach Sesun zu werfen und es in Stand zu setzen. Ein Theil der Invasionstruppen blieb zur Beobachtung vor dem Orte, indess die übrigen nach Norden zu marschirten und auf dem linken Ufer Pamat'et, auf dem rechten Ta Tehni Oernachtu[1] und Hebennu einnahmen. Nimrod, von allen Seiten eingeschlossen, konnte von seinen Bundesgenossen und seinem Lehnsherrn keine Hülfe mehr hoffen, doch setzte er den Widerstand trotzdem fort und hielt die Angreifer im Schach. Ihn zu unterwerfen bedurfte es der eignen Ankunft Piânchi's an der Spitze zahlreicher Verstärkungen. Piânchi wandelte die Blockirung von Sesun in eine regelrechte Belagerung um, der Mauer gegenüber liess er *aggeres* errichten und Bogenschützen und Schleuderer aufstellen. Binnen drei Tagen war der von allen Seiten gleichzeitig bestürmte Platz nicht mehr zu halten und der Befehlshaber desselben liess durch seine Frau, die Königin Nestentnes, und durch die Damen des Harem um Gnade bitten. Piânchi nahm ihn in Gnaden an, zog unter lautem Beifallsgeschrei in die Stadt ein, verrichtete im Tempel des Thot sein Gebet und nahm feierlich im Namen des thebanischen Ammon Besitz von der Beute. Sesun's Sturz zog die Unterwerfung von ganz Mittelägypten nach sich. Chnensu unterwarf sich ohne Widerstand, desgleichen Pa Râ-Chemchoper[2], welches den Eingang zum Fayum beherrschte. Meïtum, Pa Sokarsehat' und selbst Tetaui folgten diesem Beispiele, und Piânchi gelangte, fast ohne den Arm zu rühren, bis an die Thore von Memphis.

1) Heutzutage Tehneh am rechten Nilufer etwas unterhalb von Minieh. Vergl. über Tehneh, Wilkinson, Handbook, S. 275—276. || 2) Festung am Eingange des Fayum, gegenwärtig *Illahun*.

Kaum angekommen, erliess er an die Stadt eine Aufforderung: »Schliesst nicht zu eure Thore, kämpft nicht gegen das Land des Innern[1]. Shu, der Gott des Werdens, mein Einzug ist sein Einzug, mein Ausgang sein Ausgang, und meinem Angriff ist nicht zu widerstehen. Ich will nur dem Ptah ein Opfer bringen und den grossen Göttern des memphitischen Nomos, ich will den Sokar verehren in seiner Kapelle, den Gott Res-anb-ef schauen, und ich kehre heim in Frieden. Wenn ihr mir Memphis übergebt, so soll es verschont werden, und nicht einmal ein Säugling soll zum Weinen gebracht werden. Seht die Nomen im Süden an, keiner ward dort umgebracht, die Frevler ausgenommen welche Gott gelästert hatten. Man hat jene Verstockten hingerichtet«. Um seinen Worten Nachdruck zu geben, hatte Piânchi eine Abtheilung Bogenschützen, Seeleute und Handwerkertruppen beauftragt, sich des Hafens von Memphis zu bemächtigen. Die Besatzung war auf ihrer Hut, trieb diese Truppen zurück und brachte ihnen ernstliche Verluste bei. Bald darauf benutzte Tafnecht eine finstere Nacht, mit einem grossen Waffentransporte und einem Heerhaufen von acht tausend Mann in die Stadt einzurücken, befestigte die schwachen Punkte in der Umwallung und zog wieder nach Norden, um noch ein Heer zusammen zu bringen. Er rechnete auf langen Widerstand, die äthiopische Flotte jedoch täuschte die Wachsamkeit der Belagerten, gelangte durch Ueberrumpelung in den Hafen und nahm alle Schiffe weg, welche sich dort befanden: ein Theil des Heeres schlich unterdess am Ufer entlang und gelangte vom Bollwerk aus in die Stadt. Nach einem zweitägigen Strassenkampfe legte die Besatzung die Waffen nieder, so dass Piânchi wieder weiter vorrücken konnte. Er bemächtigte sich aller benachbarten Festungen und machte nur für einen Augenblick in Heliopolis Halt, um dort das königliche Opfer abzuhalten. »Er stieg die Treppe zu dem grossen Adyton hinauf, um zu schauen den Gott, der da wohnt in Ha-benben, er in eigner Person. Ganz allein schob er den Riegel zurück, öffnete die Thorflügel und schaute seinen Vater Râ zu Ha-benben, setzte die Mâdbarke des Râ und die Seketbarke des Shu in Stand, dann schloss er die Thürflügel, legte Siegelerde darauf und drückte das Königssiegel auf«. So nahm er gewissermassen Besitz von der höchsten

1) *Chennu*, Oberägypten und Aethiopien.

Gewalt. Osorkon von Bubastis erkannte den neuen Pharao an, und, als die Aethiopen sich in Bewegung setzten, bewog das die übrigen Fürsten des Delta, seinem Beispiele zu folgen. Tafnecht, von seinen Vasallen im Stich gelassen, bat um Frieden und erhielt ihn von Piânchi ohne weitere Bedingungen. Nachdem dieser unweit Athribis, gerade im Herzen von Unterägypten, die Huldigung seiner Unterthanen entgegengenommen hatte, schlug er den Rückzug nach seinem Reiche ein und kehrte überhäuft mit Ruhm und mit Beute heim nach Napata, »mit Gold, Silber, Bronze, Kleidungsstoffen, mit allen guten Erzeugnissen des Nordlandes, allen Waaren Syriens und Arabiens«[1].

Zum ersten Male wieder seit zweihundert Jahren war das Pharonenreich wiederhergestellt von den Quellen des blauen Nil bis an die Mündung des Flusses, jedoch nicht mehr zum Nutzen Aegyptens. Auch an Aethiopien, das solange lehnspflichtig gewesen war, kam die Reihe, den Herrn zu spielen; an Stelle von Theben und Memphis regierte Napata. Wie lange die erste Unterjochung währte, ist unbekannt; vielleicht so lange wie Piânchi lebte, vielleicht auch kürzere Zeit. Die zwieträchtigen Elemente, die sich im Lande rührten, hatte der Sieg der Aethiopen nicht vertilgt. Die kleinen Könige, welche die Fremden sich zur Hülfe gerufen hatten, hatten sich nicht ohne Vorbehalt ergeben, sie hatten ihre Unabhängigkeit bewahren wollen und bewahrten sie auch wirklich bei ihrer scheinbaren Unterwerfung. Tafnecht war besiegt aber nicht zur Ohnmacht verdammt worden. Bei seiner Niederlage war sogar ihm seine Macht zu Bewusstsein gekommen. Er war kein glücklicher Abenteurer, kein Heerführer mehr, der weiter keine Ansprüche als in Folge seiner Siege, kein anderes Recht besass als das des stärkern, als Piânchi ihn begnadigte, hatte er ihm und seiner Familie die offizielle Machtvollkommenheit verliehen. Fortan war er in Saïs ein ebenso rechtmässiger Herrscher wie Osorkon IV. in Bubastis, Nimrod in Sesun, Pefââbast in Chnensu und wie die übrigen Fürsten der übrigen Städte Aegyptens. Aethiopien war fern, die tanitische

1) Die grosse von Mariette, Monuments divers Taf. I—VIII, veröffentlichte Piânchi-Stele wurde von De Rougé, Chrestomathie ég. IV, 1876, [Revue arch. VIII n. s. S. 95—127] ins Französische, von Lauth [Abhandlungen der phil. hist. Klasse d. k. bayer. Akademie der Wissenschaften 1869 Bd. I, S. 13—49] und Brugsch (Nachrichten d. k. Ges. d. Wiss. zu Göttingen, 1876) ins Deutsche und von Cook [Records of the Past, S. 79—104] ins Engliche übersetzt.

Dynastie ohne Macht und Ansehen, und er musste unverzüglich wieder auf den Schauplatz treten.

Seinem eignen Ehrgeiz und dem seiner Söhne waren die Ereignisse günstig. Piânchi starb kurz nach seiner Rückkehr aus Aegypten, und an seiner Stelle finden wir einen gewissen Kashta, dessen Name uns eine der Linie der Oberpriester des Ammon fremde Herkunft verrät. Kashta war dadurch auf den Thron gekommen, dass er sich mit einer noch unbekannten Prinzessin aus der thebanischen Familie, vielleicht mit einer Tochter Piânchi's vermälte. Man neigt zu der Annahme, dass sein Regierungsantritt und der Dynastienwechsel zu Unruhen führten, welche ihn nötigten aus Mittel- und Unterägypten die Truppen zurückzuziehen[1]. Bokenrauf, der soeben Tafnecht's Nachfolger geworden war, nahm seines Vaters Pläne wieder auf, und da er keine Aethiopen mehr sich gegenüber hatte, gelang es ihm diese durchzuführen. Sein Erfolg war gross, und er war ein Mann, dem es nicht an Befähigung und Thatkraft gebrach. Längst nach seinem Tode berichtete das Volk noch allerlei wunderbare Sagen, die sich auf ihn bezogen[2]. Wie man sagt, hatte er einen schwächlichen Körper und keine äusserlichen Vorzüge, doch ersetzte er, was ihm fehlte, durch die Schärfe seines Verstandes[3]. Er hinterliess den Ruf eines Fürsten von einfacher Lebensweise[4], eines klugen Gesetzgebers[5], und unbestechlichen Richters[6]. Was wir an spärlichen Denkmälern über seine Regierung besitzen, schweigt von seinen Thaten[7], doch wirft, was wir von Tafnecht's Leben wissen, auf seines Sohnes Leben ein lebhaftes Licht. Es bestand im unablässigen Kampfe mit den kleinen Fürsten in einer Reihe von anhaltenden Kriegen, die zunächst zur Unterwerfung des Delta und Mittelägyptens, dann zur Wahrung des Eroberten und zur kümmerlichen Behauptung der misslichen Ober-

1) Ueber Kashta siehe: Mariette, Notice des principaux monuments, und Monuments divers, Taf. XLVIII S.; De Rougé, Étude sur les monuments du règne de Tahraka, in den Mélanges d'archéologie . . . Bd. I, S. 87—88. || 2) Aelian nennt ihn . . . *τὸν Βόκχοριν τὸν ᾀδόμενον ἐκεῖνον* (H. A. XII, 3). || 3) Diodor I, 65, 94, 5. || 4) Alexis bei Athenaios X, 13, 418. || 5) Diodor I, 94. || 6) Plutarch, De vitios. pud. 3. || 7) Diese Denkmäler sind gegenwärtig im Louvre und beziehen sich sämmtlich auf das Leichenbegängniss des in Bokenrauf's sechstem Jahre verstorbenen Apis. Vergl. Mariette, Renseignements sur les Apis, in dem Bulletin archéologique de l'Athénaeum français, 1856, S. 58—62.

hoheit dienten. Das Fortbestehen der Dynastie schien seinen Zeitgenossen keineswegs sicher, und die Götter sogar kündeten ihren Sturz durch bedrohliche Vorzeichen an[1]. Und wirklich, die Katastrophe blieb nicht lange aus. Kashta hinterliess, als er starb, als Erben einen Sohn, Shabak Sabakon, und eine Tochter, Ameniritis. Wie der Erfolg zeigte, war Shabak ein rühriger, energischer Fürst, der mit dem Abfall der Saïten und der Stiftung einer neuen Dynastie nicht einverstanden sein konnte. Er zog aus, Aegypten zu erobern, wobei ihn jedenfalls, wie es früher bereits bei Piânchi geschehen war, all die kleinen Nomenfürsten unterstützten. Nachdem Bokenranf sieben Jahre regiert hatte, wurde er geschlagen, in Saïs gefangen genommen und lebendig als Rebell verbrannt[2]. Diesmal hatte die saïtische Dynastie eine Schlappe erlitten, die alles, was sie anstrebte, vereiteln musste. Ihrer Titel und Habe verlustig flüchteten Bokenranf's Angehörige in die sumpfigen Deltagegenden und behaupteten daselbst glücklich ihre Selbständigkeit. Die Geschichte von dem Wanderleben, welches sie führten, wurde dort populär und es entstand daraus die Sage von dem blinden Könige Anysis, welcher sich auf eine kleine Insel im Menzalehsee[3] geflüchtet hatte und auf dieser funfzig Jahre lang auf den Abzug der Aethiopen wartete[4].

Da es sich nicht mehr, wie zu Piânchi's Zeit darum handelte, Aegypten in eine Art Lehnsverhältniss zu bringen, so nahm Shabak die Titulatur der Pharaonen an und stiftete eine neue, nur aus äthiopischen Königen bestehende, Dynastie[5]. Er machte wenigstens einen Versuch zur Reorganisation des von ihm unterworfenen Landes und suchte durch seine weise Verwaltung seine gehässige fremdländische Herkunft vergessen zu machen. Man tastete die lokalen Fürsten nicht an, aber überwachte sie sorgsam, sie waren nichts mehr als Statthalter und mussten als solche gehorchen. Dadurch dass sie unterworfen waren und das Land ganz einem Einzelnen gehörte, wurde es leichter, verschiedene Arbeiten umfassender Art vorzu-

1) So erschien ein Widder mit zwei Köpfen und acht Beinen, der wie ein Mensch reden konnte (Aelian, H. An., XII, 3); vergl. Manetho ed. Unger, S. 241. || 2) Manetho ed. Unger, S. 246, Vergl. De Rougé Inscription historique de Piânkhi Meïamoun, S. 23. || 3) Nach Lepsius: Thennesis. || 4) Herodot. II, 137—140. || 5) Bis jetzt lässt sich eine Uebersicht über die XXII., XXIII. und XXIV. Dynastie folgendermassen herstellen:

nehmen, deren Ausführung durch die Kriege der früheren Zeiten unmöglich gemacht war. Es wurden die Landstrassen ausgebessert, die Kanäle gesäubert und erweitert, der Untergrund der Städte erhöht und vor der Ueberschwemmung sicher gestellt. Diese Arbeiten kamen vorzüglich Bubastis zu Gute [1], doch vernachlässigte man auch die übrigen Städte nicht. Mehrere Tempel in Memphis, die in Trümmern zerfallen waren, wurden auf Geheiss des Königs wiederhergestellt, und die von der Zeit verwischten Inschriften von neuem eingemeisselt [2]. Theben war unmittelbares Lehen der Königin Ameniritis und hatte viel Nutzen von seinen neuen, wohlwollenden Gebietern. Man besserte die Verzierungen an dem Thore zwischen den beiden Massenbauten des grossen Pylons zu Luqsor aus, und stellte mehrere Theile des Ammontempels zu Karnak wieder her.

Zweiundzwanzigste (bubastische) Dynastie.

I. RA-UT'-CHOPER STEPENRA SHESHONQ I. MEÏAMUN *Σεσώγχις*.
II. RA-CHEM-CHOPER STEPENRA OSORKON I. MEÏAMUN *Ὀσορθών*.
III. RA-UT' STEPENAMEN NUTER-HIQ-AN TAKELOT I. MEÏAMUN, SE ISI.
IV. RA-USER-MA STEPENAMEN OSORKON II. MEÏAMUN SE BAST.
V. RA-SECHEM-CHOPER STEPENAMEN SHESHONQ II. MEÏAMUN.
VI. RA-UT'-CHOPER STEPENRA TAKELOT II. MEÏAMUN SE ISI. *Τακέλωθις*.
VII. RA-USOR-MA STEPENAMEN SHESHONQ III. MEÏAMUN SE BAST.
VIII. RA-USOR-MA STEPENAMEN PIMAÏ MEÏAMUN.
IX. RA-AA-CHOPER SHESHONQ IV. MEÏAMUN.

Dreiundzwanzigste (tanitische) Dynastie.

I. RA-SEHER PETSEBAST *Πετουβάστις*.
II. RA-AA-CHOPER STEPENAMEN OSORKON III. MEÏAMUN-RA. *Ὀσορχῶ*.
III. RA-USOR-PTAH STEPENRA PSEMUT. *Ψαμμοῦς*.
IV. — — — *Ζήτ*.

Vierundzwanzigste (saïtische) Dynastie.

(*Tafnecht, Τέχνατις, Τνέφαχθος, Τνεφαχθώς, Νεόχαβις*).
I. RA-UAH-KA BOKENRANF *Βόκχορις*.

1) Herodot II, 136—138; Diodor I, 65. || 2) Sharpe, Egypt. Inscript., I, 36; vergl. De Rougé, Sur quelques monuments du règne de Tahraka im Recueil, I S. 12. 20—21; Goodwin, Upon an Inscription of the reign of Shabaka, in Chabas'. Mélanges égyptologiques, 3. Série, Bd. 1, 249 ff.

Um die dazu nötigen Arbeitskräfte zu bekommen, führte Shabak statt der Todesstrafe die Bestrafung durch öffentliche Arbeit ein und kam durch dies wohlmeinende Verfahren in Aegypten in den Ruf der Milde[1]. Mit jener wunderbaren Lebensfähigkeit, welche das Land bereits so oft bethätigt hatte, fing es, nachdem es endlich wieder zur Ruhe gekommen war, an, seine Schäden wieder auszubessern.

Eine derartige, unerwartete Verjüngung musste die Aufmerksamkeit der ausländischen Völker auf sich lenken. Wenn vordem die Könige von Juda und Israel einen Schattenkönig, der in Tanis, in einen Winkel der Delta gebannt war, um Unterstützung ersuchten, wie angelegen mussten sie es sich sein lassen, die Freundschaft eines Fürsten zu gewinnen, der von den märchenhaften Gegenden Aethiopiens bis an das Mittelmeer gebot und welcher ebenso grosse Heere wie der Assyrerkönig auf die Beine bringen konnte? Die Phönizier, Juden und Philistäer, sämmtliche Völker, welche Tuklat-habal-asar's Ehrgeiz beunruhigte, merkten, dass die Hülfe wenn irgendwoher nur von Aegypten kommen könne. Hoshea übersandte Geschenke an Shabak und ersuchte ihn um Bundesgenossenschaft gegen Salmanasar[2]. Beweggründe verschiedener Art be-

1) Herodot II, 137; Diodor I, 65. || 2) II Reg. XVII, 4. Der hebräische Text nennt den Pharao, an den Hoshea sich wandte, סוא, *Seve*, *Sua*, *Sō*; die assyrischen Texte andererseits nennen den Shabak SHABE und seinen Nachfolger Shabatak: SHABTIE. Herr Oppert hat diese aussergewöhnlichen Abweichungen zwischen ägyptisch, assyrisch und hebräisch gerechtfertigt (Mémoires sur les rapports de l'Égypte et de l'Assyrie, S. 12—14). Das Ge'ez besitzt eine eigene Klasse von Kehllauten, welche sich in keiner andern semitischen Sprache wiederfinden, und einer von diesen kam im Namen der beiden äthiopischen Herrscher vor. Das hebräische unterdrückt diesen unbequemen Buchstaben gänzlich — *Seve*, *Sua*, *Sō*; das ägyptische gibt ihn durch den rauhesten K-laut, durch ק wieder — *Shabak*; das assyrische endlich schlägt den Mittelweg ein und drückt den fraglichen Buchstaben durch ein Zeichen aus, das ungefähr dem hebräischen ע entspricht. Für die äthiopischen Königsnamen hat man also folgende Skala:

Aethiopisch	Aegyptisch	Assyrisch	Hebräisch	Griechisch	
Shabak'	Shabak	Shabé'	Seve, Sua, Sō	*Σαβάκων* (Her.)	*Σαβάκων*
Shabatok'	Shabatok	Shabtie'	. . . .	. . . .	*Σεβίχως*
Taharqa	Taharqa	Tarqu	Tihrakah	*Τεαρχώ* (Strab.)	*Τάρχος*
				Θαρσίκης (Jos.)	*Τάρσακος*

wogen den Aethiopen diesen Eröffnungen zu willfahren. Ihm war bekannt, dass seine ägyptischen Vorgänger Palästina besessen hatten und mit Waffengewalt bis an den Tigris vorgedrungen waren, und was vordem möglich und ruhmreich ausgeführt war, schien ihm gegenwärtig auch noch möglich zu sein. Und wenn selbst das Verlangen, einen Namen mehr auf die lange Liste der pharaonischen Eroberer zu setzen, ihn nicht den Juden besonders geneigt gestimmt hätte, so riet ihm schon die Vorsicht, sie nicht zu entmutigen. Seit zwanzig Jahren hatte das anfangs langsame Vorrücken der Assyrer nach dem Isthmus von Sues sich in bedrohlicher Weise beschleunigt und gab Aegypten fortwährend zu Befürchtungen Anlass. Entweder musste man die neuen Herren von Asien besiegen oder gegen sie wenigstens eine Abwehr, an welcher sich die Kraft ihres Angriffes brach, in Gestalt kleinerer Königreiche aufrechterhalten. Shabak gab sich den Anschein, als betrachte er Hoshea's Geschenke als einen Tribut und dessen Hülfsgesuch als eine Huldigung, und auf den Mauern von Karnak, auf welchen vordem so oft die Namen besiegter Völker verzeichnet wurden, wurde auch selbstgefällig verzeichnet, was der eitle Aethiope »den Tribut Syriens« nannte.

Es war nicht möglich gewesen, diese Unterhandlungen so geheim zu betreiben, dass sie sich der Aufmerksamkeit der Assyrer entzogen. Wie Salmanasar von dem, was vorging, erfuhr, liess er Hoshea zu sich entbieten, und der unversehens ertappte Judenfürst musste dem Geheisse seines Gebieters Folge leisten. Wenn er sich einbildete, er könne sein Benehmen rechtfertigen, so wurde dieser Wahn grausam enttäuscht, denn er wurde ins Gefängniss geworfen und kam um, von allen vergessen. Das Assyrerheer zog in das israelitische Gebiet ein und schritt zum letzten Male zur Belagerung von Samaria. Obgleich der ephraemitische Adel seines Führers beraubt war, leistete er dennoch tapfern Widerstand. Shabak hielt es nicht für thunlich, zu Gunsten von Bundesgenossen, deren Sache eine so ganz und gar verlorene zu sein schien, einzuschreiten, aber von anderswoher kam Hülfe. Tyros war schliesslich mit den Kitiern fertig geworden, so dass nun auch Luliya, der König von Tyros, sich gegen die Assyrer erhob. Salmanasar liess einen Heerhaufen vor Samaria zurück und begab sich persönlich nach Phönizien. Das Festlandgebiet von Tyros brachte er bald in seine Gewalt, aber die vom Meere beschirmte eigentliche Stadt spottete all seiner Anstrengungen. Er brachte bei seinen Vasallen in Sidon, Gebel und Arad sechzig Schiffe auf, schiffte assyrische Truppen auf denselben ein und versuchte auf der Insel zu landen. Durch ein Geschwader von zwölf tyrischen Schiffen wurde dieses Geschwader vernichtet, und fünfhundert Assyrer fielen dem Feinde in die Hände. Salmanasar verzichtete nunmehr auf jeden direkten Angriff und verwandelte in der Hoffnung, der Wassermangel werde Tyros zur Ergebung zwingen, den Krieg in eine Art Kontinentalsperre[1]. Er verbrauchte dabei die Kräfte seines Reiches und den Rest seines Lebens. Wie die Blokaden von Tyros und von Samaria bereits zwei Jahre dauerten, starb er nach einer fünfjährigen Regierung, ohne Kinder zu hinterlassen. Ihm folgte im Oberbefehle über das Heer und in der Leitung des Reiches ein Grosswürdenträger des Hofes, Saryukin (Sargon[2]).

Welcherlei Ansprüche Saryukin auf die Krone haben mochte, ist ziemlich unklar; er stand vielleicht mit der jüngsterloschenen Königsfamilie durch irgendwelche weitläufigen Verbindungen in Beziehung, hatte vielleicht auch an das Königtum weiter keine Ansprüche als seine eigene Tüchtigkeit und seine glänzenden, unter den früheren Regierungen geleisteten Dienste. Gleich bei seinem ersten Auftreten stiess er auf zwei Seiten zugleich, in Susien und in Syrien auf Schwierigkeiten. Da Syrien weit ab von Ninive lag

---

1) Menandros von Ephesos bei Josephos, Ant. Jud. IX, 14, 2. || 2) Uebersicht über die zweite assyrische Dynastie, soweit eine solche sich herstellen lässt:

I. BEL-KAT-IRASSU (um 1020—1110).	IX. SALMAN-ASAR III. (827—822).
II. SALMAN-ASAR II. (1010—990).	[ASSUR-DANIN-HABAL](829—822).
III. IRIB-BIN (990—950).	X. SAMSI-BIN (822—809).
IV. ASSUR-IDIN-ACHE (950—930).	XI. BIN-NIRARI III. (809—780).
V. ASSUR-DAN-IL I. (930— . . . .).	XII. SALMAN-ASAR IV. (780—770).
VI. BIN-NIRARI II. (. . . —889).	XIII. ASSUR-DAN-IL II. (770—752).
VII. TUKLAT-ADAR II. (889—882).	XIV. ASSUR-NIRARI (752—745).
VIII. ASSUR-NAZIR-HABAL (882—857)	XV. TUKLAT-HABAL-ASAR II. (745—726).
	XVI. SALMAN-ASAR V. (726—721).

und daher eine an den Mittelmeergestaden erlittene Schlappe den Bestand des Reiches nicht in Frage stellen konnte, eilte der neue König dorthin, wo es am dringendsten war. Die Hoffnung der Susier, welche geglaubt hatten, sie könnten sich die Wirren, die aus dem Dynastiewechsel möglicherweise erwachsen würden, zu Nutze machen, wurde enttäuscht. In den Ebenen von Kalu schlug Sarynkin die vereinigten Susier und Chaldäer, und eilte dann, seine Waffen gegen die palästinensischen Völker zu kehren. Durch die Hartnäckigkeit von Tyros und den in die Länge gezogenen Widerstand von Samarien waren viele Fürsten zum Aufstande ermutigt worden, deren Anwandlungen man entweder sofort unterdrücken oder darauf gefasst sein musste, binnen Kurzem einen allgemeinen syrischen Völkerbund zu bekämpfen zu haben. Saryukin begab sich persönlich in das Lager von Samaria, und die mit frischen Kräften gegen eine bereits durch zweijährigen Kampf erschöpfte Besatzung unternommene Belagerung endete schnell mit dem Fall des Platzes. Er wurde geplündert, und die ganze Einwohnerschaft wurde in die Gefangenschaft geführt »gen Kalach und an den Chabur, an den Fluss Gozan und in die Städte der Meder[1]«. An ihre Stelle kamen zu Kalu gefangen genommene Chaldäer und später Ansiedler aus Hamath. In dem israelitischen Königsschlosse hauste ein assyrischer Statthalter, und Göttertempel wurden da errichtet, wo Jahveh's Altäre gestanden hatten. Ein Theil der Landbevölkerung konnte die Fremdherrschaft nicht ertragen und wanderte aus; theils blieben sie bei Hizkiah in Judäa, theils flüchteten sie nach Aegypten[2].

So fiel Samaria und mit Samaria das Reich Israel, und mit Israel fiel die letzte Schranke, welche Aegypten von Assyrien trennte[3]. So hatte denn das Vorrücken, mit dem Assur-nazir-habal begann, sein Ziel erreicht, so dass wie vordem am Euphrat und Tigris jetzt an der Grenzscheide zwischen Afrika und Asien die beiden Nebenbuhler einander gegenüberstanden, um sich abermals die Weltherrschaft streitig zu machen.

---

1) Nach Saryukin's eigner Aussage (Oppert, Inscription du palais de Khorsabad) 27280 Seelen. 2) Reg., XVII, 20. Vergl. Schrader, Die Keilinschriften u. d. A. T. S. 158—168. 3) Israelitische Königsliste:

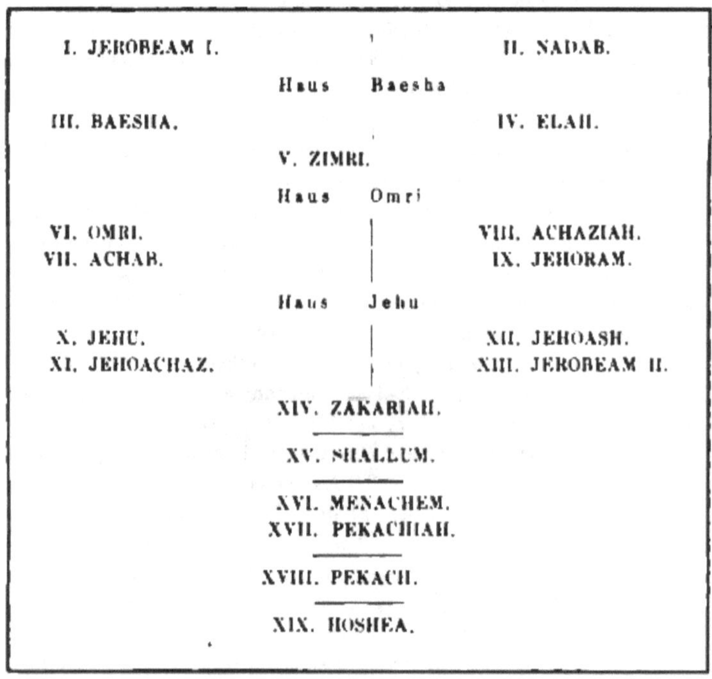
I. JEROBEAM I.
II. NADAB.
Haus Baesha
III. BAESHA.
IV. ELAH.
V. ZIMRI.
Haus Omri
VI. OMRI.
VII. ACHAB.
VIII. ACHAZIAH.
IX. JEHORAM.
Haus Jehu
X. JEHU.
XI. JEHOACHAZ.
XII. JEHOASH.
XIII. JEROBEAM II.
XIV. ZAKARIAH.
XV. SHALLUM.
XVI. MENACHEM.
XVII. PEKACHIAH.
XVIII. PEKACH.
XIX. HOSHEA.

Viertes Buch.

Die Sargoniden und das Morgenland bis zum Regierungsantritte des Kyros.

Zehntes Kapitel.

Die Sargoniden.

Saryukin (721—704). Kriege gegen Aegypten, Elam und Armenien. Eroberung Chaldäa's. — Sin-ache-irib (704—681). Taharqa und Hiskiah. Kriege gegen Elam. Assur-ache-idin (681—667). Arabische Feldzüge. — Die Assyrer in Aegypten. Tahraqa (692—666). Eroberung Aegyptens durch Assur-ache-idin (672). Assur-ban-habal (667—6..). Eroberung Elam's.

Saryukin (721—704). Kriege gegen Aegypten, Elam und Armenien. Eroberung Chaldäa's.

Bisher hatte Assyrien auf Unkosten von halbbarbarischen Stämmen und von Königreichen zugenommen, welche der Uebermacht nicht auf die Dauer zu widerstehen vermochten. Nachdem diese Stämme systematisch zu Grunde gerichtet und jene Königreiche immer mehr in Verfall geraten waren, stand es nur Staaten gegenüber, die ebenso eine feste Organisation besassen, wie es selbst, und ihm nicht nur die Spitze zu bieten sondern es auch zu schlagen vermochten. Es grenzte im Südwesten an Aegypten, stiess im Norden an das Reich Urarti und kam durch die Eroberung der chaldäischen Fürstentümer unmittelbar mit dem alten Reiche Elam in Berührung. Aegypten, Urarti und Elam hielten seinen Ansturm auf und bildeten eine Scheidewand, die es nie zu durchbrechen vermochte, zwischen ihm und der übrigen Welt. Zwar trugen Saryukin und dessen Nachfolger funfzig Jahre lang immer einen Sieg nach dem andern über die Heere jener drei Reiche davon, überfielen deren Städte, setzten in dieselben Statthalter, Vasallenfürsten und Besatzungen, aber es war nicht so leicht, ein Land wie Aegypten in Besitz zu nehmen, als Hamath oder Samarien mit Beschlag zu belegen. Die Erfolge der Assyrer an den Ufern des Nil, des Aras und Ulai waren nur Erfolge ephemerer Art, die schleunigst von Misserfolgen wieder verdunkelt wurden, denn sowie ihre Soldaten meinten, sie hätten sichern Fuss gefasst, wurden sie auch schon wieder fortgejagt. Freilich erschöpften ihre Siege schliesslich ihre Gegner, aber zugleich auch sie selber. Sie glaubten, als sie Aegypten und Elam niederwarfen, für sich zu arbeiten und sie arbeiteten für die Perser.

Gleich in den ersten Jahren seiner Regierung geriet Saryukin mit jenen drei Feinden seiner Macht zusammen. Zu Kalu hatte er 721 den Elamiterkönig Chumbanigas geschlagen; im Jahre darauf bekam er mit Aegypten zu thun. Israel's Untergang hatte weder Shabak in seinen Plänen noch die Syrer in ihren Erwartungen behindert. Die beständig mit Absetzung, Verbannung oder Tod bedrohten, noch selbständigen Fürsten zwischen dem Euphrat und dem Sinai richteten sämmtlich ihren Blick auf den Aethiopenherrscher und warteten nur auf ein Zeichen von ihm. Jahubid[1], der König von Hamath, der wie Saryukin ebenfalls ein Usurpator war, seit Ret'in's Tode die wichtigste Person im Lande, die Häupter von Arpad und Damaskus, die Phönizier in Simyra und die paar in Samaria zurückgebliebenen Juden standen bereit, zu den Waffen zu greifen. Die Tyrer spotteten aller Anstrengungen, die es auf ihre Unterwerfung abgesehen hatten. Die Philistäerhäuptlinge, die Moabiter- und Ammoniterkönige und sogar der König von Juda waren den Assyrern offen oder im stillen feindlich gesonnen. Jerusalem wurde seit 727 von Achaz' Sohne Hizkiah beherrscht, der von Jugend auf eine glühende Frömmigkeit an den Tag gelegt und sich der Hand der Propheten gänzlich überlassen hatte. Der berühmteste derselben, derjenige, welcher auf das Schicksal des jüdischen Volks am meisten wirkte, Jesaiah, wurde gewissermassen des Königs Rat und Minister. Durch seinen Einfluss kamen unter Hizkiah die Propheten zu demselben Ansehen, wie vordem unter

1) Sonst heisst er Ilu-bid, durch Vertauschung des Gottesnamens *Jahu, Jahveh* mit dem Gottesnamen *Ilu*. Mit einigem Grunde nimmt man an, dass gewisse Inschriften in eigenartigen Hieroglyphenzeichen, die man neuerdings in Hamath entdeckt hat, der Regierung dieses Fürsten oder doch dem Jahrhundert, in welchem er lebte, angehören.

dem minderjährigen Jehoash, wollten aber, kühner als Jehoïada, den nationalen Gottesdienst reformiren. Sie zerstörten die Höhen und sämmtliche Götterbilder, selbst die grosse eherne Schlange, die sich im Tempel befand, und der man bis auf jenen Tag Weihrauch dargebracht hatte[1]. Durch diesen ersten Erfolg wurden sie zum Streben nach höheren Zielen begeistert, so dass Jesaiah den Gottesbegriff der Propheten und ihre Weltanschauung in den Volksglauben zu bringen suchte. Er wollte, dass man in Jahveh nicht mehr den blossen Nationalgott Israel's sondern den einzig wahren Gott erblicken solle, »der da mass mit seiner hohlen Hand die Gewässer, und mass die Himmel mit der Spanne, und fasste in den Dreiling den Staub der Erde und wog die Berge mit der Wage und die Hügel mit Wagschalen«[2]. Mit dieser Umgestaltung des Gottesbegriffs ging eine Umgestaltung der Vorstellungen über Gottesdienst Hand in Hand. Wenn auch nicht alle Propheten, so konnte Jesaiah wenigstens bei den Schlächtereien, die man mit dem Namen Opfer zierte, sich eines Abscheus nicht erwehren: »Wozu dient mir eurer Schlachtopfer Menge? spricht Jahveh, ich bin satt der Brandopfer von Widdern und des Fettes der Mastkälber, und am Blute von Stieren, Lämmern und Böcken habe ich keine Lust. . . . Bringet nicht mehr nichtige Opfer! Das Rauchopfer, ein Greuel ist es mir! Eure Neumonde und Sabbathe und Festversammlungen hasst meine Seele. — Und wenn ihr eure Hände ausbreitet, verhüll' ich mein Auge vor euch. Und wenn ihr auch des Betens viel macht, hör' ich euch nicht: eure Hände sind voll Blutes[3]«. Reinheit, Rechtschaffenheit, ein einfacher aufrichtiger Sinn und Mildthätigkeit sind das Gott wohlgefällige Opfer: »Waschet euch, reinigt euch, schafft eure bösen Werke mir aus den Augen, lasset ab, zu freveln! — Lernet das Guthandeln, trachtet nach Recht, weiset zurecht den Vermessenen, schaffet der Waise Recht, führet die Sache der Wittwe[4]«.

Frömmigkeit, Gottesfurcht und Wohlwollen gegen die Menschen sollen des Volkes Richtschnur und Wehr sein, und wenn es thut, wie die Propheten ihm sagen, so wird Gott selbst »sein Schwert und Schild« sein. Wenn der Fremdling das Volk bedrückt, so geschieht das, weil das Volk gesündigt hat, und es ist eine Strafe

1) II Reg., XVIII, 4. || 2) Jesaia, 40, 12. || 3) Jesaia, I, 11—15. || 4) Jesaia I, 16—17.

Gottes; dann ist es Pflicht nicht zu widerstreben sondern sich der züchtigenden Ruthe zu fügen. Welchen Einfluss diese Art von Weltanschauung auf Juda's äussere Politik ausüben musste, lässt sich begreifen. Während eine zahlreiche, durch das stetige Vorrücken der Assyrer beunruhigte, Partei für Jerusalem fortwährend das Schicksal von Samaria fürchtete und im Auslande sich nach derjenigen Kraft umsah, an der es im Innern gebrach, ermahnten die Propheten die Juden zur Unterwürfigkeit und entmutigten sie. In ihren Augen ist Assyrien die Geissel, deren Gott sich bedient, die Bösen auszurotten, und Assyrien widerstreben heisst sich gegen Gott selbst auflehnen, sich vergeblich auflehnen: »Zieht hinüber nach Kalneh und schaut, und geht von dannen zur grossen Hamath und reist hinab gen Gath in's Philistäerland: Sind sie denn nicht besser als diese Reiche, und war nicht ihre Grenze grösser als eure Grenze«[1]? Weder Kalneh, noch Hamath, noch Gath konnten bestehen und selbst Aegypten ist weiter nichts mehr als »ein zerbrochener Rohrstab, der, wenn sich Jemand darauf stützt, in seine Hand eindringt und sie durchbohrt«[2]. Als es fraglich war, ob Juda sich Shabak anschliessen oder sich bei dem Streite neutral verhalten sollte, trug die vorsichtige Partei den Sieg davon. Als Jahubit mit den Fürsten von Arpad, Simyra und Damaskus zu Felde zog, ergriff Hizkiah die Waffen nicht, und der Erfolg zeigte, dass er daran recht gethan hatte. Bevor der Aegypterkönig noch Zeit fand, Jahubid zu Hülfe zu kommen, wurde dieser bei Qarqar geschlagen, gefangen genommen und lebendig geschunden[3]. Wie Sargon in Palästina erschien, war Shabak eben kaum in Syrien eingerückt und hatte sich mit den Truppen des ihm verbündeten Königs Hannon von Gaza vereinigt. Bei Ropeh (Raphia), südlich von Gaza, an derselben Stelle, wo fünfhundert Jahre später Ptolemaios Philopator mit Antiochos dem Grossen zusammentraf, fand der Zusammenstoss der beiden Heere statt: die Aegypter wurden besiegt, Hannon wurde gefangen genommen und Shabak, der sich verirrte, verdankte seine Rettung nur einem Philistäerhirten, der ihn durch die Wüste führte[4]. Durch die Niederlage bei Raphia wurden die Eroberungs-

1) Amos, VI, 2. || 2) Jes. 36, 6. || 3) Oppert, Grande inscription de Khorsabad, S. 84—93; J. Ménant, Annales, S. 200—201; G. Smith, Assyrian History, Zeitschrift 1869, S. 97 und: Assyrian Eponym Canon S. 125—127. || 4) Oppert, Grande inscription de Khorsabad, S. 74—77; Mémoire sur les rap-

träume, die Shabak wol gehegt haben mochte, vereitelt und sein Ansehen erschüttert. Die kleinen Deltafürsten erhoben wieder das Haupt und drängten die Aethiopen schliesslich nach Theben zurück. Tanis, Bubastis und Chnensu wurden wieder selbständig und ein Verwandter des Bokenranf, der bei Manetho Stephinates heisst, begründete das saïtische Fürstentum von neuem und nahm den Pharaonentitel an. 714 war diese Staatsumwälzung abgeschlossen und wahrscheinlich, um dies offiziell dem Auslande anzukündigen, schickte der neue König von eingebornem Geschlechte in jenem Jahre Sarÿukin Geschenke. Shabak war nach Oberägypten entflohen und starb hier kurz darauf, indem er seinem Sohne Shabatok als Besitz Theben und die benachbarten Nomen hinterliess[1].

Wie Aegypten besiegt war, kam an Urarti die Reihe. Damals wohnte auf dem Berglande, in dem der Tigris und der Euphrat entspringen, eine andere als die moderne armenische[2], hingegen mit den Georgiern und einigen andern kaukasischen Völkern zusammengehörige[3] Rasse. Es zerfiel dasselbe in zahlreiche Kleinstaaten, deren Namen man zwar weiss, denen man aber nicht stets mit Leichtigkeit eine bestimmte Lage auf der Karte anzuweisen vermag: Naïri an den Quellen des Euphrat und Tigris; Manna Van im Südosten und Mussassir (Arsissa) im Norden des Vansee's; die Fürstentümer des Mildisberges[4] und von Milid (Militene), schliesslich Urarti oder Ararti[5], dem es gelungen war, alle Nachbarstämme zu einem Bündnisse zu vereinigen. Tuklat-habal-asar I. hatte Naïri überfallen[6], seine Nachfolger hatten es grösstentheils unterworfen, so dass im neunten Jahrhunderte fast das ganze obere Tigrisland den Assyrern lehnspflichtig oder unterthan war. Assur-nazir-habal fing an, Manna zu erobern, Salmanasar III. ging weiter und griff Urarti an. Er schlug 844 den König Aramê, 832 dessen Nachfolger Saduri, 830 die Truppen des Königs von Manna, im

ports de l'Égypte et de l'Assyrie, S. 11—15. In dem Texte heisst Shabak *Shiltan* (nach andern *Tartan*), aber nicht Pharaon von Aegypten. Den Pharaonentitel, *Pir'u* scheinen die Assyrer nur den eingebornen kleinen Königen gegeben zu haben. || 1) Maspero in der Revue critique, 1870 Bd. II, S. 368—370. || 2) H. Rawlinson, On the Alarodians of Herodotus, in G. Rawlinson's Herodotus, IV. S. 203—206. || 3) Fr. Lenormant, Lettres Assyriologiques, Série I, S. 124—129. || 4) Heutzutage der Distrikt von Erzerum. || 5) Vergl. den *Ararat* in der Bibel und die *Allarodier* bei Herodot III, 94 und VII, 79. || 6) Siehe S. 278 f.

Jahre darauf die von Urarti, alles das ohne viel zu erzielen, denn kaum waren die Feinde geschlagen, so erhoben sie schon das Haupt wieder von neuem. Bin-nirari III. schickte 813—814 zwei Kriegszüge gegen Manna, und Salmanasar IV. unternahm (787—784) vier Feldzüge und nach diesen noch zwei (782 und 780) gegen Urarti. Das Land wurde durch die Berührung mit Assyrien gesitteter und nahm die Künste, ja sogar die Schrift seiner Widersacher an. Einer von den Königen desselben, Belidduris I., der Sohn Lutibri's, liess aus Ninive Schreiber kommen, die in ihrer Sprache für ihn offizielle Inschriften abfassten und ihm die schnarrenden Epitheta der assyrischen Königstitulaturen in reichem Masse spendeten. Das ninivitische Idiom war einige Jahre lang die Gelehrtensprache von Urarti, dann wurde unter Isbuinis I., dem Sohne Belidurris', das Schriftsystem mit einigen Abänderungen zur Schreibung der einheimischen Sprachen verwandt. Assyrien gewann mit Tuklat-habalasar II. wieder die Oberhand, denn der König Sarda von Urarti wurde dermassen erst 742, dann 734 geschlagen, dass er auf den Krieg verzichtete[1].

Minuas I., Sarda's Nachfolger, machte nichts von sich reden: in Ursa, Minuas' ältestem Sohne fand Saryukin einen seiner furchtbarsten politischen Gegner. Ursa wollte seinem Volke wieder die Oberherrschaft verschaffen und wandte jedes Mittel an, diesen seinen Zweck zu erreichen. Er versuchte zunächst den König Iranzu von Manna von dem assyrischen Bündnisse abtrünnig zu machen, und zettelte, wie dieser sich weigerte, im Einverständnisse mit dem König Mitatti von Zikartu (Sagartien) einen Aufstand gegen denselben an. Saryukin eilte seinem Vasallen zu Hülfe, nahm die beiden Städte Suandachul und Durducha, die sich Mitatti angeschlossen hatten, im Sturm, gab sie den Flammen preis und verpflanzte deren Einwohner nach Syrien (719). Ernstliche Empörungen, die gleichzeitig an mehreren Stellen in seinem Reiche ausbrachen, hinderten ihn, darin fortzufahren: es kostete ihn zwei Jahre, dass er das Land Sinukta (718) und Pisiris von Karkemish entthronte (717). Als er wieder nach Armenien kam war Iranzu von Manna todt, sein Sohn Aza war bei einem Aufruhr ermordet, Ullusun war an dessen Stelle ge-

1) Fr. Lenormant, Lettres assyriologiques, 1. Série, Bd. 1, S. 121—122, 138—145.

treten und hatte Ursa zweiundzwanzig von seinen Festungen als Unterpfand der Treue überlassen. Saryukin eilte schleunigst herbei, schlug Ullusun und Mitatti, und verheerte das Land zwischen dem Urumiyeh- und dem Vansee; wie ihm der König Bagadatti vom Mildisberge in die Hände fiel, liess er denselben an derselben Stelle, wo Aza ermordet worden war, lebendig schinden. Da Ullusun befürchtete, ihm möge das gleiche zu Theil werden, »enteilte er wie ein Vogel«, kam dann aber und warf sich dem Sieger zu Füssen. Saryukin begnadigte ihn und gab ihm sein Eigentum zurück. Ursa hatte man beinahe erreicht, da empörte sich das Land Charchar und zwang seinen Statthalter die Oberhoheit des Königs Dalta von Ellibi anzuerkennen. Saryukin liess den Rebellen eine harte Züchtigung angedeihen (716). Ihn rief eine Empörung Ullusun's wieder nach Norden, doch brauchte er nur zu erscheinen, um alles wieder zum Gehorsam zu bringen, und kehrte wieder um, um die Eroberung von Ellibi zu beendigen (715). Nach Medien hin war er frei und konnte endlich einen Entscheidungsstreich ausführen. 714 fiel er in Urarti ein und trug einen grossen Sieg über seinen Gegner davon. Ursa flüchtete fast verlassen in die Gebirge und irrte dort, ohne eine sichere Zufluchtstätte ausfindig machen zu können, etwa fünf Monate umher. Sein Reich wurde geplündert, mehrere von seinen Städten wurden Ullusun gegeben und sein letzter Verbündeter, Urzana von Mussasir, wurde besiegt[1]. Wie er von diesem Unglücksfalle vernahm, verzweifelte er an seinem Geschicke und gab sich selbst den Tod[2].

Sein Tod führte keineswegs zur Unterwerfung des Landes, denn sein Bruder Argistis folgte ihm und bot den Assyrern erfolgreich die Spitze. Durch den Sieg über Urarti vermochte Saryukin seine Streitkräfte im Osten nach Medien, das er seiner ganzen Ausdehnung nach durchzog und theilweis besetzte (713), und im Nordwesten nach Kilikien und in das Land Kumanu (Komana) zu führen, wo er einen, von ihm selbst ausgesuchten, König einsetzte (712); in Kleinasien gebot er bis an den Halys und Saros. In Syrien war

1) Urzana's Siegel ist gegenwärtig im Haag im Museum. Es wurde von Dorow, Die assyrische Keilschrift, Bd. 1 und von Cullimore, Cylinders, Taf. VIII, 40 veröffentlicht. || 2) Fr. Lenormant, Lettres Assyriologiques, 1. Série, Bd. 1, S. 53—55, 148—151; G. Smith, Assyrian History, in der Zeitschrift 1869, S. 98—99.

er 715 gezwungen gewesen, die Blokade von Tyros aufzuheben, und hatte sich mit einer nominellen Unterwerfung begnügt: eine Schlappe, welche durch die Huldigung seitens des Pharao und einer Araberkönigin reichlich ausgeglichen wurde (714). Man konnte wol zeitweilig den Ausbruch eines grossen Krieges in dieser Gegend befürchten. Der König Azuri von Ashdod hatte die Zahlung des Tributs verweigert; für ihn wurde sein Bruder Achmiti eingesetzt, aber die Philistäer verjagten den neuen König und gaben einem gewissen Yavan, der nicht zur Königsfamilie gehörte, die Krone. Da Yavan seiner Macht und seines Lebens nicht sicher war, trat er mit den benachbarten Ländern, Juda, Edom und Aegypten, in vorläufige Unterhandlungen, und seine Vorschläge fanden ein geneigtes Ohr, konnten bei Saryukin's Entschlossenheit und Thatkraft aber ihren Zweck nicht erreichen. Bevor überhaupt die Verbündeten Zeit hatten, ihre Truppen zu sammeln, war der assyrische Feldherr (tartan) in Palästina. Juda, Edom und die Philistäer machten keine Miene zum Widerstande. Yavan flüchtete nach Libyen in das Land Miluch[1], und der König desselben lieferte ihn in Ketten an die Assyrer aus[2] (711).

Wie im Westen, Norden und Osten sich nichts mehr regte, war der Zeitpunkt gekommen, Chaldäa anzugreifen. Marduk-bal-idinna hatte seit der Niederlage bei Kulu seine sämmtlichen Hülfsquellen angestrengt, um sein Reich vertheidigungsfähig zu machen. Er hatte seine Burgen ausgebessert, die Zahl seiner Soldaten erhöht und die Bundesgenossenschaft mit Elam sorgsam unterhalten. Seine Vorsichtsmassregeln hinderten nicht, dass er gerade wie er sich dessen am wenigsten versah, überrumpelt wurde. Saryukin war beflissen, statt geradewegs auf Babylon loszumarschiren und sich von vorn auf die vereinten Streitkräfte Chaldäa's und Elam's zu stürzen, Marduk-bal-idinna von dem ihm verbündeten Sohne des Chumbanigas, Sutruk-Nachunta[3], abzuschneiden. Er theilte sein Heer in

1) Miluch hält man allgemein für den Namen von Meroe, doch hiess Meroe *Berua* und ihm fehlt jedes auslautende *h* oder *ch*. Mit Recht hat Fr. Lenormant in *Milucha* oder *Miluchi* das ägyptische *Melch* oder *Mereh*, das *Moreland* und die Natronseen, gesehen. || 2) Jesaia XX, 1; Vergl. G. Smith, Assyrian History in der Zeitschrift 1869, S. 99—100, 106—108; Assyrian Discoveries, S. 290—298, und Assyrian Eponym Canon S. 129—131. || 3) So schreiben die susischen Inschriften. In Saryukin's Texten heisst dieser Fürst Sutikrak Nanchundi.

zwei Abtheilungen. Die eine stand den Susiern gegenüber, zog in den Gau Rasi[1] und zwang den Elamiterkönig, um Susa und Madaktu zu decken, in das Gebirge umzukehren. Die andere, welche unter dem Befehle des Königs selber stand, zog, dem Laufe der Tigris folgend, an das Meer hinab, unterwarf unterwegs das Land Yatbur, schlug einen Feldherrn Marduk-bal-idinna's unter den Mauern von Dur-Atchar, nahm diese Stadt ein und bemeisterte sich des ganzen Gambul. Der Hauptzweck des Feldzuges war erreicht: Marduk-bal-idinna war von seinen Verbündeten abgeschnitten und versuchte nicht einmal, Babylon zu vertheidigen. Ohne dass es die Assyrer merkten, brach er auf, ging über den Tigris und versuchte die Postenkette, die ihn im Osten umzingelte, zu durchbrechen. Da er zurückgeworfen wurde, blieb ihm weiter kein Ausweg, als sich wieder nach Süden zu werfen und, sich am Meeresstrande in seinem ehemaligen Fürstentume Bet-Yakin festzusetzen, wo er sich, so gut es ging, befestigte. Babylon blieb sich selbst überlassen und öffnete dem Sieger seine Thore. Sargukin liess sich daselbst zum König von Chaldäa ausrufen und verlebte hier den Winter 710[2].

Im Frühjahr 709 nahm er den Feldzug wieder auf: »Marduk-bal-idinna hatte die Städte Ur, Larsam und Kisik, die Behausung des Gottes Laguda, in Kontribution gesetzt; bei Dur-Yakin hatte er seine Macht zusammengezogen und seine Burg befestigt«. Angesichts des Meeres, unter den Mauern von Dur-Yakin[3], wurde die Entscheidungsschlacht geliefert. »Ich breitete meine Streiter gleichzeitig aus, soweit seine Kanäle reichten, und sie schlugen den Feind in die Flucht. Die Gewässer der Flüsse wälzten die Leichen seiner Krieger einher wie Baumstämme. . . . Ich vertilgte die Leibgarden und die Marsaniten und erfüllte mit Grausen die übrigen Heerhaufen des Feindes. Marduk-bal-idinna liess in seinem Lager die Abzeichen der Königswürde im Stiche, den goldenen Tragsessel, den goldenen Thron, das goldene Scepter, den silbernen Wagen und die goldenen Zierrate und entwich in heimlicher Flucht«. Bald darauf fiel Dur-Yakin dem Sieger in die Hände und wurde zerstört. »Marduk-bal-idinna erkannte seine Schwäche und ward bestürzt: die gewaltige

1) Bei den klassischen Geographen Mesobatere. || 2) Etwas entstellt kommt sein Name als *Ἀρκέανος* [*Σ*]*αρκέανος* seit 709 im ptolemäischen Königskanon vor. || 3) Heutzutage *Mohammerah* an der Mündung des Shatt-el-Arab.

Furcht vor meinem Reich kam über ihn: vor meinem Boten gab er sein Scepter und seinen Thron dahin, er küsste die Erde. Er verliess seine Burgen, er entfloh, und man sah von ihm keine Spur wieder«. An Stelle des alten, flüchtig gewordenen Königs setzte Sarynkin seinen Sohn zum Fürsten von Bet-Yakin ein (709)[1].

Zwei Unfälle fielen auf den Schluss dieser ruhmreichen Regierung. Während die assyrischen Heere in Chaldäa beschäftigt waren, war Urarti neu aus seinen Trümmern hervorgegangen. Halb durch Gewalt, halb durch Geschicklichkeit, hatte Argistis fast alle Provinzen wiedererobert, die sein Bruder verloren hatte, er hatte sogar die Assyrer zum Gegenstande seiner Angriffe gemacht, und sie hatten die Provinz Manna nicht zu behaupten vermocht. Wie er 708 durch Sarynkin's Rückkehr bedroht wurde, lenkte er den Sturm auf das Land Kummuch ab, der König dieses Landes büsste die Krone ein. Argistis dagegen blieb unbehelligt und im Besitze von Manna, das er sich zum Lieblingsaufenthalt erkor[2]. Ebensowenig Erfolg hatte ein Krieg gegen Elam. Sutruk-Nachunta wurde 707 in Ellibi geschlagen, er rächte sich im Jahre darauf: er gewann nicht nur die Bezirke, die er 710 verloren hatte, wieder, sondern nahm auch den Assyrern mehrere von ihren Grenzstädten ab (706)[3]. Diesen Rückschlag überlebte Sarynkin nicht lange: 704 ward er im Schlosse Dur-Sarynkin[4], das er soeben erbaut hatte, ermordet, und sein Sohn Sin-ache-irib, der Sennacherib der Bibel, kam an seine Stelle[5].

Sin-ache-irib (704—681). Taharqa und Hizkiah. Krieg gegen Elam. Assur-ache-idin (681—667). Arabische Feldzüge.

Rasch verbreitete sich die Kunde von der Ermordung Sarynkin's durch das ganze Reich und gab den Unzufriedenen die Gelegenheit zur Empörung, auf die sie warteten. Sin-ache-irib war in aller Hast von Babylon, wo er den Befehl führte, herbeigeeilt, kam jedoch nur nach Ninive um dem Vorspiel einer allgemeinen Erhebung

1) Fr. Lenormant, les Premières civilisations. Bd. II. S. 241, ff. || 2) Fr. Lenormant, Lettres Assyriologiques, 1. Série. Bd. I, S. 151—154. || 3) J. G. Smith, Assyrian History, in der Zeitschrift 1869, S. 109—110. || 4) Gegenwärtig Chorsabad. Von dort stammen die meisten assyrischen Denkmäler im Louvre. || 5) J. Ménant. Annales, S. 209.

beizuwohnen. Chaldäa war bereits einige Monate vor Saryukin's Tode in Unruhe gewesen, und begann jetzt, sich offen zu rühren. Ein Bruder des neuen Königs, den dieser an seiner Stelle zur Regierung Babylon's hinterlassen hatte, starb einige Wochen nach seiner Einsetzung, und ihm folgte kaum nach einem Monate ein gewisser Hagisa, der sonst ganz unbekannt ist. Hagisa wurde von dem alten Marduk-bal-idinna, der wieder auf dem Schauplatze erschienen war, überrascht und getödtet. Die Völkerschaften im Osten und Nordosten der Arrapachitis und Mediens benutzten die Verwirrung, um zu den Waffen zu greifen, während im Westen die Mehrzahl der phönizischen und palästinensischen Fürsten sich für unabhängig erklärte. Der König Luliya Elulaios von Sidon verweigerte den Tribut, und seinem Beispiele folgte der König von Askalon. Die über den König Padi, den Saryukin über sie gesetzt hatte, missvergnügten Bewohner von Ekron bemächtigten sich seiner Person und sandten ihn zu Hizkiah von Juda. Dieser schwankte einen Augenblick zwischen den friedfertigen Ratschlägen Jesaiah's und denen der Kriegspartei, bis ihm schliesslich die Hülfeversprechungen des Aegypterkönigs zum Entschlusse brachten. Er nahm die Stadt Ekron, welche ihm deren Bewohner zum Geschenk machten, an, begnügte sich aber Padi, statt, wie seine ehemaligen Unterthanen das wollten, ihn hinrichten zu lassen, ihn gefangen zu halten. Sich von den Rebellen huldigen lassen, hiess sich Assyrien in offener Feindschaft gegenüberstellen. Vorsichtiger als Hizkiah waren die kleinen Fürsten von Arad, Byblos und Ashdod sowie die Könige von Moab und von Ammon, die mit der Entscheidung warteten, bis das Schicksal sich zu Gunsten einer der kriegführenden Parteien ausgesprochen habe.

Nach zweijährigem Zaudern, das er jedenfalls auf die Zurüstung seiner Hülfsmittel verwandte, begab sich Sin-ache-irib persönlich nach Chaldäa, wo die Gefahr am dringendsten war. Marduk-bal-idinna's Heer, das theils aus Babyloniern, theils aus syrischen Hülfstruppen zusammengesetzt war, wurde bei Kis gänzlich besiegt und sein Anführer, der fast allein vom Schlachtfelde entrann, flüchtete zu dem Könige von Elam. Babylon wurde eingenommen: neunundsiebzig befestigte Städte und über vierhundert Dörfer fielen dem Sieger in die Hände. Nachdem Sin-ache-irib erst noch »Bel-nipu, den Sterndeuter, der in seinem Palaste erzogen worden war«, einen

Assyrer. zum König eingesetzt hatte, zog er sich zurück. Auf dem Heimwege plünderte er den Landstrich, den am mittlern Euphrat die Aramäerstämme inne hatten, schlug die Häuptlinge derselben an das Kreuz, trieb ihr Vieh fort und kehrte ruhm- und beutebeladen nach Ninive zurück. Ein rascher Feldzug durch die Gebirge von Kurdistan brachte die aufrührerischen Völkerschaften der Arrapachitis wieder zum Gehorsam. Ihr Gebiet wurde zum Theil mit Militärkolonien der Aramäer, Elamiter und Chaldäer besetzt, die man im Jahre zuvor zu Gefangenen gemacht hatte, und es wurde eine assyrische Provinz daraus[1].

Wie durch diese rasch auf einander folgenden Erfolge die Ruhe im Norden, Osten und Süden gesichert war, beeilte er sich, Syrien mit seinen Waffen heimzusuchen. Auch hier vereitelte die Schnelligkeit seiner Märsche und seines Angriffs die Pläne seiner Gegner. Luliya, den das zunächst anging, wagte nicht einmal zu widerstehen. Er flüchtete auf eine von den zu Sidon gehörigen Inselkolonien, und sein Reich wurde Ithobaal II. überliefert. Auch Sin-ache-irib durfte gleich seinen Vorgängern auf den Felsen am Nahr-el-kelb neben den Stelen Ramses' II. seine Siegesstelen einmeisseln lassen. Die Könige von Arad, Byblos, Ashdod, von Ammon und Moab unterwarfen sich schleunigst. Der König von Askalon, welcher hartnäckig im Aufruhr beharrte, wurde gefangen genommen und mit seiner gesammten Familie nach Assyrien geschafft.

Ernstlichem Widerstande begegnete Sin-ache-irib erst unter den Mauern von Ekron. Sowie die Deltafürsten von der Ankunft der Assyrer vernahmen, sammelten sie ihre Heere und zogen dem Angreifer entgegen. Bei Altaku[2] kam es zum Zusammenstosse: Assyrien's Geschick siegte hier abermals über das von Aegypten. Die Aegypter erlagen mit grossem Verluste, und der grösste Theil ihrer Streitwagen und die Kinder eines ihrer Könige blieben in den Händen des Siegers. Das unmittelbare Ergebniss des Sieges war die Einnahme von Altaku, demnächst die der benachbarten Burg

1) Oppert, Les Sargonides, S. 41—45; G. Rawlinson, The five great Monarchies, Bd. II, S. 156—159; Fr. Lenormant, Histoire, Bd. II, S. 98; Ménant, Annales, 214—218; Smith, Assyrian Discoveries, S. 296—302. Ueber diese Regierung vergl. überhaupt: Smith, Chronology of the Reign of Sennacherib, London 1871, 8⁰. || 2) Eltekeh auf dem ehemaligen Stammgebiete von Dan (Josua, XIX, 44).

Tamnah, so dass Ekron sich ergab: »Ich setzte die Beamten und Würdenträger ab, die sich empört hatten, und brachte sie um: ihre Leichen schlug ich auf den Stadtwällen an das Kreuz. Die Einwohner der Stadt verkaufte ich als Sklaven, weil sie Gewaltthaten und Schurkereien begangen hatten. Diejenigen, die weder Verbrechen noch Sünden verübt hatten und die nicht verachteten ihren Gebieter, die sprach ich frei [1])«.

Von allen Rebellen war allein Hizkiah von Juda noch nicht zu Fall gebracht. Man fragt sich, weshalb er, um die Assyrer mit einem entscheidenden Schlage zu vernichten, sich mit seinem Heere nicht den ägyptischen Heeren angeschlossen hatte. Er meinte jedenfalls, dass er, wenn er sich jeder offenen Feindseligkeit enthielte, den Zorn des assyrischen Herrschers entwaffnen würde. Wenn er das erwartet hatte, so wurde er enttäuscht. Nachdem Ekron eingenommen war, fiel Sin-ache-irib in Juda ein: »Siehe, Jahveh leert das Land und verheert es, und wendet seine Fläche um und zerstreut seine Bewohner. Und es geht dem Volke so wie dem Priester, dem Knechte wie dem Herrn, der Magd wie der Frau, dem Käufer wie dem Verkäufer, dem Verleiher wie dem Borger, dem Schuldner wie dem Gläubiger. Ausgeleert wird das Land und ausgeplündert wird es, denn Jahveh redete dieses Wort .... Es trauert der Most, es verschmachtet die Rebe; es seufzen alle, die fröhlichen Herzens waren. Es feiert der Jubel der Handpauken, es hört auf der Lärm der Fröhlichen, es feiert die Freude der Harfe. Nicht trinkt man Wein mit Gesang; bitter ist der Trank denen, die ihn trinken. Zerbrochen wird sie, eine Stadt der Oede, geschlossen jegliches Haus, unbetretbar [2])«. Diese Worte des hebräischen Dichters finden ihre Ergänzung in denen des assyrischen Schriftgelehrten: »Sechsundvierzig ihrer Kriegsplätze und Burgen dazu zahllose darum gelegene kleine Städte bedrängte ich durch Heermärsche und Einschliessung, Sturm und Sturmböcke, Gräben und Kriegsmaschinen, und nahm dieselben ein. 215000 Menschen, Männer und Weiber, Pferde, Mastthiere, Esel, Kamele, Rinder und Schaafe sonder Zahl führte ich aus denselben fort und erklärte ich für Kriegsbeute [3])«. Im Herzen der Juden blieb eine so bittere Erinnerung an jenes

1) Oppert, Mémoire sur les rapports de l'Égypte et de l'Assyrie, S. 22—29. || 2) Jesaia XXIV, 1—3, 7—12. || 3) G. Smith, Assyrian Discoveries, S. 305—306.

Unheil haften. dass Demetrios mehrere hundert Jahre später Sin-ache-irib's Gefangenschaft zu den Gefangenschaften rechnete und meinte, diese sei für sein Volk ebenso verhängnissvoll wie die samaritanische unter Saryukin und die letzte babylonische gewesen[1].

Der Feind kam nahe, und nichts war gerüstet. Jerusalem selbst war kaum in Vertheidigungszustand[2]. Nur hatte man seit kurzem die Bemerkung gemacht, dass sich grosse Breschen in der Davidstadt befanden, und hatte Häuser eingerissen, um die Mauer zu befestigen[3]. In aller Eile verstopfte man alle ausserhalb der Stadt vorhandenen Quellen und den Bach, der sich über das Land ergoss. Zwischen den beiden Vorwerken richtete man einen Behälter für das Wasser des alten Teiches ein[4]. »Und der König setzte Kriegsoberste über das Volk, und versammelte es zu sich auf den Platz am Thore der Stadt. und redete ihnen freundlich zu und sprach: Seid fest und stark und fürchtet euch nicht und verzaget nicht vor dem Könige von Assyrien und vor all der Menge. die mit ihm ist, denn . . . mit uns ist Jahveh, unser Gott, uns zu helfen und unsern Streit zu streiten[5]«. Sin-ache-irib ging immer weiter vor, nachdem er Juda zum grössten Theil ausgeplündert hatte, er hatte die Festung Lachis eingenommen und rüstete sich, vor Jerusalem zu erscheinen. Hizkiah entschloss sich, um jeden Preis zu unterhandeln. Er sandte hin und liess dem Könige der Assyrer sagen: »Ich habe mich vergangen, ziehe ab von mir; was du mir auflegst will ich tragen«. Die dreihundert Talente Silber und dreissig Talente Gold, die begehrt wurden, vollzählig zu machen, reichte der Königsschatz nicht aus, die Pforten des Gotteshauses musste man zerschneiden sowie ihre Bekrönung. die der König selbst kurz vordem mit Goldplatten hatte überziehen lassen[6]. Padi erhielt seine Freiheit wieder, ward in Ekron wieder eingesetzt. und zur Entschädigung für die Zeit, die er gefangen gewesen war, empfing er einige Städte von Juda. Mitinti. der König von Ashdod, und Ismi-Baal, der König von Gaza, bekamen andere Stücke des jüdischen Gebietes. um die Treue, die sie inmitten der Prüfungen. die Assyrien bestanden hatte, bewiesen hatten. zu belohnen.

---

1) Dem. bei Clem. Alex., Strom., I, p. 403. Pot. [vergl. Freudenthal, Hellenistische Studien I, S. 57 ff]. || 2) Jesaia XXII. 9. | 3) Jesaia, a. a. O, 10. || 4) Jesaia, a. a. O. 11. || 5) II. Chron., XXXII. 6—8. || 6) II Reg., XVIII, 14—16.

Während Hizkiah sich ohne Kampf unterwarf, hatten sich seine Verbündeten in Aegypten von ihrer Niederlage bei Altaku erholt und rüsteten sich, ihm zu Hülfe zu kommen. Noch war Sin-ache-irib zu Lachis mit der Entgegennahme des Tributs beschäftigt, als er erfuhr, dass ein ägyptisches Heer bei Pelusium in Bildung begriffen war, und Taharqa, der König von Aethiopien die Stämme des obern Nils Judäa zu Hülfe führte. Er glaubte bei dieser Kunde jedenfalls, Hizkiah habe mit ihm nur einen Vertrag geschlossen, um den Afrikanern Zeit zu gewähren, dass sie herbeikämen, und wütend über die Art, in der mit ihm gespielt war, entsandte er drei Hauptpersonen seines Heeres, den Oberfeldherrn (tartan), den Eunuchenobersten (rab-saris) und den Rab-shake[1], nach Jerusalem, um ihn wegen seines Benehmens zur Rechenschaft zu ziehen. »So spricht der grosse König, der König der Assyrer: Was ist das für eine Zuversicht, die du hegst? Du sprichst, nur sind es blos Worte. Rat und Macht gehören zum Streite. Nun, auf wen vertraust du, dass du von mir abtrünnig geworden bist? Siehe, du vertraust auf jenen zerbrochenen Rohrstab, auf Aegypten, der, wenn sich jemand auf ihn stützt, ihm in die Hand geht: also ist Pharao, der König von Aegypten, allen, die auf ihn vertrauen. Und so ihr zu mir sprecht: Auf Jahveh unsern Gott vertrauen wir! ist er es nicht dessen Höhen und Altäre Hizkiah abgeschafft hat, und zu Juda und Jerusalem gesprochen: Vor diesem Altar sollt ihr anbeten zu Jerusalem! Und nun lasse dich doch ein mit meinem Herrn, und ich will dir zweitausend Rosse geben, wenn du dir Reiter dazu geben kannst. Und wie willst du einen einzigen Befehlshaber zurücktreiben, einen der geringsten Knechte meines Herrn? Und so vertrautest du auf Aegypten wegen Wagen und Reitern. Nun, bin ich denn ohne Jahveh hinaufgezogen wider diesen Ort, ihn zu verheeren? Jahveh hat zu mir gesprochen: Ziehe hinauf wider dieses Land, und verheere es«! Da sprach Eliakim, der Sohn Hilkija's und Sebna und Joah zu Rabshake: »Rede doch zu deinen Knechten auf syrisch, denn wir verstehen es, und rede nicht mit uns auf jüdisch vor den Ohren des Volkes, das auf der Mauer ist«. Statt

1) [Schrader, Die Keilinschr. und das A. T. S. 199 erklärt Rab-sake nicht nach dem hebräischen als Obermundschenk, sondern als Oberst, so auch Delitzsch, Assyrische Studien I, S. 131.]

auf diese Bitten zu achten, stand Rabshake da und schrie laut in jüdischer Sprache, redete und sprach: »Hört das Wort des Grosskönigs, des Königs der Assyrer! So spricht der König: Lasst euch nicht täuschen von Hizkiah, denn er vermag nicht euch zu retten aus seiner Hand. Und lasst euch von Hizkiah nicht auf Jahveh vertrösten, wenn er spricht: Retten wird uns Jahveh und diese Stadt wird nicht gegeben werden in die Hand des Königs der Assyrer. Hört nicht auf Hizkiah! denn so spricht der König der Assyrer: »Macht mit mir Frieden und kommt heraus zu mir, so sollt ihr essen ein jeglicher von seinem Weinstock und ein jeglicher von seinem Feigenbaum und trinken ein jeglicher das Wasser seiner Grube, bis ich komme und euch hole in ein Land wie euer Land, ein Land mit Korn und Most, ein Land mit Brod und Weinbergen, ein Land mit Oelbäumen und Honig, dass ihr lebet und nicht sterbet. Hört nicht auf Hizkiah, wenn er euch verführt und euch spricht: Jahveh wird uns retten! Haben denn die Götter der andern Völker jeder sein Land aus der Hand des Assyrerkönigs gerettet? Wo sind die Götter von Hamath und Arpad? Wo die Götter von Sepharvaim, Henah und Hivah, dass sie Samarien gerettet hätten aus meiner Hand? Welche sind unter allen Göttern jener Länder, die ihr Land gerettet hätten aus meiner Hand, dass da Jahveh Jerusalem retten sollte aus meiner Hand«? Und das Volk schwieg still und antwortete ihm kein Wort, denn es war das Gebot des Königs, da er gesprochen hatte: »Ihr sollt ihm nicht antworten«! Und es kam Eliakim, der Sohn Hilkijah's, der über das Haus gesetzt war, und Sebna, der Schreiber, und Joah, der Sohn Asaph's, der Kanzler, zu Hizkiah mit zerrissenen Kleidern und berichteten ihm die Worte Rabshake's [1])«.

Auf Jesaiah's Rat entschloss Hizkiah sich zum Widerstande. Als die assyrischen Abgesandten nach Lachis gelangten, fanden sie ihren König daselbst nicht mehr vor; er hatte sein Lager abgebrochen und sich gegen die Aegypter gewandt, jedenfalls, um sie vor Taharqa's Ankunft zu vertilgen. Bei seinem Abzuge hatte er den Juden nochmals mit seinem Zorne gedroht: »Lass dich nicht täuschen von deinem Gott, auf welchen du vertraust, indem du sprichst: Jerusalem wird nicht in des Assyrerkönigs Hand gegeben

---

1) II Reg., XVIII, 18—37.

werden! Siehe, du hast gehört, was die Assyrerkönige gethan haben allen Landen, wie sie die vertilgt haben, und du solltest gerettet werden? Haben denn die Götter der Völker, welche meine Väter zu Grunde gerichtet haben, diese gerettet? Gozan und Charan und Ret'eph und die Söhne Heden's in Telasar? Wo ist der König von Hamath, der König von Arpad, und der König der Stadt Sepharvaim, Henath und Hivah?[1]«. Bekanntlich strafte das Schicksal diese stolzen Worte Lügen; das halbe Assyrerheer ward während des Deltamarsches von der Pest vertilgt, und wurde dermassen deorganisirt, dass Sin-ache-irib fast ganz allein nach Ninive heimkehrte[2]. Ueber dies grossartige Unglück verwundert, schrieben die Juden und die Aegypter beide ihrem Gott die Ehre des günstigen Ereignisses zu, das sie errettete. Nach den Juden, schickte Hizkiah, wie er die Drohungen des Königs von Assyrien vernahm, sich zum Gebete an, und Gott liess ihm durch Jesaiah sagen: »Was du zu mir gebetet hast, wegen des Sanherib, des Assyrerkönigs, habe ich erhört. . . . . Er wird in diese Stadt nicht kommen und keinen Pfeil hineinschiessen, keinen Schild dagegen richten und keinen Wall wird er dagegen aufwerfen. Auf dem Wege, auf dem er kommt, wird er zurückkehren, und nicht in diese Stadt kommen, spricht Jahveh. Und ich beschütze diese Stadt und rette sie um meinetwillen und um David's, meines Knechtes willen«. Und es geschah in selbiger Nacht, da ging der Engel Jahveh's aus und schlug im Lager des Assyrer 185000 Mann. Und als man sich des Morgens früh aufmachte, siche, da waren sie alle todte Leichen. Da brach Sin-ache-irib, der Assyrerkönig, auf und zog fort und kehrte zurück und blieb in Ninive[3]«. Nach Aussage der Aegypter zog Sin-ache-irib hinein nach Aegypten: »die Kriegerkaste weigerte sich für den König Sethos, den Phtahpriester zu streiten, weil dieser ihnen einen Theil ihrer Vorrechte entzogen hatte. Der Priester in seiner Bedrängniss ging in das Heiligtum vor die Bildsäule und wehklagte über das, was ihm bevorstand. Bei seinem Jammern überfiel ihn der Schlaf, und ihm war, als stände der Gott bei ihm und rede ihm zu, es werde nichts böses ihm von dem Heere der Araber widerfahren, denn er selber werde ihm Beschützer senden. Auf

1) II Reg., XIX, 10—13. || 2) a. a. O. XIX, 20. || 3) a. a. O. XIX, 20, 32—36.

diesen Traum vertrauend nahm er von den Aegyptern mit, wer ihm folgen wollte, und zog zu Felde gen Pelusion, wo sich der Landungsplatz befindet. Von den Kriegern folgte ihm kein Mann, dagegen Krämer, Handwerker und Handelsleute. Wie sie daselbst angekommen waren, ergossen sich über ihre Gegner zur Nachtzeit die Feldmäuse und frassen ihre Köcher, ihre Bogensehnen, und die Handhaben ihrer Schilde auf, so dass sie am andern Morgen die Flucht ergriffen, und da sie wehrlos waren, in Menge getödtet wurden. Daher steht jetzt im Phtahtempel der König aus Stein gehauen mit einer Maus in der Hand, und die Inschrift lässt ihn sagen: »Wer mich anschaut soll fromm sein«[1].

Sin-ache-irib sah Palästina nie wieder. Nicht als ob, wie Josephos behauptet, der Verlust eines einzigen Heeres so ein schwerer Schlag gewesen wäre, dass er zur Vernichtung des ninivitischen Reiches hätte führen können, — es kräftigte sich schleunigst nach dieser Niederlage und erschien bald wieder auf dem Schlachtfelde, — aber die blutigen Kriege, die es im Osten und Norden zu führen hatte, gestatteten ihm nicht, auch nur den kleinsten Theil seiner Streitkräfte nach Syrien zu entsenden. Während es an den Grenzlanden von Aegypten zu thun hatte, hatte das der Herrschaft des Assyrers Belipnu überdrüssige Chaldäa sich erhoben und wiederum dem Marduk-bal-idinna ergeben. Dieser war auf einen sofortigen Krieg gefasst und hatte zunächst danach getrachtet, sich Hülfstruppen zu sichern. Elam's Bundesgenossenschaft hatte er bereits, er suchte daher die von Judäa nach. Sin-ache-irib's Missgeschick hatte wirklich Hizkiah's Ruf weithin verbreitet und ihn »in den Augen aller Völker emporgehoben[2]«. Seinem durch das von ihm gezahlte Loskaufsgeld entleerten Schatze hatte er mit den Abgaben und Geschenken, welche ihm die benachbarten Fürsten übersandten, wiederaufgeholfen: »Und Hizkiah hatte sehr grossen Reichtum und Ueberfluss, und er machte sich Schatzkammern für Silber und für Gold und für köstliche Steine, für Spezereien, für Schilde und für allerlei kostbare Geräte, und Vorratshäuser für die

---

1) Herodot II, 141. Oppert, Mémoire sur les rapports de l'Égypte et de l'Assyrie, S. 29—38; Fr. Lenormant, Histoire, Bd. II, S. 99—100; Schrader, Die Keilinschriften und d. A. T., S. 168—205; J. Ménant, Annales, S. 218—219. [Duncker, Geschichte des Alterthums, vierte Aufl. Bd. II, S. 270]. ||

2) II Chron., XXXII, 23.

Erzeugnisse an Getreide und Most und Oel, und Raufen für allerlei Vieh und Hürden für Heerden. Und Städte schuf er sich und Schaf- und Rinderheerden in Menge, denn Gott gab ihm sehr grosse Habe. Und er, Hizkiah, verstopfte den obern Ausfluss des Wassers Gihon, und leitete es hinunter abendwärts von der Stadt David's. Und Hizkiah war glücklich in all seinem Thun[1]«. Juda's Bundesgenossenschaft war in jeder Hinsicht erwünscht, nur war ein Mittel ausfindig zu machen, mit ihm in Beziehung zu treten. Eine Krankheit, an der Hizkiah beinahe gestorben wäre, von der er nur mit grosser Mühe genas, gab einen ganz natürlichen Vorwand ab. Angeblich, dem Judenfürsten zu seiner wunderbaren Genesung Glück zu wünschen, in Wirklichkeit, um seinen Gesinnungen, Assyrien betreffend, auf den Grund zu geben, schickte Marduk-bal-idinna eine Gesandtschaft ab. »Hizkiah freute sich über sie und zeigte ihnen sein Schatzhaus, das Silber, das Gold, die Spezereien, das köstliche Oel, und sein ganzes Zeughaus und alles was sich in seinen Schätzen fand. Nichts war, was Hizkiah ihnen nicht zeigte in seinem Hause und in seiner Herrschaft[2]«. Berauscht von seinem unerwarteten Triumphe und der aus weiter Ferne an ihn ergangnen Huldigung, war er, so hätte man behaupten können, auf die Anträge der Babylonier einzugehen geneigt. Jesaiah jedoch, der weiter sah, als sein Gebieter, wusste sich rechtzeitig in's Mittel zu legen: »Höre das Wort des Jahveh der Heerschaaren! Siehe es werden Tage kommen, da wird weggeführt alles, was in deinem Hause ist, und was deine Väter gesammelt bis auf diesen Tag gen Babel. Nichts wird übrig bleiben, spricht Jahveh. Und von deinen Söhnen, die hervorgehen aus dir, welche du zeugen wirst, werden sie nehmen, dass sie Eunuchen seien im Palast des Königs von Babel[3]«. Bald zeigte der Ausgang, wie weise seine Ratschläge waren: Marduk-bal-idinna und sein Statthalter Suzub wurden geschlagen, bis in die Sümpfe von Nieder-Chaldäa verfolgt und flüchteten nach Elam, wo der erstere bald darauf verstarb. Sin-ache-irib setzte bei seiner Rückkehr nach Babylon dort seinen ältesten Sohn Assurnadin als König ein.

Kaum war in Chaldäa der Frieden wieder hergestellt, da wurde

1) II Chron. XXXII, 27—30. || 2) Jesaia XXXIX, 2. || 3) a. a. O. XXXIX, 5—7.

er in den medischen Grenzlanden gestört. Man machte sich daran, die Stämme des Nipurgebirges bis in ihre Schlupfwinkel zurückzuwerfen. »Ihre Behausungen hatten sie angebracht wie Vogelnester, als uneinnehmbare Burgen. auf den Höhen des Landes Nipur und auf den hohen Gebirgen. Nicht hatten sie sich unterworfen. Das Gepäck liess ich in den Ebnen des Landes Nipur und die Schleuderer und Lanzenträger, und die Krieger meiner unvergleichlichen Schlachten. Ich stand vor ihnen gleich einer Säulenhalle. Die Trümmer der Giessbäche, die Felsstücke von den hohen und unzugänglichen Bergen machte ich mir zum Thron, einen Gipfel des Gebirges liess ich glatt machen, dort den Thron aufzuschlagen. Das Wasser jener Gebirge, das hehre, reine Wasser trank ich, meinen Durst zu stillen. Die Menschen überraschte ich in den Schluchten der Bergwälder, ich besiegte sie, ihre Städte griff ich an und beraubte sie ihrer Einwohner, ich zertrümmerte sie, ich zerstörte sie, ich legte sie in Asche[1]«. Er liess sich hinreissen, einen Zug gegen die Dahae zu unternehmen. »Hoch auf den Höhen unzugänglicher Bergrücken wartete König Maniya, der Sohn Buti's, auf das Nahen meines Heeres, die Stadt Ukku, seine Königsstadt, hatte er verlassen und war in die Ferne geflohen. Die Stadt Ukku belagerte ich, nahm ich ein, die Einwohner führte ich weg, aus der Stadt entführte ich seine Habe, seine Beute, den Schatz seines Palastes behielt ich als Beute. Dreiunddreissig Städte seines Gebietes und seinen Bezirk besetzte ich, Menschen, Schlachtvieh, Rinder und Schafe entführte ich aus den Städten, die ich zerstörte, verwüstete und einäscherte[2]«.

Nach so vielen Jahren des Kampfes hatte Sin-ache-irib scheinbar das Recht erworben, sich in dem Schlosse, das er zu Ninive sich erbaut hatte, auszuruhen. Eine neue Empörung rief ihn nochmals zurück nach Chaldäa. Im Süden des Landes, in den Sumpfländern, die sich östlich vom persischen Meerbusen hinziehen, westlich vom Euphrat begann der Krieg. Die Bewohner von Bet-Yakin waren der Ninivitenherrschaft müde; auf Betrieb des alten Marduk-bal-idinna »brachten sie ihre Götter zusammen und setzten sie auf ihre Schiffe«, und siedelten sich auf einem Theile des susischen Gebietes auf der andern Seite des Meerbusens an, das

1) Oppert, les Sargonides, S. 46—47. 2) a. a. O. S. 47.

ihnen König Kudur-Nachunta. Sutruk-Nachunta's Sohn, der Saryukin Stand gehalten und Marduk-bal-idinna bei seinen letzten Unternehmungen unterstützt hatte, einräumte. Sin-ache-irib eilte den Flüchtlingen nach, diesmal fest entschlossen, Elam den Garaus zu machen. Syrische Schiffsleute liess er kommen, welche den Euphrat hinabfuhren und sein Heer mitten hinein in das aufständische Land beförderten. »Die häufigen Kriege, welche die Assyrer an der syrischen Küste geführt hatten, hatten sie mit dem Begriffe der Schifffahrt, wo nicht mit deren Ausübung vertraut gemacht. Da ihnen durch die Oberhoheit, welche sie über Phönizien besassen, eine beträchtliche Anzahl geschickter Handwerker und eine Menge von den besten Seeleuten der Welt zur Verfügung standen, wurden sie ganz naturgemäss darauf gebracht, die Seemacht ebenso gut wie die Landmacht zur Erweiterung ihrer Herrschaft zu verwenden. Wie wir gesehen haben, hatten die Assyrer bereits zu Salmanasar's Zeit sich zu Schiff gewagt, und hatten vereint mit den Festland-Phöniziern den Flotten von Inseltyros eine Schlacht geliefert. Dass dies hiermit angebahnte Verfahren von den späteren Königen weiter fortgesetzt wurde, dass Saryukin und Sin-ache-irib wenn auch nicht beständig, so doch gelegentlich von einer auf dem Mittelmeere operirenden Flotte unterstützt wurden, ist zwar wahrscheinlich, doch war es ein gewaltiger Unterschied, ob man sich der lehnspflichtigen Seemächte auf denjenigen Meeren, mit welchen sie vertraut waren, bediente, oder die bisher nur im Mittelmeere erprobten Kräfte an das entgegengesetzte Ende des Reiches schaffte. So ein Gedanke konnte sicher nicht dem ersten besten in den Sinn kommen und, wie es scheint, so war Sin-ache-irib derjenige, welchem er zuerst klar wurde. Er fasste die Idee, auf den beiden Meeren, welche sein Reich bespülten, eine Seemacht zu unterhalten, und entschloss sich, da es nur auf der Westküste genug tüchtige Handwerker und Matrosen gab, so viele Phönizier von der West- nach der Ostküste hinüberzuschaffen, dass ihm die Ausführung dieses seines Planes ermöglicht wurde. Die Bauleute von Tyros und Sidon wurden durch Mesopotamien an die Tigrisufer befördert und bauten dort für den assyrischen Monarchen eine ihren eignen Galeren ähnliche Flotte, die dann auf dem Flusse bis an dessen Mündung hinabfuhr und den Augen der erstaunten Uferbewohner des persischen Meerbusens ein in diesen Gewässern bis dahin unbekanntes Schauspiel darbot. Die Chaldäer hatten freilich in diesem Binnenmeere seit Hunderten von Jahren Schifffahrt getrieben, doch war deren Tüchtigkeit als Seelente und Schiffszimmerer mit der der Phönizier nicht zu vergleichen. Den Bewohnern jener Gegenden waren, wie sie zum ersten Male aus dem Tigris eine Flotte, mit der ihre eignen Schiffe nicht zu streiten vermochten, herausfahren sahen, jedenfalls die Masten und Segel, die doppelte Ruderreihe und die spitzen Sporen der syrischen Schiffe etwas neues[1]«. Die Susier waren auf einen Landangriff gefasst gewesen und hatten jedenfalls ihre Streitkräfte am Euphrat entlang zusammengedrängt. Der Angriff zur See überrumpelte sie in jeder Hinsicht: »Ich führte die Leute von Bet-Yakin und deren Götter, sowie die Diener des Königs von Elam fort. Nicht das geringste liess ich stehen, brachte sie zu Schiffe und führte sie auf das gegenüberliegende Ufer: ich liess sie ihre Schritte gen Assyrien nehmen, zerstörte, verwüstete die Städte dieser Gauen, verwandelte sie in Einöden und in Trümmerhaufen[2]«. Da trat eine unerwartete Ablenkung ein, welche die Susier vor vollständigem Untergange bewahrte. Wie das babylonische Volk den König mit einer so entlegenen Unternehmung beschäftigt sah, empörte es sich abermals und machte Suzub zum Herrscher. Durch diesen Aufruhr wurde Sin-ache-irib wieder nach Chaldäa zurückgerufen. Suzub wurde besiegt, gefangen genommen und nach Assyrien gebracht; das susische Heer, welches zur Unterstützung seines Bundesgenossen herbeieilte, wurde geschlagen und zurückgeworfen, doch war das immerhin noch keine so entschiedene Schlappe, dass Kudur-Nachunta dadurch zu Unterhandlungen veranlasst worden wäre.

Der Krieg begann im nächsten Frühjahr daher von neuem. Es wurden zwei Städte, welche Sutruk-Nachunta dem Sarynkin abgewonnen hatte, die bisher unter der Botmässigkeit der Elamiten standen, im Sturm erobert und kamen nach über zwanzig Jahren wieder in die Hand ihres früheren Besitzers. Dieser erste Erfolg erschloss Sarynkin die ganze susische Niederung, welche er mit Feuer und Schwert verwüstete: »Vierunddreissig Städte und die kleinen Städte in deren Umgebung, deren Zahl unvergleichlich ist,

1) G. Rawlinson, The f. gr. Monarchies, II, 171—172. || 2) Oppert, les Sargonides, 48; Ménant, Annales, 232.

belagerte ich und nahm ich ein: die Gefangenen führte ich fort, ich verwüstete sie und äscherte sie ein; den Rauch von ihrem Brande liess ich gleich einem einzigen Opferrauche zum Himmel weithin emporsteigen«. Kudur-Nachunta erschrak, wie er von diesem Unheil erfuhr, glaubte in Madaktu sich nicht mehr sicher und zog sich mit seinem ganzen Heere in die Nähe der Stadt Chaïdali, nach den wenigbekannten Grenzdistrikten Mediens zurück, um im Schutze seiner Gebirge sich dort zu verzweifeltem Widerstande zu rüsten. Sin-ache-irib kam nicht, um ihn in seine letzten Schlupfwinkel zurückzutreiben. Wie er sich gerade rüstete, um auf Madaktu loszumarschiren, zeigten sich so ungünstige Vorzeichen, dass er seinen Zug lieber aufgab und nach Assyrien heimkehrte. Drei Monate später starb Kudur-Nachunta, und der Landessitte gemäss folgte auf ihn sein jüngerer Bruder Umman-Minanu[1].

Bei seiner Rückkehr erfuhr Sin-ache-irib, dass Suzub die Wachsamkeit des Präfekten von Lachir, welcher ihn in Gewahrsam hatte, getäuscht habe, in die chaldäischen Sümpfe geflohen sei und von da aus Babylon aufzuwiegeln trachte. Durch die Anwesenheit des Assyrerkönigs wurden diese Versuche sofort vereitelt. Eine Schlacht zu liefern, war Suzub zu schwach, und ihm blieb kaum Zeit zu Umman Minanu zu flüchten. Er kam, verbündet mit den Susiern, nach einigen Monaten wieder, und die Babylonier »betrauten ihn mit der Königswürde der Sumir und der Akkad«. Er scheute sich nicht, eine Tempelschändung zu verüben, um Umman-Minanu's Unterstützung sicherer zu haben und sich die Mittel, die ihm noch fehlten, zu verschaffen: »Er öffnete den Schatz der grossen Tempelpyramide; das Gold und Silber des Bel und der Zarpanit sowie der Tempel raubte er und gab es dem König Umman-Minanu von Elam. Er liess ihm sagen: Halte deine Truppen bereit und rüste deine Streitkräfte, zieh gen Babylon und kräftige unsere Hände![2]«. Mit Hülfe dieser Beisteuer schuf sich der Susier für sein in dem vorigen Feldzuge vernichtetes Heer ein neues. Zu ihm stiessen die Stämme von Persis und vom untern Euphrat und begaben sich zu der neuen Erhebung Suzub's gen Babylon: »Sie kamen, Verbrechen zu begehen, gleich den Arabern, welche in Menge kommen und rauben wollen. Gleich einer Heuschreckenwolke stieg im Lande, wo sie

---

1) Oppert, les Sargonides, S. 48. || 2) Oppert a. a. O., S. 49.

hinkamen, der Staub fern zum Himmel empor von ihren Tritten[1]«. Der Krieg wurde durch eine bei Chaluli gelieferte Schlacht entschieden. Da das Rebellenheer, nachdem es einmal besiegt jedoch nicht durchbrochen war, sich zurückzog, ohne dass der Sieger seinen Rückzug anzutasten wagte, so musste Sin-ache-irib von Umman-Minanu's Generalstabschef die Feldzugspläne der Verbündeten erkaufen. Doch errang man trotz dieses Verrats nur mühsam den Sieg: »Auf dem triefenden Erdboden schwammen die Harnische, die Waffen, die meinem Angriffe erlagen, ganz im Blute der Feinde wie in einem Strome, denn die Mensch und Thier hinraffenden Streitwagen zermalmten in ihrem Laufe die blutigen Leiber und Glieder. Die Leichname ihrer Soldaten häufte ich auf als Trophäen und schnitt ihnen die Glieder ab. Die ich lebendig fing verstümmelte ich, als wären es Strohhalme, und schnitt zur Strafe ihnen die Hände ab[2]«. Umman-Minanu und Suzub entkamen fast ohne Begleiter. Die gesammte chaldäische Aristokratie fiel dem Sieger in die Hände oder kam in der Schlacht um. Babylon wurde eingenommen, und Sin-ache-irib war über die Gefahr, der er ausgesetzt gewesen war, so erbittert, dass er der Rebellenstadt den Garaus zu machen beschloss: »Die Stadt und die Tempel, von den Grundmauern bis zum Dache derselben, riss ich nieder, unterwühlte ich und verbrannte ich mit Feuer; die Burgen und Kapellen, die Türme aus Ziegel und Erde zerstörte ich allesammt, und mit deren Trümmern füllte ich den grossen Kanal voll«. In einem der geschändeten Heiligtümer entdeckte er die Bildsäulen des Gottes Bin und der Göttin Sala, welche vor vierhundertachtzehn Jahren König Marduk-idin-ache nach der Niederlage Tuklat-habal-asar's I. aus der Stadt Hekali mitgenommen hatte, sowie das von dem siegreichen Bin-bal-idinna seinen heimatlichen Göttern geweihte Siegel Salmanasar's I. Diese Trophäen früherer Niederlagen, die zu Wahrzeichen eines glänzenden Sieges geworden waren, wurden nach Ninive zurückgebracht und triumphirend in einem Tempel der Stadt niedergelegt. Das halb in Trümmer gelegte Babylon blieb acht Jahre lange ohne König und fast unbewohnt; es wurde erst durch Assur-ache-idin in voller Pracht wiederhergestellt.

Babylon's Vernichtung gab Sin-ache-irib's Kriegerlaufbahn einen

1) Oppert, a. a. O. S. 50. || 2) Oppert, a. a. O. S. 51.

triumphirenden Abschluss. Man weiss höchstens noch von zwei, dazu ziemlich unwesentlichen Kriegszügen, die in seine letzten Regierungsjahre zu verlegen wären: der eine war gegen die Araber gerichtet und führte dazu, dass deren König sich unterwarf; durch den andern, der Kilikien zum Schauplatz hatte, bekam er es mit den Griechen zu thun und schlug dieselben zu Wasser und zu Lande.

Man fragt sich, wie er mitten in diesen unaufhörlichen Kriegen Zeit fand, an die Verwaltung seines Reichs, an den Bau von Tempeln oder Palästen zu denken? Trotzdem ist er vielleicht von allen Assyrerkönigen derjenige, welcher die meisten Denkmäler von Bedeutung hinterlassen hat. Die assyrische Kunst nahm sowohl durch seine Freigebigkeit wie durch die zahlreichen Kriegsgefangenen, die er ihrer Heimat entführte und an seinen Bauten arbeiten liess, unter seiner Herrschaft einen ausserordentlichen Aufschwung und übertraf alles bis dahin geleistete. »In den von Sin-ache-irib angewandten Verzierungen macht sich am auffälligsten ihr kräftiger und ausgeprägter Realismus geltend. Unter ihm kam es allgemein in Aufnahme, jeder Darstellung einen ergänzenden Hintergrund zu geben, welcher dem bei dem abgebildeten Ereignisse zeitlich und örtlich wirklich vorhandenen entsprach. Gebirge, Felsen, Bäume, Wege, Flüsse und Seen wurden regelrecht dargestellt, und es wurde darnach getrachtet, die jedesmalige örtliche Beschaffenheit so treu wiederzugeben, als das Geschick des Künstlers und die Art der Materialien es zuliess. Man beschränkte in diesem Streben sich nicht auf die Wiedergabe der Gesammtzüge und grossen Umrisse der Scene, sondern wollte augenscheinlich sämmtliche winzige Nebensachen, welche das beobachtende Auge des Künstlers, wenn dieser seine Zeichnung nach der Natur gemacht hätte, wahrgenommen haben würde, mit darstellen. Auf den Basreliefs Sin-ache-irib's wurden die verschiedenen Baumarten unterschieden, sorgfältig die Gärten, Felder, Weiher und Schilfpflanzen dargestellt; mit ihren charakteristischen Merkmalen werden die wilden Thiere, wie Hirsche, Eber und Antilopen vorgeführt: die Vögel fliegen von einem Baum zum andern oder hocken, indess ihre Kleinen den Hals nach ihnen ausstrecken, auf ihren Nestern; Fische spielen im Wasser; Fischer gehen ihrem Gewerbe nach; Bootsleute und Feldarbeiter sind bei ihren Arbeiten beschäftigt: die Scene ist, sozusagen, photographirt mit all ihren Details, — den geringfügigsten ebensogut wie den wichtigsten —

und diese sind sämmtlich eins wie das andere hervorgehoben, ohne dass man eine Auswahl unter ihnen zu treffen oder nach künstlerischer Einheit zu trachten versucht hätte».

«Derselbe realistische Sinn bekundete sich darin, dass Sinache-irib die trivialen Scenen des täglichen Lebens zum Gegenstande künstlerischer Darstellung erkor. Noch stehen auf den Wänden der Korridore die langen Dienerreihen, welche täglich mit Wildpret für seine Tafel und mit Kuchen und Früchten zum Nachtisch für ihn in sein Schloss kamen und sehen genau so aus wie damals, als sie beladen mit den dem Könige behagenden Leckerbissen durch die Höfe zogen. Anderswo führt er uns alles vor, was dazu gehörte, um einen Stierkoloss auszumeisseln oder fortzuschaffen, von dem Augenblicke an, wo man den gewaltigen Block roh aus dem Steinbruche schleppt, bis zu dem, wo man ihn auf die künstliche Erhöhung hinauf windet, welche den Unterbau eines Schlosses bildet, damit er die monumentale Pforte eines Königssitzes zieren soll. Wir sehen wie die Schlepper den auf einem Prahm liegenden rohen Block durch die Strömung eines Flusses ziehen, wie sie in Rotten abgetheilt unter Werkführern stehen, welche bei der geringsten Veranlassung ihren Stock zur Anwendung bringen. Weil die Scene vollständig dargestellt werden soll, sind sämmtliche Schlepper da, dreihundert an der Zahl, jeder nach seiner Landessitte gekleidet, und jeder so sorgsam gezeichnet, dass er sich von neunundneunzig andern ganz genau unterscheiden liesse. Ferner sieht man zu, wenn der Block an das Land geschafft und zu einer unförmlichen Stiergestalt ausgehauen wird. Wenn er in dieser Weise vom rohsten befreit ist, wird er auf einen Schlitten geladen und von fast ebenso wie vorher angeordneten Arbeiter-Korporalschaften auf ebener Erde bis an den Fuss derjenigen Erhöhung geschafft, auf welcher er aufgestellt werden soll. Wie diese Erhöhung aufgeführt wird, ist im einzelnen dargestellt. Man erblickt Ziegelstreicher, wie sie die Ziegel für den Unterbau formen, während Maurer, die mit Erde, Ziegeln, Steinen oder Schutt gefüllte Butte auf dem Rücken, mühsam hinaufsteigen, weil die Erhöhung schon zur halben Höhe fertig ist, und ihre Bürde abladen. Dann wird der noch immer der Länge nach auf seinem Schlitten liegende Stier auf einer schiefen Ebene von vier Rotten Arbeiter in Gegenwart des Monarchen und seines Gefolges nach oben hinaufgewunden. Darauf wird die Bildhauerarbeit vollends ausgeführt, der Koloss wird auf die Füsse gestellt und auf der Plattform an die eigentliche Stelle, die er erhalten soll, gebracht[1].«

Von allen Städten seines Reiches war Ninive diejenige, welche er besonders zu verschönern trachtete. Nachdem Saryukin sie preisgab, war sie aus ihrer Stellung als Hauptstadt herabgekommen und schnell in Verfall geraten. In den zertrümmerten Mauern waren vielfach Breschen entstanden, die alten Wasserleitungen waren abgebrochen, der Tigris war von den Hafendämmen nicht gehörig in Schranken gehalten und drohte die Stadt zu überschwemmen. Was die Paläste anbetrifft, so bildeten sie nur noch eine einzige Ruine: »Den Vorratshof hatten meine Väter und Vorfahren, die Könige erbaut, darin das Gepäck zu lagern, die Pferde zu tummeln und ihn mit Geräten zu füllen. Dessen Unterbau hielt nicht mehr aus, dass man darauf wohnte; seine gemeisselte Umfriedigung war auf die Länge der Zeit in Trümmer gesunken, sein Eckstein hatte nachgegeben, seine Schichten hatten sich gesackt und sein Giebel sich gesenkt[2]«. Er gab der Stadt von neuem ihren ehemaligen Glanz, setzte die alten Wasserleitungen wieder in Stand und baute neue, stellte die Ufermauern des Tigris wieder her, befestigte die Umwallung und besserte die alten Denkmäler wieder aus: »Ich baute die alten Strassen wieder; ich verbreiterte die schmalen Strassen und machte aus der ganzen Stadt eine Stadt, die da ergläuzte gleich der Sonne«. Das Königsschloss wurde gänzlich niedergerissen, und aus den Trümmern desselben ein grosser künstlicher Hügel errichtet: »In einem glücklichen Monate, an einem glückbringenden Tage erbaute ich nach dem Wunsche meines Herzens aus diesem Unterbau ein Schloss aus Alabaster und aus Syrien stammenden Cedern, und das hehrste Schloss im Stile Assyriens .... Dieses Schloss stellte ich wieder her und vollendete es von seinen Grundmauern bis an den Giebel; ich versah es mit der Weihinschrift meines Namens. Dem von meinen Söhnen, der im Laufe der Zeiten von Assur und Istar zur Hut über Land und Leute berufen sein wird, ihm sage ich folgendes: Dieses Schloss wird altern und in Trümmer sinken im Laufe der Zeiten! Dann soll mein Nachfolger die Trümmer wieder

1) G. Rawlinson, The five great Monarchies, Bd. II, S. 181—183.
2) J. Oppert, les Sargonides, S. 51.

aufrichten, soll die Zeilen wiederherstellen, die meine Namensschrift tragen. Er soll die Bilder wiederherstellen, soll die Basreliefs säubern und wieder an ihre Stelle setzen! Alsdann werden Assur und Istar sein Gebet erhören. Wer aber meine Schrift und meinen Namen versehrt, den soll Assur, der grosse Gott, der Göttervater, als Rebellen behandeln, soll ihm sein Scepter und seinen Thron nehmen und ihm das Schwert entsinken lassen [1]«. Die Zukunft übernahm und zwar in nächster Zeit der in jenen stolzen Worten verheissenen Ewigkeit ein blutiges Dementi zu ertheilen. Zwischen der Weihinschrift dieses Schlosses und der unrettbaren Zerstörung desselben liegen nur sechzig Jahre.

Die Regierung schloss mit einer Tragödie ab. Wie eines Tags Sin-ache-irib im Hause Nisroch's, seines Gottes, war, »da erschlugen ihn seine Söhne Adrammelech und Saresser mit dem Schwerte [2]«. Die Mörder hatten keinen Nutzen von ihrem Verbrechen. Adrammelech machte den Versuch, sich als König anerkennen zu lassen, doch verweigerte das Reich ihm den Gehorsam. Sein Bruder Assur-ache-idin (Esar-haddon), den eine andere Mutter geboren hatte, wurde durch Akklamation von dem von ihm befehligten armenischen Heere erwählt, marschirte auf Ninive los und schlug seine Mitbewerber [3]. Adrammelech soll nach einer Aussage im Kampfe umgekommen, nach einer andern seinem Bruder entronnen und nach Armenien geflüchtet sein. Ist der Lokalüberlieferung zu trauen, so nahm der König des Landes die Besiegten wohlwollend auf und beschenkte dieselben mit Ländereien, welche in den Händen ihrer Nachkommen verblieben [4]. Gleich im Anfange der Regierung sicherte ein gegen die Gebirgsgegenden, welche das Stromland des Tigris und das Becken des Kaspischen Meeres von einander scheiden, unternommener Feldzug für den Augenblick die Unterthänigkeit mehrerer arischer Völkerschaften Mediens. Zwei Kriege mit den Vaniten, den Tubal, Muskai und Kimmeriern Albaniens erweiterten die Macht der Assyrer bis zum Gestade des schwarzen Meeres und zum Fusse des Kaukasos. Vier Jahre, von 680 bis 676, nahmen diese Kriege in Anspruch. Durch eine Empörung der Chal-

1) Oppert, les Sargonides, S. 52—53. || 2) II Reg. XIX, 37. || 3) G. Smith, The Eponym Canon, S. 166. || 4) Moses von Chorni, Armen. Gesch. I, S. 22; Fr. Lenormant, Lettres Assyriologiques I, S. 163 ff.

däer wurde Assur-ache-idin nach dem Süden seines Reiches zurückgerufen. Ein Sohn Marduk-bal-idinna's, Nabu-zirnab-azir, hatte sich der Länder, welche an die Euphratmündung angrenzen, mit Hülfe der Susier bemächtigt. Assur-ache-idin nahm denselben gefangen, setzte an seiner Stelle Nabu-nahid ein und legte diesem schweren Tribut auf. Wie Chaldäa kaum beruhigt war, kam an Syrien die Reihe; es empörte sich König Abdimilkuth von Sidon. Aus dem Lande geschlagen floh er auf die Insel Kypros und glaubte auf dieser sich unnahbar. Assur-ache-idin ging über das Meer »gleich einem Fische«, machte seinen Gegner zum Gefangenen, wandte sich dann gegen die phönizischen Gebirgsgegenden und verwüstete sie mit Feuer und Schwert. Sidon wurde zerstört, seine Vornehmen wurden umgebracht, der König nebst den Einwohnern wurde nach Assyrien geschafft, und an ihre Stelle kamen Ansiedler aus Chaldäa und aus Susien. Assur-ache-idin war nun in der Lage seine Waffen gegen neue Gegenden zu kehren und ferne Kriegszüge durch Länder zu unternehmen, in welche seine Vorfahren nie vorgedrungen waren.

Bisher hatten die Assyrerkönige nur mit denjenigen Araberstämmen zu thun gehabt, die an den Euphratufern wohnten oder in den Grenzländern von Palästina und Syrien lebten, meist Nomaden- und Räuberstämmen, welche sie mehr, um ihren Räubereien vorzubeugen oder sie für dieselben zu strafen, als um die Grenzen ihres Reiches zu erweitern, angegriffen hatten. So hatte bereits im achten Jahrhundert Salmanasar III. mit dem Araber Djendib gestritten, Tuklat-habal-asar II. sich von zwei arabischen Königinnen huldigen lassen und Saryukin mit dem Könige El-Etymiar von Saba Beziehungen unterhalten. Wie später aber der Operationskreis erweitert wurde und Ninive von Syrien nichts mehr zu befürchten hatte, suchten die assyrischen Monarchen über jenen unstäten Vorhang von Stämmen, der ihnen den Zugang zu Arabien versperrte, hinwegzuschauen und begannen nach Yemen's Besitz zu trachten, dessen Erzeugnisse ihnen die ismaelitischen Karawanen oder babylonischen Schiffe zuführten.

Seit dem Tage nämlich wo Ramses IV., der letzte Pharao, welcher Beziehungen zwischen Arabien und Aegypten zu unterhalten sich bemühte, dem Handel eine neue Strasse eröffnete und vielleicht einen schwachen Versuch machte, die Oberhoheit, welche vordem seine glorreichen Vorfahren aus der achtzehnten und neunzehnten Dynastie über Tonuter und Punt besassen, zu erneuern, hatte sich Yemen zunächst unter den Aditen, dann, als Yarôb, der Sohn Kahtân's die Joktanidenstämme gegen ihre Gebieter kushitischer Abkunft aufgewiegelt hatte, unter den unmittelbaren Nachfolgern dieses Fürsten eines beständigen Wohlstandes erfreut. Die meisten Kushitenstämme blieben, trotzdem dass sie ihre Herrschermacht eingebüsst hatten, doch in dem Lande, dessen Gebieter sie solange gewesen waren, als Vasallen. Einige von ihnen flüchteten in die Gebirge Hadhramaut's und behaupteten daselbst sich bis in die ersten Jahrhunderte unserer Zeitrechnung. In grösserer Zahl gingen sie nach Afrika hinüber und verstärkten daselbst die bereits längst jenseits der Meerenge Bab-el-Mandeb ansässigen Stämme. Dass sie ungefähr zu derselben Zeit eintrafen, wie das durch seine Eroberungen erschöpfte Aegypten sich die Herrschaft über Asien entgehen liess, und die von den Pharaonen der einundzwanzigsten und zweiundzwanzigsten Dynastie besiegten thebanischen Priester am Gebel-Barkal ein Gegenreich errichteten, war von entscheidendem Einflussse auf das Geschick des Nilthals. Vermöge dieses unverhofften Zuflusses konnten die Kushiten die in ihren Reihen seit Jahrhunderten durch die ägyptischen Eroberungen entstandenen Lücken ergänzen, so dass sie zunächst Piânchi, dann den Königen der fünfundzwanzigsten Dynastie jene Heere lieferten, die oftmals erfolgreich gegen die Streitkräfte Assyriens fochten.

Diese innere Revolution hatte die Handelsthätigkeit der Sabäer durchaus nicht beeinträchtigt. Trotzdem dass die Kushiten auswanderten und ein ächter Feudaladel entstand, dessen Oberhäupter nicht immer die Macht des in Mareb ansässigen Königs anerkannten, blieb das Land doch stets der grosse Stapelplatz für den Handel zwischen Indien und Phönizien. Es scheint als habe Sin-ache-irib, als Besieger der Aegypter und der Juden darauf gesonnen, sie und die andern Völker tief in Arabien, welche man mit ihnen wol leicht verwechselte, anzugreifen: »Ausspruch gegen Arabien: In den Wildnissen Arabiens übernachtet ihr Karawanen der Dedanim. Entgegen dem Durstigen bringen Wasser die Bewohner des Landes Tema, mit Brod kommen sie entgegen dem Flüchtling. Denn vor Schwertern fliehen sie, vor dem gezückten Schwerte und vor dem gespannten Bogen und vor des Krieges Schwere. Denn so sprach der Herr zu mir: Noch ein Jahr wie Tagelöhnersjahre, da schwindet alle Herrlichkeit Kedar's, und die übrige Zahl der tapfern Bogen-

27*

schützen von Kedar's Söhnen wird gering sein, denn Jahveh, der Gott Israel's hat's geredet[1].« Babylon's beständige Empörung liess dem assyrischen Monarchen keine Zeit zur Verwirklichung der in dieser Prophezeihung enthaltenen Drohungen. Erst gegen das Ende seiner Regierung mischte er sich in die Angelegenheiten des Hedjaz und bahnte durch die Unterwerfung des Ad-dumulandes, des Dumat der arabischen Geographen, und des Landes Hagar (Hedjir) im Bahreïndistrikte einer künftigen Eroberung Südarabiens die Wege.

Assur-ache-idin sorgte zunächst, bevor er sich nach dem Süden der Halbinsel wandte, dafür, dass er seines Vaters Eroberungen sicherte und sich im Norden eine Operationsbasis schuf. Die Stadt Ad-dumu, die sich empörte, musste sich loskaufen, und die Götter derselben wurden kriegsgefangen nach Assur entführt; worauf die Königin des Landes sich unterwarf. Da die Götterbilder beim Transport gelitten hatten, wurden sie ausgebessert und, nachdem man »Assur's Preis und meines Namens Ruhm« auf dieselben geschrieben hatte, mit grossem Gepränge zurückgeschickt. Die Araber bezahlten dieses Zugeständniss mit ihrer Selbständigkeit, denn Assur-ache-idin setzte über sie die Königin Tabuya, welche im Schlosse zu Ninive erzogen war und der assyrischen Politik durchaus ergeben sein musste. Eine Erhöhung des ehedem an Sin-ache-irib gezahlten Tributs um fünfundsechzig Kamele sah man als billigen Entgelt für die zurückgegebenen Götter an. Da König Chazael von Ad-duma gerade damals starb, bewilligte man dem Sohne des Verstorbenen, dem Prinzen Yalû die Königswürde jedoch unter der Bedingung, dass der jährliche Tribut um zehn Minen Gold, tausend Karfunkel und fünfzig Kamele der geschätztesten Art erhöht werden sollte.

Assur-ache-idin fiel, wie seine Operationsbasis gesichert war, jedenfalls mit der Absicht, Yemen zu erreichen, über den Süden her. Seinen Marsch hinderten die Wüsten, welche sich mitten über Arabien ausdehnen. Er begnügte sich mit der Unterwerfung des Bazulandes, »das da fern liegt, ein Weg des Umkommens, ein Gebiet der Ermattung, ein Ort, an welchem der Durst herrscht«, und des Chazulandes, in welchem er acht Könige tödtete: »Ich entführte nach Assyrien ihre Götter, ihre Beute, ihre Schätze und ihre Unterthanen. Der König Layali von Yadih hatte sich meiner Macht

1) Jesaia, XXI, 13—17.

entzogen. Er hörte vom Raube dieser Götter, erschien zu Ninive vor mir in meiner Königsstadt; er neigte sich vor mir. Ich verzieh ihm seine Sünde, ich redete ihn wohlwollend an. Unter die Bildnisse seiner Götter schrieb ich die Lobpreisung Assur's, meines Gebieters, ich holte sie herbei und gab sie ihm zurück. Ich vertraute ihm jenes Land Bazu an und legte ihm auf, meiner Königswürde Tribut zu zahlen«. Wie Assur-ache-idin über Arabien gebot, war er in der Lage seinen Blick auf Afrika zu richten, wo ihn die stetig zunehmenden Fortschritte der aethiopischen Dynastie unruhig zu machen anfingen.

Die Assyrer in Aegypten. Taharqa (692—666). Eroberung Aegyptens durch Assur-ache-idin (672). Assur-ban-habal (667—6..). Eroberung Elam's.

Durch Setho's Sieg über Sin-ache-irib war Aegypten zwar gerettet aber nicht geeinigt. Während im Delta sich die beiden Hauptdynastien, die saïtische und die tanitische, um den Vorrang stritten, kräftigte sich in Theben die äthiopische. Sie schritt, nachdem sie sich von ihren Verlusten erholt hatte, von neuem zum Angriff. Shabatok zog wieder in Memphis ein und brachte es glücklich dahin, dass er im ganzen Lande anerkannt wurde[1]. Sein Triumph währte nicht lange. Ausser andern Frauen hatte sich Shabak auch die Schwester eines Aethiopenfürsten Taharqa[2] geheiratet, die auf eine, bisjetzt noch nicht bekannte Art mit der Königsfamilie verwandt war[3]. Bei Shabak's Tode war Taharqa (wie es kam, weiss man nicht) der Gebieter von Napata. Als König von Aethiopien mischte er sich in den Krieg mit Sin-ache-irib[4], zog dann wieder in sein Reich und verliess dasselbe erst 692 wieder, um in Aegypten einzufallen. Er nahm Shabatok gefangen und tödtete ihn[5],

---

1) Mariette, Monuments, Taf. 29. e, wo man die Denkmäler aus Memphis, welche Shabatok's Namensringe enthalten, beisammen hat; Oppert, Mém. s. les rapports de l'Ég. et de l'Assyrie, S. 14. || 2) Aus der assyrischen Form *Tarqu* und Strabo's *Τεαρκών* lässt sich mit Sicherheit entnehmen, dass dieser Name wol *Taharqa* ausgesprochen wurde, und dass dadurch, dass in diesem aus den beiden *a* eins wurde, der Name zu *Tarqu*, *Taharqa* zusammenschrumpfte. || 3) G. Smith, Assyrian Discoveries, S. 318. 327, 376. || 4) Siehe oben S. 404. || 5) Manetho, ed. Unger, S. 251.

unterwarf die Deltadynastien, liess, um seinem Siege die Weihe zu geben, aus Aethiopien seine Mutter kommen und verlieh derselben die Beinamen: »grosse Herrscherin, Herrin beider Länder, Gebieterin aller Völker«[1]. In Gebel-Barkal und selbst auf den thebanischen Tempelwänden stand Aegyptens Name unter denen der besiegten Völker[2]. Wie Taharqa nach einer zwanzigjährigen Herrschaft sich auf dem Throne sicher fühlte und sich keiner Empörungen in Aegypten mehr zu gewärtigen hatte, trachtete er danach, sein Reich nach Osten hin zu erweitern. Nach Sin-ache-irib's Misserfolge durfte er den Streit für auf beiden Seiten gleich halten, meinen, dass er sich schliesslich zu seinen Gunsten entscheiden werde, und durfte annehmen, dass, falls er Unglück habe, Aegypten durch die Wüste derartig geschützt sei, dass einer Invasion vorgebeugt wäre. Er spann mit den Fürsten von Phönizien und Palästina, die beständig Lust hatten, gegen den Stachel zu löcken, Intriguen an. Von diesen war damals der König Baal von Tyros, der auf Ithobaal II. gefolgt war, am mächtigsten. Er war seinen assyrischen Gebietern bisher treu geblieben und war um 680, beim Beginn von Assur-ache-idin's Regierung, dafür dadurch belohnt worden, dass er mehrere palästinensische Städte geschenkt erhielt[3]. Taharqa's Verlockungen vermochte er nicht zu widerstehen und griff zu den Waffen. Sein Beispiel verführte sämmtliche Könige an der Küste und sämmtliche griechische oder phönizische Fürsten von Kypros, so dass Taharqa wähnen mochte, er werde die Assyrer über den Euphrat zurückdrängen und in Syrien das Reich der Pharaonen wieder aufrichten[4].

In Ninive scheint man durch die Kunde von diesem Angriffe etwas bestürzt geworden zu sein. Aegypten war dazumal noch ein neuer Gegner, der von dem, was er zu leisten fähig war, noch nicht hinreichende Proben abgelegt hatte. Taharqa war als Eroberer Afrika's, als Gebieter über Völker, welche den ninivitischen Schriftgelehrten und Feldherrn selbst dem Namen nach unbekannt waren, wenn er von sämmtlichen Streitkräften Palästina's unterstützt wurde, allem Anscheine nach wenigstens, dem Assyrerkönige wol

1) De Rougé, in den Mélanges d'Archéologie égyptienne et assyrienne, Bd. I, S. 82. || 2) Brugsch, Histoire, Bd. I, S. 245. || 3) G. Smith, The Assyrian Eponym Canon, S. 140. || 4) G. Smith, The Assyrian Eponym Canon, S. 142, 163—165.

gewachsen. Assur-ache-idin traf alle Vorsichtsmassregeln, um bei diesem entlegenen Kriege, dessen Ausgang zweifelhaft war, und aus dem er vielleicht nicht zurückkam, auf alle Fälle die Thronfolge sicher zu stellen. Einige Tage vor seinem Aufbruche ging der Mond von einem doppelten Hofe umgeben auf. In der Meinung, die Götter selbst geböten ihm, das Reich mit noch einem Gebieter zu versorgen, machte er seinen Sohn Assur-ban-habal zum Mitregenten [1]). Schliesslich zeigte sich, dass er die wirkliche Stärke des Aethiopen bei weitem überschätzt hatte. Taharqa hatte Askalon befestigt. Da Assur-ache-idin durchaus der Ansicht war, dass, falls er hier siege, er mit den Syrerfürsten bald fertig werden würde, zog er gerade auf die Stadt los. Er siegte in der That, die Könige von Phönizien und Kypros bequemten sich wieder zum Gehorsam, so dass er blos den Trümmern des ägyptischen Heeres nach Aegypten zu folgen brauchte (673) [2]). Kein assyrisches Heer hatte es getrost mit der Wüste des Isthmus aufzunehmen gewagt, da durch den Volksmund die Schwierigkeiten dieses Wagnisses übertrieben waren. Es sollte dort wasserlose Wüsten, Thäler voller zweiköpfiger Schlangen und von giftigen Fliegenschwärmen heimgesuchte Niederungen geben [3]). Im Bunde mit den Arabern, konnte Assur-ache-idin längs des Weges Wasser bereit halten, und durchzog daher glücklich die Wüste. Die Aethiopen wurden abermals und zwar so vollständig geschlagen, dass Taharqa Memphis Hals über Kopf räumen musste. »Unter Jubel und Jauchzen« zog der Sieger daselbst ein, bemächtigte sich der vom Gegner preisgegebenen Schätze und schlug dann wieder die Richtung nach Süden ein [4]). Theben wurde geplündert, die Bildsäulen der Götter und Göttinnen, der Goldschmuck der Priester und Priesterinnen wurden nebst allem, was zum Kultus gehörte, nach Assyrien geschickt und als Trophäen den Tempeln geweiht. Demnächst sorgte Assur-ache-idin dafür,

---

1) G. Smith, The Assyrian Eponym Canon, S. 163—164; Assyrian Discoveries, S. 377. || 2) G. Smith, Assyrian Discoveries, S. 310—314; The Assyrian Eponym Canon, S. 141—143. || 3) Vergl. bei Herodot (II, 75—76) die Geschichte von den in der Wüste des Isthmus heimischen geflügelten Schlangen, die jedoch in das Delta nicht kommen können. || 4) G. Smith, Assyrian Discoveries, S. 310—314; The Assyrian Eponym Canon, S. 141—143, 167—169; W. Boscawen, Historical Inscription of Esarhaddon, in den Transactions of the Society of Biblical Archaeology, Bd. IV, S. 84—97.

dass das Land auf assyrische Art organisirt wurde; er gab den zwanzig kleinen Theilfürsten von Aegypten ihre Selbständigkeit wieder, legte ihnen je einen besonderen Tribut auf und setzte als Oberhaupt dieses Bundesstaates über sie den König Neko I. von Saïs. Um 681 war Stephinates gestorben und hatte als Erben seinen Sohn Nechepso hinterlassen, der, falls der klassischen Ueberlieferung Glauben beizumessen ist, ein grosser Zauberer und Astronom[1], aber ein kümmerlicher König war, der Zeit seines Lebens ein Vasall der Aethiopen blieb (681—674). Wie Neko I., Nechepso's Nachfolger, etwa zwei Jahre den Thron inne hatte, wurde er durch die assyrische Invasion von Taharqa erlöst. Er war wie die meisten aus seinem Geschlechte ein thätiger, rühriger Fürst und entschlossen, zur Erreichung des Ziels, dem seit hundert Jahren der vererbte Ehrgeiz seiner Familie nachjagte, zur Wiederherstellung der alten ägyptischen Monarchie, alles zu wagen. Er machte sich kein Gewissen daraus, der Bundesgenosse der Assyrer zu werden, denn durch diese Bundesgenossenschaft verschaffte er sich den Vorrang vor den übrigen Fürsten und erhielt Memphis zurück. Assurache-idin legte, um einer feindlichen Rückkehr der Aethiopen vorzubeugen, semitische Besatzungen in die Festungen und schlug dann wieder den Weg nach Ninive ein. So war denn Aegyptens Erniedrigung, der unbewusst seine sämmtlichen Vorgänger vorgearbeitet hatten, vollends erreicht. Er hatte Theben die Schmach entgelten lassen, die neunhundert Jahre früher Thotmes III. und Amenhotep II. Ninive angethan hatten. Er liess auf dem Heimwege in seine Staaten auf den Felsen am Nahr-el-Kelb, und zwar neben den Siegesstelen Ramses' II., eine lange Inschrift einmeisseln, in welcher er von seinen Siegen berichtete und sich König von Aegypten, Theben und Aethiopien betitelte (672)[2].

Während der drei nächsten Friedensjahre (671—669) liess er die bei Beginn seiner Regierung unternommenen Bauarbeiten eifrig betreiben. In Assur und Akkad errichtete er sechsunddreissig Heiligthümer, »bekleidet mit Goldblech und Silberblech und schim-

1) Galen, De simpl. medicam. facult., IX, 2. 19; Firmicus, Astronom., VIII. 5. || 2) Oppert, Mémoire sur les rapports de l'Égypte et de l'Assyrie, S. 38—43, 80 ff; G. Smith, Egyptian Campaigns of Esarhaddon and Assurbanipal, in der Zeitschrift 1868, S. 93—94; G. Rawlinson, The five great Monarchies, Bd. II. S. 192—194.

mernd wie das Tageslicht. . Alles je zuvor gesehene übertraf an Grösse das Schloss, welches er zu Ninive auf den Trümmern eines ehemaligen Schatzhauses erbaute. Das Dach bestand aus geschnitzten Cedernbalken und wurde von Säulen aus Cypressenholz mit silbernen und eisernen Reifen getragen: steinerne Löwen und Stiere standen in den Portalen, und die Thüren waren aus mit Eisen, Silber und Elfenbein überzogenem Eben- und Cypressenholz [1]. Sein Schloss zu Babylon ist ganz und gar zerstört, und das, welches er mit der ägyptischen Beute zu Kalach zu bauen begann, wurde überhaupt nicht fertig gebaut. Wie man eben an die Ausschmückung desselben ging, wurde er 669 schwer krank. Taharqa fiel in Aegypten ein, schlug unter den Mauern von Memphis die Assyrer und nahm nach einer mörderischen Belagerung die Stadt ein [2]. Da Assur-ache-idin zur Wiederaufnahme des Feldzugs nicht im Stande war, trat er die Krone an seinen ältesten Sohn Assur-ban-habal ab, zog sich nach Babylon zurück und starb daselbst kurz darauf (667).

Assur-ban-habal brach sofort nach Aegypten auf. Die syrischen Kontingente nahm er auf dem Durchzuge mit, drang ohne Hinderniss in das Delta ein und traf bei Karbanit auf das Aegypterheer. Taharqa wurde geschlagen und gezwungen, Memphis, und dann Theben zu räumen, wo die Assyrer für einige Zeit verweilten. Die zinspflichtigen Könige wurden wieder eingesetzt und im Lande dieselben Zustände, unter denen Assur-ache-idin fünf Jahre früher es verliess, wieder eingeführt. In der Ueberzeugung, Aethiopien den Garaus gemacht zu haben, zog Assur-ban-habal ab. Kaum war er in seine Hauptstadt heimgekehrt, so brach ein Aufstand aus. Den ägyptischen Dynasten erschien der besiegte Taharqa furchtbarer als der ninivitische Herrscher. Sie schickten an ihn Boten und schlossen heimlich mit ihm einen Vertrag, durch welchen sie sich anheischig machten, ihn wieder auf den Thron der Pharaonen zu setzen. Die assyrischen Statthalter nahmen von diesen Vorgängen Kenntniss, ergriffen Sarludari von Tanis, Paqrur von Pasupti und Neko, die Häupter der Verschwörung, und schickten dieselben in Ketten nach Ninive; Saïs, Mendes und Tanis, von denen der

1) Oppert, les Sargonides, S. 57. || 2) G. Smith in der Zeitschrift, 1868, S. 94—95.

Aufstand ausgegangen war, plünderten sie, um ein Beispiel zu geben, es gelang ihnen jedoch nicht, Taharqa's Vorrücken aufzuhalten. Der Aethiope nahm erst Theben, dann Memphis wieder ein, feierte daselbst die Inthronisationsfeste eines neuen Apis und machte Miene, sich des Delta zu bemächtigen. Assur-ban-habal begriff, dass er unter diesen Umständen mit den in seiner Gefangenschaft befindlichen Aegypterfürsten schonend umgehen müsse. Nachdem er Neko vor seinen Thron hatte kommen lassen, liess er demselben ein Ehrenkleid anthun, schenkte ihm einen Säbel in goldener Scheide, einen Wagen, Pferde und Maulthiere und gab ihm nicht allein Saïs zurück, sondern belehnte ihn auch für seinen ältesten Sohn Psametik[1]) mit der Statthalterschaft von Athribis. Neko fand bei seiner Heimkehr nach Aegypten Taharqa nicht mehr vor. Auf den Rat eines Traumes[2]) hatte der greise Herrscher sich nach Aethiopien zurückbegeben und war eben dort gestorben (666); er beherrschte Aegypten sechsundzwanzig und Aethiopien etwa funfzig Jahre.

Memphis zu besetzen machte den Assyrern keine Schwierigkeit, doch getrauten sie sich nicht, nach Süden vorzudringen. Urd-Amen, der Schwiegersohn Taharqa's[3]), liess sich in Theben zum König ausrufen, zog seine Kräfte zusammen und ging wieder zur Offensive über. Die Assyrer wurden abermals vor Memphis geschlagen, in der Stadt eingeschlossen und nach einer langwierigen Belagerung gezwungen, sich zu ergeben. Neko, der dem Aethiopenkönige in die Hände fiel, wurde hingerichtet, und Psametik hatte blos noch Zeit, nach Syrien zu flüchten, um demselben Schicksal zu entgehen[4]). Assur-ban-habal beschloss, ein für alle Male den Selbständigkeitsgelüsten Aegyptens und den Eroberungsansprüchen Aethiopiens den Garaus zu machen. Urd-Amen wurde im Delta geschlagen und flüchtete nach Theben in der Hoffnung, sich dort

1) Aus Erkenntlichkeit nahm Psametik den assyrischen Namen Nabu-*sezibanni* an. || 2) Herodot II, 152, wo statt Taharqa Sabakon's Name steht. || 3) Verschiedene Gelehrte (D. Haigh, in der Zeitschrift, 1868, S. 80—83 und 1869, S. 3—4, vergl. auch Smith, History of Assurbanipal, S. 50—51) haben vorgeschlagen, *Urdamen* mit dem Aethiopenkönige *Nut*[*to*]*amen* zu identifiziren. Es lässt sich diese Behauptung schwer aufrecht erhalten, daher haben weder de Rougé (Mélanges d'Archéologie ég. et assyr., Bd. 1, S. 89—91) noch ich dieselbe annehmen können. || 4) Herodot II, 152 schreibt die Ermordung des Neko I. dem Sabakon zu.

ein neues Heer zu schaffen. Verfolgt mit dem Schwert in der Wunde, gab er die Stadt ohne Widerstand preis und rettete sich nach Kipkip in Aethiopien (666—665). Theben, welches aus den Trümmern, in die 672 es Assur-ache-idin gelegt hatte, neu zu erstehen anfing, wurde abermals geplündert. Die ganze Bevölkerung, Mann und Weib, wurde in die Knechtschaft geführt: »Gold, Silber, Metall und Edelsteine, sämmtliche Schätze der Schlösser, die mit Berom gefärbten Zeuge«, welche der Statthalter Mentumhâ in den Tempeln niedergelegt hatte[1], »zwei Obelisken, hundert Talente schwer«, die an einer Tempelpforte standen, wurden nach Ninive geschafft[2]. Das Land wurde abermals in eine Art assyrischer Verfassung gebracht und zum dritten Male seit sechs bis sieben Jahren wurden die zwanzig Könige wieder eingesetzt. Psametik ererbte zwar seines Vaters Fürstentum aber nicht dessen Stellung: der Fürst Paqrur von Pasupti wurde Oberhaupt der Liga. Der nach Aethiopien entflohene Urd-Amen kam nicht wieder zum Vorschein, und Aegypten wurde auf einige Jahre Assyriens gefügiger Vasall[3]. Eine mit Urd-Amen's Einfall gleichzeitig erfolgte Erhebung Phöniziens und Kilikiens, wurde schleunigst erstickt: der König Baal von Tyros erhielt Straflosigkeit, der König Yakinlu von Arvad zog es vor, sich lieber zu tödten, als dem Sieger in die Hände zu fallen. Kilikiens Loos wurde durch einen kurzen Feldzug entschieden. 665 war alles zu Ende, und Assur-ban-habal's Ruf derartig gesichert, dass ein bisher unbekannter Fürst, der König Gyges von Lydien, ihm huldigte und ihn um Beistand gegen die Kimmerier anging. Das Assyrerreich reichte, dem Namen nach wenigstens, bis an das ägäische Meer[4].

Ein unwesentlicher Krieg mit den Mannaïten richtete Assur-ban-habal's Aufmerksamkeit zeitweilig auf die Nordländer[5]. Es hatte den Anschein, als werde er SarYukin's Unternehmungen gegen Urarti wieder aufnehmen. Da Elam sein Vorhaben durchkreuzte, beschwor es auf sich das Unheil herab, welches Armenien bedrohte.

1) De Rougé, in den Mélanges d'Archéologie égypt. et assyr. Bd. I. S. 17—20. || 2) Ammianus Marcellinus, XVII, 4, schreibt die Plünderung Thebens den Karthagern zu. || 3) Oppert, Mémoire sur les rapports de l'Égypte et de l'Assyrie, S. 87, ff. || 4) Fr. Lenormant, Histoire, Bd. II, S. 115—116; Smith, History of Assurbanipal, S. 58—78; Ménant, Annales, S. 257—259. || 5) G. Smith, History of Assurbanipal, S. 84—99.

Mit dem Könige Urtaki hatte Assur-ban-habal allerdings in freundliche Beziehungen zu treten versucht. Er hatte, als eine grosse Hungersnot Susien verheerte, ihm Getreide und Unterstützung jeder Art zukommen lassen. Diejenigen Elamiten, welche, um den Schrecknissen des Hungers zu entrinnen auf das assyrische Gebiet mit ihren Familien geflüchtet waren, waren daselbst nicht als Sklaven zurückbehalten worden, sondern man hatte, nachdem man sie, so lange wie es Not that, ernährt hatte, dieselben wieder nach Hause geschickt. Urtaki vergass sehr bald die Grossmut seines Nebenbuhlers: er fiel um 659[1] in diejenigen Distrikte, welche zu dem Vice-Königtum Babylon gehörten, ein und verwüstete dieselben mit Feuer und Schwert. Er wurde von den Assyrern besiegt und kam sofort, wie er in seine Staaten heimkehrte, von der Hand eines seiner Unterthanen um[2]. Durch Usurpation war er zur Macht gelangt, und so wie er mit seinem ältern Bruder Ummanaldas und den Kindern desselben verfahren war, so verfuhr sein jüngerer Bruder Teumman mit den seinigen[3]. Da sie aus Elam vertrieben waren, flüchteten sie sich, während ihr Oheim sich zum König ausrufen liess, nach Assyrien. Durch diesen Familienzwist ermutigt, nahm Assur-ban-habal im nächsten Jahre den Feldzug wieder auf. Zu seinen Gunsten erschien ein Wunderzeichen über das andere:

---

1) Da der Kanon der assyrischen *Limmu* 665 beim dritten Jahre Assur-ban-habal's plötzlich abbricht, wird es von da ab schwierig, der Geschichte Assyrien's eine sichere Chronologie zu geben. || 2) G. Smith, History of Assurbanipal, S. 100—109; Ménant, Annales, S. 281—282; G. Rawlinson, The five great Monarchies, II, S. 204—205. || 3) Um dem Leser das Verständnis der nachfolgenden Begebenheiten zu erleichtern, wird es nicht ohne Nutzen sein, die damalige susische Königsfamilie auf einer genealogischen Tafel wenigstens im wesentlichsten vorzuführen:

I. CHUMBANIGAS, II (?). 680—675.

II. UMMANALDAS I. 675—670. | III. URTAKI, 670—659. | IV. TEUMMAN, 659—657.

(Kinder des Urtaki:) V. UMMANIGAS I. 657—650. | UMMANALDAS II. | TAMMARITU.

(Sohn des Ummanigas:) VI. TAMMARITU.

G. Smith, History of Assurbanipal, S. 307; G. Rawlinson, The five great Monarchies, Bd. II, S. 205.

die Sonne verfinsterte sich, und mit dem Bogen in der Hand erschien ihm im Traume die Göttin Istar und forderte ihn auf, alles zu vernichten. Teumman zog sich hinter den Ulaï zurück und verschanzte sich in dem Flecken Tulliz, wo er den Fluss vor sich und einen Wald hinter sich hatte. Er wurde besiegt und mit seinem ältesten Sohne gefangen genommen. Für ihn wurden seine beiden Neffen, die in den Reihen der Assyrer gefochten hatten, eingesetzt, und zwar wurde Tammaritu als Vice-König von Chaïdala, und Ummanigas als König von Susa und Madaktu unter Assur's Oberhoheit anerkannt. Mit einem Feldzuge gegen das Land Gambul, welches sich für die Elamiten erklärt hatte, wurde der Krieg beschlossen. Die besiegten Anführer wurden ganz mit assyrischer Grausamkeit behandelt: Teumman und dessen Sohn wurden enthauptet, von ihren Feldherrn wurden mehrere lebendig geschunden, geblendet oder verstümmelt. Durch den von diesen zahlreichen Hinrichtungen verursachten Schrecken liess sich der Mut der Elamiten nicht dämpfen. Obwohl ihr König von den Assyrern emporgehoben und Ninive's Vasall war, liess er sich doch bald von der patriotischen Stimmung seines Volkes gewinnen und wurde der erbittertste Feind seiner vormaligen Beschützer.

Das Vice-Königreich Babylon hatte Assur-ache-idin seinem zweiten Sohne Saul-masadd-yukin zuertheilt. Anfangs lebte dieser in gutem Einvernehmen mit seinem Bruder, doch machte ihn das Kriegsglück gegen Teumman um seine eigene Macht bange, er wollte nicht seines Bruders ergebener Vasall bleiben und sann auf Empörung. Der Undank der Babylonier war für Assur-ban-habal sehr schmerzlich: »Die Kinder Babylon's hatte ich auf Throne gesetzt, köstliche Kleider hatte ich ihnen angezogen, goldene Ringe hatte ich an ihre Füsse gethan, die Kinder Babylon's waren im Lande Assur aufgenommen und geehrt nach meinem Geheiss: doch er, Saul-masadd-yukin, mein jüngerer Bruder, nahm keine Rücksicht auf mein Vorrecht, und das Volk von Akkad, Kaldu und Aram und von der Seeküste . . . wiegelte er auf gegen meine Macht.« Saul-masadd-yukin verschenkte, um sich von Elam Unterstützung zu verschaffen, die Schätze des Beltempels von Babylon und des Nebotempels von Barsip. Sendboten wurden durch ganz Chaldäa und nach Arabien geschickt und bewogen »die Könige des Landes Guti, des Landes Martu und des Landes Miluchi, mit ihm gemeinschaftliche Sache zu machen«. Wie die Bundesgenossenschaft bereits von Aegypten bis an das Gestade des persischen Meerbusens reichte, wusste Assur-ban-habal noch nichts von dem Komplott, das gegen ihn angezettelt wurde. Erst ein unvorhergesehenes Ereigniss riss ihn plötzlich aus seiner Sorglosigkeit und enthüllte ihm den ganzen Umfang der Gefahr. Durch den Statthalter von Ur erfuhr der assyrische Statthalter von Uruch, dort sei ein Abgesandter Saul-masadd-yukin's eingetroffen und wiegele das Volk zum Abfall auf, und benachrichtigte, nachdem er die Ordnung wiederherzustellen vergeblich versucht hatte, von diesen Vorfällen seinen Gebieter. Saul-masadd-yukin versuchte sich der Folgen dieser Entdeckung dadurch zu erwehren, dass er Assyrien durch eine feierliche Gesandtschaft seine Ergebenheit bezeugen liess. Er gewann dergestalt soviel Zeit, dass er seine Rüstungen vervollständigen konnte, warf, wie die Gesandten zurückkamen die Maske ab und liess sich zum König von Babylon ausrufen[1].

Durch so einen unerwarteten Angriff war Assur-ban-habal zunächst entmutigt. Er erhielt durch einen Traum neue Zuversicht, da der Gott Sin zu ihm sagte: »Siehe, was ich mit denen vorhabe, die sich gegen den König Assur-ban-habal von Assur verschwören. Es soll eine Schlacht geben: schimpflicher Tod harrt ihrer. Mit der Schärfe des Schwerts, mit der Glut des Feuers, und mit Hungersnot wird Adar ihr Leben vernichten«. Elam's Kräfte wurden durch die Zwietracht innerhalb der Königsfamilie gelähmt. Tammaritu, der Sohn des Ummanigas, empörte sich gegen seinen Vater, wie er sah, dass dieser die Blüte seines Heers nach Babylon entsandt hatte, nahm ihn gefangen und liess ihn enthaupten. Assur-ban-habal kam dieser Zwischenfall so gelegen, dass er seinen Bruder in offener Feldschlacht überwand und die Trümmer von dem Heere desselben sich in Babylon, Sippar, Barsip und Kuta einzuschliessen zwang. Wie er diese vier Orte belagerte, rückte Tammaritu gegen ihn heran zum Kampf. »An Assur und Istar«, sagt er, »richtete ich mein Gebet. Mein Flehen erhörten sie und vernahmen die Worte meiner Lippen. Indabigas, sein Diener, empörte sich gegen ihn und brachte

1) G. Smith, History of Assurbanipal, S. 110—154; J. Ménant, Annales, S. 282—285; G. Rawlinson, The five great Monarchies, Bd. II, S. 205—206; Fr. Lenormant, Histoire, Bd. II, S. 115—117.

ihn zur Flucht auf dem Schlachtfelde«. Dem Besiegten blieb weiter nichts übrig, als in Ninive seine Zuflucht zu suchen und sich dem Assyrerkönige auf Gnade und Ungnade zu ergeben: »Meine königlichen Füsse küsste er und Erde streute er auf sein Haupt vor dem Schemel meiner Füsse . . . Ich, Assur-ban-habal, mit dem grossmütigen Herzen, ich verzieh ihm seinen Abfall, und nahm ihn selbst und die Sprösslinge aus seines Vaters Familie in meinen Palast auf«. Saul-masadd-yukin durfte, da er durch diese unerwartete Katastrophe seines wirksamsten Bundesgenossen beraubt war, auf Sieg überhaupt nicht mehr rechnen. Er schloss sich in Babylon ein und widerstand bis zum äussersten. Die Hungersnot wurde so gross, dass die Belagerten »das Fleisch ihrer Söhne und Töchter zur Nahrung nehmen mussten«. Saul-masadd-yukin fiel seinem Bruder in die Hände und wurde lebendig verbrannt; auch »das Volk, das er zum Abfall bewegt hatte«, fand vor ihm keine Gnade. »Wer nicht mit seinem Gebieter Saul-masadd-yukin verbrannt war, floh vor der Schneide des Schwertes, vor der Hungersnot und der Feuersglut und suchte sich zu retten. Es kam der Zorn der grossen Götter, meiner Gebieter, der nicht fern war, über sie: Keiner entkam, kein Sünder entrann meiner Hand, sie kamen in meine Hand. Ihre Kriegswagen, ihre Harnische, ihre Weiber, die Schätze ihrer Schlösser wurden mir vorgeführt. Diejenigen, deren Mund treulose Verschwörung gegen mich und meinen Gebieter Assur angestiftet hatte, riss ich die Zunge aus und vertilgte dieselben ganz und gar. Die übrigen Leute wurden lebendig vor den grossen Stieren, die meines Vaters Vater Sin-ache-irib errichtet hatte, preisgegeben, und ich warf sie in die Grube hinab, die Glieder schnitt ich ihnen ab, ich liess sie fressen von Hunden, Bären, Raubvögeln und von den Thieren des Himmels und des Wassers. Dadurch dass ich das vollführte erfreute ich das Herz der grossen Götter, meiner Gebieter«. Es war das das zweite Mal innerhalb von weniger als hundert Jahren, dass Babylon von den Assyrern ausgeplündert wurde. Wie die Krieger und der König selbst des Gemetzels überdrüssig waren, »erhielt der Rest der Kinder Babilu's, Kuta's und Sippar's, der die Not und das Elend überstanden hatte«, seine Verzeihung. »Ich befahl, ihr Leben zu schonen . . . Ich legte ihnen die Gesetze Assur's und Beltis', der Götter des Landes Assur auf, sowie die

Abgaben und den Zoll der meiner Macht unterthänigen Provinzen[1]«.

Elam hatte seit Tammaritu's Flucht sich an dem Kriege weiter gar nicht betheiligt. Indabigas, der im Stillen Saul-masadd-yukin begünstigte, hatte, da er durch Absendung seines Heeres sich irgend einer Empörung seitens der Prinzen aus seiner Familie auszusetzen befürchtete, eine vorsichtige Zurückhaltung beobachtet. Nach Babylon's Fall gewährte er mehreren chaldäischen Anführern, darunter Marduk-bal-idina's Enkel, Nabu-bel-sume, der ebenso wie sein Grossvater König von Beth-Yakin war, ein Obdach. Assur-ban-habal forderte die Auslieferung der Flüchtlinge. Indabigas weigerte sich, dieselben herauszugeben, und während die Verhandlungen sich in die Länge zogen, ermordete der susische Feldherr Ummanaldas seinen Gebieter und bestieg den Thron. Diese Misshelligkeiten benutzte Assur-ban-habal dazu, in Elam einzufallen. »Bet-Imbi, das alte, die Hauptstadt der Festungen von Elam, die gleich einer Mauer die Grenze Elam's theilt, welche Sin-ache-irib, der König von Assur, der Vater meines Vaters, meines Erzeugers, einnahm; vor dem alten Bet-Imbi hatten die Elamiten eine andere Stadt erbaut, deren Mauern befestigt, Aussenwerke um dieselbe errichtet und sie Bet-Imbi genannt. Auf meinem Feldzuge nahm ich sie ein. Die Einwohner, die nicht kamen und nicht um Bundesgenossenschaft mit meinem Reiche baten, sie vertilgte ich. Die Köpfe schnitt ich ihnen ab, die Lippen riss ich ihnen ab und zur Besichtigung für die Leute meines Landes schickte ich sie nach Assur«. Ummanaldas liess Madaktu im Stich und flüchtete in's Gebirge. Tammaritu, welcher Assur-ban-habal begleitet hatte, wurde als Assyrien's Vasall wieder auf den Thron gesetzt. Doch zettelte er bald, der gehässigen Rolle, welche er spielte, überdrüssig, eine Niedermetzelung der assyrischen Besatzungen an, wurde verraten und dem Sieger ausgeliefert. Ummanaldas gewann durch diesen unvermuteten Zwischenfall Zeit, seine Streitkräfte wieder aufzubessern; er zog wieder in Madaktu ein und bemächtigte sich sogar Bet-Imbi's. Dieser Erfolg war nur von kurzer Dauer. Im Frühjahr des nächsten Jahres erschien Assur-ban-habal in Elam, nahm von den Vertheidigungslinien, die Umma-

1) G. Smith, History of Assurbanipal, S. 151—204; J. Ménant, Annales, S. 261—264; G. Rawlinson, The five great Monarchies, Bd. II, S. 205—207.

naldas vor Susa gezogen hatte, eine nach der andern, bis er schliesslich die Stadt selbst eroberte. Durch den Willen Assur's und Istar's betrat ich deren Paläste und liess mich nieder in Freuden. Ich öffnete ihre Schatzhäuser; Silber, Gold, Vorräte und Habe, die sie bargen, welche die Könige von Elam, die frühern und die damaligen, angehäuft hatten, welche bisher keines Feindes Hand berührt hatte, ihrer bemächtigte ich mich als Beute . . . . Susinak, den Gott der in den Wäldern wohnt, dessen Götterbild noch keiner zu Gesicht bekommen hatte, Sumudu, Lagamar, Partikira, Amman-Kasibar, Udnran und Sapak, deren Gottheit die Könige Elam's verehrten, Ragiba, Sungumsara, Karsa, Kirsamas, Sudunu, Aipaksina, Bilala, Panintimri, Silagara, Napsa, Nabirtu und Kindakurbu, alle diese Götter und Göttinnen mit ihren Kleinodien, ihrer Habe, ihren Vorräten, ihren Priestern und ihren Dienern entführte ich nach Assur. Zweiunddreissig Bildsäulen von Königen aus Silber, Gold, Erz und Alabaster aus Susan, Madaktu und Huradi, die Bildsäule des Ummanigas, des Sohnes des Umbadara, die Bildsäule Istar-Nachunta's, die Bildsäule Hallusi's und die Bildsäule Tammaritu's, des letzten, der nach dem Geheiss Assur's und Istar's sich mir unterwarf, brachte ich nach Assur. Ich zerbrach die geflügelten Löwen und die Stiere, die an den Tempelthoren Elam's standen, die bisher keiner angetastet hatte; ich warf sie um. Die Götter und Göttinen sandte ich in Gefangenschaft. Ihre heiligen Wälder, in deren Inneres noch Niemand gedrungen war, deren Grenzen noch unüberschritten waren, in sie drangen meine Krieger ein, sahen ihre Haine und verbrannten sie mit Feuer. Die Höhen ihrer Könige, der früheren und spätern, die da Assur und Istar meine Gebieter nicht fürchteten, die den Königen meinen Vätern widerstanden, warf ich nieder, zerstörte und verbrannte ich mit Feuer. Ihre Untergebenen brachte ich nach Assur. Ihre Gläubigen liess ich ohne Obdach. Die Brunnen mit Trinkwasser trocknete ich aus«. Einen Monat und fünfundzwanzig Tage lang wurde die ganze Niederung von Elam den Soldaten preisgegeben und ausgeplündert. Was von der Bevölkerung dann noch übrig war, wurde »gleich Schaafheerden« in diejenigen Städte geschafft, in welchen Assyriens Götter, Präfekten, militärische Befehlshaber und Statthalter hausten.

Ummanaldas hielt sich noch im Gebirge. Er bot, um Frieden zu erhalten, dem Assyrerkönige an, er wolle ihm Nabu-bel-sume ausliefern. Nabu-bel-sume zog es vor, sich von seinem Wagenlenker umbringen zu lassen, um nicht dem Feinde lebendig in die Hände zu geraten. Sein Leichnam wurde den Abgesandten des Assyrerkönigs überliefert, dieser liess ihn enthaupten und mit dem Verbote, ihm Bestattung zu Theil werden zu lassen, auf den Schindanger werfen. Der Kopf wurde eingesalzen, zubereitet und dann an einem Baume im königlichen Garten zu Ninive aufgehängt. Auf einem gegenwärtig im britischen Museum aufbewahrten Basrelief ist Assur-ban-habal zu sehen, wie er mit seinen Weibern vor dieser ekelhaften Trophäe zecht[1]. Ummanaldas rettete sich durch diese Niedertracht keineswegs. Bis in die Einöden, in die er sich zurückgezogen hatte, setzten die Sieger ihm nach und nötigten ihn, ohne Hoffnung auf Wiederkehr, das Land zu räumen. Nachdem er verjagt war, wurde sein ganzes Reich zur Provinz gemacht und unmittelbar der Aufsicht assyrischer Feldherrn übergeben. So verschwand Elam, der älteste Staat in Vorderasien, von der Weltbühne, die Erinnerung an seine wirkliche Geschichte erlosch unter Sagen, und statt jener Geschlechter von kühnen Eroberern und ehrgeizigen Herrschern, welche in Zeiten, in denen Ninive nichts als ein blosser Flecken war, Babylon und Syrien besassen, behielten die Völker nur den märchenhaften Memnon im Gedächtniss[2].

Ein glücklicher Krieg gegen die Nabatäer und die Araber zwischen dem Jordan- und dem Euphratthale, sicherte Assyriens Grenze nach der Wüste zu, und die Naïrigebiete wurden durch einen Vertrag mit König Saduri von Urarti vor jedem Angriffe behütet. Aegypten hatte, jedenfalls während der Empörung des Saulmasadd-yukin, sich unabhängig gemacht, und Lydien seine Beziehungen zu Assur-ban-habal abgebrochen. So blieben die Gefahren und Verwicklungen immer dieselben wie zu Assur-nazir-habal's oder Tuklat-habal-asar's II. Zeiten, und die Könige Assyriens waren stets genötigt, um ihr Ansehen aufrecht zu erhalten, von einem Ende des Reichs an das andere zu eilen. Sobald ein Krieg mehrere Jahre anhielt und ihre Heere durch denselben im Osten

1) Fr. Lenormant, les premières Civilisations, Bd. II, S. 306. [illegible] G. Smith, Assurbanipal, S. 205—255, 300—307; Ménant, Annales, S. 264—270; G. Rawlinson, The f. great Monarchies, Bd. II, S. 206—209; Fr. Lenormant, Histoire, Bd. II, S. 118—122.

bleiben mussten, lockerten in Folge dessen sich die Bande der Treue im Westen, so dass man mit der Eroberung von neuem regelrecht anfangen, oder das, was auf früheren Kriegszügen erworben war, aufgeben musste. Durch seinen Kampf mit Elam war Assur-banhabal so abgespannt, dass er auf seine Hoheitsrechte über Aegypten und Lydien verzichtete. Er blieb so wie so der mächtigste Herrscher im Morgenlande. Wenn auch fast der letzte seines Geschlechts, war er derjenige, dessen Herrschaft am weitesten reichte, und überragte an Thätigkeit, Mut, Energie und Grausamkeit seine sämmtlichen Vorgänger dermassen, dass es fast scheint, als habe Assyrien im Gefühl seines nahenden Unterganges alle Fähigkeiten, die es gross machten, und alle Fehler, die seinen Ruhm entstellten, in einem einzigen Manne vereinigen wollen.

Eilftes Kapitel.

Asien zur Zeit der Sargoniden.

Die Westsemiten. Phönizien. Judäa. — Medien und die iranischen Wanderungen. — Die iranische Religion. Zoroaster. Die Magier.

Die Westsemiten. Phönizien. Judäa.

Auf den Trümmern der Einzelreiche hatten die Sargoniden ein grosses Semitenreich errichtet. Die Aramäer, Juden, Phönizier, Assyriens und Chaldäa's Bewohner, selbst die Araber, sämmtliche Angehörige semitischer Zunge zwischen dem Isthmus von Sues und der Euphratmündung, gehorchten ein und demselben Oberhaupte und gehörten zum ersten Male zu ein und demselben Reiche. Die frühern erobernden Völker, die Aegypter, Elamiten, die medischen sowie die chaldäischen Turanier waren eins nach dem andern erlegen und hatten keine Hoffnung, sich je wieder emporzurichten. Doch war der Sieg der semitischen Rasse über jene ehemaligen gesitteten Rassen der alten Welt theuer erkauft. Wie es Babylon und den Ostsemiten während der letzten Kriege erging, haben wir gesehen: noch mehr als ihre mesopotamischen und chaldäischen Blutsverwandten hatten die Westsemiten unter der Eroberung gelitten.

28*

Das ehemals so reiche und bevölkerte Syrien lag gänzlich danieder: Kadesh fristete sein Dasein nur noch in der Erinnerung ägyptischer Schriftgelehrter, Karkemish, Damaskus und Hamath verloren Tag für Tag an politischer und kommerzieller Bedeutung. Aram war durch den sechshundertjährigen Streit gebrochen und dem ersten besten Feinde auf Gnade und Ungnade preisgegeben, die Moabiter, Ammoniter und Philistäer waren grossentheils zu Grunde gerichtet. Israel war dahin: nur die Phönizier und die Juden bewahrten anscheinend noch etwas Wohlstand und Lebendigkeit.

Ueber die innere Geschichte Phöniziens von Ithobaal I. an bis auf Assur-bau-habal's Regierungsantritt können wir uns kurz fassen. Die Hegemonie hatte in der Nation an Stelle von Sidon Tyros erhalten und stand an der Spitze einer Bundesgenossenschaft, zu welcher die einzelnen phönizischen Städte gehörten: Arad ausgenommen, welches auch ferner noch selbständig fortbestand. Doch suchten die Mitglieder dieser Bundesgenossenschaft, in beständigem Neide auf Tyros' Oberhoheit, sich derselben zu entziehen und liessen keine Gelegenheit, bei der sie ihren Hass zeigen konnten, an sich vorübergehen. Im grossen entsprachen die Wirren innerhalb der Nation durchaus der Zwietracht im Innern der Stadt selber, in der die aus Sidon stammende Aristokratie mit dem niedern Volke beständig in offener Fehde lag. Ithobaal hielt während seiner langen Regierung den Frieden zwischen den Parteien glücklich aufrecht, aber bald nach seinem Tode kam es zu ganz ebensolchen nur noch ärgern und folgenschwereren Begebenheiten wie nach dem Tode Hirom's I. Sein Sohn Balezor regierte nur acht Jahre und hatte einen achtjährigen Knaben, Mutton, zum Erben, durch dessen Jugend die ehrgeizigen Anführer der Volkspartei begünstigt wurden. Mutton seinerseits hinterliess zur Nachfolge nur eine an den Oberpriester des Melkarth, ihren Oheim Sicharbal verheiratete Tochter, Elissar, und einen ganz jungen Sohn, Pygmalion[1]. Sicharbal war, als

[1] Von den griechischen und lateinischen Schriftstellern, bei denen diese Namen uns aufbewahrt sind, sind dieselben sämmtlich mehr oder weniger entstellt worden. *Βαλέζωρος* ist בעל צר *Baal von Tyros* (Movers, Die Phönizier, Thl. II, 2. S. 353 Anm. 63), oder besser בעל־עזר (Schröder, Phönizische Sprache, S. 198), *Baal hat geholfen*: Mutton hiess מתן wie zu Athaliah's Zeit der Hohepriester in Jerusalem (siehe oben S. 359). Die Variante *Ἔλισσα* steht für *Ἐλίσσαρ*, wie *Ἄμιλκας* für *Ἀμίλκαρ*, und *Sicharbas* für *Sicharbal* (Movers,

Bruder des Königs und als der erste im Staate nächst dem Könige vermöge seiner Eigenschaft als Hoherpriester, von Mutton zur Regentschaft während der Minorennität ausersehen. Er wurde durch die Volkspartei gestürzt und einige Jahre darauf von seinem Neffen ermordet. Elissar wollte ihren Gemal rächen und spann eine Verschwörung an, an der die ganze Aristokratie Theil nahm. Sie wurde entdeckt, bemächtigte sich durch Ueberrumpelung einer gerade im Hafen liegenden segelfertigen Flotte, schiffte ihre Anhänger auf derselben ein und wandte sich nach Afrika. Sie landete in Zeugitanien dort, wo mehrere Jahrhunderte früher die Sidonier die Stadt Kambe gegründet hatten, kaufte von dem Könige der Libyphönizier Land und errichtete auf den Trümmern der ehemaligen Stadt eine neue Stadt, *Kiriath-Hadeshât*[1], woraus die Griechen Karchedon und die Römer Karthago machten[2].

Für Tyros war die Gründung Karthago's von derselben Bedeutung, wie die Auswanderung des sidonischen Adels nach Tyros für Sidon gewesen war: es begann damit sein Verfall. Bereits unter Ithobaal I. hatten sich die Assyrer in Phönizien gezeigt: Assur-nazir-habal war über den Libanon gegangen und bis an das Meer vorgerückt[3]. Die Tyrer befolgten ihm gegenüber dieselbe Politik, deren die Sidonier gegenüber den Aegyptern sich bedient hatten: sie berechneten, dass es erspriesslicher sei, sich ohne Kampf zu unterwerfen, als mit ungleichen Aussichten auf Erfolg zu widerstehen, und erkauften sich Frieden. Nord-Phönizien, Arad und Simyra, wollten diesem Beispiel nicht folgen und zogen sich einige derbe Zurechtweisungen zu: Arad verbündete sich mit den damaskenischen Königen gegen Salmanasar, wurde geschlagen und mehrfach ausgeplündert. Wie es nach Samsi-Bin's Regierung mit der Assyrermacht auf die Neige zu gehen anfing, erkannte Tyros deren Oberhoheit auch nicht mehr an und sparte sich den Tribut, welchen es ihnen funfzig Jahre lang entrichtet hatte. Auf einen Erlass jedoch von Tuklat-habal-asar II. legte es funfzig Jahre später seine Ketten schleunigst wieder an, und 742 kam sein König Hirom II. nach Arpad, um dem Sieger

Die Phönizier, Th. II, 2. S. 353 Anm. 64; 355, Anm. 67; 362, Anm. 91): *Acerbas* bei Justin für [S]*acerbas* — *Sicharbas*. || 1) Wahrscheinlich *Kart-Hadshât* ausgesprochen. || 2) Movers, Die Phönizier, Bd. II, Thl. 2, S. 350—371. || 3) Siehe S. 343—344.

das Lösegeld für seine Unterthanen zu überbringen[1]. Unterdess (um 751) hatte Sidon sich Arad's bemächtigt und dasselbe kolonisirt[2]. Tyros' Ansehen war in Phönizien gesunken, und Sidon hatte von neuem den Vorrang, den es früher besass, errungen. Die Niederlage von Hirom's Nachfolger Mutton II.[3], welcher den Bund mit Ret'in zur Wiedererlangung seiner Selbständigkeit benutzen wollte, gab Anlass zu einer Empörung auf Kypros. Es gelang Eluli[4]), dieselbe zu unterdrücken, doch fielen, wie er nach dem Vorbilde seines Vorgängers sich mit Assyrien in Streit einliess, sämmtliche andern phönizischen Städte von ihm ab und stellten Salmanasar V. ihre Fahrzeuge zur Verfügung. Eluli gab das festländische Tyros auf, schloss sich in der Seestadt ein und spottete daselbst aller Anstrengungen seiner Gegner. Die mit Assyrer bemannte phönizische Flotte wurde geschlagen, die Belagerung in eine Blokade umgewandelt[5], aber weder Salmanasar noch Sarγukin gelang es, den Sieg davon zu tragen, und Sarγukin hob 715 nach einem zehnjährigen erfolglosen Kriege die Belagerung auf. Er hielt 708 sich für sein Missgeschick durch die Eroberung von Kypros schadlos[6], und schliesslich bewältigte sein Sohn Sin-ache-irib die stolze Stadt. Er nahm dieselbe 700 und setzte für den alten Eluli Ithobaal II. ein, der sich für ihn zinspflichtig erklärte[7]). Diese Niederlage gab der Macht von Tyros auf dem Festlande den letzten Stoss. Sidon wurde von neuem, jedoch nur auf einige Jahre, die Bundeshauptstadt. Um 680 empörte sich der König Abdimilkuth von Sidon wie gewöhnlich ohne Erfolg gegen Assur-ache-idin. Der Sieger schleifte die Mauern von Sidon und verpflanzte die Bevölkerung zum Theil nach Assyrien[8]. Wiederum gewann Tyros scheinbar den Vorrang, doch setzte sein König Baal denselben abermals dadurch auf's Spiel, dass er sich mit dem Aethiopen Urdamani gegen Assur-ban-habal verbündete. Assur-ban-habal wurde sehr

---

1) Siehe S. 365. || 2) Movers, Die Phönizier, II Thl. 1, S. 368—370. || 3) Er heisst *Mitenna* in den assyrischen Texten. || 4) Bei Menander *Ἐλούλαιος*, in den Keilschrifttexten *Luliya*. 5) Siehe S. 387. || 6) Siehe S. 397. 7) Siehe S. 401. In dem Fragmente Menanders erhält Elulaios eine sechsunddreissigjährige Regierung. Nach den assyrischen Denkmälern liegen nur dreissig Jahre zwischen Mitenna's Erwähnung um 730 und der Einnahme von Tyros 700. Die Zahl sechsunddreissig bei Menander ist daher wol in sechsundzwanzig zu verbessern. || 8) Siehe S. 418.

bald mit diesen Unabhängigkeitsgelüsten fertig, Baal bat ihn um Verzeihung und erhielt dieselbe, der König von Arad verfiel, da er widerstand, der Strafe und wurde abgesetzt[1]. Phönizien war menschenleer geworden und regte daher sich erst bei Ninive's Sturze[2].

Im Kolonialreiche war es ebenso bunt hergegangen wie in den Festlandstädten. Es hatte bis auf Ithobaal I. und noch unter dessen Herrschaft beständig zugenommen. Für den Verkehr der Phönizier waren bereits Mauretanien und Südspanien, wo theilweise aus der Verbindung der Semiten mit den eingebornen Stämmen entsprungene Mischvölker ansässig waren, nicht mehr die äusserste westliche Grenze. Die tyrischen Admirale hatten die marokkanische Küste bis weit nach Süden hin erforscht und zwischen der Meerenge von Gadir und dem Senegal zahlreiche Ansiedlungen errichtet. Sie waren die spanische Küste hinaufgezogen, hatten das gallische Meer durchfahren und waren bis zu den Zinninseln, vielleicht sogar über Grossbritannien hinaus gekommen. Tyros war in Wahrheit die Metropole des gesammten Welthandels. Durch die auf Ithobaal's I. Tod folgenden Wirren wurde gerade zu einer Zeit, in welcher von mehreren Seiten mächtige Feinde gleichzeitig ihren Angriff machten, dieses

1) Siehe S. 427. || 2) Fr. Lenormant, Histoire ancienne Bd. III, S. 74—86. Zu einem Urtheil über die umfangreichen Nachrichten, die wir bereits aus den assyrischen Denkmälern über Phöniziens innere Geschichte erhalten haben, genügt es, die wenigen Seiten, welche ich derselben gewidmet habe mit dem Kapitel bei Movers, welches diesen Zeitabschnitt behandelt (Phönizier, II, 1, S. 350—371), zu vergleichen. Auch die tyrische Königsliste hat, wie das nachstehende Verzeichniss beweist, ansehnliche Erweiterungen erfahren:

ABIBAAL.	MUTTON I.
HIROM I.	PYGMALION.
ABDASTART.	. . . .
(Ungenannter König)	[HIROM II.].
ASTART.	[MUTTON II.].
ASTARYM.	ELULI.
PHELLES.	[ITHOBAAL II.].
ITHOBAAL I.	[BAAL].
BALEZOR.	. . . .

Drängen in die Ferne unterbrochen und des Landes Kraft geschwächt. Die etruskische Seemacht hemmte das Vorrücken an der Küste Italiens und Galliens, indess die griechische, nachdem sie, was von der ehemaligen sidonischen Kolonisation im ägäischen Meere noch übrig war, weggenommen, die südlichen Küsten Kleinasiens mit ihren Kolonien besetzt und auf Kypros festen Fuss gefasst hatte, sich nach Sizilien vorwagte. 734 wurden auf der ersten Expedition am Fusse des Aetna Naxos und Megara gegründet, 734 erbauten die Korinther und Kerkyräer Syrakus, und in wenigen Jahren nahmen die Griechen die ganze Ost- und Südküste der Insel ein. Was sie begannen führte Karthago zu Ende. Die nach Afrika verpflanzte tyrische Aristokratie entfaltete zur Vergrösserung ihres neuen Vaterlandes daselbst dieselbe Betriebsamkeit, welche in frühern Jahrhunderten Tyros gross gemacht hatte. Die *Neustadt* verdunkelte ihre Nachbarstädte, Utika, Adrumet und Leptis, und liess sich bald in einen Wettstreit der Interessen mit ihrem Mutterlande ein; so eroberte sie kaum sechzig Jahre nach ihrer Gründung auf eigene Rechnung den Süden von Sardinien. Die auf Sizilien von den Griechen nach Machanath (Panormos), Motya und Kepher (Solont) zurückgetriebenen, sowie die an der spanischen und an der afrikanischen Küste beständigen Plakereien mit den Barbaren ausgesetzten Phönizier, sämmtliche Völker und Faktoreien, welche Tyros, durch seine Kriege gegen Assyrien behindert, nicht mehr zu vertheidigen vermochte, stellten sich unter den Schutz von Karthago. Jener alte Volksname *Poeni*, den man zuerst am Gestade des persischen Meerbusens vernommen hatte, erscholl von neuem auf den Gewässern des Mittelmeeres und des atlantischen Ozeans, und im Westen trat das Punierreich an die Stelle des Reiches der Phönizier. Kypros wurde 708 von den Assyrern, ungefähr zu derselben Zeit Thasos von den Pariern erobert. Gegen den Schluss von Assur-ban-habal's Regierung besass Phönizien keine einzige Kolonie mehr, welche seine Oberhoheit anerkannte. An Reichtum und Handel büsste es dadurch nichts ein: »es trieb das Verkaufsgeschäft mit den Völkern auf vielen Inseln« und diente der gesammten Welt, den Karthagern und Griechen ebenso wie den Bewohnern Aegyptens und Syriens als Waarenkommissionär. Trotzdem war seine Kraft gebrochen. Auf sein Festlandgebiet allein angewiesen, bewahrte es noch soviel Energie, dass es dem Anstürmen fremder Eroberer entgegentrat und glorreich unterlag, hatte aber nicht mehr die hinreichende Gewalt, um auf Syriens Geschick einen gewichtigen Einfluss auszuüben.

Wir verliessen die Juden am Tage nach Sin-ache-irib's Niederlage[1]. Hizkiah hatte seine Errettung einem Wunder zugeschrieben und seinen Glauben durch das Missgeschick der Assyrer gekräftigt gefühlt. Die Bundesgenossenschaft mit Chaldäa und Aegyptens Hülfe hatte er, Jesaiah's Rathschlägen folgsam, abgelehnt. Ihm genügte, so gut wie er es vermochte, sein Reich in Vertheidigungszustand zu setzen, ohne den Argwohn des trotz seines Missgeschicks bei Libnah allmächtigen assyrischen Monarchen herauszufordern. Juda geriet scheinbar wieder in Blüte: »Das Volk, das im finstern wandelt sieht ein grosses Licht, die im Lande der Dunkelheit wohnen, sie überstrahlt Licht. Du mehrst das Geschlecht, erhöhst ihm die Freude; sie freuen sich vor dir, wie man in der Ernte sich freut, wie man beim Beutetheilen frohlockt. Denn du zerbrichst das Joch seiner Last und den Stab seiner Schulter, den Stecken seines Treibers wie am Tage Midian's[2]«. Selbst in der Literatur war der Einfluss des funfzehnjährigen Friedens unter Hizkiah bemerklich, während des »die Gefilde beständig von Heerden bedeckt und die Thäler voll von Korn waren«. Hizkiah, der erprobte Streiter Jahveh's, selber Dichter, begünstigte die religiöse Dichtkunst, in der er Ermutigung und Tröstung fand. Seinen Sängern verdankt man grösstentheils jene Psalmen, die später David zugeschrieben wurden, und er liess mehrere der ältesten Denkmäler hebräischer Dichtkunst, darunter die alten, volkstümlichen Aussprüche, welche unter Salomo's Namen gingen[3], sammeln und ordnen.

Bei dieser Art literarischer Renaissance, deren Vorläufer die Propheten Joel, Amos und Hoshea waren, spielte die grösste Rolle Jesaiah. Er prägte in seinen Schriften die hebräische Sprache in der höchsten, von ihr je erreichten Vollendung aus. »Bei Jesaiah begegnet man allem, was zu einem fertigen Werke gehört, Geschmack, Mass und vollendete Form, und es bekundet sich dadurch in ihm ein den Psalmisten und Sehern älterer Zeit unbekannter Grad literarischer Bildung[4]«. Er erlebte, dass in den letzten Jahren Hizkiah's die Verehrung Jahveh's wieder in vollem Glanze

1) Siehe S. 408. || 2) Jesaia, IX. 2—4. || 3) Sprüche XXV. 1. || 4) Renan, Histoire générale des langues sémitiques. Bd. I. S. 131.

stand, und Juda sich von neuem zur Gottesfurcht bekehrte. Und dennoch erfüllten seinen Sinn unheilvolle Gesichte und düstere Vorahnungen. Sein Volk, jenes Volk, »das zu den Sehern sagte: Ihr sollt nicht sehen! und zu den Weissagern: Ihr sollt uns nicht aufrichtig weissagen! Redet uns Schmeicheleien, weissagt Täuschungen![1]«, kannte er hinreichend, um sich über die voraussichtliche Dauer dieser Zeit der Einsicht und des Gedeihens keinen Täuschungen hinzugeben. Er wusste, dass eine zahlreiche, dem Götzendienst anhangende Partei, nur darauf wartete, bis der alte König todt sei, um abermals ihr Haupt zu erheben und Juda von neuem in alle jene Verirrungen zu stürzen, aus denen es soviel Mühe gekostet hatte, es loszumachen. Er sah, dass in nächster Zukunft die Altäre umgestürzt, der Tempel abermals mit heidnischen Opfern verunreinigt werden, dass der Götzendienst triumphiren und den Zorn des Höchsten herausfordern würde. In seine Freudenlieder mischen sich beständig unheilverkündende Weissagungen: »Sorglose Weiber, auf, höret meine Stimme, ihr sichern Töchter, merket meine Rede! Nach Jahr und Tag sollt ihr Sichern zittern! Denn dahin ist die Weinlese, Obsternte kommt nicht ein. Erbebt, ihr Sorglosen, zittert, ihr Sichern, zieht euch nackt aus und legt den Gurt an die Hüfte! Auf Leib und Brust wird bald man schlagen ob der verlorenen Leibgerichte, ob des fruchtbaren Weinstocks. Auf dem Boden meines Volkes werden Dornen und Disteln aufgehen, ja auf allen Häusern der Lust, auf der frohlockenden Stadt. Denn der Palast wird verlassen, das Getümmel der Stadt verödet, Abhang und Lustturm dient statt Höhlen auf immer, zur Lust wilder Esel, zur Weide der Heerden[2]«. Auch Zion soll zerstört werden: »Darum, weil dieses Volk verachtet das sanftrinnende Wasser Siloah's und verzagt ob Ret'in und dem Sohne Remaljah's, darum, siehe, führt der Herr über sie herbei des Stromes gewaltige grosse Gewässer, den König von Assur und all seine Pracht, der tritt über all seine Bette, steigt über all seine Ufer, und setzt über nach Juda, flutet über, strömt über, reicht bis an den Hals und seine ausgespannten Flügel füllen dein Land, so breit es ist, Gottmituns«![3]).

Obschon er die nächste Zukunft mit recht düstern Farben malt,

1) Jesaia, XXX, 10. || 2) Jesaia, XXXII, 9—14. || 3) Jesaia, VIII, 6—10.

so gewährt seine Zuversicht auf Gottes Barmherzigkeit ihm doch die Gewissheit vollkommener Glückseligkeit für die kommenden Jahrhunderte. Der Allmächtige hat sich Israel auserlesen, sein Volk zu sein; wie möchte er da sein Volk vertilgen und die ganze Welt im Götzendienste belassen wollen? Wenn auch Jerusalem verbrannt, der Tempel zerstört, wenn Juda in Knechtschaft fortgeführt wird, so ist die zeitliche Drangsal nur eine vorübergehende Prüfung, weil Gott durch das Leiden sein Volk läutern will. Sobald die Gerichte des Herrn, welche er über alle Völker, die starken wie die schwachen, ergehen lässt, sich vollzogen haben, wenn es in Juda keinen Missethäter und Sünder, keinen Götzendiener und Lügenpropheten mehr gibt, »wenn der Herr abgewaschen hat den Unflat der Töchter Zion's und die Blutschuld Jerusalem's getilgt aus seiner Mitte[1]«, so wird aus den Trümmern des schuldbefleckten Jerusalem's ein vollkommenes Jerusalem erstehen, in welchem ein idealer König herrschen soll, dessen Ruhm überall in die Ferne dringen wird: »Und geschehen wird es am Ende der Tage, dass gegründet steht der Berg des Hauses Jahveh's als das Haupt der Berge und erhaben über die Hügel; und dass zu ihm strömen alle Heiden, und hingehen werden viele Völker und sprechen: »Auf, lasst uns ziehn zum Berge Jahveh's, zum Hause des Gottes Jakobs! Er möge uns lehren seine Wege, wir wollen gehn auf seinen Pfaden, denn von Zion wird ausgehn Belehrung, und das Wort Jahveh's von Jerusalem«! Und er wird richten unter den Heiden, Schiedsrichter sein von grossen Völkern, und sie schmieden ihre Schwerter um zu Hacken, ihre Speere zu Winzermessern. Nicht wird heben Volk gegen Volk ein Schwert, und nicht lernen fürder sie den Krieg. Haus Jakob's, auf! lasst uns wandeln im Lichte Jahveh's! denn verstossen hast du dein Volk, Haus Jakobs, denn sie sind voll des Morgenlandes, voll Zauberer gleich den Philistäern, und dingen Fremder Söhne sich. Voll war sein Land von Silber und Gold; da ist kein Ende seiner Schätze. Voll war sein Land von Rossen; da ist kein Ende seiner Wagen. Und voll war sein Land von Götzen, das Werk ihrer Hände beteten sie an, was gemacht haben ihre Finger. Und gebeugt wird der Mensch, erniedrigt der Mann, und du vergibst ihnen nicht. Geflohen ins Gestein! berget euch im Erdreich vor

1) Jesaia, IV, 4.

dem Grauen Jahveh's und der Pracht seiner Hoheit! Der Menschen hohes Auge wird gesenkt, es beugt sich der Stolz der Sterblichen, und erhaben ist Jahveh allein an jenem Tag, denn einen Tag hält Jahveh der Heerschaaren über alles Stolze und Hohe und über alles Erhabene, dass es erniedrigt werde[1]«.

Die Vorahnungen des Propheten gingen sehr bald in Erfüllung. Wie für seinen Vater der zwölf Jahre alte Manasheh den Thron bestieg, fing die heidnische Partei, welche, solange die frühere Regierung währte, überhaupt beseitigt war, sich von neuem zu regen an und brachte es bald glücklich dahin, dass der neue König auf die Abwege seines Grossvaters Achaz geriet. Er führte wieder Bilder ein, liess die heiligen Haine wieder aufrichten und »baute dem ganzen Heere des Himmels Altäre in den beiden Höfen am Hause des Herrn[2]«. Man betete Baal und die phönizische Astarte auf dem Berge Zion an, und im Thale Hinnom, woselbst Achaz bereits eins seiner Kinder geopfert hatte, sah man von neuem Moloch's Scheiterhaufen auflodern. »Manasheh liess seinen Sohn durch das Feuer gehn und achtete auf Vogelgeschrei und Zeichen, hielt Wahrsager und Zeichendeuter und that des viel, das dem Herrn übel gefiel, damit er ihn erzürnte[3]«. Das Volk folgte zum grössten Theil des Königs Beispiel und kehrte zum Götzendienste zurück. Viele von den Propheten fingen an, aus Träumen zu wahrsagen oder in Baal's Namen zu prophezeihen, viele von den Priestern verläugneten Jahveh und beteten steinerne und hölzerne Götter an. Es gab so viele Götter wie Städte im Lande[4]. Wer der alten Religion anhing wurde trotz der Verwünschungen der Propheten seiner Habe beraubt und hingerichtet. »Auch vergoss Manasheh sehr viel unschuldiges Blut, bis dass Jerusalem überall voll war[5]«. Bei diesen Verfolgungen kam nach den rabbinischen Ueberlieferungen der greise Jesaiah um. Da dem Könige seine Ratschläge und Anatheme zur Last fielen, liess er ihn in einen hohlen Baumstamm stecken und mitten entzwei sägen. Von so einem Könige hatte Assyrien nichts zu befürchten, er blieb sein Leben lang Assyrien's unterthäniger Vasall, und es war ihm daher vergönnt, friedlich auf dem Thron zu sterben (640)[6].

---

1) Jesaia II, 2—12. || 2) II Reg. XXI, 1—5. || 3) II Reg. XXI, 6. || 4) Jeremias, II, 8, 20, 26—30. || 5) II Reg. XXI, 16. || 6) Von seiner

Ammon's Regierung war eine blosse Fortsetzung von der des Manasheh. Sie schloss mit einem Trauerspiel ab; 640 wurde Ammon ermordet und an seine Stelle trat ein achtjähriger Knabe, Joshiah. Die Priesterpartei masste sich die Erziehung des Fürsten an und herrschte unter seinem Namen. Die ausländischen Gottesdienste wurden nicht allein abermals geächtet, sondern auch eine religiöse Umwälzung unter dem Einflusse des Hohenpriesters Hilkiah vorbereitet, welche für das Schicksal des Volkes von durchgreifender Bedeutung war. Die Juden besassen zahlreiche Geschichtsbücher, von denen wir nur noch Bruchstücke besitzen. Von diesen stammten die ältesten Urkunden, diejenigen wenigstens, welche sich auf die ältesten Zeitabschnitte bezogen, aus zwei verschiedenen Quellen. In den einen hiess Gott Elohim und in den andern Jahveh. Nachdem dieselben wiederholentliche Ueberarbeitungen in Bezug auf Einzelheiten im Stil und in ihrer Anordnung erlitten hatten, gewannen sie um die Mitte des achten Jahrhunderts vor unserer Zeitrechnung ihre beinah entgültige Gestalt. In dieser später in vier Bücher, Genesis, Exodus, Leviticus und Numeri, eingetheilten Sammlung stehen die traditionellen Berichte über die Entstehung der Welt, die Geschichte des Hebräervolkes bis zum Zuge nach Aegypten, von dem Auszuge aus Aegypten und den Zügen der Hebräer in der Wüste, von der angeblich mosaischen Gesetzgebung und Moses' Leben. Das ganze bildet eine Kompilation, deren schlecht zusammengeschweisste Bestandtheile ziemlich leicht herauszufinden sind. Wie vielen und was für welchen Umarbeitungen diese der Reihe nach auch unterworfen worden sein mag, so rührt sie doch jedenfalls von einem *jehovistischen*, das heisst, von einem Bearbeiter her, der in seinem Berichte den Namen Jahveh verwandte. Bis auf Hizkiah's Zeit bedurfte das Volk zu seiner Leitung weiter keiner Gesetze und Vorschriften als derjenigen welche darin standen, bis sie bei dem Aufkommen der prophetischen Schriften und bei der Furcht besonders, in welche seit Samarien's Sturze die Geister geraten waren, nicht mehr auszureichen schienen. Man fand, dass sie die Glaubensreinheit nicht mehr genugsam schützten, sowie den

Gefangenschaft in Assyrien glaubte ich, da diese Begebenheit uns nur durch das höchst verdächtige Zeugniss der Chroniken (II Chron. XXIII. 11—13) bekannt ist, nicht reden zu brauchen.

Götzendienst und die Bündnisse mit dem Auslande nicht ernstlich genug verdammten. Neue Propheten traten auf, welche Jesaiah's Drohungen noch überboten, und Jeremiah trat seine Laufbahn an.

Im achtzehnten Jahre des Königs Joshiah (622) verkündete der Hohepriester Hilkiah und der Schriftgelehrte Shaphan, sie hatten im Tempel das »Gesetzbuch« gefunden[1]). Welcher Sinn für die Orientalen in diesem Ausdrucke lag, ist bekannt; er bedeutete nur, der Verfasser habe, um das Ansehn seiner Schrift zu erhöhen, dieselbe unter göttlichem Schutz gestellt, oder lege ihr einen übernatürlichen Ursprung bei. Die ägyptischen Priester behaupteten von denjenigen Kapiteln ihres Todtenbuches, welche am meisten verehrt wurden, und von den wichtigsten Abhandlungen in ihrer wissenschaftlichen Literatur, dass sie dieselben am Fusse von Götterbildern gefunden hätten. Als man die neue Schrift dem Könige vorlas, wurde er ganz entsetzt und zerriss sich die Kleider. Der unbekannte Schriftsteller nahm an, Moses habe, am Ende seiner Laufbahn angelangt, das Volk zur Beobachtung des Gesetzes ermahnen wollen. Er zählte die Gebote auf, ergänzte dieselben durch neue Vorschriften und drohte hauptsächlich mit schrecklicher Ahndung für den geringsten Unglauben. Wie sich Joshiah von seinem Schreck erholt hatte, berief er die Aeltesten und begab sich mit denselben zum Tempel, zu welchem die Propheten, Priester und Leute vom Volke in Menge zusammenliefen. Dieser Versammlung liess er das neue »Gesetzbuch«, das zweite Gesetz (*Deuteronomium*) vorlesen und fing den Gottesdienst durchaus zu reformiren an. Die ausländischen Götter, welche neben Jahveh im Tempel verehrt wurden, wurden zertrümmert, die Höhen Salomo's und seiner Nachfolger der Entweihung preisgegeben. Wie alles gereinigt und die Priester der Baalim auf ihren eignen Altären erwürgt waren, befahl Joshiah, Passah zu feiern, »wie es geschrieben steht, im Buche dieses Bundes. — Denn es war kein Passah so gehalten von der Richter Zeit an, die Israel gerichtet haben, und in allen Zeiten der Könige Israels und der Könige Juda's, — sondern im achtzehnten Jahre des Königs Joshiah ward dies Passah dem Herrn gehalten zu Jerusalem[2]«.

Die Juden mochten zwar ihren Gottesdienst umgestalten und

1) II Reg. XXII, 3. || 2) II Reg. 32—33; II Chron. 34—35.

sich durch die Busse auf die Rolle, zu der sie in der religiösen Entwicklung der Menschheit bestimmt waren, vorbereiten, ihre politische Rolle war dem Ende nahe. Ebenso ohnmächtig wie die Aramäer, wie die Bewohner Phöniziens, waren sie doch den Semiten im Streite mit den arischen Rassen Mediens durchaus nicht zu helfen im Stande.

Medien und die iranischen Wanderungen.

Die Landstriche östlich von Assyrien zerfallen von selber in zwei Gebiete, eine Gebirgsregion, welche das Stromland des Tigris von dem Becken des kaspischen Meeres scheidet, und ein ebenes Gebiet, das südlich an den indischen Ozean, östlich an den Helmend reicht. Der bergige Theil lehnt sich an einen fast dreieckigen, an den Seiten aufragenden, nach der Mitte zu vertieften, Gebirgsstock. Die im Grunde dieser Einsenkung angesammelten Gewässer haben daselbst einen grossen, von N.-N.-W. nach S.-S.-O. sich erstreckenden, Binnensee [1] gebildet, welcher wie das todte Meer tief unter dem Niveau des Ozeans liegt und von Salz so gesättigt ist, dass kein Fisch darin leben kann. Oestlich von diesem Gebirgsstocke geht der Elburz ab, welcher, nachdem er sich an dem Südgestade des kaspischen Meeres entlang gezogen hat, in der Ferne mit dem Hindu-Kush verbindet. Von seinen Spitzen ragt die eine, der Demavend, pyramidal etwa 20000 Fuss in die Lüfte und soll der höchste Berg jener Gegend sein [2]. Auf der andern Seite verlaufen fünf bis sechs, bei den alten Geographen als Choatras und Zagros bekannte, Parallelzüge. Sie streichen im allgemeinen von N.-N.-W. nach S.-S.-O. und bilden einen Landstrich, der von Bächen und tiefen Klüften, von fast unnahbaren Bergspitzen und nach Assyrien offen stehenden, ihre Gewässer dem Tigris zuführenden Thälern durchschnitten wird. Hinter diesen natürlichen Umrissen, breitet, gleichsam hinter den Mauern eines gewaltigen verschanzten Lagers, sich ein unermessliches, etwas welliges Hochland aus, auf dessen von vielen Wasserläufen berieseltem Saume eine zahlreiche Bevölkerung sich zu ernähren vermag. Je weiter von

1) Heutzutage der Urumiyehsee. || 2) Der Ararat erreicht blos 17000 Fuss und die höchste Spitze des Kaukasus ragt nicht über 18000 empor.

diesem Saume aus man in das innere Hochland vordringt, desto mehr nehmen die Flüsse ab und macht sich die Wüste geltend. Dies Land hatte, ohne mit Aegypten und Chaldäa vergleichbar zu sein, doch überall reichliche Hülfsquellen. In den Gebirgen gibt es Kupfer, Eisen, Blei, etwas Gold und Silber, mehrere Marmorarten[1], Edelsteine und besonders einen von den Alten sehr geschätzten Lapislazuli[2]. Stellenweise sind sie kahl, meistentheils jedoch mit dichten Wäldern bedeckt, in welchen Fichten, Eichen und Pappeln über morgenländische Platanen, Nussbäume und Weiden emporragen. Die Thäler am Zagros und am Urumiyehsee sind recht eigentlich Baumgärten, in welchen Birnen, Aepfel, Quitten, Kirschen, Oliven und Pfirsiche, die hier einheimisch zu sein scheinen, wachsen. Auf dem Hochlande wachsen Bäume nur spärlich in der Nähe der Flüsse und Weiher, doch sind die Theile, denen es an Wasser nicht mangelt, fruchtbar an trefflichen Cerealien und Hülsenfrüchten. Neben Raubthieren der gefährlichsten Art wie Löwen, Tigern, Leoparden[3] und Bären gab es daselbst viele Hausthiere oder wenigstens zur Zähmung geeignete Thiere wie wilde Esel, Büffel, Ziegen, Hunde, Dromedare und zweihöckrige Kamele, selbst mehrere Pferderassen, von welchen eine, die nisäische, wegen ihrer Kraft, ihres Wuchses und ihrer Behendigkeit berühmt war[4].

Durch diese Gebiete waren bereits in der Vorzeit sämmtliche Rassen gezogen, welche die alte Welt bevölkert haben. Kushiten- und Semiten-Horden zogen von Norden nach Süden über dies Hochland, ohne hier jedoch zu verweilen. Von der ersten Arier-Invasion blieben mehrere Volksstämme, welche zwischen Baktrien und Kleinasien sich einer neben dem andern niederliessen[5]. Von diesen steckte der wichtigste, der der Mata oder Matiani, gleichsam die von den Auswanderern eingeschlagene Strasse mit seinen Ansiedelungen ab. Von den Familien, welche demselben angehörten, waren in Sogdien einige zurückgeblieben[6], der Haupttrupp der Nation setzte sich dort, wo später das Atropatonische Medien lag[7].

1) Den Marmor von Tebriz. || 2) Gegenwärtig gibt es dort keinen Lapis-lazuli mehr. || 3) Löwen, Tiger und Leoparden sind gegenwärtig dort fast ganz ausgestorben. || 4) G. Rawlinson, The five great Monarchies, Bd. II, S. 251—305. || 5) G. Rawlinson, a. a. O., II, S. 371—376; Herodotus, I, S. 546. || 6) Fr. Lenormant, Lettres assyriologiques, Série I, Bd. I, S. 24. || 7) Plinius, N. H. IV, 16.

am Urumiyehsee fest, und einen Stamm hatte sein abenteuerlicher Sinn bis nach den Ufern des Halys getrieben[1]. Den Turaniern behagte das Land, sie hatten es weit und breit in Besitz genommen und vertheidigten es lange mit Erfolg gegen die arischen Angriffe im Norden und die semitischen im Westen. Die grossen Könige aus der achtzehnten Dynastie gelangten nicht bis zu ihnen[2], und die ersten assyrischen Eroberer, Tuklat-Adar und Tuklat-habal-asar I., machten keinen Versuch, die ihrem Ehrgeize durch die Gebirgsketten des Choatras und des Zagros gezogenen Schranken zu übersteigen. Sie fielen höchstens in einige Stämme ein, welche von den Gebirgen in die vom Tigris bewässerten Gefilde hinabgekommen waren. Erst im neunten Jahrhunderte, mit Tuklat-Adar II. und Assur-nazir-habal fingen die Assyrer an, den östlichen Völkerschaften gegenüber Terrain zu gewinnen.

Ausser den Mata begegnete Assur-nazir-habal einer blos turanischen Bevölkerung. Da war, von Süden aus gerechnet, zunächst Charchar und Namri: Charchar am obern Laufe des Gyndes und des Choaspes; Namri, von Assyrien durch den untern Zab geschieden; beide auf dem Rücken des Zagros, weit nach Osten ausgedehnt, aber in dem westlichen Theile ihres Gebietes wenigstens theilweise von einer Bevölkerung kushitischen Ursprungs bewohnt. Nördlich von Namri begann jenseits des obern Zab das Land Chubuskia, welches vom Passe Rowandiz bis in die Umgegend des Vansees sich am Choatrasgebirge entlang zog. Wenn diese Völker auch, da sie unmittelbar mit Assyrien in Berührung kamen, nicht geschont wurden, so widerstanden sie doch hartnäckig und liessen lieber sich halb vertilgen, als dass sie sich ergeben hätten. Hinter denselben fanden Assur-nazir-habal und Salmanasar IV. im Seegebiete des Urumiyeh die Mata vor, welche an Chubuskia angrenzten, dann am nördlichen Seestrande Madachir und am östlichen Charru, jenseits aber in südlicher Richtung von Charru Mesa, und schliesslich, von Mesa durch »drei in die Wolken ragende Bergspitzen, deren Gipfel keines Vogels Flug zu erreichen vermöchte«, geschieden, das Giratbundaland mit seinen fünfhundert Städten[3]. Südlich

---

1) Herodot I, 72. || 2) Wie es scheint, sind Thotmes III. und Amenhotep II. über Ninive nicht weit hinausgekommen. | 3) Bei den alten Schriftstellern das Land der Kadusier gegenwärtig Ghillân und Mazanderân.

davon begann das Arazias-Land[1], welches theils an Charchar, theils an Namri grenzte, und jenseits von Arazias das Barsu- oder Parsu-Volk, welches damals von der grossen Wüste bis zum kaspischen Meere gebot[2]. Wie vor ihm sein Vater, so schmetterte auch Salmanasar IV. all diese Stämme nieder. Ihn führte 842 sein Verfolgungseifer weit über Parsu hinaus in Gegenden, welche kein Assyrerfürst vor ihm erreicht hatte. Er traf daselbst auf ein neues Volk, die Amadaï oder Madaï, schlug dasselbe und machte es zinspflichtig.

Die Meder gehörten zur indo-europäischen Rasse und bildeten mit den Persern zusammen den Hauptbestand der iranischen Völkerfamilie. Im allgemeinen führten sie den Namen Arya[3], und wussten sich noch der Zeiten zu entsinnen, in welchen sie in Airyanem-Vaêdjô[4] am Rande der Hochebene Pamir wohnten. In einem ihrer heiligen Bücher wird erzählt, dass, bevor sie auf Iran's Boden sich niederliessen, sie lange die Welt durchstreift und in verschiedenen Ländern gewohnt hätten, welche der gute Gott Ahura-Mazdâ für sie schuf, aus welchen sie schliesslich aber stets der listige Angrô-Mainyus, das böse Prinzip, vertrieb[5]. Der Kälte halber mussten sie Airyanem-Vaêdjô verlassen und breiteten sich über Çughdhâ[6] und die Provinz Môuru[7] aus. Durch innere Kriege und Einfälle benachbarter Nomaden wurden sie abermals gezwungen, in die Fremde zu gehen. Sie zogen östlich nach Bâkhdhî, »dem Lande der hohen Fahnen[8]« hinauf, dann südöstlich in die Gegend Niçâya, »die zwischen Bâkhdhî und Môuru liegt«[9]. Bisher hatten sie sich auf das

1) Das eigentliche Medien. || 2) Fr. Lenormant, Lettres assyriologiques, Sér. I, Bd. I, S. 23—26. || 3) Herodot VII, 62: *Οἱ δὲ Μῆδοι ἐκαλέοντο δὲ πάλαι πρὸς πάντων Ἄριοι.* || 4) »Wohnung der Arier«. || 5) Vendidad-Sade, Fargard I. Dieser geographische Text wurde vielfach bearbeitet, so von Rhode, Die heilige Sage des Zendvolks, S. 61 ff.; Lassen, Indische Alterthumskunde, Bd. I, S. 526 ff.; Kiepert, in den Monatsberichten der berliner Akademie 1856, 621—647; Spiegel, Avesta, Bd. I, S. 59—67, und Commentar. Bd. I, S. 1—48; Haug, The first chapter of the Vendidad, bei Bunsen, Egypt's Place, Bd. III; Fr. Lenormant, Lettres assyriologiques, Sér. I, Bd. I, S. 29—34. Man hält allgemein diese geographischen Angaben für äusserst genau; siehe jedoch Bréal, Géographie de l'Avesta, in den Fragments de critique Zend (Extrait du Journ. Asiatique. 1862), S. 1—18. || 6) Bei den klassischen Schriftstellern Sogdien. || 7) Margiana, in den achämenidischen Inschriften *Margus*, heutzutage der Bezirk *Merv*. || 8) d. h. »Sitz des Königtums«. In den persischen Texten ist Bâkhdi *Bakhtris*, Baktrien. || 9) Bei Strabo und Ptolemaios (VI. 10. 4) *Νισαία*.

Stromland des Oxus beschränkt, da die Furcht vor den Turanierstämmen sie abhielt, die Abhänge des Hindu-Kush zu erklimmen und das zwischen dem kaspischen Meere und dem indischen Ozean gelegene Hochland zu betreten. Von Niçâya aus durchzogen sie Harôyu[1]) und stiegen in das Vâekereta-Duhzaka[2]) hinab, wo sie sich in mehrere Völkerschaften sonderten[3]). Die einen zogen durch Haraqaiti[4]) und Haêtumat[5]), und kamen im Industhale, im Heptahendu[6]), heraus, woselbst sie sich den dort bereits vorhandenen Stämmen arischer Abkunft anschlossen und mit diesen sich verschmolzen. Die andern rückten südwestlich vor und machten erst an der Ostgrenze von Elam in einem Bergbezirke Halt, den sie Parçâ = Persien benannten. Die Meder begaben sich nicht in die Wüste, welche das Becken des Helmend vom Zagrosgebirge trennt, sondern stiegen allmählich nordwestlich über Urvâ[7]) und Khnenta Vehrkana[8]) hinauf, wandten sich dann südwärts und siedelten sich östlich von den Parsua in der Gegend von Rhagâ[9]) und Tshakhrâ[10]) an, wo sie Salmanasar IV. 841 vorfinden musste.

Die Perser scheinen nicht besondern Widerstand gefunden zu haben; die ziemlich dünn gesäete zwischen Elam und Karmanien wohnhafte kushitische und turanische Bevölkerung hielt ihnen nicht Stand[11]). Die Meder mussten sich jeden Fuss breit ihre neue Heimat erkämpfen. Für die Einzelheiten aus ihren ersten Kämpfen mit den Turaniern, hat die Geschichte kein Gedächtniss gehabt,

---

1) Bei den Persern *Haraiva*, bei den klassischen Schriftstellern Aria oder Ariana. || 2) Nach Lassen und Haug gegenwärtig Seïstan, wo am Ostufer des Hamunsees, südlich von den Mündungen des Helmend, die Trümmer der Stadt *Dushak* (Djellabad) liegen. || 3) Im Vendidad-Sade werden dabei nur zwei Richtungen, nach Medien und nach Indien, angegeben. || 4) Bei den Assyrern *Arakuttu*, bei den griechischen Geographen Arachosien. || 5) Die Lage ist unsicher. || 6) gegenwärtig das *Pendjab*. || 7) Weder Lassen noch Spiegel hat eine bestimmte Identifizirung für diese Oertlichkeit vorgeschlagen; Haug verlegt Urvâ auf den Weg nach Indien nach Kabulistan; Meineke in das östliche Parthyene. Fr. Lenormant bringt es mit dem auf den assyrischen Denkmälern *Urirân* genannten Lande zusammen, mit Isidor's (§ 13) *Apauarktisene* und Plinius' (VI, 18) *Apavortene*. || 8) Ausser Kiepert sehen, wie ich glaube, alle Erklärer einstimmig in Rhagâ, *Ragai*, wie Isidor (§ 7) sagt: »die grösste Stadt in Medien«. || 9) Auf den persischen Inschriften *Varkâna*, bei den Griechen und Römern Hyrkanien, gegenwärtig *Djurdjan*. || 10) nach Haug *Karch* im äussersten Nordwesten von Chwarizm. || 11) Fr. Lenormant. Hist. ancienne, Bd. II, S. 331—332.

dagegen wussten die persischen Ueberlieferungen bis in das Mittelalter hinein von den märchenhaften Thaten, die dabei vorgekommen waren, zu berichten und die sagenhaften Helden, die sich daran betheiligten, mit Namen zu nennen. Vom neunten Jahrhunderte unserer Zeitrechnung ab vermögen wir aus den Angaben der assyrischen Denkmäler zu beobachten, wie die arische Eroberung nach Westen Fortschritte machte. 831 fand Salmanasar IV. das Land noch in dem oben geschilderten Zustande. Fast unmittelbar nach seinem Rückzuge setzten die Meder sich nach dem Zagros zu in Bewegung. Den westlich an Assyrien, südlich an die Wüste gedrängten Parsua blieb weiter nichts übrig als in den Gebirgsbezirken, aus welchen später die Provinz Parthyene wurde, Zuflucht zu suchen. In nicht ganz zwanzig Jahren legten die Arier den Zwischenraum, der sie von der assyrischen Grenze trennte, zurück und nahmen das Land Varena[1] und Illipi[2] in Besitz. Wenn sie auch (820—816) Samsi-Bin's III. Feldzüge nötigten, einen Augenblick inne zu halten, so wurden unter den darauf folgenden Regierungen doch ihre Unternehmungen durch Assyriens zeitweiligen Verfall begünstigt, und es verwehrte ihnen nichts, sich in dem von ihnen eroberten festzusetzen. Wie über funfzig Jahre nach Bin-nirari Tuklat-habal-asar II. wiederum die assyrischen Heere gen Osten führte, erstreckte sich Medien bereits vom Zagros bis zur Wüste und von den Nordgrenzen Elam's bis zum Gestade des kaspischen Meeres[3]. Von den Völkern, die vordem dies gewaltige Ländergebiet besessen hatten, war ein Theil zerstreut oder geknechtet, der andere, wie die Parsua, war ausgewandert; nur mühsam behaupteten einige einen Rest von Selbständigkeit. Charchar und Namri hatten alles von ihrem Gebiete eingebüsst, was auf diesem Hochlande lag. Ueberall waren die Arier den Völkern von Turan gegenüber im Vortheil[4].

---

1) Nach dem Vendidad die vierzehnte Station der Iranier; vielleicht Strabo's *Chorene* (XI, 19), Isidor's *Chourine* (§ 8), Plinius' *Choara* (VI, 17). || 2) Nach Oppert soll *Illipi* oder *Illibi* Albanien sein. Fr. Lenormant (Lettres assyriologiques, Série I, Bd. I, S. 38—41) hat es als das obere Medien nachgewiesen. || 3) Haug glaubt, dass die Worte mit denen das Vendidad die sechzehnte Station der Iranier bezeichnet, »*von dem Gestade des Meeres*« bedeuten. Dann kann dies nur das Uferland des kaspischen Meeres in Tabaristan sein. [Vergl. über die assyrischen Einfälle in Medien: Duncker, Gesch. II, S. 253 f]. || 4) Lenormant, Lettres assyriologiques, Série I, Bd. I, S. 26—41.

Als einige hundert Jahre nach diesen Begebenheiten die Griechen die Iranier kennen lernten, war die Geschichte dieser Eroberung bereits durch Volkssagen und aus politischen Rücksichten entstellt. Die Perser konnten als Nachfolger der Meder in deren asiatischem Reiche nicht zugestehen, dass soeben noch ein Volk ihres Stammes Assyriens unterthäniger Vasall gewesen sei. Für diese Epoche erdichteten sie einen ruhmredigen Roman, dessen hauptsächlichste Angaben Ktesias von Knidos sammelte und in seinen Büchern aufzeichnete. Auf 788, wo soeben Bin-nirari III. die ersten arischen Stämme von Medien besiegte, verlegte Ktesias die Empörung des Arbakes, die Einnahme von Ninive und die Stiftung eines grossen Mederreiches, das sich ohne Unterbrechung bis auf Kyros hinzog. Für jene angeblichen Könige mangelte es an Namen und Regierungsjahren. er schuf daher eine in allen Stücken neue Dynastie[1]. Den

---

1) Volney hat die Methode entdeckt. die Ktesias bei der Anfertigung seiner Dynastie in Anwendung brachte. Stellt man die von ihm gegebene medische Königsliste neben die. welche Herodot liefert:

Herodot		Ktesias	
Interregnum	x	Arbakes	28
Deiokes	53	Mandaukas	50
		Sosarmos	30
		Artykas	50
Phraortes	22	Arbianes	22
		Artaios	40
		Artynes	22
Kyaxares	40	Astybaras	40

so sieht man, dass Ktesias bei aller Entstellung der herodoteischen Namen die Zahlen zu je zwei und zwei wiederholt:

Phraortes 22	Arbianes . . . 22	Artaios 40	Kyaxares 40.
	Artynes . . . 22	Astybaras . . . 40	

An Stelle der vier ersten Könige gab Herodot den Deiokes und ein Interregnum von unbegrenzter Dauer an. Für die 53 Jahre des Deiokes nahm Ktesias die runde Zahl 50, und an Stelle des Interregnums setzte er eine Regierung, der er die Durchschnittsdauer eines Menschenalters gab. Dasselbe Herstellungsverfahren wie auf das vorhergehende verwandte er auf das neue Paar von Königen:

		Arbakes 28	Interregnum x
Deiokes . 53	Mandankas . . . 50	Sosarmos . . . 30	
	Artykas 50		

Beweis für diesen Betrug haben uns die assyrischen Denkmäler gegeben. Wie in den Jahren, welche der Regierung des angeblichen Mandaukas entsprechen, Tuklat-habal-asar II. in Medien einfiel, war das Land unter eine grosse Zahl unabhängiger Häuptlinge vertheilt, welche je in ihrem Bezirk oder in ihrer Stadt in Ansehen standen und von keiner höhern Gewalt abhingen. Er beschränkte sich darauf, nach Indien zu einige weitgehende Züge zu unternehmen, und auf dem Hochlande Iran einige gewinnbringende Beutezüge auszuführen. Zwanzig Jahre später nahm Saryukin die Eroberung dieses Landes ernstlich in die Hand. Um 712 machte er dort einen Einfall an der Spitze eines zahlreichen Heeres, bemächtigte sich der meisten Städte und baute auf mehreren bedeutenden Punkten Festungen, die seine neuen Unterthanen in Gehorsam halten sollten. Den Traditionen assyrischer Politik getreu, schaffte er Meder in die westlichen Provinzen seines Reiches, in das Hamath und nach Coelesyrien, und in Medien errichtete er verstreut liegende syrische Kolonien. Ein Theil der Juden aus Samarien wurde dergestalt mitten unter arischen Völkern angesiedelt[1]. Schliesslich verlangte er eine bestimmte Anzahl nisäischer Zuchthengste als jährlich zu übersendenden Tribut. In seiner Gewalt lag die ganze Provinz Medien vom Lande Bikni im Osten[2] bis zum Bezirke Karalla an den Grenzgebieten von Atropatene[3]. Er herrschte als oberster Gebieter über alle Häuptlinge in dieser Gegend, über den von Allabria[4] und den von Ellibi, über die Fürsten von Agazi[5], Uriakku[6], Ambanda[7] Zikartu[8] und zwanzig andere, deren Gebiet wir nicht

---

Die Einfügung von 28 für 30 bei der Regierung des Arbakes beabsichtigt nur dem ganzen Verzeichnisse ein wahrscheinliches Ansehen zu geben. (Vergl. Volney, Recherches sur l'histoire ancienne, Bd. I, S. 144 ff.; G. Rawlinson, Herodotus Bd. I, S. 329—330). [Vergl. Duncker, Geschichte II, S. 315 ff. 351 ff.] || 1) II Reg., XVII, 6; XVIII, 11. || 2) Das Land *Bikni* im äussersten Osten von Medien scheint der Umgebung der Stadt zu entsprechen, die Ptolemaios (VI, 2, 17) *Ἀβάκαινα* nennt (Fr. Lenormant, Lettres assyriologiques, Série I, Bd. I, S. 45). || 3) F. Lenormant, a. a. O. || 4) Fr. Lenormant sieht in *Allabria* eine turanische Form für den Namen des Elburz *Harâ-Berezaiti* und in dem Bezirke *Allabria* den nördlich von Rhagai gelegenen Gebirgsdistrikt. || 5) Var. *Agagi* vergl. *Ἄγαζα* oder *Ἄγαγα* in Atropatene bei Ptolemaios VI, 2, 8. || 6) Vielleicht *Ἀλαύακα* bei Ptolemaios VI, 2, 10. || 7) Wahrscheinlich *Kampada* auf den Achämenideninschriften, *Kambadine* bei Isidor, St. Parth., § 5. || 8) Bei den klassischen Schriftstellern Sagartien.

unterzubringen wissen[1]. Es machte Sin-ache-irib keine weitere Mühe, die Oberhoheit über Medien zu behaupten, Assur-ache-idin drang in seinem zehnten Jahre (671) nochmals in Bikni ein, und Medien stand ein halbes Jahrhundert lang in einem vollständigen Abhängigkeitsverhältnisse zu den Königen von Ninive.

Bei alledem hatten die nationalen Ueberlieferungen diese Epoche der Abhängigkeit in einen ruhmreichen Zeitraum umgewandelt. Dem Herodot erzählten die Perser, dass um 708, also zur selben Zeit, wie Sarynkin eben einen Theil des Landes mit Kolonien besetzt hatte, alle zerstreuten Stämme von Medien sich zu einer Volksgenossenschaft vereinigt und das Mederreich gestiftet hätten. »Bei den Medern gab es einen klugen Mann, Deiokes mit Namen, des Phraortes Sohn. Da dieser Deiokes nach der Herrschermacht trachtete, that er, wie folgt. Weil die Meder in Dörfern wohnten, und er in dem seinen bereits vordem angesehen war, so legte er sich um so mehr und eifriger auf die Rechtspflege. Das that er, während viel Gesetzlosigkeit im ganzen Mederland war, denn er war sich bewusst, dass dem Rechte das Unrecht feind ist. Wie die Meder aus seinem Dorfe sein Verfahren sahen, erkoren sie ihn zu ihrem Richter. Er aber sann auf Herrschaft und war schlicht und gerecht. Durch solches Thun hatte er kein geringes Lob bei seinen Mitbürgern, so dass wie die in den andern Dörfern, die vordem ungerechten Richtersprüchen anheimgefallen waren, erfuhren, Deiokes sei der einzige Mann, der nach Recht und Billigkeit richte, wie sie das hörten, mit Vorliebe zu Deiokes kamen, sich auch Recht sprechen zu lassen, und schliesslich sich an keinen andern mehr wandten. Wie der Besucher immer mehr wurden, die da erfahren hatten, das Gericht ginge vor sich, wie es sich gebühre, erkannte Deiokes, dass auf ihm alles beruhe, und wollte sich nicht mehr dort hinsetzen, wo er vordem sass und Recht sprach, und sagte, er wolle nicht mehr Recht sprechen, denn seinen eignen Angelegenheiten sei es kein Nutzen, dass er sich um sie nicht kümmere und über die von andern Leuten urtheile. Wie es nun noch vielmehr Raub und ungesetzliches Treiben, als zuvor herrschte, in den Dörfern gab, da kamen die Meder an einem Orte zusammen, hielten Rat mit einander und sprachen davon, was geschehen solle. Wie mir scheint, waren es meist des

1) Vergl. Fr. Lenormant, a. a. O., S. 44—49.

Deiokes Anhänger, die da sprachen: »Wir sind doch nicht im Stande, in der gegenwärtigen Weise das Land weiter zu bewohnen Wohlan, wir wollen uns einen König einsetzen, dann wird das Land in guter Ordnung sein, und wir können unsern Geschäften nachgehen, ohne durch die gesetzlosen Zustände beständig beunruhigt zu werden«. Mit diesen Worten ungefähr überredete man sich, man müsse sich von einem Könige beherrschen lassen, und da sofort die Frage aufgeworfen wurde, wen man zum König einsetzen solle, so wurde von Jedermann Deiokes am meisten vorgeschlagen und angepriesen, dergestalt, dass sie einwilligten, er solle ihr König sein[1]«. Wie Deiokes erst König war, erbaute er sich ein grosses Schloss und umgab sich mit einer königlichen Leibwache. Dann befahl er seinen Unterthanen, sie sollten ihre Dörfer verlassen und innerhalb der Mauern einer grossen Hauptstadt sich um ihn zusammenscharen. »Das befolgten die Meder gleichfalls, und er erbaute jene grossen und gewaltigen Mauerwerke, die jetzt Agbatana heissen, die im Kreise eins im andern stehen. Er fertigte dies Mauerwerk aber so an, dass ein Kreis über den andern nur um die Brustwehren emporragte. Dieser Einrichtung kommt allerdings auch die Oertlichkeit in sofern zu Hülfe, als sie hügelig ist; was auch um so mehr von Nöten war, als der Kreise im ganzen sieben sind. Im letzten befinden sich die Königsburg und die Schatzkammern. Der grösste von ihnen ist ungefähr so gross wie die Ringmauer von Athen. An dem ersten Kreise sind die Brustwehren weiss, am zweiten schwarz, am dritten purpurfarben, am vierten blau, am fünften sandarakfarben . . . An den beiden letzten sind sie am einen versilbert am andern vergoldet. Das alles erbaute sich Deiokes und zwar um seine eigene Behausung herum, das übrige Volk aber liess er ausserhalb der Umwallung wohnen. Wie alles in dieser Ordnung erbaut war, war es Deiokes, der zuerst festsetzte, dass Niemand zu dem Könige Zutritt haben solle, alles durch Boten vermittelt werde, keiner den König zu sehen bekäme, und dass in dessen Gegenwart zu lachen und auszuspeien durchaus unschicklich sei. Diese Ehrerbietung legte er aber seiner Umgebung auf in der Absicht, dass nicht, wenn ihn die erblickten, welche mit ihm gleich alt, mit ihm aufgewachsen und aus keiner schlech-

1) Herodot, I, 96—98.

tern Familie waren, noch ihm an Manneswert nachstanden, dadurch bekümmert würden und ihm nachstellten, sondern er ihnen dadurch, dass sie ihn nicht zu Gesicht bekämen, als ein Wesen anderer Art erschiene[1]«.

An der Persönlichkeit des Deiokes ist nichts historisch[2], aber sein Name ist auf den Denkmälern wieder aufgefunden. 713 unterwarf Sargon ein Land Bet-Dayakku, das so nach seinem Beherrscher hiess, und augenscheinlich entsprechen sich Dayakku und Deiokes[3]. Doch liegt ein wesentlicher Unterschied zwischen Dayakku und Deiokes darin, dass Dayakku sein ganzes Leben lang ein kleiner, obskurer Mederfürst blieb, und Deiokes der Begründer eines Reiches ist. Man hat mithin in der Persönlichkeit des Deiokes ebenso wie in seiner dreiundfunfzigjährigen Regierung nur eine poetische Fiktion zu erblicken, welche der Eitelkeit der arischen Völkerschaften behagte, welche die Geschichte aber Lügen straft[4]. Unter Saryukin, Sin-ache-irib und Assur-ache-idin, also in dem halben Jahrhundert, welches die Sage grossmütig der Machtvollkommenheit des Deiokes bewilligt, (708—655) war Medien in kleine Fürstentümer zerstückelt, und diese waren meist Assyrien zinspflichtig[5].

Die iranische Religion. Zoroaster. Die Magier.

Die Religion der Meder und Perser entstammte der Gottesverehrung der alten arischen Völkerschaften, wie sie uns theilweise durch die heiligen Bücher Indiens bekannt ist. Es waren das zunächst dieselben Riten, dieselben Glaubensüberzeugungen, dieselben Götternamen angewandt auf dieselben Begriffe gewesen; dann hatten sich abweichende Neigungen bekundet, die zunächst fast kaum be-

1) Herodot I, 98—99. || 2) Ueber die griechische Färbung der Geschichte des Deiokes siehe die Bemerkungen von Grote (History of Greece, Bd. III, S. 307 ff) und G. Rawlinson (Herodotus, I, S. 321; The five great Monarchies, II, S. 380—383). || 3) Henry Rawlinson meinte, *Deiokes* entspräche *Dahak*, dem zweiten Bestandtheile des Namens *Aj-dahak*, beissende Schlange, griech. *Ἀστυάγης* (Notes on the Early History of Babylonia, S. 30 Anm. 2). Ich glaube, Fr. Lenormant hat das Wort Deiokes richtig mit Dayakku identifizirt. || 4) Fr. Lenormant hat kürzlich den Deiokes des Herodot als authentisch zu erweisen versucht (Lettres ass. I, Bd. I, S. 55—62). || 5) G. Rawlinson, Herodotus, Bd. I, 328—331; The five great Monarchies, II, S. 379—383.

merklich waren, bald aber derartig betont wurden, dass sie zur Bildung zweier einander widersprechender Dogmensysteme führten. Die Arier hatten eine verworrene Kenntniss von einem Gotte, dessen Wesen einheitlich aber in seinen Manifestationen vielfältig und in diesen fast untergegangen war. Seine Einheit zersetzte sich in eine Mehrheit von Attributen, und jedes von diesen war im Stande, beseelt und eine selbständige Person zu werden. Aus dieser Auffassung der Einheit in der Mannigfaltigkeit gingen durch verschiedene Vorgänge die polytheistischen Religionen Indiens und Europas hervor, aus ihr entsprang die dualistische Religion der iranischen Völker.

Die nationalen Sagen schrieben dem Propheten Zarathustra (Zoroaster)[1]) die Ehre zu, die wahre Religion gestiftet zu haben. Fast alle Schriftsteller des klassischen Altertums verlegen einstimmig diese Persönlichkeit in die entlegensten Gebiete des märchenhaften Altertums. Hermippos und Eudoxos liessen ihn sechs bis sieben tausend Jahre von Alexander's Tode leben, Plinius sagte, er sei tausend Jahre früher als Moses[2]), und der Lyder Xanthos behauptete, zwischen seinem Tode und dem Regierungsantritt des Dareios seien sechshundert Jahre verflossen[3]). Zarathustra lebte im Erstlingsalter der iranischen Rasse, in der Zeit als die Stämme noch in Baktrien lagerten. Er war von königlichem Geschlechte und wurde von Gott von seiner Geburt an auserkoren, die Welt neu zu gestalten. Seine Kindheit und Jugend verbrachte er in unablässigem Kampfe mit den Dämonen; blieb, so oft er auch angefallen wurde, immer Sieger und ging aus jeder Prüfung vollendeter hervor. Als er dreissig Jahre alt war, erschien ihm ein höherer Genius, Vohumanô und führte ihn vor Ahurâ-mazdâ. Aufgefordert, an Gott eine Frage zu richten, fragte er: »Welches ist das beste von den Geschöpfen, die auf Erden sind«? Er erhielt zur Antwort, der sei vollkommen unter den Menschen, dessen Herz rein sei. Er wollte ferner Namen und Thätigkeit eines jeden Engels, das Wesen und die Eigenschaften des bösen Prinzips erkennen. Er schritt durch einen Flammenberg, liess sich den Leib öffnen und geschmolzenes

1) Zarathustra's Name kann Goldglanz bedeuten, doch sind auch andere Etymologien möglich. || 2) Plinius, N. H., XXX, 1, 2. || 3) Xanthos bei Müller, Frag. H. Graec., Bd. 1, S. 44. Ktesias machte aus Zoroaster einen mit Ninos und Semiramis gleichzeitigen König von Baktrien.

Erz in seinen Busen giessen, ohne dass ihm ein Leid widerfuhr. Danach empfing er aus Gottes Hand den Avesta, das Buch des Gesetzes und wurde auf die Erde zurückgeschickt. Er begab sich nach Balch, zu Vîstâçpa, dem Sohne des Aurvat-açpâ[1], der damals über Baktrien herrschte, und widerlegte daselbst die Weisen des Hofes. Drei Tage lang suchten sie ihn zu bekämpfen und zu verwirren, dreissig zu seiner Rechten, dreissig zu seiner Linken. Wie sie sich als besiegt bekannten, erklärte Zarathustra, er komme von Gott, und begann dem König den Avesta vorzulesen. Von den Weisen verfolgt, der Zauberei und Gottlosigkeit beschuldigt, siegte er schliesslich durch seine Beredsamkeit und seine Wunderthaten. Vîstâçpa, sein Weib und sein Sohn glaubten an ihn, und der grösste Theil des Volkes folgte diesem Beispiel. Die Sage fügt hinzu, er habe, von allen geehrt wegen der Heiligkeit seines Lebenswandels, noch lange gelebt. Nach einigen starb er, vom Blitze getroffen; nach andern wurde er in Balch von einem turanischen Krieger getödtet. Man hat sich oft gefragt, ob er eine geschichtliche Persönlichkeit oder nur ein mythischer Heros sei, der sich in die Geschichte verirrt habe[2]. So eine Frage lässt sich nicht endgültig entscheiden. Man kann nur soviel behaupten, dass, wenn Zoroaster überhaupt gelebt hat, wir von ihm weiter nichts kennen als seinen Namen. — seinen Namen und das Werk, dem er sein Leben widmete[3].

Den Zoroaster zugeschriebenen Büchern ist das gleiche Schicksal zugestossen wie allen heiligen Büchern: sie sind so oft verstümmelt und interpolirt worden, dass man nicht immer mit Sicherheit aus ihrem Inhalt das authentische ausscheiden kann. Vom Avesta haben wir nur noch Bruchstücke, die in den drei Sammlungen: Vendidad-Sade, Yesht-Sade und Bundehesh erhalten sind. Das Vendidad-Sade besteht aus dem Vendidad oder dem »Buche gegen die Dämonen«, dem Yaçna und dem Viçpered; ebenso wie

---

1) Die modernen persischen Bücher nennen diesen König Gushtasp, Sohn des Lohrasp. Vistâçpa-Gushtasp ist griechisch zu Ὑστάσπης geworden, aber Vistâçpa hat persönlich nichts mit dem Vater des Dareios gemein. ‖ 2) Ueber diese Frage siehe Kern, Over het woord Zarathustra en den mythischen Persoon van diesen Naam, in den Mémoires de l'Académie des sciences des Pays-Bas, Bd. XI, 1867. Zoroaster's ganze Lebensgeschichte beruht auf modernen Sagen, deren Autorität ungemein zweifelhaft ist. ‖ 3) Spiegel, Eranische Alterthumskunde, Bd. I, S. 668—711.

das Yesht-Sade ist es in Zend geschrieben. Der Bundehesh ist in der persischen Volkssprache der Sassanidenzeit, dem Pehlevi abgefasst. In diesen drei Sammlungen befinden sich Stücke von ganz verschiedenem Alter und Werte, theils so alt, dass sie uns wenn auch nicht die ursprüngliche Fassung so doch den Geist der iranischen Lehre geben, theils modern und mit fremdartigen Formeln untermengt. Nur einen Gott beteten die Iranier an, den Auramazdâ[1], den weisen Geist, »den lichtvollen, strahlenden, sehr grossen und sehr guten, sehr vollkommenen und sehr starken, sehr klugen und sehr schönen[2]«. Er ist unerschaffen aber hat Alles durch das Wort erschaffen. Und seine Schöpfung ist keine Verwendung vorherbestehender Elemente, wie bei vielen andern Kosmogonien: durch seines Wortes Wirken hat er alles, Geist und Stoff, aus dem Nichts gezogen[3]. Von Anfang an hat er sich sechs Genien höherer Ordnung, welche die Amesha-çpenta (Amshaspand) »die Unsterblichen« heissen, als Unterstützer bei der Verwaltung der Welt beigelegt. Vohu-manô, den »guten Geist«, Asha-vahista, den »sehr reinen«, Khshathra-vairya, das »begehrenswerte Königtum«, Çpenta ârmaîti, die »vollendete Weisheit«, Haurvatât, die Gesundheit, und Ameretât, die Unsterblichkeit[4]. Nach den Amesha-çpentas kommen die Yazata (Yzed) die zu Tausenden im Weltall verbreitet sind, um die Erhaltung und Thätigkeit seiner Glieder zu überwachen, Mithra, der Sonnengeist, Vayu, der Wind, und die verschiedenen Genien des Wassers, Feuers, der Luft und der Gestirne[5]. Sie gehören ganz nah zu einer andern Klasse von Wesen, zu den Fravarshi (Frohar oder Feruer). Jeder Mensch, jeder Yazata und sogar Auramazdâ hatten ihren eignen Fravarshi, der über sie wachte und sie zu erhalten beflissen war. Nach dem Tode des Menschen blieb der Fravarshi im Himmel und wurde dort eine Art unabhängiger Genius, der zum Guten um so mächtiger war, als das Ge-

---

1) So schreiben die persischen Keilinschriften. Das Zend sagt Ahurômazdâo und das Neupersische Ormuzd. Von *Mazdâ* kommt das Wort *Mazdaismus* her, mit dem man das Religionssystem der Iranier vielfach bezeichnet. || 2) Yaçnâ, 1, 1. || 3) Spiegel, Erânische Alterthumskunde, Bd. II, S. 21—31, hat alle Stellen der heiligen Bücher zusammengetragen, in denen von Auramazdâ die Rede ist. || 4) Spiegel, a. a. O., Bd. II, S. 31—40. Vergl. J. Darmestetter, Haurvatât et Ameretât, Essai sur la mythologie de l'Avesta, Paris 1875. || 5) Spiegel, a. a. O., S. 41—91.

schöpf, mit dem er auf Erden in Verbindung gestanden hatte, Reinheit und Tugend bewiesen hatte[1].

Auramazdâ hatte, als er die Welt schuf, beabsichtigt, sie gut zu schaffen. Doch kann die Schöpfung nur durch das Gleichgewicht der widerstrebenden Kräfte bestehen, die in ihr zur Geltung kommen. Der Gegensatz zwischen diesen Kräften flösste den Iraniern den Gedanken ein, sie würden von zwei feindlichen Prinzipien, einem dem Menschen guten und nützlichen und einem bösen und schädlichen bewegt. Dies böse Prinzip war nicht gleich ewig wie das gute; so lange Auramazdâ die Welt nicht schuf, gab es nichts böses, an dem Tage jedoch, an welchem er bei seinem Schöpferwerke die Materie aus dem Nichts zog und die Kräfte weckte, welche sie regierten, da offenbarte sich, ohne dass es mit seinem Willen geschah, in ihrer Wirkung und Wechselwirkung ein zerstörender Genius, der bei den Menschen Angrômainyus (Ahriman), der Zerstörer, hiess. So wie sich Auramazda in allem offenbarte, was es nützliches und schönes gibt, im Lichte, in der Gerechtigkeit und in der Tugend, so zeigte sich auch Angrômainyus in allem, was schädlich und hässlich ist, in der Finsterniss, in dem Verbrechen und in der Sünde. Im Verlangen, des Weltalls Harmonie zu zerstören wurde diese böswillige Macht schöpferisch[2]. Den sechs Amesha-çpenta stellte er sechs ebenso kräftige und mächtige Geister gegenüber: Akômanô, den »bösen Geist«, Añdra, der danach trachtet, Kummer und Sünde in die Welt zu säen, Çauru, der die Könige zur Tyrannei, die Menschen zu Diebstahl und Mord verleitet, Nâonghaithya, Tauru und Zairica[3]. Gegen die Yazata rief er die Daeva (devs) oder die Dämonen ins Leben, die unablässig auf die Natur einstürmen und sich der Regelmässigkeit in ihren Bewegungen widersetzen[4]. So wie bei der Schöpfung Auramazdâ das Licht, den Menschen und alles, was es gutes gibt in dieser Welt, hervorrief, zog Angrômainyus die Finsterniss und die schädlichen Thiere und Pflanzen aus dem Nichts hervor; und auf den Menschen eifersüchtig, sucht er diesen zu Fall zu bringen. Vor Zoroaster's Kommen vermischten sich seine männlichen (Yâtu) und weiblichen Geschöpfe (Pairika, Peri) ungehindert mit den Men-

1) Spiegel, a. a. O., II, S. 91—98. || 2) Spiegel, a. a. O., II, 121—126. || 3) Spiegel, a. a. O., II, 126—130. || 4) Spiegel, a. a. O., II, 130—141.

sehen und traten mit ihnen in Verbindung. Zoroaster vernichtete ihre Leiber und verbot ihnen, sich anders als in Thiergestalt zu offenbaren[1]. Erst am Ende der Zeiten wird ihre Macht vollkommen vernichtet werden. Alsdann werden drei neue von Zoroaster ausgehende Propheten, Ukhshyat-ereta, Ukhshyat-nemô und Çaoshyanç oder Açtvat-eretô der Welt drei neue Gesetzbücher bringen, die ihre Erlösung vollenden werden. Die Finsterniss wird dem Lichte weichen, der Tod dem Leben, das Böse dem Guten. Angrômainyus wird Auramazdâ's Oberhoheit anerkennen müssen, und Vollkommenheit wird im Weltall herrschen[2].

Inmitten des Kampfes zwischen beiden Prinzipien, bestürmt von den Daeva, von den Yazata beschirmt, soll der Mensch nach Recht und Gerechtigkeit in der Lage leben, in die ihn das Schicksal geworfen hat. Neben dem Priester und dem Krieger hat der Gesetzgeber dem Landbebauer einen Ehrenplatz offen gelassen. »Ein Heiliger ist, wer sich hienieden ein Haus baut, in welchem er das Feuer, das Vieh, sein Weib, seine Kinder und gute Herden unterhält. Der da Getreide auf dem Erdboden hervorbringt, der da die Früchte des Feldes zieht, der da Reinheit pflegt, er fördert Auramazdâ's Gesetz ebenso, als brächte er hundert Opfer dar[3]«. Der Mensch ist hinieden hingestellt, dass er dem Angrômainyus den unfruchtbaren Erdboden streitig mache; das Feld zu bestellen ist seine erste Pflicht. Im übrigen trug man Sorge, ihm das Leben nicht mit Formelwerk zu überladen, man verlangte von ihm, er solle an Gott glauben, ihm Gebete und Opfer darbringen, reines Herzens sein, aufrichtigen Worts und rechtlich in allen seinen Handlungen. »Wir beten Auramazdâ an, den reinen, den Herrn der Reinheit: wir beten die Amesha-çpenta an, die Besitzer des Guten, die Vertheiler des Guten: wir beten an alles, was der gute Geist geschaffen hat, alles was seiner Schöpfung zum Besten und zur Ausbreitung des wahren Glaubens dienen kann. — Wir loben alle guten Gedanken, guten Worte und guten Handlungen, die da sind und sein werden, und wir wahren in Reinheit alles, was gut ist. — Auramazdâ, immer gutes, immer glückliches Wesen! wir bemühen uns so zu denken, zu sprechen und zu handeln, wie es sich

1) Spiegel, a. a. O., II. 145—148. 2) Spiegel, II. S. 153—158. 3) Yaçna, XXXIII, 2—3.

ziemt, um Theil zu haben an beiden Leben[1], dem der Seele und dem des Leibes. Weder Bildsäulen, noch geheimnissreiche Heiligtümer, noch Altäre besass Auramazdâ[2], sondern auf den Höhen erhoben sich Pyreen oder Feuertempel, in denen die heilige Flamme von Geschlecht zu Geschlecht durch Priester unterhalten wurde, deren Obliegenheit war, sie nicht erlöschen zu lassen[3]. Das hauptsächlichste Opferthier war das Ross[4], doch opferte man auch das Rind, die Ziege und das Schaaf. Nachdem man das Haôma, eine Art berauschenden Getränks, welches die Iranier von den arischen Urvölkern überkommen hatten[5], zubereitet und unter die Umstehenden vertheilt hatte, tödtete der Priester das Thier, legte jedoch dessen Stücke nicht in das Feuer, denn dieses hätte die Berührung damit verunreinigt, sondern vor das heilige Feuer. Gewöhnlich schloss die Caerimonie mit einem feierlichen Bankett, bei dem man von dem Opferfleische ass[6].

Den Leib durfte man nach dem Tode weder verbrennen, noch begraben noch in einen Fluss werfen, weil damit das Feuer, die Erde oder das Wasser verunreinigt worden wäre. Zwei verschiedene Arten besass man, sich des Leichnams unbeschadet der Reinheit der Elemente zu entledigen. Man konnte ihn mit einer Lage Wachs bedecken und begraben[7], — der Ueberzug sollte die Befleckung verhindern, die durch eine unmittelbare Berührung mit der Erde hervorgerufen wäre. Man konnte ihn in freier Luft aussetzen und ihn von den Vögeln oder Raubthieren[8] verzehren lassen. — für diesen Fall dienten grosse runde Türme als Kirchhöfe[9]. Nachdem die Seele noch drei Tage in der Nähe ihrer sterblichen Hülle geblieben war, verliess sie dieselbe im Morgendämmern des vierten und begab sich zur Stätte des Gerichts. Der Genius Rashnu wog mit untrüglicher Wage ihre guten und schlechten Werke ab und

1) Yaçna, XXXV, 1—3. || 2) Herodot, I, 132. || 3) Strabo, XV, 3, 14. || 4) Xenophon, Cyrop., VIII, 3, 24; Yaçna, XLIV, 18, woselbst von einem Opfer, aus zehn Rossen bestehend, die Rede ist, das von einem Einzelnen dargebracht wird. || 5) *Haôma*, im Sanskrit *Sôma* war der Extrakt der *Haôma-* oder *Soma*-Pflanze, einer Art *Asclepias* [*acida*] oder *Sarcostemma viminale.* || 6) G. Rawlinson, The five great Monarchies, Bd. II, S. 337—339. 345—346. || 7) Strabo, XV, 3, 20; Herodot, I, 140. || 8) Strabo, a. a. O.; Herodot (I, 140) scheint zu glauben, dass die Leichen beerdigt wurden, nachdem sie von den Hunden und Vögeln erst theilweise aufgefressen waren. || 9) Diese Türme hiessen *dakhmas* »Denkmäler« (Vendidad Farg. V—VIII.)

sprach dieselbe, je nachdem, was ihr eigener Lebenswandel für sie bezeugte, entweder frei oder verurtheilte sie. Von der Richtstätte aus führte man sie vor die Brücke Cinvat, die über der Hölle emporragte und auf das Paradies zuführte. War sie gottlos, so konnte sie dieselbe nicht überschreiten, sondern stürzte in den Abgrund, wo sie der Knechtung durch Angrômainyus anheimfiel; war sie rein, so ging sie mit Hülfe des Engels Çraosha ohne Mühe hinüber. Sie wurde von Vohumanô in Empfang genommen, und dieser stellte, gleichwie er es mit Zoroaster that, sie vor Auramazdâ's Thron und wies ihr den Ort an, wo sie bis zum Tage der Auferstehung des Leibes zu verweilen hatte[1].

Wie der Mazdaismus auf das Hochland Iran verpflanzt wurde, modifizirte er sich gemäss der Zeit und den Umständen. Bei den Persern bewahrte er sich lange unversehrt, aber bei den Medern wurde er durch Berührung mit fremdem Aberglauben getrübt. Die Turanier in Medien waren wie die meisten ihnen stammverwandten Völker der Ansicht, das gute Prinzip sei von so sanftmüthigem Wesen, dass es nicht angebetet zu werden brauche, und sparten sich ihre Gebete und Opfer für die höllischen und finstern Gewalten auf. Ihr Gottesdienst bestand mehr in allerlei Zauberkram als in einer eigentlichen Gottesverehrung und wandte sich an die bösen Geister. Ihre Priester hatten barbarische Gebräuche und Kunstgriffe, von denen sie sich einbildeten, dass sie damit die Dämonen überwinden und dem menschlichen Willen gehorsam machen könnten[2]. Wie sie Unterthanen der Arier wurden, schworen sie ihren Glauben keineswegs ab, sondern legten demselben den ihrer Gebieter zu Grunde. Mit Auramazdâ und dessen Lichtengeln identifizirten sie ihre wohlthätigen, mit Angrômainyus und dessen Dämonen ihre übelwollenden Götter, so dass die Religion Zoroasters durch eine derartige Invasion turanischer Geister durch und durch verändert wurde. Während man Angrômainyus bis dahin nur für ein niederes Wesen ansah, welches man verwünschte, und dem Ehrfurcht zu erweisen, so gut ge-

---

1) G. Rawlinson, The five great Monarchies, Bd. II, S. 339—340, Spiegel, Eránische Alterthumskunde, Bd. II, S. 148—151. || 2) In dem bizarren Gottesdienste der *Yezidi*, der Teufelsanbeter, scheinen noch sehr entstellte, alte turanische Glaubensansichten der medischen Völker sich erhalten zu haben (Layard, Niniveh and Babylon, S. 41 ff., Oppert, Rapport au ministre de l'instruction publique, 1856).

wesen wäre, wie sich für ewig zur Hölle zu verdammen, fingen die Meder an, in demselben nach dem Beispiele der Turanier Jemand zu sehen, der zwar weniger erhaben als das gute Prinzip, jedoch weit mehr zu fürchten war, und den man viel eher zu beschwichtigen hatte, so dass sie demselben schliesslich dieselbe Gewalt und Kraft wie Auramazdâ einräumten und annahmen, er sei von demselben Wesen wie sein Gegner und werde ebenso lange bestehen. Man musste noch erklären, woher diese beiden wesensgleichen und dabei doch einander so feindlichen Wesen kamen, und nahm daher an, sie hätten nicht seit ewig bestanden, sondern rührten von einem ihnen vorangegangenen Etwas her, welches man als unbegrenzte Zeit (Zrvan-akarana) bezeichnete[1]. Insofern hatte man eine vollständige Entwickelung. Ein solcher Dualismus, wie ihn Zoroaster, ohne die von ihm angeregten Probleme zu lösen, ersonnen hatte, bestand nur noch dem Namen nach. Auramazdâ war nicht mehr der unerschaffene Schöpfer aller Dinge sondern entstammte einem vor ihm vorhandenen Wesen und hatte eine Welt, welche ihrer innern Möglichkeit nach schon vor ihm bestand, verwirklicht. Sein Kampf mit Angrômainyus war ein Kampf zwischen zwei gleichen und einander dermassen ebenbürtigen Gewalten, dass keine von beiden die andere zu überwinden vermochte. Aus ein und derselben göttlichen Wesenheit war das Gute sowie das Böse emanirt, war nur für wenige Jahrhunderte und nur äusserlich unterschieden und war bestimmt, sich wiederum im Schosse ein und desselben indifferenten Wesens, dem es einst mit allem Geschaffenen entstiegen war, zu vereinen[2].

Auch die äussere Gestalt des Gottesdienstes erlitt zugleich mit dem Dogma eine durchgreifende Umgestaltung. Bei den medischen

1) Ueber dieses Wesen und diejenigen, welche es vertreten: die *begrenzte Zeit* (*Zrvan-dareghô-qadhâta*), den *unendlichen Raum* (*Trâsha*) und den *begrenzten Raum* (*Miçvâna*), das *unendliche Licht* (*Anaghra raocâo*) und die *unendliche Finsterniss* (*Anaghra temâo*), siehe Spiegel, Eränische Alterthumskunde Bd. II, S. 4—20. Aus dem Glauben an Zrvan-akarana entwickelten sich viele Sekten, von denen die berühmteste, die der *Zervaniten* bis weit in das Mittelalter hinein bestanden (Spiegel, a. a. O., II, 176—187). Er gehört noch gegenwärtig zu den religiösen Ueberzeugungen der Geber, der bombayer Parsi.

2) Fr. Lenormant, Hist. Bd. II, S. 335—338; Lettres assyriologiques, Série I, Bd. I, 97—111; Essai de commentaire sur les fragments cosmogoniques de Bérose, S. 156 ff.; la Magie, S. 191—215.

Turaniern gab es eine Priesterkaste, auf deren Mitglieder sich das Priesteramt vererbte. Diese, *Magush* (Magier) genannten, Priester gewannen auf ihre Besieger Einfluss und wurden einer von den sechs zu der Nation gehörigen Stämmen[1]. Sie steckten die Arier mit ihren abergläubischen Gebräuchen an, bildeten die Anbetung des Feuers und der Gestirne weiter aus und machten sich zu den unvermeidlichen Vermittlern zwischen Gott und den Menschen. Ohne ihr Dabeisein konnte man kein Opfer darbringen, keine religiöse Handlung vollziehen[2]. In lange, weisse Röcke gehüllt, mit hohen Tiaren geschmückt, die heiligen Fasces aus Tamariskenholz (bareçma, barsom), die zu jeder Handlung nötig waren, in den Händen[3], traten sie in Procession vor die Altäre, richteten das Opferthier zu, gossen die Trankopfer aus und sangen die mystischen Formeln, durch welche das Opfer allein wirksam wurde, über demselben. Sie rühmten sich, im Besitze übermenschlicher Fähigkeiten zu sein, Orakel zu deuten und zu ertheilen, sowie die Zukunft vorauszusagen. Nach dem, was die klassischen Schriftsteller versichern, fröhnten sie trotz äusserer Sittenstrenge den unnatürlichsten Lastern, erlaubten und trieben die scheusslichste Unzucht, die des Sohnes mit der Mutter[4], und schreckten, um ihre Leidenschaften zu befriedigen, vor keinerlei Mitteln zurück. Was wir nach den Original-Denkmälern über ihren Lebenswandel wissen, erlaubt uns, weder dieses Urtheil anzutasten noch zu bestätigen. Die Magier gewannen auf das Volk und auf die Vornehmen einen grossen Einfluss, und handelten, wenn sie denselben mitunter missbrauchten, darum keineswegs besser noch schlechter als andere vor ihnen.

---

1) G. Rawlinson. The five great Monarchies, II, S. 348—349. || 2) Herodot, I, 132; Ammianus Marcellinus, XXIII, 6. || 3) Strabo, XV, 3, 13; Vendidad, Farg. XVIII, 1—6. || 4) Dass dies üblich gewesen sei wird von mehreren Kirchenschriftstellern auf Treu und Glauben dem Lyder Xanthos und dem Ktesias nacherzählt, zwei Schriftstellern, deren Glaubwürdigkeit verdächtig ist. G. Rawlinson (The five great Monarchies, Bd. II, S. 351—353) weist diese Beschuldigung als unbegründet zurück.

Zwölftes Kapitel.

Das Morgenland zur Zeit des Mederreichs.

Das Mederreich. Kyaxares. Die Kimmerier in Asien. Ninive's Sturz (625). Lydien. — Die sechsundzwanzigste Dynastie. Psametik I. Neko II. Schlacht bei Karkemish. — Das Chaldäerreich und das Morgenland von der Schlacht bei Karkemish bis zum Sturze des Mederreichs.

Das Mederreich. Kyaxares. Die Kimmerier in Asien. Ninive's Sturz (625). Lydien.

Nach den bei Herodot gesammelten Ueberlieferungen hatte Deiokes einen gewissen Phraortes zum Nachfolger (655—633), der die Perser unterworfen, das Hochland Iran erobert haben und dann 632 auf einem Zuge gegen Ninive umgekommen sein soll[1]. Wir wollen uns bei dieser Persönlichkeit, deren Namen Fravartis medisch aussieht, deren Geschichte aber durchaus nicht authentischer als die ihrer Vorgänger ist, hier nicht aufhalten[2]. Der wahre Begründer des grossen Mederreichs war der von den Griechen Kyaxares genannte Uvakhshatra[3]. Nach Herodot soll dieser des Phraortes Sohn gewesen sein und von seinem Vater dessen sicher begründete Herrschaft übernommen haben[4]. Man glaubt von ihm gegenwärtig, dass er nicht aus dem eigentlichen Medien stammte, sondern am kaspischen Meere, zwischen dem Atrek und dem Oxus, geboren wurde. Er und sein Vater leiteten eine abermalige Wanderung, welche das Hochland Iran zum Ziel hatte und in der dortigen Gegend die Kräfte der arischen Rasse um das doppelte erhöhte. Es machte weiter keine Schwierigkeiten, die Kleinstaaten, in welche das Land zerfiel, zu unterwerfen und unter ein Scepter zu bringen. An der Choatraskette machten die neuen Ankömmlinge, die von mächtigem Thatendrange erfasst waren, noch nicht Halt, sondern wollten in die Tigrisebene hinabziehen. Wir erfahren von Herodot,

1) Herodot, I, 102. || 2) Vergl. Rawlinson, The five great Monarchies, Bd. II. S. 383. François Lenormant (Lettres assyriologiques, Série I, Bd. 1, S. 64—72) hat neuerdings die Wahrheit des herodoteïschen Berichtes zu erweisen gesucht. || 3) Vergl. Aischylos, Perser, v. 761—764: *Μῆδος γὰρ ἦν ὁ πρῶτος ἡγεμὼν στρατοῦ, Ἄλλος δ' ἐκείνου παῖς τόδ' ἔργον ἤνυσε. Τρίτος δ' ἀπ' αὐτοῦ Κῦρος* . . . — 4) Herodot, I, 103.

wie dieser erste Anschlag der Meder gegen Assyrien ablief[1], dass der alte Assur-ban-habal oder einer von dessen Nachfolgern den Eindringlingen entgegenrückte und dieselben besiegte, dass Phraortes in der Schlacht umkam und Kyaxares mit den Trümmern seines Heeres umkehrte, wieder auf das medische Hochland zog und sich daselbst von neuem zum Kriege rüstete[2].

Wie er sich eben ein reguläres Heer geschaffen hatte[3] und abermals Assyrien zu bekriegen anfing, kam unverhofft ein Feind, welcher die beiden gegnerischen Mächte trennte. Weit im fernen Norden lebten jenseits der armenischen Flüsse und der Bergspitzen des Kaukasos in den weiten Steppen des europäischen Festlandes halbwilde Stämme, welche bei den Völkern des Altertums unter den ziemlich unklaren Namen Kimmerier, Skythen und Sarmaten bekannt waren. Seit geraumer Zeit pflegten die Kimmerier fast in jedem Jahre über die kaukasische Grenzscheide zu steigen und bei den asiatischen Völkern auf Raub auszugehen. Ihre ersten Einfälle waren vorzugsweise nach Südwesten, nach Kleinasien zu gerichtet; sie verheerten die Uferländer des Pontos Euxeinos und zogen über Phrygien, Mysien und Lydien bis zu den Griechen- und Barbarenstädten, welche an der Ostküste des ägäischen Meeres standen[4]. Wie später der Ruhm Assyriens bis zu ihnen gelangte und ihre Habsucht entflammte, zogen sie gen Süden und stiessen, mitunter zu ihrem Schaden, mit den assyrischen Heeren zusammen[5]. Um 632 wurde die Hauptmasse der Nation von dem Skolotenstamme aus seinem Besitze vertrieben[6], setzte sich in Bewegung und zog am kaspischen Meere entlang. Als die Barbaren das Stromland des Tigris betraten, stiessen sie auf zwei Heere. Kyaxares hatte die Assyrer geschlagen und den König derselben genötigt, sich in seine Hauptstadt zurückzuziehen. Er hob, als die Kimmerier nahten, die Belagerung auf und eilte den Eindringlingen entgegen. Obwohl er ihnen durch Bewaffnung und Mannszucht überlegen war, erlagen seine Soldaten doch der Ueberzahl. Der Barbarenhäuptling

1) Herodot, I, 102—103. || 2) Vergl. Rawlinson, The five great Monarchies, Bd. II, S. 220; Herodotus, Bd. I, S. 331—333. || 3) Herodot. I. 103. || 4) Strabo, I, 2, 9; III, 2, 12. XIV, 1, 40; Orosius I, 21. Vergl. G. Rawlinson, The five great Monarchies, Bd. II, S. 404; Herodotus, Bd. I, S. 299—301. || 5) Bereits um 678 unter Assur-ache-idin kommen die *Gimirri* oder *Kimmerii* vor. || 6) Herodot, I, 104; (IV, 6).

Madyes blieb Sieger und legte den Besiegten einen jährlichen Tribut auf. Medien hatte nicht gross darunter zu leiden, da es noch nicht so wohlhabend war, dass es die Begehrlichkeit der Skythen gereizt hätte, doch scheint es für's erste seine Uebermacht über die benachbarten Völkerschaften verwirkt zu haben[1].

Der Strom der Eindringlinge hielt sich von dem iranischen Berglande fern und fiel dafür über die Euphrat- und Mittelmeer-Länder her. Assyrien zuvörderst, welches die Skythen unabsichtlich errettet hatten, hatte besonders ihre Verwüstungen auszustehen, wurde ganz und gar verheert, und entging ihnen zwar Ninive, so wurden doch die Königsstädte Kalach und El-Assur niedergebrannt und rein ausgeplündert. Mesopotamien und Chaldäa kamen um die Hälfte ihrer Bevölkerung. Die Kimmerier, wie tausend Jahre später die Hunnen, schonten kein Alter noch Geschlecht. Aus blosser Lust am Zerstören, oder weil sie sich gern gefürchtet sahen, vernichteten sie die Ernten, metzelten sie die Heerden nieder oder trieben sie fort und zündeten sie die Dörfer an. Diejenigen Einwohner, welche sich nicht ins Gebirge zu retten oder in den Festungen zu bergen vermochten, wurden niedergemacht oder in die Sklaverei geschleppt. Festungen liessen sie gewöhnlich gegen Zahlung eines geringen Tributs in Ruhe, da sie sich auf die Kriegskunst zu wenig verstanden, um dieselben regelrecht zu belagern, doch schlossen sie eine Stadt, wenn sie sich von den in derselben befindlichen Schätzen eine reiche Beute versprachen, so lange ein, bis sie die Hungersnot zur Ergebung zwang. Manche alte Stadt, in welcher von Geschlecht zu Geschlecht sich Reichtümer aufgespeichert hatten, wurde mit Feuer und Schwert verwüstet, mancher fruchtbare und volkreiche Bezirk zu Grunde gerichtet und verödet. So zogen sie von Provinz zu Provinz, von Mesopotamien nach Nordsyrien und Phönizien, von Nordsyrien in das damaskenische Land und nach Palästina[2]. Wie sie schliesslich an die ägyptische Grenze kamen und sich anschickten, diese zu überschreiten, entfernte Psametik I. sie durch reiche Geschenke. Sie kehrten um und plünderten unterwegs den Tempel der Derketo bei Askalon. Von nun ab ging es mit ihrer Macht auf die Neige[3]. Jahr für Jahr gerieten sie in

1) Herodot. I, 103; Strabo. I, 3, 21. || 2) Herodot I, 104; Justinus, II, 3. || 3) Herodot I, 105.

neue Kriege, es wurde ihnen schwer, die in ihren Reihen durch die Siege entstandenen Lücken wieder auszufüllen, Ausschweifungen allerlei Art decimirten sie, und ihre Zahl nahm reissend ab. Die Besiegten erhoben von neuem ihr Haupt und begannen sich wieder zu regen.

Die ersten, welche das Joch abschüttelten, waren die Meder. Kyaxares lud den Skythenhäuptling nebst seinen vornehmsten Offizieren zu einem grossen Gelage ein, berauschte dieselben, liess sie alle umbringen, und rückte gleich Tags darauf ins Feld. Trotz des Verrates, der sie ihrer sämmtlichen Feldherrn beraubt hatte, boten die Kimmerierhorden so tapfer dem Sturme die Stirn, dass sie nur durch einen langwierigen, blutigen Krieg, von welchem wir nichts näheres wissen, vertrieben werden konnten. Ktesias von Knidos hat das wie gewöhnlich mit allerlei wunderbaren und romanhaften Abenteuern ausgeschmückt. Nach ihm sollen die Skythen zusammen mit den Parthern unter dem Befehle der Königin Zarinaia die Meder mehrmals geschlagen und schliesslich mit diesen unter gleichen Bedingungen einen Vertrag geschlossen haben. Zarinaia zog nach der Unterzeichnung des Friedens sich in ihre Hauptstadt Roxanake zurück und beschloss daselbst ihre Tage [1]. In Wirklichkeit vertrieb Kyaxares die Skythen aus Medien, und auch im übrigen Asien hielten sie sich nicht mehr lange nach seinem Siege. Diejenigen, welche noch am Leben waren, kehrten über den Kaukasos nach Europa heim [2], und zwar wurden sie so vollständig verjagt, dass man behaupten möchte, es sei von ihnen auch keine Spur übrig geblieben, ausser dass von ihnen Beth-Shean, eine Stadt in Palästina, nach einer misslichen Ueberlieferung den Namen Skythopolis angenommen haben soll [3]. Nach Herodot's Behauptung währte ihre Herrschaft in Asien von der Niederlage des Kyaxares bis zur Erhebung der Meder achtundzwanzig Jahre [4]. Diese Ziffer ist bedeutend zu erniedrigen. Ihre Herrschaft währte 7, bis höchstens 8 Jahre, von 634 bis 627 [5].

---

1) Diodor II, 34, 3, nach Ktesias; Nikolaos der Damaskener, Fr. 12; Anonymus, de claris mulieribus, 2. || 2) Herodot IV, 1. || 3) Alexander der Polyhistor bei Eusebios, Praep. Ev., IX, 39. || 4) Herodot I, 106. || 5) De Saulcy, Chronologie des empires de Ninive, de Babylone et d'Ecbatane, S. 69; G. Rawlinson, The five great Monarchies, Bd. II, S. 221—227; Fr. Lenormant, Lettres assyriologiques, Sér. I, Bd. I, S. 74—83.

Wie die Skythen kaum fort waren, sann der Mederkönig bereits von neuem auf einen Einfall in Assyrien, das seit Assur-ban-habal's Tode von einheimischen und von äussern Kriegen zerrüttet war. Es wurde schliesslich durch Assur-edil-ilani's Thronbesteigung[1] daraus erlöst und suchte sich aus seinen Trümmern aufzuraffen; war auch, trotz des kläglichen Zustandes, in den es geraten war, immerhin noch im Stande, soviel Furcht einzuflössen, dass der durch seine früheren Misserfolge gewitzigte Kyaxares sich unter den Vasallen seines Gegners nach Bundesgenossen umsah. Mit der Statthalterschaft über Chaldäa hatte Assur-edil-ilani einen seiner Generäle, Nabu-bal-ussur, betraut und sich selber vorbehalten, es mit den Medern aufzunehmen. Der pflichtvergessene Nabu-bal-ussur liess sich (625) zum König von Babylon ausrufen und Kyaxares ein Schutz- und Trutzbündniss antragen. Das nahm der Meder an und machte das Uebereinkommen noch bindender dadurch, dass er seine Tochter Amytis dem Sohne seines neuen Freundes, Nabu-kudur-ussur, vermälte. Der verratene Assyrerkönig zog sich nach Ninive zurück, leistete daselbst, solange er dazu irgend im Stande war, Widerstand und verbrannte sich, um dem Feinde nicht in die Hände zu fallen, in seinem Schlosse (625)[2].

---

1) G. Smith setzt zwischen Assur-ban-habal und Assur-edil-ilani einen König, der bei ihm Bel-zakir-iskun heisst, von dem er ein merkwürdiges Denkmal aufgefunden hat (Assyrian Discoveries, S. 381—384; Assyria, S. 185—187). Es steht bis jetzt nur soviel fest, dass Assur-edil-ilani nicht unmittelbar nach seines Vaters Tode auf den Thron berufen wurde, sondern dass einer oder zwei Fürsten vor ihm denselben inne hatten (G. Smith, Assyrian Discoveries, S. 384). || 2) Diodor II, 23—28, nach Ktesias; Abydenos bei Eusebios (Chron. Can., Theil 1, 9, 3); der Polyhistor Alexander, ebendas. (1, 5). Vergl. G. Rawlinson, The five great Monarchies Bd. II, 228—233; Herodotus, 1, S. 334, 398—401; Fr. Lenormant, Lettres assyriologiques, Série I, Bd. I, S. 83—92.

Uebersicht über die Dynastie der Sargoniden:

SARYUKIN, 721—704.
SIN-ACHE-IRIB, 704—680.
ASSUR-ACHE-IDIN II, 680—667.
ASSUR-BAN-HABAL, 667—. . . .
. . . .?
ASSUR-EDIL-ILÂNI, . . .—625.

Mit Ninive's Zerstörung fiel das Assyrerreich und war in wenigen Jahren nur noch eine Sage; kaum zweihundert Jahre später wusste man nicht mehr genau, wo seine Hauptstadt lag. Auch die übrigen grossen morgenländischen Völker, die Aegypter und Chaldäer, hatten in den Tagen ihres Ruhmes freilich der Besiegten nicht geschont: die Pharaonen der thebanischen Dynastien hatten Afrika und Asien unter ihren Sandalen zertreten und ganze Völkerschaften in die Knechtschaft geführt, sie hatten aber neben dem Werke des Zornes auch das Werk der Gesittung gefördert. Von Aegypten und Chaldäa hat das Altertum seine Künste und Wissenschaften erhalten, von Aegypten und Chaldäa haben wir die ersten gründlicheren Kenntnisse, die es in der Astronomie, in der Medizin, in der Geometrie, in der Physik und in den Naturwissenschaften gab, bekommen, und sind zwar Chaldäa's Denkmäler unwiederbringlich zu Grunde gegangen, so stehen doch Aegypten's Denkmäler noch da und können uns bekunden, wie weit es die erstgebornen Menschen in der Baukunst gebracht hatten. Und wenn wir dann bei Assyrien nach etwas anderm als nach Eroberungen anfragen, so finden wir bei ihm nichts, was es nicht seinen Nachbarn entlehnt hätte. Seine Wissenschaften entnahm er aus Chaldäa, seine Künste aus Chaldäa und zum geringen Theil auch aus Aegypten, seine Schrift, seine wissenschaftliche und religiöse Literatur aus Chaldäa, und nur eins ist ganz sein eigen, das ist die Wildheit seiner Feldherrn und die Tapferkeit seiner Krieger. Von dem Tage an, an welchem es in der Geschichte auftrat, lebte es ausschliesslich dem Kriege und der Eroberung, und mit demselben Tage, an dem seine Bevölkerung so erschöpft war', dass es auf dem Schlachtfelde keine Erfolge mehr erringen konnte, war es auch um sein Dasein geschehen und es war aus mit ihm. Das eigentliche Assyrien nebst dem, was im Norden und Nordwesten unmittelbar dazu gehörte, nahm Kyaxares für sich in 'Anspruch. Nabu-bal-ussur dagegen vereinte mit dem Besitz von Babylon die Oberhoheit über Elam, Mesopotamien, Syrien und Palästina. So entstanden gleichzeitig zwei grosse Reiche aus Assyrien's Trümmern: da, wo bisher sich die Geschichte des gesitteten Morgenlandes abgespielt hatte, Chaldäa, und in den beinah unbekannten Landstrichen im Norden und Osten, bei Völkern, welche soeben erst an das Tageslicht der Geschichte traten, das Mederreich. Vielleicht aus Duldsamkeit, vielleicht auch aus Furcht vor einander, respektirten diese beiden sich gegenseitig und blieben über ein halbes Jahrhundert mit einander befreundet, so dass durch ihr Einvernehmen der Weltfriede gesichert war.

Kyaxares genügte, wie er Assyrien besiegt hatte, dieser erste Erfolg keineswegs. Da Urarti und die benachbarten Länder von den Kimmeriern grossentheils zu Grunde gerichtet waren, leisteten sie ihm keinen Widerstand. Die westlich vom Euphrat ansässigen Turanierstämme der Muskai und Tubal wurden nach dem schwarzen Meere und dem Kaukasos zurückgeworfen und von Völkerschaften verdrängt, die theils phrygischer Herkunft waren, wie die Armenier, theils iranischer wie das Volk der Katpatuka (Kappadokier). Nicht ganz zehn Jahre nach Ninive's Fall, drang Kyaxares mitten in Kleinasien ein[1]. Die Einwohnerschaft, die er im Binnenlande vorfand, war fast ganz noch so, wie neun Jahrhunderte früher die Aegypter sie kennen gelernt hatten. Die Phrygier fristeten ihr unberühmtes Dasein weiter und waren ob ihres Reichtums und ihrer Tapferkeit geachtet. Midas, einer von ihren letzten Königen, hatte die Absicht kundgethan, sich mit den Völkern des Auslandes in Verbindung zu setzen und war der erste Barbar gewesen, welcher dem delphischen Orakel Geschenke schickte[2]. Dieser Annäherungsversuch hatte weiter keine Folgen, und Phrygien sank wieder in seine Isolirtheit zurück. Die übrigen Völker, die Troer, Lykier und Karer, waren durch die Thätigkeit der neuerdings vom europäischen Festlande herübergekommenen Rassen zusammengeschmolzen oder sogar gänzlich verschwunden. Die Thrakerstämme im Norden waren immer weiter über den Bosporos vorgerückt, hatten die Eingebornen zurückgeworfen und sich in Bithynien angesiedelt. Seit dem eilften Jahrhundert hatten die Hellas gegenüberliegenden Landestheile Zufluss von griechischen Ansiedlern erhalten: im ehemaligen Troas, an der Hermosmündung, auf Lesbos, in den Städten Mitylene, Kyme, Elaia und Magnesia waren die Aioler; auf Chios, Samos, und auf der Küste in Phokeia, Smyrna, Teos, Kolophon, Ephesos, Priene und Milet, die Ioner: auf Rhodos, Karpathos, Kos und auf den grossen karischen Halbinseln die Dorer. Ihre Städte waren meist auch ihrerseits Mutterstädte geworden und hatten im

1) Herodot, I. 103. || 2) Herodot I. 14. [Vergl. Duncker, Geschichte I. S. 386].

Süden die kilikischen und lydischen Küsten, im Norden die des Pontos Euxeinos mit Ansiedlungen bedeckt[1]. Ihre Lage und ihr Vortheil brachten es mit sich, dass sie mit den Völkern im Binnenlande, mit den Karern, Thrakern und Lydern, fortwährend in Fehde lagen.

Lydien hatte, seitdem die Tursha, die Shardaner und die andern »Seevölker« nach Italien ausgewandert waren, zweimal seine Dynastie gewechselt. Gegen Ende des dreizehnten Jahrhunderts[2] wurden die Attyaden durch die Familie der Herakliden verdrängt, welche Agron zum Stifter hatte, dessen Genealogie noch mythischer als er selbst ist. Durch Alkaios, Belos und Ninos stammte er von Herakles und einer Sklavin des Iardanos ab[3]. Die beiden letztern Namen führen uns zwar nach Griechenland, die erstern nach Assyrien, doch bleibt es immerhin unerforschlich, warum die ersten lydischen Chronographen den Griechen Alkaios zum Vater des Assyrers Belos machten. Einige später lebende Schriftsteller brachten das Emporkommen der neuen Dynastie mit einer angeblichen Herrschaft der ersten ninivitischen Könige über Kleinasien in Zusammenhang. Bei Ktesias gehört Lydien zu den dem märchenhaften Ninos unterworfenen Provinzen und in dem plötzlichen Auftreten des Kushiten Memnon bei der Belagerung von Troia sah er eine Unterstützung, welche der Assyrerkönig seinem Vasallen Priamos zukommen liess[4]. Man hat auf diese Andeutungen hin Agron für einen von seinem Vater auf den lydischen Thron gesetzten Sohn des Ninos gehalten[5], den Namen desselben mit dem assyrischen Agrun verglichen, was der *Flüchtling* bedeuten und einen aus dem Assyrerlande durch eine Staatsumwälzung vertriebenen Fürsten bezeichnen soll: »Die Namen, welche Herodot für die drei Ahnen des Agron anführt: Belos, Alkaios und Herakles sind wörtliche Uebersetzungen des Namens und Titels des assyrisch-chaldäischen, *Samdan*, »der starke, mächtige«, genannten, Herakles, der als Bel-Adar-Samdan mitunter mit Bel assimilirt wird. Es wird mithin durch die

1) Vergl. die genaue Schilderung der griechischen Ansiedelungen in Kleinasien in dem der griechischen Geschichte gewidmeten Bande dieser Sammlung [in der das französische Original erschienen ist: Histoire universelle publiée par une société de professeurs et savants sous la direction de M. V. Duruy. Paris, Hachette]. || 2) Ktesias, frag. 2, 18; ed. C. Müller. || 3) Volney, Recherches sur l'histoire, Bd. 1, 419. || 4) Ktesias, Fragment 2, 18. herausg. v. Müller. || 5) Volney, Recherches sur l'histoire, Bd. 1, S. 419.

von dem Vater der Geschichte aufbewahrten Ueberlieferungen deutlich bekundet, dass der Stifter der lydischen Heraklidendynastie ein assyrischer, flüchtiger Prinz war, welcher einer Familie entstammte, welche den Gott Adar für ihren Urheber oder besonderen Beschützer hielt. Wenn wir uns nun an die assyrischen Annalen wenden, so sehen wir aus diesen, dass gerade um das Jahr 1200 zu Ninive der eigentliche, Adar-pal-assar, »Adar beschirmt seinen Sohn«, genannte Begründer jener mächtigen Monarchie herrschte. Wie sich aus der Bedeutung dieses Namens ergibt, hiessen die Nachkommen dieses Fürsten auf griechisch ganz naturgemäss Herakliden. In dem »Flüchtling« Agron hat man mithin, wie uns scheint, einen Sohn Adar-pal-assar's, einen später geborenen Bruder Assur-dayan's, zu sehen, welchen uns unbekannte Ereignisse, wahrscheinlich Rangstreitigkeiten mit seinem Bruder, bewogen haben, sich nach Lydien zurückzuziehen und sich daselbst der Herrschaft zu bemächtigen[1]«. Es ist das im Ganzen mehr geistreich als sicher erwiesen, und man thut besser daran, Agron's Stammbaum für die Erfindung eines Schriftstellers zu halten, welcher gern die Lyderkönige mit den berühmtesten Helden Griechenlands und des Morgenlandes in Zusammenhang bringen wollte[2].

Ueber die Geschichte der zweiten Dynastie ist ebenso wenig bekannt wie über die der ersten. Auf Agron folgten einundzwanzig Könige, von welchen jeder der Sohn seines Vorgängers war, und deren Regierungen zusammen eine Summe von fünfhundert Jahren ergeben[3]. Von den meisten sind die Namen verloren gegangen, und das, was von den übrigen ausgesagt wird, versetzt uns ganz und gar in die Sage. Kambles war so gefrässig, dass er eines Nachts die Königin im Schlafe aufass[4], und das Weib des Meles brachte einen Löwen zur Welt[5]. Die Geschichte von dem Feldzuge eines lydischen Feldherrn nach Palästina, der unter der Regierung des Alkimos Askalon gegründet haben soll[6], mag eine verschwommene Erinnerung an die tyrrhenischen Wanderzüge sein und scheint zu beweisen, dass die Lyder noch lange nach der Zeit

1) Fr. Lenormant, Histoire, Bd. II, S. 384—385; Essai de commentaire sur les fragments cosmogoniques de Bérose, S. 145—147. || 2) Vergl. Rawlinson, Herodotus, I, S. 291—293. || 3) Herodot, I, 7. || 4) Athenaios X, 8; wahrscheinlich nach dem Lyder Xanthos. || 5) Herodot I, 84. || 6) Xanthos, bei Stephan von Byzanz unter Ἀσκάλων.

der Seevölker Streifzüge an den ägyptischen und syrischen Küsten unternahmen. Auch die Herakliden wurden um 700[1]) gestürzt. Gyges, der Sohn des Daskylos, ermordete den König Kandaules und bemächtigte sich der Königsherrschaft. Seine Erlebnisse lieferten den Griechen Stoff zu einem Roman, in welchem sie ohne Rückhalt ihre Phantasie schalten liessen. Bereits Herodot erzählte dem Dichter Archilochos nach, König Kandaules sei in die Schönheit seines Weibes so vernarrt gewesen, dass er dieselbe dem Gyges nackt gezeigt habe. Die Königin sah darin eine Beschimpfung und war darüber so erbittert, dass sie den Günstling zwang, seinen Gebieter zu tödten und ihm dann ihre Hand und die Krone gab[2]). Bei Plato ist die Geschichte noch wunderbarer. Nach einem fürchterlichen Unwetter bemerkt ein Hirt des Lyderkönigs einen Spalt im Erdboden und steigt in denselben hinab. Da findet er ein grosses kupfernes, halb zerbrochenes Ross und im Bauche des Rosses einen Riesenleichnam, welcher einen goldenen Ring am Finger trägt. Er bemerkt, dass der Ring nach Belieben unsichtbar machen kann, begibt sich an den Hof, verführt die Königin, ermordet den König und nimmt dessen Stelle ein[3]). Nach einer dritten Sage dient die Ermordung des Königs durch ihn sowie seine Thronbesteigung nur zur Erfüllung eines Orakels[4]). Der Dynastienwechsel kam nicht ohne Kampf zu Stande. Die Anhänger der Herakliden griffen zu den Waffen und machten sich anheischig, die Sache der rechtmässigen Herrscher zu vertreten. Gyges, von karischen Söldnern unterstützt, zog es vor, sich auf den Schiedsspruch des delphischen Orakels zu berufen, und dieser Schiedsspruch war ihm günstig. Sobald er sicher auf dem Thron sass, »schickte er nicht unbedeutende Weihgeschenke nach Delphoi ab, was die grosse Zahl silberner Weihgeschenke in Delphoi beweist. Ausser dem Silber stiftete er auch eine Unmenge Gold, worunter die goldenen Mischkrüge, sechs an der Zahl, besonders erwähnenswert sind. Es stehen diese in dem korinthischen Schatzhause und haben ein Gewicht von dreissig Talenten[5])«.

1) Nach der üblichen, auf Herodot's Berechnungen gestützten Chronologie 724. Aus den assyrischen Denkmälern ergibt sich, dass Gyges noch zwischen 668 und 660 lebte, so dass wir die überlieferte Ziffer erniedrigen müssen. || 2) Herodot I, 8—13. || 3) Plato, Republik, II. 3. || 4) Nikolaos der Damaskener, bei Müller. Fragg. histt. graecc. Bd. III. S. 380—386, vielleicht nach dem Lyder Xanthos. || 5) Herodot I, 13—14.

Die Lyder waren stets eine tapfere und kriegerische, an Menschen und Pferden reiche, Rasse gewesen. Durch Gyges wurden sie zu Eroberungen angetrieben. Ueber seine Kriege im Innern weiss man höchstens, dass er ganz Troas und wahrscheinlich auch einige Bezirke Phrygiens seinem Reiche einverleibte[1]. Da die griechischen Ansiedelungen die Küste besetzt hielten und ihm den Weg zum Meere versperrten, wandte er sich gegen dieselben, machte einen Einfall in das ionische Gebiet, schloss ohne Erfolg Milet und Smyrna ein und nahm Kolophon[2]. Auch hier hat sich die Sage in die Geschichte gemischt, um ihm mehr Ansehen zu verleihen und seine Erfolge aus aussergewöhnlichen Ursachen zu erklären. Er soll einen wunderbar schönen Jüngling, der Magnes hiess, zum Günstling gehabt, und die Magnesier sollen denselben bis zur Unkenntlichkeit verstümmelt haben; da habe er den Ort belagert und nicht eher nachgelassen, als bis er die Einwohner gestraft hatte[3]. Es liegt gar kein Beweis vor, dass dem Lyderkönige je die Einnahme einer andern Griechenstadt als die Kolophon's geglückt wäre.

Seine Herrschaft endete unglücklich. Wie die Kimmerier ihn bedrängten, war ihm im Traume befohlen worden, er solle dem Assyrerkönige Assur-ban-habal, dessen Erstlingserfolge das Morgenland in Aufregung versetzten, huldigen. Nachdem er gesiegt hatte, that ihm dieser Schritt sofort leid, und er liess den aufrührerischen Aegyptern Hülfe angedeihen. Assur-ban-habal gab ihn den Kimmeriern Preis. Während des feindlichen Einfalls kam Gyges um, seine Leiche blieb unbeerdigt[4], Lydien wurde gänzlich verwüstet und Sardes bis auf die Burg, die sich wacker hielt, eingenommen (660)[5]. Gyges' Sohn Ardys gelang es, ihnen das verlorene Gebiet grösstentheils wieder abzunehmen, und er erweiterte sich auf Kosten der Griechenstädte[6]. Seine beiden Nachfolger Sadyattes (637—625)

---

1) Strabo, XIII, 1, 22. || 2) Herodot, I, 14. || 3) Nikolaos von Damaskus, Fragg. Histt. graecc. Bd. III, Frag. 49 [vergl. Duncker a. a. O, II, S. 432, der die Einnahme von Magnesia für geschichtlich hält]. || 4) Vergl. G. Smith, History of Assurbanipal, S. 64—68; 71—75; [Assyrian Discoveries, S. 330—331]. || 5) Herodot I, 15. Meiner Ansicht nach bezieht, was Herodot erwähnt, sich auf den grossen Kimmeriereinfall, bei welchem Gyges umkam, nicht auf einen spätern (vergl. Lenormant, Lettres assyriologiques, I. Série, I, 79). [Vergl. darüber auch Duncker, a. a. O. II, S. 435]. || 6) Herodot I, 15 schreibt Ardys 49 Regierungsjahre zu, Eusebios gibt ihm 38. Bei dem

und Alyattes (625—568), befolgten auch die in ihrem Hause traditionelle Politik und richteten ihre Angriffe vorzugsweise gegen Milet. Nach langen erfolglosen Kämpfen verzweifelte Alyattes daran, die Stadt durch Gewalt zu nehmen, und versuchte, sie durch Hungersnot zu Fall zu bringen: »Alljährlich, sobald auf dem Lande die Frucht reif wurde, fiel er mit seinem Heere ein. Mit Musik liess er sein Heer marschiren und lagern. Wenn er im Landgebiete der Milesier angelangt war, vernichtete er alle Ernte und Frucht von Grund aus und zog sich dann zurück.« Des Krieges überdrüssig schloss er schliesslich einen Vertrag, überfiel andere weniger starke Städte und nahm Smyrna ein[1], so dass er gerade die Oberhoheit der Lyder wieder bis zum linken Ufer des Halys ausgedehnt hatte, als am gegenüberliegenden die Meder erschienen. Kleinasien war zu reich und zu fruchtbar, um nicht Kyaxares' Begierden zu reizen, und mit leichter Mühe fand er den erwünschten Vorwand, es zu überfallen. Ein in seinen Diensten befindlicher skythischer Nomadenhaufe verliess ihn plötzlich und suchte bei Alyattes Zuflucht; er forderte dieselben als Ueberläufer zurück, und erklärte, wie ihm die Auslieferung nicht gewährt wurde, den Krieg. Sechs Jahre bereits währte dieser ohne entscheidenden Erfolg auf beiden Seiten, abermals waren nach mehreren fruchtlosen Schlachten die Heere aufeinander gestossen, da trat auf einmal inmitten des Kampfes eine Sonnenfinsterniss ein. Sofort liessen sie von einander ab, und diese Naturerscheinung erregte in ihnen eine solche abergläubische Angst, dass sie nach Frieden begehrten. Zwei von den obersten Anführern, Syennesis aus Kilikien, ein Bundesgenosse des Lyderkönigs, und Nabu-nahid (Labynetos), der Befehlshaber der in Kyaxares' Heere dienenden babylonischen Abtheilung, brachten einen Waffenstillstand zum Vorschlag und bewegten dann auch die Gegner zu einem Ausgleich. Die offizielle Grenze zwischen den beiden Reichen blieb der Halys, und Alyattes verehelichte, um dem Bündnisse Bestand zu geben, seine Tochter Aryenis mit Kyaxares' Sohne Astyages. Nachdem die beiden Fürsten einander Freundschaft zugeschworen hatten, besiegelten sie, wie es damals Sitte war, ihr Uebereinkommen dadurch, dass sie wechselseitig sich in den

---

gegenwärtigen Stande der Forschungen kann man ihn unmöglich über 23 Jahre (von 660 oder 659 bis 637) regieren lassen. || 1) Herodot I, 16—25.

Arm stachen und das aus der Wunde fliessende Blut tranken (610)[1].

Bald darauf leistete Kyaxares auf weitere Kriege Verzicht und verlebte seine letzten Jahre in tiefem Frieden. Er starb 596. Während bei seinem Regierungsantritte das Medervolk jedem, der danach begehrte, auf Gnade und Ungnade preisgegeben, reichte, als er starb, das Mederreich von der iranischen Wüste bis an das östliche Halysufer und war von massgebendem Einflusse auf Vorderasiens Schicksal.

Die sechsundzwanzigste Dynastie.

Psametik I. Neko II. Schlacht bei Karkemish.

Nach hundertjährigen, langwierigen innern Kämpfen und Kriegen mit den Assyrern, lag ganz Chaldäa endlich in eines Gebieters Hand. Da ihm Ninive's Sturz und Mediens Freundschaft den unangetasteten Besitz des Euphratgebietes und Syriens gewährleisteten, erfreute Nabu-pal-ussur sich funfzehn Jahre lang seines neuen Glücks, ohne eine von den benachbarten Nationen anzugreifen oder von einer derselben angegriffen zu werden. Dass er sich an Kyaxares' Kämpfen mit den Lydern betheiligte geschah blos, um seine Verpflichtungen innezuhalten; durch seine rechtzeitige Vermittelung entschied er den Frieden und schenkte den vorderasiatischen Völkerschaften auf ein halbes Jahrhundert hin Ruhe.

Gegen das Ende seiner Tage wurde er von einer unvorhergesehenen Gefahr bedroht. Seit der Vertreibung der Assyrer hatte Aegypten mancherlei Schicksale durchlebt. Die kleinen Könige, die sich dasselbe getheilt hatten, waren fast unmittelbar, nachdem sie

1) Herodot I, 73—74. Das Datum 610, welches die meisten Historiker (vergl. Grote, History of Greece, Bd. II, S. 418; Rawlinson, Herodotus, Bd. I, S. 302—304 und The f. gr. Monarchies, Bd. II, S. 409—413) annehmen, wird von andern verworfen, welche in der von Herodot erwähnten Sonnenfinsterniss lieber die von 597 (Fr. Lenormant, Histoire, Bd. II, S. 353) oder die vom 28. Mai 585 (Bosanquet, Fall of Niniveh, S. 14) erblicken wollen. Cicero (de divinatione I, 86), Plinius (Nat. Hist. II, 12) und Eusebios (Chron. Can., II, S. 331 ed. Aucher) verlegen den Krieg in die Regierungszeit des Astyages. [Auch Duncker, Geschichte II, S. 340, Anm. und 439 nimmt 610 als das Jahr der Sonnenfinsterniss und des Friedensschlusses an].

Assur-ban-habal's Herrschaft entronnen waren, wieder in Aethiopiens Joch geraten. Tonuat-amen, ein Nachfolger Urdamani's, war durch einen Traum, in dem ihm die Königsherrschaft über Süd und Nord versprochen wurde, gleich in den ersten Tagen seiner Regierung zu einem Einfall in die Thebaïs veranlasst worden. Er hatte im eigentlichen Theben und in dessen Umgegend, wo die äthiopischen Nachkommen der Oberpriester des Ammon stets eine mächtige Partei für sich hatten, keinen Widerstand gefunden. Wo er durchzog, waren die Uferbewohner »im Westen und Osten jubelnd in grossem Jubel, indem sie sagten: »»Geh in Frieden! Sei in Frieden! Belebe Aegypten! Richte die Tempel auf, die in Trümmer sinken! Stelle die Bildsäulen und Götterbilder auf! Gib den Göttern und Göttinnen die Stiftungen zurück, die Opferspenden den Seelen der Abgeschiedenen! Setze den Priester an seine Stelle, dass er all die heiligen Gebräuche vollziehe!«« Unter den Mauern von Memphis schlug er die Truppen der verbündeten Könige, nahm die Stadt ein, und setzte den Besiegten bis weit in das Delta nach. Da sie ihn nicht mehr auf freiem Felde zu erwarten wagten, bargen sie sich in ihre festen Plätze und nötigten ihn, einen Belagerungskrieg anzufangen, dessen Ende nicht abzusehen war. Ungeduldig über diesen Widerstand, zog er nach Memphis zurück und wusste nicht, wie er mit Ehren aus einer so schwierigen Angelegenheit loskommen sollte, da halfen ihm wider Erwarten die ägyptischen Anführer durch ihre Unterwerfung aus der Verlegenheit. Geführt von Paqrur aus Pasupti, welcher der mächtigste unter ihnen und zwar derjenige war, der bald Neko's Bundesgenosse, bald dessen Gegner gewesen, kamen sie, um dem Eroberer zu huldigen: »Sie sprachen: »»Gewähre uns den Lebensodem, denn es kann nicht leben, wer dich nicht erkennt! Wir wollen dir sein gleich deinen Untergebenen, wie du gesprochen hast gleich an dem Tage, an dem du König wurdest««! Da war das Herz seiner Majestät sehr erfreut, wie er solche Rede vernahm, und liess ihnen geben Brote, Bier und allerlei gute Dinge«. Nachdem sie in Memphis bei ihrem neuen Gebieter einige Tage verweilt hatten, sprachen sie: »Warum bleiben wir hier, o Fürst, unser Gebieter?« Seine Majestät antwortete ihnen: »Weshalb?« Sie sprachen zu Seiner Majestät: »Lass gehen uns in unsere Städte, dass wir unsern Leuten Befehl ertheilen, dir unsere Abgaben zu bringen!« Nach einigen Wochen kamen sie zurück, und

Tonuat-amen kehrte beutebeladen heim in sein Reich[1]. Im Norden herrschte er nur so lange, wie er in Memphis weilte, in der Thebaïs währte seine Herrschaft noch mindestens drei Jahre länger[2]. Die nach der unheilvollen Invasion der Assyrer dringend erforderlichen Wiederherstellungsarbeiten wurden eifrigst betrieben. Taharqa machte damit den Anfang, und Tonuat-amen führte dieselben, so weit es mit seinen beschränkten Mitteln anging, weiter aus[3]. Wann und unter welchen Umständen er seine Herrschaft einbüsste, ist nicht bekannt[4].

Paqrur blieb, wenn auch vollständig besiegt, unter den Deltafürsten noch am mächtigsten, doch fingen, sobald als der Aethiope abgezogen war, die Saïten an, ihm den Vorrang streitig zu machen. Neko's Sohn Psametik I. hatte von seinem Vater den Unternehmungsgeist geerbt. Den Assyrern stand er solange bei, als sie ihm von Nutzen waren, liess sie aber gewissenlos im Stiche, sobald ihre Macht ins Schwanken zu geraten schien. Sein Ehrgeiz stürzte ihn in allerlei Abenteuer, an denen sich später die Sage ausliess. Zwölf Bundesfürsten sollen damals sich in Aegypten getheilt haben, durch ein Orakel jedoch vorausgesagt sein, es werde schliesslich demjenigen ganz zufallen, welcher dem Gotte Phtah aus einer ehernen Schale ein Trankopfer darbringen würde. Wie sie einst im Tempel zu Memphis beisammen waren, reichte ihnen der Oberpriester die goldenen Schalen, deren sie sich zu bedienen pflegten, versah sich aber in der Zahl, so dass Psametik keine bekam. Da nahm der König von Saïs, um das Opfer nicht zu verzögern, den ehernen Helm ab, den er auf dem Haupte trug, und brauchte diesen statt eines Libationsgefässes. Das bemerkten die übrigen, dachten an das Orakel und verbannten den Schuldigen in die Marschländer des Delta mit der Weisung, sich niemals von dort zu entfernen. Das

---

1) Es gibt im berliner Museum zwei aus dem dritten Jahre dieses Königs stammende thebanische Inschriften (No. 223 u. 224). || 2) Mariette, Monuments divers, Bd. I, Taf. 7—8; Maspero, Essai sur la stèle du songe, in der Revue archéologique, Nouv. Sér. Bd. 17, 1868, S. 329—339, und in den Records of the Past, Bd. IV; de Rougé, in den Mélanges d'Archéologie égyptienne et assyrienne, Bd. I, S. 89—91. || 3) Vergl. bei Mariette, Monuments divers, Taf. 80 ff. die Abbildung des von Taharqa begonnenen, von Tonuat-amen vollendeten und im Namen beider Könige gewidmeten Zimmers zu Karnak. 4) Tonuat-amen ist der letzte von den vier Aethiopenkönigen, welche nach Diodor I, 44, 2, über Aegypten herrschten.

Orakel von Buto, welches er im geheimen befragen liess, um zu erfahren, was die Götter ihm in Aussicht stellten, antwortete, ihn werde das Meer dann rächen, wenn eherne Männer aus demselben emporsteigen würden. Anfangs glaubte er die Priester spotteten seiner, doch landeten bald darauf an die Küste verschlagene karische und ionische, in Panzer gehüllte Seeräuber. Der Aegypter, welcher davon Kunde brachte, erzählte, weil er nie zuvor Krieger in voller Rüstung gesehen hatte, es seien aus dem Meere eherne Männer emporgestiegen, welche die Felder verwüsteten. Da erkannte Psametik sofort, das Orakel sei in Erfüllung gegangen, eilte den Fremdlingen entgegen, warb sie für seinen Dienst, und stürzte die eilf Könige[1]. Durch einen ehernen Helm und einen Orakelspruch, war er entthront worden, und ein zweites Orakel und eherne Männer, setzten ihn wieder auf den Thron.

Abgesehen von dem, was an dieser Erzählung wunderbar ist, ergibt sich aus ihr, dass Psametik die ehrgeizigen Pläne seiner Familie wieder aufgenommen haben muss, dass er, nachdem er von den verbündeten Oberhäuptern das erste Mal geschlagen war und sich in die Marschländer flüchten musste, ionische und karische Söldnerscharen, welche ihr Glück in Aegypten machen wollten, anwarb und durch einen so unerwarteten Beistand die Mittel zur Wiederaufnahme des Feldzuges erhielt. Die verbündeten Fürsten wurden bei Momemphis geschlagen, entthront oder unterworfen[2]. Die Thebaïs, welche längst schon auf das Geschick des Landes gar keinen Einfluss mehr besass, ergab sich ohne Widerstreben. Shabak hatte vordem seine Schwester Ameniritis zur Statthalterin derselben gemacht, und diese nahm sich einen gewissen Piânchi, von dem wir einige Denkmäler haben, zum Gemal. Aus dieser Ehe war eine Tochter, Shapentep, geboren, in der sich mithin die Erbansprüche der alten Dynastien verkörperten. Diese Prinzessin, welche mit ihm mindestens gleichaltrig sein musste, heiratete Psametik und ver-

1) Herodot II, 147—152. Nach Polyainos, Strat. VII, 3 ed. Zosimades, war einem von den zwölfen, dem Tementhes, von dem Orakel gesagt, er solle vor den *Hähnen* auf der Hut sein. Psametik erfuhr, die Karer seien diejenigen, welche zuerst ihre Helme mit Kämmen versehen hätten, und warb eine grosse Menge von denselben an, wodurch er sich den Sieg sicherte. [Vergl. Duncker, Geschichte, II, S. 467, der diesen Sagen historischen Wert abspricht.] || 2) Diodor I, 66, 12.

lich durch diese Ehe seiner Macht den nötigen legitimen Anstrich. War er bisher nur ein vom Glück begünstigter Usurpator gewesen, so wurde er fortan der allein rechtmässige König[1]). Das Jahr, in welchem das geschah, ist nicht genau bekannt. Psametik liess offiziell seinen Regierungsantritt bis auf Taharqa's Tod zurückgehen (666). Die Vertreibung der Assyrer, die letzte äthiopische Eroberung und die Kriege mit den kleinen Fürsten nahmen mindestens zehn Jahre in Anspruch. Er war frühestens erst 656 (nach der griechischen Ueberlieferung sogar erst 651[2])) der Alleinherrscher in dem zwischen dem ersten Katarakte und dem Mittelmeergestade gelegenen Lande. So war endlich das Ziel, dem seine Ahnen seit hundert Jahren unablässig nachgetrachtet hatten, erreicht.

Die saïtische war die letzte grosse nationale Dynastie. Sie fand Aegypten in einem bedauernswert elenden und verkommenen Zustande vor. Die grossen Städte hatten sämmtlich mehr oder weniger zu erdulden gehabt, Memphis war wiederholentlich belagert und geplündert, Theben von den Assyrern zweimal verheert und niedergebrannt, und zwischen Syene und Tanis gab es nicht einen Flecken, der nicht von einer oder der andern Invasion hart mitgenommen war. Seit Shabaka's Niederlage waren die unter seiner Herrschaft ausgebesserten Kanäle vernachlässigt, die Felder waren verödet, die Bevölkerung wurde periodisch decimirt. Durch Psametik erstand ein neues Aegypten aus den Trümmern des alten. Er stellte die Kanäle und Strassen wieder her, gönnte den Feldern wieder Ruhe, und förderte das Gedeihen der Bevölkerung. Sorgfältig nahm er sich der Vollendung und Wiederherstellung der heiligen Gebäude an. In Memphis erbaute er die Propyläen an der Ost- und Südseite des Phtahtempels[3]), sowie den grossen Hof, in welchem der Apisstier gepflegt wurde[4]). In Theben liess er die während des Einfalls der Assyrer zerstörten Theile des Tempels von Karnak wieder aufbauen. Das Nilthal wurde eine grosse Werkstatt, in der mit unvergleichlicher Rührigkeit gearbeitet wurde. Von dem König selbst und von den Grosswürdenträgern ermutigt, gerieten auch die Künste bald

1) E. de Rougé, Notice de quelques textes hiéroglyphiques récemment publiés par M. Greene, S. 36—52; J. de Rougé, Étude sur les textes géographiques du temple d'Edfou, S. 59—63. || 2) Bei Diodor währt die Dodekarchie noch 15 Jahre nach dem Abzuge der Aethiopen (I. 66, 7). || 3) Herodot II, 153; Diodor I, 67, 1. || 4) Herodot II, 160.

wieder in Blüte. Es war bewunderungswürdig, wie fein man die Hieroglyphen malte und einmeisselte, und die Menge der schönen Bildsäulen und Basreliefs nahm überall zu. Die saïtische Kunst kennzeichnet sich durch eine fast magere Zierlichkeit, durch grosses Verständniss in den Einzelheiten und durch eine wundersame Geschicklichkeit, dem Meissel die ihm widerstrebendsten Stoffe gefügig zu machen. Die Körperverhältnisse werden zarter und schlanker, die Glieder werden sanfter und treuer wiedergegeben. Es ist ein anderer als der breite, etwas realistische Stil der memphitischen Epoche, auch anders als der grossartige, oft rauhe Denkmälerstil des zweiten Ramses, es ist eine milde, reine Kunst voller Feinheit und Keuschheit [1].

Nicht blos für die Künste begann mit dem Regierungsantritt der sechsundzwanzigsten Dynastie eine wahre Renaissance, sondern auch die äussere Politik wurde wieder so umsichtig und klug wie zur Zeit der grossen Könige. Aegypten hatte es nicht mehr wie vordem rings mit lauter Kleinstaaten zu thun, sondern grenzte südlich und nordöstlich an zwei grosse erobernde Reiche, an Aethiopien und an Assyrien, und auch sogar im Westen hatten die schwankenden Völker Libyens dadurch, dass Kyrene von den Griechen (zwischen 618 und 625 v. J. Chr.) gegründet wurde, einigen Halt gewonnen. Da galt es vor allen Dingen, die wunden Punkte im Lande, im Osten die Auswege der syrischen Strasse, im Westen die Umgebung des mareotischen Sees und im Süden die des ersten Kataraktes, in Vertheidigungszustand zu setzen. Gegen die Assyrer befestigte Psametik Daphne, bei der ehemaligen Burg T'al, und starke bei Abu und Marea postirte Besatzungen beschirmten die Thebaïs und das westliche Delta vor den Aethiopen und Libyern [2]. Wie er soweit sicher war, ging er von der Defensive zur Offensive über. Ueber seine nubischen Feldzüge würden wir gar nichts wissen, hätte nicht irgend ein griechischer Söldner sich gemüssigt gefunden, seinen eignen Namen und den seiner Anführer in das Bein eines jener Kolosse einzugraben, welche die Aussenwand des Tempels von Abu-

1) Vergl. den Gipsabguss der Königsstatue der Amenritis im Louvremuseum. [Auch im berliner Museum, Vestibulum Nr. 46; das Original im Museum zu Bulaq]; die Bildsäulen A, 83, 84, 86, 88, 91, 93, 94; die Sarkophage D, 8, 9, 10; den Naos D. 29; die Apissteleu S. 2240, 2243, 2244, 2259 und den schönen Löwen aus dem Serapeion. || 2) Herodot II, 30.

Simbel zieren[1]. Bis nach Kerkis, nahe dem zweiten Katarakte, zogen die Aegypter hinauf und behaupteten sich im Besitze jenes, später *Dodekaschoinon* genannten[2], Landes. In Syrien drangen sie auf ihren Feldzügen nicht sehr weit vor, denn wohlweislich beschränkte Psametik seinen Ehrgeiz auf die Eroberung des Philistäerlandes. Nach Herodot's Bericht, soll er neunundzwanzig Jahre zur Belagerung von Ashdod gebraucht haben, eine von jenen Uebertreibungen, wie sie bei den griechischen Schriftstellern so häufig vorkommen. Vielleicht sagten Herodot seine Dollmetscher. die Einnahme von Ashdod sei in das neunundzwanzigste Jahr Psametik's d. i. 627, gefallen. Wenn diese Hypothese für wahrscheinlich gelten dürfte, so hätte der syrische Krieg damals stattgefunden, als die von den Medern in nächster Nähe bedrängten Assyrer ihre im fernsten Westen des Reichs befindlichen Unterthanen nicht mehr zu beschirmen vermochten. Einige Jahre früher, als die Kimmerier Aegypten bedrohten[3], erkaufte Psametik den Rückzug der Barbaren durch Geschenke[4] und rettete sein zu einer Vertheidigung mit den Waffen nicht mehr fähiges Volk durch einige Geldopfer.

Allerdings widerfuhr dem Lande auch ein unerwartetes Unglück. Psametik hatte nach dem Vorbilde der grossen Pharaonen von ehedem Ausländer nach Aegypten zu locken versucht. Nach Samariens Fall und Saryukin's Kriegen waren viele Juden und Syrer in das Delta geflüchtet. Dieser beständig zunehmenden semitischen Bevölkerung wollte er Stämme einer andern Rasse zur Seite stellen. Den Karern und Ionern, deren Dienste ihm so sehr von Nutzen waren, trat er Ländereien längs dem pelusischen Nilarme ab[5]. Dadurch ermutigt kamen milesische Ansiedler, landeten mit dreissig Schiffen an der Mündung des bolbitischen Nilarmes und errichteten daselbst einen befestigten Stapelplatz, den sie *Milesierlager* be-

1) Corpus Inscriptionum Graecarum, Nr. 5126; Lepsius, Denkm. VI, Taf. 98—99. Einige phönizische und syrische Soldaten machten das ihren griechischen Kameraden nach und gruben daneben analoge Inschriften ein (Vergl. Halévy, Mélanges d'épigraphie et d'archéologie sémitiques, S. 89—96). || 2) Es heisst darum das »Zwölf-Schoinen«-Land, weil man von Elephantine bis zur Südgrenze etwa zwölf Schoinen, oder dreissig gewöhnliche Meilen (je 25 auf den Grad) rechnete. Vergl. Herodot II, 29; Ptolemaios, IV, 5. || 3) Herodot II, 157. || 4) Herodot I, 105; vergl. Strabo, XV, 1 [Nach andern Nachrichten hielten die Sümpfe die Kimmerier von Aegypten ab. Vergl. Duncker, Geschichte. II S. 334 und 471]. || 5) Herodot, II. 154.

nannten[1]. Allmählich wurden diese ersten Ansiedlungen durch andere Auswandererschaaren verstärkt. Von dem Könige wurden ihnen einige von den Kindern des Landes anvertraut, damit dieselben die griechische Sprache vollkommen erlernen und Dollmetscher abgeben sollten[2]. Ob auch die Griechen ihren Gastfreunden Kinder zur Erlernung des Aegyptischen anvertrauten, darüber berichtet die Geschichte nichts, doch ist das an sich sehr unwahrscheinlich. Die Griechen haben stets zum Studium fremder Sprachen wenig Lust gehabt[3]. Entsprechend der Zunahme der Verkehrsbeziehungen und freundschaftlichen Verhältnisse, stieg auch die Zahl der Dollmetscher sehr schnell, bis sie schliesslich in den Deltastädten zu einer eigenen Klasse wurden, welche sich ausschliesslich mit der Vermittlung zwischen den beiden Völkern befasste[4]. Wenn Psametik jedenfalls sich seinen Unterthanen dadurch, dass er sie mit einer rührigen, betriebsamen, unternehmungslustigen, kraftvollen und jugendfrischen Nation in Berührung brachte, angenehm zu machen geglaubt hatte, so täuschte er sich, denn seit zweihundert Jahren hatte Aegypten so viel von Fremden jeglicher Art zu erdulden gehabt, dass es sie, selbst wenn sie als Bundesgenossen kamen, auf seinem eignen Grund und Boden freundlich aufzunehmen nicht geneigt sein konnte. Wenn es vielleicht auch ihm längst bekannte Völker, wie die Phönizier, die Juden und selbst die Assyrer, geduldet hätte, so wollte es die Griechen nicht haben. Die Griechen erstaunten, wie sie diese in ihrem Verfall noch grossartige und Erfurcht gebietende Civilisation sahen, und verliebten sich in Aegypten, so dass sie von dessen Göttern den Ursprung ihrer Götter, und von dessen Königsgeschlechtern den Stammbaum ihrer Heroenfamilien herleiten wollten. Es entstanden tausenderlei Sagen unter den Seefahrern im Delta, so vom König Danaos und wie dieser nach einer Empörung gegen seinen Bruder Armaïs nach Griechenland auswanderte[5], von den Wanderungen des Kekrops, darüber, dass die Neit zu Saïs dasselbe bedeute wie die Athene[6], dass Herakles den Tyrannen Busiris be-

1) *Μιλησίων τεῖχος*, Strabo, XVII, 1, 19. || 2) Herodot, II, 154. || 3) Letronne, Mémoire sur la civilisation égyptienne depuis l'arrivée des Grecs sous Psammétichus jusqu'à la conquête d'Alexandre, in den Mélanges d'érudition et de critique historique, S. 164—166. || 4) Herodot, II, 146. || 5) Manetho, herausg. v. Unger, S. 158, 195—198. || 6) Diodor, I, 12,7; I, 28; Eustathios, zu Dionys. p. 56; Suidas unter *Προμηθεύς*.

kämpft, und dass Helena und Menelaos am Hofe des König Proteus geweilt habe[1]. Aegypten wurde die Schule, welche die grossen Männer Griechenlands, Solon, Pythagoras, Eudoxos und Plato, besucht haben sollen, um daselbst die Anfangsgründe der Weisheit und der Wissenschaft zu studiren. All diese Hochachtung erwiederte es den Griechen nur durch Misstrauen und Verachtung. Dem Aegypter vom alten Schlage galt der Grieche nur für ein unreines Wesen, mit dem man, ohne sich zu beflecken, nicht zusammen leben konnte. Die Leute aus den niedern Ständen verschmähten mit ihm zu essen, sowie sein Messer oder sein Kochgefäss zu benutzen[2]. Die aus den obern Ständen behandelten ihn als ein Kind, das keine Erfahrung, keine Vergangenheit hatte, und dessen Vorfahren erst vor wenig hundert Jahren noch Barbaren waren[3].

Wenn zuerst dieser Groll der Eingebornen auch nur ein verhaltener war, so kam er doch bald offen zur Bethätigung. Die Ioner und Karer, mit deren Hülfe Psametik König geworden war, überhäufte er mit Ehrenbezeugungen, machte sie zu seiner Leibwache und vertraute ihnen den Ehrenposten auf dem rechten Flügel des Heeres an; der Titel Leibwache war mit einer ansehnlichen Lohnerhöhung verbunden[4]. Wie die Mashuash und die einheimischen Truppen sahen, dass die neuen Ankömmlinge sie um die ihnen bis dahin zukommenden Vortheile brachten, begannen sie zu murren. Ihr Missvergnügen stieg durch einen ärgerlichen Umstand auf das Höchste. Die in Daphne, Marea und auf der Abuinsel stehenden Besatzungen wurden innerhalb dreier Jahre nicht ein einziges Mal abgelöst. Fest entschlossen, dem ein Ende zu machen, wollten die Soldaten, da sie bei einem Empörungsversuche doch zu wenig Aussicht auf Erfolg zu haben meinten, lieber auswandern. Es versammelten sich ihrer 240,000 mit Waffen und Gepäck und machten sich auf den Weg nach Aethiopien. Psametik setzte, da er von ihrem Vorhaben zu spät erfuhr, ihnen mit einer Handvoll Leute nach, holte sie ein und beschwor sie, die Götter ihrer Heimat, Weib und Kind nicht im Stiche zu lassen. Mit einer rohen Geberde entgegnete ihm einer von ihnen, dass sie überall, wohin sie kämen, sicher seien, Weiber und Kinder zu erhalten. Dem König

1) Herodot II, 112—121; Vergl. Odyssee IV, 82 ff.; Klemens von Alexandrien, Strom. I, S. 326 a. || 2) Herodot, II, 41. || 3) So äusserte sich bekanntlich ein ägyptischer Priester zu Plato. || 4) Herodot, II, 168.

von Napata war eine so unerwartete Verstärkung sehr willkommen. er nahm sie in seine Dienste, und gab ihnen Erlaubniss, einen von seinen Widersachern besetzten Landstrich auf seine Rechnung zu erobern. Sie siedelten sich auf der durch die Vereinigung des Bahr-el-azrek mit dem Bahr-el-abyad gebildeten Halbinsel an und wurden daselbst zu einem ansehnlichen Volke. Zur Erinnerung an die ihnen widerfahrene Beschimpfung nannten sie sich selber *Asmach*, die zur Linken des Königs[1]. Von den griechischen Reisenden wurden sie bald *Automolen*, bald *Sembriten* genannt und hiessen so selbst noch in den ersten Jahrhunderten unserer Zeitrechnung[2].

Da, wie diese Massendesertion eintrat, Aegypten gerade mehr als je seiner Kräfte bedurfte, war das ein harter Schlag für Psametik's ehrgeiziges Streben. Er erlebte, dass Ninive in Trümmer sank, und er doch keinen Nutzen daraus ziehen konnte. Nachdem er den grössten Theil seines Lebens darauf verwandt hatte, im Lande wieder friedliche Zustände einzuführen, benutzte er die Jahre, die ihm noch vergönnt waren, es mit einem neuen Heere zu versehen und ihm eine Flotte zu geben. 611 starb er und wurde in Saïs beerdigt[3]. Als Nachfolger hinterliess er einen bereits betagten Sohn, der wie sein Grossvater den Namen Neko führte. Neko II. war ein thatkräftiger König vom Schlage der grossen Pharaonen, der, wenn ihm nur ähnliche Hülfsquellen zu Gebote gestanden hätten, Thotmes und Seti an Ruhm gleichgekommen wäre. Das von seinem Vater neugeschaffene Heer war stark und gut geführt: er verwandte daher alle Sorgfalt auf die Bildung einer Kriegsmarine, welche Aegypten sowohl das rothe wie das Mittelmeer zu beherrschen ermöglichen sollte. Griechische Baumeister errichteten ihm an der Seeküste Schiffswerften und führten statt der bisher üblichen eine Flotte von Dreirudrern ein[4]. Auch den seit den letzten Jahren der zwanzigsten Dynastie aufgegebenen und versandeten Durchstich zwischen den beiden Meeren wollte er wieder in Stand setzen. Er soll nach der Ueberlieferung, nachdem er dabei 120,000 Menschen eingebüsst hatte, dies Unternehmen im Glauben an einen Orakelspruch aufgegeben haben, da man ihm weissagte, er arbeite

1) Vergl. De Horrack, in der Revue archéologique, 1864. || 2) Herodot, II, 30; Diodor I, 67, 3 ff.; Eratosthenes bei Strabo. XVII, 1, 2; Plinius, VI. 30; Ptolemaios IV, 7. || 3) Herodot, II, 169; Strabo, XVII, 1, 18. || 4) Herodot, II, 159.

für die Barbaren[1]. Dadurch enttäuscht, widmete er seine Thätigkeit einem andern Gegenstande. Durch die Expeditionen der Tyrer und der Karthager waren längs der afrikanischen Küste an Gold, Elfenbein, wertvollen Hölzern und vielerlei Erzeugnissen reiche Länder bekannt geworden, doch konnten wegen der eifersüchtigen Politik dieser beiden Völker keine andern Nationen jene fernen Landstriche auf dem Mittelmeerwege erreichen. Neko befahl den phönizischen Seeleuten seiner Flotte, nach denselben vom arabischen Meerbusen aus zu suchen und durch die Säulen des Herakles wieder nach Aegypten zu kommen. Es war das jederzeit ein gewagtes Unternehmen und für die damaligen kleinen Fahrzeuge äusserst gefährlich, da die Seefahrer stets die Küsten in Sicht behalten mussten, und die afrikanischen Küsten schwer zu befahren sind. Die Phönizier liessen sich durch das Gefährliche dieses Abenteuers nicht abschrecken, sondern drangen kühn ins Unbekannte vor. Mehrere Monate zogen sie gen Süden: zu ihrer Rechten dehnte sich das Festland aus, zur Linken ging die Sonne auf. Um die Herbstzeit landeten sie am nächsten Gestade, säeten das mitgebrachte Getreide aus, warteten ab, bis das Korn reif war, und gingen sofort nach der Ernte wieder in See. Was sie beobachteten und entdeckten ging bald in Vergessenheit: man weiss nur soviel, dass sie, wie sie an einer bestimmten Stelle anlangten zu ihrer Bestürzung die Sonne scheinbar ihren Lauf ändern und nur noch zu ihrer Rechten aufgehen sahen. Sie hatten Afrika's Südspitze umschifft und begannen wieder nach Norden hinaufzufahren. Im dritten Jahre fuhren sie durch die Säulen des Herakles und kehrten in ihren Hafen zurück. Ihre Reise erschloss keineswegs einen neuen Verkehrsweg, sondern blieb nur ein zwar merkwürdiges aber resultatloses Faktum. Die ägyptischen Priester erzählten Herodot davon, und Herodot, der selber daran nicht recht glaubte, erzählte es uns[2].

---

1) Herodot II, 158; Vergl. Diodor I, 33, 8 f. 120000 ist augenscheinlich eine übertriebene Zahl; bei einem ähnlichen Unternehmen, der Ausgrabung des alexandrinischen Kanals, büsste Muhammad-Ali nur 10000 [nach v. Kremer, Aegypten, Bd. I, S. 167: 20000] Mann ein. || 2) Herodot IV, 42. [Vergl. auch Peschel, Geschichte der Erdkunde, S. 18, f., der darauf aufmerksam macht, dass durch die günstigere Meeresströmung die Umschiffung Afrika's von Osten her allerdings erleichtert und die Fahrt der Phönizier dadurch glaubwürdiger wird. — R. P.].

Neko's Regierung ging nicht ganz und gar in friedliche Unternehmungen auf. Nabu-pal-ussur's Alter verlockte ihn, diesen anzugreifen: er verliess Memphis im Frühjahr 608 und rückte in Asien ein. Abermals zogen die ägyptischen Heere auf der traditionellen Strasse einher, welche sie ehedem an den Euphrat brachte. Wie sie über Ashdod bereits hinaus waren und ohne Kampf in das Jordan- und das Nat'anathal vorzurücken meinten, trafen sie am Ausgange aus den Karmelschluchten auf die Vorposten eines feindlichen Heeres. Das war das Heer des Joshiah. Neko hatte, bevor er ins Feld zog, ihm sagen lassen, er möge ruhig in Jerusalem bleiben, doch war der Judenkönig so gewissenhaft, dass er dem Gegner seines Lehnsherrn den Weg zu versperren versuchte. Bei Mageddo, da wo tausend Jahre früher Thotmes III. die verbündeten Syrer besiegt hatte, wurde die Schlacht geliefert[1]. Die Juden hielten dem Anprall des Aegypterheeres nicht Stand, Joshiah wurde getödtet, und Neko kümmerte sich nicht weiter darum, was aus dem Reiche Juda wurde, sondern rückte geradewegs nach Norden vor. Das alte Kadesh sah er wieder[2], zeigte sich unter den Mauern von Karkemish, machte aber erst am Euphrat Halt. Nachdem er ägyptische Besatzungen in die wichtigsten Orte gelegt hatte, zog er wieder nach Süden hinab und verweilte einige Zeit in Riblah bei Hamath, um sich von den syrischen Kleinherrschern huldigen zu lassen. Hier vernahm er, dass die Juden nicht auf seine Befehle gewartet, sondern Joshiah's Sohn Jehoachaz zum König ausgerufen hätten. Er beschied denselben nach Riblah, setzte ihn, nach einer dreimonatlichen Regierung ab, und statt seiner seinen Bruder Eliakim ein, welchem er den Namen Jehoïakim gab. Judäa wurde mit einer Geldbusse von hundert Talenten Silber und einem Talente Gold heimgesucht[3]. Wie er nach Aegypten zurückkam, liess er zum Entgelt für die Dienste, welche ihm auf diesem Feldzuge die

1) II Reg., XXIII, 29—30; II Chron., XXXV, 20—24; bei Herodot II, 159, heisst die Stadt, bei welcher die Schlacht geliefert wurde, fälschlich Magdolos. || 2) Kadesh hatte gar keine Bedeutung mehr. Es hatte wahrscheinlich einen andern Namen bekommen, und war nur noch in den Ueberlieferungen der Aegypter bekannt. Herodot verwechselt es mit Gaza, von dem er in Aegypten als von *Kat'atu*, *Kazatu*, reden hörte, und nennt es daher ebenso, wie er auch Gaza nennt, *Κάδυτις*. || 3) II Reg., XXIII, 30—35; II Chron., XXXVI, 1—5.

in seinem Sold stehenden Griechen geleistet hatten, einen Panzer, den er getragen hatte, dem Tempel des branchidischen Apollo zu Milet weihen[1]. Nach fünfhundertjähriger Schwäche und Zwietracht hatte Aegypten abermals wieder Syrien unter seiner Botmässigkeit[2].

Seine Herrschaft währte nur drei Jahre, solange als der alte, in den lydischen Krieg verwickelte, Nabu-pal-ussur nicht den Kampf aufzunehmen gedachte. Er entschloss sich schliesslich um 605, die Wiedereroberung der verlorenen Provinzen zu versuchen und entsandte seinen Sohn Nabu-kudur-ussur[3]) gegen Neko. An den Euphratufern unweit Karkemish kam es zur Entscheidungsschlacht[4]. Die Aegypter wurden so vollständig geschlagen, dass sie das Waffenglück nicht zum zweiten Male auf die Probe stellten. Nabu-kudur-ussur nahm das ganze Gebiet wieder in Besitz, nahm nebenher noch die Unterwerfung Jehoïakin's und der einheimischen Kleinherrscher entgegen, und wollte bereits nach Aegypten hinüberziehen, als er durch den Tod seines Vaters in seinem Vorrücken aufgehalten wurde. Er befürchtete, es möchte in seiner Abwesenheit in Chaldäa ein Mitbewerber auftreten, schloss mit Neko einen Vertrag und zog eiligst davon. Da der gewöhnliche Weg über Karkemish und Mesopotamien für sein ungeduldiges Verlangen, bald anzukommen, zu lang war, setzte er mit einem kleinen Gefolge quer durch die arabische Wüste und traf in Babylon ein, als er dort am allerwenigstens erwartet wurde[5].

Das Chaldäerreich und das Morgenland von der Schlacht bei Karkemish bis zum Sturze des Mederreichs.

Er fand alles in Ordnung. Die Priester hatten die Leitung der Angelegenheiten übernommen und dem rechtmässigen Erben den

1) Herodot II, 159. || 2) Das einzige ägyptische Denkmal, das wir von Neko's Eroberungen haben, ist ein Skarabaeus von ziemlichem Umfange im bulaqer Museum, der in Mariette's Monuments divers, Bd. 1, Taf. 48, c veröffentlicht ist. || 3) Dass der Name dieses Fürsten gewöhnlich Nabuchodonosor und Nebukadnezar geschrieben wird rührt von der Verwechselung zwischen ר r und נ n her. Die Septuaginta umschreiben Nabukodorossor, und die Originaltexte geben uns die volle Form: Nabu-kudur-ussur, »Nabo beschützt die Krone«. || 4) Jeremias, XLVI, 2; Josephos, Ant. Jud., X, 7. || 5) Berossos Frag. 11 bei Josephos, Ant. Jud. X, 11.

Thron bewahrt, so dass er sich nur zu zeigen hatte, um jubelnden Empfang und Gehorsam zu erhalten[1]. Seine Herrschaft dauerte lange und war glücklich. Wie Kyaxares der Heros des Mederreichs, so war Nabu-kudur-ussur II. der des Chaldäerreichs. Babylon wäre ohne ihn in der Geschichte höchstens wegen seines Handels und seiner Gewerbthätigkeit berühmt geworden, und verdankte nur ihm, dass es im ganzen Morgenlande sich durch seine Macht und seine Siege bekannt machte.

Zwar kriegte Nabu-kudur-ussur bekanntlich lange und mit Glück, doch enthüllt uns nicht eine Inschrift etwas über die nähern Umstände und die Ausdehnung seiner Unternehmungen. Durch seinen Bund mit den Medern war er nach Norden und Osten hin vor jeglichem ernsten Angriffe geschützt, und geriet nur mit den Königen von Urarti in geringfügige Zwistigkeiten[2]. Im Westen und Süden seines Reiches kam es zu manchen Friedensstörungen, und mancher Rückschlag trat in seinen Erfolgen ein. Seine Stellung nach dieser Seite hin war derjenigen, welche hundert Jahre früher die Assyrerkönige einnahmen, analog. Es ergab sich aus den Erfahrungen der letzten Jahre, dass das letzte Ziel, nach welchem der Ehrgeiz der asiatischen Eroberer trachtete, der Besitz von Memphis und Theben und damit von Aethiopien war, so dass gleich Sarynkin und Sinache-irib Nabu-kudur-ussur als Syriens Gebieter Aegyptens Existenz fortwährend gefährdete. Die Pharaonen der früheren Dynastien hatten sich durch die Syrerstaaten zu decken versucht und Shabaka's Politik bestand darin, dass er die zwischen ihm und Assyrien als Scheidewand stehenden Reiche zu erhalten trachtete. Durch den Fall von Damaskus und Samarien blieb dem Pharao weiter nichts übrig, als erobernd aufzutreten und sich womöglich der phönizischen Küste zu bemächtigen. Darin hatte Psametik I. durch die Einnahme von Ashdod den Anfang gemacht, Neko II. nach der Schlacht bei Mageddo scheinbar das ganze abgeschlossen. Durch die Niederlage bei Karkemish war zwar alles vereitelt, der Scharfblick der ägyptischen Staatsmänner jedoch gerechtfertigt. Es wäre mit Aegypten aus gewesen, wenn die von Neko verlorene Schlacht zwischen Pelusion und Gaza stattgefunden hätte[3], da sie aber an den Ufern des

1) Berossos, ibid. || 2) Fr. Lenormant, Lettres assyriologiques, Série I, Bd. I, S. 156—158. || 3) Wie sich später bei dem Kriege zwischen Psametik III und Kambyses zeigte.

Euphrat geliefert wurde, behielt der Besiegte soviel Zeit, dass er das Nilthal zur Vertheidigung ausrüsten konnte. Neko verlor trotz seines Misserfolges den Mut nicht. Er gehörte einem ausharrenden Geschlechte an, welches ein Jahrhundert an den Gewinn der Krone gesetzt und blos durch Geduld und Hartnäckigkeit dieselbe erobert hatte. Schweigend schuf er sich ein neues Heer und eine neue Flotte und erwartete sicher, dass er durch den unruhigen Sinn der Phönizier und der Juden zur Rache Gelegenheit finden würde.

Seit seinen unheilvollen Kämpfen gegen Assyrien bewahrte Phönizien einen tiefen Hass gegen jeglichen Gebieter, den es von Osten her bekam. Mit den meisten Syrerstaaten, die sich noch anscheinend der Selbständigkeit erfreuten, mit Ammon, Moab, mit den Nabatäern und dem Reiche Juda, war dasselbe der Fall. Diesen Hass beutete Neko so geschickt aus, dass er vier Jahre nach seiner Niederlage Jehoïakin zur Empörung gegen die Chaldäer veranlasste. Nabu-kudur-ussur begab sich persönlich an Ort und Stelle und unterdrückte, bevor Aegypten zur Einmischung Zeit fand, diese Bewegung, so dass Jehoïakin sich wieder zum Gehorsam bequemte[1]. Drei Jahre darauf erhob er, auch diesmal von Neko angestachelt, sich abermals. Nabu-kudur-ussur übernahm diesmal nicht die Leitung der Kriegsführung sondern begnügte sich, einen von seinen Feldherrn mit dem Aufgebote der Ammoniter und Moabiter zu entsenden, die stets gern ihren Chaldäerhass vergassen, sobald es sich um die Befriedigung ihres Judenhasses handelte. Jehoïakin starb während der Belagerung Jerusalem's und an seine Stelle trat sein Sohn, ein achtzehnjähriger Jüngling, der den Namen Jekoniah oder Jehoïakin II. annahm. Nicht lange behielt er die Regierung, da gerade, wie er den Thron bestieg, Nabu-kudur-ussur im feindlichen Lager eintraf. Durch seine Anwesenheit wurde die Abwickelung der Sache so überstürzt, dass sich nach drei Monaten Jehoïakin auf Gnade und Ungnade ergeben musste. Der Sieger verfuhr schonend mit Jerusalem, nahm nur alles, was sich noch im Tempelschatze vorfand, fort und verbannte den König mit seiner ganzen Familie nach Chaldäa. Das jüdische Heer verfiel der Sklaverei, die arbeitende Bevölkerung wurde nach Babylon weggeführt und daselbst zu den grossen Bauunternehmungen gebraucht, und was

1) II Reg., XXIV, 1.

noch übrigblieb bekam Joshia's, damals einundzwanzigjähriger, jüngster Sohn Mattaniah (597). Gleich seinen Vorgängern änderte Mattaniah mit seiner Stellung auch seinen Namen und liess sich Zedekiah nennen[1].

Zwei Jahre später (595) starb Neko[2], ohne die erwünschte Gelegenheit gefunden zu haben, und sein Sohn Psametik II. hatte zu irgendwelchen Unternehmungen gegen Asien gar keine Zeit. Er wurde um 591 durch einen Angriff des Königs von Napata nach Aethiopien gerufen und starb sofort nach seiner Rückkehr (589)[3]. Syrien hatte sich inzwischen zwar anscheinend ruhig verhalten, aber im Stillen sich weiter gerührt, und diejenigen Parteien, welche ausschliesslich in einem engen Bunde mit Aegypten das Heil ihrer Heimat sahen, hatten sich von dem Schlage, der sie mit Neko's und Jehoïakin's Missgeschick traf, wieder erholt. In Jerusalem war die Bewegung, welche die Gemüter Aegypten zuwandte, so erstarkt, dass sich Nabu-kudur-ussur's Kreatur Zedekiah von derselben verleiten und gleich im Anfange seiner Regierung Abgesandte von Tyros und Sidon, Ammon und Moab zusammenkommen liess, um mit ihnen zu beraten, auf welchem Wege die Chaldäermacht am besten zu stürzen sei. Dass nichts bei der Versammlung herauskam, lag entweder am Einflusse des alten Propheten Jeremiah, welcher sich die Entmutigung seiner Landsleute angelegen sein liess, oder, und das wol noch mehr, daran, dass sich die Verbündeten ihrer Ohnmacht bewusst waren[4]. Wie Uhabrâ den ägyptischen Thron bestieg, gewannen sie wieder Zuversicht. Da man ihn als unternehmend, ehrgeizig und bereits längst auf alle Wechselfälle des Krieges vorbereitet kannte, so machten Tyros und Phönizien, Jerusalem und die jenseits des Jordan liegenden Länder gemeinschaftliche Sache und empörten sich. Nabu-kudur-ussur war beim ersten Gerücht von diesem Aufruhr herbeigeeilt, und zauderte, wie er so zwischen drei Widersachern stand, für den ersten Augenblick;

1) II Reg., XXIV; II Chron., XXXVI, 5—11. Vergl. Jeremias, XXIV, XXV, XXVI, XXXV, XXXVI, u. s. w. || 2) Manetho (ed. Unger, S. 280) schreibt Neko eine sechs-, Herodot (II, 159) eine sechzehnjährige Regierung zu. Letztere Zahl wird durch zwei Stelen, eine zu Florenz, die andere zu Leiden, bestätigt (Leemans, Lettre à M. Rosellini, S. 125—132). [Ebers, Disquisitiones de dynastia vicesima sexta, S. 8 ff. gibt Neko 15½ Jahr]. || 3) Herodot II, 160. || 4) Jeremias, XXVII—XXVIII.

»Er steht am Scheidewege, vorn an zwei Wegen, um sich wahrsagen zu lassen; er schüttelt die Pfeile, befragt die Teraphim und besieht die Leber[1]«. Seine Unentschiedenheit währte nicht lange. Durch Juda wurde die Bundesgenossenschaft zusammengehalten, da sein Gebiet die Bundesgenossen von der Küste mit denen aus der Wüste und Aegyptens Streitkräfte mit denen des südlichen Syriens verband. Indess ein Heer Phönizien verheerte und Tyros abzusperren begann, überfiel daher der König von Babylon mit seinem Hauptheere Judäa. Zedekiah wagte nicht ihn auf offenem Felde zu erwarten, sondern barg sich in Jerusalem. Diesmal war es Nabu-kudur-ussur's fester Wille, den Juden den Garaus zu machen: er verheerte ihr Land nach Herzenslust, gab die Landbevölkerung den Philistäern und den Edomitern preis, und zeigte sich erst, nachdem er alles mit Feuer und Schwert verwüstet hatte, vor der Hauptstadt[2]. Wie er dieselbe bereits eng zu umzingeln anfing, erfuhr er, Uhabrâ sei mit einem ansehnlichen Heere in Südpalästina eingerückt. Sofort hob er die Belagerung auf und eilte diesem neuen Feinde entgegen[3]. Wie dieser Zusammenstoss ablief, ist nicht näher bekannt, da der Aegypterkönig nach den einen, ohne zu kämpfen, sich zurückzog[4], und nach andern die Schlacht zwar annahm aber besiegt wurde[5]. Drohender als je erschien Nabu-kudur-ussur wieder unter Jerusalem's Mauern. Der Fall der Stadt war nur noch eine Frage der Zeit, und der Widerstand konnte nur noch dazu dienen, den Sieger zu erbittern. Nichtsdestoweniger vertheidigten die Juden sich mit heldenmütiger Standhaftigkeit, leider aber auch mit jener Uneinigkeit, von der sie noch später so manche Probe abzulegen hatten. Während Jeremiah und die Propheten unablässig Unterwerfung predigten[6], zeigten Zedekiah und seine Ratgeber sich entschlossen, es bis auf das äusserste kommen zu

1) Ezechiel, XXI, 26. Vergl. Fr. Lenormant, La divination chez les Chaldéens, 1875, S. 18 ff. || 2) Jeremias, XXXIV, 7. || 3) a. a. O., XXXVII, 5. 11. || 4) Jeremias, XXXVII, 7: »Siehe, das Heer Pharao's, welches auch zur Hülfe angerückt ist, kehrt in sein Land Aegypten zurück«. || 5) Josephos. Ant. Jud. X, 10. || 6) Vergl. was Jeremiah zu Zedekiah sagt: »Wenn du den Fürsten des babylonischen Königs dich ergibst, wird deine Seele leben« (XXXVIII, 17) und was Zedekiah's Feldherrn über Jeremiah äussern, dass er »den in dieser Stadt noch übrigen Kriegsleuten den Mut nimmt und dem ganzen Volke, solche Worte zu ihnen zu reden«! (XXXVIII, 4).

lassen. Bald gesellte sich Hungersnot zu den Verheerungen des Krieges und der Krankheiten: bereits gab es kein Brod mehr, und von Ergebung war noch immer nicht die Rede. Endlich, nach anderthalbjährigen Drangsalen, »im neunten Jahre Zedekiah, des jüdischen Königs, . . . im vierten Monate am neunten des Monats ward die Stadt erobert, — und alle Fürsten des babylonischen Königs kamen und hielten unter dem Mittelthore«. Zedekiah versuchte nach dem jenseitigen Jordanufer zu entkommen, wurde in der Ebene Jericho's gefangen genommen und nach Riblah gebracht, wo Nabu-kudur-ussur seinen Hof hielt. Der babylonische König verfuhr mit dem Besiegten so, wie man in seinem Geschlechte mit rebellischen Unterthanen umzugehen pflegte; er liess in seinem Dabeisein seine Söhne und sämmtliche jüdischen Beamten umbringen, liess ihm dann die Augen ausstechen und ihn in doppelten Ketten nach Babylon schaffen. Unter Aufsicht eines von Nabu-kudur-ussur dazu eigens entsandten hohen Kronbeamten Nabu-sar-adan, wurde die Stadt verwüstet und verbrannt. Die Soldaten, Priester und alle, die zu den höhern Ständen gehörten, wurden nach Chaldäa übergesiedelt und in verschiedene Städte zerstreut. Im Lande verblieb nur das niedere Landvolk, welches der Sieger mit den Weinbergen und Aeckern der Reichen beschenkte. Wie die Chaldäer ihr Zerstörungswerk vollbracht hatten, zogen sie sich zurück und liessen die neue Provinz durch einen Freund Jeremiah's, der Gedaliah hiess, verwalten [1].

Gedaliah lebte nicht lange, sondern wurde zu Mit'pah mitsammt seinen jüdischen und chaldäischen Unterstützungstruppen von Ismael, dem Sohn Nataniah's, einem Nachkommen David's ermordet [2]. Ismael wiederum wurde von Jochanan, dem Sohne Kareah's, angegriffen und genötigt, fast ohne jedes Geleit zu den Ammonitern zu flüchten [3]. Da diejenigen Juden, welche Gedaliah gerächt und Ismael geschlagen hatten, ihrerseits sich fürchteten, es möchte über sie Nabu-kudur-ussur's Zorn kommen, flüchteten sie nach Aegypten und nahmen den Propheten Jeremiah und einen Theil des Volkes mit [4]. Von Uhabrâ erhielten sie Ländereien bei Daphne und breiteten von

1) Jeremias XXXIX; II Reg., XXV, 1—21; II Chron., XXXVI, 13—21. || 2) Jeremias XL—XLI, 1—3. || 3) Jeremias, XLI, 11—15. 4) Jerem., XLI, 17—18; XLII, 1.

dort sich nach Migdol, Memphis und bis in die Thebaïs aus[1]. Das Mass von Juda's Leiden war selbst durch diese Katastrophe noch nicht erschöpft. Die Trümmer der Bevölkerung verbündeten sich 581 mit den Moabitern und versuchten ihr Glück mit den Waffen. Durch eine nochmalige Niederlage und, als Ergebniss derselben, ein abermaliges Exil wurde das Land vollends zu Grunde gerichtet. Aus der Ferne verfolgte Jeremiah das Unglück und beweinte den Untergang seines Stammes: »Juda ist gefangen im Elend und schwerem Dienst, es wohnt unter den Völkern und findet keine Ruhe! — Die Strassen gen Zion liegen wüste, weil Niemand zum Fest kommt, ihre Thore stehen öde, ihre Priester seufzen, ihre Jungfrauen blicken traurig. — . . . Ihre Kinder ziehen gefangen vor dem Feinde her . . . — Aber Du, Jahveh, der Du ewiglich bleibst, und Dein Thron für und für, warum willst Du unser so ganz vergessen und uns auf die Dauer verlassen? Bring uns, Herr, wieder zu Dir, dass wir wieder heimkehren, erneue unsere Tage wie vor Alters«![2].

Auf Judäa's Unglück folgte unmittelbar die Niederlage der jenseits des Jordan ansässigen Völkerschaften. Ammon, Moab und die Nabatäer wurden für ihre Empörung hart gezüchtigt[3], und auch Arabien wurde von dieser Invasion erschüttert. Auch Nabu-kudurussur wurde wie seine Vorgänger, die Assyrerkönige, von dem märchenhaften, weitberühmten Reichtum angelockt, dessen sich die fernen Länder Yemen's erfreuen sollten, und die durch Handel in diesem Stapelplatze der morgenländischen Welt aufgehäuften Schätze erregten seine Habsucht. Die auf dem Hochlande Nedjed zerstreuten Völkerschaften liess er abseits liegen und trachtete nach Hedjaz und den andern, von der grossen Karawanenstrasse durchzogenen, Landstrichen. Es wird in arabischen Ueberlieferungen berichtet, dass er, nachdem er bei dem Flecken Dhât-irk die Djorhom Joqtaniden, die ihm den Weg zur Kaâbah versperren wollten, geschlagen und zerstreut habe, an die Nordgrenzen von Yemen gelangte. Am weitern Vorrücken habe ihn die Ermüdung seines Heeres gehindert, er sei umgekehrt und habe viele Gefangene und zwei ganze Stämme, Hadhurâ und Uabar, mitgenommen, die er in Chaldäa angesiedelt habe. Es war das mehr ein grosser Raubzug als ein regelrechtes

1) Jerem., XLIII—XLV, 1. || 2) Klagelieder I, 3—5; V, 19—21. || 3) Jeremias, XLVIII, XLIV, Josephos, Ant. Jud. X, 11.

Kriegsunternehmen, und brachte ihm nur eine beträchtliche Beute und dem Namen nach eine schnell vergängliche Oberhoheit ein. Den Arabern blieb der Eroberer, der sie so schwer geplagt hatte, im Gedächtniss, und sie machten aus Bochtnassar einen Sagenhelden, an den sich tausenderlei Erinnerungen heroischer und märchenhafter Art knüpften[1].

Von all den Völkern, die sich 589 zusammengethan hatten, blieben nun nur noch die Tyrer und die Aegypter übrig. Hinter seinen Inselmauern geschützt, gebot Tyros über das Meer und bot den Anstrengungen der Chaldäer Trotz. Nach dreizehnjährigem, fruchtlosem Mühen entschlossen sich dieselben, mit dem Könige Ithobaal III, welcher die Vertheidigung führte, einen Vertrag zu schliessen (574)[2], so dass nunmehr Nabu-kudur-ussur Aegypten gegenüber freies Spiel hatte. Dass die Chaldäer gegen dasselbe etwas unternehmen würden, darauf war man schon längst gefasst und es verlief seit Neko's Niederlage kein Jahr, in welchem die jüdischen Propheten das nicht als bevorstehend geschildert hätten. Jeremiah hatte so etwas mehrfach geweissagt, ohne sich durch die Nichterfüllung seiner Ankündigungen abschrecken zu lassen[3], und wie Ezechiel von der Uebergabe von Tyros hörte, verkündete er das nochmals: »So spricht Jahveh, der Herr: So tilge ich Aegyptens Getümmel durch Nabukodrossor den König von Babel; — er und sein Volk mit ihm, die gewaltigsten Völker werden geholt, Aegypten zu vernichten, die zücken ihre Schwerter auf Aegypten und füllen das Land mit Erschlagenen; ich mache die Ströme zur Oede und verkaufe das Land in die Hand Böser, und verwüste das Land

---

1) Caussin de Perceval, Histoire des Arabes avant l'islamisme, Bd. I, S. 81—89. || 2) Menander bei Josephos, Contr. Apionem I, 21, und Klemens von Alexandrien, Stromata, I, 21, § 127. Dem ausdrücklichen Zeugnisse der phönizischen Annalen und der griechischen Geschichtschreiber zum Trotz haben die meisten Kirchenschriftsteller behauptet, Nabu-kudur-ussur habe Tyros eingenommen (Hieronymus, Comment. in Ezech., k. XXVI, XXIX, Opera omnia Bd. III, S. 875, 908; Kyrillos der Alexandriner, Commentatio in Jesaïam, 23, Opera omnia, Bd. II, Ausg. v. Aubert). Nach ihrer Aussage soll der Chaldäer die Insel mit dem Festlande durch einen ähnlichen Damm, wie ihn später Alexander erbaute, verbunden haben. Nach der Ortsüberlieferung galt sein Unternehmen noch im eilften Jahrhunderte unserer Zeitrechnung für gescheitert (Wilhelm von Tyros, Hist., XIII, 4). || 3) Jeremias, IX, 25—26; XLIII, 8—13; XLIX, 30; XLVI.

durch Fremde: ich Jahveh habe es geredet«[1] — So spricht Jahveh, der Herr: So vernichte ich die Scheusale und tilge die Götzen aus zu Memphis, und ein Fürst von Aegyptenland wird nicht ferner sein; ich lege Furcht in Aegyptenland, — verwüste die Thebaïs und lege Feuer in Tanis, und übe Strafen in Nô (Theben), — giesse meinen Grimm auf Pelusion, die Feste Aegyptens, und rotte Hamon-Nô aus. — Ich lege Feuer in Aegypten, zittern soll Pelusion und Nô soll zur Eroberung dienen, und Memphis wird zu ewigem Roste: — die starken Krieger von On und von Bubastis werden durch's Schwert fallen, und diese Städte selbst in Gefangenschaft gehen; und in Taphnehes (Daphne) schwindet der Tag, — wenn ich dort Aegyptens Scepter breche, und darin seine stolze Herrlichkeit vernichtet wird, es selbst von Wolken wird bedeckt werden und seine Töchter in Gefangenschaft gehen«[1]. —

Wenn man darin Josephos Glauben schenken möchte, so wäre die Weissagung des Propheten vollständig in Erfüllung gegangen: Nabu-kudur-ussur soll Aegypten überfallen, Uhabrâ geschlagen und getödtet, das Land verwüstet, dann in dem neu eroberten Gebiete einen Statthalter eingesetzt haben und nach Chaldäa heimgekehrt sein, wobei er diejenigen Juden, welche er im Delta ansässig vorfand, mitnahm[2]. Die ägyptischen Berichte erlauben uns nicht, diese Tradition für authentisch zu halten, sie beweisen vielmehr, dass Nabu-kudur-ussur eine ernstliche Schlappe erlitt. Uhabrâ's mit Griechen bemannte Flotte schlug die im Dienste der Chaldäer stehende phönizische, sein Landheer nahm Tyros im Sturm und zwang die übrigen Städte, sich ohne Widerstand zu ergeben[3]. Die ganze syrische Küste fiel, ohne dass Nabu-kudur-ussur sie ihnen auch nur in irgend einer Weise streitig zu machen oder wieder abzunehmen vermochte, den Aegyptern in die Hände. Pharao's Besatzungen liessen sich in Gebel nieder und erbauten daselbst sich aus inländischem Gesteine einen Tempel, dessen Trümmer neuerdings durch Forschungen zu Tage gefördert sind[4]. So erreichte durch einen glücklichen Handstreich Uhabrâ das Ziel, nach welchem seine Vorgänger über ein halbes Jahrhundert vergeblich getrachtet hatten, er

1) Ezechiel, XXX, 10—18. || 2) Josephos, Antiq. Jud. X, 11. || 3) Herodot II, 161; Diodor. I, 68, I. || 4) E. Renan, Mission de Phénicie, S. 25 ff. Taf. 6 ff. und de Rougé's Abhandlung über die von Renan in Phönizien aufgefundenen ägyptischen Ueberbleibsel (Revue archéologique, N. S. 1863).

32*

durfte sich daher »der glücklichste König, der bis dahin gelebt hatte«, nennen und bildete in seinem Stolze sich ein, »selbst die Götter seien nicht im Stande, ihm zu schaden«[1].

Es war das Nabu-kudur-ussur's letzter Krieg, wenigstens der letzte, welcher geschichtliche Spuren zurückliess. Wie derselbe zu Ende war[2], war der Chaldäerkönig bereits alt und hatte an ganz andere Dinge als an Waffenthaten zu denken. Er beschränkte fortan wol seinen ganzen Ehrgeiz auf den Betrieb und die Vollendung jener grossen Bauten, durch welche sein Name im Altertume berühmt war. Babylon war von den Assyrern in dem Jahrhunderte vor dem Sturze Ninive's grausam mitgespielt worden. Abgesehen von den Belagerungen und theilweisen Plünderungen, denen es im Laufe der fortwährenden Empörungen ausgesetzt war, war es zweimal von Sin-ache-irib und von Assur-ban-habal verheert worden. Die Ausbesserungsarbeiten waren schon unter Nabu-pal-ussur in Angriff genommen, der sie im Namen einer seiner Frauen, welche seltsamer Weise in der klassischen Ueberlieferung den ägyptischen Namen Nitokris führt, betrieben zu haben scheint[3]. Er setzte die Verbindungskanäle zwischen dem Euphrat und Tigris oberhalb Babylon's wieder in Stand, besserte die grossen Behälter, in welchen die Gewässer des Euphrat während der Ueberschwemmung von den Königen der frühern Dynastien aufgefangen und angesammelt waren, wieder aus und baute die Brücke, durch welche die beiden Hälften der Stadt zusammenhingen wieder auf. Bei seinen Arbeiten verwandte er die vielen gefangenen Syrer,

---

1) Herodot II, 161. In Betreff der Geschichte des Krieges gegen Tyros und Aegypten habe ich mich durchaus der Beweisführung von Movers (Phönizier, Bd. 2, Theil 1, S. 426—428) angeschlossen. [Vergl. auch, A. Kuenen, De profeten en de profetie onder Israël, I, S. 142 ff.; Duncker (Geschichte, Bd. II, S. 477—480) bestreitet ebenfalls den Bericht des Josephos, erkennt jedoch die Besitznahme Uhabrâ's von Phönizien nur bedingterweise an, welche durch das Vorhandensein jener ägyptischen Denkmäler von Aradus hinreichend gesichert erscheint. — R. P.] || 2) Uhabrâ kann Phönizien erst nach der Zeit in welcher Tyros belagert wurde, also erst nach 588—575, bekriegt haben. Da nun andererseits Uhabrâ nur 19 Jahre, 589—569 (Manetho ed. Unger, S. 281—283), regierte, muss der Krieg mit Phönizien zwischen 574 [Duncker: 573], wo Tyros von den Chaldäern unterworfen wurde, und 569, wo Amasis sich empörte, angesetzt werden. || 3) Herodot I, 185; Oppert, Rapport adressé au ministre de l'instruction publique, S. 16; Fr. Lenormant, Histoire Bd. II, S. 216—218.

Juden und Araber, die er sich auf seinen Kriegen verschafft hatte. Die grosse babylonische Mauer sowie der grosse Tempel des Nebo zu Barsip wurden wieder aufgebaut, es wurde der Wasserbehälter von Sippar, der Königskanal und wenigstens theilweise auch der Pallakopassee ausgegraben, und Kuti, Sippar, Barsip und Babel erstanden aus ihren Trümmern. Für Chaldäa wurde der in allem, was er unternahm, rastlos thätige Nabu-kudur-ussur das was Ramses II. vordem für Aegypten gewesen war, recht eigentlich ein Baumeister unter den Königen. Unablässig arbeitete er an sämmtlichen Städten und Tempeln, so dass rings um Babylon es keinen Ort gibt, an dem nicht sein Name und Spuren seiner wundersamen Betriebsamkeit zu finden wären[1].

Nabu-kudur-ussur's Nachfolger Avil-Marduk (Evil-Merodach) wurde, nachdem er zwei Jahre regiert hatte (559)[2], von seinem Schwager Nirgal-sar-ussur (Neriglissor) ermordet, der seinerseits 556 starb und einen Knaben Namens Bel-zakir-iskun (Laborosoarchod) als Nachfolger hinterliess. Bel-zakir-iskun wurde neun Monate nach seinem Regierungsantritt von Nabunahid durch Mord beseitigt[3]. Da mit ihm Nabu-kudur-ussur's Haus erlosch, wähnte das über den jähen Sturz aus solcher Höhe verwunderte Volk darin Gottes Finger walten zu sehen. Nabu-kudur-ussur soll nach der nationalen Ueberlieferung an seinem Lebensabend, von prophetischem Geiste erfasst, auf das Dach seines Schlosses gestiegen sein und den Chaldäern den nahenden Untergang ihres Reiches geweissagt haben[4]. In der gegen den Fürsten, der Jerusalem verwüstete und den Tempel zerstörte, unversöhnlichen jüdischen Sage hiess es, er habe, von seinem Ruhme berauscht, sich Gott gleich gewähnt und sei durch Jahveh's Zorn in ein Thier verwandelt worden. Er lebte sieben Jahre lang

1) Oppert, Inscription de Nabuchodonosor sur les merveilles de Babylone. 12°, Reims 1866; vergl. G. Rawlinson, The five great Monarchies, Bd. III, S. 55—58; J. Ménant, Babylone et Chaldée, S. 196—248; [Smith, Assyrian Discoveries, S. 57, 59]. || 2) [Nach Smith, Assyrian Discoveries, S. 386, ergeben die Denkmäler für Nirgalsar-ussur's Regierungsantritt schon das Jahr 560. — R. P.] || 3) Berossos, Buch III bei Josephos, C. Apionem 1, 21 und bei Eusebios, Praep. Evang., IX, 40—41; Fr. Lenormant, Histoire, Bd. II, S. 239—241; Vergl. G. Rawlinson, The five great Monarchies, Bd. III, S. 62—64. Die griechische Variante *Ναβοννήδοχος* ist, wie es scheint, aus der turanischen Variante von Nabu-nahid's Namen, *Nabu-imtuk*, entstanden. || 4) Berosso und Abydenos bei Eusebios, Praep. Evang., IX, 41.

auf dem Felde, nährte sich von Kräutern wie das Vieh, erhielt dann seine frühere Gestalt zurück und wurde wieder König[1].

Es lag besonders an dem Charakter desjenigen Fürsten, welcher damals über Ekbatana herrschte, dass Nabu-kudur-ussur, solange er überhaupt regierte, mit seinem medischen Nachbar in keinen Streit geriet. Kyaxares' Sohn Azi-dahak[2], der bei den Griechen Astyages hiess, war nicht wie sein Vater für das Leben auf dem Schlachtfelde erzogen. Er unternahm, abgesehen von einem Kriege gegen die Kadusier[3], welcher mit der Unterwerfung dieses Volkes endete, gar keine Feldzüge. Er lebte in einem prunkenden, morgenländischen Hofstaate, von Wachen und Eunuchen umgeben, und die Jagd in den Wildgärten seiner Schlösser oder an den Grenzen der Wüste war sein einziger Zeitvertreib[4]. Da er, obgleich mehrfach vermält, doch keine männlichen Nachkommen hatte, sollte nach ihm die Krone auf seine Tochter Mandane oder deren Kinder übergehen. Mandane war einem Vasallen ihres Vaters, dem Perserkönige Kambuzia I. (Kambyses) gegeben, dem sie Kurus (Kyros) gebar, welcher am Hofe von Ekbatana, einerseits als Enkel des Herrschers, andererseits als Geisel, aufwuchs[5]. Da Kyros bald einsah, dass das Kriegswesen der medischen Arier durch den friedfertigen Sinn des Astyages geschwächt, und sie trotz ihrer scheinbaren Macht und Grösse entkräftet waren, fasste er die kühne Absicht, gegen seinen Grossvater sich zu empören und statt der Meder dasjenige Volk, aus dem er selber stammte, die Perser, zur Herrschaft zu bringen[6].

Die Perser hatten sich gleich anfangs bei der Einwanderung der Arier die Länder östlich von Elam angeeignet, sich die spärlichen turanischen und kushitischen Stämme, die daselbst wohnten, ohne Mühe unterworfen und sich auf dem Südabhange des iranischen Hochlandes und an den Gestaden des persischen Meerbusens angesiedelt. Das eigentliche Persien reicht von der Mündung des

1) Daniel, IV. || 2) Fr. Lenormant, Lettres assyriologiques, Série I, Bd. I, S. 97—99. || 3) Nikolaos der Damaskener bei C. Müller; Moses von Chorni (I, 23—29) schreibt ihm längere Kriege mit einem armenischen Monarchen Namens Tigranes zu. || 4) Vergl. Rawlinson, The five great Monarchies, Bd. II, S. 415—47. || 5) Herodot, I, 107—109; Xenophon, Kyropädie, I, 1 u. s. w. || 6) Vergl. G. Rawlinson, The five great Monarchies, Bd. II, S. 416—99.

Oroatis (Tab) westwärts bis zum Eingange der Meerenge von Ormuzd. Der aus parallelen Thon- und Sandlagerungen bestehende Küstenstrich ist unfruchtbar und wenig bewässert. Mehrere, von der See nach dem Hochlande zu sich hinziehende, immer höher emporsteigende, Gebirgsketten durchschneiden das übrige Land, welches zwar hier und da, besonders im Norden und Osten nicht ergiebig, aber an mehreren Stellen doch bewaldet und fruchtbar an Getreide ist. Es durchbrechen nur wenige Flüsse, wie der Oroatis (Tab), der Araxes (Bendamir) und der Kyros (Kurab), die Bergwände, die sie von der Küste scheiden, so dass sie in das Meer gelangen; die meisten Wasserläufe sind ohne Abfluss, und aus ihnen entstehen im Thalgrunde Seen, deren Ausdehnung sich nach der Jahreszeit richtet. Die Perserstämme theilten das von ihnen eroberte Land in mehrere Distrikte: im Gebirgslande in Paraitakenien und Mardienien, längs der Küste in Taokenien und im Osten Karmanien. Sie erbauten daselbst einige grosse Dörfer: am Meere: Ormuzd, Sisidona, Agrostana und Taoke; im Innern: Karmana, sowie zwei Hauptstädte: Persepolis und Pasargadai. Hier führten sie ein ruhmloses Dasein, anfangs unabhängig, dann, seit Phraortes, oder besser seit Kyaxares, als Unterthanen der Meder. Ihre Könige nahmen sie aus der Familie eines gewissen Akhamanish (Achaimenes), welcher sie bei der Einwanderung angeführt hatte. Akhamanish's Nachfolger war Teispa (Teispes), und Teispa's Kambuzia (Kambyses). Ihre abgelegene Lage schützte sie vor der babylonischen Sittenverderbniss, sodass sie sich mehr Einfachheit und Thatkraft als die Meder bewahrten. Kyros war sich dessen auch bewusst, als er seinen Vater bewog, es auf eine Empörung ankommen zu lassen. Er entfloh vom Hofe, zerstreute eine ihm nachgesandte Truppe und kehrte nach Persien zurück. In der ersten Schlacht wurde er zwar geschlagen und sein Vater getödtet, blieb aber schliesslich doch Sieger und nahm Astyages gefangen. Nach der Gefangennahme des Königs leistete ganz Medien weiter keinen Widerstand, sondern ergab sich dem Sieger. Es war das mehr ein Dynastienwechsel als eine fremde Eroberung. Astyages und dessen Vorfahren waren Könige über die Meder und Perser gewesen, Kyros und seine Nachfolger wurden Könige über die Perser und Meder[1]).

1) Vergl. Rawlinson, The five great Monarchies, Bd. II, S. 422—426; Bd. III, S. 369.

Fünftes Buch.

Das Perserreich.

Dreizehntes Kapitel.

Die persischen Eroberungen.

Das Morgenland bei dem Regierungsantritte des Kyros. Kroisos und Lydien. Ahmes II. und Aegypten. Nabu-nahid und Chaldäa. Eroberung Lydien's (554). Die Perser im fernsten Morgenlande (554—539). Sturz des Chaldäerreichs. — Kambyses. Ahmes II. und Psametik III. Eroberung Aegyptens. Unternehmungen gegen Libyen und Aethiopien. Der falsche Smerdis. — Gaumatâ und Dareios I. Reorganisation und Eintheilung des Perserreichs. Züge nach Norden und Osten, nach dem Skythenlande und nach Griechenland.

Das Morgenland bei dem Regierungsantritte des Kyros. Kroisos und Lydien. Ahmes II. und Aegypten. Nabu-nahid und Chaldäa. Eroberung Lydiens (554). Die Perser im fernsten Morgenlande (554—539). Sturz des Chaldäerreichs (556).

Seit dem Vertrage von 608 war der Friede zwischen den drei Grossmächten, Medien, Chaldäa und Lydien, die sich in Vorderasien getheilt hatten, nicht gestört. Da jede von ihnen sicher auf den Beistand oder die Neutralität der beiden andern rechnen konnte, hatte sie sich mit ihrer ganzen Macht gegen diejenigen Gegenden gerichtet, in welchen sie nicht auf ernstliche Widersacher zu stossen sicher war: so Medien gegen die Länder im fernsten Osten, Chaldäa gegen Syrien und Lydien, gegen die Griechenkolonien und die in Kleinasien heimischen Völkerschaften. Alyattes widmete die letzten Regierungsjahre dem Bau eines Riesengrabmals, das an Massenhaftigkeit kaum den ägyptischen und babylonischen Bauwerken nachstand[1]. Bei dieser Arbeit erschöpfte man fast sämmtliche Hülfsquellen des Reichs, so dass man, um die Kosten des Unternehmens zu bestreiten, die Kriege einstellen musste. Im Jahre 568 bestieg Alyattes' Sohn Kroisos den Thron; er überfiel die Griechen, Ephesos erlag ihm zuerst, dann eine nach der andern die ionischen und äolischen Städte. Einmal hatte er sogar vor, eine Flotte zu bemannen und die Kykladen anzugreifen, doch musste er wegen der Unerfahrenheit der Lyder im Seewesen darauf verzichten[2]. Er wandte sich daher wieder gegen die Völkerschaften im Innern und unterwarf in einigen Jahren die Margandiner, die asiatischen Thraker, die Bithynen, die Paphlagonen, die Phrygerstämme, soweit dieselben seinen Vorgängern entgangen waren, Lykaonien, Pamphylien und Karien; so dass sämmtliche Länder zwischen dem Pontos Euxeinos, dem Halys und dem Mittelmeere ausser Lykien und Kilikien ihn als Oberherrn anerkannten[3]. Durch die Erwerbung all dieser fruchtbaren und gewerbthätigen Provinzen wurde er einer der wohlhabendsten Herrscher seiner Zeit und er wusste seine Schätze so freigebig zu spenden, dass er dadurch die Bewunderung seiner Zeitgenossen im höchsten Masse erregte[4]. Verschiedenen hellenischen Tempeln, wie dem des branchidischen Apoll's zu Milet, dem der Artemis in Ephesos und des Zeus Ismenios in dem böotischen Theben, dem Heiligtume des delphischen Apoll's und dem des Heros Amphiaraos widmete er kostbare Weihgeschenke[5]. Für seine Gaben spendeten die Griechen ihrerseits ihm Loberhebungen und machten seinen Reichtum so berühmt, dass er überall bekannt war und es noch heutzutage ist.

Kroisos merkte, als er vom Sturze des Mederreichs erfuhr, dass er dadurch unmittelbar gefährdet wurde, und sah sich nach auswärtiger Unterstützung um. Dasjenige Land, an welches er sich zuerst wandte, war Aegypten[6]. In diesem hatten während der

1) Herodot, I, 93. Alyattes' Tumulus ist bei Hamilton, Asia minor, Bd. II, S. 145—146, und bei Texier, Asie Mineure, Bd, II, S. 252, 399, beschrieben; Ausgrabungen veranstaltete daselbst der preussische Konsul in Smyrna Spiegenthal (Monatsberichte d. k. p. Akademie der Wissenschaften zu Berlin. 1854, S. 700—702). || 2) Herodot, 1, 26—27. || 3) Herodot, 1, 28. Vergl. Arrian, Periplus P. Eux., XV. || 4) Vergl. Herodot VI, 125, wo erzählt wird, wie er den Athener Alkmeion beschenkte. || 5) Herodot, I, 50, 77, 92; V, 36; VIII, 35. Vergl. Theopomp, Frag. 184 ed. C. Müller. || 6) Herodot, I. 77.

letzten Jahre blutige Staatsumwälzungen stattgefunden, bei denen Psametik's Familie untergegangen war. Wie Uhabrâ Phönizien besiegt hatte, genoss er die Frucht seiner Erfolge nicht mehr lange. Die von den griechischen Ansiedlern der Kyrenaïs beständig belästigten libyschen Küstenstämme erbaten von ihm als ihrem natürlichen Schutzherrn Beistand wider die Uebergriffe ihrer Nachbarn. Da es nicht ratsam gewesen wäre, die Söldner ihren Landsleuten gegenüberzustellen, entsandte Uhabrâ ein ägyptisches Heer gegen Kyrene, das sich bei dem Flecken Irasa schlagen liess und auf der Flucht so schwere Verluste erlitt, dass überhaupt nur wenige Flüchtlinge die Grenze des Delta wieder zu erreichen vermochten[1]. Wie sie heimkehrten, entstanden Unruhen. Durch den Schutz, welchen Uhabrâ den Ausländern angedeihen liess, hatte er den Hass der Priester und der Bevölkerung auf sich geladen. Man meinte oder that so, als ob man meine, dass er seine ägyptischen Truppen nach Libyen entsandt habe, damit er dort Leute, deren Treue ihm verdächtig däuchte, loswerde, und es brach eine Empörung aus[2]. Es gab damals an seinem Hofe einen Mann von niederer Herkunft Namens Ahmes, welcher wegen seiner beständig guten Laune und seiner Geschicklichkeit von der niedersten Stufe im Heere bis zum General befördert war[3]. Diesen schickte er in das Lager zu den Rebellen, um dieselben zu ihrer Pflicht zurückzubringen. Wie Ahmes eine Ansprache an die Truppen zu halten begann, setzte ein Soldat ihm einen Helm auf das Haupt und rief ihn zum König aus. So wurde er aus einem Abgesandten zum Oberhaupte der Empörung, rückte auf Saïs los und schlug bei Momemphis[4] die 30,000 Söldner, welche noch dem rechtmässigen Könige beistanden (569). Uhabrâ wurde auf der Flucht gefangen genommen, anfangs schonend und ehrenvoll behandelt, wie aber später die Einwohnerschaft von Saïs seine Auslieferung verlangte, seinen Feinden preisgegeben und ermordet[5]. Ahmes II. heiratete, um seine Machtstellung zu sichern,

1) Herodot, IV, 159. || 2) Herodot II, 161; Diodor I, 68, 2. || 3) Herodot, II, 172, 174, wonach Amasis aus Siuf bei Saïs gewesen sein soll. Hellanikos der Lesbier (frag. 151 bei C. Müller) erzählte, Amasis habe des Königs Gunst erhalten, weil er ihm bei seinem Geburtstage einen Blumenkranz geschenkt habe. Plato (Timaios, Bd. II, S. 199 ed. Didot) versichert, dass Amasis aus Saïs selbst war. || 4) Herodot, II, 163, 169; nach Diodor. I, 68, 5, fand die Schlacht bei Marea statt. || 5) Herodot, II, 162—163; 169, Diodor, a. a. O. Vergl. Hellanikos frag. 151 ed. Müller, wo Uhabrâ *Patarmis* heisst.

eine Frau von königlichem Geblüt, die Enkelin der Shapentep und Psametik's I., die Königin Anch-nes-Rânoferhet[1]. Nach aussen hin bewahrte er Aegypten die Oberheit über Phönizien und ergänzte die Thätigkeit seiner Vorgänger durch die Eroberung von Kypros[2], so dass Aegyptens Macht und Einfluss durch diesen Herrscherwechsel nicht verändert wurde.

Kroisos' Gesandte waren Ahmes um so willkommener, als er in dem Emporkommen des Kyros selbst eine seinem eigenen Reiche nahende Gefahr erblickte. Es wurde ein Schutz- und Trutzbündniss geschlossen, an welchem sich bald auch Nabunahid von Babylon sowie die Lakedämonier betheiligten[3], so dass 555 der Lyderkönig an der Spitze einer so mächtigen Bundesgenossenschaft stand, dass dieselbe mit den Persern ohne Mühe fertig geworden wäre, hätte er sich nur dazu verstanden, nicht anders als gemeinschaftlich mit seinen Verbündeten vorzugehen. Durch seine Ungeduld und seinen Dünkel verdarb er alles. Er hatte, um die Zukunft zu erfahren, sich an mehrere Orakel in Griechenland gewandt und mehrere doppelsinnige Antworten erhalten, welche er so zu deuten beliebte, wie es seinen Interessen am vortheilhaftesten war; man hatte ihm nämlich gesagt, wenn er die Perser angreife, so werde er ein grosses Reich zerstören, und die Herrschaft seines Volkes werde so lange dauern, bis dass eines Tags ein Maulesel den medischen Thron bestiege[4]. Er meinte, dass ihm die Götter Sieg versprächen, und sann daher auf weiter nichts als einen kriegerischen Einfall in das feindliche Gebiet. Im Frühjahr 554 ging er über den Halys, rückte in Pterien ein und nahm die hauptsächlichsten Städte dieser Provinz in Besitz. Kyros, der darauf gar nicht gefasst gewesen war, versuchte im Rücken der Lyder einen Aufruhr zu Stande zu bringen, und schickte an die ionischen Griechen Boten mit der Aufforderung, ihm beizutreten, was dieselben weniger aus Zuneigung zu Kroisos als aus Furcht vor der Perserherrschaft ablehnten. Dermassen enttäuscht, verwandte Kyros einen Theil des Sommers auf die Zusammenziehung seiner Truppen und rückte den Lydern entgegen.

---

1) De Rougé, Notice de quelques textes hiéroglyphiques récemment publié, par M. Greene, S. 49. 54. || 2) Herodot, II, 182. Polyainos (Strat. VII, 13) schreibt ihm einen Feldzug gegen die Araber zu. || 3) Herodot, I, 77. Vergl. Xenophon, Kyropädie, VI, 2, 10—11, wo Kroisos' Verbündete und Unterthanen ziemlich vollständig aufgeführt werden. || 4) Herodot, I, 53, 55.

Obwohl diese an Zahl geringer waren, nahmen sie die Schlacht an und leisteten einen ganzen Tag lang, ohne irgendwie zu verlieren oder zu gewinnen, Widerstand. Wie am nächsten Tage Kroisos den Feind unthätig sah, glaubte er, dieser gestände seine Niederlage ein, und rückte, weil die geringe Zahl seiner Truppen und die vorgeschrittene Jahreszeit ihm aus seinem vermeintlichen Siege keinen Vortheil zu ziehen gestatteten, in der Richtung auf Sardes ab, entliess seine Söldner und liess seinen Verbündeten in Griechenland, Chaldäa und Aegypten die Aufforderung zugehen, sie sollten im nächsten Frühjahr sich zu einem entscheidenden Feldzuge einfinden. Er hatte darauf gerechnet, die Perser würden ihm nicht zu folgen wagen und den Winter über in Kappadokien bleiben: doch merkte Kyros, dass, falls er nur noch einige Monate zögere, seine Sache, wenn nicht ganz verloren so doch äusserst bedenklich werden würde, denn er wäre dadurch, dass ihn die lydischen, lakedämonischen und ägyptischen Heerschaaren von der Frontseite angriffen und die Chaldäer ihn im Rücken bedrohten, entweder zur Umkehr oder zur Zersplitterung seiner Streitkräfte gezwungen worden. Trotz des Winters ging er über den Halys und rückte geradewegs auf Sardes los. Kroisos, der nunmehr der überraschte war, sammelte sämmtliche eingeborene Truppen, die ihm gehörten, und rückte den Anstürmenden zur Schlacht entgegen. Selbst unter diesen ungünstigen Umständen hätte er einen Sieg gewonnen, falls seine Reiterei, dazumal die beste in der ganzen Welt, zur Wirkung gekommen wäre. Aber durch den Geruch der Kamele, welche Kyros in die Front seines Heeres gestellt hatte, wurden die lydischen Pferde so erschreckt, dass sie scheu wurden und nicht zum Angriff zu bringen waren[1]. Nach heldenmüthigem Widerstande zum Rückzuge gezwungen, kehrte Kroisos nach Sardes heim und entsandte eine Botschaft nach der andern an seine Bundesgenossen, um deren Kommen zu beschleunigen. Die Stadt war in gutem Vertheidigungszustande und galt für uneinnehmbar, einen Sturm hatte sie bereits abgeschlagen und konnte, wie es schien, sich noch lange halten, da kam sie durch einen Zufall jäh zu Fall. Ein Soldat von der Be-

1) Nach Xenophon (Kyrop., VI, 2, 11, 14) fand das Gefecht bei dem Flecken Thymbrara am Paktolos statt. Herodot I, 80 lässt es im Westen der Stadt, also nicht auf der Seite von welcher die Perser kamen, geliefert werden.

satzung liess von der Burg seinen Helm herabfallen, kletterte hinunter um ihn heraufzuholen, und stieg auf demselben Wege wieder hinauf. Ein wagehalsiger Perser, der das bemerkte, erklomm die Felsen, auf denen die Burg liegt, und drang mit einigen Gefährten mitten in die Festung ein. Sie ergab sich nach einer vierzehntägigen Belagerung (554)[1].

Wie Lydien zu Grunde ging, wurden die Verbündeten misstrauisch gegen einander. Die Lakedämonier blieben zu Hause[2], Ahmes lag vermöge seiner Entfernung ausser dem Bereich und war vorsichtig genug, sich nicht zu regen, und Nabu-nahid beobachtete eine abwehrende Stellung und rüstete sich, den voraussichtlichen Angriff abzuwehren. Es leuchtete sämmtlichen grossen und kleinen Fürsten des Morgenlandes ein, dass sie nunmehr der Willkür der Perser anheimgefallen waren, und sie suchten daher jeden noch so geringfügigen Anlass zu Zwistigkeiten zu vermeiden. So bedurfte es nur eines Feldzuges von wenigen Tagen, um das Ergebniss dreijähriger Verhandlungen zu vereiteln. Ueber den plötzlichen Sturz des Kroisos wurden die Griechen bestürzt, denn zum ersten Male sahen sie vor ihren Augen sich eine jener grossen Tragödien abspielen, an denen die Geschichte des Morgenlandes so reichhaltig ist. Das Lyderreich hatte sie durch seine Macht in Furcht gesetzt, durch seinen Reichtum geblendet, durch seine Grossmut gewonnen; sie hatten es für unbesiegbar gehalten und konnten es daher nicht begreifen, dass es auf natürlichem Wege besiegt sein sollte. Kroisos wurde ihnen das treffendste Beispiel für die Unbeständigkeit der menschlichen Dinge und sein Leben bot ihrer Einbildungskraft einen unerschöpflichen Stoff zu Sagen und Romanen. Es hiess bereits vor Herodot, Kroisos sei in seinen grossen Tagen von dem Athener Solon besucht worden und habe diesen gefragt, wer von den Menschen am glücklichsten sei. Solon soll erst Tellos, den Athener, dann Kleobis und Biton aus Argos genannt, und dem Könige, als dieser darüber ungehalten wurde, erklärt haben, eines Menschen Glück sei, so lange er noch am Leben wäre, nicht zu beurtheilen, »weil

1) Herodot 1, 84; Xenophon Kyropädie VIII, 2, 1—3. Ktesias, Persica, 4, und Xanthos berichteten anders über das Ergebniss der Belagerung (Polyainos, Strat., VII, 6, 2, 10). Etwa vierhundert Jahre später wurde Sardes ganz auf dieselbe Art von einem Feldherrn Antiochos des Grossen eingenommen (Polybios, VII, 4—7). || 2) Herodot, 1, 81—83.

Gott viele, denen er das Glück zeigte, in das tiefste Elend gestürzt hat«. Kroisos verstand damals zwar noch nicht, wie weise diese Mahnung war, doch öffneten die Ereignisse ihm bald die Augen. Sein Sohn Atys wurde von einem Manne, der von ihm Gastfreundschaft genoss, auf der Jagd getödtet, und er selber wurde, wie er dies Unglück noch nicht verschmerzt hatte, durch die Einnahme von Sardes zum Bettler und zum Sklaven. Fast wäre er unter der Menge von einem persischen Soldaten, der ihn nicht kannte, getödtet worden, als ein anderer von seinen Söhnen, der taubstumm geboren war, die Gefahr sah und vor Entsetzen die Worte auf die Lippen bekam: »Krieger, tödte nicht den Kroisos«! Das waren seine ersten Worte, und er vermochte fortan zu sprechen. Kroisos wurde vor den Sieger geführt und zum Tode verurtheilt. Wie er bereits auf dem Scheiterhaufen stand, erinnerte er sich so lebhaft an Solon's Worte, dass er dreimal »Solon«! ausrief. Kyros war über diesen Ausruf so verwundert, dass er ihn deshalb fragte, seine Geschichte erfuhr und ihn begnadigte. Wie die Flamme nicht auslöschen wollte, und Kroisos beinahe umgekommen wäre, brach plötzlich ein von Apollon heraufbeschworenes Gewitter aus, welches den Scheiterhaufen in wenigen Augenblicken durchnässte[1]. Er wurde von Kyros so gut behandelt, dass er der Freund und Ratgeber seines Besiegers, sein ständiger Begleiter wurde und ihm in mehr als einer Lage des Lebens nützlich war. Dadurch dass er über den Halys ging hatte er zwar ein grosses Reich zerstört, doch war das sein eigenes Reich gewesen. Nach seinem Siege kehrte der Sohn des Persers Kambyses und der Mederin, der Maulesel, wie das Orakel ihn genannt hatte, nach Ekbatana zurück und überliess seinen Stellvertreter die Sorge um die vollständige Eroberung des Landes. Mazares unterdrückte eine Empörung zu Sardes, nahm von den griechischen Küstenstädten eine nach der andern ein und starb eines jähen Todes. Seine Aufgabe wurde von seinem Nachfolger Harpagos beendet, der Lykien, welches erfolgreich allen Anschlägen der Lyderkönige getrotzt hatte, eroberte. Einige griechische Ansiedler wie die Phokäer und Teer verliessen ihre Heimat, und die ganze Ein-

1) Herodot, I, 29—46, 85—91. Vergl. Ktesias, Persica, 4; Nikolaos der Damaskener herausgegeben von C. Müller, wo verschiedene Nebenumstände der früheren Berichte übergangen oder gemildert sind, [Duncker, Gesch., I. S. 451—454].

wohnerschaft von Xanthos liess sich lieber niedermetzeln als unterwerfen. Die übrigen ergaben sich willig in ihr Schicksal und erkannten die persische Oberhoheit an[1].

Während Harpagos Kleinasien vollständig unterwarf, begab Kyros sich in die entlegenen Gebiete des fernsten Ostens. Zunächst wurde Baktrien heimgesucht. Die Bewohner desselben galten mit für die besten Krieger der Welt und ergaben sich wol erst nach erbittertem Widerstande, doch versichert Ktesias, dass sie die Waffen streckten, als sie erfuhren, dass Kyros eine Tochter des Astyages geheiratet habe[2]. Warum die Heirat des Eroberers mit einer medischen Prinzessin auf die Baktrer bestimmend eingewirkt haben soll, ist nicht recht einzusehen: Ktesias hat wol jedenfalls nur eine, zu seiner Zeit am Hofe von Susa verbreitete, Sage wiederholt. Durch Baktrien's Eroberung wurde die von Margianien, Uvarazmiya (Chorasmien[3]) und Sogdien herbeigeführt. Kyros sicherte sich den Besitz dieser Provinzen und erbaute in denselben mehrere Festungen, von welchen die berühmteste, Kyropolis oder Kyreschata, eine von den wichtigsten Furten des Jaxartesstromes beherrschte[4]. Im Norden setzten die sibirischen Steppen seinem Vordringen ein Ziel, aber im Osten lebte in den Ebenen der chinesischen Tatarei ein Volk turanischen Stammes, die wegen ihrer Tapferkeit und ihres Reichtums berühmten Çaka oder Saken. Kyros griff dieselben an, nahm ihren König Amorges gefangen und wähnte sie bereits unterworfen zu haben; da sammelte aber das Weib des Amorges Sparethra, was ihr an Truppen noch verblieben war, schlug die Angreifenden und zwang sie, zum Tausch für die von ihr gemachten Gefangenen ihren Gatten herauszugeben[5]. Trotz ihres Sieges bekannten die Saken sich für zinspflichtig[6], so dass aus ihnen fortan die Vorhut des Reiches gegen die östlichen Völker bestand. Wie Kyros sie verliess zog er südwärts auf das iranische Hochland und eroberte Haraiva (Arien), das Thatagusland (Sattagydien), Harauvati und Zaranka, das Land zwischen dem Kabulflusse und dem Indosstrome[7]. Ob

1) Herodot I, 141—176. || 2) Ktesias, Persica, 2. || 3) Gegenwärtig das Land südlich vom Aralsee zwischen der Mündung des Amu-Daria und der Bucht von Kara-Boghâz. Vergl. Ktesias bei Stephan von Byzanz, unter Χοραμναῖοι. || 4) Arrian, Anabasis, IV, 2, 1; 3, 1—5. || 5) Ktesias, Persica, 3. || 6) Herodot, III, 93. || 7) Gegenwärtig Kohistân und Kaferistân. Vergl. Arrian, Historia Indica. I, 2.

er weit über den grossen Hamunsee hinauskam und überhaupt je das erythräische Meer erreichte, ist unbekannt; er soll nach einer spätern Ueberlieferung Gedrosien zu unterwerfen versucht und dabei allerdings in den dortigen wasserlosen Wüsten sein Heer eingebüsst haben[1].

Funfzehn ruhelose Jahre, von 554 bis 539[2], gingen mit diesen Kriegen drauf. Er brachte den Umfang seines Reiches dadurch auf das doppelte und versah sich mit den zur Eroberung Chaldäa's nötigen Streitkräften. Nabu-nahid hatte seit Kroisos' Niederlage sich unablässig auf den Widerstand vorbereitet, hatte sein Heer durch Aushebungen vollzählig gemacht, die Gräben und Mauern ausgebessert und sich Babylon zu einem Schlupfwinkel eingerichtet, in welchen er im Falle einer Niederlage sich zurückziehen und die kurze Geduld der Perser ermüden wollte[3]. So war er, als 538 der Krieg ausbrach, kampfgerüstet und darauf gefasst, dass er schliesslich obsiegen werde. Die Ereignisse schienen ihm zunächst Recht zu geben, da Kyros gleich bei Beginn des Krieges durch einen Vorfall, der in seinem Heere abergläubische Befürchtungen wachrief, aufgehalten wurde. Dass beim Uebergange über den Gyndes eins von den heiligen Rossen von der Strömung fortgerissen wurde und ertrank, war gerade hinreichend, die Gemüter zu beunruhigen und auf einen schlimmen Ausgang der Dinge zu deuten. Um den Mut wieder zu stärken, ereiferte sich Kyros gegen den Fluss und schwor feierlichst, er wolle ihn fortan so schwach machen, dass ihn die erste beste Vettel, ohne sich die Kniee nass zu machen, durchwaten könne. Der Marsch wurde unterbrochen, das Heer theilte sich in zwei Abtheilungen und war den ganzen Sommer über eifrig damit beschäftigt, an den beiden Ufern je hundertachtzig Kanäle zu graben, von welchen der Gyndes aufgesogen und vertilgt wurde. Wie diese Arbeit zu Ende war, war die Jahreszeit bereits soweit vorgerückt, dass mit den Operationen zu beginnen nicht mehr ratsam war, und Kyros verschob den Angriff auf den Frühling des kommenden Jahres[4].

---

1) Strabo. XV. 2. 5; Arrian, Anabasis VI, 24. 3 nach Nearchos (Fragm. 23, ed. Müller). Vergl. Spiegel, Eránische Alterthumskunde, Bd. II. S. 286—287. || 2) Herodot, I, 177, fasst das mit wenigen Worten so zusammen: *Τὰ δὲ ἄνω αὐτῆς [τῆς Ἀσίης] αὐτὸς Κύρος [ἀνάστατα ἐποίεε], πᾶν ἔθνος καταστρεφόμενος καὶ οὐδὲν παριείς.* || 3) Herodot I. 190. || 4) Herodot I, 189 ff.

Der Widerstand war nicht ganz so fest, als er vorausgesetzt hatte. Er ging ungehindert über den Tigris und rückte geradewegs auf Babylon los, stiess einige Kilometer vor der Stadt auf das von Nabu-nahid befehligte Chaldäerheer und zerstreute es. Die Flüchtlinge eilten meist der Stadt zu; der König dagegen setzte sich schleunigst mit einigen Kriegern in Barsip fest[1]), sei es, dass er dadurch die Perser zur Verfolgung und zur Zersplitterung ihrer Kräfte zu veranlassen wähnte, oder soviel Zeit zu gewinnen hoffte, dass er ein neues Heer sammeln und wieder in die Ebene hinabziehen könnte. In seiner Abwesenheit übernahm Bel-sar-ussur, sein Sohn, den er zum Mitregenten gemacht hatte[2]), den Oberbefehl und schlug die Unternehmungen des Feindes so thatkräftig zurück, dass Kyros bereits an dem Erfolge Zweifel hegte. Er liess eine Beobachtungstruppe unter Babylon's Mauern zurück, stellte sich einige Meilen weiter nach oben auf und liess die Entwässerungsarbeiten, welche er am Gyndes mit so viel Erfolg angewendet hatte, auch an den Ufern des Euphrat ausführen. Er richtete Schleusen ein, setzte das Kanalnetz wieder in Stand, durch welches der Fluss mit den halb leeren Behältern, die nach der Volkssage von der Königin Nitokris erbaut sein sollten, zusammenhing, vergrösserte dasselbe, und war dadurch in der Lage, binnen wenigen Stunden den durch die Stadt fliessenden Theil des Stromes trocken zu legen. Wie er mit diesen Arbeiten fertig war, wartete er mit der Ablassung des Wassers bis dass die Babylonier eins von ihren grossen Festen feierten, schickte sein Heer in das halb entleerte Flussbett und schlich sich an den Uferdämmen entlang. Wenn die Belagerten auch nur etwas auf der Hut gewesen wären, hätten sie das ganze Perserheer mit einem Zuge fangen und vernichten können, so dass auch nicht ein einziger entkommen wäre: Kyros hatte aber auf ihre Fahrlässigkeit gerechnet, und der Erfolg rechtfertigte seine Verwegenheit. Er fand die Mauern leer, die Thore offen und unbewacht, denn die Schildwachen

Verschiedene Schriftsteller (Spiegel, Eränische Alterthumskunde II, S. 287 Anm. 2; H. Rawlinson, in G. Rawlinson's Herodotus, Bd. I, S. 262) haben diese Geschichte für ein Märchen gehalten, andere (Grote, History of Greece Bd. IV, S. 284—285) haben sie als eine Probe morgenländischen Despotentums für unantastbar erklärt. || 1) Berossos, Frag. 14, ed. Müller. || 2) G. Rawlinson, The five great Monarchies, Bd. III, S. 70; J. Ménant, Babylone et la Chaldée, S. 256, 258—260.

hatten ihren Posten verlassen, um an dem Feste Theil zu nehmen. Wie inmitten der Festgesänge plötzlich der Kriegsruf der Perser erscholl, liess die bethörte Menge sich ohne Widerstand niedermetzeln, Bel-sar-ussur kam im Getümmel um, und das Königsschloss geriet in Brand. Bei Tagesanbruch war Kyros Herr über die Stadt[1]. Das übrige Chaldäa leistete weiter keinen Widerstand, und Nabunahid ergab sich, ohne zur Vertheidigung von Barsip überhaupt einen Versuch gemacht zu haben (538). Zum Entgelt dafür blieb sein Leben unversehrt, er sammt seiner Familie wurde nach Karmanien verbannt, und durch sein kluges Benehmen gewann er sich bald den Beifall der Perser. Nabu-kudur-ussur's Nachfolger, ein Fürst, der achtzehn Jahre lang über halb Asien geherrscht hatte, wurde ein von seinen Ueberwindern angestellter Provinzialstatthalter[2]; so ein Glück war Assur-edil-ilani nicht widerfahren.

1) Herodot, I, 190—191; Xenophon, Kyropädie, VII, 5, 1—13. [Der Feldzug des Kyros fällt nach Smith, Assyrian Discoveries, S. 387, auf 540—539.] || 2) Berossos, fragg. 9 u. 14 [Vergl. Marcus v. Niebuhr, Geschichte Assur's u. Babel's, Seite 228 ff].

Uebersicht über die Chaldäerkönige von Nabu-nat'ir an nach dem Kanon des Ptolemaios und den Denkmälern:

I.	NABU-NAT'IR.	*Ναβονασσάρου*	747—733
II.	NAHID.	*Ναδίου*	733—731
III.	UKINZIR und PUL.	*Χινζίρου καὶ Πώρου*	731—726
IV.	ILU-ILLU.	*Ἰλουλαίου*	726—721
V.	MARDUK-BAL-IDINNA.	*Μαρδοκεμπάδου*	721—709
VI.	SARYUKIN.	*Ἀρκεάνου*	709—704
	Erstes Interregnum.	*Ἀβασιλεύτου πρώτου*	704—702
VII.	BEL-IPNU.	*Βηλίβου*	702—699
VIII.	ASSUR-NADIN-SUM.	*Ἀπαραναδίου*	699—693
IX.	RIU-BEL.	*Ῥηγεβήλου*	693—692
X.	MUSISI-MARDUK.	*Μεσησιμορδάκου*	692—688
	Zweites Interregnum.	*Ἀβασιλεύτου δευτέρου*	688—680
XI.	ASSUR-ACHE-IDIN.	*Ἀσαραδίνου*	680—667
XII.	SAUL-MASADD-YUKIN.	*Σαοσδουχίνου*	667—647
XIII.	ASSUR-BAN-HABAL. ASSUR-EDIL-ILANI.	*Κινηλαδάνου*	647—625
XIV.	NABU-BAL-USSUR.	*Ναβοπολασσάρου*	625—604
XV.	NABU-KUDUR-USSUR II.	*Ναβοκολασσάρου*	604—561
XVI.	AVIL-MARDUK.	*Ἰλλοαρουδάμου*	561—559
XVII.	NIRGAL-SAR-USSUR. BEL-ZIKIR-ISKUN.	*Νηριγασολασσάρου*	559—555
XVIII.	NABU-NAHID.	*Ναβοναδίου*	555—538

Vergl. Schrader, Die Keilinschriften und das A. T. S. 332.

Die vormals den Chaldäern gehörenden Länder, Mesopotamien, Syrien und Palästina gingen in die Hände der Perser über. Durch ihr Beispiel verführt sagte Phönizien sich von Aegypten los, ohne dass Ahmes etwas dazu that, es zu behalten; da er um jeden Preis Ruhe wünschte, opferte er seine entlegenen Besitzungen seiner Friedensliebe auf. Die Semiten blieben bei dem Wechsel, durch welchen sie ihre ehemaligen Gebieter verloren und neue erhielten, so ruhig, als handle es sich überhaupt gar nicht um sie und ihren eignen Vortheil, denn ihnen war, seit sie nicht mehr in Freiheit leben konnten, wenig daran gelegen, wer ihr Herrscher war. Nur die Juden nahmen Nabu-nahid's Sturz mit Begeisterung auf und beglückwünschten Kyros zu seinem Regierungsantritt als König von Babylon. Ihre funfzigjährige Verbannung hatten sie zerstreut mitten unter den Chaldäern verlebt, ohne dabei ihren Glauben zu verleugnen oder ihr Volksbewusstsein zu verlieren. Sie baten sofort nach dem Siege den Eroberer um die Erlaubniss, in ihre Heimat zurückzukehren und ihren Tempel wiederaufzurichten. Da Kyros an der ägyptischen Grenze ein thatkräftiges und ihm ergebenes Volk brauchte, und fand, dass die Juden beide Eigenschaften in sich vereinigten, bewilligte er ihnen die erbetene Gunst. Es brachen sofort 42000 Leute von den Stämmen Juda und Benjamin nach dem gelobten Lande auf, richteten sich auf den Trümmern von Jerusalem wohnlich ein und fingen unverzüglich einen neuen Tempel zu erbauen an. Ihre Anführer waren Serubabel, der Sohn Sathniel's und der Hohepriester Jeshua (536)[1].

Obgleich ein Krieg mit Aegypten nahe bevorzustehen schien, wandte Kyros nach kurzem Zaudern sich schnell wieder dem Osten zu, wo er auf eine geheimnissvolle Weise verschwand (529). Er starb nach Xenophon's Aussage, umringt von seinen Kindern, in seinem Bette und erbaute noch Jedermann, der zu ihm kam, durch die Beweise übermenschlicher Weisheit, die er in seinen letzten Augenblicken ablegte[2]. Ktesias erzählte, er sei bei einer Unternehmung gegen die Derbiker, ein halbwildes Volk in Baktrien, verwundet worden und drei Tage nach der Schlacht den Folgen seiner Verwundung erlegen[3]. Nach Herodot liess er der Massa-

1) II Chronik XXXVI, 22—23; Esra, I—III. || 2) Xenophon, Kyropädie VIII, 7, 3—33. || 3) Ktesias, Persica, 6—8. Sehr viel später berichtete eine Sage, dass Kyros im Alter von hundert Jahren alle seine Freunde zu sehen

33*

getenkönigin Tomyris einen Heiratsantrag stellen und wurde abgewiesen. Er wurde darüber so unmutig, dass er Krieg anfing, über den Araxes [1] ging, die Massageten schlug und Spargapises, den Sohn ihrer Königin, gefangen nahm, der sich aus Verzweifelung selbst umbrachte: »Da zog Tomyris ihre ganze Streitmacht zusammen und rückte Kyros entgegen. Es war das nach meiner Ueberzeugung die gewaltigste Schlacht von sämmtlichen die von Barbaren geliefert wurden, und zwar ging das, wie ich erfuhr, folgendermassen zu. Sie sollen einander zuerst von weitem mit Bogen beschossen haben, dann aber, wie ihre Geschosse verschossen waren, übereinander hergefallen und sich gegenseitig mit Speeren und Dolchen zu Leibe gegangen sein. Und zwar standen sie einander geraume Zeit kämpfend gegenüber und keiner von beiden wollte weichen, bis zuletzt die Massageten obsiegten. Daselbst wurde denn auch das Perserheer grösstentheils vernichtet, und Kyros selber kam um, nachdem er im ganzen neununddreissig Jahre regiert hatte. Tomyris füllte einen Schlauch mit Menschenblut, suchte unter den Persern nach der Leiche des Kyros, steckte, wie sie diese fand, seinen Kopf in den Schlauch und sprach dabei schmähend zu der Leiche: »»Wenn ich auch am Leben bin und gesiegt habe, hast du mich doch zu Grunde gerichtet, weil du meinen Sohn hinterlistig gefangen nahmst, darum will ich, wie ich gedroht habe, dich mit Blut ersättigen«« [2]. Es gelang den Persern, die Leiche ihres Königs zurückzuerhalten, die sie nach Pasargadai schafften und in seinem Schlossgarten prächtig bestatteten [3].

Die Volksdichtung, welche seine Lebensgeschichte entstellte und, statt einen wahrheitsgetreuen Bericht über seine Wirksamkeit zu geben, märchenhafte Geschichten in Umlauf setzte, war beflissen aus

verlangt habe, und als er erfuhr, sein Sohn Kambyses habe sie hinrichten lassen, habe die Grausamkeit seines Sohnes ihm solchen Kummer gemacht, dass er wenige Tage darauf daran gestorben sei (Lukian, Makrob., XIV, nach Onesikritos, Frag. 32 ed. Müller). || 1) Vielleicht der *Jaxartes*. || 2) Herodot, I, 204—214. Ein byzantinischer Chronikant, Ioannes Malala (S. 158 ed. Dindorf) liess Kyros bei einem Seekriege zwischen den Persern und Samiern umkommen; er heisst bei ihm übrigens Dareios, Sohn des Kyros. Aus welcher ältern Quelle er das geschöpft haben mag, ist mir nicht bekannt. || 3) Arrian, Anabasis, VI, 19, 4—9, nach Aristobulos (frag. 37 bei Müller). Vergl. Pseudokallisthenes, II, 18, wo der Verfasser das Grab des Kyros neben das Grab des »Nabonassar, der bei den Griechen Nabuchodonosor heisst«, verlegt.

ihm ein ideales morgenländisches Herrscherbild zu machen, so dass er in der Sage für den tapfersten, sanftesten und sogar schönsten aller Menschen galt. Er scheint allerdings sämmtliche Feldherrntugenden, Rührigkeit, Thatkraft, Kühnheit, Verschlagenheit und die in Asien zu erfolgreichen Eroberungen so erforderliche Doppelzüngigkeit besessen zu haben, aber ihm fehlte jegliche Begabung zur Verwaltung, und er that nichts, um dem von ihm begründeten Reiche innern Bestand zu geben. Er setzte blos in Lydien einen persischen Statthalter ein, sonst begnügte er sich überall mit dem Versprechen des Gehorsams und liess die Verwaltung in den Händen der Eingebornen. Er hatte es verstanden, ausser Aegypten seinem Volke sämmtliche Länder der alten Welt unterthan zu machen, und überliess es denen, die nach ihm kommen sollten, das was er erobert hatte zu einem einheitlichen Ganzen umzugestalten[1].

Kambyses. Ahmes II. und Psametik II. Eroberung Aegyptens. Unternehmungen gegen Libyen und Aethiopien. Der falsche Smerdis.

Kyros vermachte das Reich seinem ältesten Sohne, dem, von den Griechen Kambyses genannten, Kambuzia II., und seinem zweiten Sohne Bardiya (Smerdis) den Oberbefehl über mehrere Provinzen[2]. Er hatte dadurch, dass er im Voraus die Nachfolgerschaft ordnete, den im Morgenlande bei einem Regierungswechsel üblichen Streitigkeiten vorbeugen zu können gewähnt, wurde aber in seiner Erwartung getäuscht, denn Kambyses liess, wie er kaum den Thron bestiegen hatte, seinen Bruder umbringen. Man ging bei dem Verbrechen so vorsichtig und geheim zu Werke, dass die grosse Menge davon überhaupt nichts merkte, und man im Volke und auch bei Hofe von Bardiya meinte, er sässe in irgend einem fernen medischen Schlosse und werde wol bald wieder zum Vorschein kommen[3].

1) G. Rawlinson, The five great Monarchies, III, S. 388—390. || 2) Herodot I, 208; Ktesias, Persica, 8; Xenophon, Kyropädie, VIII, 7, 11. Bardiya heisst bei Ktesias Tanyoxarkes und soll Baktrien, Chorasmien, Parthien und Karmanien zur Statthalterschaft gehabt haben. Xenophon nennt ihn Tanaoxares und lässt ihn über die Meder, Armenier und Kadusier herrschen. || 3) Herodot, III, 30; J. Ménant, les Achéménides, S. 106. Nach Herodot wurde die Ermordung erst während des Zuges gegen Aegypten, nach der Inschrift von Behistun bereits früher vollzogen.

Nachdem Kambyses sich eines Nebenbuhlers, der gefährlich hätte werden können, entledigt hatte, ging sein ganzes Sinnen auf Krieg. Von den Grossmächten der alten Welt war nur Aegypten allein noch selbständig geblieben, und war durch die Wüste und die sumpfigen Deltaländer so geschützt, dass es der Persermacht trotzte und unbehelligt seiner Entwicklung nachging. Ahmes' II. Benehmen war seit seiner verunglückten Einmischung in Lydien stets derartig gewesen, dass es seinem Nachbar keinen Vorwand zum Kriege bot. Mit Kyros gelang es ihm in gutem Einvernehmen zu bleiben, so dass er die durch seine Vorsicht gewonnenen fünfundzwanzig ruhigen Jahre so verwerten konnte, dass er das Gedeihen seines Landes auf das höchste steigerte. Das Kanalnetz wurde ausgebessert und erweitert, der Ackerbau ermutigt, der Handel ausgedehnt, und Aegypten »soll sich damals in den glücklichsten Verhältnissen sowohl in Betreff dessen, was dem Lande seitens des Flusses, wie dessen, was den Menschen seitens des Landes geboten wird, befunden und es dort damals im ganzen zwanzigtausend bewohnte Städte gegeben haben[1]«. Die Steinbrüche von Trufu wurden wieder eröffnet und so wie in der besten Zeit ausgebeutet[2]. Theben, woselbst eine von Ahmes' Frauen, die Königin Anchnas, während des grössten Theils ihres Lebens geweilt zu haben scheint[3], wurde wieder etwas belebter, die Denkmäler von Karnak wurden sehr sorgfältig wiederhergestellt, und einige reiche Privatleute liessen sich Gräber ausmeisseln, die an Umfang und in Bezug auf die Vollendung der Basreliefs den schönsten frühern Grabmälern durchaus nicht nachstehen. Das übrige Oberägypten war bereits so entvölkert, dass es dort keine bedeutenden Arbeiten mehr zu unternehmen gab; die Lebenskraft des Landes konzentrirte sich auf Memphis und die Deltastädte. In Memphis liess Ahmes der Isis einen Tempel bauen, den Herodot als »gross und sehr sehenswert« bezeichnet. Leider ist dieser Tempel und auch der von demselben Herrscher vor dem Phtahtempel aufgestellte liegende Koloss[4] verschwunden. Am Neittempel zu Sais erbaute er Propyläen, »die an Höhe und Grossartigkeit sowie in Betreff der Grösse und Güte der Steine sämmtliches weit über-

1) Herodot, II, 177. || 2) Herodot, II, 175. || 3) Der Sarkophag der Königin Anchnas befindet sich gegenwärtig im britischen Museum. || 4) Herodot, II, 176.

trafen«. Sie waren mit gewaltigen Kolossen geschmückt, und es führte zu ihnen ein langer Gang von Sphinxen. Man bewunderte daselbst zwei grosse Obelisken, eine, der in Memphis befindlichen, durchaus ähnliche liegende Bildsäule und eine monolithe Kapelle aus Rosengranit, welche der König aus Abu hatte kommen lassen. Mit dem Transporte derselben waren drei Jahre lang zweitausend Bootsleute beschäftigt gewesen. Sie war aussen etwa 11m lang, 7,38m breit und 4m hoch, war innen hohl und wog dabei doch etwa 500000 Kilogramm. In das Heiligtum wurde sie nie hinein gestellt, sondern blieb immer vor dem Tempel. »Der Baumeister soll, wie die Kapelle durch Ziehen fortgeschafft wurde, aus Ueberdruss darüber, dass das Werk soviel Zeit in Anspruch nahm, geseufzt, Ahmes sich das zu Herzen genommen und das Weiterschleppen derselben verhindert haben. Sonst heisst es noch, es sei von derselben einer von denjenigen, welche sie mit Hebeln fortschafften, zermalmt und sie deswegen nicht hineingezogen worden[1]«.

Ahmes war durch eine Revolution, welche die ägyptische nationale Partei gegen die Fremden unternahm, auf den Thron gekommen, Uhabrâ war von griechischen Söldnern und Kaufleuten gegen seine Widersacher unterstützt worden, es war also zu befürchten, dass Ahmes sie gleich nach seinem Siege aus dem Reiche verjagen werde. Daraus wurde nichts: als König vergass Ahmes was man ihm als Kronprätendenten zu Leide gethan hatte. Seinen Vorgängern waren die Griechen willkommen; er selber war ihr begeisterter Freund[2] und wurde sogar soweit Grieche, als ein Aegypter dazu irgend fähig war. Halb aus Politik, halb aus Laune, heiratete er eine Frau aus Kyrene, Laodike, nach einigen die Tochter des Königs Arkesilaos oder des Battos, nach andern eines reichen Privatmanns Namens Kritobulos[3]. Mit den Hauptheiligtümern von Hellas stand er in gutem Einvernehmen und machte ihnen wiederholentlich Geschenke. Wie 548 der delphische Tempel verbrannt war, machten die Amphiktyonen sich anheischig, densel-

1) Herodot, II, 175; Letronne, la Civilisation égyptienne depuis l'établissement des Grecs, sous Psammétichus, jusqu'à la conquête d'Alexandre, S. 23—26. Das Louvre-Museum besitzt einen kleinern als den von Herodot beschriebenen, jedoch gleichfalls unter Ahmes' II. Regierung verfertigten monolithen Naos (D. 29). || 2) Bei Herodot (II. 178) heisst er φιλέλλην. || 3) Herodot, II, 181.

ben für dreihundert Talente, zu denen die Delphier ein Viertel beisteuerten, wiederaufzubauen. Um sich die übrige Summe zu verschaffen, musste man bei sämmtlichen befreundeten Nationen eine Sammlung veranstalten, und Ahmes gab ihnen als seinen Beitrag tausend Talente ägyptischen Alaun, welcher für den besten galt, und aus dem die Veranstalter der Sammlung grossen Gewinn zu ziehen wussten[1]. Er schickte nach Kyrene eine Bildsäule seiner Frau Laodike und eine ganz mit Gold überzogene Bildsäule der Neit. der Athene zu Lindos zwei steinerne Bildsäulen und ein wunderbar feines linnenes Panzerhemd[2], und der samischen Hera zwei hölzerne Bildsäulen, die zu Herodot's Zeit noch vorhanden waren[3].

Die Griechen kamen freilich auch in Strömen nach Aegypten. und es liessen sich von ihnen dort so viele nieder, dass man ihre Stellung, um jeden Zwist mit den Eingebornen zu verhüten, von neuem regeln musste. Die längs des pelusischen Stromarms von den Ioncrn und Karern des Psametik I. gegründeten Ansiedlungen waren gediehen und besassen bereits eine Einwohnerschaft, die man auf etwa 200,000 Seelen abschätzen darf[4]. Ahmes verlegte, um gegen seine ägyptischen Unterthanen geschützt zu sein, dieselben nach Memphis oder in die Umgegend dieser Stadt[5]. An der kanopischen Mündung trat er eine Stadt an die neuen Ankömmlinge ab, welche den Namen Naukratis empfing, und ihnen ganz und gar überlassen wurde[6]. Es war das durchaus eine von selbständigen Behörden, Prostaten oder Timuken[7], verwaltete Republik, in der es ein Prytaneion, Dionysiaka, Feste des Apollon Komaios, Wein- und Oelvertheilungen, Griechenlands Götter und Griechenlands Sitten gab[8]. Hier war nunmehr der einzige den Ausländern offene Hafen. Falls ein von Seeräubern verfolgtes, vom Sturme bedrängtes, oder durch einen Unfall auf der See dazu gezwungenes Kauffahrteischiff

1) Herodot, II, 180. || 2) Ueberreste von demselben gab es noch zur Zeit des ältern Plinius (N. H., XIX, 1), aber es wurden von Neugierigen, die untersuchen wollten, ob jeder Faden aus 165 mit dem blossen Auge wahrnehmbaren Fasern bestand, wie Herodot (III, 47) behauptet hatte, Stücke davon abgerissen. || 3) Herodot, II, 182. || 4) Letronne, la Civilisation égyptienne, S. 11. || 5) Herodot, II, 154. || 6) Herodot, II, 178. || 7) Hermias von Naukratis bei Athenaios IV, 149. || 8) Letronne, la Civilisation égyptienne, S. 11—12; G. Lumbroso, Recherches sur l'économie politique de l'Égypte sous les Lagides, S. 222—223.

anderswo an der Küste anlegte, so musste der Kapitän desselben sich sofort der nächsten Behörde vorstellen, um dort zu beschwören, dass er das Gesetz nicht mutwillig sondern unfreiwillig aus triftigen Gründen übertreten habe. Wenn die Entschuldigung gültig erschien, war ihm gestattet, nach der kanopischen Mündung abzusegeln, und er konnte, wenn der Wind oder der Seegang seine Abfahrt verhinderten, seine Fracht auf einheimischen Fahrzeugen verladen und auf den Kanälen des Delta nach Naukratis befördern[1]. Durch diese gesetzliche Bestimmung machte Naukratis sein Glück, und es wurde binnen wenigen Jahren daraus einer der ansehnlichsten Handelsplätze des Altertums. Es war voll von Griechen aus allen Ländern, die sich auch bald über die umliegenden Ländereien ausbreiteten, und in diesen viele Villen und neue Flecken anlegten.

Denjenigen Kaufleuten, die nicht unter dem Schutze griechischen Gesetzes zu leben beanspruchten, stand es vollkommen frei, sich in jeder ihnen zusagenden Stadt Aegyptens niederzulassen und daselbst Faktoreien zu errichten. Ahmes erlaubte ihnen sogar die freie Ausübung ihres Gottesdienstes und gab ihnen das Recht, den heimischen Göttern Tempel zu errichten. Die Aigineten errichteten dem Zeus, die Samier der Hera, die Milesier dem Apollon einen Tempel. Neun kleinasiatische Städte traten zusammen, um auf gemeinschaftliche Kosten einen Tempel zu erbauen, welcher Hellenion hiess[2]. Selbst Oberägypten und die Wüste waren vor diesen friedfertigen Eindringlingen nicht sicher. Die griechischen Kaufleute fühlten frühzeitig das Bedürfniss, an der Strasse der aus dem innern Afrika kommenden Karawanen Agenten zu besitzen. In dem altertümlichen Abydos liessen sich Milesier nieder[3], und Samier aus der aischrionischen Phyle waren sogar in die Grosse Oase vorgedrungen[4]. Die Anwesenheit solcher Fremdlinge musste bei den Bewohnern der Thebaïs kein geringes Aergerniss geben, und war keineswegs geeignet den gehässigen Gefühlen Abbruch zu thun, welche sie für den königlichen Usurpator hegten. Die Griechen ihrerseits brachten aus jenen fernen Gegenden Wundergeschichten mit, die bei ihren

1) Herodot II. 179. || 2) Herodot I. 178. || 3) Stephan von Byzanz. unter Ἄβυδος berichtet, dass das ägyptische Abydos von den Milesiern gegründet sei. Letronne (Civilisation égyptienne, S. 13) hat sehr richtig erkannt, dass es sich dort um eine von den Milesiern unter Ahmes Regierung gegründete Kolonie handelt. || 4) Herodot. III, 26.

Landsleuten Neugier und Reichtümer, welche bei denselben Habsucht erregten, so dass Philosophen, Kaufleute und Soldaten sich nach dem Wunderlande einschifften, um nach Wissenschaft, Erwerb oder Abenteuern zu trachten. Da Ahmes von den Persern beständig angegriffen zu werden fürchtete, nahm er die Auswanderer mit offenen Armen auf; wer dort blieb war ihm persönlich verpflichtet, und wer fortging nahm die Erinnerung an alles gute, das ihm widerfahren war, mit auf den Weg und bahnte die Verbindungen mit Griechenland an, deren Aegypten wol früher oder später bedurfte.

Sowie Kyros gestorben war, rüstete sich Ahmes zum Kriege. Kambyses suchte nur einen Vorwand zur Kriegserklärung und nahm den ersten besten, der sich ihm darbot. Er liess nach Aussage der Perser bei dem greisen Könige um die Hand seiner Tochter anhalten und erwartete, man werde sie ihm verweigern, und er dadurch eine Beleidigung haben, die er rächen könne. Ahmes schickte anstatt seiner eigenen ihm Uhabrâ's Tochter Nitetis[1]. »Nach einiger Zeit sagte das Mädchen zu Kambyses, wie er sie freundlich mit ihrem Vatersnamen anredete: »O König, dir ist unbekannt, dass du von Amasis dadurch betrogen bist, dass er mich mit Schmuck geziert dir übersandt und dir als seine eigene Tochter gegeben hat, während in Wirklichkeit ich die des Apries bin, der sein Gebieter war, und den er zusammen mit den andern Aegyptern aufrührerischerweise ermordet hat!« Es war diese Rede und die Veranlassung, welche sie enthielt, was den schwergekränkten Sohn des Kyros Kambyses nach Aegypten brachte[2]«. In Aegypten erzählte man die Geschichte anders. Nitetis sollte Kyros geschickt sein und diesem den Kambyses geboren haben[3], so dass durch die Eroberung nur die Rechte der legitimen Familie gegenüber dem Usurpator Ahmes geltend gemacht wurden, und Kambyses weniger wegen seines Sieges als in seiner Eigenschaft als Uhabrâ's Enkel den Thron bestieg. Durch eine derartig alberne Erfindung trösteten

---

1) Aegyptisch heisst der Name *Neitiritis* oder *Neitartis*. || 2) Herodot, III, 1; vergl. Athenaios, XIII, 1. || 3) Herodot. III, 2. [Diese Geschichte wurde auch wol dadurch plausibler, dass man die Tochter des Vorgängers des Amasis für bereits zu alt hielt, um Kambyses vermält zu werden, ein Grund, der auch Wesseling so triftig erschien, dass er die angeblich persische Erzählung bei Herodot deswegen verwarf. — R. P.].

sich die heruntergekommenen Aegypter über ihre Schwäche und ihre Schmach. Sie wollten, immer noch auf ihren vormaligen Ruhm eifersüchtig und doch bereits zum Siegen und Befehlen unfähig, trotzdem blos von jemand besiegt und beherrscht sein, der ihrem Volke angehörte. Auf diese Weise bekam Aegypten seinen König nicht etwa aus Persien, sondern Persien, und dadurch die ganze übrige Welt erhielt seinen König aus Aegypten.

Aegyptens eigentliches Bollwerk gegen die Angriffe der asiatischen Fürsten bestand seit längerer Zeit bereits in der Wüste und den Sümpfen. Zwischen Ienysos[1], dem letzten bedeutenderen Posten in Syrien, und dem sirbonischen See, wo Aegyptens Vorposten standen, liegt ein Raum von neunzig Kilometern, den zurückzulegen ein Heer mindestens drei Tagemärsche brauchte[2]. In frühern Zeiten war die Wüste zwar nicht so ausgedehnt gewesen, aber das Land war durch die Verheerungen der Assyrer und Chaldäer entvölkert, und Gegenden, die ehemals nicht so schwierig zu bereisen waren, waren der Macht der arabischen Nomaden anheimgefallen. Die Verlegenheit, in die Kambyses wegen des Durchzuges durch die Wüste geriet, wurde durch ein unvorhergesehenes Ereigniss beseitigt. Einer von Ahmes' Feldherrn, Phanes aus Halikarnassos, desertirte und nahm Dienste bei den Persern. Er besass Einsicht, Energie und eine eingehende Kenntniss von Aegypten. Auf seinen Rat verständigte sich der König mit dem Sheych, dem die dortige Küste gehörte und bat denselben um freies Geleit, so dass der Araber an dem ganzen Wege entlang Abtheilungen von Kamelen aufstellte, die mit dem ausreichenden Wasserbedarfe für das Heer beladen waren[3].

Wie die Perser nach Pelusion gelangten, erfuhren sie, dass Ahmes gestorben[4] und sein Sohn Psametik III. an seine Stelle getreten sei. Die Aegypter überliessen sich trotz ihres Gottvertrauens und Selbstvertrauens doch düstern Vorahnungen. Nicht blos wie sonst die Völker vom Euphrat und Tigris, sondern sämmtliche Asiaten vom Ganges bis zum Hellespont drangen ja auf Aegypten ein und drohten es zu zermalmen. Das von Angst vor den Fremdlingen gequälte Volk sah lauter Wunderzeichen und deutete die ge-

1) Heutzutage *Chan Yûnus.* || 2) Herodot, III, 5. || 3) Herodot, III, 4—9. || 4) Herodot, III, 10. Diodor, I, 68, 6.

ringfügigsten Naturereignisse zu schlimmen Vorbedeutungen um. In Theben regnet es selten und Gewitter gibt es höchstens ein- oder zweimal alle hundert Jahre. Da fielen einige Tage nach Psametik's Thronbesteigung in Theben einzelne Regentropfen, »was nie zuvor dagewesen war[1].« In der Schlacht, die bei Pelusion sich entspann, wurde auf beiden Seiten mit verzweifelter Tapferkeit gefochten. Phanes hatte in Aegypten seine Kinder zurückgelassen. Seine ehemaligen Soldaten, die in Pharao's Dienste stehenden Ioner und Karer, brachten dieselben vor seinen Augen um, liessen deren Blut in ein grosses halb mit Wein gefülltes Gefäss rinnen, tranken von diesem Gemisch und stürzten sich wie rasend in das dichteste Handgemenge. Gegen Abend wich endlich die ägyptische Schlachtlinie, und die Flucht begann. Psametik verlor dermassen die Besinnung, dass er, statt die Ueberreste seines Heeres zu sammeln und den Uebergang über die Kanäle streitig zu machen, eiligst in Memphis sich zu bergen suchte. Kambyses liess ihn zur Uebergabe auffordern, aber die rasende Menge hieb seine Herolde nieder. Die Stadt wurde nach einer Belagerung von wenigen Tagen eingenommen. Oberägypten unterwarf sich ohne Widerstand; die Libyer und Kyrenäer liessen es erst gar nicht zu einem Angriffe kommen, sondern brachten Tribut dar. So hatte es nur einer einzigen glücklichen Schlacht bedurft, um das Pharaonenreich zu vernichten[2] (523).

Der jähe Fall einer Macht, die Jahrhunderte lang allen Anstrengungen des Morgenlandes Trotz geboten hatte, und das Schicksal des Königs, der, wie er kaum den Thron bestiegen hatte, von diesem schon wieder herabgestürzt wurde, erregte viel Mitleid und Staunen bei denen, die es erlebten. Zehn Tage nach der Uebergabe von Memphis wollte der Sieger, so erzählte man sich, die Standhaftigkeit seines Gefangenen auf die Probe stellen. Er liess an ihm seine Tochter im Sklavenkleide, sowie seine Söhne nebst denen der vornehmsten Aegypter, die zur Hinrichtung geführt wurden.

1) Herodot, III, 10. In Oberägypten galt der Regen bis auf unsere Zeit für ein Ereigniss von übler Vorbedeutung. Im Anfange dieses Jahrhunderts sagte dort Jemand in Betreff der Unternehmung des Generals Bonaparte: »Dass uns ein grosses Unheil bevorstand, wussten wir, weil es kurz vor Ankunft der Franzosen *in Theben geregnet hatte*.« || 2) Herodot III, 10—13; Diodor, I. 68, 6, weiss nicht von Psametik III, und bei Ktesias, Persica, 9, heisst er Amyrtaios.

vorbeibringen, ohne dass ihn das aus seiner Theilnahmlosigkeit aufrüttelte. Als aber Jemand von seinen ehemaligen Festgenossen in Lumpen gehüllt, als Bettler vorüberging, brach Psametik in Schluchzen aus und schlug vor Verzweiflung sich an die Stirn. Ueber eine derartige Schmerzensäusserung bei einem Manne, der sich so hart bewiesen hatte war Kambyses so erstaunt, dass er ihn fragen liess, was das für eine Ursache habe. »Und als man ihn danach fragte, antwortete er: »O Sohn des Kyros! Mein häusliches Elend ist so gross, dass ich darüber nicht mehr zu weinen vermag; doch meines Freundes Trübsal war der Thränen wert, weil dieser an der Schwelle des Greisenalters aus dem Ueberflusse und dem Wohlleben gestürzt und an den Bettelstab gebracht wurde!« Wie das von dem Boten hinterbracht wurde, schien ihm das richtig gesagt zu sein und Kroisos (denn auch der war dem Kambyses nach Aegypten gefolgt) weinte darüber, wie die Aegypter erzählen, ebenso die umstehenden Perser und selbst Kambyses überkam ein gewisses Mitgefühl«. Er liess seinen Gefangenen behandeln, wie es einem König zukam, und hätte ihn vielleicht wieder als Vasallen auf den ägyptischen Thron gesetzt, als er erfuhr, Psametik habe sich gegen ihn verschworen. Da liess er ihn hinrichten [1]), und vertraute Aegypten als Statthalterschaft dem Perser Aryandes an [2]).

1) Herodot III, 14—15. Nach Ktesias (Persica, 9) wurde der König von Aegypten nach Susa geschickt und starb daselbst in der Gefangenschaft. || 2) Herodot, IV, 166.

Uebersicht über die saïtische Familie seit Tafnecht:

I. TAFNECHT.	Τνέφαχθος.
Vierundzwanzigste Dynastie.	
II. RÂ-UOH-KA BOKENRANF.	Βόκχωρις.
III.	Στεφινάτης.
IV.	Νεχεψώς.
V. . . . . . . NEKO I.	Νεχαῶ α'.
Sechsundzwanzigste Dynastie.	
VI. RÂ-UH-AB PSAMETIK I.	Ψαμμήτιχος α', Ψαμμίτιχος.
VII. RÂ-UAHEM-AB NEKO II.	Νεχαῶ β', Νεκώς.
VIII. RÂ-NOFER-HET PSAMETIK II.	Ψάμμουθις ὁ καὶ Ψαμμήτιχος β', Ψάμμις.
IX. RÂ-HÂÂ-AB UHABRÂ.	Οὔαφρις, Ἀπρίης.
I. RÂ-CHNUM-AB AHMES II. SI-NEIT.	Ἄμωσις β', Ἄμασις.
II. RÂ-ÂNCH-KA-N PSAMETIK III.	Ψαμμεχερίτης. Ψαμμήνιτος.

Es war das erste Mal, dass das ganze gesittete Altertum einem Scepter unterthan war, und es war fraglich, ob es auf die Dauer möglich sein würde, dass die Bewohner des Kaukasos und die Aegypter, die kleinasiatischen Griechen und die medischen Turanier, die Arier in Baktrien und die Semiten an den Ufern des Euphrat einunddemselben Reiche angehörten. Kambyses suchte zunächst seine neuen Unterthanen dadurch für sich einzunehmen, dass er sich ihren Sitten und Vorurtheilen anbequemte. Er entlehnte von den Pharaonen den doppelten Namensring, die Königstitel und die Tracht, und, um einerseits seinen persönlichen Groll zu stillen, andererseits sich bei der alten Loyalistenpartei beliebt zu machen, begab er sich nach Saïs, liess Ahmes' Grab entweihen und dessen Mumie verbrennen[1]. Nachdem er dergestalt nachträglich über den Usurpator hatte Gericht ergehen lassen, war er milde gegen die Wittwe seines Widersachers, Ladike, und schickte dieselbe ihren Eltern zurück[2]. Den grossen Neithtempel, in welchem zum grossen Missfallen der Frommen persische Truppen einquartiert waren, liess er räumen, und die von denselben angerichteten Beschädigungen auf seine Kosten ausbessern. Sein Eifer ging soweit, dass er sich in der Religion unterweisen und durch den Priester Ut'a-Hor-sun in die Osirismysterien einweihen liess[3]. Aus Aegypten beabsichtigte er sich eine sichere Operationsbasis für die Eroberung von ganz Afrika zu bilden. Im Westen reizte seine Habsucht Karthago, dessen Ruhm um so grösser war, als es in unbestimmter Ferne lag. Zuerst wollte er es von der See aus angreifen, aber die phönizischen Mannschaften auf seiner Flotte weigerten sich gegen ihre ehemalige Kolonie zu dienen[4]. Er war daher gezwungen, es auf dem Landwege anzugreifen, und entsandte von Theben ein Heer von 50,000 Mann mit dem Auftrage, die Ammonoase, um den Weg für die übrigen Truppen zu bahnen, zu besetzen. Sie kamen sämmtlich im Sande um, so dass das Perserreich nach dieser Seite hin sich nicht über Aegyptens Grenzen hinaus auszudehnen vermochte[5].

1) Herodot, III, 17. Ahmes' Anhänger behaupteten später, um von dessen Andenken diese Schmach abzuwaschen, er habe, von einem Orakel gewarnt, befohlen, eine fremde auf königliche Art einbalsamirte Leiche statt seiner eigenen beizusetzen, diese untergeschobene Mumie habe Kambyses geschändet, während die des Königs in einer geheimen Gruft ruhe. || 2) Herodot, II, 181. || 3) De Rougé, Mémoire sur la statuette naophore du Vatican. || 4) Herodot, III, 17—19. || 5) Herodot, III, 25—26.

Im Süden schien sich eher etwas unternehmen zu lassen, da man scheinbar blos am Nil hinaufzuziehen hatte, um ohne grosse Schwierigkeiten mitten nach Afrika hineinzugelangen. Seit Tonuatamen's Rückzuge stand das Reich Napata mit den asiatischen Völkern in keiner Beziehung. Es war zwar von Psametik I. und Psametik II. angegriffen worden, hatte jedoch seine Selbständigkeit zu erhalten gewusst und jedes Verhältniss zu Aegypten abgebrochen. Die zur Zeit der grossen Aegypterkönige stark bevölkerten Landstriche im untern Nubien zwischen dem ersten und dem zweiten Katarakte waren fast in Einöden verwandelt, die von den Fürsten der achtzehnten und der neunzehnten Dynastie gegründeten Städte lagen in Trümmern, und ihre Tempel fingen an, unter dem Sande zu verschwinden. Jenseits des zweiten Kataraktes begann das Reich Napata, welches ebenso wie Aegypten in zwei Gebiete zerfiel. Im To Qens lagen, wenn man den Fluss hinaufgeht, Pnubs[1], Dengur[2], die Hauptstadt Napata am heiligen Berge[3], da wo sich der Astamuras[4] mit dem Nil vereinigt, Astamuras, und schliesslich Berua, das Meroe der alexandrinischen Geographen. Jenseits Meroe begann das Land Alo[5], das am weissen und am blauen Nil entlang bis zu der grossen Ebene von Sennaar reichte. An der Südgrenze des Alolandes hausten die Nachkommen der zu Psametik's I. Zeit nach Aethiopien ausgewanderten ägyptischen Soldaten, die Asmach. Im Osten, Süden und Westen lebten zwischen Darfur, dem abyssinischen Hochgebirge und dem rothen Meere viele halbwilde Stämme, theils Neger, theils afrikanischer, theils semitischer Rasse, südlich von Berua zwischen dem blauen Nil und dem Takazze die Rehrehsa[6], und zwischen dem Takazze und dem Gebirgszuge, der sich am rothen Meere hinzieht, die Madi oder Maditi[7]. Hier konnten die

1) Brugsch, Geographische Inschriften, Bd. 1, S. 151. || 2) Dongola. Vergl. Maspero, in den Mélanges d'archéologie. Bd. I. || 3) *Duuah*, heutzutage der Berg Barkal. || 4) Bei den griechischen Geographen der *Astaboras*, heutzutage der Takazze. Vergl. Maspero, a. a. O. [auch, Transactions of the S. of biblical Archaeology. Bd. IV, S. 205, Anm. 1]. || 5) Das Reich *Aloah* bei den arabischen mittelalterlichen Geographen. Quatremère Mémoires historiques sur l'Égypte, Bd. II, S. 18 ff. Vergl. L. Burckhardt, Travels, S. 452 ff; Maspero, in den Mélanges, Bd. II, [und in den Transactions a. a. O. S. 221. Auch R. Hartmann. Nigritier Bd. I, S. 11 f.]. || 6) Vielleicht die *Rhauser* in der Inschrift von Adulis, die *Rhapser* bei Ptolemaios. || 7) Die *Mataũa* auf der griechischen Inschrift von Axum, die *Matita* des Plinius und Ptolemaios, [vergl. Mas-

Könige von Napata ihren kriegerischen Sinn in leichten und glücklichen Siegen bethätigen, und von zweien derselben, die etwa gleichzeitig mit Kambyses lebten, von Horsiatef und Nastosenen, waren die meisten von jenen Stämmen entweder unterjocht oder, falls sie noch Widerstand leisteten, durch anhaltende Raubzüge zu Grunde gerichtet worden [1]).

Das Aethiopenreich war wenigstens dem Namen nach ein Wahlreich. Die Wahl wurde im grossen Ammontempel zu Napata unter Leitung der Priester und im Beisein einer bestimmten, von den Behörden, Gelehrten, Kriegern und Palastbeamten zu diesem Behufe erwählten, Anzahl von Abgeordneten vollzogen. Sämmtliche *Königsbrüder* (Angehörige der Herrscherfamilie) wurden in das Heiligtum geführt und einem Götterbilde gegenüber aufgestellt, das durch irgend ein vorher verabredetes Zeichen den Erkorenen seiner Wahl angab [2]). Von den Priestern ernannt blieb der Herrscher auch sein Leben lang in deren Gewalt. Er durfte keinen Krieg unternehmen, keine wichtige Handlung vollziehen, ohne sich die Erlaubniss des Gottes und seiner Diener einzuholen. So wie er sich ungehorsam zeigte oder nur einige selbständige Regungen merken liess, übersandte ihm der Klerus den Befehl, sich selber den Tod zu geben, und es blieb ihm nichts weiter übrig, als sich in dieses Urtheil zu fügen. War das Gesetz gegen ihn sehr streng, so war es keineswegs milder gegen seine Unterthanen. Die geringfügigste Meinungsverschiedenheit, die kleinlichste Abweichung von dem, was der Gottesdienst vorschrieb, galt als Ketzerei und wurde dem entsprechend geahndet. Etwa um das Ende des siebenten Jahrhunderts trachteten einige Priester zu Napata nach einer Art religiöser Reform. Für das nach ägyptischem Ritus übliche Opfer wollten sie unter anderm verschiedene Ceremonien einführen, die hauptsächlich in dem rohen Genusse des Opferfleisches bestanden. Diese wahrscheinlich unter den Negern aufgebrachte Sitte war ein Greuel in den Augen der Orthodoxen. Der König begab sich zum Ammontempel, vertrieb die Ketzer aus demselben und liess alle, deren er habhaft werden

---

pero, in den Transactions, a. a. O. S. 211]. || 1) Maspero, The steles of King Horsiatew and of King Nastosenen, in den Records of the Past, Bd. VI [Transactions a. a. O. Maspero, Inscription of King Nastosenen. S. 203—225.] || 2) Mariette, quatre pages des Archives officielles de l'Éthiopie, in der Revue archéologique, Sept. 1868. Maspero, la stèle de l'Intronisation.

konnte, lebendig verbrennen. Man behielt trotzdem die heilige Sitte rohes Fleisch zu essen noch bei, und je mehr der ägyptische Einfluss sich abschwächte, griff dieselbe um sich, bis sie schliesslich so einwurzelte, dass sie sogar trotz des Christentums fortbestand[1]. Rohes Fleisch verspeisten die Abyssinier noch im Anfange unseres Jahrhunderts; sie nannten das *brinde*[2].

Die Berühmtheit der Aethiopen wurde durch die Abgeschlossenheit, in welcher sie, seitdem ihnen Aegypten verloren gegangen war, lebten, eher gefördert als beeinträchtigt. Weil sie den Mittelmeervölkern fast unabsehbar fern lagen, wurden sie nach und nach mit wunderbaren, ja fast göttlichen Gaben ausgestattet. Sie sollten die grössten und schönsten aller Menschen sein[3], ihr Leben hundertzwanzig Jahre und darüber währen, und sie sollten einen Wunderbrunnen besitzen, durch dessen Wasser ihren Gliedern ewige Jugend erhalten würde[4]. Es gab bei ihrer Hauptstadt eine Wiese, die beständig mit fertigen Speisen und Getränken besetzt war, und wer da wollte, ging hin und ass nach Belieben[5]. Gold gab es bei ihnen in solchen Mengen, dass man es zu den allergewöhnlichsten Dingen, sogar zu Ketten für die Gefangenen verarbeitete, Kupfer dagegen war selten und sehr theuer[6]. Kambyses liess das Land durch Spione auskundschaften und brach auf deren Bericht hin an der Spitze seines Heeres von Memphis auf. Er schlug, statt bis Napata am Nil hinaufzuziehen, den kürzern Weg durch die Wüste ein, hatte aber so schlechte Vorkehrungen getroffen, dass er, nachdem er viele Mannschaften eingebüsst hatte, vom Hunger zur Rückkehr nach Aegypten gezwungen wurde[7]. Ueber dieses Missgeschick

1) Maspero, la Stèle de l'Excommunication, in der Revue archéologique, März 1873, und im IV. Bd. der Records of the Past. || 2) Valentia und Salt. Voyages dans l'Hindoustan, à Ceylan, sur les deux côtes de la mer Rouge, en Abyssinie et en Égypte, franz. Uebersetzung, Bd. III, S. 283; IV. 68. [H. Salt, Voyage to Abyssinia, London 1814, S. 294 ff; Bruce, Reisen zur Entdeckung der Quellen des Nils übers. v. Volkmann, Leipzig 1791, Bd. III, S. 143, 294, 302 ff. Vergl. auch Hildebrandt, in der Zeitschrift f. Ethnologie VI, 1874, S. 332, wo Bruce's Bericht bedeutend eingeschränkt wird. — R. P.]. || 3) Herodot, III, 20. || 4) Herodot, III, 23. || 5) Herodot, III, 17—18, 23. || 6) a. a. O. 23. || 7) a. a. O. 25. Diodor behauptet, dass Kambyses nach Meroe gelangte und dort eine neue Stadt gründete (I, 33, 1). [Nach A. v. Gutschmid's Ansicht (neue Beiträge, S. 68) entspringt Herodot's Bericht über diesen Feldzug den Kambyses feindlichen ägyptischen Volksüberlieferungen,

geriet er in solchen Unwillen, dass er das Bischen politische Besinnung, was er bisher bekundet hatte, vergass und sich gänzlich von seinem gewaltthätigen Charakter hinreissen liess. Da in seiner Abwesenheit der Hapistier gestorben war, hatten die Aegypter seinen Tod die übliche Zahl von Tagen betrauert und gerade, wie die Trümmer des Perserheers wieder nach Memphis zurückkamen, einen neuen Hapi inthronisirt. Wie Kambyses die Stadt in festlicher Freude vorfand, bildete er sich ein, man jubele über sein Unglück. Da liess er erst die Behörden, dann die Priester zu sich befehlen und dieselben, ohne ihren Erörterungen Gehör zu geben, hinrichten. Darauf liess er sich den Stier vorführen und stiess ihm seinen Dolch in den Schenkel, so dass daran das Thier wenige Tage darauf verstarb[1]. So ein Frevel erregte in frommen Gemütern mehr Unwillen als der Untergang ihres Vaterlandes, und als nun der Perser ebenso sehr ihre Vorurtheile zu verletzen beflissen war, als er sich früher sie zu versöhnen bemüht hatte, verdoppelte sich ihr Hass. Er ging zu Memphis in den Phtahtempel und spöttelte über eine von den Gestalten, unter denen der Gott dargestellt zu werden pflegte. Die alten Gräber liess er entweihen, um die darin befindlichen Mumien zu untersuchen. Auch die Arier sogar und seine Höflinge waren vor seinem Wüten nicht sicher. Seine Schwester, die er trotzdem dass die Ehe zwischen Kindern von demselben Vater und derselben Mutter gesetzlich verboten war[2], zu seinem Weibe gemacht hatte, brachte er um. Ein andermal erschoss er den Sohn des Prexaspes mit einem Pfeile, liess zwölf vornehme Perser lebendig begraben, befahl Kroisos hinzurichten, widerrief es dann und verurtheilte dabei doch die Offiziere, welche diesen Befehl, den er ertheilt zu haben bereute, nicht ausgeführt hatten. Die Aegypter behaupteten, zur Strafe für seine Schandthaten hätten die Götter ihn mit Irrsinn geschlagen[3].

Da ihn an den Ufern des Nil's nichts mehr zurückhielt, machte er sich wieder auf den Heimweg nach Asien. Wie er bereits in

---

während aus andern Quellen zu erhellen scheint, dass K. in der That die Macht des Aethiopenreiches am Berge Barkal gebrochen habe. — R. P.] || 1) Nach dem Buche *über Isis und Osiris* [S. 78, 3, kap. 44 ed. Parthey] soll Kambyses den Hapi geschlachtet und damit die Hunde gefüttert haben. | 2) [Das wird von Spiegel, Eränische Alterthumskunde, II S. 300, bestritten]. || 3) Herodot. III, 27—38.

Nordsyrien war, trat vor ihn ein Herold, der so, dass es das ganze Heer zu hören vermochte, ankündigte, Kambyses, der Sohn des Kyros, regiere nicht mehr, und alle, die ihm bisher gehorcht hatten, aufforderte, Bardiya, den Sohn des Kyros, als König anzuerkennen. Zuerst meinte Kambyses, dass sein Bruder von den mit dem Morde beauftragten Offizieren verschont worden sei, erfuhr aber bald, dass seine Befehle nur allzu getreu ausgeführt seien, und weinte über das nutzlos verübte Verbrechen. Schliesslich brachte er in Erfahrung, dass der Usurpator ein gewisser Gaumatâ war, welcher Bardiya so auffällig ähnlich war, dass selbst Kundige sich leicht dadurch hintergehen liessen. Jener Gaumatâ hatte einen Bruder, einen gewissen Patizeithes, dem Kambyses die Obhut über sein Haus anvertraut hatte[1]. Sie beide wussten um Bardiya's Tod sowie, dass derselbe den meisten Persern unbekannt war, und dass man den Prinzen noch am Leben glaube. Diese Umstände nahm Gaumatâ wahr; er liess sich zum König ausrufen, und sein Betrug fand überall günstige Aufnahme[2]. Als einer von seinen Herolden bei dem Heere des Kambyses eintraf, hatten die östlichen Provinzen des Reiches sich ihm bereits ohne Widerstreben unterworfen. Kambyses war durch diese Neuigkeit zuerst niedergeschmettert, wollte dann an der Spitze der ihm treu gebliebenen Truppen aufbrechen, starb aber auf geheimnissvolle Art und Weise. Die Inschrift von Behistun scheint zu besagen, dass er in einem Anfalle von Verzweifelung sich eigenhändig umbrachte. Nach Herodot soll er, wie er zu Pferde steigen wollte, sich die Spitze seines Dolches an derselben Stelle in den Schenkel gestochen haben, an der er den Hapistier verwundet hatte. »Wie er sich tödtlich getroffen fühlte fragte er, wie die Stadt heisse, und man antwortete ihm: Agbatana[3]. Es war ihm aber früher

1) Der Milesier Dionysios, der etwas vor Herodot lebte, nennt Patizeithes Panzythes. Ktesias (Persica, 10) und die Inschrift von Behistun (Zeile 11) erwähnen nur einen Magier, der bei Ktesias Sphendates und auf der Inschrift Gaumatâ heisst. Dieser Gaumatâ ist derselbe wie der Cometes bei Trogus Pompeius und Justin (1, 9). || 2) Inschr. v. Behistun, I, 48. Vergl. Spiegel, Erânische Alterthumskunde, II, S. 302 und G. Rawlinson, The five great Monarchies, III, S. 398. || 3) Stephan von Byzanz erwähnt ein Ekbatana in Syrien, und Plinius (N. H. V, 19) versichert, die Stadt Karmel habe anfangs Ekbatana geheissen. Herodot's syrisches Agbatana hat man mit Batanoia oder mit Hamath identifiziren wollen. Es ist vielleicht mit dem *Bachtan* der Hieroglyphentexte zusammenzubringen.

34*

von dem Orakel zu Buto gesagt, er werde in Agbatana sein Leben beschliessen. Er hatte gewähnt, er werde hochbetagt in Agbatana in Medien sterben, wo alle seine Habe sich befand; das Orakel jedoch meinte das syrische Agbatana. Und wie er also daselbst auf seine Frage den Namen der Stadt erfuhr, verstand er den Götterspruch und sagte: »Hier ist dem Kyrossohne Kambyses der Tod beschieden«. Zwanzig Tage darauf hauchte er sein Leben aus, ohne Nachkommenschaft zu hinterlassen und ohne einen Nachfolger für sich bestimmt zu haben[1].

Gaumatâ und Dareios I. Reorganisation und Eintheilung des Perserreichs. Züge nach Norden und Osten, nach dem Skythenlande und nach Griechenland.

Gaumatâ's Empörung hat man oft für eine nationale Bewegung gehalten, durch welche die Meder die frühere Uebermacht zurückerhielten und die Herrschaft über Asien zeitweilig den Persern entrissen wurde[2]. Gaumatâ war kein Meder, sondern ein geborener Perser aus der kleinen Stadt Pisyauvada am Berge Arakadris[3]. Er wurde anfangs von den mittlern und östlichen Provinzen unterstützt, aber sofort nach Kambyses' Tode von dem ganzen Reiche anerkannt. Er galt allgemein für Bardiya und das genügte, ihm die Hochachtung und Treue der Perser zu sichern. Den überwun-

---

1) Herodot. III, 64—65. Die Erzählung, dass einer Person verkündet wird, sie solle an einem bekannten Orte sterben, und der Tod sie dann an einem gleichnamigen unbekannten Orte ereilt, kommt in der Geschichte häufig vor. So beispielsweise von dem Kaiser Julian und dem König Heinrich III. von England, dem man geweissagt hatte, er werde in Jerusalem sterben, und der wirklich in einem Zimmer des Schlosses zu Westminster starb, welches Jerusalem hiess. Ktesias erzählt (Persica. 12), Kambyses habe, wie er eines Tages zum Zeitvertreib in Holz schnitzte, sich verwundet. || 2) Die meisten alten Schriftsteller (Herodot, III, 61, 199; Plato, Gesetze, III. p. 694—695 u. s. w.) sind dieser Ansicht gewesen, und nach ihnen haben viele moderne sie annehmen zu müssen geglaubt (Niebuhr, Vorträge über alte Geschichte, I. 157, 399; Grote, History of Greece, IV. S. 301—302; Spiegel, Eränische Alterthumskd., II, S. 310). G. Rawlinson hat sehr richtig nachgewiesen, dass Gaumatâ's Bewegung nicht in Medien entsprang und die Perserherrschaft durchaus beim alten liess. Dass die Usurpation der Magier eine religiöse Staatsumwälzung einleiten sollte, gesteht er zu (On the Magian Revolution and the Reign of the pseudo-Smerdis, im Herodotus, III. 454—459). || 3) Inschrift von Behistun, Spalte I, 1, 3.

denen Völkern erliess er, um sie für seine Sache zu gewinnen, auf drei Monate Steuern und Kriegsdienste[1]. Er herrschte sechs Monate lang, ohne dass Jemand etwas von dem Betruge ahnte und ihn für etwas anderes als den rechtmässigen Thronerben, den Sohn des grossen Kyros und Bruder des Kambyses hielt.

Schliesslich wurde jedoch das allgemeine Vertrauen etwas erschüttert. Zwar hatte, was der vorige König auf seinem Sterbebette enthüllte, anfangs nur wenig Glauben gefunden, da man es der Eifersucht oder dem Bruderhasse zuschrieb, und man hatte sich darüber hinweggesetzt. Es gesellten sich aber anderweitige Thatsachen dazu, aus denen hervorzugehen schien, dass Kambyses' Worte wohlbegründet waren. Zugleich mit der Krone hatte der neue König sich der Sitte gemäss auch den Harem seines Vorgängers angeeignet, und man erfuhr, dass die Weiber desselben auf das strengste beaufsichtigt wurden, so dass sie nur mit Lebensgefahr durch geheime Boten mit einander und mit der Aussenwelt verkehren konnten. Wenn man der Ueberlieferung darin Glauben beimessen darf, wurde sogar bekannt, dass dem angeblichen Bardiya die Ohren abgeschnitten waren, und man schloss aus dieser Verstümmelung, dass er nicht der Sohn des Kyros sei[2]. Sieben von den Vornehmsten am Hofe, darunter Daryavus (Dareios)[3], Vistaçpâ's (Hystaspes) Sohn, der zu der Achämenidenfamilie gehörte, überfielen Gaumatâ in seinem Schlosse und zwangen denselben sich nach Medien auf die Burg Sikthauvatis zu flüchten. Er wurde mitsammt den Magiern, die ihn unterstützt hatten, getödtet, und statt seiner bestieg (521) Dareios den Thron. Er hatte sechs Monate regiert[4].

---

1) Herodot III., 67. || 2) Herodot III., 67. || 3) Strabo bereits wusste, dass der von den Griechen *Δαρεῖος* genannte Fürst eigentlich *Δαριαύης* hiess. || 4) Alles was Herodot III., 68—88, über den Tod des falschen Smerdis, über die Beratung der sieben Verschworenen, und wie Dareios durch die List seines Stallknechtes zum König erwählt wurde, berichtet, muss in das Gebiet der Sage verwiesen werden. Die Inschrift von Behistun (Kol. 1, § 13) sagt ganz einfach: »Ich betete zu Auramazda, Auramazda brachte mir Hülfe. Am zehnten Tage des Monats Bagayadish geschah es, da tödtete ich mit meinen Getreuen jenen Gaumatâ, den Magier, und die, welche seine hauptsächlichsten Genossen waren. Sikthauvatis heisst das Schloss, Nisaya heisst die Gegend in Medien, wo ich ihn tödtete. Das Reich nahm ich ihm. Durch Auramazda's Gunst ward ich König. Auramazda gab mir das Reich. . . . . Das Reich, das unser Stamme genommen war, habe ich wieder gewonnen«.

Durch diese beiden Revolutionen, die binnen Jahresfrist Schlag auf Schlag auf einander folgten, war die Macht der Perser erschüttert. Das von Kyros gestiftete Reich war in keiner Weise von dem ehemaligen ägyptischen, assyrischen und chaldäischen Reiche verschieden. Es war, abgesehen von dem Umfange, ganz ebenso eine Zusammenwürfelung von Provinzen, die von Statthaltern verwaltet wurden, von Vasallenreichen und ungenügend unterjochten Städten und Stämmen. Jeglicher Vorwand zur Empörung kam den ihres Gebieters überdrüssigen Unterthanen gelegen. Zu der Trauer um einen Herrscher, der ihre Lasten vermindert hatte, kam bald das Verlangen, seinen Tod zur Wiedererlangung der Freiheit zu benutzen. Susien erhob sich zuerst unter Anführung eines gewissen Atrina, und von Susien wurde sofort auch Chaldäa angesteckt. Nadintav-Bel, der Sohn Aniri's gab sich für den Sohn Nabu-nahid's aus und legte sich den Namen Nabu-kudur-ussur bei, durch den seine Stammesgenossen an die ruhmreichsten Erinnerungen ihrer Vergangenheit gemahnt wurden. Babylon empörte sich (520), das übrige Land folgte ihm darin bald nach, und der Aufruhr griff derartig um sich, dass Dareios für Atrina's Unterwerfung seine Feldherrn sorgen liess und selber den Oberbefehl über die Truppen, die in Chaldäa vorgehen sollten, übernahm. Er erzwang den Uebergang über den Tigris, stiess bei einem Zazannu genannten Flecken an den Ufern des Euphrat mit den Rebellen zusammen, schlug dieselben und jagte sie zum Theil in den Strom. Nabu-kudur-ussur mit einigen Reitern entkam und suchte sich eiligst in Babylon zu bergen. Da die Stadt nicht darauf vorbereitet war, eine langwierige Belagerung zu überstehen, musste er sich nach einem mehrwöchentlichen Widerstande ergeben und wurde hingerichtet[1] (519). In der Sage wurde die Geschichte dieses Krieges bald entstellt und man erzählte sich schon ein halbes Jahrhundert später, dass Dareios, vor Babylon anlangend, die Stadt vollständig zur Vertheidigung bereit gefunden habe; die Einwohner hätten die Mauern ausgebessert, die Kanäle abgesperrt, Vorräte aufgehäuft und sich der überflüssigen Kostgänger dadurch erledigt, dass sie sämmtliche Weiber bis auf diejenigen, welche zum Brodbacken gebraucht wurden, umbrachten.

1) Behistun, I, 16; II, 1. Vergl. J. Ménant, les Achéménides, S. 108–109 und Schrader, Die Assyrisch-babylonischen Keilinschriften, S. 344–345.

Wie nach Verlauf von zwanzig Monaten die Perser bereits am Erfolge verzweifelten, soll sich Zopyros, einer von den Sieben, Nase und Ohren abgeschnitten, sich den Leib zergeisselt haben und als Ueberläufer, als ein Opfer der Grausamkeit seines Gebieters, in die Stadt gegangen sein. Er wurde Anführer eines Truppentheils, bewerkstelligte mehrere glückliche Ausfälle, erhielt die Obhut über die Wälle und übergab den Belagerern zwei Thore. Dreitausend Babylonier wurden gekreuzigt, die Mauern wurden zerstört und die Stadt wurde dann von neuem mit ausländischen Ansiedlern bevölkert[1]. Während Zopyros' Verrat auf Herodot's Aussage hin von dem gesammten Altertum bewundert wurde, hat die Entdeckung der Originaldenkmäler ergeben, dass es auch nur eine von denjenigen Erzählungen ist, die aus der Geschichte auszuscheiden sind.

Wie Dareios noch in Chaldäa zu thun hatte, brach eine bedenkliche Empörung in denjenigen nördlichen und östlichen Provinzen aus, die zum Mederreiche gehört hatten. In Medien, Armenien und Assyrien wurde Fravartis, der aus Kyaxares' Geschlechte stammte und bei seiner Thronbesteigung den Namen Khshâtritâ annahm, als König anerkannt. Dareios wollte, bevor er sich auf einen so furchtbaren Kampf einliess, mit den Rebellen im Süden fertig sein. Durch Atrina's Misslingen war Elam so wenig entmutigt, dass daselbst sich ein Perser Namens Martiya unter dem Namen Umman zum König ausrufen liess. Zur Ueberwindung dieses Gegners bedurfte es blos des Erscheinens des Dareios, denn bei der Kunde von seiner Ankunft ergriffen die Elamiten Martiya und brachten ihn um[2]. Wie er nach dieser Seite hin frei war, entsandte er gegen Fravartis drei von seinen Generälen. Dem Armenier Dâdarshis vertraute er den Oberbefehl über das Heer an, welches in Armenien vorgehen sollte, dem Vaumiça überliess er die Unterwerfung Assyriens und Vidarna, einem von den

1) Herodot III., 150—160. Ktesias (Persica, 22) verlegt die Belagerung von Babylon unter Xerxes und nach ihm soll Zopyros' Sohn Megabyzos, nicht Zopyros selber, derjenige gewesen sein, der sich verstümmelte und die Stadt überlieferte. Polyainos (Strat. VIII, 11. 8) behauptet, dass Zopyros diese Kriegslist einem jenseits des Oxos heimischen Saken nachmachte. Die römischen Schriftsteller haben die Geschichte von Zopyros nach Italien herübergenommen und nach Gabii verlegt (Titus Livius, 1, 49—54; Ovid, Fasten, II, 683—710); doch war Sextus Tarquinius nicht so opferwillig, sich selbst zu verstümmeln. || 2) Behistun, II, §§ 3, 4; Ménant, Les Achéménides, S. 109—110.

Sieben die schwierigste Aufgabe, das eigentliche Medien wiederzuerobern. Die drei Feldherrn griffen gemeinschaftlich die Truppen des Prätendenten an und schlugen sie wiederholentlich, ohne einen entscheidenden Vortheil zu erreichen, denn Hyrkanien und Parthyene, die bisher unentschieden geblieben waren, schlossen sich den Rebellen an, und das ganze Uferland des kaspischen Meeres ging den Persern verloren. Die drohende Gefahr bestimmte Dareios in eigener Person vorzugehen, er verliess Babylon, drang über den Kerendpass in Medien ein, vereinte sich mit Vidarna und traf bei dem Flecken Kudurus mit dem Feinde zusammen. Fravartis wurde geschlagen und entfloh, jedenfalls, um das Gebirge zu erreichen und dort den Krieg in die Länge zu ziehen, nach Norden, wurde aber bei Ragâ gefangen genommen, nach Ekbatana geführt und angesichts seiner ehemaligen Unterthanen an das Kreuz geschlagen[1] (518). Wie er besiegt war, war die Unterwerfung der andern Provinzen nur noch eine Frage der Zeit. Zuerst erlag Citratakhma, der sich noch in Sagartien gehalten hatte, Vistaçpa, der Vater des Dareios, unterwarf Hyrkanien und der Statthalter Baktriens unterdrückte eine Bewegung in Margiana. Eine Empörung in Persien und Arachosien, welche Vahyazdâta anstiftete, der sich für Bardiya, den Sohn des Kyros ausgab, eine zweite Erhebung Babylon's und ein dritter Aufstand in Elam wurden sofort unterdrückt. Die Saken, welche von Dareios selber angegriffen wurden, legten die Waffen erst lange nach der Niederlage der andern Empörer nieder[2]). Von den westlichen Provinzen hatte sich keine geregt. Nur für einen Augenblick konnte man an der Küste Kleinasiens Verwickelungen befürchten. Oroites, der Statthalter von Lydien, geberdete sich selbständig und drohte gefährlich zu werden; man musste ihn ermorden, um ihn loszuwerden. Bagaios, der nach Sardes entsandt wurde, überbrachte den dort befindlichen persischen Truppen den königlichen Befehl, sie sollten bei Oroites keine Dienste mehr thun. »Sofort senkten sie die Lanzen. Wie Bagaios sah, dass sie diesem Schreiben gehorchten, gewann er Mut und übergab dem Schreiber das letzte Schreiben, in dem geschrieben stand: »Der König Dareios befiehlt den Persern in Sardes, den Oroites zu tödten«. Wie das die Speer-

1) Behistun, II, 5—13. Auf diese Empörung Mediens spielt Herodot im ersten Buche seiner Geschichte (130) an. || 2) Behistun II, 13; IV, 1; J. Ménant, les Achéménides, S. 110—119.

träger vernahmen, zogen sie die Säbel und tödteten ihn auf der Stelle«[1]. Um die Mitte von 516 war alles beendigt, und Dareios herrschte in Frieden über das Ländergebiet, welches Kyros und Kambyses besessen hatten[2].

Für ihn war die Erfahrung dieser sechs Jahre keine verlorene. Er wollte mit der Ueberlieferung der Vergangenheit brechen und auf neuen Prinzipien einen wirklichen Perserstaat, etwas von dem, was die bisherigen asiatischen Reiche gewesen waren, ganz verschiedenes errichten. Er dachte nicht daran, die Rassen, welche sein Gebiet bevölkerten, zu verschmelzen. Im Gegentheil ermutigte er sie, ihre Sprache, ihre Sitten, ihre Religion, ihre Gesetze und Sonderverfassungen beizubehalten. Die Juden erhielten von ihm Erlaubniss, die Erbauung ihres Tempels zu vollenden[3], die asiatischen Griechen bewahrten ihre mannigfaltigen Regierungsformen, Phönizien behielt seine Könige und Suffeten und Aegypten seine Erbnomarchen. Doch über diesen Localgewalten stand eine einheitliche, allen übergeordnete und überall sich gleichbleibende Autorität. Das Ländergebiet zerfiel in grosse Statthalterschaften, deren Zahl je nach der Zeit verschieden war. Im Anfange gab es deren dreiundzwanzig:

1. Parçâ oder das eigentliche Persien;

2. Uvajâ, Elam, wo sich Susa, eine Lieblingsresidenz des Dareios befand;

3. Babirus, Chaldäa;

4. Athurâ, Assyrien vom Chabur bis zum Zagros Gebirge;

5. Arabayâ, Mesopotamien zwischen dem Chabur und Euphrat und Syrien, Phönizien und Palästina;

6. Aegypten (Mudrâya);

7. Die Seevölker (Tyiya darayahyâ), wozu man die Kilikier und Kyprer rechnete;

8. Yaunâ: umfasste ausser Lykien, Karien und Pamphylien die griechischen Ansiedler der Küste, Ioner, Aeoler und Dorer;

---

1) Herodot III. 126—128. || 2) H. Rawlinson, The Persian Cuneiform Inscription at Behistun, in dem Journal of the Royal Asiatic Society, Vol. X, 1849, und in dem Herodotus von G. Rawlinson, II. S. 290—308; Oppert, les Inscriptions des Achéménides, Paris 1852; Schrader, Die assyrisch-babylonischen Keilinschriften, S. 339—359; J. Ménant, les Achéménides, S. 101—126; G. Rawlinson, The five great Monarchies, Bd. III, S. 409—415; Spiegel, Erânische Alterthumskunde, Bd. II. S. 316—327. || 3) Esra, V. 2; Haggaï, I. 14.

9. Lydien und Mysien (Çpardâ);

10. Medien;

11. Armenien;

12. Katpatuka, d. h. alle mittlern Gegenden Kleinasiens vom Tauros bis an den Pontos Euxeinos;

13. Parthyene und Hyrkanien (Parthava);

14. Zarânka (Zarangien);

15. Haraïva (Arien);

16. Uvârazmiya (Chorasmien);

17. Baktrien (Bakhtris);

18. Sogdien (Çughdâ);

19. Gandarien (Gandara);

20. Die Çaka oder Saken in den Ebenen der Tatarei, fast an den Grenzen von China;

21. Die Thatagu oder Sattagyden im obern Stromlande des Helmend;

22. Harauvatis (Arachosien);

23. Die Maka, welche die Länder westlich vom Kaspischen Meere zwischen dem Kaukasos und Urumiyehsee bewohnten.

Die Zahl wurde durch die Eroberungen erhöht. Gegen Ende seiner Regierung zählte Dareios einunddreissig Satrapien in seinem Reiche[1].

Wäre jede Statthalterschaft nur von einem Einzelnen regiert worden, dem zu einem Könige nur der Titel und die Erbansprüche mangelten, so wäre das Reich der Gefahr ausgesetzt gewesen, bald in eine wirre Masse von Fürstentümern zu zerfallen, die mit Persien fortwährend im Kampfe gelegen hätten. Um beständigen Empörungen vorzubeugen vermied Dareios, die Civilgewalt und den Befehl über das Heer in ein und derselben Hand zu vereinen. Jede Statthalterschaft erhielt von ihm drei von einander unabhängige Beamte, welche unmittelbar unter dem Hofe standen, den Satrapen[2], den königlichen Schreiber und den Feldherrn. Die Satrapen wurden vom Könige erwählt. Sie konnten aus jeder beliebigen Klasse des Volks genommen werden, von den Reichen so gut wie den Armen, von

1) Behistun § 1, § 6. Die Inschrift von Persepolis zählt 25 Satrapien auf, die von Naksh-i-Rustem enthält 31, Herodot (III, 90—95) zählt nur 20 auf. || 2) Persisch: *khshatrapâ*, *khshâtrapan*, *khshatrapâva*.

den Ausländern ebensowohl wie von den Persern [1], doch wurde es stehende Sitte, die Satrapien nur einflussreichen, durch Blutsverwandtschaft oder Heirat mit der Königsfamilie in Beziehung stehenden Persönlichkeiten anzuvertrauen. Sie übten unumschränkte Gewalt in bürgerlichen Angelegenheiten aus, hatten Schlösser, Wildgärten oder »Paradiese«, einen Hofstaat, Leibwachen und wohlversehene Harem, vertheilten die Steuern nach ihrem Gutdünken, verwalteten die Rechtspflege und besassen Gewalt über Leben und Tod in allen bürgerlichen und Criminal-Angelegenheiten. Ihnen stand ein königlicher Schreiber zur Seite. Diese in so ostensibler Weise mit dem Kanzleidienste beauftragte Persönlichkeit war in Wahrheit nur ein Spion, dem es oblag, sämmtliche Handlungen und Schritte seines Vorgesetzten zu überwachen, um darüber zuständigen Orts Rechenschaft zu geben. Die persischen Soldaten, eingebornen Truppen und in den Provinzen untergebrachten Söldner standen unter einem Feldherrn, der meist mit dem Satrapen und dem Schreiber verfeindet war. Diese drei einander widerstrebenden Gewalten hielten sich gegenseitig das Gleichgewicht, und einer hielt den andern derartig im Schach, dass eine Empörung, wo nicht unmöglich, so doch sehr erschwert wurde. Mit dem Hofe standen sie durch dienstleistende, regelrecht angestellte Sendboten, welche ihre Depeschen in wenig Wochen von einem Ende des Reiches zum andern brachten, in beständigem Verkehr. Aus übergrosser Vorsicht schickte der König jedes Jahr in die Provinzen Beamte, welche seine *Augen* und *Ohren* hiessen, weil sie beauftragt waren an seiner Stelle alles, was in den entlegensten Landestheilen geschah, zu sehen und zu hören. Sie kamen unvermutet, prüften die Sachlage, änderten einzelnes in den Verwaltungsverhältnissen, und, wo es nötig war, massregelten sie den Satrapen oder setzten ihn ab. Eine Truppenabtheilung war bei ihnen, um sie bei dem, was sie anordneten, zu unterstützen und ihren Anweisungen mehr Nachdruck, als sie sonst wol gehabt haben würden, zu verleihen. Ein ungünstiger Bericht seitens dieser Beamten, eine geringfügige Ungehorsamkeit, ja der blosse Verdacht einer solchen, genügte, einen Satrapen in das Verderben zu stürzen. Er wurde entweder abgesetzt oder, wie das oft vorkam, ohne Pro-

1) Herodot IX. 107 wenigstens kennt einen griechischen Satrapen, den Xenagoras von Halikarnassos.

cess zum Tode verurtheilt und seinem Gefolge zur Hinrichtung überantwortet. Ganz unvermutet kam ein Eilbote an, welcher für die Leibwache den Befehl zur Tödtung ihres Vorgesetzten überbrachte, und diese gehorchte sofort, sowie sie blos den königlichen Firman sah.

Den Persern behagte so eine Verwaltungsreform keineswegs. Für die Unterwürfigkeit, in der Dareios sie zu erhalten trachtete, rächten sie sich durch Spott und sagten, Kyros sei ihnen ein Vater, Kambyses ein strenger Gebieter gewesen, Dareios sei blos ein habgieriger Krämer[1]. Die Eintheilung des Reiches diente ebensosehr, ja noch mehr einem finanziellen als einem politischen Zwecke, da die Vertheilung, Eintreibung und Ablieferung der Steuer eine Hauptaufgabe der Satrapen war. Das eigentliche Persien war von den regelmässigen Abgaben befreit, und seine Bewohner waren nur verpflichtet, dem Könige jedesmal, wenn er durch das Land reiste, Geschenke zu machen. Das Geschenk entsprach dem, was jeder besass, es brauchte blos in einem Rinde oder Schaafe, ja nur in etwas Milch oder Käse, einigen Datteln, einer Handvoll Mehl oder Hülsenfrüchte zu bestehen[2]. Die übrigen Provinzen wurden je nach ihrem Umfange und ihrem Reichtum mit einem entsprechenden, theils in Geld, theils in Naturalien zu entrichtenden, Tribute belegt. Die Einnahme an Geld betrug 1460 euböische Talente, also dem Gewichte nach 82,799,866, oder, nach dem relativen Geldwerte der damaligen Zeitverhältnisse veranschlagt, 663,000,000 Franken. Um die Zahlungen zu vereinfachen, setzte Dareios eine Silbermünze in Umlauf, die von ihm ihren Namen erhielt. Die Dareiken zeigen auf der Vorderseite das Bild eines mit Bogen oder Speer bewaffneten Königs, sind dick, unregelmässig und roh geprägt. Alles eingelieferte Rohmetall wurde in irdenen Gefässen umgeschmolzen und im Königsschatze aufbewahrt, wo es solange blieb, bis es je nach Bedürfniss oder zeitweiligem Belieben gemünzt wurde. Die Naturalienabgaben waren nicht minder beträchtlich. Aegypten lieferte für die 120,000 Mann, von denen es militärisch besetzt war, was sie an Getreide brauchten[3]. Die Meder gaben alljährlich 100,000 Schaafe, 4000 Maulesel, 3000 Rosse; die Armenier 30,000 Füllen[4], die Babylonier 500 junge

1) *Δαρεῖος μὲν κάπηλος, Καμβύσης δὲ δεσπότης, Κῦρος δὲ πατήρ, ὁ μὲν ὅτι ἐκαπήλευε πάντα τὰ πρήγματα* . . . (Herodot III, 39). || 2) Herodot. III, 97. Aelian, Var. Hist. I, 31. || 3) Herodot, III, 91. || 4) Strabo, XI, 13, 7; 14, 9.

Eunuchen, Kilikien 366 weisse Rosse, eins für jeden Tag im Jahre[1]. Wenn die Abgaben für den König auch nicht übertrieben waren, so geben sie doch keinen Massstab für die Lasten ab, welche jede Provinz zu tragen hatte. Die Satrapen erhielten vom Staate gar keine Besoldung; sie und ihre Umgebung lebten vom Lande und hielten sich reichlich an den Einheimischen schadlos. Die Statthalterschaft Babylon allein warf seinem Inhaber täglich eine volle Artabe Silber ab[2]; kaum viel weniger hatten Aegypten, Indien, Medien und Syrien zu entrichten, und selbst die ärmsten Provinzen wurden nicht minder hart bedrückt. Der Unterhalt der Satrapen kostete wenigstens ebenso viel wie der des Königs.

Dieses System war trotz all seiner Mängel bei weitem dem bisher überall im Morgenlande üblichen vorzuziehen. Es sicherte dem Herrscher ein regelmässiges Budget, gab ihm die Provinzen in die Hände, und erschwerte nationale Empörungen ganz bedeutend. Auf den Tod eines Königs folgten nicht, wie sonst der Fall war, jedesmal Aufstände, von deren Unterdrückung ein guter Theil der nächstfolgenden Regierung in Anspruch genommen wurde. Somit hat Dareios nicht nur den Ruhm, das Perserreich organisirt, sondern auch eine Form der Verwaltung geschaffen zu haben, welche für die grossen morgenländischen Staatswesen fortan typisch wurde. Durch seine organisatorische Berühmtheit wurde selbst sein Kriegsruhm beeinträchtigt, so dass es nur zu oft unberücksichtigt blieb, dass, während er die Verwaltung in seinen Ländereien regelte, er gleichzeitig auch deren Umfang erweiterte. Die Perser waren durch ihre Siege dahin gekommen, dass es für sie nur noch nach zwei entgegengesetzten Richtungen, im Osten nach Indien, im Westen nach Griechenland zu, einen Ausweg gab. Sonst standen ihnen überall Meere oder für die damaligen schwerfälligen Heere fast unüberwindliche Hindernisse im Wege, so im Norden das schwarze Meer, der Kaukasos, das kaspische Meer und die Steppen der Tatarei; im Süden das erythräische Meer, die sandige arabische Hochebene und die afrikanische Wüste. Um 512 hatte es zeitweilig den Anschein, als würden sie über den Osten herfallen[3]. Von den iranischen

---

1) Herodot, III, 90. || 2) Herodot, I, 192. »Das macht in unserm Gelde dem Gewicht nach jährlich etwa 2600000 Franken. || 3) Auf der Inschrift von Behistun wird die Satrapie Indien zwar nicht genannt, sie findet sich aber auf den Listen von Persepolis und Naksh-i-Rustem.« Der Zug des

Randgebirgen aus dominirten sie weithin die unermesslichen Ebenen des Heptahendu (Pendjab). Hier fiel Dareios ein, eroberte weite Länderstrecken, aus denen er eine neue, die indische Satrapie schuf, gab dann das weitere Vorrücken nach dem Ganges zu auf und zwang lieber die südlichen Gebiete, ihn anzuerkennen. Eine in Peukela erbaute Flotte fuhr unter der Leitung eines griechischen Admirals, des Skylax aus Karyanda, den Indos bis zu dessen Mündung hinab und unterwarf auf ihrer Fahrt sämmtliche an den beiden Ufern des Stromes ansässige Stämme. Nachdem sie das Meer erreicht hatte, segelte sie gen Westen und erreichte binnen weniger als drei Monaten die gedrosischen und arabischen Küsten.

Den Persern hätte sich in Indien, wie sie einmal erst dort sich befanden, ohne grosse Gefahr eine glänzende Laufbahn eröffnen können. Durch was für Umstände sie an der Ausbeutung ihrer ersten Erfolge gehindert sein mögen, und was ihre Aufmerksamkeit wieder auf die Länder im Westen lenkte, ist mir nicht bekannt. Dareios fasste den Vorsatz die europäischen Griechen zu unterwerfen. Da ihm aber die Vorsicht gebot, diejenigen Völker, die ihn in seinem Vorrücken hätten behindern können, zu unterwerfen oder wenigstens abzuschrecken, bevor er sich an so ein Unternehmen wagte, so griff er die Skythen an. Auf dem ersten Feldzuge wurde unter Leitung des Satrapen von Kappadokien, Ariaramnes, der Pontos Euxeinos überschritten, mehrere tausend Mann wurden auf der gegenüberliegenden Küste ans Land gesetzt, und Gefangene mitgenommen, von welchen die persischen Feldherrn über alles nötige Auskunft erhielten[1]. Nachdem Dareios bei ihnen Erkundigungen eingezogen hatte, ging er mit 80.000 Mann über den Bosporos, unterwarf die Ostküste von Thrakien und ging auf einer von den ionischen Griechen erbauten Schiffsbrücke über die Donau (508). Die Skythen nahmen die von ihm angebotene Schlacht nicht an, sondern vernichteten die Lebensmittel, verschütteten die Brunnen, überliessen ihn dem Kampf mit dem Hunger und den Terrainschwierigkeiten und zogen sich in das Innere zurück. Die persische Intendantur hatte sich vorgesehen und alle nötigen Vorräte zusammengeschafft, so dass Dareios zwei Monate lang die Steppen von Istros bis zum Tanaïs durchstreifte. Er drang bis mitten nach

Dareios ist mithin zwischen 515 und 512 anzusetzen. || 1) Ktesias, Persica, 15.

Russland hinein, brannte die Dörfer nieder, verheerte alles was ihm in den Weg kam, und ging dann, ohne Verluste anders als durch Krankheiten erlitten zu haben, wieder nach Süden zurück. Die Barbaren hatten in seiner Abwesenheit den Griechen zugemutet, sie sollten die Schiffsbrücke zerstören und ein jeglicher in seine Stadt zurückkehren. Der Tyrann der Chersonnesos Miltiades wollte, dass man ihrem Rate folgen solle; dem widersetzte sich der Milesier Histiaios, und seine Ansicht drang durch[1]. Dareios kam mit heiler Haut davon, und kehrte nach Asien heim, nachdem er dem Megabyzos ein Heer von 80,000 Mann zurückgelassen hatte. Dieser unterwarf einen Stamm der Eingebornen nach dem andern sowie die Griechenstädte in Thrakien und nötigte den König von Makedonien, sich für zinspflichtig zu erklären (506). Man hält den Skythenfeldzug zwar gewöhnlich für eine Despotenlaune, es war thatsächlich aber ein wohlüberlegtes und gut durchgeführtes Unternehmen. Persien erhielt dadurch eine neue Provinz, Thrakien, und, was noch mehr wert war, die Ruhe des Reichs wurde dadurch gesichert. Die Skythen wurden so eingeschüchtert, dass sie sich vorsahen, es zu beunruhigen, und seine Grenze fernerhin respektirten. Nachdem Dareios auf dieser Seite sicher war, durfte er seinen Eroberungsplänen gegen das Abendland freien Lauf lassen.

Dadurch dass Thrakien und Makedonien einerseits, andererseits die Griechen der Kyrenaïs unterworfen waren (538), gerieten die Perser unmittelbar mit dem eigentlichen Griechenland in Berührung. Dem von ihnen geplanten Einfalle beugte eine Empörung der kleinasiatischen Griechen vor. Näher auf den ionischen Aufstand und die darauf folgenden Begebenheiten einzugehen liegt nicht in dem Zwecke dieses Werkes. Zum ersten Male seit Kyros' Regierungsantritt erhielt das Perserreich einen bedenklichen Stoss, der es in seiner Sorglosigkeit gefährdete. Sardes wurde eingenommen und niedergebrannt, Karien, die Völker am Hellespont und Kypros schüttelten das Joch des Grosskönigs von sich, und die asiatischen Griechen hätten vielleicht, wenn sie nicht so uneinig gewesen wären, die Freiheit erringen können. Wie diese sicher überwunden und unterworfen waren, sann Dareios darauf, an den Athenern und Eretriern dafür Rache zu nehmen, dass sie sich am Kampfe be-

1) Herodot. IV, 143; V, 2; V, 10 u. s. w.

theiligt hatten. Der erste Versuch unter Mardonios scheiterte (492). Zwei Jahre darauf wurden Datis und Artaphernes die in Attika landeten bei Marathon geschlagen (490). Durch diese Unglücksfälle wurde der greise König keineswegs entmutigt sondern sammelte drei Jahre lang Waffen, Vorräte, Soldaten und Schiffe und wollte gerade 487 aufbrechen, als ein unerwarteter Zwischenfall ihn zurückhielt.

Vierzehntes Kapitel.

Verfall und Sturz des Perserreichs.

Xerxes I. Die Mederkriege. Artaxerxes I. Dareios II. — Artaxerxes II. (405—362). — Artaxerxes III. Ochos (362—340). Die letzten einheimischen Dynastien in Aegypten (404—343). Dareios III. und Alexander von Makedonien. Sturz des Perserreichs.

Xerxes I. Die Mederkriege. Artaxerxes I. Dareios II.

Dareios hatte seit seinem Regierungsantritte sich stets angelegentlichst um die Liebe seiner ägyptischen Unterthanen beworben, oder doch sie wenigstens gegen sich duldsam zu machen gesucht. Das beste Mittel, mit einem frömmelnden, auf seinen frühern Ruhm erpichten Volke auszukommen, war, die Religion desselben hochzuhalten, und einer Vergangenheit, von der ja nicht zu befürchten war, dass sie je wieder zurückkehre, Ehrerbietung zu bezeigen. Dareios richtete die von Kambyses zertrümmerten Tempel wieder auf und wandte den verfolgten Priestern seine Gunst zu[1]. Auf's Haar wäre diese Politik durch die Unterdrückungen seitens des Satrapen Aryandes vereitelt worden, der von Dareios zwar abgesetzt und hingerichtet wurde[2], jedoch wie es bereits zu spät war, um einen Aufstand zu verhüten. Er eilte schleunigst herbei, und zufällig traf es sich so, dass ein Hapi wenige Tage vor seiner Ankunft in Memphis gestorben war. Dareios trauerte über denselben Gott, den Kambyses verspottet und verwundet hatte, und soll demjenigen, der

1) De Rougé, Mémoire sur la statuette naophore du Vatican, S. 22—23. || 2) Herodot IV, 166.

einen neuen fände, hundert Talente Gold verheissen haben. Durch eine derartige Frömmigkeit söhnte er die Rebellen mit sich dermassen aus, dass dieselben sich ohne Kampf unterwarfen[1]. Bevor er das Land verliess, besuchte er den grossen Phtahtempel, in welchem er sein Bildniss neben dem des Sesostris aufzustellen vorhatte. Das verwehrten ihm die Priester, weil, wie sie sagten, Sesostris ausser denjenigen Völkern, die auch Dareios unterwarf, noch die Skythen unterworfen habe, die Dareios nicht zu überwinden vermocht hätte. Dareios erwiderte, dass er, falls er ebensolange wie Sesostris lebe, auch ebensoviel zu leisten hoffe, und fügte sich in den patriotischen Stolz der ägyptischen Priester[2]. Auch wurde er durch anderweitige wichtige politische Interessen bewogen, Aegypten möglichst zu schonen. Durch seine beständigen Empörungen hatte Babylon, das bisher einer der betriebsamsten Hafenorte der dortigen Gegend war, sich den Hass der persischen Eroberer zugezogen, so dass der Grosskönig, um es zu Grunde zu richten, nach der Euphratmündung zu gewaltige Dämme im Strome aufführen liess, durch welche die Schiffe weiterzufahren und wie früher die Waaren Indiens und Arabiens bis nach Babylon selbst zu bringen gehindert wurden[3]. Er wollte sein Werk dadurch vervollständigen, dass er den bisher nach Chaldäa gerichteten Handel in andere Bahnen lenkte, und liess den Kanal zwischen den beiden Meeren, der durch Skylax' Reise wichtiger als je zuvor geworden war[4], wieder eröffnen, so dass die Waaren unmittelbar von den Mündungen des Indos in die Häfen am mittelländischen Meer gelangen konnten. Die von Koptos an das rothe Meer und die von Siyut und Abydos nach dem Sudan führende Strasse setzte er in Betrieb. Die grosse Oase, in welche die saïtischen Fürsten bereits griechische Ansiedler entsandt hatten,

1) Polyainos, Strat., VII, 11, 7. Es kann hier nicht von dem 517 gestorbenen Hapi die Rede sein. Auf der Inschrift von Behistun kommt kein ägyptischer Aufstand vor, ferner ist auch die Eroberung der Kyrenaïs durch Aryandes (Herodot, IV, 166—167, 200—204) später als der Skythenzug, und muss deshalb Dareios' ägyptische Reise etwa in die Zeit des ionischen Aufstandes zwischen 504 und 498 fallen. || 2) Herodot II, 110; Diodor, I. 58, 4. || 3) Heeren, Ideen über die Politik, den Verkehr u. den Handel der vornehmsten Völker der alten Welt, Theil I, Abtheil. I., 2. Aufl. S. 873 ff. || 4) Herodot II., 159. Auf dem Isthmus wurden mehrfach, besonders zu Shaluf, dreisprachige Stelen von Dareios gefunden (vergl. Ménant, les Achéménides, S. 145—148).

bekam starke Besatzungen, so dass sie einer der wichtigen Posten Aegyptens wurde. Er liess dort in dem Städtchen Hib[1] einen grossen Ammontempel erbauen, dessen Ruinen noch gegenwärtig vorhanden sind[2]. Er gehörte zu den zehn Gesetzgebern, deren Name und Andenken von den Aegyptern ehrend bewahrt wurden.

Ihre Dankbarkeit war nicht im Stande in ihnen die Erinnerung an ihre Selbständigkeit und das Verlangen nach Freiheit zu ersticken. Sie verjagten 486[3] die Perser und riefen Chabbash, der wahrscheinlich aus Psametik's Familie stammte, zum König aus. Da Dareios deswegen seinen grossen Zug nach Griechenland keineswegs aufschieben wollte, sammelte er ein zweites Heer und bereitete sich darauf vor, beide Kriege gleichzeitig zu führen, starb aber 73 Jahre alt im sechsunddreissigsten Jahre seiner Regierung (485)[4]. Von seiner ersten Frau, einer Tochter des Gobryas, hatte er, bevor er König wurde, drei Söhne. Der älteste von diesen, Artabanes, galt lange als der voraussichtliche Thronerbe und wahrscheinlich hatte er auch als solcher während des Skythenfeldzuges die Regentschaft geführt[5]. Wie aber beim Ausbruche des ägyptischen Aufstandes, Dareios seinen Nachfolger zu ernennen hatte, stellte ihm die Königin Atossa vor, dass lieber der älteste von ihren Söhnen, Khshayarsha (Xerxes), der im Purpur geboren und durch sie ein Nachkomme des Kyros war, dazu zu erwählen sei. Ihr Einfluss war bei dem alten Könige so allmächtig, dass er nachgab[6], und binnen kurzem Xerxes unangefochten den Thron bestieg. Dieser war ein etwa vierunddreissigjähriger geistes- und charakterschwacher Mann.

1) Heutzutage *el-Charigeh.* || 2) Cailliaud, Voy. à l'oasis de Thèbes, Taf. X. 399; Hoskins, Visit to the great Oasis, S. 118; Lepsius, Hierogl. Inschriften in den Oasen von Chârigeh und Dâchileh, in der Zeitschrift, 1874, S. 73—83, Birch in den Transactions, V, S. 293—302; [Gerhard Rohlfs, Drei Monate in der libyschen Wüste, Taf. 15; S. 306 ff; Brugsch in der Zeitschrift, 1875, 51—55. Remelé in d. Zeitschrift d. Ges. f. Erdkunde, IX. S. 301 ff.] || 3) Da der demotische Kontrakt des Louvre 3231 vom 3ten Monat der 2ten Jahreszeit des 35sten Jahrs des Dareios datirt ist, fand Chabbash's Aufstand zwischen Juni und September 486 statt (Unger, Manetho, S. 289). || 4) So berechnet es Herodot. Nach Ktesias, Persica, 19 soll er 72 Jahre gelebt und 31 regiert haben. Vergl. über Dareios I., G. Rawlinson, The five great Monarchies III, 404—444; Spiegel, Eránische Alterthumskunde, Bd. II, S. 315—317. || 5) Vergl. darüber G. Rawlinson, The five great Monarchies, III, S. 145—146. || 6) Herodot VII, 2. Ktesias, Persica 20, erwähnt von diesen Vorgängen nichts.

Er beabsichtigte zunächst die Rüstungen gegen Griechenland auszusetzen, liess sich aber schliesslich von den Ratgebern seines Vaters, die ihm vorstellten, dass er die Schlappe von Marathon nicht ungerächt lassen dürfe, zum Kriege verleiten. Er wollte erst Aegypten wieder zum Gehorsam bringen, bevor er nach Europa hinüberzog. König Chabbash hatte sein möglichstes gethan, den Persern einen heissen Empfang zu bereiten. Die dreijährige Frist, die ihm von ihnen gewährt wurde, hatte er, um den Angriff zur See, auf den er gefasst war, abzuschlagen, darauf verwandt, die Küsten des Delta zu durchstreifen und die Sümpfe und Flussmündungen in vertheidigungsfähigen Zustand zu bringen[1]. Im entscheidenden Augenblicke nützten seine Vorkehrungen ihm garnichts, denn er wurde von Xerxes' Ueberzahl erdrückt. Den an der Empörung vorzugsweise betheiligten nördlichen Nomen wurden schwere Abgaben auferlegt, die Priester mit einer Geldbusse heimgesucht, und dem Tempel von Buto wurde sein Besitz entzogen[2]. Chabbash verschwand in diesen Unglückstagen, und man weiss nicht recht, was aus ihm geworden ist. Des Königs Bruder Achaimenes wurde zum Satrapen ernannt und brachte, um einem abermaligen Aufstande vorzubeugen, die strengsten Massregeln zur Anwendung. Es fiel Xerxes gar nicht ein, dem Lande eine andere politische Verfassung zu geben, und er liess die Erbfürsten in ihren Nomen, ohne zu bedenken, dass durch diese Schonung der kleinen Lokaldynastien die Aegypter bei künftigen Empörungen von ihm mit Anführern, die stets thätig einzugreifen bereit waren, versehen wurden (582).

Wie kaum Aegypten unterworfen war, brachen Unruhen in Chaldäa aus. Babylon verjagte die persische Besatzung und erklärte sich für unabhängig. Nach langwieriger Belagerung unterwarf Zopyros' Sohn Megabyzos, der diese Provinz als Satrapie ererbt hatte, die Stadt und verfuhr mit ungewöhnlicher Strenge gegen dieselbe. Der Beltempel wurde geplündert, die Königsgräber wurden geschändet und ausgeraubt, und von der Bevölkerung wurde ein Theil in die Sklaverei verkauft (581)[3]. Xerxes brach nach Europa

1) Mariette, Monuments divers, Bd. I, Taf. XIII; Brugsch, in der Zeitschrift 1871, S. 1—13. Eine Datirung vom zweiten Jahre des Chabbash wurde im Serapeion gefunden. || 2) Mariette, Monuments divers, Bd. I, T. XIII; Vergl. Herodot VII. 4. || 3) Hierbei bringt Ktesias, Persica 21—22, die Geschichte an, welche Herodot von Zopyros und dessen Aufopferung erzählt, und

35*

auf; wo bekanntlich jene spärlichen, baldigst von dem Unglücke bei Salamis und bei Plateia verdunkelten Erfolge seiner harrten. Ohne erst die Flucht seines Heeres abzuwarten, suchte der Grosskönig, nachdem er hoch vom Vorgebirge Kolias herab mitangesehen hatte wie seine Flotte vernichtet wurde, eiligst zu entrinnen und kehrte nach Asien zurück. Die Siege der Griechen bewahrten, wie man zu sagen pflegt, Europa vor der Barbarei und retteten die Civilisation; eine vielfach wiederholte Phrase, in der mehr als ein Irrtum liegt. In dem Sinne, den wir mit diesem Worte verbinden, waren die Perser keineswegs Barbaren, sondern besassen eine zwar anders geartete und in mancher Hinsicht untergeordnetere, in manchen Dingen jedoch höher stehende Civilisation als die Griechen. Andererseits war Griechenland damals so lebensfähig, dass es von einer Niederlage und einer vorübergehenden Unterwerfung in seiner Entwickelung nicht aufgehalten wäre. Es hätte die griechische Civilisation nur dadurch untergehen können, dass die griechische Rasse von den anstürmenden Asiaten vertilgt worden wäre. Die Perser waren kein zerstörendes Volk, das nach der Vernichtung ganzer Nationen strebte: sie heischten Tribut und Gehorsam, liessen im übrigen aber jegliches Volk nach seiner Weise leben. Die persische Eroberung hätte wol den Verlauf der griechischen Geschichte ändern und bis zu einem gewissen Grade auf die Entwicklung der Civilisation umgestaltend wirken können, hätte sie aber nie zum Stillstehen zu bringen vermocht.

Xerxes' Niederlage verursachte sofort eine Verengerung der persischen Grenze. Jenseits des Bosporos blieben noch bis 478 in Byzanz[1], bis 477 in Eion[2] und bis 450, ja noch länger, in Doriskos[3] einige Besatzungen. Sie wurden mehr, um den Stolz des Grosskönigs zu befriedigen, als einer politischen Notwendigkeit halber, noch aufrecht erhalten, weil Xerxes die Vostellung behagte, er habe festen Fuss in Europa und könne über kurz oder lang den Krieg wiederaufnehmen. Thessalien jedoch, Makedonien, Paionien und Thrakien wurden wieder selbständig. Ja noch mehr, es wurde nun auch Asien bedroht, und die Gewässer, in welchen bisher die dem Grosskönige dienstbaren phönizischen Flotten die un-

---

nennt dabei den Megabyzos. || 1) Thukydides I, 94. | 2) Thukydides I, 98. || 3) Herodot VII, 106.

bestrittene Herrschaft ausgeübt hatten, durchkreuzte unbehindert die athenische Flotte. Wenn sich Griechenland der eignen Zwietracht zu erwehren und die soeben errungenen Vortheile auszubeuten vermocht hätte, wären sämmtliche Ansiedlungen in Kleinasien frei geworden. Leider hatte Sparta an fernen Abenteuern keine Freude, und Athen genug mit dem Aufbau seiner Mauern und der Wiederherstellung seiner Macht zu thun, und es blieb Persien daher vor einer Invasion bewahrt.

Und was that Xerxes, während seines Reiches Geschick in der Wage lag? Xerxes vergeudete das bischen Thatkraft, das noch in ihm war, in Haremintriguen und Haremlüsten. Zwölf Jahre lang zog sich der Krieg hin, ohne dass es ihm einfiel, nochmals seine Kraft aufzubieten, ja überhaupt einfiel, einen Angriff wenigstens zu verhüten. Eine athenische Flotte erschien um 466 an den karischen und lydischen Küsten, vertrieb dort die persischen Besatzungen und traf hart an der Mündung des Eurymedon mit der Flotte des Grosskönigs zusammen. Das war ein zweites Mykale: nach Vernichtung der feindlichen Flotte stieg die athenische Besatzung an das Land und schlug das zu derselben gehörige Heer des Feindes in die Flucht. Der Sieger steuerte auf Kypros zu, zerstreute noch eine achtzig Segel starke Flotte und kehrte beutebeladen in den Peireieus heim (466). Xerxes überlebte diese Erniedrigung nicht lange: er wurde (465) von dem Eunuchen Aspamithres und dem Befehlshaber der Leibwachen Artabanos ermordet[1]. Noch in derselben Nacht begaben die Mörder sich zu seinem jüngsten Sohne Artakhshathra (Artaxerxes), klagten einen andern Sohn, der Dareios hiess, des Verbrechens an und tödteten denselben, angeblich, um den Vatermord zu rächen. Sie versuchten demnächst auch noch Artaxerxes selbst umzubringen, wurden aber von einem ihrer Spiessgesellen verraten und hingerichtet. Artabanos' Söhne, die ihren Vater rächen wollten und einige Truppen zusammenbrachten, kamen mit den Waffen in der Hand um. Und schliesslich liess noch, als ob man es bei all diesen Verbrechen nicht hätte bewenden lassen können, der ältere Bruder des neuen Königs,

1) Herodot IX, 69; Diodor XI, 69; Ktesias, Persica, 29; Justinus, III, 1 und Aelian Var. hist. XIII, 3, nach dessen Erzählung Xerxes bei Nacht *von seinem Sohne* ermordet wurde.

Hystaspes, der bei Xerxes' Tode nicht zugegen, aber der eigentliche Kronerbe war, sich in seiner Provinz Baktrien zum König ausrufen und suchte an der Spitze eines gewaltigen Heeres seine Ansprüche geltend zu machen. Erst nach zwei Feldzügen wurde man mit ihm fertig (462)[1].

Inmitten der allgemeinen Verwirrung suchte Aegypten abermals seine Unabhängigkeit wiederzuerobern. Der Fürst Inaros von Marea[2], der Sohn eines Psametik, trat an die Spitze der neuen Bewegung und verleitete sämmtliche Oberhäupter des Delta zur Betheiligung (463). Da er für sich allein nicht die Perser zu überwinden hoffen durfte, wandte er sich an die Griechen. Die Athener unterhielten noch seit ihrem Siege am Eurymedon eine stehende Flotte in den kyprischen Gewässern, und die zweihundert Schiffe, aus denen sie damals bestand, erhielten den Befehl, sich nach Aegypten zu begeben und dort den Führern des Aufstandes zur Verfügung zu stehen[3]. Bei ihrer Ankunft trat ein glänzender Sieg ein, Achaimenes, der Bruder des Xerxes, seit 485 Satrap der Provinz, wurde bei Papremis geschlagen, und sein Heer wurde fast ganz vernichtet. Inaros tödtete ihn eigenhändig im Handgemenge und schickte seine Leiche, vielleicht in prahlerischer Absicht, vielleicht auch aus Scheu vor dem schuldlos vergossenen Blute, an Artaxerxes. Wenige Tage darauf überraschte das athenische Geschwader unter Befehl des Charitimides eine phönizische Flotte, welche den Persern zu Hülfe eilte, bohrte dreissig Schiffe derselben in den Grund und nahm zwanzig gefangen. Die Verbündeten zogen den Fluss hinauf und rückten vor Memphis, wohin sich die Ueberreste der Perser und die eingebornen Truppen, die treu geblieben waren, geflüchtet hatten. Die Stadt erlag bald, die Burg der Weissen Mauer hielt sich jedoch bis zuletzt und gab durch ihren Widerstand dem Grosskönige Zeit, ein neues Heer zu sammeln. Die Stärke der Rebellen lag weniger in den ägyptischen und libyschen Massen als in der kleinen Abtheilung athenischer Hopliten und Seeleute. Artaxerxes versuchte, bevor er seine Truppen in das Delta vorschickte, in Griechenland die Lage der Dinge zu ändern, durch seine Abgesandten die Spar-

1) Ktesias, Persica, 30—31. || 2) Thukydides, I, 104; Ktesias, Persica, 32, bei dem als der besiegte Satrap Artaxerxes' Bruder Achaimenes genannt wird. || 3) Thukydides I, 104; Ktesias, Persica, 32.

taner zu erkaufen und diese zu veranlassen, in Attika einzufallen. Zufällig widerstand die spartanische Tugend diesmal den persischen Dareiken. Megabyzos wurde nach Aegypten geschickt, schlug das feindliche Heer und zwang die Besiegten, sich auf die Nilinsel Prosopitis zurückzuziehen, wo sie achtzehn Monate eine regelrechte Belagerung aushielten [1]. Nach Verlauf dieser Zeit gelang es Megabyzos, einen Flussarm abzulenken, er legte die athenische Flotte trocken und schritt zum Angriff. Inaros wurde von den Seinen verraten, fiel dem Feinde in die Hände und wurde ans Kreuz geschlagen. Von den griechischen Hülfstruppen kamen die meisten im Kampfe um; nur einigen gelang es, Kyrene zu erreichen und nach Griechenland heimzukehren. Um das Unglück voll zu machen, wurde eine Verstärkung von funfzig Schiffen, die ein paar Tage später an der mendesischen Mündung eintraf, von der phönizischen Flotte überrascht und zum grössern Theile vernichtet (455) [2]. Thannyras, der Sohn des Inaros unterwarf sich und erhielt zum Lohne dafür seines Vaters Königswürde [3]. Der Aegypter Amyrtaios, der für Inaros Partei ergriffen hatte, flüchtete in die Sumpfgegenden an der Küste, die schon mehrfach den Saïten als Asyl gedient hatten [4], und vertheidigte sich dort lange mit Erfolg.

So war das Reich zwar wieder unversehrt, doch der Krieg mit den Griechen dauerte noch fort. Sechs Jahre nach dem Unglück in Aegypten bemannten die Athener eine Flotte von zweihundert Segeln und stellten diese unter Kimon's Befehl. Es handelte sich darum, Kypros zu erobern oder wenigstens einige kyprische Städte sicher zu besetzen. Um die Streitkräfte des Feindes zu zersplittern, that Kimon, als wolle er den ägyptischen Feldzug wieder aufnehmen, und sandte dem König Amyrtaios ein Geschwader von sechzig Schiffen zu: er selbst blokirte Kition mit den Mannschaften und Schiffen, die er übrig behielt. Er starb bald nachher an den Folgen

---

1) Ktesias setzt statt Prosopitis Byblos, »eine feste Stadt in Aegypten« (Persica, 33—34; vergl. Stephan von Byzanz unter *Βύβλος*). || 2) Thukydides I, 105; Diodor XI, 71, 74; Ktesias, Persica 33—36. || 3) Herodot III, 15. || 4) Nach Herodot, II, 140, hiess die Insel, auf die er flüchtete, Elbo und hatte dem blinden Anysis als Obdach gedient. — [Genaueres über diesen Aufstand siehe bei Sharpe, Geschichte Egypten's deutsch von Jolowicz, und besonders die Anmerkungen von A. v. Gutschmid daselbst, S. 113—116.]

einer Verwundung, und seine Nachfolger wurden durch Mangel an Lebensmitteln genötigt, die Belagerung aufzuheben. Wie sie an Salamis vorüberfuhren, schlugen sie eine phönizische und kilikische Flotte, die in der Nähe der Stadt lag. Letzterem Unfall konnte Artaxerxes nicht widerstehen, da er fürchtete, dass den Athenern, sobald sie Kypros sich unterthan gemacht hätten, gelingen würde, das noch immer nicht ganz unterjochte Aegypten aufzuwiegeln, und er beschloss daher, um jeden Preis zu unterhandeln. Der Friede wurde unter der Bedingung bewilligt, dass die asiatischen Griechen frei werden sollten. Kein Perserheer sollte sich über drei Tagemärsche der ionischen Küste nähern. Kein persisches Kriegsschiff sollte von den chelidonischen Inseln bis zu den kyanischen Felsen, das heisst, von der Ostspitze Lykiens bis zum Eingang in das schwarze Meer die griechischen Gewässer befahren dürfen. Dieser Vertrag machte dem ersten Kriege zwischen den Persern und Griechen ein Ende (449). Ein halbes Jahrhundert lang von dem Brande von Sardes bis zum siebzehnten Jahre des Artaxerxes I. (501—449) hatten die Feindseligkeiten gedauert.

Morgenländische Reiche fristen ihr Dasein nur, wenn sie beständig in Kriegen und stets siegreich sind. Innerhalb bestimmter Grenzen können sie sich nicht halten und nicht bei der Defensive bleiben. Ihr Verfall beginnt mit demselben Tage, an welchem sie inne halten, sich nach aussen zu erweitern; entweder erobern sie, oder sie haben aufgehört zu sein. Auch Persien war dem allgemeinen Gesetze unterworfen. Fortan gab es nur noch Empörungen in den Provinzen, in Aegypten, Chaldäa und Baktrien, Palasttragödien, in welchen Dolch und Gift ihre Rolle spielten, und Bürgerkriege, bei denen die Satrapen gegen ihren Herrscher das Geschick an den Tag legten, welches sie gegen dessen Feinde hätten an den Tag legen sollen. Kaum war der Friede mit Griechenland unterzeichnet, so wiegelte Megabyzos, der Satrap von Syrien, missvergnügt über die Art, wie ihn der König nach dem Siege über Inaros behandelt hatte, seine Provinz auf. Zwei Feldherrn wurden gegen ihn abgeschickt und einer nach dem andern geschlagen. Megabyzos stellte seine Bedingungen und unterwarf sich erst, wie ihm diese bewilligt waren [1]. Seine erfolgreiche Empörung hatte traurige Folgen, denn

1) Ktesias, Persica, 37—41.

die Satrapen sahen, es sei nicht unmöglich, dem Könige mit Glück zu trotzen, und ihr Gehorsam wurde gelockert. Einige Jahre später folgte Zopyros, der Sohn des Megabyzos, seines Vaters Beispiele und wiegelte Karien und Lydien auf[1]. Die Treue der Statthalter hing nur noch von ihren Launen oder von den Umständen ab.

Wie Artaxerxes 425 starb, traten wieder die Intriguen und Verbrechen ein, welche den Antritt seiner Herrschaft mit Blut besudelt hatten. Xerxes II., sein rechtmässiger Sohn, wurde von einem seiner nicht ebenbürtigen Brüder Sogdianos oder Sekudianos nach fünfundzwanzig Tagen ermordet[2]. Dieser wiederum wurde von einem andern illegitimen Sohne des alten Königs, Ochos, nach sechs und einem halben Monate entthront und getödtet, der als er den Thron bestieg, den Namen Dareios II. annahm[3]. Sein Leben war nur eine lange Kette von Unglück und Verbrechen. Gleich in den ersten Tagen griffen sein Bruder Arsites und Artyphios, der Sohn des Megabyzos, in Kleinasien zu den Waffen, warben griechische Söldner an und schlugen zweimal die gegen sie ausgeschickten Truppen. Was persische Tapferkeit nicht vermochte, vermochte persisches Gold. Die beiden Empörer wurden von ihren Soldaten verraten und ergaben sich unter der Bedingung, dass man ihr Leben schone. Dareios II. hatte seine Tante Parysatis, eins der grausamsten und verworfensten Weiber, das je in einem morgenländischen Harem war, geheiratet; auf ihren Rat brach er sein gegebenes Wort und liess Arsites in Asche umbringen[4]. Den Satrapen von Lydien entmutigte dieses Beispiel keineswegs. Pissuthnes war ein Angehöriger der Königsfamilie[5], hatte seine Stelle seit wenigstens zwanzig Jahren[6] und Zeit gehabt, sich längst auf den Krieg zu rüsten. Tissaphernes wurde gegen ihn geschickt, erkaufte die Söldner, die bei ihm in Dienst standen, und zwang ihn, sich auf Gnade oder Ungnade zu ergeben. Dareios liess ihn hinrichten und gab seinem Besieger die Nachfolgerschaft[7]. Durch

1) Ktesias, a. a. O., 43. || 2) Ktesias, a. a. O., 43. || 3) Ktesias, a. a. O., 44—48. Bei den Griechen hiess er Νόθος, der Bastard. || 4) A. a. O., 40—51. Vergleiche über den Tod durch Asche Valerius Maximus IV. 2, 7; Ovid, Ibis, 317—318, u. s. w. || 5) Nach der höchst wahrscheinlichen Hypothese von Rawlinson, The five great Monarchies, III. S. 478. || 6) Thukydides I, 115 erwähnt ihn bereits vor 440. || 7) Ktesias, Persica, 52.

diese Hinrichtung hörten die Unruhen in Kleinasien noch nicht auf, denn Amorges, ein natürlicher Sohn des Pissuthnes wiegelte Karien auf, masste sich den Königstitel an und widerstand den Anstrengungen des Tissaphernes bis 412[1].

In jener Zeit war der peloponnesische Krieg in ganz Griechenland entbrannt. Athen hatte den besten Theil seiner Flotte und seine Kerntruppen in Sizilien eingebüsst. Wie im Morgenlande die Kunde von diesem Unglück eintraf, sah Dareios darin eine günstige Gelegenheit, den Vertrag von 449 zu brechen. Den mysischen und lydischen Satrapen schickte er den Befehl, von den Griechenstädten der Küste den Tribut einzufordern und mit den Lakedämoniern um jeden Preis einen Vertrag zu schliessen. Sparta nahm die ihm angebotene Bundesgenossenschaft an, sodass fortan die einzelnen Staaten Griechenlands nur noch ein Spielball in der Hand des Grosskönigs und seiner Agenten waren. Anfangs bemühten sich zwar Tissaphernes und Pharnabazos, die Dorer und Athener im Gleichgewicht zu erhalten, ohne einem von den beiden streitenden Staaten zu gestatten, dem andern den Todesstoss zu versetzen; aber diese Politik der Vermittelung dauerte nicht lange. Dareios hatte zwei Söhne, und der zweite von diesen, der wie der Gründer des Reichs Kyros hiess, erhielt durch den Einfluss der Parysatis den Oberbefehl über die kleinasiatischen Provinzen. Kyros brachte in seine Stellung Absichten mit, welche auf persönliche Machterweiterung hinausliefen, und wurde dadurch zum Verräter an den wahren Interessen seines Volks. Er hoffte, seine Mutter werde ihm die Nachfolgerschaft, welche rechtmässig seinem ältern Bruder Arsakes anheimfiel, auswirken, und er rechnete darauf, den Thron mit Waffengewalt zu erringen. Als Seemacht war Athen nicht in der Lage, ihn bei einem gegen die Provinzen Hochasiens unternommenen Feldzuge zu unterstützen, darum wandte er sich Sparta zu und liess ihm so wirksamen Beistand angedeihen, dass der Krieg in zwei Jahren zu Gunsten der Peloponnesier durch die Entscheidungsschlacht bei Aigos-Potamoi beendet wurde (405)[2].

---

1) Thukydides, VIII, 5, 19, 28. 2) G. Rawlinson, The five great Monarchies, Bd. III, S. 479—481.

Artaxerxes II. (405—362). Artaxerxes III. Ochos (362—340). Die letzten eingebornen Dynastien von Aegypten. Dareios III. und Alexander von Makedonien. Sturz des Perserreichs.

Die schnelle Abwickelung, die dem peloponnesischen Kriege durch die Dazwischenkunft des jüngern Kyros zu Theil wurde, schien mit Recht ebenso verdächtig wie die geheimen Schliche, deren ihn die kleinasiatischen Satrapen bezichtigten. Dareios berief seinen Sohn, um ihn wegen seines Verfahrens zur Rechenschaft zu ziehen, nach Susa. Kyros kam gerade zur rechten Zeit, um dem Tode seines Vaters und dem Regierungsantritte des neuen Königs beizuwohnen. Arsakes nahm als König den Namen Artakhshathra (Artaxerxes) an und bestieg trotz der Anstrengungen, die Parysatis machte, den Thron[1]. Während der Krönungsceremonien versteckte Kyros sich im Tempel und wollte seinen Bruder am Fusse des Altars tödten, wurde aber von Tissaphernes und einem Priester verraten, ergriffen und wäre umgebracht worden, hätte seine Mutter ihn nicht in die Arme geschlossen und den Henker verhindert, seine Schuldigkeit zu thun[2]. Mit genauer Not begnadigt, kehrte er nach Kleinasien zurück mit dem festen Entschlusse, bei der ersten Gelegenheit sich zu empören. Trotzdem dass ihn Tissaphernes überwachte, zog er unter allerlei Vorwänden 13000 griechische Söldner und 100000 eingeborene Truppen zusammen, verliess urplötzlich Sardes (401), zog ungestört durch Kleinasien, Nordsyrien und Mesopotamien, stiess einige Meilen nördlich von Babylon auf das Reichsheer und wurde in der Schlacht getödtet. Für Persien war seine Niederlage und sein Tod jedenfalls ein Unglück. Er war tapfer, thätig, ehrgeizig und mit allen Eigenschaften ausgestattet, die zu einem guten morgenländischen Monarchen gehören. Die schwachen Seiten seiner Nation hatte er durch den Verkehr mit den Griechen kennen gelernt und es schien ihm am Herzen zu liegen, diesen abzuhelfen. Hätte er obgesiegt, so wäre es ihm vielleicht geglückt, das Reich für den Augenblick zu kräftigen und an dem Abgrunde aufzuhalten, in dem es unterging. Sofort wie er gefallen war, zerstreute sich das Heer von Eingebornen, das er mitgebracht hatte, die von ihren

1) Ktesias, Persica, 57; Plutarch, Leben des Artaxerxes, 2. || 2) Xenophon, Anabasis I, 3; Ktesias, Persica, 57; Plutarch, Leben des Artaxerxes, 3 ff.

asiatischen Verbündeten verratenen Söldner jedoch liessen den Mut nicht sinken und erreichten quer über Assyrien und Armenien die Küsten des schwarzen Meers. Die Griechen hatten bis dahin in dem Perserreiche einen fest zusammengehörigen, Furcht erregenden Staat erblickt, den man zwar zur See besiegen und von Europa fernhalten aber doch nicht, ohne tollkühn zu sein, in seinem eigenen Hause angreifen konnte. Das Beispiel der Zehntausend bewies, dass eine mitten in Chaldäa preisgegebene Hand voll Leute, durch Verrat ihrer Anführer beraubt, ohne Führer, Karten und Bundesgenossen ungestraft durch das Gebiet des Grosskönigs ziehen und ohne ansehnliche Verluste nach Griechenland heimkehren konnte. Bald kamen auch die Folgen dieser Erfahrung zum Vorschein. Das siegreiche Sparta hatte den ionischen Griechen gegenüber die Beschützerrolle Athens übernommen, der Tod des jüngern Kyros hatte seine Beziehungen zu Persien abgebrochen und liess ihm freies Spiel. Vier Jahre lang hintereinander führte es in Asien Krieg, sein König Agesilaos drang mitten nach Phrygien hinein und rüstete sich bereits auf der Spur der Zehntausend vorzurücken, da brachte das persische Gold in Europa eine mächtige Ableitung zu Stande. Athen griff wieder zu den Waffen, vereint mit der persischen fuhr seine Flotte durch das ägäische Meer und bemächtigte sich der Insel Kythera, und die langen Mauern wurden auf Kosten des Grosskönigs wieder aufgebaut. Sparta vergass die Lehre nicht, die es dadurch erhielt, verzichtete auf die Befreiung der ionischen Griechen und bemühte sich einen Vertrag zu schliessen. Antalkidas wurde an den Hof zu Susa geschickt, ihm gelang es diesen auf seine Seite zu bringen, und er schloss mit Artaxerxes einen Vertrag ab, der in der griechischen Geschichte berühmt geworden ist. Es ging ein Befehl von Susa aus, der allen Völkern im Namen des Grosskönigs kundthat, sie sollten ihre Feindseligkeiten aufgeben und einander fortan respektiren (387). Keiner war stark genug, dem zu widerstreben, man musste also gehorchen. Etwas mehr als ein halbes Jahrhundert zuvor hatte Athen durch seinen Vertrag mit dem einen Artaxerxes diesem die Freiheit der asiatischen Griechen abgedrungen, jetzt gab Sparta durch einen Vertrag mit einem andern Artaxerxes diesem die europäischen Griechen preis. Persien hatte sich vollständig gerächt[1].

---

1) Siehe über diese Begebenheiten näheres in der griechischen Geschichte von Duruy.

In Afrika traten Unglücksfälle ein, welche diesen Triumph reichlich aufwogen. Durch die Niederlage des Inaros war Aegypten für den Augenblick niedergeschmettert, versäumte aber nicht, sich wieder zu regen. Auf Pausiris, den Sohn des Amyrtaios I., folgte ein zweiter Amyrtaios, der ebensowenig wie sein Vater unterworfen wurde. Von 410 an kamen Unruhen im Delta zum Ausbruch, und 404 beim Tode des Dareios wurde die Erhebung eine allgemeine. Amyrtaios wurde vom grössern Theil des Landes anerkannt, nahm die Titulaturen der alten Pharaonen an und wurde das Oberhaupt einer neuen, der achtundzwanzigsten Dynastie, welche ebenso lange wie er selbst, das heisst sechs Jahre bestehen blieb[1]. Es gelang ihm nicht, die Perser gänzlich zu verjagen, denn noch 401 bei dem Zuge des jüngern Kyros hatte Artaxerxes ägyptische Truppen in seinem Heere[2]. Auf Amyrtaios folgte Naïfâurud (Nephorites) aus Mendes, welcher das Befreiungswerk vollendete und (399) die neunundzwanzigste Dynastie stiftete. Mit Naïfâurud erhielt Aegypten wieder volle Verfügung über sich selbst und gewann von neuem seine ehemalige Rührigkeit. Sein politisches Verhalten richtete sich ganz nach den Umständen, denn wie zur Zeit der Saïten musste man sich um die Freundschaft der Griechen bewerben und die Kraft der asiatischen Mächte nach Norden ablenken. Es war das zu derselben Zeit, wo Sparta Persien den Krieg erklärt hatte, und wo Agesilaos sich in Phrygien zu seinem Feldzuge rüstete. Naïfâurud schloss mit den Lakedämoniern ein Schutz- und Trutzbündniss und schickte ihnen eine mit Waffen, Getreide und Vorräten beladene Flotte. Der Athener Konon stiess mit ihr auf der Höhe von Rhodos zusammen und zerstreute sie. Dadurch dass Agesilaos sich zurückzog und die Spartaner Kleinasien preisgaben, wurden die guten Massregeln des ägyptischen Königs geschwächt, sodass er die Streitkräfte, welche er, wie es den Anschein gehabt hatte, in die Ferne entsenden

1) Das Datum der Thronbesteigung des Amyrtaios und der dieser vorangehenden Begebenheiten hat zu zahlreichen Kontroversen Anlass gegeben. Ἀμυρταῖος hat man mit *Rud-Amen*, einem ägyptischen Königsnamen, identificiren wollen. Gegenwärtig ist es für ziemlich erwiesen anzusehen, dass dieser *Rud-Amen* nur einer von den kleinen lokalen Königen der äthiopischen Epoche war und mit dem Vorgänger Naïfâurud's nichts zu thun hat. [Ueber Nephorites siehe übrigens A. v. Gutschmid zu Sharpe, S. 126, 1]. || 2) Xenophon, Anabasis, I, 8, 9.

konnte, an der syrischen Grenze zusammenzog und sich, so gut es gehen wollte, den Ansturm auszuhalten rüstete, den er vorauszusehen glaubte.

Der Angriff erfolgte nicht so schnell, als man sich darauf gefasst gemacht hatte. Die Verwicklung in Kleinasien war mit dem Rückzuge der Griechen noch nicht zu Ende, denn die meisten eingebornen Völkerschaften wie die Mysier, Pisidier, die Bewohner von Pontos und Paphlagonier hatten seit der Unternehmung des Kyros ihr Joch abgeschüttelt. Diese musste man von neuem unterwerfen und gegen sie die Truppen übrig behalten, welche man sonst nach Aegypten geschickt hätte. Die kyprischen Griechen benutzten unter Leitung des Tyrannen von Salamis Euagoras die Verlegenheit, in die ihr Gebieter geraten war, um sich wieder ihre Selbständigkeit zu erkämpfen. Bereits 391 schlossen sie einen Vertrag mit Athen, mit dem aufständischen Könige von Karien Hekatomnos und mit Aegypten. Auf Naïfâurud war (393) Hakori gefolgt, der die Gelegenheit, den Persern Verlegenheiten zu bereiten, wahrnahm und seine Unterstützung versprach. Wie Euagoras derartigen Beistand erhielt, ging er zur Offensive über, erstürmte Tyros und griff auf der einen Seite Kilikien, auf der andern Palästina an. Der erste Feldzug gegen ihn, den Autophradates, der Satrap von Lydien, unternahm, missglückte vollständig. Nach dem Frieden des Antalkidas jedoch brachte Artaxerxes eine Flotte von 300 Triremen und ein Heer von 300000 Mann zusammen und fiel mit der ganzen Streitmacht seines Reichs über die Insel Kypros her. Zu Wasser und zu Lande wurde Euagoras geschlagen, in Salamis eingeschlossen und nach sechsjährigem Widerstande gezwungen, zu unterhandeln (380). Nicht allein wurde seine Empörung ihm verziehen, sondern auch ihm der Königstitel zuerkannt und ihm die ungestörte Ausübung seiner Macht als König zugestanden[1]. Ein Krieg gegen die Kadusier, welchen der Grosskönig persönlich leiten wollte, hatte keinen so glücklichen Ausgang. Das Heer geriet in Hungersnot, wurde auf dem Marsche von dem unnahbaren Feinde beunruhigt, und wäre ohne die Geschicklichkeit eines persischen Feldherrn, des Tirabazos, zu Grunde gerichtet, welcher die Barbaren, gerade wie sie den Sieg zu erringen im Begriff waren, um Frieden zu bitten

1) Näheres über diesen Krieg siehe bei Duruy, Histoire grecque.

veranlasste[1]. Die folgenden Jahre verwandte man darauf, in Kleinasien und Syrien die, durch die Empörung des Euagoras stark erschütterte, persische Oberhoheit wieder zu befestigen, und erst nachdem man überall wieder die Ordnung hergestellt hatte, dachte man daran, die Streitmacht des Reichs gegen Aegypten zu kehren.

Hakori war nicht unthätig gewesen. Während die Perser in Kypros beschäftigt waren, hatte er das Land in Vertheidigungszustand gesetzt und sich bemüht in Griechenland ein Heer und Heerführer anzuwerben. 382 war er gestorben, und seine Nachfolger Psemuth 383—382, und Naïfâurud II. waren nur kurze Zeit auf dem Thron[2]). Nacht-hor-heb, ein sebennytischer Fürst, der Begründer einer neuen, der dreissigsten Dynastie, brachte die Rüstungen zum Abschluss und betraute mit dem Oberbefehl über seine Truppen einen der berühmtesten Condottiere seiner Zeit, den Athener Chabrias. Chabrias nahm am pelusischen Arm eine feste Aufstellung, die er durch Verschanzungen deckte, und die von ihm ihren Namen beibehielt. Von dort aus beobachtete er die Ausgänge aus Syrien und beherrschte alles, was sich von der Wüste her näherte. Persiens Anstrengungen entsprachen der Grösse des Unternehmens. Man vertraute Pharnabazos ein Heer von 200000 Mann an, liess Iphikrates aus Athen kommen, und setzte glücklich in Athen durch, dass Chabrias aus Aegypten abberufen wurde. Das Heer fuhr von Ako an der syrischen Küste ab, landete am Eingange des mendesischen Nilarms und schlug die ägyptischen Abtheilungen, welche die Küste bewachen sollten. Da Iphikrates wusste, dass Memphis von Truppen entblösst sei, wollte er dorthin marschiren, doch zauderte Pharnabazos, diesem Vorschlage zu folgen, und liess Nacht-hor-heb die nötige Zeit, sich von seiner Ueberraschung zu erholen. Die Perser wurden bei Mendes gänzlich geschlagen und zum Rückzuge gezwungen. Pharnabazos zog wieder nach Syrien, Iphikrates segelte nach Athen ab, und Aegypten wurde auf ein Vierteljahrhundert frei[3].

Den Einfluss, welchen der Grosskönig seit dem Frieden von 387 auf Griechenland ausgeübt hatte, erschütterte dieses Missgeschick

---

1) Plutarch's Leben des Artaxerxes, 24; Cornelius Nepos, Datames, 1. || 2) Manetho, herausgegeb. v. Unger, S. 309. || 3) Diodor. XV, 29, 41, 43; Cornelius Nepos, Iphicrates, 2 ff.

keineswegs. Antalkidas erschien 372 am Hofe von Susa, um nochmals eine Vermittelung nachzusuchen. 367 empfingen Pelopidas und Ismenias ein kaiserliches Reskript, welches allen Griechen gebot, Frieden zu halten, und 366 schickten die Athener Gesandte, welche ihnen persische Subsidien auswirkten. Es hatte den Anschein, als sei der Grosskönig eine Art von oberstem Schiedsrichter für die hellenischen Staaten geworden, dem jeder seine Sache vorzutragen kam. Doch war dieser souveräne Schiedsrichter, der in dem Auslande seinen Willen geltend machte, nicht Herr im eignen Hause. Der sanfte, nachsichtige, mehr zum Verzeihen als zum Zürnen geneigte Artaxerxes besass nicht die nötige Energie, den Ehrgeiz der Statthalter in den Provinzen in Schranken zu halten. Ariobarzanes in Phrygien, Aspis in Kappadokien und Datames empörten sich einer nach dem andern und boten seinen Waffen Trotz; nur durch Mord und Verrat konnte man ihrer sich entledigen. Bald darauf schlossen alle Satrapen in den westlichen Provinzen von der ägyptischen Grenze bis zum Hellespont ein Schutz- und Trutzbündniss, und das Reich wäre zusammengesunken, wenn nicht wieder einmal die Dareiken den Streit geschlichtet hätten. Orontes in Phrygien und Rheomithras verkauften ihre Mitschuldigen, jedoch nicht rechtzeitig genug, um Ruhestörungen zu vermeiden. Aegypten, das beständig auf der Lauer lag, hatte in dieser Empörung aufs neue eine Gelegenheit gefunden, seinen Hass gegen Persien an den Tag zu legen. Nacht-hor-heb war 364 gestorben; sein Nachfolger Tacho brachte 80000 Mann eingeborne Truppen, 10000 griechische Söldner, 200 Schiffe zusammen und fiel kühn über Phönizien her. Seine Unfähigkeit und sein Missgeschick retteten Artaxerxes vor einem Unglück, das sicher vorauszusehen war. Bei Tacho befand sich der greise Agesilaos; statt jedoch diesem den Oberbefehl zu überlassen, beschränkte er sich darauf, ihm die Hülfstruppen anzuvertrauen und behielt sich selber die oberste Leitung der Kriegführung vor. Kaum war er in Phönizien gelandet, da erfuhr er, dass Aegypten hinter seinem Rücken unter Nacht-nebef im Aufstande begriffen sei. Agesilaos, den er beleidigt hatte, erklärte sich mitsammt dem Heere gegen ihn und zwang ihn, in das Lager der Perser überzugehen (361).

Nacht-nebef rüstete sich zwar, den Krieg weiterzuführen, doch machte eine Empörung des Erbstatthalters von Mendes seinen Plänen schnell ein Ende. Er wurde in Tanis eingeschlossen und fast zur Uebergabe gezwungen, doch machte Agesilaos alles wieder gut, schlug seine Widersacher in die Flucht und stellte überall die Ordnung wieder her. Bei diesen Kämpfen hatte man auf die Eroberung von Syrien verzichten müssen, und das zu einer Zeit, als die Zwietracht in der persischen Königsfamilie unerwartete Aussichten auf Erfolg bot. Artaxerxes hatte drei Söhne gehabt, den Dareios, Ariaspes und Ochos. Dareios konnte es nicht abwarten, bis er zur Regierung käme, verschwor sich und wurde hingerichtet. Ariaspes tödtete sich, und Ochos, der allein noch übrig war, machte seinem Vater so viel Verdruss, dass der greise König im Alter von vierundneunzig Jahren vor Kummer starb (362). Wie Ochos auf den Thron stieg, nahm er den Namen Artaxerxes an und beging sofort eine Grausamkeit, wie sie bis dahin in den Annalen Persiens noch nicht dagewesen war, indem er alle Prinzen und Prinzessinnen von Geblüt umbringen liess. In seiner Wildheit lag wenigstens noch etwas Thatkraft. Er wollte das Reich wieder so herstellen, wie es früher gewesen war, und griff Aegypten an. Sein Heer war schlecht geführt und wurde von Nachtnebef oder vielmehr von den griechischen im Dienste des Pharao stehenden Feldherrn Diophantos aus Athen und Lamios aus Sparta geschlagen (351). Bei der Nachricht von diesem Misslingen erhob sich ganz Phönizien, Sidon metzelte die persische Besatzung nieder, und Kypros erklärte sich für unabhängig. Ochos verwandte die nächsten vier Jahre darauf, diese Empörungen zu bekämpfen. Sidon wurde von seinem Könige Tennes verraten, niedergebrannt, und was von den Einwohnern am Leben blieb, wurde in die Knechtschaft verkauft. Wie Phönizien besiegt war, kam die Reihe an Aegypten. Ochos lagerte sich um Pelusion mit einem Heere von 30000 Asiaten und 14000 Griechen. Wie zwei Jahrhunderte vordem Psametik III. von Kambyses angegriffen wurde, hatte er doch wenigstens tapfer gekämpft, aber Nachtnebef war mehr für die Künste und den Frieden als für den Krieg geschaffen. Die augenblickliche Frist, welche ihm das Schicksal vergönnte, hatte er darauf verwandt, die alten Denkmäler Aegyptens wiederherzustellen und sogar neue zu erbauen. In der ganzen Ausdehnung des Nilthals, in Philai, Theben, Turah und im Delta hat man Spuren seiner Thätigkeit gefunden, und seine Basreliefs und

Bildsäulen zählen zu den Meisterwerken saïtischer Kunst[1]. Hätte er als Feldherr dieselbe Thätigkeit an den Tag gelegt wie als Erbauer und, wie es heisst, als Zauberer[2], so wäre Aegyptens Sieg sicher gewesen. Das Unglück wollte, dass er feige war; er rettete sich ohne die Schlacht abzuwarten. Pelusion und die griechischen Söldner, die es vertheidigten, gab er preis, zog sich nach Memphis zurück und flüchtete von Memphis mit all seinen Schätzen nach Aethiopien. Wie Aegypten von seinem Oberhaupte preisgegeben war, unterwarf es sich ohne Widerstand, und geriet für immer in die Macht der Fremden[3] (345).

Für Persien war das ein grosser Erfolg, es war auch sein letzter überhaupt. Bereits begann Makedonien die Leitung der

---

1) Siehe die Bildsäulen (A, 28), die Sphinxe (A, 29, 30, 30 bis) und die Basreliefs (B, 33) von Nektanebo im Louvre. || 2) Vergl. was im Pseudokallisthenes von Nektanebo's Zauberkünsten berichtet wird (I, 1—14). || 3) Ueber die letzten ägyptischen Dynastien lässt sich folgende Uebersicht herstellen:

	Siebenundzwanzigste (persische) Dynastie.		
I.	RAMESUT	KAMBAT	Καμβύσης.
II.	. . . .	(GAUMATA)	. . . . . .
III.	RASTUT	NTARIUSH	Δαρεῖος α΄.
	[SNEN TANEN STEPENPTAH CHABBASH]		
IV.	. . . . .	CHSHAIRSHA	Ξέρξης α΄.
V.	. . . . .	ARTAKSHARSHA	Ἀρταξέρξης α΄.
VI.	. . . . .	. . . . . .	Ξέρξης β΄.
VII.	. . . . .	. . . . . .	Σογδιανός.
VIII.	MEÏAMUNRA	NTARIUSH	Δαρεῖος β΄.
	Achtundzwanzigste (saïtische) Dynastie.		
I.	. . . .	. . . . . .	Ἀμυρταῖος.
	Neunundzwanzigste (mendesische) Dynastie.		
I.	BANRA MEÏ-NUTERU	NAÏFAURUD	Νεφερίτης α΄.
II.	RACHNUM MAT STEPENCHNUM	HAKORI	Ἄχωρις.
III.	. . . . .	[PSEMUTH]	Ψάμμουτις.
IV.	. . . . .	NAÏFAURUD	Νεφερίτης β΄.
	Dreissigste (sebennytische) Dynastie.		
I.	RASNOT'EMHET STEPENANHUR NACHTHORHEB MEÏANHUR SE ISI		Νεκτανέβης.
II.	. . . . . [TACHO]		Τάχος, Τέως.
III.	RACHOPERKA NACHTNEBEF		Νεκτανέβης, Νεκτάναβις.

Dinge in die Hand zu nehmen; nur noch wenige Jahre, und es fällt über Asien her. Ochos starb 340, vergiftet von dem Eunuchen Bagoas. Sein Sohn Arses war überhaupt nur kurze Zeit auf dem Thron und räumte seinen Platz einem entfernten Verwandten der Achämenidenfamilie, dem Kodomannos, der seinen Namen in Dareios umänderte (337). Dareios III. bestieg in demselben Jahre wie Alexander den Thron. Er sah zwar die Gefahren, mit denen ihn der Ehrgeiz des Makedoniers bedrohte, hatte aber nicht die Macht, ihnen vorzubeugen. Am Granikos (334), bei Issos (333) und bei Arbela (331) wurde er geschlagen, von einem Satrapen verraten und auf der Flucht getödtet (330)[1]. Makedonien war der Erbe seines Reichs, und die griechische Rasse spielte fortan die hervorragende Rolle, welche zwei Jahrhunderte lang Persien gespielt hatte. Was die Kulturvölker der alten Welt, die Aegypter und Juden, die Bewohner Phöniziens und Chaldäa's betrifft, so waren sie an die Fremdherrschaft zu sehr gewöhnt, als dass sie je ihre Unabhängigkeit wiedererworben hätten. Unter ihren griechischen Gebietern lebten sie ganz ebenso wie sie unter ihren iranischen gelebt hatten, und liessen noch etwa achthundert Jahre lang die Weltereignisse an sich vorübergehen. Man sprach und schrieb noch immer ägyptisch in Memphis, phönizisch in Tyros, chaldäisch in den Schulen von

1) Näheres über diese Begebenheiten siehe bei Duruy, Histoire grecque. Folgende Fürsten aus der Achämenidenfamilie haben über Persien geherrscht:

I.	KURUS	*Κῦρος.*
II.	KAMBUZIYA	*Καμβύσης.*
III.	[GAUMATA	*Ψευδο-Σμέρδις].*
IV.	DARAYAVUS I.	*Δαρεῖος α΄.*
V.	KHSHAYARSHA I.	*Ξέρξης α΄*
VI.	ARTAKHSHATHRA I.	*Ἀρταξέρξης α΄ Μακρόχειρ.*
VII.	KHSHAYARSHA II.	*Ξέρξης β΄.*
VIII.	. . . .	*Σογδίανος.*
IX.	DARAYAVUS II.	*Δαρεῖος β΄ Ὦχος ἢ Νόθος.*
X.	ARTAKHSHATHRA II.	*Ἀρταξέρξης β΄ Μνήμων.*
XI.	ARTAKHSHATHRA III.	*Ἀρταξέρξης γ΄ Ὦχος.*
XII.	. . . .	*Ἀρσής.*
XIII.	DARAYAVUS III.	*Δαρεῖος γ΄ Κοδόμαννος.*

Uruch; es gab ein ägyptisches und ein syrisches Reich, Könige von Babylon und von Jerusalem. Wirft man einen Blick auf die Erdkarte, so scheint sich wenig oder gar nichts seit dem achten Jahrhundert vor unserer Zeitrechnung geändert zu haben; denn die alten Völker erstarben zwar oder waren ausgestorben, doch war ihr Name geblieben.

Fünfzehntes Kapitel.

Morgenländische Schriftarten.

Das Zustandekommen der alten Schriftarten. Die Keilschriftzeichen. — Die ägyptischen Schriftarten: das Alphabet, Syllabar und die determinativen Zeichen. — Ursprung des phönizischen Alphabets und die von ihm abgeleiteten arischen Formen.

Das Zustandekommen der alten Schriftarten. Die Keilschriftzeichen.

Zwei Arten von Verfahren hat der Mensch eingeschlagen, den Ausdruck des Gedankens zu fesseln, und kann diese jedes für sich oder beide gleichzeitig verwenden, das *ideographische*, die Abbildung der Begriffe, und das *phonetische* oder die Abbildung der Laute. Die Ideen kann man auf zwiefache Art darstellen: direkt durch das Bild der Dinge selbst, oder symbolisch durch die Wiedergabe eines materiellen Gegenstandes oder eines Bildes, mit dem man konventionell einen abstrakten Begriff ausdrückt. Die Laute kann man gleichfalls auf zwiefache Art darstellen: in Silben, indem man ein Ganzes, das aus einem oder mehreren Konsonanten und einem Vokal besteht, nur durch ein Zeichen wiedergibt, und in alphabetischen Zeichen, die je nur einen Konsonanten oder einen Vokal darstellen. Alle Schriftsysteme haben damit begonnen, Begriffe abzubilden, und sind erst langsam zur Abbildung von Lauten gelangt.

Das Verfahren, bei dem man den Gegenstand durch ein Bild desselben, die Sonne durch eine *Scheibe* ⊙, den Mond durch den *Halbmond*) darstellte, liess nur die Wiedergabe einer gewissen

Zahl ganz materieller Begriffe zu. Man musste sofort zu Symbolen seine Zuflucht nehmen. Die Symbole sind zweierlei Art, einfach oder zusammengesetzt. Die einfachen entstehen: durch *Synekdoche*, wenn man den Theil statt des Ganzen, die *Pupille* ∘ statt des *Auges* 𓁹, den *Kopf des Ochsen* 𓃾 statt des *ganzen Ochsen* 𓃒 malte. Durch *Metonymie*, wenn man die Ursache statt der Wirkung, die Wirkung statt der Ursache, oder das Werkzeug statt des dadurch vollzogenen darstellte, die *Sonnenscheibe* ☉ statt des *Tages*, die *dampfende Kohlenpfanne* 𓊮 statt des *Feuers*, *Pinsel*, *Dintenfass* und *Palette* des Schreibers 𓏞 statt der *Schrift*. Durch die *Metapher*, wenn man etwas malte, das eine wirkliche oder angebliche Aehnlichkeit mit dem Gegenstande des dadurch ausgedrückten Begriffes besass: das *Vordertheil des Löwen* 𓄂, 𓄂, um den Begriff des *Vornseins*, die *Wespe* 𓆤, um die *Königswürde*, die *Kaulquappe* 𓆐 um *10000* auszudrücken. Durch das *Rätsel*, indem man das Bild eines Gegenstandes verwendete, welcher mit dem Gegenstande des Begriffes, welcher gekennzeichnet werden sollte, nur in einem fingirten Zusammenhange stand, so den *Sperber auf der Stange* 𓅆 statt des Begriffes *Gott* und eine *Straussenfeder* 𓆄 statt des Begriffs der *Gerechtigkeit*. Die zusammengesetzten Ideogramme entstehen zunächst nach denselben Prinzipien wie die einfachen. Sie bestehen ursprünglich in der Vereinigung mehrerer Bilder, die zusammen einen Begriff geben, welchen ein einfaches Symbol nicht hätte kennzeichnen können. So drückt ägyptisch eine *umgekehrte Mondsichel zusammen mit einem Stern* 𓇹 den Begriff *Monat*, ein *laufendes Kalb und das Zeichen für Wasser* 𓃔𓈗 den Begriff *Durst* aus. Die ideographische Schrift war ein sehr unvollkommenes Mittel, den Gedanken zu fesseln und zu überliefern. Sie konnte nur Bilder und Symbole neben einander stellen, ohne einen Unterschied zwischen den verschiedenen Redetheilen zu machen und ohne die den einzelnen Tempora des Zeitworts, den Casus und den Numeri der Nomina eigentümlichen Flexionen zu bezeichnen. Man musste also mit der Abbildung der Begriffe die Abbildung der Laute verbinden. Obschon die Begriffssymbole von Hause aus keinen Laut wiedergeben, so war doch der, welcher sie las genötigt, sie in das Wort zu übersetzen, mit welchem die gesprochene Sprache denselben Begriff ausdrückte. Nach Verlauf einer gewissen Zeit erweckten sie in dem Geiste desjenigen, welcher sie gezeichnet sah, gleichzeitig mit einem Begriffe auch das Wort oder die Worte für diesen Begriff, folglich eine bestimmte Aussprache, und so gewöhnte man sich in jeder Abbildung und in jedem Symbol eine oder mehrere feststehende und allgemein übliche Arten der Aussprache zu erkennen, über denen der Leser die rein ideographische Bedeutung der Zeichen vergass, so dass sie auf ihn nur den Eindruck eines oder mehrerer Laute machten.

Der erste phonetische Versuch entstand aus dem *Rebus*. Ohne auf den Begriff Rücksicht zu nehmen bediente man sich der Bilder zur Darstellung des Lautes, der ihnen vermöge ihrer Grundbedeutung eigen war. So kam man dahin, dass man Worte, deren Laut in der gesprochenen Sprache ähnlich, deren Sinn aber verschieden war, auf ein und dieselbe Weise abbildete. Die selben Laute *NOFER* drückten zusammen im ägyptischen sowohl den konkreten Begriff *Laute* wie den abstrakten *Güte* aus, daher diente das Zeichen als Abbildung zur Wiedergabe des Begriffes *Laute*, als Rebus zur Wiedergabe des Begriffes *Güte*. Dadurch dass man mehrere Zeichen nebeneinanderstellte, schrieb man lange Worte, deren Aussprache zum Theil aus dem Laute des einen, zum Theil aus dem des andern bestand. Der *Lapis-lazuli* heisst ägyptisch *CHESDEB*. Mitunter schrieb man dies Wort dadurch, dass man einen *Mann* abbildete, welcher ein *Schwein* (*DEB*) am Schwanze *festhält* (*CHES*):  . In einer Sprache, die aus einsilbigen Worten besteht, wie beispielsweise im chinesischen, musste die Anwendung des Rebus notwendigerweise eine Schrift erzeugen, in welcher jedes ideographische Zeichen seinem Lautwerte nach eine Silbe für sich bezeichnete. In den andern Sprachen gab das Rebussystem noch nicht das Mittel, die Worte mit Leichtigkeit in ihre Hauptsilben zu zerlegen und jede von diesen gesondert durch ein feststehendes und unveränderliches Zeichen darzustellen. Man wählte eine gewisse Anzahl Zeichen aus, denen man nicht mehr den phonetischen Wert, der sich aus dem Laute all ihrer Silben, sondern nur den beilegte, welcher sich aus dem Laute ihrer Anfangssilbe ergab. So kam man zur Bildung von Schriftsystemen, in welchen alle, ursprünglich ideographische, Schriftzeichen gewöhnlich nur noch einfache oder zusammengesetzte Silben vertreten.[1]

Das älteste Beispiel einer Silbenschrift haben uns die Turanier Chaldäa's hinterlassen. Ihr System wurde von den Assyrern angenommen und verbreitete sich gen Norden und Osten, nach Armenien, Medien, Susien und Persien, und wurde noch bis in die ersten Jahrhunderte unserer Zeitrechnung geschrieben[2]. Das ganze Mittelalter über war sie in Vergessenheit, und erst seit etwa hundert Jahren wurde sie ernstlich erforscht. Niebuhr (1765), Tychsen (1798) und Münter (1800) bahnten Grotefend den Weg, dem ersten, welchem es 1802 die persische Keilschrift zu entziffern gelang, und der ein Alphabet gab, welches 1836 durch die Untersuchungen von Eugène Burnouf in Frankreich und Christian Lassen in Deutschland berichtigt und vervollständigt wurde. Einige Jahre später brachte ein Engländer, Henry Rawlinson, es in der Erforschung der achämenidischen Inschriften so weit, dass durch die Arbeiten von Oppert und Spiegel seine ersten Uebersetzungen nur in Einzelheiten abgeändert werden konnten. Durch die Entzifferung des Altpersischen war das Verständniss der babylonischen, assyrischen und medischen Texte erst angebahnt. Ninive's Auffindung durch Botta, den französischen Konsul zu Mosul (1846), und die Ausgrabungen Layard's zu Kuyundjik und Nimrud (1849—1851) brachten eine grosse Menge neuer Urkunden an die Oeffentlichkeit, welche mit Sicherheit zu entziffern, es in England Rawlinson, Hincks und Fox Talbot, in Frankreich de Saulcy und Oppert gelang. Von da ab hat sich die assyrische Wissenschaft in einem stetigen Fortschritte befunden, so dass man, nachdem die babylonischen, ninivitischen und medischen Texte gelesen waren, die Trümmer der altchaldäischen Literatur in Angriff genommen hat. In weniger als dreissig Jahren hat sich eine neue Welt von unbekannten Sprachen und Völkern der Forschung erschlossen; dreissig

---

1) Fr. Lenormant, Essai sur la propagation de l'Alphabet phénicien parmi les peuples de l'Ancien monde, Bd. 1, S. 1—52. ‖ 2) Die modernste Inschrift in Keilschrift enthält den Namen eines Partherkönigs Pakoros, der zwischen 77 und 111 nach Chr. herrschte. Siehe: Oppert, in den Mélanges d'archéologie égyptienne et assyrienne, Bd. 1, S. 23—29.

Jahrhunderte Geschichte sind ihrem Grabe entstiegen und wieder an's Tageslicht gekommen[1].

Die Schrift der einzelnen Systeme besteht stets aus Kombinationen derselben horizontalen ➤—, vertikalen ▼ oder hakenförmig gekrümmten ❮ Zeichen. Meist sieht dieser Grundbestandtheil wie ein Nagel oder ein Keil aus, man nennt deshalb die Schrift dieser Art meist die Keilschrift[2]. An einem andern Orte haben wir gesehen, dass die Keilbündel, welche gegenwärtig die Schriftzeichen bilden, aus allmählich im Verlaufe der Zeit entstellten hieroglyphischen Zeichen abzuleiten sind. Einige von ihnen sind ächte Ideogramme, meist jedoch drücken sie, die einen einfache, das heisst solche Silben aus, die nur aus einem Vokale und aus einem Konsonanten, die anderen zusammengesetzte, das heisst solche, die aus mehreren Konsonanten bestehen.

Eine Uebersicht über die einfachen Silben lässt sich in folgender Weise aufstellen:

א, *A*.

ב, *B*. *ba*, *ab*; *bi*, *ib*; *bu*, *ub*.

ג, *G*. *ga*, *ag*; *gi*, *ig*; *gu*, *ug*.

ד, *D*. *da*, *ad*; *di*, *id*; *du*, *ud*.

ה, *H*. . . . .

ו, *U*.

ז, *Z*. *za*, *az*; *zi*, *iz*; *zu*, *uz*.

ח, *Ch*. *cha*, *ach*; *chi*; *chu*, *uch*.

ט, *T*. *tu*, *tar*.

י, *I*. *ya*.

1) Über die Geschichte der Entzifferung siehe: J. Ménant, Les écritures cunéiformes, 8°, Paris 1864. || 2) Einige englische Gelehrte hatten den Namen arrow-headed, *Pfeilspitzig*, vorgeschlagen, der nicht allgemein angenommen wurde.

כ, *K*, , *ka*. , *ak*; , *ki*, *ik*; , *ku*, *uk*.

ל, *L*. *la*. *al*; . *li*. *il*; , *lu*, , *ul*.

מ, *M*, *ma*, *am*; *mi*, *mi*, *me*, *im*, *mu*, , *um*.

נ, *N*, *na*, *an*; *ni*, *ne*, , , *in*: *nu*, , *un*.

ס, *S'*, *s'a*, *as'*; , *s'i*, *is'*; *s'u*, *us'*.

ע, ...

פ, *P*. *pa*, *ap*; *pi*. *ip*; *pu*, *up*.

צ, *T'*, *t'a*. *at'*; *t'i*, *it'*; , *t'u*.

ק, *Q*. . *qa*, *aq*: *qi*. *iq*: *qu*.

ר, *R*. *ra*. *ar*; *ri*, *ir*; , *ru*, . *ur*.

ש, *S*. . *su*. *as*: *si*, *se*. *is*; . *su*, *us*.

ת, *T*, , *ta*, *at*: , *ti*, *it*; , *tu*, *ut*.

Die zusammengesetzten Silben können auf zwei Arten geschrieben werden, 1) dadurch dass man sie so zerlegt, dass zwei einfache Silben daraus werden, von denen die zweite in der Aussprache immer mit dem Vokale der ersten anfängt. — So kann das Wort *NAPSAT*, *Seele*, *NA+AP+SA+AT* umschrieben werden, — 2) vermittelst eines besonderen Zeichens, welches der Silbe entspricht: *NAP+SAT* für *NA+AP+SA-AT*. Zusammengesetzte Schriftzeichen giebt es eine sehr ansehnliche Zahl:

	A.	I.	U.
BL	[illegible]	[illegible]	[illegible]
BP	[illegible]	"	"
BR	"	[illegible]	[illegible]
BS	"	[illegible]	"
BT	[illegible]	[illegible]	[illegible]
GK	[illegible]	[illegible]	[illegible]
GL	[illegible]	[illegible]	[illegible]
GM	[illegible]	[illegible]	"
GN	[illegible]	"	[illegible]
GT́	[illegible]	"	"
GP	[illegible]	"	[illegible]
GR	[illegible]	[illegible]	[illegible]
GS	"	[illegible]	"
GT	"	[illegible]	"
DCH	"	[illegible]	"
DK	[illegible]	"	[illegible]
DL	[illegible]	[illegible]	"
DM	[illegible]	[illegible]	"
DN	[illegible]	[illegible]	[illegible]
DP	[illegible]	[illegible]	[illegible]
DR	[illegible]	[illegible]	[illegible]
DS	[illegible]	[illegible]	"

	A.	I.	U.
ZK	"	"	[illegible]
ZL	[illegible]	"	"
ZM	[illegible]	"	"
ZN	[illegible]	"	"
ZP	[illegible]	[illegible]	"
ZR	"	[illegible]	[illegible]
CHL	[illegible]	"	[illegible]
CHM	[illegible]	"	[illegible]
CHN	"	"	[illegible]
CHS	[illegible]	"	"
CHP	[illegible]	"	"
CHR	[illegible]	[illegible]	"
CHS	[illegible]	"	"
CHT	[illegible]	"	"
TK	[illegible]	"	"
TL	[illegible]	"	"
TR	[illegible]	"	[illegible]
KK	[illegible]	"	"
KL	[illegible]	[illegible]	[illegible]
KM	[illegible]	[illegible]	[illegible]
KN	[illegible]	[illegible]	[illegible]
KT'	[illegible]	"	"

	A.	I.	U.
KP	[illegible]	[illegible]	[illegible]
KR	[illegible]	[illegible]	[illegible]
KS	[illegible]	[illegible]	[illegible]
KT	[illegible]	[illegible]	[illegible]
LCH	[illegible]	[illegible]	[illegible]
LK	,,	[illegible]	,,
LL	[illegible]	[illegible]	[illegible]
LM	[illegible]	[illegible]	[illegible]
LP	[illegible]	[illegible]	,,
LS	,,	[illegible]	,,
LT	[illegible]	[illegible]	[illegible]
MCH	[illegible]	[illegible]	[illegible]
MK	,,	[illegible]	[illegible]
ML	[illegible]	[illegible]	[illegible]
MN	[illegible]	,,	[illegible]
MT'	[illegible]	,,	[illegible]
MR	[illegible]	[illegible]	[illegible]
MS	[illegible]	[illegible]	[illegible]
MT	[illegible]	[illegible]	[illegible]
NK	[illegible]	[illegible]	,,
NM	[illegible]	[illegible]	,,
NN	,,	[illegible]	[illegible]

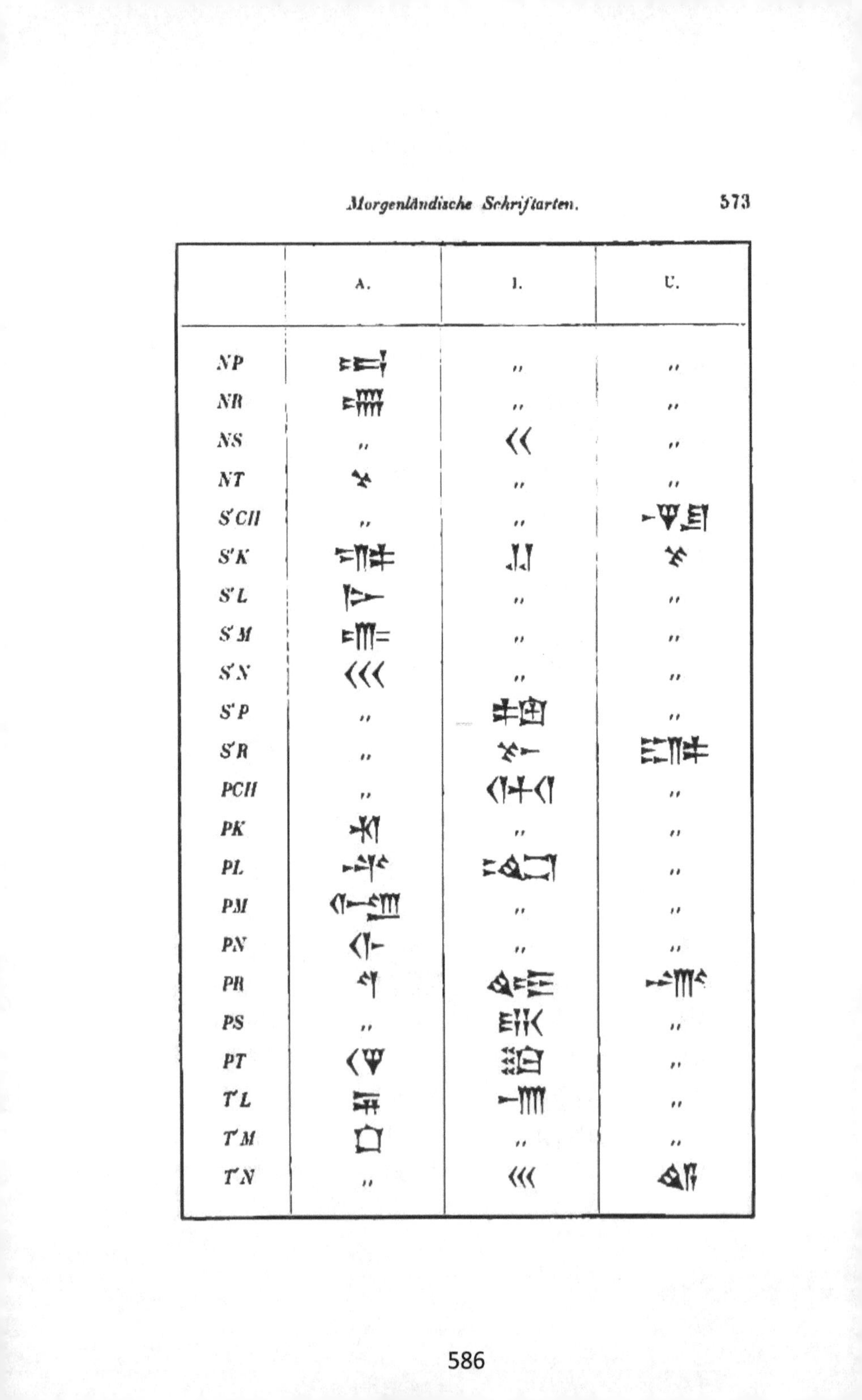

	A.	I.	U.
NP	[illegible]	"	"
NR	[illegible]	"	"
NS	"	[illegible]	"
NT	[illegible]	"	"
S'CH	"	"	[illegible]
S'K	[illegible]	[illegible]	[illegible]
S'L	[illegible]	"	"
S'M	[illegible]	"	"
S'N	[illegible]	"	"
S'P	"	[illegible]	"
S'R	"	[illegible]	[illegible]
PCH	"	[illegible]	"
PK	[illegible]	"	"
PL	[illegible]	[illegible]	"
PM	[illegible]	"	"
PN	[illegible]	"	"
PR	[illegible]	[illegible]	[illegible]
PS	"	[illegible]	"
PT	[illegible]	[illegible]	"
T'L	[illegible]	[illegible]	"
T'M	[illegible]	"	"
T'N	"	[illegible]	[illegible]

	A.	I.	U.
T'P	[illegible]	[illegible]	,,
T'R	[illegible]	[illegible]	[illegible]
QB	[illegible]	,,	,,
QL	[illegible]	,,	,,
QM	,,	,,	[illegible]
QR	[illegible]	[illegible]	[illegible]
QS	,,	[illegible]	,,
QT	[illegible]	,,	,,
RK	[illegible]	[illegible]	[illegible]
RM	[illegible]	,,	,,
RP	[illegible]	[illegible]	[illegible]
RS	[illegible]	[illegible]	,,
RT	[illegible]	[illegible]	,,
SCH	[illegible]	,,	,,
SK	[illegible]	[illegible]	[illegible]
SL	[illegible]	[illegible]	[illegible]
SM	[illegible]	[illegible]	[illegible]
SN	,,	,,	[illegible]
SP	[illegible]	[illegible]	[illegible]
SR	[illegible]	,,	[illegible]
SS	,,	[illegible]	[illegible]
ST	[illegible]	[illegible]	[illegible]

	A.	I.	U.
TK	[cuneiform]	[cuneiform]	[cuneiform]
TCH	[cuneiform]	„	„
TL	[cuneiform]	[cuneiform]	[cuneiform]
TM	[cuneiform]	[cuneiform]	[cuneiform]
TN	[cuneiform]	[cuneiform]	[cuneiform]
TP	[cuneiform]	„	[cuneiform]
TR	[cuneiform]	[cuneiform]	[cuneiform]
TS	[cuneiform]	[cuneiform]	[cuneiform]

Bei näherer Prüfung dieser Tabelle ergibt sich, dass die Zeichen meist mehrere verschiedenartige Laute ausdrücken können. Diese Erscheinung, die man *Polyphonie* genannt hat, gehört zu den Hauptschwierigkeiten der Entzifferung. Da ich nicht berufen bin, hier das Verfahren auseinanderzusetzen, dessen sich die Assyriologen bedienen, um ein sicheres Lesen zu erzielen, will ich, um zu erläutern, in welcher Weise die Grundbestandtheile der Keilschrift zusammenwirkten, mich auf Umschreibung und Erklärung eines assyrischen Satzes beschränken:

AR-KI *SU* *NABU-KUDURUUR* *NI-BI-SE* *SU*
Nach ihm . Nabukudurussur Waffen seine

IS - SA - A *A - NA* *ZA-AN-KI* *BIR - TI* *SA* *ASSUR*
trug er zu (den) Pässen (der) Grenzen von Assur

A-NA *KA - SA - DI* *IL - LI - KA*
zur Eroberung ging er

Man wird bemerken, dass vor den Eigennamen von Personen und Ländern besondere Zeichen stehen, welche auf sie aufmerksam machen. 𒁹 tritt vor den Namen Nabukudurussur's um anzudeuten, es soll von einem Mann, 𒆳 vor den Namen Assur, um anzudeuten, es soll von einem Lande die Rede sein. *Nabu-Kudur-ussur* besteht aus drei wesentlichen Bestandtheilen, und zwar ist der erste ein Götternanme, der des *Nebo*. Darauf macht das ideographische Zeichen für Gott 𒀭 hinter dem senkrechten Keil 𒁹 und vor dem ideographischen Zeichen des Gottes Nebo 𒀝 aufmerksam. Die andern beiden Bestandtheile sind gleichfalls ideographisch, doch ergiebt sich ihre Bedeutung aus der rein syllabischen Variante *NA-BI-UV-KU-DU-UR-RI-U-TU-UR*, die sich auf den Ziegeln von Babylon vorfindet. Der Name Assyriens wird durch das Ideogramm für den Gott Assur 𒀭𒊹 mit dem Länderdeterminativum 𒆳 davor geschrieben. Die übrigen Worte sind sylbenweise vermittelst der gewöhnlichen Zeichen geschrieben, von denen ich ein Verzeichniss gegeben habe [1].

Das Keilschriftsystem wurde mit geringen Aenderungen dazu gebraucht, ausser den semitischen Mundarten Assyriens vier andere nicht arische [2] Sprachen zu schreiben: die turanischen Mundarten Chaldäa's [3], Mediens [4], Susiens und der Urartier. Um das sechste Jahrhundert vor unserer Zeitrechnung befassten die Iranier sich mit demselben und erkoren einige von den Zeichen dazu aus, ihre Sprachlaute wiederzugeben [5]. So kam das einfachste und am leichtesten lesbare Keilschriftsystem, das arische, zu Stande. Es besteht grösstentheils aus alphabetischen Zeichen, einige sind syllabisch geblieben

1) Zum Studium des Assyrischen wähle man Oppert, Expédition en Mésopotamie Band 2 und Grammaire assyrienne 2. Ausgabe Paris 1867; J. Ménant, Syllabaire assyrien 4º Paris 1869—1872 und Leçons d'épigraphie assyrienne 8º Paris 1874; Sayce, Assyrian Grammar 12º London 1872; E. Schrader, Die assyrisch-babylonischen Keilinschriften 8º Leipzig 1872 [Derselbe in der Zeitschrift der deutschen M. G. 1872. Bd. XXVI, 1 ff. Friedr. Delitzsch, Assyrische Lesestücke nach den Originalen herausgegeb. u. durch Schrifttafeln eingeleitet, Leipzig, 1876.] || 2) Daher der Name *anarische Keilschrift* für die bei diesen vier Sprachen gebräuchlichen Systeme. || 3) Fr. Lenormant, Études accadiennes, 1—3 Paris, 4º, 1872—1875. || 4) Norris, Memoir on the scythic version of the Behistun Inscription, in dem Journal of the R. Asiatic Society, Bd. XV, Theil I; [Oppert, in der Zeitschrift d. D. M. G. 1876, S. 1—5]. || 5) Oppert, Journal asiatique. VII Série, Bd. III, 1874, S. 238—245.

oder werden als Ideogramme verwandt. Es hat immer nur zum Schreiben der in den arischen Mundarten Persiens und Mediens abgefassten Inschriften aus der Zeit der Achämenidenkönige gedient, tritt gleichzeitig mit Kyros auf und verschwindet zwei Jahrhunderte drauf mit Dareios Kodomannos.

Die ägyptischen Schriftarten: das Alphabet, Syllabar und die determinativen Zeichen.

Als zur Zeit des Wiederauflebens der Wissenschaften sich die Gelehrten daran machten, die auf das Altertum bezüglichen Fragmente zu sammeln, zogen die Bücher, welche über die Schriftarten Aegyptens handeln, besonders die *Hieroglyphen* des Horapollo ihre Aufmerksamkeit auf sich. Durch die theils auf Irrtümern beruhenden theils falsch verstandenen Aussagen der Griechen und Römer wurden sie irregeleitet und stellten sich vor, jedes Hieroglyphenzeichen entspräche einem Begriffe. Zwei und ein halbes Jahrhundert lang vergeudeten die Gelehrten ihre Zeit damit, dass sie auf den spärlichen damals in Europa bekannten Denkmälern nach den ideographischen Zeichen forschten, deren Bedeutung in den klassischen Schriftstellern stand. Sie erfanden theils wie der Jesuit Kircher geistreiche Systeme vollständig aus dem Stegreif[1]), theils nahmen sie zum hebräischen, chaldäischen und chinesischen[2]) ihre Zuflucht, und suchten dort Analogien mit dem ägyptischen zu finden. Alle Anstrengungen waren vergeblich gewesen, und es schien, als solle Aegypten für immer ein versiegeltes Buch bleiben, da fand 1799 ein französischer Artillerieofficier, Boussard, bei Rosette eine Inschrift, welche in drei Schriftarten: hieroglyphisch, demotisch und griechisch abgefasst war. Aus dem griechischen Texte war zu ersehen, dass es ein feierlicher von den Priestern zu Ehren eines Ptolemäers des fünften dieses Namens, abgefasster Erlass war. Silvestre de Sacy[3]) und bald darauf der Schwede Akerblad[4]) studirten den demotischen

1) Kircher, Oedipus Aegyptiacus, fol. Romae 1652—1654, 3 Theile in 4 Bdd. || 2) De Guignes in den Mémoires de l'Académie des inscriptions et belles lettres XXIX, II, XXXIV, I. || 3) Lettre au citoyen Chaptal sur l'inscription égyptienne du monument de Rosette, 8º Paris 1802. || 4) Lettre sur l'inscription égyptienne de Rosette adressée au Cen. Silvestre de Sacy, A Paris, 1802. 8º.

Theil desselben, von dem man wegen seines kursiven Aussehens annahm, dass er alphabetisch sei. Mit wunderbarem Scharfsinn erkannte Akerblad einige Hauptcharaktere des neuen Systems heraus, das er vor Augen hatte, und stellte das erste demotische Alphabet auf, dessen Bestandtheile grossentheils nunmehr der Wissenschaft gewonnen waren. Hätte er mit Ausdauer auf dem Wege weiter gearbeitet, den er sich vorgezeichnet hatte, so hätte er vielleicht das Problem der ägyptischen Schriftarten gelöst. Ihn schreckte der schlechte Zustand des Hieroglyphentextes ab und er überliess es andern, sein Werk wiederaufzunehmen und den Schlüssel des Systems zu ergründen.

Bereits Zoega hatte wahrgenommen, dass die Ringe auf den Obelisken mit alphabetischen Zeichen geschriebene Königsnamen einschliessen mussten. Ein hochverdienter englischer Gelehrter, Th. Young, versuchte aus den Ringen wieder ein Alphabet herzustellen. Von 1814 an bis 1818 versuchte er sich an den verschiedenen Systemen der ägyptischen Schrift und sonderte auf mechanischem Wege die einzelnen Gruppen aus, aus denen der hieroglyphische und der demotische Text der Inschrift von Rosette bestand. Nachdem er den Sinn eines jeden mehr oder weniger genau bestimmt hatte, versuchte er zu lesen: es schien ihm, dass die Zeichen des Ringes [Hieroglyphen] den Namen des Ptolemaios wiedergaben, und doch gelang ihm nicht, den genauen Wert eines jeden festzustellen. Er fand heraus, dass [Hieroglyphe], [Hieroglyphe] und [Hieroglyphe] *P*, *T*, und *I* entsprachen, [Hieroglyphe] dagegen hielt er für ein überflüssiges Zeichen und gab dem liegenden Löwen [Hieroglyphe] den Silbenwert *OLE*, dem [Hieroglyphe] den Wert *MA* und [Hieroglyphe] den Wert *OS*, *OSH*. Durch diesen relativen Erfolg ermutigt entnahm er den Texten der *Description de l'Égypte* den Namen der Berenike und suchte den Laut der Hieroglyphen zu bestimmen, aus denen dieser bestand. Er analysirte [Hieroglyphen] und fand als Lesung [Hieroglyphe] = *BIR*, [Hieroglyphe] = *E*, [Hieroglyphe] = *N*, [Hieroglyphe] = *KE*, *KEN*. [Hieroglyphe] hielt er für bedeutungslos, ebenso [Hieroglyphe] und [Hieroglyphe]. Rechnet man ab, was er fälschlich herauszudeuten versucht hatte, so blieben im Ganzen fünf genau bestimmte Zeichen: ▯ *P*, ⌓ *T*, 𓇌 *I*, — *N*, und ⌁ *F*, *V*, die er erkannt hatte. Alle seine Anstrengungen, weiter vorzudringen, blieben fruchtlos: *Arsinoe* entzifferte er, wo der Titel *Autokrator* und *Euergetes* wo *Kaesar* stand[1]). Seine Vorstellungen waren theilweise die richtigen, seine Methode jedoch war unvollkommen. Er sah das gelobte Land von weitem, ohne es betreten zu dürfen.

Der welcher eigentlich die Bahn brach war François Champollion, der zum Unterschied von seinem ältern Bruder, Champollion-Figeac, Champollion le Jeune heisst. Von Kindheit an hatte er sich dem Studium der morgenländischen Sprachen und besonders dem des Koptischen ergeben. 1811—1814 veröffentlichte er die beiden ersten Bände eines grossen Werkes, betitelt: *l'Égypte sous les Pharaons*, in welchem er auf Grund koptischer Urkunden die politische Geographie von Aegypten wiederherstellte. Durch Vergleichung der Denkmäler mit den Handschriften gelangte er zu der Erkenntniss, dass die drei ägyptischen Schriftsysteme, das hieratische, demotische und hieroglyphische im Grunde nicht verschieden waren: hieratisch und demotisch waren nur fort und fort kursiver gewordene Umrisse der gewöhnlichen Schrift. Nachdem er der festen Ueberzeugung gewesen war, die Hieroglyphen seien nur Zeichen für Begriffe, erkannte er doch schliesslich, dass sie Lautzeichen waren und nahm um 1821 das Problem, welches Young ungelöst gelassen hatte, wieder in Angriff. Das erste in seinem an Dacier, den beständigen Sekretär der Akademie der Inschriften und schönen Wissenschaften, gerichteten Schreiben im September 1822 veröffentlichte Ergebniss seiner Arbeiten wurde mit einer mit gewissem Misstrauen gemischten Verwunderung entgegengenommen. Der zwei Jahre später erschienene *Précis du système hiéroglyphique* war für jeden, dem es ernst darum zu thun war, überzeugend und liess keinen Zweifel an der Glaubwürdigkeit der Entdeckung bestehen. Nachdem Champollion den Namen Ptolemaios in ▯ *P*, ⌓ *T*, 𓍯 *O*, 𓃭 *L*, ⊏ *M*, 𓇌 *I*, und 𓋴 *S* zerlegt hatte, prüfte er die Werte, die er dadurch erhalten hatte, an den Königsringen:

1) Th. Young, Archaeologia 1817, XVII, 60; Encyclopaedia Brit. 4 Ausgabe IV, Theil I; Account of discoveries in hieroglyphic literature, 8º London 1823.

37*

die er Berenike, Kleopatra und Alexander las und kam auf diese Weise zu einem Alphabet

welches er demnächst durch Analyse der übrigen dem griechischen oder römischen Zeitabschnitte angehörigen Königsnamen und später durch Studien über ältere Königsringe, wie über (Hieroglyphen-Kartusche) PSMTK, Psammetik XXVI Dynastie), (Hieroglyphen-Kartusche) THOTMS, Thutmosis (XVIII Dynastie) u. s. w. vervollständigte. Man konnte meinen, dass diese Art die Laute alphabetisch zu schreiben nur den Königsnamen eigentümlich sei und dass ausserhalb der Königsringe man lauter ideographische Zeichen antreffen würde. Champollion wies nach dass, wenn man sein Alphabet auf fortlaufende Texte anwandte, man dadurch in der Lage war in diesen nicht allein viele Worte sondern auch viele grammatische Formen der koptischen Sprache wiederzufinden. Man begehrte von ihm, er solle etwas anderes als Königsnamen entziffern; er übersetzte Sätze und wies nach, dass seine Uebersetzungen guten Grund hatten. Der Widerspruch wurde dadurch nur stärker, besonders bei denjenigen Gelehrten, welche sich auf die koptische Sprache verstanden oder verstehen wollten. Étienne Quatremère würdigte das System weiter keiner Prüfung, sondern verurtheilte es. Klaproth studirte es eigens, um es mit einem Misstrauen und einer Heftigkeit zu bekämpfen, welche sich selbst bei Champollion's Tode nicht beruhigte.

Trotz dieser Angriffe gewann die Wissenschaft die Vorurtheilslosen. Als 1832 Champollion starb, machten sich Ch. Lenormant und Nestor l'Hôte in Frankreich, Salvolini, Rosellini und Ungarelli in Italien, und bald darauf Leemans in Holland, Osburn, Birch und Hincks in England, und Lepsius in Deutschland mutig ans Werk. Die Schulen, deren Stifter sie waren, sind seit dem günstig gediehen, und in einem halben Jahrhundert hat die Aegyptologie ansehnliche Fortschritte gemacht. Emmanuel de Rougé, das zweite Oberhaupt der Schule nach Champollion, de Saulcy, Mariette, Chabas, Devéria, de Horrack, Lefébure, Pierret, I. de Rougé und Grébaut sind ihre Vertreter in Frankreich, Brugsch, Dümichen, Laut, Eisenlohr, Ebers und Stern in Deutschland, Pleyte in Holland, Lieblein in Norwegen, Goodwin und Lepage-Renouf in England; und sie gewinnt beständig von Tag zu Tag an Bedeutung. Ihre Forschungen gewinnen an Umfang, ihre Arbeiten an Gründlichkeit, und in wenigen Jahren werden die Aegyptologen die historischen und literarischen Texte mit derselben Sicherheit entziffern, mit der die Romanisten die Werke des Cicero und des Titus Livius lesen.

Im klassischen Zeitabschnitte (XII., XVIII.—XX. Dynastie) besass das ägyptische zweiundzwanzig verschiedene Laute und bediente sich je eines oder mehrerer Zeichen zur Wiedergabe derselben. Sie folgen hier in einer Uebersicht[1]:

A	𓇋	*U*	𓏲, 𓅱
Ạ oder *Ȧ*	𓄿	*W* oder *F*	𓆑
Ā oder *Â*	𓂝, 𓏃	*B* oder *V*	𓃀
I	𓇌, 𓏭	*P*	𓊪, 𓊬

1) [Auf dem zweiten internationalen Orientalistenkongress in London wurde folgendes Alphabet angenommen:

𓄿 *a*, 𓇋 *ȧ*, 𓂝 *ā*, 𓏭 *i*, 𓇌 *ī*, 𓅱 *u*;
𓎡 *k*, 𓎼 *ḳ*, 𓈎 *q*, 𓐍 *χ*, 𓉔 *h*, 𓎛 *ḥ*;
𓏏 *t*, 𓂧 *ṭ*, 𓆓 *ṭ*, 𓊃 *θ*, 𓋴 *s*, 𓈙 *š*;
𓊪 *p*, 𓃀 *b*, 𓆑 *f*, 𓂋 *r*, 𓃭 *l*, 𓅓 *m*, 𓈖 *n*.]

M

N

R — L

H

Ḥ oder *H'*

χ oder *Ch*

S

Ś, S', Sh

Q

G, K

Ḳ

T

D, Ṭ

T', Ts, Dj

Die zur Wiedergabe ein und desselben Lautes verwendeten Zeichen heissen *homophone*, gleichlautige. ist mit und homophon, d. h. alle drei Zeichen drücken ohne Unterschied in der Schrift den Laut *m* aus. Dass in den fünf Jahrtausenden, aus denen wir geschriebene Denkmäler besitzen, die ägyptische Phonetik einem Wechsel unterworfen sein musste, lässt sich denken. Bis jetzt sind die Aenderungen nur in den Zahnlauten und Kehllauten besonders zu verspüren. *T, Ts* wich allmählig dem *D*, dann dem *T*. Das Wort *MESTsETs*, *hassen*, wurde *MESTsED*, dann *MESDED*, dann und schliesslich *MESDI* oder *MOSTE* geschrieben. Beim gegenwärtigen Stande der Wissenschaft ist es uns nicht möglich, die meisten derartigen Veränderungen, die im Laufe von Jahrhunderten vor sich gegangen sind, herauszufinden.

Man stösst beständig in der Schrift mitten unter alphabetischen Zeichen auf andere, welche für sich allein je einen oder mehrere Laute, die eine Sylbe bilden, vertreten. Diese heissen *syllabische*.

A.

Aá

Aā

Ab

Ap

Am

An

Ar

As

At

Ad

A.

Ȧs

Ȧd

Ā.

Āa

Āb

Āf

Ām

Ān

Ār

Āš

Āq

Ād

I.

Ei

U.

Uȧ

Uā

Uab

Uȧb

Un

Ur

Uȧḱ

Us

Ut

Uṭ

B.

Bȧ

Bḱ

Bs

Bt

F (W).

Fȧ

Fu

Ft *Fnt*

P.

Pȧ

Pr

Pḱ

Pχ

Pq, Pg

Pd, Pt

M.

Ma

Mȧ

Mā

Mu

Mn

Mr

Mḱ

Ms

Mt

N.

Nu
Nb
Nf (Nw)
Nm (*nṯm*). (*χnm*)
Nn
Nr
Nḫ
Ns
Nt
Nṯ (Nts)

R.

Rr
Rḫ
Rs
Rd, Rṯ

H.

Hb
Hn

H'.

H'à
H'ā
H'u
H'b
H'p
H'm
H'n
H'r
H'ḫ
H's
H'q
H't. H'ṯ

χ.

χà
χā
χu
χb
χp (*χpr*)
χm
χn
χr

S.

Sa
Su
Sb
Sp
Sm (*sχet*).
Sn
Sr

Sh

Sk (*sbk*).

St

Stm

S' (Sh).

S'à

S'u

S'n

S'w (*S'f*)

S'p

S'r

S's

S'tp

K.

Kb

Kp

Km

Kn

Ks

G.

Gr

Q.

Qà

T.

Ta

Tà

Ti

Tp

Tm

Tn

Tr (*rnpt*)

Ts

D (Ṭ).

Du

Db

Dp

Dm (*tsm*).

Dn

Dud

Ts (T').

Tsa

Tsr

Tsd

Die meisten syllabischen Zeichen waren *polyphon*, d. h. sie konnten verschiedene Laute annehmen. Um der Unsicherheit, welche aus ihrer mannigfachen Bedeutung hätte hervorgehen können, aus dem Wege zu gehen, war man darauf bedacht, ihnen eins oder mehrere *phonetische Komplemente* beizufügen, d. h. einen oder mehrere von denjenigen Buchstaben aus denen die lautliche Gestalt des Wortes bestand. So entspricht sowol dem Laute *Ab* wie dem Laute *Mer*; brauchte man es in der Bedeutung *Ab*, so liess man ein *b* darauf folgen, sollte es *Mer* bedeuten, so schrieb man . kann ebensowol *Ad* wie *Sem* oder *Sotem*, *Den* oder *Ten* gelesen werden; finde ich in einem Texte die Gruppe $= x + M$, so muss ich, da der Buchstabe *M* weder in *Ad* noch in *Den* vorkommt, ihm die Bedeutung *Sem* oder *Sotem*, *hören*, beilegen. Finde ich dagegen oder , so muss ich *Ad* oder *Den* lesen. Hatte der Schreiber unterlassen, diese Vorsichtsmassregel zu treffen, so ergab der Zusammenhang den Sinn des Wortes und damit den Lautwert des Zeichens in einer Weise, welche jeden Irrtum unmöglich machte. So muss man in der Redewendung *Ausen sotem* (oder *ad* oder *den*) *cheru-f*, *sie ....., seine Stimme*, notwendigerweise das Zeichen mit *vernehmen*, *hören*, übersetzen und daher auch mit Notwendigkeit *sem* oder *sotem* lesen. Kurz, man kann die syllabischen Zeichen isolirt verwenden: *Kon*, *neb*, *nub*, oder sie auch mit einem oder mit mehreren alphabetischen Zeichen verbinden, welche den Lauten entsprechen, aus denen sie bestehen. In diesem Falle können sie treten:

1) hinter alle alphabetischen Zeichen, deren syllabisches Aequivalent sie sind: *Nofem* süss, angenehm; *As*, *Flöte*, *Schilf*;

2) Zwischen zwei von den alphabetischen Zeichen: *Nofem*, *As*;

3) Vor jedes oder vor einen Theil der alphabetischen Zeichen: *Nofem*, *As*.

Neben den alphabetischen Zeichen trifft man schliesslich eine grosse Zahl von ideographischen Zeichen an. Stellenweise dienen diese zur schriftlichen Wiedergabe eines Begriffes, für den die Sprache ein mehr oder weniger langes Wort hat: 𓊹 wird 𓊹 *Nuter* gelesen und bedeutet: *Gott*; ☥ wird 𓋹 *ānχ* gelesen und bedeutet: *Leben*. Meist werden sie gar nicht gelesen und gehören der Klasse der *Determinative* an. *Determinative* nennt man die begrifflichen Zeichen, welche hinter den lautlichen Ausdruck eines jeden Wortes in der Weise gesetzt werden, dass sie für das Auge in einem Bilde den Gegenstand oder den Begriff veranschaulichen, dessen lautlicher Ausdruck uns in den voraufgehenden Zeichen gegeben ist. Das Wort 𓎛 *Brod* besteht aus zwei Theilen; der erste 𓎛 ist phonetisch und wird von dem Silbenzeichen 𓎛 *Āq*, und dessen Komplement ⊿ *q*, gebildet; der zweite stellt den Gegenstand selbst, ein *Brod* vor. Es giebt zwei Arten Determinative. Die einen gehören nur einem Gegenstande oder Begriffe an; das sind die *speziellen* Determinative. Das Ohr 𓂈 ist ein spezielles Determinativum, denn man braucht es ausschliesslich bei denjenigen Worten, welche den Begriff Ohr ausdrücken: 𓂈 *Mest'er*; ☥𓂈 *Ānch*; 𓂈 *Den*. Die andern sind *generelle*, d. h. sie treten hinter eine grosse Anzahl von Wurzeln, die dem Sinne nach nur entfernt mit einander in Beziehung stehen. So determinirt 𓀁 1) alle Worte, welche eine materielle Thätigkeit des Mundes ausdrücken: 𓀁 *āmi*, *essen*; 𓀁 *sura*, *trinken*; 𓀁 *uānā*, 𓀁 *cheru*, *rufen*, 𓀁 *t'od*, sprechen. 2) alle Worte, welche einen solchen abstrakten Begriff bezeichnen, der eine materielle Thätigkeit des Mundes zur Folge hat oder zur Folge haben kann: 𓀁 *chen*, *nachsinnen*; 𓀁 *rech*, *kennen*, *wissen*; 𓀁 *ap*, *beurtheilen*. Wenn ein Wort mehrere Determinative hat, so gibt gewöhnlich das letzte von ihnen den Sinn der Wurzel an. 𓃗 *K'eter*, hat das Determinativum für Jahreszeiten 𓆳 oder 𓆳 in erster Reihe, dann das Ross 𓃗, und bedeutet: *Ross*, *Rossegespann*.

Determinative gibt es in sehr ansehnlicher Zahl. Von denjenigen, welche am häufigsten in den Texten vorkommen folgt hier eine Liste.

1) (*PE*) Himmel, Decke: 2) sich erheben, Höherstehendes.

, Nacht, Dunkel.

1) [*Rā*] Sonne, Licht, oder Mangel an Licht; 2) Zeiteintheilung.

Bergland, dann: Ausland, weil Aegypten ein ebenes Land ist.

1) Landgebiet; 2) Stadt oder Dorf.

Nomos.

, Wasser und alles was mit Bewässerung, Waschen, Reinigung und Durst zusammenhängt.

Feuer, Wärme, Flamme.

, gewöhnliche Männer und Weiber.

, Götter, Vorfahren, Könige, alle Personen, denen man Hochachtung zollt.

alle Thätigkeiten 1) des Mundes, 2) des Gedankens.

Ruhe, Ungestörtheit, Schwäche.

, Anbetung.

1) Gottlosigkeit, Verbrechen; 2) Feinde.

1) Höhe; 2) Jubel, Freude.

1) Oberhaupt; 2) Würde.

1) Kinder; 2) Erziehung; 3) Erneuerung.

1) Balsamirung; 2) Riten, Gebräuche; 3) Bilder, Gestalten.

1) Haupthaar, Haare; 2) Schwärze; 3) Trauer.

1) Sehen; 2) Wachen; 3) Wissenschaft.

, 1) Geruch; 2) Athmen; 3) Freunde, Vergnügen; 4) Trauer; 5) Gefängniss.

, 1) Nahrung; 2) Wort; 3) alles erdige; 4) allein. Distrikte und Städte.

jede einen Kraftaufwand erheischende Thätigkeit.

Abgelegenheit, Ferne.

Geben nach verschiedenen Richtungen.

1) Vierfüssler; 2) Haut und Gegenstände aus Haut.

Glieder.

Vögel und Insekten.

1) Kleinheit; 2) Schlechtigkeit, Bosheit.

Bäume.

Holz.

1) Kräuter; 2) Pflanzen im allgemeinen.

Baulichkeiten.

1) Wege; 2) Fortbewegung; 3) verflossene Zeit.

Stein.

1) Barken; 2) Schifffahrt; 3) Reise.

1) Wind; 2) Frische.

1) Schriften, Bücher; 2) Malerei; 3) alle abstrakten Begriffe.

1) Schrift; 2) Malerei; 3) Band, Fessel.

Zeug.

verschiedene Flüssigkeiten, Wein, Milch, Wohlgerüche, u. s. w.

körnige Stoffe, Getreide, Farben, Sand u. s. w.

1) Balsamirung; 2) Rechnungen, Berechnungen.

Um die Art und Weise, in welcher die verschiedenen Bestandtheile, aus denen die ägyptische Schrift bestand, sich ergänzten, besser verständlich zu machen, mag es mir erlaubt sein, eine der grossen Siegesstele des Thotmes III. entlehnte Stelle in Umschreibung und Analyse mitzutheilen:

Die erste Gruppe wird *ei* gelesen, besteht aus dem syllabischen Zeichen und dem Buchstaben, und bedeutet *kommen*. — *n-i*. N zeigt die Vergangenheit, und *i* das Fürwort der dritten Person des Singulars an. *Ei-n-i* wird also *ich bin gekommen* übersetzt. 𓂝 *Du*, ist *geben*, 𓀀 *i*. ist wieder das Fürwort der ersten Person: *Du-i*, *ich gebe*, *ich gewähre*. 𓏏𓄿𓏏𓄿 *tata*, durch 𓂡 determinirt, bedeutet: *vernichten*, *umbringen*; 𓎡 *k*, ist das Fürwort der zweiten Person, maskulinisch im Singular. *tatak*, *du vernichtest*. Das Zeichen 𓅨 dreimal wiederholt, um die Mehrheit zu bezeichnen, wird *ur*, *oër*, *Grosser*, *Häuptling*, gelesen. 𓏏𓅂𓉐 mit dem Zeichen für Ausland 𓈉 determinirt, ist der Name der Küste von Kanaan, *Tahi*; *oër-u Tahi* sind *die Grossen des Landes Tahi*. Alles in allem bilden diese Worte das erste Satzglied: *EI-N-I DU-I TATA-K OER-U TAHi*, *ich bin gekommen*, *ich gewähre dir zu vernichten die Grossen von Tahi*. Im zweiten Satzgliede findet sich 𓊃𓋴 *ses'*, *werfen*; 𓋴𓏏 *set*, das Pronomen der dritten Person in der Mehrheit; 𓐍𓂋 *cher*, *unter*; 𓂾𓂾 ein ideographisches Zeichen, welches *rat*, die Füsse, gelesen wird; 𓎡 *k*, *du*: 𓐍𓏏 *chet*, wörtlich *in Folge von*, ein adverbieller Ausdruck, der *mit* bedeutet: 𓈉 *set*, der Mehrheit halber dreimal wiederholt: *set-u*; 𓋴𓈖𓏥 *sen* das Fürwort der dritten Person in der Mehrheit, auf dessen alphabetische Bestandtheile *s* und *n* die drei Striche III das ideographische Zeichen der Mehrheit, folgen. Fassen wir alle diese Angaben zusammen, so haben wir das Satzglied: *SeS'-I SeT CheR RaTeK CheT SeT-U SeN*, *ich werfe sie* (die Grossen) *unter deine Füsse*, *dazu ihre Länder*[1].

Die Hieroglyphenschrift wurde nur auf Denkmälern öffentlicher oder privater Art angewandt. Zum Gebrauche im gewöhnlichen Leben und zur Vervielfältigung literarischer Werke bediente man sich einer kursiven aus den Hieroglyphen abgeleiteten Schrift, welcher man in der Neuzeit den Namen *hieratische* gegeben hat. Während die Hieroglyphen ebensogut von der rechten zur linken wie von der linken zur rechten geschrieben wurden, wurde die hieratische Schrift stets von rechts nach links geschrieben. Ich lasse einige Proben davon folgen. Die erste ist dem Papyros Prisse (XI. Dynastie) entlehnt[2].

---

1) [vergl. Seite 205]. || 2) Pap. Prisse. Taf. V, Zeile 1.

und lautet in buchstäblicher Umschreibung:

BaN BU *eM* *ChoPeR* *NOFER RU*
Bösen zum wird Das Gute

Die beiden nächsten führen uns zur XIX. Dynastie:

MU *N* *UA* *ChoPeRU* *Dut* *Hi* *Rā* *Pā* *AU*
Wasser ein sein geben im Sonne die es war[1])

eF *RaN* *Uas* *M* *NaChTU*
sein Name [ist] Thebais in Stärke[2])

Das letzte gehört dem griechisch-römischen Zeitraume an:

NuB *eM* *Bak* *eM* *K* *ChoPRU* *NeK* *ArU*
Gold von Sperber zum deine Verwandlung Du machtest[3])

Zwischen der einundzwanzigsten und sechsundzwanzigsten Dynastie wurde das hieratische System aus Rücksicht auf einen bequemeren Gebrauch bei Handelsgeschäften vereinfacht. Die Schriftzeichen wurden abgekürzt, ihre Zahl und ihr Umfang wurde verringert, und es entstand daraus eine dritte, die volkstümliche oder *demotische* Schriftart, welche seit Shabak's und Taharqa's Regierung bei Handelsverträgen verwendet wurde. Bei den Schwierigkeiten, welche die Entzifferung bietet, und dem trocknen Inhalte der bis jetzt bekannten Texte hat man das Studium des demotischen weniger gepflegt. Folgende Stelle:

1) Pap. d' Orbiney, Taf. VI, Zeile 6. [„Es liess die Sonne ein Gewässer entstehen"]. || 2) Pap. Sailler III, Taf. I, Zeile 6. [„Stärke in der Thebaïs ist sein Name", von einem Rosse des grossen Ramses gesagt.] || 3) Pap. von Bulaq No. 3, Taf. 3, Z. 20. [„Du verwandeltest dich in einen goldnen Sperber"].

N-AM-F AUF eN P-To MA RaCh eF AN

an dem er war der Welt den Ort wusste er nicht[1])

mag zeigen, was aus der breiten und kühnen Schrift der alten Schriftgelehrten in der Hand der letzten Aegypter geworden war.

Ursprung des phönizischen Alphabets und der von ihm abgeleiteten arischen Formen.

Die Assyrer waren bei der Silbenschrift stehen geblieben, die Aegypter hatten zwar alphabetische Schriftzeichen erfunden, konnten sich jedoch von den Silben und Ideogrammen, den Homophonen und Polyphonen nicht losmachen, erst die Phönizier erfanden das eigentliche Alphabet[2]).

Champollion hatte gleich zuerst die Behauptung aufgestellt, dass das phönizische Alphabet von den ägyptischen Hieroglyphen abstamme[3]). Von Salvolini[4]) wurden seine Ansichten weiter ausgeführt, von Ch. Lenormant und Van Drival modificirt, erhielten aber erst ihre wissenschaftliche Bestätigung, als de Rougé seinerseits das Problem in Angriff nahm und es löste[5]). Er führte den Beweis, dass als die Hirten über Aegypten herrschten, die Kananäer unter den Formen der Kursivschrift eine bestimmte Anzahl von Zeichen auswählten, welche den Grundlauten ihrer Sprache entsprachen. Seine Beweisführung, welche Lauth, Brugsch und Ebers in Deutschland ebenfalls dargestellt haben, wurde als durchschlagend angenommen, und ihre Ergebnisse wurden allgemein anerkannt[6]).

Das phönizische Alphabet besteht aus zweiundzwanzig Buch-

1) Demotischer Roman, Taf. 3, Zeile 1 [„er wusste nicht an welchem Orte der Welt er sich befand"]. || 2) Plato, Phaedon, S. 274; Diodor, 1, 5, 7; Tacitus, Annalen, XI, 14; u. s. w. || 3) Lettre à M. Dacier, S. 80. || 4) Analyse grammaticale de l'inscription de Rosette, S. 86 ff. || 5) In einer 1859 vor der Académie des inscriptions et belles lettres verlesenen und 1872 von J. de Rougé veröffentlichten Abhandlung. || 6) Halévy versuchte zu beweisen, dass die phönizischen Schriftzüge nicht von den hieratischen, sondern von den hieroglyphischen Formen der ägyptischen Schrift abgeleitet wären (Mélanges d'épigraphie sémitique, S. 168—189).

staben, zwanzig von ihnen sind so wenig verändert, dass man ihr ägyptisches Vorbild auf den ersten Blick wiedererkennt, die andern lassen sich, ohne gegen die Gesetze der Wahrscheinlichkeit zu verstossen, auf hieratische Typen zurückführen[1].

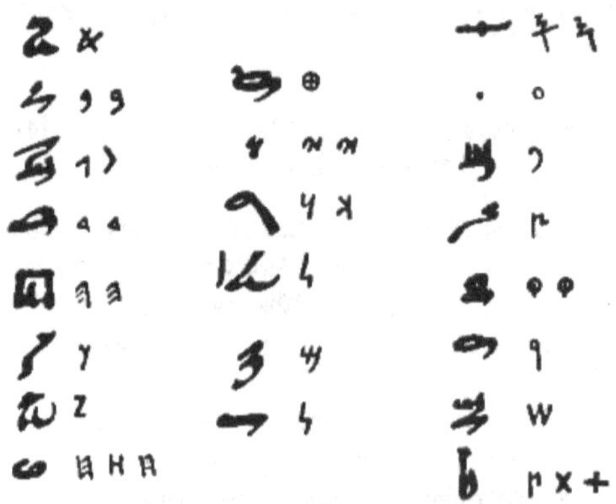

Dies zunächst im Lande Kanaan zur Anwendung gekommene Alphabet veränderte sich je nach der Oertlichkeit, und es wurde daraus allmählich das aramäische, palmyrenische und hebräische Alphabet. Von den Sidoniern und Tyrern wurde es überall hingeführt, wo sie durch ihren Handel hinkamen, und so zum gemeinschaftlichen Stamme, von dem sich alle Alphabete der bekannten Welt vom Indus und der Mongolei bis nach Gallien und Spanien hin abzweigten. Um die Systeme, welche bei den Völkern des äussersten Morgenlandes und fernsten Abendlandes aus ihm hervorgingen, haben wir uns hier nicht zu kümmern, es mag uns genügen zu zeigen, wie es von Phönizien nach Griechenland und von Griechenland nach Italien hinüberkam.

Die Griechen wussten um den phönizischen Ursprung ihres Alphabets. Diejenige Ueberlieferung welche bei ihnen am meisten

---

1) De Rougé, Mémoire sur la propagation, Taf. 1.

Glauben fand, schrieb Kadmos die Ehre zu, zuerst die Schrift auf das Festland von Europa gebracht zu haben[1]. Andere Sagen nannten statt des Kadmos den Orpheus[2], Linos[3], Musaios[4] und vorzugsweise den Palamedes. Palamedes' Anrechte an der Erfindung, oder vielmehr an der Verbreitung des Alphabets schienen so gut begründet zu sein, dass man eine Kombination zu finden versuchte, welche ihm seine Ansprüche liess und doch den Ruhm des Kadmos nicht antastete. Man nahm an Kadmos hätte ein Alphabet von 16 oder 18 Buchstaben nach Griechenland mitgebracht und Palamedes habe es dann später vervollständigt. Die ursprünglich *Kadmischen Buchstaben* waren nach Einigen: *Α*, *Β*, *Γ*, *Δ*, *Ε*, *Ι*, *Κ*, *Λ*, *Μ*, *Ν*, *Ο*, *Π*, *Ρ*, *Σ*, *Τ*, *Υ*, nach Andern: *Α*, *Β*, *Γ*, *Δ*, *Ε*, *Ζ*, *Ι*, *Κ*, *Λ*, *Μ*, *Ν*, *Ο*, *Ρ*, *Σ*, *Τ*, *Υ*, *Φ*. Die Buchstaben des Palamedes waren an Zahl bald 3: *Θ*, *Φ*, *Χ*, bald 4: *Ζ*, *Φ*, *Θ*, *Χ*, oder auch *Η*, *Ψ*, *Φ*, *Χ*, und noch andere[5]. Die moderne Wissenschaft hat bewiesen, dass wie in vielen andern Dingen so auch hinsichtlich des Alphabets die Griechen sich ihrer Einbildungskraft zu vorschnell überliessen. Das Kadmische Alphabet bestand aus zweiundzwanzig Buchstaben des phönizischen, welche mehr oder weniger verändert waren, um den Bedürfnissen der griechischen Lautlehre zu genügen. Die sanften Kehllaute und Halbvokale der semitischen Sprachen waren in den hellenischen Mundarten nicht zu brauchen und wurden in wirkliche Vokale umgewandelt: 𐤀 in Α, *a*; 𐤄 in Ǝ, *e*; 𐤅 in Y, ϒ, *u*, *y*; O in O, *o*; 𐤉 in I, *i*. Die Aspirate 𐤇 erhielt doppelte Bedeutung, sie wurde je nachdem ein langer Vokal oder ein Zeichen der Aspiration. Aus dieser veränderten Bedeutung entstand ein Alphabet, welches uns in den archaischen Inschriften von Thera vollständig erhalten ist (S. 595).

In den ältesten Texten wird es wie sein phönizisches Urbild von rechts nach links geschrieben: dann kam die Sitte auf, die Buchstaben in gewundenen Zeilen um Darstellungen, welche die Denkmäler verzierten, herumzuschreiben. Diese Anordnung erinnerte

---

1) Herodot V, 58. || 2) Alkidamas, Contr. Palamed. S. 75. Bd. VIII ed. Reiske. || 3) Diodor III, 67, 1. || 4) Bekker, Anecdota graeca, Bd. II, S. 783. || 5) Servius, zur Aeneis, II, 83; Plutarch, Symposiaca, IX, 3; Plinius, N. H. VII, 56, u. s. w.

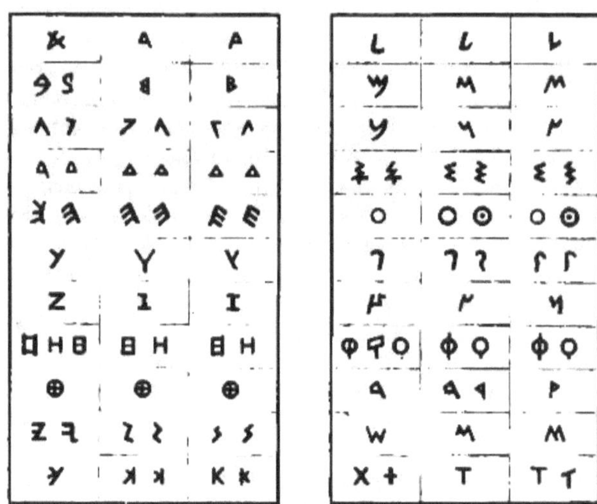

Archaische Alphabete von Thera.

damals an die Bewegung des an den Pflug gespannten Stiers, den der Landmann umwenden lässt, um neben der ersten Furche eine zweite zu ziehen. Man gab ihr den Namen *Bustrophedon*, und dieser ist ihr verblieben. Später liess man an Stelle der gewundenen Linien gerade Parallellinien eintreten, in welchen die Richtung der Schriftzüge regelmässig wechselte; die erste Zeile war von rechts nach links, die zweite von links nach rechts, und so weiter bis zum Ende des Textes geschrieben. Die Bustrophedonschrift bildete den Uebergang von den semitischen Schreibweisen, in denen die Zeilen von rechts nach links, und der europäischen, in der sie stets von links nach rechts gelesen werden.

Das kadmische Alphabet wurde je an verschiedenen Orten sehr bald verschiedentlich abgeändert und bildete Unterarten, welche man mitunter in zwei, mitunter in vier Klassen theilt: 1) die *äolisch-dorischen* in Böotien, auf Euböa und in den Kolonien von Chalkidike, in Phokis, Lokris, Lakonien, Elis, Achaia und dessen Kolonien, auf Aigina, in Megara, auf Kephalene, in Thessalien und Gross-Griechenland üblichen Alphabete; 2) das attische

38*

Alphabet; 3) die Alphabete der Inselgriechen; 4) das ionische Alphabet. Das vollständigste, das äolisch-dorische, hat achtundzwanzig Zeichen, die einer gleichen Zahl verschiedener Laute entsprechen. Das unbequemste ist das attische. Sie blieben alle bis ins fünfte Jahrhundert vor unserer Zeitrechnung im Gebrauch. Im zweiten Jahre der Olympiade 96 (403 vor J. Chr.) entschlossen sich unter dem Archontate des Enkleides die Athener dazu das ionische, aus vierundzwanzig Buchstaben bestehende Alphabet anzunehmen und bald folgten alle griechischen Völkerschaften ihrem Beispiele. Es gab fortan nur noch ein gemeinschaftliches Alphabet:

Α Β Γ Δ Ε Ζ Η Θ Ι Κ Λ Μ Ν Ξ Ο Π
Ρ Σ Τ Υ Φ Χ Ψ Ω

welches in der Anordnung und in der Beschaffenheit der Buchstaben von dem ehemalig kadmischen merklich abwich.

a	A A
b	B B
g	Γ
d	Δ Δ
e	E E E
v	F F
z	[illegible]
i	I
k	K K
l	Λ
m	M M M
n	N
o	O O
p	Γ Γ
r	P P
s	Σ Σ Σ
t	T T
u	Y
ph	Φ

Phrygisches Alphabet.

Das kadmische Alphabet verbreitete sich von Griechenland aus über alle umliegenden Länder. Kleinasien hat uns noch nicht mit so viel Denkmälern versorgt, dass wir die Geschichte der Umwandlungen genügend verfolgen könnten, welchen die ursprüngliche phönizische Schrift bei den verschiedenen Völkern an der Küste und im Binnenlande unterworfen war. Nur aus Denkmälern jüngern Datums ist das lykische und das phrygische Alphabet uns bekannt. Beide bergen einen beiden gemeinschaftlichen Grundbestand von griechischer, nicht unmittelbar phönizischer Herkunft, denn sie besitzen die von den Griechen zu den zweiundzwanzig sidonischen Buchstaben hinzugefügten Buchstaben *F*, *Φ*, *X*. Doch haben die Lyker, da ihre Sprache ein feines und verwickeltes Vokalsystem besass, die Zeichen für die Vokale vermehrt. In denjenigen Zeichen, welche dem *u* entsprechen, erkennt man als Urbestandtheil das dem kadmischen Alphabete entlehnte *V* oder *Y* wieder, doch haben die Zeichen für *ā*, *ī*, *ū*, *v* und *ö* eine willkürliche Gestalt und entsprechen keiner bekannten Form dieses Alphabets. Einzelne

Denkmäler in Karien haben andere als phrygische und lykische Schriftzüge. Es ist das eine Schriftmischung, in der einige Buchstaben mit kadmischen Vorbildern in Verbindung zu stehen scheinen; andere kommen anscheinend unmittelbar aus dem Phönizischen, andere endlich haben ein durchaus eigenartiges Aussehen. Ein ernstlicher Versuch, die karisch abgefassten Texte zu entziffern und die Bedeutung der Zeichen, aus denen das Alphabet besteht, mit Sicherheit festzustellen, ist nicht gemacht worden.

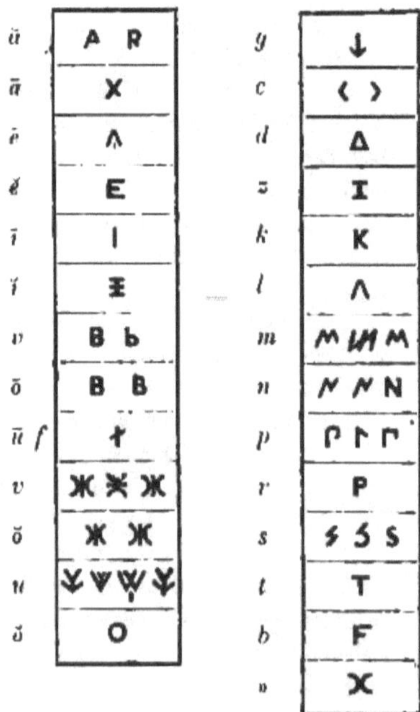

Lykisches Alphabet.

Hätten die italischen Völker ihre Schriftarten unmittelbar von den Phöniziern entlehnt, so würde man schwerlich dafür eine Erklärung finden, dass im etruskischen Alphabete Buchstaben vorkommen, die nicht phönizischer Herkunft sind. Mit Recht hat Tacitus

Inschrift von Perusia	Etruskische Spiegel	Inschrift von Florenz
ᗅ A	ᗅ ᗅ ᗅ	A A ᗅ A
⅂	˥ C	ↄ ›
∃	Ǝ ∋ Є	Ǝ Ǝ ∋
⅄ ꟻ	⊐ ꟻ ⊏	⅂ ⊐
		ǂ Z
⊡	B ⊟ H	⊟ B Θ
◇	O ⊙ ◈ ⊡	O ⊙
I	I	I
ꓘ	ꓘ	ꓘ
M M	M M M	M M M

Inschrift von Perusia	Etruskische Spiegel	Inschrift von Florenz
M	M	M
Λ	P	Ⴖ
⋈		M
ᗡ	q	
ʅ	Ɛ	Σ
†	T	T
V	V	V
Φ		Ø
↓	Y	↓
8	♀	8

A A A	A A	A
B B	B	B
‹ C	C	C
D	D	D
E E II	E II	E
F F I'	F I'	F
	G	G
И	H	H
I	I	I
K ⊧	K	K
⅃	⅃ L	L

M M	M M M	M
N N	N N	N
◇ O O	O	O
Γ P	P P	P
Q Q	Q	Q
R R	R	R
ϟ S	S	S
T	T	T
V	V	V
X	X	X

Lateinische Alphabete.

behauptet, die Etrusker hätten den Gebrauch der Schrift von den Griechen erhalten[1]), und dass man diese seine Behauptung auch auf die übrigen italischen Völker auszudehnen hat, ergibt die Denkmälerforschung. Von den griechischen Ansiedlern in Sizilien und Kampanien wurde das äolisch-dorische Alphabet nach Italien verpflanzt und bildete sich daselbst in zwei Grundformen, der etruskischen und lateinischen aus. Die etruskische hängt mit den umbrischen,

A A	A A	M M	M M
B B	B B	N	N
‹ C	‹ C	◇ O	◇ O
▷ D	D	Γ	Γ P
€	€ E	Q	Q
F	F F	P R	P R
I	‡	ϟ S	ϟ S
H	H	T	T
⊗		V	V
I	I	X	X
K	K	Φ	
L	V	Ψ	

Das griechisch-kampanische und das lateinische Alphabet.

oskischen und sabellischen in Mittelitalien und mit den euganeischen, rhätischen und salassischen im Pothale zusammen. Das lateinische Alphabet bestand zunächst aus einundzwanzig Buchstaben, die mit *X* (wie es Quintilian nennt[2]), *ultima nostrarum*, der letzte unserer einheimischen Buchstaben) schlossen. Später wurde es durch *Y*

1) Annalen, XI, 14. ‖ 2) Institut. orat. I, 4, 9.

und *Z* vervollständigt und wurde zur Grundform, aus der mit einigen Veränderungen sämmtliche gegenwärtig bei den Völkern romanischer, germanischer und slavischer Rasse üblichen Alphabete stammen[1]).

1) Die auf Seite 595, 596, 597, 598 und 599 in den Text eingeschalteten Alphabete sind dem Aufsatze Lenormant's über das Alphabet in dem Dictionnaire des Antiquités Grecques et Romaines von Daremburg und Saglio, Bd. I, S. 188—218, entlehnt. [Vergl. auch noch über die Geschichte des griechischen Alphabets, Lenormant, in der Revue archéologique, N. S. 1867, Bd. XVI, S. 273—278; 327—342; 422—439, Bd. XVII, 189—206; 279—292].

Nachträge und Berichtigungen.

Seite 5, Anm. 2. Holsten (Stephanus Byz. Bd. II., S. 261) scheint eine ähnliche Erklärung von *Πείμυρις* im Sinne gehabt zu haben, wenn er dafür *Πέραμις* zu lesen vorschlug. Prof. Maspero macht mich darauf aufmerksam, dass durch Marx's Korrektur *ἀπὸ τῆς τοῦ σχήματος ὁμοιότητος* nur eine Erklärung für den Ausdruck *Δέλτα* wäre, was auch Holsten zulässt. Es wäre dann also davon abzusehen, dass den Griechen *Ptimyris* wie *Piremus* geklungen und sie auf die Bezeichnung Delta gebracht habe. Die Deutung = *peto-mera* hat Reinisch, der aber fälschlich *πτέμυρις* schreibt (Ueber die Namen Aegyptens in der Pharaonenzeit; Sitzungsberichte der wiener Akademie, Bd. 36, 1861, S. 76) bereits vorgeschlagen und auch von Lepsius (in Herzog und Plitt, Realencyklopädie der protestant. Theologie und Kirche, I., Leipzig 1877, S. 177) wurde sie befürwortet. — R. P.

S. 16, Anm. 2. Vergl. auch: Hermann Almquist, Den semitiska språkstammes pronomen I., Upsala 1875 (Aârskrift 1875). — R. P.

S. 31, Anm. 1. *maâcher* scheint mir »Geber« oder »Spender des Wortes« d. h. Jemand der die Gottheit anbetet, den »Frommen«, »Gläubigen« zu bezeichnen. Es ist nämlich zu beachten, dass es von Lebenden sowohl wie von Todten, und zwar von ersteren bei der Ausübung einer gläubigen Handlung (wie von dem für seinen Vater Seti betenden Ramses II. auf der Königstafel von Abydos), und von letzteren vorzugsweise (weil diese ja, wie das Todtenbuch zeigt, in beständigem Gebete begriffen gedacht sind) in Anwendung kommt. Es scheint mir diese Deutung schon als die am wenigsten abstrakte den Vorzug zu verdienen. Somit wäre hier statt »Zeuge der Wahrheit« *Geber des Wortes* zu übersetzen und weiterhin würde es (Zeile 11 u. 12] statt »auf höchsten Befehl« »*darbringend das Wort* (d. h. *betend*) *zu deiner Mutter Nut*« lauten müssen. — G. M. — Ich habe nach dieser Erklärung nur Seite 32, Zeile 3, (wo bei der Korrektur der Wortlaut vom Verfasser durchweg geändert war), *maâcher* in seinem Sinne übertragen. Ich schliesse mich der Deutung des Verfassers in soweit an, als er in diesem Worte die Bezeichnung für die regelrechte, liturgienmässige, Hersagung von Sprüchen sieht, möchte es aber als ein Kompositum fassen, dessen erster Bestandtheil nicht das Wort **maâ** »geben« sondern *maâ* »wahr«, »richtig«, »ächt«, »treu« enthält (Vergl. den Sprachgebrauch in Zeile 1 der Inschrift des Amenemheb; auch Abels koptische Untersuchungen S. 23—24), so dass ich beispielsweise *maâcher-k* mit »treu« oder »untrüglich« [ist] »dein Wort« übersetzen würde. Bei Verstorbenen liegt es am nächsten dies auf das beim Todtengerichte abgelegte Bekenntniss zu beziehen; dass es auch von Göttern verwandt wird mag allerdings befremdlich scheinen, denn sollte der Gott keine stärkere Waffe gegen seine Widersacher als das betende Wort besitzen? Es wird das nur erklärlich, wenn wir uns dabei vergegenwärtigen, einen wie ausgedehnten Gebrauch die alten Aegypter von stereotypen Formeln machten, welchen Aufwand ihre heilige und medizinische Literatur mit frommen Sprüchen, meist dem krassesten Galimatias, trieb. Wie das ganze diesseitige und jenseitige Wohl des Erdenbürgers mit der Kenntniss der für jede Lage auf Erden und in der Unterwelt vorgeschriebenen Litaneien verknüpft war, so sollte auch der Gott seine göttliche Gewalt, sollte das Gute den Sieg über das Böse nur der Kraft gewaltiger Zauber- und Bannsprüche verdanken. Eine psychologische Parallele dazu ist die Vergötterung und Personifizirung, welche dem heiligen Worte durch die indischen Priester zu Theil wurde. — R. P.

S. 31, Anm. 1. Der *Nehahi* (oder *Nehaher*) gehört zu den beisitzenden Dämonen des Todtengerichts (vergl. *Nehaher per em Rosta*, Lepsius, Todtenbuch Kap. 125, d, obere Zeile 18; Brugsch S'ai an sinsin S. 22) und wird als solcher löwenköpfig auf dem Sarkophage des Bokenranf im berliner Museum abgebildet. — R. P.

S. 35, Anm. 5. Vergl. Lepsius, Denkmäler III., 209, B und Lefébure, les quatres races au jugement dernier, in den Transactions of the Society of biblical Archaeology, Bd. IV., S. 44—48. — R. P.

S. 64, Z. 12. Hofalmanach] Der Ausdruck rührt von Lepsius her. — G. M.

S. 71, Z. 11 lies: noch einige Urkunden.

S. 71, Anm. 2. *Hordudef* wird im Liede aus dem Hause König Entef's als grosser Gelehrter bezeichnet (Papyros Harris 500, Verso, p. VI, Z. 6399). — G. M.

S. 72, Z. 22 *Herodot* statt Horodot.

S. 73, Z. 22 Romane]. Der Anfang eines bisher unbekannten Romans, der im III. berliner Papyros (Lepsius Denkm. VI., Taf. 112, Z. 156 – 180) steht, dürfte, da die in diesem Papyros enthaltenen Schriftstücke der Handschrift nach zwar nur auf die XII. Dynastie zurückgehen aber Abschriften älterer Urkunden sind, vielleicht aus der Zeit der memphitischen Dynastien stammen. — G. M.

S. 75, Z. 13. *dudu* statt dudu.

S. 78, Anm. 3. Vergl. Rezepte aus dem '*Ηφαιστεῖον ἐν Αἰγύπτῳ* bei Galen ed. Kühne Bd. XIII., S. 776. — R. P.

S. 86, Z. 14 lies: die *Aamu* und die *Herushā*.

S. 87, Z. 4 von unten lies: Una.

S. 90, Anm. 1. Vergl. Georg Ebers, Eine ägyptische Königstochter I. Aufl. Bd. I. Vorwort, S. XV. In ähnlicher Weise ist vielleicht auch die Erzählung von Rampsinit's Schatzhause indogermanischen Quellen zu vindiciren (Vergl. A. Schiefner, Ueber einige morgenländische Fassungen der Rampsinit-Sage, in den Mélanges asiatiques tirés du Bulletin de l'Ac. I. des Sc. de St. Petersbourg 1873, S. 161—186). — R. P.

S. 96, Anm. 3. Vergl. The tablet of Antef Aa II. by S. Birch, in den Transactions of the S. of biblical Archaeology IV, S. 172—195. — R. P. — Anm. 2 *des* statt der.

S. 113, Anm. 1. P. W. Forchhammer, Daduchos, Einleitung in das Verständniss der hellenischen Mythen, Mythensprache u. mythischen Bauten, Kiel 1875. — R. P.

S. 113, Anm. 6. Vergl. Bunsen, Aegyptens Stelle in der Weltgeschichte Bd. III., S. 89 und Müller, Fragm. historicorum graecc. IV., S. 386; II. Anm., S. 466. Bei Plinius ist wahrscheinlich Lynceus zu lesen. — R. P.

S. 115, Anm. 4. Veröffentlicht von Maspero in den Mélanges d'Archéologie Bd. 1, S. 221—222. — G. M.

S. 137, Anm. 3. »Wenn die Gattin ihren Gatten misshandelt und zu ihm spricht, »mein Gatte bist du nicht«, so soll man sie in den Fluss werfen« übersetzt Schrader ZDMG 1875, S. 24. — R.P.

S. 139, Anm. 1. *Aalu* wird mit dem Zeichen für Pflanze determinirt, was vielleicht die griechische Ueberlieferung von der *Asphodelos-Wiese* veranlasst hat; es gehört meiner Ansicht nach wol zu *arru*, »Weinstock« und bedeutet das »Rebengefilde«. — G.M.

S. 143, Z. 17 lies: *diese* statt dieser.

S. 145, Anm. 2. auch A. H. Sayce, babylonian augury by means of geometrical figures, in den Transactions of the S. of bibl. Archaeol. Bd. IV., S. 311—314. — R. P.

S. 147, Anm. 2. Vergl. Lushington, Fragment of the first Sallier Papyrus, in den Transactions, a. a. O. S. 263—266. — R. P.

S. 156, Anm. 1. Vergl. H. F. Talbot, the revolt in heaven, in den Transactions, a. a. O. IV., S. 349—364. — R. P.

S. 161, Anm. 2. Vergl. H. F. Talbot, A tablet in the British Museum, relating apparently to the deluge, a. a. O. IV., S. 129—131, und Commentary on the deluge tablet, a. a. O. S. 49—83. — R. P.

S. 162, Anm. 4. Vergl. auch Chad Boscawen, The legend of the tower of Babel, a. a. O., Vol. V., S. 302—312. — R. P.

S. 163, Z. 12 ist hinter Nabios: Oniballos zu ergänzen und der folgende Name Zinziros zu lesen.

S. 168. In der hier vorgetragenen Ansicht über die kushitische Rasse stimmt der Verfasser mit mehreren Sprachforschern wie Fr. Müller (Reise d. österr. Fregatte Novara, linguistischer Theil, Wien 1867, S. 51; anthropolog. Theil, III. Abth. Ethnographie, Wien 1868, S. XXVII; 187; 191—194; Allgemeine Ethnographie, Wien 1873, S. 33; 63—64; 444—449; Grundriss der Sprachwissenschaft I., Abth. I., Wien 1876, S. 76; 94—95) und Benfey Ueber d. Verhältniss d. ägypt. Sprache zum semitischen Sprachstamm. Leipzig 1844, S. VIII überein, die eine grosse hamito-semitische Völkerfamilie annehmen, welche sie in zwei Theile, eine asiatisch-semitische und eine hamitisch-afrikanische zerfallen lassen. Eine solche anzunehmen, mag der Ethnologe und Sprachforscher vielleicht gute Gründe haben; geschichtlich liegt sie in teleskopischer Ferne. Mit den Phöniziern deswegen eine Unterordnung unter den Stamm Kush vorzunehmen scheint mir jedenfalls nicht unbedenklich. Die vielfach als ethnologischer Nothbehelf gemissbrauchte Völkertafel der Genesis hat dazu bei vielen Forschern Anlass gegeben, auch ist die Unterscheidung der Alten zwischen asiatischen und afrikanischen Aethiopen dabei ins Spiel gezogen. Ich schliesse mich in Bezug auf die Stellung der Phönizier in der Völkertafel Sprenger's Ausführungen an, wonach sie diese ausschliesslich dem jüdischen Nationalhasse verdanken, bin der Ueberzeugung, dass Peschel (Völkerkunde S. 531—532) die wissenschaftliche Wertlosigkeit dieser Anordnung klar dargelegt hat, und halte die Angaben der Alten für ganz ebenso irrelevant. Die Phönizier sind, soweit ihre, uns nur zum geringern Theile bekannte, Sprache und Kultur ein Urtheil erlaubt, wie besonders die Denkmäler von Aradus uns zeigen, nach meiner Ansicht stark von ägyptischer Sitte und Kunst beeinflusst, aber alles andere eher als semitisirte Kushiten oder Hamiten gewesen, und es scheint mir Angesichts des kläglichen Untergangs ihrer Sprache etwas gewagt, etwa mit Kaempf (Die Grabschrift des Eschmunazar, Prag 1874, S. 9—10) von derselben »den Eindruck eines geborgten Gewandes auf fremdem Leibe« zu erhalten. — R. P.

S. 174, ist irrtümlich 147 beziffert.

S. 180, Anm. 1. Ueber *Chal* oder *Char* als Ländername äg. Inschriften siehe auch: Ebers in der ZDMG. Bd. 30, 1876, S. 394. — R. P.

S. 188, Anm. 2. Auch Ebers (ZDMG. a. a. O. S. 398) sieht in den *Fenchu* Phönizier und schlägt vor φοῖνιξ als den *Fenchu*- oder phönizischen *Baum* zu fassen. — R. P.

S. 201. Ueber den Handelsverkehr der arabischen Länder mit Indien vergl. besonders Sprenger's alte Geographie Arabiens und Weber, indische Skizzen, Berlin 1857, S. 15—16; 73—77; 109. — R. P.

S. 217, Anm. 2. Die hier, auf Seite 218, 220, 250 und 262 erwähnten mit Aegypten kriegenden Völkerschaften scheint Brugsch (in der äg. Zeitschrift 1876, S. 130—131) für Bewohner der kolchischen Gegenden zu halten. — R. P.

S. 244. Die durch Korrekturen unklar gewordenen ersten Zeilen dieser Seite müssen lauten: »Das Werk, welches hier die Sidonier zu fördern versucht hatten, wieder aufzunehmen war die Sache der Tyrier«. Zeile 27 ist besser *Tyrus* zu lesen.

S. 246, Z. 12 lies *Mysier* statt Lyder.

S. 250, Z. 12. Nach Lieblein's Ansicht rührt von diesem Namen auch der herodotische *Pheron* her: in dem ich lieber eine blosse Variante für Pharao sehen möchte. Vielleicht stammt sie aus einem Roman, in dem, wie der König im d'Orbinay-Papyros, der Sohn des Sesostris blos als *per âa ânch ud'a sneb* vorkam. — G. M.

S. 250, Z. 4 von unten. Halévy hat (Journal asiatique, Série VII., Bd. 4 1874, S. 408 ff.) den Beweis versucht, dass diese Namen nur libysche Völker bedeuten. Vergl. den Nachtrag zu S. 217, 2. — R. P.

S. 251, Z. 1. Auch Halévy hat (a. a. O. S. 406) diese Namen zu deuten versucht. — R. P.

S. 253, Anm. 2 lies: *den* statt der.

S. 257, Anm. 3. Ueber die Städte Pithom und Ramses vergl. Ebers, Durch Gosen zum Sinai, S. 496—497; 498—504. — R. P.

S. 258, Z. 15 v. u. lies: *seinen* statt seinem.

S. 262, vergl. Nachtrag zu 217 und 250.

S. 275, Z. 2 lies: *Karardas* statt Karadas.

S. 276. Albrecht Weber (Indische Skizzen S. 15, Anm. 1) vergleicht zu Stabrobates das arische *çtaorapati*, »Herr der Stiere«. — R. P.

S. 293, Anm. 1. Vergl. auch Moses von Chorni. armen. Geschichte I, 19: James Richardson, Travels in Marocco, II., S. 76—77. — R. P. — Z. 15 lies: *numidisch*.

S. 317, Anm. 2. Auch Duncker (Geschichte II., S. 105 Anm. 1) nimmt an, dass 4 statt 40 zu lesen sei. — R. P.

S. 318, Z. 14. Wie Wellhausen (Die Pharisäer u. die Sadducäer, Greifswald 1874, S. 43—52) nachgewiesen hat, ist es dieser Zadok, von dem die Sadducäer, die politische Partei unter den jüdischen Priestern, die Repräsentanten des Adels, ihren Namen erhielten. — R. P.

S. 321, Anm. 5. Während sich Mauch's Gründe, Ophir nach Ostafrika zu verlegen, als haltlos erwiesen haben, scheint Movers' Hypothese, dass dieses Wunderland an der afrikanischen Küste zu suchen sei, durch Mariette's neueste Entdeckungen sich zu bestätigen. Lassen's Etymologien für *tukhiim*, »Pfauen« und *almugim* »Sandelholz« (Indische Alterthumskunde, 2. Aufl. I., S. 652 und II. 557, 4) sind von Weber (Indische Skizzen S. 74) und P. de Lagarde (Gesammelte Abhandlungen S. 227) mit Recht verworfen, finden trotzdem aber noch zahlreiche Anhänger (vergl. Graul, Reise in Ostindien, Bd. III., Anm. 1; Minayeff, in den Mélanges asiatiques St. Petersburg 1873, Bd. VI., S. 567—589). — R. P.

S. 342, Anm. 1 lies: *Arban*.

S. 356, Z. 23 ist Bin-nirari III. statt II. zu lesen, wie auch Seite 395 und 453 richtig steht.

S. 366, Anm. 2. Vergl. A. Weber, Indische Skizzen S. 77. — R. P.

S. 367, Anm. 2. Wäre, was jedoch von Dorn (Caspia, in den Mémoires de l'Ac. I. des Sc. de St. Petersbourg, Série VII., tome 23 No. 1 1875, S. 138; Einige Bemerkungen zur Geographie Persiens, in den Mélanges asiatiques Bd. VI., S. 259) bestritten wird, mit Mordtmann (Hekatompylos, Sitzungsber. d. k. bayer. Ak. zu München, 1869, I., S. 535 f.) *Asterabad* dem alten Zadrakarta gleichzusetzen, so dürfte es mit dem hier erwähnten *Istar* nicht zu identifiziren sein. Zur Begründung der letztern Auffassung lässt sich jedoch erwähnen, dass Astrabad oder Asterabad auch *Sitârabad* heisst. — R. P.

S. 369, Anm. 4. Vergl. auch Wellhausen in den Jahrbüchern f. deutsche Theologie, Bd. XX. — R. P.

S. 390. Das Patronymikon Sargoniden stammt von der hebräischen Form des Namens *Sargon* = Saryukin. — G. M.

S. 391, Anm. 1. Vergleiche über diese Inschriften E. J. Davis, On a new hamathite Inscription at Ibreez (in den Transactions Bd. IV., S. 336—346) Smith, discoveries, S. 422 und Sayce's Entzifferungsversuch (ebend. Bd. V., S. 22—32). — R. P.

S. 395, Z. 28 lies: *Durdukka* statt Durducha.

S. 400, Z. 2 v. unten, lies: *Belipnu*.

S. 409, Anm. 2. Der Name der Daher (Dahae, *Δάαι Δᾶαι*) wird von Cunningham (Archaeological Survey of India Vol. II., Simla 1871, S. 47 ff.) durch zend *dahyu* »Räuber« erklärt; er findet ihren Namen in dem modernen Dahistan (aber auch in Daci, Dacia!) wieder. G. Rawlinson (The sixth great oriental Monarchy, London 1873), der sie nach den Nachrichten der Alten für Verwandte der Parther hält (S. 17 und 43), wozu die obige Etymologie nur passen würde, wenn man annähme, dass sie ihren Namen von arischen Nachbarn erhalten hätten, weist ihnen ebenso wie Dorn (Caspia, S. 53), der sie oberhalb des Atrek in Chorazan placirt, ihre Wohnsitze am Ufer des kaspischen Meeres nördlich von Hyrkanien an; eine Gegend die bei den arabischen Geographen Dihistan heisst. Dorn (a. a. O.) erklärt Dahistan als »Dorf-Land« und beruft sich dabei auf Strabo XI., 7, 2, der von der Wohlhabenheit dieser Gegenden spricht (S. 82). — R. P.

S. 418. Ueber die Kriege der Assyrer mit den Arabern vergl. auch Duncker, Geschichte des Alterthums, Bd. II., S. 233—244. — R. P.

S. 419, Z. 26. Ueber die Ausgrabung ansehnlicher Ruinen in Mareb vergl. Arnaud's Originalbericht (im Journal asiatique, Série VII., Bd. III., S. 1—16), über die frühere Wohlhabenheit und den Handel dieser Gegenden Sprenger's alte Geographie von Arabien. — R. P.

S. 420, Z. 1. Die Dedân wohnten nach Sprenger am persischen Meerbusen und auf den Inseln desselben besonders im Bahreïn-Distrikte (Die alte Geographie Arabiens S. 113). — R. P.

S. 434, Z. 22. Vergl. Nachtrag zu S. 418.

S. 437, Anm. 1. Vergl. *Carthada* bei Solinus und Isidor sowie die bei Schröder (phönizische Sprache S. 85, 10) sonst angeführten Stellen. Schröder umschreibt (a. a. O. S. 85 und 126) Karthago קרתחדשת oder קַרְתְּחַדְשְׁתָּא. Auf Inschriften ist der Name bisher nicht gefunden. — R. P.

S. 441 f. Ueber die Umwandelung des Jahveh-Begriffs, die sich bei Micha und Jesaiah zeigt, vergl. Graf Baudissin, Studien zur semitischen Religionsgeschichte I. S. 165 ff. Ueber Jesaiah's politische Anschauungen und seine Weissagungen siehe: Bernh. Duhm, Die Theologie der Propheten, Bonn 1875, S. 153—178, wo auch für den Knaben »Gottmituns« (S. 163, Anm.) eine treffende Erklärung gegeben ist. — R. P.

S. 447. Korrekter als Irân ist die ältere Aussprache *Erân*; vergl. darüber Spiegel, Erânische Alterthumskunde I. S. 211. — R. P.

S. 449, Z. 2 (und 450, Z. 9). Die eigentlichen Meder waren nach Oppert's neuesten Ausführungen (in der ZDMG. Bd. XXX., 1876, S. 1—5) ein turanischer Stamm, der auch eine turanische Sprache redete; er erklärt ihren Namen aus dem sumerischen *madu*, Land. — R. P.

S. 450, Z. 5 lies: Salmanasar III.

S. 450, Anm. 4. *Airyana-vaeja* ist nach Spiegel (Alterthumskunde I. S. 194) die vom Araxes und Kur eingeschlossene Gegend »und zwar in ihrer grössten Ausdehnung bis nach Tiflis am Kaukasus«. — R. P.

S. 450, Anm. 5. In der deutschen Ausgabe von Bunsen's Aegyptens Stelle in der Weltgeschichte steht Haug's Aufsatz »Das erste Kapitel des Vêndidâd übersetzt und erläutert« Bd. V., 4. Abth. S. 101—137. Der von Kiepert vertretenen Ansicht, dass im ersten Kapitel des Vendîdâd keineswegs von wirklichen Wanderungen der arischen Völker die Rede sei, ist später auch Spiegel (Erânische Alterthumskunde I., S. 190—196) beigetreten, der dieses Länderverzeichniss für eine ähnliche Uebersicht wie die Völkertafel der Genesis hält. — R. P.

S. 451, Anm. 1. Spiegel (a. a. O. S. 194) schreibt Haraeva und erklärt *Herât*. — Anm. 2. Vergl. Notes on Seistán by H. C. Rawlinson (im Journal of the R. Geographical Society 1873, S. 272—291). Nach Spiegel ist hier wahrscheinlich von Kabul die Rede. — Anm. 4. Nach Spiegel ist Haraqaiti=Kandahar. — Anm. 5. Nach Spiegel (S. 195) ist dem entsprechend Haetumat der Hilmend sammt Umgegend. — Anm. 8 u. 9 sind aus Versehen umgestellt. Auch nach Oppert (ZDMG. 1876, S. 3) wäre Raga die eigentliche Hauptstadt von Medien. — Auch nach Spiegel ist es »kaum zweifelhaft«, dass mit Khnenta im Vehrkana G'urgân-rûd und die Gegend von

Asterâbâd gemeint ist. — Anm. 10. Nach Spiegel's Ansicht (a. a. O. 195) ist *Tschakra* nicht nachzuweisen. — R. P.

S. 452, Anm. 1. Nach Spiegel (a. a. O. S. 72 und S. 195) liegt Varena ganz nah dem Demâvend und entspricht dem Dorfe Verek oder Vereki. — R. P.

S. 457, Anm. 3. Als turanische Urform des Namens Deiokes gibt Oppert *Dayaukku* = »Gesetzgeber« (ZDMG. S. 4). — R. P.

S. 467, Anm. 3. Nach Oppert (a. a. O. S. 4) ursprünglich *Vak-istara* »Lanzenträger, arisirt *Uvakshatara* »Maulesel habend«. — R. P.

S. 476, Anm. 3. — pag. 359—364. Die Sage von Gyges wurde mehrfach mythisch zu deuten versucht, so von Creuzer (Briefe über Homer und Hesiod S. 164), Engel (Kypros Bd. II., S. 321) und Cox (Mythology of the Aryan Nations I., S. 44, 1; II. S. 125, 1); sie enthält wol auch kaum einen historischen Kern. — R. P.

S. 486, Anm. 6. Ausdrücklich sagt das Plato, Timaeus, p. 21 Steph. — R. P.

S. 493. Jehoiaqîm heisst hier fälschlich Jehoiakin.

S. 498, Anm. 1. Bochtnassar vertritt auch Nabonassar. Der historische Wert der arabischen Ueberlieferungen über die älteste Geschichte Arabiens ist nicht immer klar zu fixiren, meist jedoch, wie Duncker (Geschichte des Alterthums Bd. I., S. 241) bemerkt, entweder den Büchern der Hebräer entlehnt oder freie Fiktion. — R. P.

S. 503, Z. 1 Oroatis]. Der Name dieses Flusses entspricht nach McCrindle (Notes to Arrian's Indica, im Indian Antiquary, Bd. V., Bombay 1876, S. 339) dem Zendworte *aurvat* »schnell«. — R. P.

S. 505, Z. 10 lies: *Mariandyner.*

S. 518, Z. 18 lies: Trufu und Suan.

S. 519 u. 520 lies: Ladike statt Laodike.

S. 531, Anm. 1 lies: *Sphendadates* statt Sphendates.

S. 533, Anm. 3. Strabo XVI., 4, 27 führt nur an, dass *Δαριήκης* zu den verschiedenen *μεταπτώσεις*, die besonders bei barbarischen Namen vorkämen, gehöre. Ueber die Etymologie des Namens Darius siehe Spiegel (Alterthumskunde II. S. 315, Anm. 1). Die keilschriftliche Form ist *Dârayavus.* — R. P.

S. 537, No. 3. Zu Babirus wäre die indische Form des Namens, *Baberu* = Babylon, zu vergleichen, die Minayeff (Mélanges asiatiques, St. Petersbourg, 1873, S. 587, 591) in einem buddhistischen Fragmente aufgefunden hat. — R. P.

S. 546, Z. 15 lies: *Artabazanes.*

S. 597. The lycian inscriptions after the accurate copies of the late Augustus Schoenborn, Jena 1868 herausg. v. Moriz Schmidt.

Sach- und Wort-Register.

Die durch , getrennte zweite Zahl bezeichnet die Anmerkungen. Abkürzungen: äg. = ägyptisch; arab. = arabisch; ass. = assyrisch; chald. = chaldäisch; Dyn. = Dynastie; jud. = jüdisch; isr. = israelitisch; pers. = persisch; phön. = phönizisch; s. = siehe; u. = und.

C.

D.

I und J.

M.

N.

O.

Q.

R.

T und T'.

U.

V.

W.

X.

Y.

Z.

Druck von Breitkopf & Härtel in Leipzig.

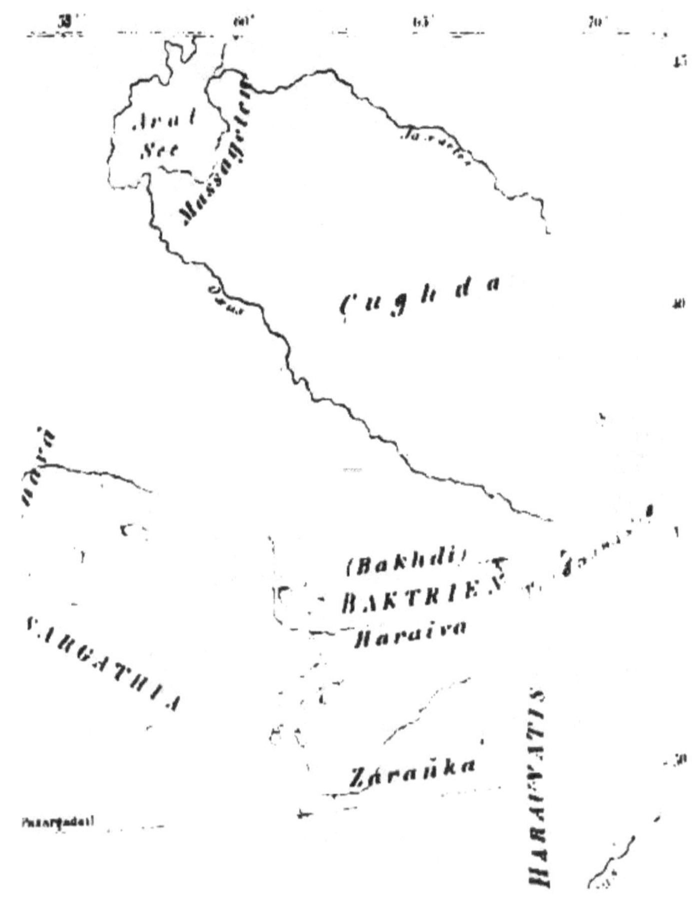
Aral
See
Massageten
Cughda
(Bakhdi)
BAKTRIEN
Haraiva
Zarañka
HARAUVATIS
Pasargadae

Zeitfracht Medien GmbH
Ferdinand-Jühlke-Straße 7
99095 Erfurt, Deutschland
produktsicherheit@kolibri360.de